中国科协全国学会工作指导系列

全国学会法律风险防控实务指导手册

中国科协学会服务中心　编著

法律出版社
LAW PRESS·CHINA
北京

图书在版编目(CIP)数据

全国学会法律风险防控实务指导手册 / 中国科协学会服务中心编著. -- 北京 : 法律出版社, 2022
ISBN 978-7-5197-6638-2

Ⅰ. ①全… Ⅱ. ①中… Ⅲ. ①法律-中国-手册
Ⅳ. ①D92-62

中国版本图书馆 CIP 数据核字(2022)第 061355 号

全国学会法律风险防控实务指导手册
QUANGUO XUEHUI FALÜ FENGXIAN FANGKONG SHIWU ZHIDAO SHOUCE

中国科协学会服务中心 编著

策划编辑 似 玉
责任编辑 似 玉
装帧设计 汪奇峰

出版发行 法律出版社
编辑统筹 法律应用出版分社
责任校对 邢艳萍
责任印制 刘晓伟
经 销 新华书店

开本 710 毫米×1000 毫米 1/16
印张 17.25 **字数** 255 千
版本 2022 年 5 月第 1 版
印次 2022 年 5 月第 1 次印刷
印刷 北京金康利印刷有限公司

地址:北京市丰台区莲花池西里 7 号(100073)
网址:www.lawpress.com.cn
投稿邮箱:info@lawpress.com.cn
举报盗版邮箱:jbwq@lawpress.com.cn
销售电话:010-83938349
客服电话:010-83938350
咨询电话:010-63939796

书号:ISBN 978-7-5197-6638-2
定价:69.00 元

凡购买本社图书,如有印装错误,我社负责退换。电话:010-83938349

前　　言

为深入贯彻落实习近平总书记在两院院士大会和中国科协第十次全国代表大会上的重要讲话精神，服务高水平的科技自立自强，推动中国科协所属全国学会、协会、研究会（以下简称全国学会）高质量发展，中国科协学会服务中心把深入学习贯彻全面依法治国新理念新思想新战略与科协事业发展实践紧密结合，以全面提升全国学会依法治会水平为目标，持续开展系列法律研究和服务活动，不断提升全国学会法律风险防范意识和内控水平，助力中国特色一流学会建设。

全国学会作为独立法人主体，在运营发展的过程中面临着诸多挑战，加之自身体制机制影响，现阶段全国学会在法律风险防范能力建设方面相对薄弱，潜在风险无时不有、无处不在。那么如何在事前、事中防范，以及事后如何应对法律风险逐渐成为实现全国学会可持续发展的重要抓手。

本手册基于 2021 年年底完成的全国学会法律服务案例研究成果，结合 20 余家全国学会咨询的 200 余个法律问题，以合同管理、劳动关系、知识产权和国际科技交流法律风险为切入点，侧重介绍在日常运营管理过程中的常见或潜在的法律风险，具体阐释了其基本概念及工作方法，力图作为全国学会执行机构无法学背景的全国学会领导及工作人员学法、知法、懂法、守法、用法的辅助材料和指导全国学会具体运营管理行为的实务参考。

由于编写时间仓促，内容难免有不足疏漏之处，敬请广大全国学会和法律工作者批评指正。如有与最新颁布的政策法规不一致的内容，应以最新的规定为准。鉴于法律问题纷繁复杂,具有较强特殊性,手册内容仅供参考,不构成法律意见,如遇法律问题,还请及时联系与咨询专业法律服务机构及专业人士。

本书编写组

2022 年 3 月

手册使用说明

本手册围绕全国学会运营管理过程中的合同管理、劳动关系、知识产权和国际科技交流4个方面，按照“基本内涵+风险提示+警示案例+防控要点”的体例，形成主体部分4个章节32个具体工作场景中的风险点和附录部分20个全国学会常用法律文书范本。其中：

第一章围绕合同签订前后和执行过程中的主体资格、类型混淆、核心条款、合同订立、合同履行、纠纷处理6个方面进行法律风险防范提示和指导。

第二章围绕社会团体在制度建设、招聘面试、试用期间、用工方式、劳动合同、行为管理、薪资绩效、竞业保密、离职管理、劳动纠纷10个方面进行法律风险防控提示。

第三章围绕社会团体在商标、著作权、专利、商业秘密、团体标准、品牌宣传、学术会议、开办期刊、评估出资、维权救济10个方面进行法律风险防范提示和指导。

第四章围绕社会团体开展国际科技交流活动的国际环境、法律责任、国际会议、科技合作、组织任职、境外分支6个方面进行法律风险防范提示和指导。

附录一与附录二分别为全国学会日常业务常用法律协议范本及相关法律法规汇编，供参考使用。

特此说明，本手册中的警示案例纯属虚构，请勿对号入座。如有雷同，纯属巧合。

目 录

Contents

第三章　知识产权法律风险防控

第四章　国际科技交流法律风险防控

附录一　社会团体常用法律文书模板

附录二　相关法律法规节选

第一章

合同管理法律风险防控

合同是民事主体之间设立、变更、终止民事法律关系的协议。依法成立的合同，仅对当事人具有法律约束力，但是法律另有规定的除外。作为独立法人的社会团体签订和履行的合同，是社会团体与其他民事主体建立法律关系，通过协商一致约定各方权利义务和法律责任的契约文件。合同依法既具有正向的证明、提醒功能，又具有反向的证据、维权功能。因此，本章将围绕合同签订前后和执行过程中的主体资格、类型混淆、核心条款、合同订立、合同履行、纠纷处理6个方面进行法律风险防范提示和指导。

第一章

[illegible]

第一节　主体资格风险提示

基本内涵

社会团体对合同主体资格的研判，可以使其在缔约准备阶段，通过公开渠道或专项调查，对相对方作为签约民事主体的适格性和资信情况进行审查，最终决定是否签约和判断与谁签约。

警示案例

A 学会的分支机构负责人张某，在举办某次学术会议过程中，未按照该学会关于分支机构管理的规定，经由事前审批备案程序，擅自通过现场签名的方式以分支机构的名义，在该学会业务范围内与机构甲签署了合作协议。协议签署完毕后张某也未向 A 学会说明报备，追认协议效力。之后在协议履行过程中发生纠纷且协商不成，机构甲以 A 学会为被告向有管辖权的法院提起诉讼，请求判决 A 学会承担违约责任并赔偿损失。A 学会以该分支机构负责人张某未按照规定获得学会书面授权和协议未加盖学会印章为由进行抗辩。

经法院查明：该协议的一方当事人为分支机构的完整全称，签名处明确显示签字人的身份为分支机构的负责人张某，且约定事项在 A 学会的业务范围内。虽然 A 学会的内部制度要求“未经该学会书面授权或批准，分支机构不得开展合作活动”，但 A 学会内部的禁止性规定并不能对第三方产生约束力，故依据《民法典》第 74 条第 1 款“法人可以依法设立分支机构。法律、行政法规规定分支机构应当登记的，依照其规定”和第 2 款“分支机构以自己的名义从事民事活动，产生的民事责任由法人承担；也可以先以该分支机构管理的财产承担，不足以承担的，由法人承担”关于法人分支机构责任承担的规定，法院判决 A 学会依约定承担违约损害赔偿责任。

风险提示

根据《民法典》等法律法规的规定和相关司法裁判的指引，社会团体在进行签约主体资格研判过程中应当注意：(1)确认拟签约相对方具有独立法人资格，要求相对方提供注册登记证书和其他能够证明其合法存续具备正常民事行为能力的书面材料，避免由于签约主体不适格导致的合同无效或无法履行。(2)拟签约相对方是以其内设部门、办事机构、分支机构或科处室、院系等的名义签约，需要相对方提供其具有独立法人资格的上级加盖印章的证明文件、出具授权书或者追认函，确认合同效力，避免合同目的无法实现。(3)如果合同约定的主要内容需要拟签约相对方具备特定的经营资质或在特殊行业及国家专营行业许可，则需要对方提供证明材料，并通过官方渠道确定其有效性，这样一方面可以避免重大合同履约发生风险，另一方面可以避免承担不必要的行政责任和刑事责任。(4)如经常存在要与签约相对方指定代理人签订合同的情形，需要验明代理人的身份和代理权限，避免出现对方无效代理或己方形成表见代理的情形。(5)拟签约相对方具备法定的民事主体资格，并不意味着其是适合的签约对象，还要通过信用信息、裁判信息、银行资信等平台综合评判其守法诚信状况，避免出现履约能力不足或争议的情况。

工作示例

某社会团体制定并实施了严格的合同管理制度，特别对缔约准备阶段的相对方主体资格审查工作，按照不同合同类型、内容和标的进行了详细规定，并指定审查责任人，有效避免了因为签约主体不适格可能导致的法律风险。

防控要点

(1)应当要求拟签约相对方提供的资质、资格证明材料如登记证书、银行开户许可证、法人身份证等的复印件加盖公章,并通过公开渠道进一步验证其真实性和有效性。(2)对于以内设机构或代理人名义进行签约的,应当要求其具有独立法人资格的上级提供授权对象、授权时限、授权范围明确的授权文件,并保证在授权范围内签订合同。确有必要时还应当直接与被代理人验证授权书的真实性、有效性。(3)如果已经发生相对方存在主体资格瑕疵的合同,应当在最短时间内要求对方追认、补充或解除合同。(4)对于标的额较大的合同或后续影响重大的投资、担保合同,应当聘请专业机构对相对方进行全面、细致的尽职调查,调查结论作为签约决策的主要参考依据。(5)如果合同的相对方是国外机构,还要特别注意其是否为《境外非政府组织境内活动管理法》所规制的,需要在国内登记或备案的境外组织。

第二节　类型混淆风险提示

基本内涵

社会团体对合同类型的混淆是指其由于对近似类似合同名称、合同标的、合同内容的辨识能力不足,或者存在与相同、近似签约相对方的惯性认识,导致不同类型合同之间的误用、混用行为。社会团体对合同类型的混淆使用,极有可能对合同标的描述不准确、权利义务约定不明确,最终导致合同目的无法实现。

警示案例

A 学会举办学术会议暨科技成果转化展览会,为明确举办方与付费参与方的权利义务,A 学会与各方签署了服务协议。由于在会议举办过程中发生的纠纷,A 学会基于服务协议的约定,向有管辖权的法院提起诉讼。

经法院查明认为:虽然 A 学会与各方签署的皆是服务协议,但客体和标的存在明显区别,部分协议应被认定为赞助协议或捐赠协议,另案处理。

风险提示

根据《民法典》等法律法规的规定和相关司法裁判的指引,社会团体在选用合同类型时应当注意:(1)避免赞助合同与捐赠协议的混淆。赞助合同是赞助商欲通过向社会团体实施赞助活动,借助社会团体的品牌、渠道、影响进行商业推广而签订的商事合同。社会团体可能要履行提供知识产权许可、场地、广告以及媒体报道等义务,需要向其开具增值税发票。捐赠合同是爱心企业、机构或个人为了资助社会团体发展或定向开展某项公益活动,向社会团体无偿捐赠资金、实物等的赠予合同,需要向其开具专用的捐赠票据。(2)避免会议服务合同与会议合作协议的混淆。会议服务合同是社会团体作为会议的主办方,为保证会议秩序,而委托专业会务机构提供会议场地使用、布置和会议期间人员管理、舞台控制、安全保卫等相关工作的委托服务合同。由于召开会议而产生的一切法律责任承担主体是社会团体,即使损失和责任是由于会务公司的故意或重大过失产生的,社会团体也需要就此承担法律责任,之后可再根据会议服务合同的约定向会务公司追偿。会议合作协议通常是社会团体根据实际需要与其他单位共同主办会议而签订的合同,主要约定合作各方的投入、分工、收益、责任承担内容,一般由会议各合作方共享会议的权利,同时承担与其权利相对应的责任。当然合作合同也可以约定由某主办方承担会议服务工作。(3)避免转让合同和许可、租赁协议的混淆。无论社会团体在转让合同中是转让方还是受让方,转让行为的本质都是合同标的物的部分或全部所有权,将由转让方转移到受让方,转让方将丧失这部分权利。权利许可和物品租赁的过程中,合同标的物的所有权通常并不发生转移,只是被许可方和承租方享有合同标的物的使用权和可能的收益权。

工作示例

某社会团体根据其业务活动类型,出具了固定的合同协议文本,并对核心条款和可协商焦点进行了明确描述,还制定了严格的授权代理、印章使用及合同领用、审查、备案管理办法,有效避免了合同混淆的情形出现。

防控要点

(1)应当结合社会团体办事机构的业务实际,一方面加强合同相关法律实务培训,另一方面针对常规性业务服务制定逻辑严谨、权利义务对等的合同格式文本。(2)应建立健全合同审查审批、印章使用、领用保管的工作流程和管理台账;着重避免分支机构无授权或超范围签约和印章滥用,如确有必要可要求分支机构负责人承担连带责任。(3)对于约定新标的、新内容的合同,不要照搬照抄,应当进行专项研究讨论,规避可能出现的新问题、新风险。(4)对于交易物品或服务成果的种类、质量、标准应当有详细的规范描述指引,并指定专人进行验收、核验。

第三节　核心条款风险提示

基本内涵

社会团体对合同核心条款的审查是指对拟签署合同内容中，可能影响合同目的能否完全实现、主要权利能否充分保障、高频纠纷能够有效避免的主要条款的合法性、完整性、有效性进行综合判断和修改完善的过程。核心条款的法律效力强弱是判断合同整体效力的最主要影响因素。

警示案例

A 学会同自然人张某、李某和王某共同出资成立甲公司。由于经营管理的需要，甲公司依程序召开股东大会并作出决议，一致同意股东张某、李某和王某将其持有的公司 10% 的股份以 230 万元的总价全部转让给自然人杨某。决议生效当日，股东李某与杨某签订了《股权转让协议》，将其持有甲公司的 2% 的股份转让给杨某，但未约定转让价款。随即李某与杨某到市场监管部门办理了股权变更登记手续。后由于个人原因李某以转让协议未约定股权转让对价，不具备合同成立条件为由向法院提起诉讼，请求判决该协议无效，并由杨某返还股份。

法院经审理认为：全体股东经公司股东大会讨论签字同意对外转让股权，应视为全体股东放弃优先购买权，内容没有违反法律法规的禁止性规定，双方实际办理了股权变更登记，该协议合法有效；由于双方均未提出确认股权转让对价具体金额的诉讼请求，故法院对股权的对价不予调查和确认；杨某应按照股东会决议金额等比例向李某支付 46 万元的转让价款。法院最终判决驳回李某的诉讼请求。

风险提示

根据《民法典》等法律法规的规定和相关司法裁判的指引，社会团体在对合同核心条款进行审查的过程中应当注意：(1)明确合同标的及标的额。合同标的是合同法律关系的客体，是合同当事人权利和义务共同指向的对象，也是合同签订的主要目标载体。合同标的条款要清楚写明标的名称、规格、参数、数量、质量等。合同标的金额是衡量当事人权利义务经济价值的量化标准。标的是合同成立的必要条件，没有标的合同不能成立。(2)明确当事人的权利义务。权利义务条款是合同当事人履行合同的行为指南，是当事人之间进行磋商的主要内容，也是合同纠纷的主要焦点所在。各方当事人的权利义务应当围绕合同目的、标的，尽可能准确清晰地约定和描述；否则，当事人之间将缺乏履约行为的公认标准。(3)明确合同的履行期限、地点、方式。合同履行条款是当事人根据标的和权利义务条款内容的约定，需要达成合同主要目的，约定发生权利转移或风险责任转移的时间、地点和方式。约定不明就容易造成延迟履行、提前履行、异地履行等情形。(4)明确定金或违约金。定金是指一方当事人在履行合同前按合同标的额的一定比例预先交付给对方当事人的金钱或替代物，以作为债权履行的担保。交付定金的一方不履行合同，则无权要求返还定金，而接受定金的一方不履行合同，则应双倍返还定金。违约金包括赔偿性违约金和惩罚性违约金，前者是指合同当事人预先估计的发生损失的赔偿总额，在违约方支付违约金后，就不必再继续履行合同或继续赔偿损失；后者是指根据法律规定或当事人之间的约定，由违约方向守约方就某些未履行义务行为支付一定数额的惩罚手段。按照相关法律规定，定金和违约金不能同时适用，合同中定金条款和违约金条款只能二选一。(5)明确验收标准。验收条款是对一方当事人交付的货物、服务是否符合标的约定和能否达成合同主要目的的判别过程。通常，验收合格也是向相对方支付对价的前提条件。同时，双方也可约定补救和售后服务内容。验收标准不清楚可能会导致履行不能、单方违约或推诿扯皮的情况出现。(6)明确付款方式、期限、形式。付款是合同一方当事人以货币或等价物方式,根据合同标的额,向相对方支付合同对价的行为。付款条款要约定金额、批次、比例、支付、票据等相关内容;否则可能出现价款争议、结算争议等风险。(7)明确不可抗力和违约的情形和责任。不可抗力条款是法定免除违约责任的规定,对于某些特殊合同标的应当进一步细化界定不可抗力发生情形,避免违约方滥用不可抗力条款。违约条款明确了一方当事人未全部履行某项在先约定义务而应当承担的违约或赔偿责任。通常合同中都会包括保密条款,约定保密的范围、期限以及相应的违约责任。如果违约条款约定不明,则可能会出现损失难以计算、举证困难、难以主张违约责任以及解除权行使困难等情形。(8)明确争议解决方式、诉讼地和送达条件。争议解决条款和诉讼的条款是合同当事人一致认可的,在发生合同争议且无法协商解决时的救济方式和裁判地点。争议解决条款和诉讼的条款约定不明会导致仲裁条款约定无效、诉讼法院不利、维权成本增加等情况。送达条款是当事人之间确认某些信息交互行为起始/终止时间的约定。送达条款约定不明会导致某些违约行为难以界定和确认。(9)明确合同生效条件。当事人签订合同并不等于合同生效可执行,有些合同需要具备某些必要条件全部具备或某项条件达成时方开始生效。生效条件约定不明会导致无意识违约或履行义务情况难以查明的情形。

工作示例

某社会团体对高级管理人员和项目负责人进行了专门的常用合同核心条款审核培训和演练。通过此项合同培训,参训人员能够迅速、准确地找到条款缺失、错漏或不利之处,并能够提出修改完善建议,合同审阅水平显著提升。

防控要点

(1)对于合同标的条款的表述,尽可能使用规范、标准、专业、完整的名称和描述。如标的有唯一的官方认可的序列号也应同时载明，还可以增加名词术语条款，对复杂或可能引起歧义的词语进行进一步解释和明确。(2)对于合同权利义务条款的表述，要围绕合同目的实现的过程和根据当事人义务履行的先后次序进行逐次说明，保证文字逻辑清晰、严谨周密。(3)对于合同履行期限、地点和方式条款，要避免使用"尽可能""全力"此类的态度描述和"左右""上下""前后"此类的非量化模糊描述。履约地点尽可能约定为己方办公地点或项目所在地。(4)对于定金条款或违约金条款应当根据合同标的的特点进行选择性适用。违约金的金额既不要约定得过高，也不要约定得过低。根据违约造成的可证明实际损失，违约方仍可以请求人民法院或仲裁机构适当减少或增加。上述两个条款可与损失赔偿条款综合考虑，选择最有利的条款组合。(5)对于验收条款应当明确约定验收地点、验收标准、验收方式及负责验收的第三方机构(如有)，还应当明确合理期限的异议期，验收不合格有权拒收，并在发现质量问题时要求及时补救，对于特别重要的标的还可以委托监理。(6)对于付款结算条款，采用浮动定价方式时应当明确浮动定价的上下限范围和计算方法，结算方式可以相对灵活约定。(7)对于不可抗力和违约责任条款，其中不可抗力应特别明确政府行为是否属于免责原因。违约条款应当考虑到可能发生违约的各种情况和环节，逐一列举后按照估计损失程度分类约定不同的违约责任。对于可能出现导致合同主要目的不能实现的违约行为，应当约定己方的合同单方解除权。如约定有保密义务的，还应当详细约定内容、范围、主体、期限和限制以及违约责任。(8)对于争议解决、诉讼地、送达条款，首先应当明确选择仲裁或诉讼方式中的一种；其次对约定选择的仲裁机构和有管辖权的法院，应当准确表述确保唯一性，但不能违反级别管辖和专属管辖的规定；最后送达条款要明确电子送达的确定方法及效力，特别规定"视为送达"的情形。(9)对于生效条款，需重点关注合同正式生效的条件，尤其要注意区分"和"与"或"等文字描述所隐含的逻辑关系。(10)合同如有附件，则要在正文中明确约定附件的效力、数量和名称。

第四节 合同签订风险提示

基本内涵

社会团体签署订立合同是指其与其他当事人通过签字、盖章或实质履约行为,表明对合同内容全部认可并愿意遵照执行的行为。如上一节所说,签署订立合同不等于合同生效,但表示各方当事人对于合同标的、价款、权利义务等内容经协商后,意思表示达成一致的状态。

警示案例

A 学会拟在某地举办一场规模较大的学术会议,因此与该地甲会务公司签订了《会务服务采购合同》,双方代表人皆同日签字,但未加盖公章。合同签订后不久,由于客观原因 A 学会无法在该地召开会议,故以书面形式通知甲公司解除合同。甲公司认为其已就会议作了前期准备,产生了一定费用,所以,向有管辖权的法院提起诉讼,请求判决 A 学会赔偿其损失。

法院经调查认为:合同虽然已签订,但合同明确约定的生效条件是"双方代表人签字并加盖公章后生效";而且在合同签订以后,A 学会并未有实质性行为证明其认可合同关系。法院最终判决驳回甲公司的诉讼请求。

风险提示

根据《民法典》等法律法规的规定和相关司法裁判的指引,社会团体在签署订立合同过程中应当注意:(1)尽可能签署书面合同。书面合同既可以作为双方权利义务约定的最有力证据,又可以作为合同目的是否达成的重要凭证。虽然口头约定也具有法律效力,但只能通过提供订单、发票、汇付凭证、通信记录等证据材料间接证明合同关系及合同内容。(2)尽可能使用本社团现有合同格式范本。这不但有利于核心条款的完整、明确和管理效率的提升,而且还可以试探相对方的意思反馈。(3)尽可能明确合同范本的修改流程。若相对方要求修改合同范本的条款内容,应当认真研判其主要诉求和修改目的。如果变更内容有实质性变化甚至涉及新模式、新机制,则应当组织法务人员和业务部门共同研判;如若仍难以把握,则应耐心地反复磋商。避免标的不明确、条款不完整、表述不严谨。(4)尽可能完善合同的审批流程。在兼顾工作效率的基础上,应当根据不同合同类型和标的额确定详尽的合同审批权限。通过多重横纵向审核,避免合同完整性、严谨性瑕疵。(5)尽可能严格管理分支机构和代表人的授权委托情况。要完善法定代表人分级授权管理制度和特别授权管理制度,明确授权的对象、期限、范围,特别要避免违背授权意图的表见代理情况的出现。(6)尽可能完善合同管理制度,合同管理应包括缔约准备阶段的相对方背景调查、缔约阶段的生效合同文本、合同履行情况汇报、合同变更情况备案等文件材料;还要特别注意履约执行过程中的往来文件、信息的备份存档。最好还能够根据相关判例证据链的构成进行相关文件材料的分类整理和存档,避免合同纠纷应诉时的举证困难。同时,要避免相关文件资料的丢失或泄露导致违反保密义务的情况出现。

工作示例

某社会团体针对合同签署订立流程,制定了严格、高效的管理制度。对不同类型、标的的合同采取不同等级的审批流程,对分支机构和代表人进行严格的社团授权管理,对格式合同文本的修改要求进行专题研判和论证,对合同相关文件资料进行全过程的存档管理,较好地规避了相应的法律风险。

防控要点

(1)合同签订方应采用书面方式,不可采用口头协议。即使小标的额的口头协议,也要尽快转换成书面合同进行签署。(2)应当结合各种日常业务活动特点,研发合同格式文本。对经确认的格式文本修订条款,应当单独记录作为可替换、可参考内容。(3)应当在健全、优化合同审批流程的基础上,根据"风险点分布"做好部门之间的审批流转衔接,并监督审批结果的完整性、合法性、严谨性。(4)应当对部门间的合同退回详细说明理由,并将相关情况列入警示、提醒目录。(5)应当在合同分级授权管理时,依据内部治理结构进行分类管理,明晰各岗位的合同签订权责范围。必要时可以通过信息公开的方式向善意第三人明晰被授权人的权力范围。(6)应当在合同管理过程中特别对相关往来文件进行备案存档。要进行电子文档的多重备份,避免意外物理因素丢失。对于洽商记录和会议纪要的内容要严格保密。合同管理最好指定可信人员,专岗专责。

第五节　合同履行风险提示

基本内涵

社会团体履行合同是按照当事人之间生效的合同约定，按时履行义务、积极主张权利，避免违约情况，最终推动达成合同主要目标的行动过程。合同生效就意味着合同的权利义务条款对当事人产生法律约束力。若合同履行不到位，则意味着前期的风险防控措施趋于失效，也可以说合同履行过程是风险防控最重要的阶段。

警示案例

注册地点在 A 地的某学会委托 B 地的甲技术公司开发会员管理系统，双方签订了《技术委托开发合同》。合同履行过程中，某学会因甲公司开发延期且功能未完全实现，未向甲公司支付 30% 的尾款。因此，甲公司将某学会诉至 B 地的知识产权法院，请求判决某学会支付全部价款。某学会向法院提出管辖异议，要求法院将此案移送至被告住所地 A 地的知识产权法院审理，并主张双方不存在合同关系。

法院经审理认为：甲公司起诉时提交的《技术委托开发合同》没有当事人某学会的签字盖章，是未成立的书面合同，故其合同中所列的管辖条款也不成立。即使双方存在事实合同关系，该合同的实际履行地点在 A 地，不符合合同对履行地点没有约定或者约定不明确的情况。故裁定将本案移送至 A 地的知识产权法院审理。

风险提示

根据《民法典》等法律法规的规定和相关司法裁判的指引，社会团体在履行合同过程中应当注意：(1)要及时履行合同义务。未能及时履行合同义务包括合同义务的不履行与合同义务的不适当履行。其中，合同义务的不履行是指当事人无正当理由或因履行不能而故意没有履行相关义务的情形；合同义务的不适当履行是指当事人没有按照合同所规定的要求履行其义务。除非符合不可抗力的免责事由，否则未能及时履行合同义务的当事人就要承担违约责任，并还可能应守约方的要求继续履行。(2)要避免未经同意的合同义务转移。经过债权人同意，债务人可以将自己的债务转让给有履约能力的第三人；未经债权人同意，即使第三人完全履行了合同义务，债权人仍可以表示拒绝并要求债务人承担违约责任和赔偿责任。还有的委托合同中明确约定受托方不得转包、分包，一旦违反可能导致委托方单方面终止合同，并追究受托方的违约责任和赔偿责任。(3)要及时履行不可抗力的通知、减损、证明义务。当事人一方要援引不可抗力作为免责事由，需要承担通知相对方的责任，同时需要在合理期限内向相对方提供不可抗力的证明。不可抗力发生时当事人各方皆应当及时采取必要措施避免损失扩大，否则也可能承担过失赔偿责任。(4)要在相对方违约时及时止损。虽然一方当事人违约，守约方有权要求违约方承担违约责任和赔偿责任，但是如果守约方未能在相对方违约后采取适当措施避免己方损失的扩大，则守约方不能就扩大部分的损失要求违约方承担赔偿责任。(5)如有必要则可要求债务人提供履约担保。由债务人或第三人的信用或财产对债务履行进行担保的目的，就是在债务人无法履行义务时，也能保证债权的实现。这也是债权人防范法律风险的最重要手段之一。(6)要及时收集和保留相对方的违约证据。民事诉讼一般遵循“谁主张，谁举证”的原则。守约方要向仲裁机构或法院提供证据证明合同的有效性、相对方的违约事实和自身的损失价值，作为裁判决定违约责任和赔偿责任的根据。守约方如果不能提供充足的证据并形成完整的证据链条，则有可能因为证据不足导致不能行使或不能全部行使违约权利。(7)要及时根据内外部环境、条件的变化变更合同。在合同履行过程中，可能会面临政策环境、市场条件、履约能力的突然变化，导致合同无法正常履行。这种情况下，合同当事人可以通过相互协商或依法申请法院变更合同。要么借此继续完成合同的主要目的，要么据此降低己方的损失和责任。如果相对方发生导致不能履约的严重不利变化，则可以行使不安抗辩权暂缓己方合同义务的履行及时止损。如果是作为合同基础的政策法规发生实质变化导致合同无法正常履行，则可运用情势变更原则对相应合同条款进行变更，但要避免与新的政策法规产生冲突。

工作示例

某社会团体对已经生效并执行的合同，制备了全过程的义务履行进度表。有专门人员及时更新相对方的义务履行情况，同时督促相关部门或项目组，履行己方的约定义务。一旦相对方发生违约情况或履约能力明显降低的情形，则由其配合法务人员收集和保留充足的证据，以形成支持主张权利的完整证据链条。如果需要进行合同变更的事由出现，则由其组织相关人员进行研讨和论证。因此，该社会团体在合同执行履行过程中没有发生纠纷。

防控要点

(1)在约定违约条款时，需要根据合同的目的、背景、标的，将各种违约情形、补救措施及对应的违约责任和承担方式予以详细、明确的规定。(2)如果确有必要进行债务的转让，一定要与债权人充分沟通，征得其书面同意。就实际法律效力而言，如果有债权人事后同意债务转移的情况，不如事先要求债务人提供履约担保。履约担保可以采用保证、物权担保以及定金等形式，但在履约担保条款中要将担保方式、范围、期限和被担保债权的种类进行详细约定。(3)不可抗力需要满足不能预见、不能避免、不能克服三个要求的外部非特定指向的突然变化。在发生不可抗力时，要积极履行通知和止损义务，并保留相关的证据材料，以降低承担赔偿责任的风险。(4)在相对方违约时，可以立即停止履行合同或者寻求合理的替代交易，并可以在考量合同性质、目的后，接受违约方变更合同的请求，避免损失的进一步扩大。(5)在收集和保留相对方违约证据时，一方面要保留己方的履约记录，如转账记录、支付凭证、银行流水、交货收货凭证等；另一方面要收集相对方不履行或者不完全履行合同的有关证据，如沟通的语音或通话记录、会议纪要、收取货物时的照片。如果是重大交易，建议对合同生效文本进行公证，同时要委托专业机构进行验收和鉴定。(6)如果发生远超出正常人的合理预期的"情势变更"，除可与相对方协商一致并签订变更协议外，还可提请法院或仲裁机构要求对因"情势变更"导致的明显不利于己方的权利义务内容进行变更。

第六节　纠纷处理风险提示

基本内涵

社会团体的合同纠纷是指除缔约过失以外，当事人对已生效合同的主体资格、义务履行等情况存在争议且不能协商解决，需要按照争议解决条款的约定提请仲裁机构裁决或有管辖的法院判决的救济过程。能够和解、调解、协商解决的争议，尽量不要采取仲裁、诉讼的方式解决，毕竟经过答辩质证的对抗，当事人之间基本不会再有后续合作的可能。

警示案例

A 学会与甲科技公司签订了《产品研发项目技术咨询协议》。约定在甲公司研发技术产品过程，由 A 学会提供专业咨询，并在产品论证和宣传推广过程中可以使用 A 学会的名称和标识；在合同期间内，甲公司应向 A 学会分两笔支付 10 万元的咨询服务费。合同生效后，A 学会按照协议约定全面履行了己方的义务，但甲公司却以各种理由拒绝向 A 学会支付第二笔咨询服务费；在合同期限届满后，在产品推广宣传时，甲公司仍继续使用 A 学会的名称和标识。因此，A 学会向有管辖权的法院提起诉讼，请求判决甲公司违约，并要求甲公司按照协议约定向其支付第二笔价款和第一笔价款超期支付违约金。甲公司却辩称，依据《社会团体登记管理条例》的规定 A 学会作为非营利性社会组织，不具有对外经营的权利，故无权收取合作费用。

法院经审理认为：A 学会根据咨询协议履行合同义务的行为，并非系开展营利性经营活动,甲公司以原告签订该协议为营利性活动来抗辩,认为该协议为无效的理由不能成立。

风险提示

根据《民法典》《民事诉讼法》《仲裁法》等法律法规的规定和相关司法裁判的指引,社会团体在处理合同纠纷过程中应当注意:(1)要适时行使变更合同的权利。在合同履行的内外部条件或环境发生显著变化时,如果不适时改变双方的权利义务约定,可能会导致合同目的无法实现或无法全部实现。如果此时己方仍然认为合同完全履行确有必要,则应当进行协商或依法行使变更合同的权利;否则,可能会导致实际履行与在先约定不一致的纠纷发生。(2)要适时行使解除合同的权利。在合同中可以约定一方当事人基于相对方违约而单方面解除合同的事由。在约定或法定解除合同事由出现时,该当事人可以依约或按照法定期限和法定形式解除合同。在合同解除后,尚未履行的部分不需要再履行,已经履行的视标的性质和实际情况,守约方可以要求违约方恢复原状或采取其他补救措施,并可以要求赔偿损失。(3)要适时主张先履行抗辩权。先履行抗辩权是指在合同义务履行具有先后顺序时,应当先履行的一方没有履行义务或者履行不符合要求的,后履行一方可以拒绝履行在后义务。(4)要适时履行不安抗辩权。不安抗辩权是指在合同义务履行具有先后顺序时,应当先履行义务的一方有确切的证据证明相对方不能再履行或不履行的在后义务的可能性较高时,在相对方恢复履约能力或提供担保之前,有权终止合同的履行,以避免可预知的财产损失。(5)要适时履行诉讼时效经过抗辩权。诉讼时效是指在诉讼过程中,原告可以依法行使诉讼权利的法定时间期限。如果已经超过诉讼时效,被告可以以此为由请求法院驳回原告的诉讼请求。要注意避免怠于行使诉讼请求权的情况发生。(6)要适时进行诉讼保全。诉讼保全是指在诉讼过程中,一方当事人发现相对方的行为或其他原因可能导致判决难以执行或者扩大己方损害时,可依法定程序请求法院对相对方的财产进行保全、责令其做出一定行为或禁止一定行为。

工作示例

某社会团体与相对方当事人就合同义务履行争议未能协商一致解决。经研判相对方不能再履行在后义务的事实和己方收集保留的证据，决定在诉讼过程中主张行使不安抗辩权的合理性。由于事实充分、诉求合理、证据完整，经法院庭前调解，某社会团体与相对方达成和解协议，双方皆表达了继续开展合作的意愿。

防控要点

(1)发生合同约定的变更情形或双方当事人皆同意变更合同的，应当签署相应的补充协议。在补充协议中应当明确变更前的实际履约情况、变更的具体内容，且说明原合同未变更的条款继续有效。(2)在出现约定或法定合同解除、终止事由时，享有在先权利的当事人应当及时、规范地履行通知义务。通知最好采用书面方式，并保留寄送凭证。在合同终止时，当事人之间最好能够达成书面补充协议，就合同终止的原因、双方的履约情况、是否存在违约情形、终止后的相互协助义务等进行明确约定。(3)应当密切关注合同相对方履约能力、履约进度、履约质量及可能损害己方权益的行为，在法定情形出现或事由具备且证据充分时，应积极主张行使先履行抗辩权或不安抗辩权，有效避免己方的损失扩大或产生无谓损失。

第二章

劳动关系法律风险防控

社会团体办事机构的劳动用工形式比较多样，有体制内正式编制和由挂靠单位借调的人员不在少数，虽然目前劳动纠纷非常少见，但随着社会团体的快速发展和脱钩的社会团体越来越多，办事机构社会聘用人员快速增长，劳动法律风险防控已经成为社会团体负责人和人事部门高度关注的工作内容。因此，本章将围绕社会团体在制度建设、招聘面试、试用期间、用工方式、劳动合同、行为管理、薪资绩效、竞业保密、离职管理、劳动纠纷10个劳动人事管理方面进行法律风险防控提示。

第一节　制度建设风险提示

基本内涵

社会团体劳动人事制度建设是指其办事机构根据相关劳动法律法规，结合人员特点、工作内容和管理实际，在征求员工意见后，内部制定和实施的以“人”为主要对象的行为管理规范体系。通常社会团体的劳动人事制度应当包括但不限于行为规范、岗位设置、职责描述、薪资绩效、工作时间、休息休假等方面的内容。

警示案例

某年7月，张某经面试合格入职A学会，双方签订了三年期的《劳动合同》，并约定试用期为3个月，岗位为副秘书长，工作地点为某市，月工资1.2万元，试用期工资为9600元；并且在合同中明确约定，由于A学会（甲方）工作任务不足导致张某（乙方）处于待业状态，A学会需每月向张某支付基本生活费用3500元。同年12月，A学会因办公地点临时不再续租，安排张某在家办公，并通过电话、微信等方式布置工作，张某通过钉钉汇报工作进展。A学会在向张某支付同年12月的工资时，以张某未提交12月10日、16日、23日、24日工作日志为由，扣减了张某4天的工资。为此，张某提请劳动仲裁，请求裁定A学会全额支付其12月的工资。

仲裁庭认为：张某是根据A学会的安排才居家办公的，且根据通信信息和钉钉日志证明其在家提供劳动；虽然记录不完整，但居家办公具有很强的灵活性,并且A学会并没有制度明确居家办公的考勤方式。因此,仲裁庭采信了张某的主张,裁定A学会应全额支付张某12月的工资1.2万元。

风险提示

根据《劳动合同法》的相关规定和定点服务实践,社会团体在劳动人事制度制定实施过程中需要注意:(1)认识到劳动人事工作的基础性、导向性和重要性,适合的制度能够进一步明确目标、提升效率、促进发展。(2)制度内容除了全面、细致、严谨外,还特别要量体裁衣、量力而行,切忌照搬照抄。(3)在制度制定或修改过程中至少在颁布前,应通过民主程序听取员工或工会的意见或建议;在制度颁布后应当充分告知员工,并就民主程序和公示程序留存好证据材料。(4)制度执行过程中既要保持稳定性、一致性,又要进行阶段性的动态调整,以适应新状况、解决新问题。

工作示例

某社会团体结合自身情况,由秘书长牵头成立工作专班,对办事机构的人事工作特点进行了深入调查和研判,在参照同业机构薪资制度和听取员工意见建议的基础上,整合、优化和制定了系列人事规章制度,并在执行过程中遵循"法、理、情"的原则,取得了较好的效果。

防控要点

(1)制度内容不能违反现行法律法规和主管单位规范性文件的规定。(2)听取意见建议时应留存会议签到表、会议纪要、讨论稿征求意见表等佐证材料。(3)制度公示过程中要通过张贴公告、管理OA、工作邮箱、书面签收等方式明确告知所有员工制度内容,并留存相应的佐证材料。(4)制度执行产生的任何奖惩行为,都要按照规定并有据可查、有例可比。

第二节　招聘面试风险提示

基本内涵

社会团体招聘面试是其办事机构根据工作的实际需要，通过公开或特定招聘渠道，发布招聘需求信息，对应聘人员的个人状况、教育背景、工作履历、职业技能和兴趣爱好等情况进行筛选、审查，并通过面试决定是否予以试用签约的过程。

警示案例

A学会招聘张某担任其办事机构的会员部负责人，双方签订了为期3年的《劳动合同》，约定试用期为4个月。在张某入职3个月后，A学会单方面通知张某解除劳动合同，理由是张某没有达到A学会发展会员的季度指标。为此，张某提起劳动仲裁。

仲裁庭经审查认为：A学会在招聘广告中并未明确说明录用条件；而且在劳动合同签订后，A学会办事机构既没有明确的职务说明书，也没有书面告知张某担任会员部负责人职务的工作内容及岗位要求。最终，仲裁庭支持了张某“裁定《劳动合同》继续有效”和“按照规定支付岗位相应酬劳”的全部请求。

风险提示

根据《民法典》《就业促进法》《劳动合同法》的相关规定，社会团体在人员招聘面试过程中需要注意:(1)认识到人员招聘是基于自身长期发展或现实工作的需求的管理行为,目的是聘用到性格品质、能力资源能够承担责任、胜任岗位或完成任务的合适人员,切忌因人设岗。(2)发布招聘需求时,应包括基本情况、招聘人数、招聘条件、工作内容、工作地点、劳动报酬等内容,一定不要将民族、种族、性别、宗教信仰、户籍、身体残疾等条件作为予以录用或不录用的条件。(3)在筛选和审查应聘人员简历时,既要考虑书面内容与招聘需求的契合度,又要重点考虑简历信息中反映出的应聘人员稳定性、成长性因素。(4)在发放试用(录用)通知书时,其内容与招聘需求特别是劳动合同中的工作岗位、工作地点、薪资标准内容不要有冲突。

工作示例

某社会团体一方面结合自身用工特点制定了招聘面试管理制度,确定了主责部门、工作流程、工作要求并出具了岗位设置、职责描述、录用通知等格式文件;另一方面根据拟聘用人员的职级,确定了不同的简历审查力度、面试人员职务和重点核实内容,取得了较好的招聘效果。

防控要点

(1)在招聘面试的过程中应当避免侵犯员工平等就业权的情形。(2)应当根据具体岗位描述确定的录用条件对应聘人员进行告知,并由劳动者签字确认。其中,录用条件应当至少包括学历学位、专业技能、工作经历、资质证明以及其他必要的条件。(3)试用期须达到的何种水平考核结果或者试用期须达到的何种工作业绩等也应当作为录用条件明确告知应聘者,并由其签字确认。(4)在录用通知书发放前应当安排新员工入职体检,但针对艾滋病、乙肝项目的检查须征得新员工本人同意;对于从事接触职业病危害作业的岗位录用人员,应当在上岗前组织职业健康检查。(5)在发放录用通知书后,应当按照约定办理入职手续,否则造成新员工损失的需要承担一定的赔偿责任。

第三节　试用期间风险提示

基本内涵

新入职人员试用期间是指其办事机构通过面试、复试合格确定适合应聘人员，并与其就劳动合同核心内容达成一致以后，商定在一定期限内，通过在约定岗位试用履职，增进相互了解、工作磨合，最终做出相互选择的期间。社会团体对拟聘用人员进行岗位试用，一方面可以验证试用人员表现与简历表述的一致程度，另一方面可以进一步对试用人员的性格人品和岗位胜任能力进行综合考量，进而决定是否正式聘用的决策过程。

警示案例

张某在 2018 年 12 月进入 A 学会秘书处，担任学术活动部部长助理，工资为每月 6500 元。双方签订了一年期的《劳动合同》，约定试用期为 2 个月。试用期结束后，2019 年 3 月张某在学术活动组织中出现失误并产生了不利后果，当日张某以书面形式向 A 学会表达了歉意。但在 2019 年 4 月，A 学会人力资源部负责人找到张某，告知因工作失误，A 学会要对张某重新试用，并书面通知决定将张某的试用期延长 2 个月至 2019 年 4 月。虽然张某进行了辩解和说明，但迫于压力还是签字同意延长试用期。但在 2019 年 4 月末，张某收到了 A 学会人力资源部发出的《试用期解除通知书》，理由仍是原来的工作失误。因此，张某提起劳动仲裁，要求恢复劳动关系，并按照每月 6500 元的标准支付自 2019 年 4 月末至恢复劳动关系期间的工资损失。最终，仲裁庭支持了张某的全部请求。

风险提示

根据《劳动合同法》的相关规定,在新员工试用期间:(1)社会团体应当根据不同的劳动合同期限,设定不同期限的试用期。(2)社会团体与同一名员工只能约定1次试用期。即使在劳动合同续约时也不得再次进行试用。(3)社会团体与拟聘用者约定劳动合同期限不足3个月的,不得约定试用期。非全日制用工,也不得约定试用期。(4)试用期工资不得低于转正后工资的80%,并不得低于社会团体所在地的最低工资标准。(5)社会团体应当自试用之日起30日内为员工办理社会保险登记;未办理社会保险登记的,由社会保险经办机构核定其应当缴纳的社会保险费。(6)社会团体应当在员工入职时通过书面形式约定正式录用条件,同时保留好试用期工作记录、面谈纪要等书面资料,用来佐证"胜任录用"或"不胜任解除劳动合同"的评价依据。

工作示例

某社会团体一方面在劳动人事制度中规定了专用的劳动合同、考核评价、工作记录、面谈纪要、转正通知格式文本,另一方面根据不同岗位的任职要求,对应细化、量化了试用期限、工资标准、考评内容,并对试用员工书面签字的工作记录、面谈纪要认真存档,较好地防范了试用期间可能出现的法律风险。

防控要点

(1)无论约定劳动合同期限多久以及岗位如何重要,试用期间最长都不得超过6个月。(2)要明确试用员工的考评责任人,并应当要求试用员工提交可衡量的工作日志。(3)对会员部门、财务部门负责人和出纳等重要岗位应当进一步细化试用考评标准,并明确提出"零"失误的要求。(4)应当要求试用员工认真学习《员工守则》等规章制度，在其签字确认后，要求试用期间不得违反。(5)尽可能避免延长试用期间。(6)是否通过试用期的决定应在试用期满前作出并告知员工。

第四节　用工方式风险提示

基本内涵

社会团体用工方式是指其办事机构根据实际岗位性质、工作内容、支出预算等情况，可选择采取的如借调、兼职、关联、返聘和劳务派遣等多种补充劳动用工方式。多种用工方式并存的复合用工方式在社会团体比较常见。

警示案例

张某在 2001 年 1 月入职 A 学会筹备处，同年 3 月 A 学会正式成立，张某担任联络部负责人。之后双方多次签订劳动合同，最近一份劳动合同的期限为 2018 年 6 月至 2024 年 1 月，张某的工资为 1.25 万元，A 学会发放张某工资至 2019 年 6 月，缴纳社保至 2019 年 12 月。但在 2011 年 12 月，张某与 A 学会签订了《转让协议》，将 A 学会经营的一家实体甲转让给张某经营，并约定保留张某工作身份不变，此后张某在 A 学会没有任何工作内容。2019 年，A 学会决定按照政策要求与实体解除关联关系，决定停止向张某等人支付工资及社保。因此，张某提起劳动仲裁，要求确认其与 A 学会自 2001 年 1 月至 2020 年 4 月存在劳动关系，令 A 学会支付其自 2019 年 7 月至 2020 年 4 月的工资。

仲裁庭经审查认为：在 2013 年 5 月，张某与 A 学会签订了《转让补充协议》，将实体甲全部转让给张某独立经营，张某是实体甲的实际经营人，约定 A 学会保留张某工作身份不变。虽然 A 学会在 2019 年停发张某工资、12 月停缴社保，并且 A 学会理事会也作出了停止发放张某工资和社保的决定，但是 A 学会并未作出书面解除劳动合同的通知，也未将解除劳动关系的意思送达张某，因此，在劳动关系未解除的情况下，张某要求确认劳动关系至2020年4月合法有据，予以支持。2019年7月至2020年4月双方仍处于劳动关系存续期间，张某未为A学会提供劳动，将2019年7月至2020年4月比照待岗状态处理，并裁定A学会向张某支付基本生活费。

风险提示

根据《劳动合同法》的相关规定，社会团体在选定用工方式时应当注意：(1)借调其他单位正式聘用人员在办事机构内设部门进行相对固定的工作时，应当保留其与借出单位劳动关系存续的证明或与借出单位签署人员的借调协议，避免用工主体混淆的情形出现。(2)在聘用兼职人员时，既要严格审查其劳动关系状况，又要根据兼职工作的时长签订劳务合同，切实保护双方的权益。(3)对退休返聘的人员，应当在审核其年龄、户籍、健康、养老保险、退休待遇等情况的基础上，签订退休返聘协议，避免被动建立事实上的劳动关系。(4)对于实习的学生，应当确认其在校学生身份的真实性，明确双方的权利义务；如有可能应当为其购买人身意外保险。(5)在通过劳务派遣形式进行用工时，一定要签署正规的劳务派遣协议；特别要详细约定派遣人员的工作岗位、工作内容和工作要求。

工作示例

某社会团体采取多种复合用工方式，其人事部门一方面使用专业严谨的兼职、借调、返聘、实习和劳务派遣合同范本，另一方面特别注意审核非劳动关系用工人员的个人信息、资质资格、收入保障等情况，并要求提供相应证明材料，起到了良好的补充用工效果。

防控要点

（1）严格审核用工人员的在职证明、社保证明、离退休证明等材料，确保其是适格的劳动主体。（2）对于不是必须签署劳动合同的用工方式，也要与用工人员签署相应的合同协议，明确双方的权利义务。（3）对于不能为用工人员缴纳社会保险的情况，也应当为用工人员购买人身意外保险、雇主责任保险等。（4）对于非劳动关系的用工人员，应当避免对其进行考勤、考核、评价等实质性劳动管理，避免被认定为事实的劳动关系。

第五节　劳动合同风险提示

基本内涵

社会团体签订的劳动合同是与即将聘用的劳动者确立劳动关系和明确双方权利义务的法律契约文件。劳动合同通常包括合同期限、工作内容、劳动保护、劳动条件、劳动报酬、劳动纪律、合同终止条件和违反合同约定的法律责任等内容。社会团体与劳动合同相关的法律行为有签订、延续、修改、解除等。

警示案例

张某在 2017 年 3 月 1 日入职 A 学会任行政专员，双方签订了劳动合同，合同期限自 2017 年 3 月 1 日起至 2018 年 2 月 28 日止。合同期满后，张某继续在 A 学会工作；2018 年 10 月 22 日，双方续签劳动合同，合同期限为 2018 年 3 月 1 日至 2019 年 2 月 28 日。张某在 A 学会工作至 2019 年 2 月 28 日，双方的劳动合同于该日到期终止。张某提起劳动仲裁，要求 A 学会支付 2018 年 3 月 1 日至 2018 年 10 月 22 日未签订劳动合同的二倍工资差额，并要求支付年终奖。

仲裁庭经审查认为：张某与 A 学会的劳动合同于 2018 年 2 月 28 日到期后，张某仍在 A 学会工作，故 A 学会应在合同期满后 1 个月内与张某签订书面劳动合同，但 A 学会直至 2018 年 10 月 22 日才与张某签订书面劳动合同，A 学会辩称其未及时签订劳动合同系因张某的工资性收入发生变化且需对规章制度进行重新修订，故需等制度修订后才能续签合同，同时其表示双方在补签劳动合同时对期限进行了约定，张某也未提出异议。但 A 学会并未提交证据证实其未与张某及时续签合同系其上述所称的原因,亦未提交证据证实其已将该原因告知张某并获得认可。基于A学会未在法律规定的1个月宽限期内与张某签订合同,故需向张某支付2018年4月1日至2018年10月21日未签订劳动合同的二倍工资差额。此外,A学会认为其根据员工在单位表现而确定发放奖金的资格和数额,故其未发放张某全部奖金有理由,但A学会未提供确实、充分的证据证明其不发放奖金的依据,故其该理由亦不能被采信。

风险提示

根据《劳动合同法》的相关规定,社会团体在开展劳动合同相关管理行为时应当注意:(1)在开始用工之日起30日内与员工签订内容完整的书面劳动合同,并由双方至少各执一份,避免劳动合同无效或可变更的情形出现。(2)如果员工明确拒绝签订劳动合同,除要探究动因外,还应当留存有力的证明材料,并在1个月内通知该员工终止劳动合同,避免多重任职和支付经济补偿金的风险。(3)在劳动合同需要修改或补充时,既要与员工充分协商一致,又要签订书面的变更、补充协议,作为原劳动合同不可分割的一部分,避免内容上的矛盾和冲突。(4)要特别斟酌劳动合同约定期限和续约的期限,避免在条件不具备时必须签订无固定期限劳动合同的超前情形出现。

工作示例

某社会团体针对劳动合同签订、续订、变更、解除阶段可能出现的问题,建立健全了劳动合同管理制度和劳动合同管理台账,并安排专人负责对劳动合同相关的管理行为进行规范和监督,有效避免了相关风险的出现。

防控要点

(1)要熟悉《劳动合同法》的强制性、禁止性规定,制定并严格执行劳动合同管理制度,领取劳动合同或补充/续订时应登录在劳动合同管理台账中。(2)对有明确时间限定的相关行为,应当及时完成,并妥善处理员工拒绝签订劳动合同等异常情况。(3)在劳动合同到期前应当提前30日通知或征求劳动者是否续签的意见,拟定《劳动合同到期终止通知函》《劳动合同到期续签意见征集表》等文书范本。(4)第一次固定期限劳动合同到期后,有权支付经济补偿金并不予续签;第二次固定期限劳动合同到期的,除劳动者提出不续签外,用人单位不能提出;用人单位与员工签订两次固定期限劳动合同后,应与其签订无固定期限劳动合同。

第六节　行为管理风险提示

基本内涵

社会团体行为管理是指其办事机构根据关于员工工时标准、工作时间、考勤制度、加班休息等的制度规定，对员工的工作秩序、工作流程、工作分工等非业务行为进行管理的过程。社会团体进行行为管理的主要目的是保证办公秩序，为提升工作效率和工作质量创造条件。

警示案例

张某为A学会的员工，A学会规章制度明确要求员工上下班要进行考勤打卡，但是因A学会人员较少，大家日常出勤都是出于自觉、互相监督，因此员工普遍存在上下班不打卡的情况。自2020年起张某因与A学会领导产生矛盾，经常迟到、早退、旷工，最终A学会以旷工严重违反规章制度为由与张某解除了劳动关系。因此，张某提起劳动仲裁，要求A学会支付违法解除劳动关系赔偿金。

仲裁庭经审查认为：虽然A学会有规章制度明确上下班打卡，但是鉴于员工普遍未遵守该考勤制度，且A学会未进行任何处罚，代表A学会对于员工的缺勤行为持默认的态度，该规章制度对员工没有约束力，因此，A学会应当支付张某违法解除劳动关系赔偿金。

风险提示

根据《劳动法》和《劳动合同法》的相关规定,社会团体在进行员工日常行为管理时应当注意:(1)要根据不同的劳动用工形式,选择适用标准工时工作制、综合计算工时工作制、不定时工时工作制。但除标准工时工作制之外,其他两种工时制度均需经过劳动行政部门的许可。(2)社会团体要审慎安排员工进行加班,经过与员工协商一致每天延长工作的时间一般不得超过1小时,特殊情况下每日不得超过3小时;并且每月加班时长累计不得超过36小时。(3)与员工约定的加班费计算基数不得低于当地的最低工资标准。其中,在标准工作日内安排加班的,应支付不低于工资的150%的报酬;在休息日安排加班又不能安排补休的,应支付不低于工资的200%的报酬;在法定休假日安排加班的,应支付不低于工资的300%的报酬。(4)在员工发生不符合日常行为管理规定的行为时,应当严格按照相应规章制度中确定的违纪行为进行界定,并按照规定的处罚方式和处罚流程进行处理,并详细记录在案。

工作示例

某社会团体结合办事机构的工作特点,制定了系统的员工日常行为管理制度,明确了考勤要求、休假流程、加班流程,并组织全体员工学习,还特别明确了加班和休假审批权限以及加班费的计算和支付标准。对于员工的违纪行为和处罚标准进行了明确的规定,严格执行并记录在案。因此办事机构的劳动秩序得到了有效保障。

防控要点

(1)对于非全日制用工即非专职人员,员工一般平均每日工作时间不超过4小时,每周工作时间累计不超过24小时。(2)要依据法律规定和工作实际确定员工的上下班时间,尤其要对午休时间进行规定并严格执行。(3)一定要制定和实施加班审批制度,明确加班费的计算标准;根据权限进行审批时,要标明加班时间、加班事由、审批人等。(4)每月的员工考勤记录和违规处罚记录应当书面记载并经员工本人签字确认,同时妥善保管。

第七节　薪资绩效风险提示

基本内涵

社会团体薪酬绩效是指其办事机构基于对各岗位员工的薪资组成、薪资标准、支付周期、绩效考核、奖金核定、福利待遇和薪资调整等的制度性规定，根据员工的工作表现、工作成果、工作效能进行的评价和激励过程。社会团体薪资绩效制度的科学性、合理性、包容性通常是决定员工工作效能的最重要因素之一。

警示案例

张某曾经在 A 学会担任综合管理部部长一职。因工作能力及效率问题，A 学会于 2019 年 3 月 1 日决定调张某至综合部副部长。但经过培训后，张某在新岗位仍不能胜任工作，连续 3 个月的绩效考核结果为“需改进”，其工作能力已严重影响部门工作，故 A 学会于 2019 年 4 月 28 日向张某送达《解除劳动合同通知书》。张某认为其自入职后一直表现优异，勤勉工作，在 2018 年年度考评中绩效优异并获足额年终奖；A 学会制定的新版薪酬与绩效管理制度在程序和内容上均不合法，对张某恶意调岗实为后续解除劳动合同作铺垫，2019 年 3 月、4 月对张某作出的绩效考评均无合法依据及理由。因此，张某提起劳动仲裁，要求 A 学会支付违法解除劳动合同赔偿金。

仲裁庭经审查认为：A 学会于 2019 年 4 月 28 日以张某不胜任工作为由向张某发出《解除劳动合同通知书》，对此，A 学会应对解除行为承担证明责任，否则应承担举证不能的不利后果。但A学会提交的证据不足以充分证明张某存在不胜任工作的事实,其中绩效考核表没有张某签名,考核指标主观性较强,未提供其他证据证明该绩效考核评分的合理性。故A学会单方解除劳动合同的行为,不符合法律规定,应认定为违法解除劳动合同。

风险提示

根据《劳动法》和《劳动合同法》的相关规定,社会团体在薪资绩效管理过程中应当注意:(1)工资标准不能低于当地发布的最低工资标准,并应当按照合同约定每月以货币形式支付。(2)调整员工工资标准、组成、结构,本质上属于变更劳动合同的行为,应事先与员工协商一致并通过书面形式予以确认。(3)应当根据部门分工、岗位设置、工作性质、工作内容和发展规划,制定相对公平合理和尽可能可量化、可衡量的绩效考核制度,避免短期和片面的评价。(4)应当尽可能避免以“罚款”“扣款”等形式对员工的违纪行为进行惩罚或处罚,应当以综合绩效考核结果作为阶段性调整员工薪资报酬的主要依据。(5)对员工福利应当详细注明享受条件、资格与标准,避免空泛描述导致的随意性。

工作示例

某社会团体结合其业务特点和发展阶段,采用了矩阵式绩效管理方法,推行一人多能、一岗多职,将管理职责、项目执行、业务拓展和会员发展进行综合考量。在基本工资、职级工资和一般补助的基础上,增设了项目奖金、拓展奖金等浮动薪资,使员工有充足的上升空间和清晰的可实现路径,基本实现了自主工作、能者多劳的激励效果。

防控要点

(1)在每月发放工资时,应当让员工书面签字确认薪资发放情况,最好能够在工作表单中写明“本人确认并认可考勤信息/工资明细,无异议”。(2)对于不是对全体员工适用或特殊、临时性的薪资,不要写在劳动合同中的薪资组成中。(3)绩效评价制度没有最好只有最适合,应当结合实际制定并根据社会团体发展阶段定期进行调整优化。(4)应当注意留存员工的绩效评价结论材料,作为升降职或调岗、培训乃至解除劳动合同的主要依据。

第八节　竞业保密风险提示

基本内涵

社会团体竞业保密是指其与能够接触到核心资源和商业秘密的员工，书面约定保密或竞业限制义务的管理行为。通常需要签订单独的保密/竞业限制协议或签署劳动合同的补充协议，应当包括保密/竞业限制的范围、保密/竞业限制的期限、补偿金支付标准和支付方式以及违约责任等主要内容。保密/竞业限制约定的主要目的是保持学会的行业优势地位和专业领先地位。

警示案例

张某于2010年3月入职A学会，担任会员部部长。双方签订了《竞业限制协议书》，约定张某自离职之日起5年为竞业限制期，在此期间A学会需按照张某在职期间工资标准的35%支付竞业限制补偿金。2013年10月，张某自A学会离职，A学会依约按月足额向张某支付了竞业限制补偿金。2016年1月，张某入职与A学会具有竞争关系的甲单位担任客户经理，从事与A学会具有竞争关系的业务活动。因此，A学会提起劳动仲裁，要求张某继续履行竞业限制义务。

仲裁庭经审查认为：张某与A学会签订的《竞业限制协议书》中约定5年的竞业限制期超过法律规定的最长期限。根据法律规定张某仅在离职后2年内负有竞业限制义务。张某2016年1月才入职与A学会具有竞争性业务的甲单位工作，已经超过2年法定竞业限制义务期，并未违反竞业限制义务。最终驳回了A学会的请求。

风险提示

根据《劳动合同法》的相关规定，社会团体在约定保密/竞业限制义务时应当注意：(1)保密义务可以覆盖全体员工，而竞业限制应当只限于高级管理人员、高级技术人员和其他负有保密义务的必要人员。(2)约定的竞业限制期限不得超过2年，同时应当明确约定竞业限制补偿金的标准和主要方式。(3)保密/竞业限制的范围，可以采取以列举明细与兜底表述相结合的方式进行明确。(4)竞业限制约定如果明确了义务启动方式和时间的，应在条件满足时按照约定的方式发出启动通知，避免因未及时启动导致竞业限制的约定无效。(5)除了签署保密/竞业限制协议以外，还要建立健全保密、核查制度并严格执行。

工作示例

某社会团体与秘书长、副秘书长、财务部和会员部员工同时签订了保密协议和竞业限制协议。明确了竞业限制义务包括禁止相关员工为同业单位提供任何形式的服务、顾问、咨询等，同时要求相关人员在竞业限制期限内履行告知义务，按季度汇报新入职单位工作等信息，同时约定了竞业限制补偿金的支付标准和支付方式，效果较好。

防控要点

(1)应当在相关制度中明确高级管理人员和重点岗位的范围，作为约定保密/竞业限制义务的对象。(2)在约定中可以列出相关人员离职后所禁止从事的行业，或者具体列举某些具有直接竞争关系的单位，但不能明显违反公平原则。(3)约定的竞业限制行为可以包括"自己或与其他个人或组织合作，直接或间接地从事竞争性业务；或为竞争性单位提供服务或劳务，包括但不限于担任竞争性单位的合伙人、董事、监事、股东、管理人员或一般职员、代理人、顾问等”。(4)竞业限制约定中对于补偿金额有明确约定的,其数额不能低于劳动合同履行地的最低工资标准。(5)可以约定保密/竞业限制义务人承担违约金的金额,避免畸高,但过低的竞业限制补偿金也会导致违约金数额的调低。

第九节　离职管理风险提示

基本内涵

社会团体的离职管理是指其办事机构在职员工由于各种原因与社会团体解除或终止劳动合同前后,应当开展的内部沟通、交接和签订保密/竞业限制协议和相关手续的办理工作,以及依法履行的出具离职证明、转移档案关系、转移社保关系等后合同义务。

警示案例

2005 年 7 月 1 日,张某入职 A 学会工作,担任财务部出纳,双方签订了无固定期限劳动合同。2017 年 5 月 31 日,张某提交了辞职报告;1 个月后,双方解除了劳动合同,但 A 学会未及时为张某出具离职证明和转移档案。张某提起劳动仲裁,要求 A 学会补偿其 2018 年 1 月、2 月、4 月的医药费损失。

仲裁庭经审查认为:根据当地的社会保险政策,职工可以通过用人单位缴纳医疗保险或个人以灵活就业人员身份缴纳医疗保险的方式参加职工医疗保险并享受相关医疗待遇。因 A 学会未及时为张某出具离职证明,导致张某未能入职下家用人单位,且因张某档案材料问题导致张某不能通过将档案转入人才中心后以灵活就业人员身份缴纳医疗保险,上述导致张某不能享受医疗保险待遇的过错均不在张某本人,故仲裁庭酌情确定应由 A 学会赔偿张某的医疗费损失。

风险提示

根据《劳动合同法》的相关规定，社会团体在离职管理过程中应当注意：(1)全面掌握解除或终止劳动合同的法定事由或情形以及法定离职流程，避免单方面违法、违约的情形出现。(2)清楚了解需要支付给员工解除劳动关系经济补偿金的法定情形，并根据离职员工的工作年限和离职前12个月的月平均工资核算补偿金额。(3)如果是根据规章制度的规定，由于员工的重大过错导致的劳动关系“主动”解除，应当将能够证明员工行为过错或造成损失的证据材料固定并妥善保管。(4)对于处于医疗期、孕期、产期、哺乳期等特殊时间阶段的员工，因为存在劳动关系解除的特别限制，确有必要的也只能协商解除劳动合同，避免无过错单方解除劳动合同情形的出现。(5)对于高级管理人员和重要岗位员工离职的，应与其签订保密/竞业限制协议；如果之前已经签订了保密/竞业限制协议的应通知其履行并进行后期的定期监督。(6)应当在解除或终止劳动合同时出具相应的证明，如实填写时间、原因等内容，并在15日内为离职员工办理档案和社会保险的关系转移手续。(7)如果涉及需要向离职员工支付经济补偿金的，可以在交接工作完成时一并支付，并要求离职员工签字确认。

工作示例

某社会团体制定并实施了离职管理制度，要求办事机构主要负责人对离职员工的个人情况和离职原因进行谨慎审查和单独访谈，并针对不同的劳动关系终结类型拟定了相应的离职证明格式文本、工作交接流程、补偿金核算标准和人员替代预案，保证了员工离职后的平稳衔接。

防控要点

(1)对于员工主动提出离职的，应当由该员工提交离职申请，写明个人辞职原因,并确定劳动合同的解除日期,一般正式员工应为提交辞职报告后的30日,试用期员工为提交辞职报告后的3日。(2)对于员工因为单位过错被动离职的,应当与离职员工反复核实辞职理由是否属实。理由不属实的要求其据实修改;理由属实的,则劳动关系在接到员工通知时即刻解除,单位还应根据法律规定向该员工支付经济补偿金。(3)对于因员工重大过错解除劳动关系的,无须支付经济补偿金;但在单位单方面解除劳动合同之前,需要将解除理由通知工会(如有),并确保解除劳动关系通知有效送到该员工。(4)对于单位与员工协商解除劳动关系的,双方应当签署协议,明确约定解除时间、经济补偿金标准、保密/竞业限制义务等内容。(5)由于离职员工个人原因未能及时办理档案和社会保险关系转移手续的,应书面通知该员工配合办理,否则可要求其自行承担不利后果。(6)与员工解除/终止劳动关系的管理文件和证明材料至少妥善保存两年。

第十节　劳动纠纷风险提示

基本内涵

社会团体劳动纠纷是指其与在职员工或离职员工,就双方基于现实或曾经存在的劳动关系,针对约定及法定权利的形式和义务的履行情况而产生争议、矛盾,由于不能协商解决,进而向劳动人事仲裁机构或有管辖权的法院提请裁决(判决)、举证质证、应诉答辩、执行生效裁判决定的过程。除非矛盾无法协商化解的不得已情形,否则尽可能避免诉讼(仲裁)给社会团体带来的额外损失和衍生不利影响。

警示案例

张某于 2018 年 2 月由 D 公司借调到 A 学会工作,担任会员部负责人。A 学会时任会长李某承诺张某在 A 学会换届后,担任副秘书长职务。A 学会确实曾拟任张某为副秘书长职务,但因没有换届,故一直属于借调关系未予任命。2019 年 1 月 5 日,A 学会作出《关于终止借调关系的通知》,内容为“2018 年 2 月,经与甲公司商洽,借调你到学会工作。遵照巡视整改反馈意见要求,经学会研究,决定自 2019 年 1 月 1 日起,终止你借调学会的工作关系,请于 2019 年 1 月 11 日前,办理相关工作及资料移交手续。”张某在 A 学会工作至 2019 年 1 月 11 日;2019 年 1 月 31 日,张某与 A 学会办理完毕离职交接手续。在有双方签字的《离职交接单》中,张某备注“本人于 2018 年 2 月 1 日到学会,考勤至 2019 年 1 月 11 日,对学会定位借调有异议,不认可”。因此,张某提起劳动仲裁,要求确认双方存在劳动关系。

仲裁庭经审查认为:张某在A学会工作期间,接受A学会的考勤管理,接受A学会时任会长李某的工作安排,A学会认可张某所做的工作,A学会按月向张某支付劳动报酬,上述事实说明张某与A学会之间具备建立劳动关系的基本特征。A学会称张某系外借人员,双方是借调关系,但是,借调只是张某到A学会工作的形式,并不能否认张某在A学会实际工作的事实。通过张某提交的《证明》《解除劳动关系证明》《单位委托存档人员聘用期内情况表》《单位减少存档人员表》等证据,结合在诉讼中调取的张某社保缴纳情况,可以形成较为完整的证据链,说明张某在入职A学会之前,已与之前的工作单位解除劳动关系。而A学会提交的《借调函》《A学会秘书处外借人员审批表》等证据所显示的时间顺序,又与《A学会秘书处外借人员管理办法》中关于外借人员所需履行程序的规定内容不符。综上,仲裁庭对A学会主张双方为借调关系的事实不予采信,认定张某与A学会建立的是劳动关系。

风险提示

根据《劳动合同法》《仲裁调解法》等相关的法律规定和司法裁判的指引,社会团体在面临劳动纠纷时应当注意:(1)直面问题、深究原因,尽可能在可接受范围内与涉事员工协商解决,并避免己方过失情形的重复出现。(2)一旦必须采取仲裁(诉讼)的手段依法解决矛盾纠纷,就要积极面对、认真准备,详细了解涉事员工的岗位、薪酬、社保缴纳、纠纷事由并认真准备证明己方无过错或员工有过错的证据材料,并厘清证据材料之间的逻辑关系。(3)应当在司法文书规定的期限内提交证据,并按照规定时间出庭行使己方的程序权利和履行程序义务。(4)对于仲裁机构和法院作出的裁判(判决),要结合自身实际和全面研判情况,决定是否在法定的期限内向有管辖权的法院提起诉讼或者上诉;决定不予起诉或者上诉应在裁判决定生效后规定的时限内履行裁判(判决)内容或主张己方的权益。

工作示例

某社会团体一方面全面强化办事机构的劳动人事管理，在充分宣教告知的基础上严格执行各项规章制度并妥善保管各种证明材料；另一方面聘请专业机构排查劳动人事法律风险并查漏补缺，就可能的仲裁、诉讼事件制定工作预案以便有备无患；同时定期与重点员工和员工代表进行座谈，参照意见建议优化完善制度方法，有效减少劳动纠纷发生的可能性。

防控要点

(1)相关证明材料的留存除了通知公告、纸质材料以外，重要的劳动人事管理事项最好通过工作邮箱和 OA 办公系统进行发布或送达。(2)应当建立定期的沟通座谈和意见反馈机制，就获取的意见和问题进行充分研判、及时化解。(3)对于工资支付、加班管理、离职流程等劳动纠纷高发的管理环节，应当进行定期的法律风险排查以确保合规性。(4)对于已发生的仲裁(诉讼)，应当在规定期限内提交证据；确实由于客观原因不能如期提交的，应当向仲裁机构或法院说明情况并申请延期。(5)在庭审质证阶段，要事先分析对方的证据材料，并当庭对其是否超过举证期限以及证据的真实性、合法性、关联性发表意见。(6)向有管辖权的法院提出起诉或上诉的时限为收到裁决/判决的次日起15 日内。

第三章

知识产权法律风险防控

知识产权是社会团体最重要的财产权益之一。社会团体可以享有专有权的知识产权客体包括作品、发明、实用新型、外观设计、商标、地理标志专用权、商业秘密、集成电路布图设计专有权、植物新品种等。社会团体知识产权管理涵盖了对各类知识产权的获取、确权、维持、评估、许可、转让、出资、放弃等具体行为的决定和控制。本章将针对社会团体在商标、著作权、专利、商业秘密、团体标准、品牌宣传、学术会议、开办期刊、评估出资、维权救济等10个方面进行法律风险防范提示和指导。

第一节　商标风险提示

基本内涵

商标是用来表征自己产品或服务出处的标识，也是客户辨识产品生产者和服务提供者的依据。商标可以由文字、图形、字母、数字、三维标志、颜色和声音等要素及其组合构成，并可在注册之后成为一种排他的专有财产权，也称为注册商标专用权。社会团体要获得注册商标专用权，需要依法向国家知识产权局提出注册申请，并经审查核准后获得授权。注册商标的有效期为10年；有效期满前12个月应当向注册机关申请续展；注册商标续展的次数没有数量限制，只要依法续展，注册商标即可无限期使用。如果有人认为某注册商标不符合注册条件，则可以请求撤销该注册商标或宣告该注册商标无效。任何人未经许可，不得在相同或者相类似商品或服务上使用相同或者相近似的商标。对于商标侵权行为，商标权人可以通过协商、向人民法院起诉或者请求行政机关处理等途径解决纠纷。

警示案例

A学会成立于1989年3月，并于1992年取得了以学会名称"A"中主要内容的"C"和"D"的注册商标专用权，核准使用的商品类别为第1～34类，截至1995年增至第42类，且均在续展期内进行了续展。A学会的部分会员单位将"C"和"D"用于广告宣传。众多媒体曾经广泛地对A学会进行宣传，其字号"A"已为公众所熟知。甲公司成立于1996年10月24日，在其办公楼楼顶处标注有“××产品”字样，其宣传企业及产品的资料上使用了“C”和“D”字样，该产品属商品国际分类中的第 17 类和第 19 类。2007 年，A 学会向有管辖权的法院提起诉讼，要求判令甲公司停止侵权行为、停止使用冠有“A”字样的企业名称、赔偿 A 学会的律师费等维权合理支出。

一审法院经审查后判决：甲公司于判决生效之日起立即停止使用冠有“A”字样的名称，并停止涉案的侵权行为，在本判决生效之日起 10 日内赔偿 A 学会律师费 2 万元。二审法院终审判决除将一审判决第一项变更为“甲公司于判决生效之日起立即停止涉案侵犯 A 学会注册商标权的行为，并在从事与‘C’和‘D’注册商标核准使用的商品或服务项目相同或类似的经营活动中立即停止使用含有‘A’字样的企业名称”外，其余均维持原判。

风险提示

根据《商标法》及其实施条例的规定和相关行政、司法裁判的指引，社会团体应当在商标管理过程中注意：(1)要选择适当的名称和标识进行商标注册。通常，学会的标识由中文名称、英文名称和会标图形组成，可以将三者的任意组合进行申请，也可以分别单独申请。(2)要选择恰当的商品与服务类型。结合其业务内容范围和特点，可以在第 16 类(印刷品、书籍装订材料)、第 35 类(广告贸易)、第 41 类(教育、电子期刊、提供培训)和第 42 类(科学技术服务和与之相关的研究)等类别上申请注册商标。(3)要选择适当的商标注册类型。商标包括商品商标、服务商标、集体商标和证明商标。其中，注册集体商标或证明商标类型更适合行业协会和地方商会对其会员生产、经营、服务行为的管理和规范。(4)要及时对注册商标进行续展。注册商标有效期届满，仍需要继续使用的，商标权人应当在期满前 12 个月内按照规定办理续展手续；在此期间未能办理的，可以给予 6 个月的宽展期。期满未办理续展手续的，注册商标会被注销。(5)要把有经济或社会价值且符合商标注册要求的标识尽可能都注册为商标。如会议名称、展会名称、活动名称、期刊名称、分支机构或下设机构名称等。(6)委托第三方单位设计各类标识时，要在委托协议中特别写明“知识产权条款”，明确设计产生的标识作品的著作权归属及将该标识申请为注册商标的权利人。

工作示例

某社会团体制定并实施了《知识产权管理制度》，其中明确要求对学会名称、会标、会议名称、期刊名称、活动名称等具有行业影响力的标识申请注册商标；规定了分支机构、会员及其他合作单位使用商标、标识的流程、范围、期限等内容；并指定专人定期对权利续展、侵权线索等进行梳理和处理，较好地避免了该社会团体的名称、标识被冒用、滥用的情况出现。

防控要点

（1）应当在知识产权管理制度中着重对学会名称和标识及其对应注册商标的取得、使用、许可、续展等行为作出明确的规定。（2）应当指定专人根据管理制度对学会名称和标识的使用情况进行审核和监督。（3）应当定期对商标资产进行盘点确定权利状态，并在注册商标到期前及时进行续展。（4）应当指定专人或委托法律机构对会员、分支机构、合作单位以及其他未知第三方使用己方学会名称、标识的行为进行监测，特别要注意从互联网舆情数据中发现冒用、滥用情况，及时制止侵权和积极进行维权。（5）应当妥善使用发表声明、发送律师函、行政举报和诉讼仲裁等方法，对侵权人进行警告、震慑和要求赔偿。（6）应当在合作办会、合作办刊的合同签订过程中，对名称、标识的使用范围和权利归属进行明确约定。

第二节　著作权风险提示

基本内涵

版权通常与著作权同义，是作者对其独立创作的文学、艺术和科学技术作品享有的排他性权利。在作者完成作品后，不需要登记注册程序法律就会自动给予保护。除课堂教学、科学研究或翻译及少量复制已经发表的作品等合理使用情况外，禁止他人未经权利人许可的发表、复制、发行、通过信息网络传播等行为。与社会团体相关的作品类型有文字作品、口述作品、美术和建筑作品、摄影作品、视听作品和工程设计图、产品设计图、地图、示意图等图形作品、模型作品以及计算机软件等。著作权包括作者的发表权、署名权、修改权、保护作品完整权等人身权利和复制权、发行权、出租权、展览权、表演权、放映权、广播权、信息网络传播权、摄制权、改编权、翻译权、汇编权等财产权利。员工为完成社会团体工作任务所创作的作品是职务作品，除主要是利用社会团体的物质技术条件创作，并由社会团体承担责任的工程设计图、产品设计图、地图、计算机软件等职务作品及法律、行政法规规定或者合同约定著作权由社会团体享有的职务作品外，著作权由作者享有，但法人或者其他组织有权在其业务范围内优先使用；作品完成两年内，未经单位同意，作者不得许可第三人以与单位使用的相同方式使用该作品。著作权中的署名权、修改权、保护作品完整权三种人身权保护没有时间限制。作者为自然人所享有的发表权和所有财产权的保护期限，为其“终生和死亡后五十年，截止于作者死亡后第五十年的 12 月 31 日”。著作权人为法人或非法人单位的，则发表权和所有权的保护期限为 50 年，截止于作品创作完成后第 50 年的 12 月 31 日。但作品自创作完成后 50 年内未发表的不再保护。

警示案例

某图片登载于A网站上，图片编号为A××，首次发表日为2009年8月1日，网络发表日为2009年11月9日。在相关图片信息中注明“A网站”字样，图片上标有“A网站”的水印，图片下方有甲公司的著作权声明。2013年1月，乙公司与甲公司签订著作权转让协议，乙公司将其拥有著作权的图片契约著作的全部权利转让给甲公司，转让后甲公司有权将著作权转让给其相关企业或其他第三方。协议附件为契约著作权转让的相关内容，其中与本案有关的系立契约书人为张某、李某，名为“××”的国画图库作品。张某、李某曾与甲公司签订出资委托创作合约书，乙公司出资委托两人创作“国画图库”光碟之美术图案、图形、电脑程式设计。两人完成创作后，著作权及所有权皆属乙公司。根据甲公司提供的两人完成的相关作品，在一组国画作品中包含有涉案图片，图片编号为A××。某杂志目录页上注明该杂志的主办单位为某学会，出版单位为杂志编辑部。在2012年第1期的杂志第70页的一篇文章标题左下方刊登有涉案图片。该期杂志定价16.50元。因此，甲公司向有管辖权的法院提起诉讼，请求该学会停止侵权、赔偿损失、承担合理费用。

法院经审查后认为：作品是指文学、艺术和科学领域内具有独创性并能以某种有形形式复制的智力成果。主张权利的涉案图片，以绘画的形式展现了特定情景，具有一定的审美意义，在对绘画对象、主题内容的表达上颇具独创性，应作为美术作品受我国《著作权法》保护。关于某学会的责任承担，根据《出版管理条例》的规定，出版物的报纸、期刊编辑部不具有法人资格的，其民事责任由其主办单位承担。现涉案杂志的出版单位编辑部并不具有法人资格，该杂志的相关民事责任应由杂志的主办单位即某学会承担。某学会还主张其就涉案图片的版权问题尽到了合理审查义务。从某学会提供的涉案图片在A网站上的页面显示，该页面右下角即标注“本站提供的图片仅供学习和交流使用，版权归原作者，请勿用于任何商业用途”字样。故该学会在从A网站上下载涉案图片时应当明知该网站对涉案图片并不享有著作权,不能用于商业用途,其仍然将涉案图片用于其杂志上进行商业使用,存在侵权的主观故意。最终法院判决支持甲公司的全部诉讼请求。

风险提示

根据《著作权法》及其实施条例的规定和相关行政、司法裁判的指引,社会团体应当在著作权管理过程中注意:(1)要充分认识著作权侵权行为的多种形态。未经权利人许可的复制、发行、发表、改编等行为皆为侵权行为,可能要因此承担民事赔偿、行政处罚甚至刑事责任。(2)要充分认识著作权的经济价值。受我国《著作权法》保护的作品之上包括12类著作财产权,除法律规定的合理使用、法定许可情况外,任何使用、传播行为都应当获得著作权人的许可,并需要支付相应费用。(3)要充分认识著作权的自动获取性。作品自完成之日起,无须经过注册登记程序,作者即自动成为著作权人受到《著作权法》的保护。版权登记是自愿证明行为,并不是作者获得著作权的前置或必要程序,但其作为证据的证明力比较强。(4)要充分认识职务作品的认定标准。并不是单位员工在任职期间创作的相关作品,其著作权就一定属于单位。只有当有证据证明作品创作系由单位组织,相关费用、风险、责任皆由单位承担时,作品的著作权人才是单位。

工作示例

鉴于著作权的自动获取性、保护期限的长久性、传播使用方式的灵活性、经济价值实现的丰富性、行业专业地位的表征性,某社会团体认识到其特别适合作为核心"软资产"进行保护。为此,分别制订并实施了科普作品、学术作品、培训作品和软件作品的创作规划,并成立专门的部门进行运营管理,以防止他人未经许可的抄袭、篡改等行为,有效维护了学会的权威性和公信力,同时也取得了较好的经济社会效益。

防控要点

(1)应当在聘请专家进行学术研讨、会议演讲、教育培训、课题研究时,签署知识产权授权声明,明确著作权的权属范围。(2)应当在与其他单位共同主办会议、合办期刊时,在合作协议中特别关注“知识产权条款”,明确著作权的归属。(3)应当在识产权管理办法中,对分支机构牵头、组织创作的作品的权利归属作出明确规定,特别是在分支机构自行解决创作经费来源的时候。(4)应当制订职务作品的创作规划,妥善收集并保存创作方案、工作纪要、费用明细和过程材料等。(5)应当在作品发表前,通过合理方法如文字作品查重等,确保作品不侵犯他人的在先著作权。

第三节　专利风险提示

基本内涵

专利权是一种面向新的技术方案或新的设计的排他性权利。在专利权期限内,禁止他人未经权利人许可,以生产经营为目的的实施专利技术方案或设计方案。专利分为发明、实用新型和外观设计三种类型。社会团体作为申请人应当按照要求格式和内容撰写专利申请文件,经国家知识产权局审查后,方予以授权。其中,发明专利和实用新型专利要审查技术方案的新颖性、创造性和实用性;外观设计专利要满足与现有设计有明显区别的要求。如果审查员认为专利申请未达到授权标准,则会驳回专利申请。专利授权后,保护期限均自该专利的申请日起算。其中,发明专利的保护期限为20年,实用新型专利的保护期限为10年,外观设计专利的保护期限为15年。专利权人要维持专利权有效,还须每年按时缴纳年费。专利权人可以依法禁止他人未经许可实施其专利的行为,具体包括制造、使用、许诺销售、销售、进口等行为。如果需要使用他人的专利,应当获得专利权人的许可,并协商缴纳专利许可费。专利权人可以自己实施、许可他人实施、转让专利权、将专利权作价入股等。对于专利侵权行为,专利权人可以通过协商、向人民法院起诉或者请求行政机关处理等途径解决纠纷。

警示案例

A学会于2013年2月25日向国家知识产权局提出了名称为“××追溯防

伪系统及追溯防伪方法”的发明专利申请,2016 年 8 月 3 日获得授权,专利号为 ZL×××××.×,并一直合法有效。A 学会认为甲公司未经其许可,为生产经营目的使用涉案专利方法的行为侵犯了其专利权,遂向有管辖权的法院提起专利侵权纠纷诉讼。

法院经审查认为:仅依据 A 学会提供的《技术服务合同书》尚不能确认甲公司使用的方法与涉案专利权利要求的技术方案相同。根据 A 学会提供的公证书,结合甲公司职员录制的视频影像,可以认定甲公司使用的“产品溯源平台”标签及其溯源防伪方法与涉案专利权利要求的全部技术特征相同,落入专利权的保护范围。甲公司在其产品的包装上使用防伪凭证,该防伪凭证的具体防伪溯源方法由产品溯源平台提供技术支持,该平台的主办方为甲公司。法院最终认定甲公司在网站上提供防伪溯源技术、在其产品包装上使用防伪溯源方法构成专利侵权,责令甲公司立即停止专利侵权行为。

风险提示

根据《专利法》及其实施细则的规定和相关行政、司法裁判的指引,社会团体应当在专利管理过程中注意:(1)要制定符合实际的专利申请策略。专利只是进行技术方案保护的一种方式,有些可以通过保密措施进行保护或者通过专利保护很难取得他人侵权证据的技术方案更适合采用商业秘密的方式进行保护,以获得更好的保护效果。而且,有一些不符合专利授权条件的技术方案也只能采用商业秘密的方式进行保护。(2)要在可授权范围内撰写专利说明书和权利要求书。专利说明书是对专利技术方案的概要描述;而权利要求书则是界定专利权保护范围的依据。权利要求界定的保护范围的尺度最能够体现申请专利时编写权利界定。界定的保护范围窄,相对容易授权;界定的保护范围过宽,相对不容易授权,但归根结底是要在可授权的前提下,获得最大范围的保护范围。(3)要积极应对专利权无效宣告请求。对于已经授权的专利,任何人认为其不符合法定授权条件的,可以向国家知识产权局提出无效宣告请求。国家知识产权局将会根据请求人提出的理由和证据,对该专利进行再次审查,判断是否符合授予专利权的条件,如果认定不符合授权条件的,则会宣告该专利权无效。(4)要尽可能保护单位的职务发明。单位的员工执行单位任务或者主要利用单位物质技术条件完成的发明创造,属于职务发明创造,成果的所有权及其申请获得的专利权归单位所有。但对于做出职务发明创造的发明人或设计人,单位应当依法给予奖励。(5)要尽可能避免专利侵权。一方面专利权人可能被他人侵权,另一方面也可能在研发成果实施过程中侵犯他人的专利权。在获得专利授权后,应当指定专人或委托专业机构在该专业领域内对侵权产品或者侵权行为进行跟踪,及时发现被侵权的事实,保留相关证据,以便及时制止侵权、进行索赔。同时在某项产品生产投放市场前,应检索有关专利文献,防控侵犯他人专利权的风险。

工作示例

某社会团体不但结合市场需求,依托支撑单位的技术成果转化,围绕“高精尖特新”进行实用技术研发,获得了一批职务发明专利,而且通过与会员单位组建专利联盟或建立专利池的方式,按照一定机制实施联盟的专利集体运营,积极开展专利许可和专利出资行为,既获得了政府的资金支持,又获得了持续的市场化收入。

防控要点

(1)应当制定和实施周密、严谨的专利申请策略,对技术方案发布时间、保护方式、申请时点等进行详细的规定,确保权益最大化。(2)应当用好专利申请优先权。其中,国内优先权又称为“本国优先权”,是指专利申请人就相同主题的发明或者实用新型在我国第一次提出专利申请之日起12个月内,或者自外观设计专利申请之日起6个月内,又在我国提出专利申请时可以享有优先权。国际优先权又称“外国优先权”,是指在专利申请人自发明或者实用新型在外国第一次提出专利申请之日起12个月内,或者自外观设计在外国第一次提出专利申请之日起6个月内，又在我国就相同主题提出专利申请的，依照该外国同中国签订的协议或者共同参加的国际条约，或者依照相互承认优先权的原则，可以享有优先权。(3)应当根据专利审查过程中的新颖性宽限期规定，谨慎确定论文发表和申请专利的先后顺序。申请专利的发明创造在申请日以前6个月内，在中国政府主办或者承认的国际展览会上首次展出的、在规定的学术会议或者技术会议上首次发表的或者他人未经申请人同意而泄露其内容的，在审查过程中不丧失新颖性。但为了避免无谓的争议，尽可能按照申请专利在先、论文发表在后的顺序公开相关技术内容，也可以使论文成果得到著作权和专利权的双重保护。(4)应当制定专利管理办法和运营策略，并指定专人负责专利申请、维持、许可、转让和维权等相关工作。(5)应当充分掌握职务发明的认定标准。职务发明包括员工在本职工作中作出的发明创造、员工履职单位交付的本职工作之外的任务所作出的发明创造；员工从原单位离职(退休、调离原单位或者劳动、人事关系终止)后1年内作出的，与其在原单位承担的本职工作或者分配的任务有关的发明创造以及员工主要是利用本单位的物质技术条件所完成的发明创造。

第四节　商业秘密风险提示

基本内涵

商业秘密是不为公众所知悉，具有商业价值，并经权利人采取相应保密措施的技术信息、经营信息等商业信息。商业秘密较其他知识产权具有秘密性，可避免核心数据、技术方案等重要资产未经许可的公开，以维持和加强竞争优势。通常更加适合作为商业秘密加以保护的有经营策略、会员信息、客户信息、财务数据、实验数据、产品配方、生产工艺和投标标书等内容。商业秘密不需要经过行政机关的审查、认证或备案，只要还处于保密状态则其权利期限是无限的。但商业秘密一旦泄露，其内容价值就会大幅减损，再采取其他保护措施的意义和可能都较低。如果商业秘密受到侵害，权利人可以通过协商、请求行政机关处理或者向人民法院起诉等手段解决纠纷。侵权人可能要承担停止侵权、赔偿损失等民事责任，严重的还会受到行政处罚或承担刑事责任。

警示案例

A 学会于 2020 年 4 月 13 日，起诉甲公司“指使员工使用不正当手段窃取会员名单等商业秘密”，索赔若干万元。起诉书显示，共同被告张某曾在 A 学会担任服务顾问负责会员联系，在职期间其接触到 A 学会会员群体，离职加入甲公司后，违背此前就职单位的离职要求和保密义务，以违规方式获取该学会会员名单，并以甲公司的名义，持续对 A 学会会员进行客户招揽和产品销售。A 学会在起诉书中表示，甲公司涉嫌指使员工从事违法违规行为，并使用属于

A 学会的商业秘密，与张某构成共同侵权，并据此向甲公司及张某索赔。根据起诉书，被告人张某于 2019 年 4 月 22 日入职 A 学会，担任服务顾问，后于 2020 年 2 月 17 日离职，后成为甲公司员工。A 学会称，其与张某通过签订《劳动合同》、《保密协议》、《竞业限制协议》和《无形资产管理办法》，明确约定保密范围，并在学会规章制度中对于员工保密义务进行了详细约定。此外，A 学会为相应员工购置工作手机，该工作手机开机界面即提示“通过工作手机、工作手机号、工作微信号等发送接收及存储的所有信息均属于 A 学会资产和具有商业价值的保密信息”。张某通过工作手机、工作微信与会员直接沟通产生的所有通信费用均由 A 学会支付。张某可通过 A 学会为其配发的工作手机、工作微信，与 A 学会会员群体有大量直接接触，具有完全知悉和掌握 A 学会会员名单的能力。A 学会表示，2020 年 2 月 17 日张某离职成为甲公司员工后，违背离职要求和保密义务，通过微信“好友找回账号”的方式，将载有大量商业秘密的工作微信号找回，以甲公司员工的名义，持续与本属于 A 学会会员群体进行客户招揽和产品销售。A 学会还认为，甲公司明知或应知张某的上述行为，仍占用、使用本属于 A 学会的商业秘密，已经与张某构成共同侵权。经法院调解，双方达成庭外和解协议，甲公司和张某承诺不再与 A 学会的会员群体发生业务上的往来，如违反约定则按照双方之前签订的协议承担责任。A 学会同意撤回起诉。

风险提示

根据《反不正当竞争法》等法律法规的规定和相关行政、司法裁判的指引，社会团体应当在商业秘密管理过程中注意：(1) 要明晰商业秘密的认定条件。作为权利客体的信息数据内容必须是不被公众所知悉、具有一定商业价值，并且权利人已经采取了相应的保密措施。(2) 要明确商业秘密的一般特点。被作为商业秘密保护的内容无须强制公开，在 20 年后仍有较大商业价值，但其一旦泄露后就能迅速被竞争对手转化使用，对己方的竞争优势有较大影响。(3) 要清楚可能的侵权行为方式。例如，任何盗窃、贿赂、欺诈、胁迫、电子侵入或者违反保密义务及其他任何不正当手段的获取、披露和使用商业秘密的行为。(4)要认真论证技术方案的保护方式。技术方案既可以通过申请专利进行保护,也可以通过商业秘密进行保护,因此要充分论证利弊得失。(5)要制定并实施严格的保密规定。对保密的对象、范围、方法、措施、责任进行明确细致的规定,特别是要对可接触和使用秘密内容人员的范围和行为进行约束,并签订保密协议。(6)要加强对涉密人员的教育培训。进一步明确保密责任,防止因保密意识不强,被他人教唆、引诱或帮助他人违反保密义务或者违反保密规定要求获取、披露、使用或者允许他人使用商业秘密。(7)必要时要与重要的涉密人员签署竞业限制协议。避免竞争对手通过故意招聘己方员工的方式获取和使用商业秘密。

工作示例

某社会团体按照重要性、易得性、转化性等标准,对其办事机构运营管理过程中产生的,适合以商业秘密方式进行保护的内容进行了集中梳理。制定了覆盖所有涉密岗位、流程、环节的保密规定要求;与重要的涉密岗位人员签署了保密协议和竞业禁止协议;并定期对涉密人员进行教育培训,提升其保密意识和能力,取得了较好的效果。

防控要点

(1)要充分意识到虽然商业秘密有保护范围广、保护成本低、保护期限长等优势,但是也有流通转化性差、价值强度不高等特点。(2)要充分意识到商业秘密最大的风险就是泄露风险。一方面要对涉密岗位新员工的招聘、审查、试用有特别的规定和考察期,另一方面要与涉密人员签署保密协议和竞业限制协议。(3)要充分意识到在交流合作过程中容易造成商业秘密泄露。既要对座谈研讨、技术交流、发表论文、接受来访时展现和披露的内容进行预先审查,又要在合作、委托合同中,对相对方可能接触到的己方商业秘密提出保密要求、明确保密责任，而且保密期限不要受合同期限的限制。(4)在内部商业秘密管理规定中，要界定商业秘密的范围和保密等级、明确涉密人员的范围，列明如书面材料、电子文件、统计数据的具体保密措施和实用程序，还要划定保密区域并配套安保设备，同时要保管好相关的台账记录和侵权证明材料。

第五节　团体标准风险提示

基本内涵

团体标准是指由具备相应专业技术能力、标准化工作能力和组织管理能力的社会团体，按照内部确立的标准制定程序自主制定发布，由社会自愿采用的行为标准、工作标准。按照相关法律规定，政府主导制定的标准包括强制性国家标准和推荐性国家标准、推荐性行业标准、推荐性地方标准4类，由社会主体自主制定的标准包括团体标准和企业标准2类。团体标准的制定和发布不需要经过行政审批和登记，只需按照程序在相应的标准平台上发布，接受社会公众提出的意见和评议。

警示案例

2019年8月，A学会出资成立的甲出版社出版《××××手册》（第二版），封面载明“A学会主编”，甲出版社对于被诉图书完整使用了涉案标准不持异议。乙出版社主张，甲出版社未经许可，在其出版发行的2019年第二版《××××手册》中使用了涉案标准，侵害了乙出版社对涉案标准享有的复制权、发行权。

法院经审查认为：根据相关法律规定和指导意见，国家标准分为强制性国家标准和推荐性国家标准。推荐性国家标准属于自愿采用的技术性规范，不具有法规性质。由于推荐性国家标准在制定过程中需要付出创造性劳动，具有创造性智力成果的属性，如符合作品的其他条件，应当确认属于著作权法保护的范围。涉案标准遵循标准化法的规定，形成的相关文字、表格、数据等成果是付出了创造性劳动所得，具有独创性，且被国家标准委发布、出版，符合作品的构成要件，应当受到《著作权法》的保护。涉案推荐性国家标准的著作权归属于国家标准委。根据《标准出版管理办法》第3条之规定，国家标准由中国标准出版社出版。根据国家标准委国家标准版权保护工作组办公室出具的《著作权声明》，国家标准委未授权其他任何单位和个人出版发行国家标准。因此，中国标准出版社享有国家标准的专有出版权。乙出版社为中国标准出版社与某出版社合并组建的，依法享有中国标准出版社的相应权利义务，且乙出版社实际已出版了涉案标准，故乙出版社享有涉案标准的专有出版权，有权对侵害其相应权利的行为提起诉讼。被诉图书未经许可，使用了涉案标准，侵害了乙出版社享有的复制权和发行权。甲出版社作为国家批准成立的专业出版单位，应当知道乙出版社有出版权，但仍然未经许可出版被诉图书，且未提交任何证据证明其对被诉图书尽到了合理的注意义务，故甲出版社依法应当承担赔偿责任。

风险提示

根据《标准化法》《著作权法》《专利法》等法律法规的规定和相关行政、司法裁判的指引，社会团体应当在团体标准管理过程中注意：(1)需要在平台上公开本单位的基本信息及标准制定程序等文件，接受社会公众提出的意见和评议。(2)所发布的信息在30日内没有收到异议或经协商无异议的，才可在平台上公布其标准的名称、编号、范围、专利信息、主要技术内容等信息。(3)由争议双方认可的第三方，对于经协商未达成一致的争议内容进行评估，方可确定是否可在平台上公开标准相关信息。(4)需要加强自身标准化能力和诚信建设。一方面要对所公开的基本信息的真实性和标准内容的专业性负责，另一方面要在标准内容发布前，充分论证其与著作权、专利权交叉融合保护的可能性和可行性。

工作示例

某社会团体高度重视标准化工作，一方面设立了专门的部门，培养专业的人员具体负责本领域相关的团体标准的规划、起草、发布、推广和应用；另一方面将团体标准发布内容的保护与其知识产权保护体系进行全面的融合，实现了多重保护和行业引领的良好效果。

防控要点

(1)要充分意识到任何单位的内外部重复性工作、流程性工作、规范性工作都可以作为团体标准的主题和内容，但前提是其内容已经得到充分的保护或不需要进行保护。(2)要充分认识到标准内容著作权归属问题的重要性。可以在标准管理规定中明确，参与起草标准的员工不是当然的著作权人，标准的著作权应归起草单位所有。(3)要充分认识到标准内容转换形式发布的危害性。应当强调未经起草单位的书面许可，将标准核心内容直接或间接通过网络平台、报刊、图书、课件讲座中传播的行为，都是侵犯单位著作权的行为，可以追究当事人的法律责任。(4)要充分意识到下载使用他人发表标准的可能风险。如果需要转载、传播和再优化，都要事先征得标准起草单位即著作权人的许可。(5)要充分运用《国家标准涉及专利的管理规定(暂行)》。进一步保护团体标准内容中包含的技术方案。

第六节　品牌宣传风险提示

基本内涵

品牌宣传是一种有目的、成体系的信息归集、设计、传播活动。品牌宣传的对象包括政府部门、会员成员、服务客户等一切可能与社会团体产生关系或影响的关联方。品牌宣传的成效可以直接影响到社会团体的行业知名度、诚信美誉度、服务可信度以及员工忠诚度等各个方面。品牌宣传的内容可以包括所有能够证明社会团体实力、潜力、能力的各方面正向信息资讯，如负责人及高级管理人员的身份、地位、影响力，单位荣获的各种荣誉表彰以及资格资质，主办承办的学术会议、期刊杂志、技术服务和公益活动的成果成效等。品牌宣传的方法和途径包括：(1)口碑宣传，方式最为传统，但可信度、扩散度、影响度非常高；(2)传统大众媒体宣传，直观效果强，但更建议采取非广告的方式，进行事件、活动的采访报道和集中宣传；(3)网络新媒体宣传，包括官方网站、公众号、微博、邮件、视频、电子杂志等方式，内容的专业性、权威性和连续性将直接影响宣传效果；(4)评标表彰宣传，积极参与合法的评比评价和官方的表彰奖励，通过第三方的平台、渠道提升己方的品牌知名度、可信度。

警示案例

2019年6月，A学会作为甲方与案外人张某即乙方签订《××图片库》图片拍摄合同书，约定：(1)甲方指定乙方为甲方拍摄图片，双方按商定方式付给乙方劳务费；(2)乙方按甲方指定的方式拍摄，并将数据卡交甲方冲洗；(3)甲方付给乙方费用后,乙方对图片不再拥有任何权益,图片的权益为甲方所有;(4)甲方付给乙方的费用包括冲洗前的一切费用,甲方不再负担其他费用。此后,《××图片库》系列光盘由丙出版社出版发行,由A学会制作经销。在光盘包装盒内,有A学会的版权注册回函卡和版权声明,其中版权声明的主要内容为:"A学会在收到您寄出的《××图片库》系列光盘版权注册回函后,将寄给您正式书面授权书。"著作权声明内容为:"A学会拥有本学会出品全部光盘的著作权并保留相关之全部权利;本学会授权购买者根据书面授权书的范围,在单一电脑环境下自己使用""如果图片应用于印刷并对外销售或赠送数量超过1000份产品时,超过部分必须向本学会升级授权内容。如果图片应用于多媒体制作并对外销售或赠送数量超过100份产品时,超过部分也必须向本学会升级授权内容。否则将侵犯本学会著作权。"2020年5月,《×导报》上分别刊登了一则关于"×××技术与产业发展论坛"的广告,该论坛的主办单位是B协会。该广告中有一幅照片,与A学会享有著作权的《××图片库》中编号为TT××××的图片相同。2021年1月,A学会在图书馆查阅报纸时,发现了被告使用其图片的事实,认为被告侵权,遂向法院提起诉讼。

法院经审查认为:该摄影作品的著作权归属A学会。使用作品是著作权人的专有权利,针对《×导报》上涉案广告中出现的未经许可使用A学会《××图片库》中编号为TT××××摄影作品的事实,被告B协会作为涉案广告所指论坛的主办单位,未尽到必要的审查义务,行为构成侵权,故被告对此应承担侵权责任,立即停止侵权,消除影响并赔偿经济损失。

风险提示

根据《广告法》《著作权法》《信息网络传播权保护条例》等法律法规的规定和相关行政、司法裁判的指引,社会团体应当在进行品牌宣传过程中注意:(1)宣传内容应当防止侵犯他人的在先权利。如通过在官网、公众号转载学术文章以丰富专业内容时,即使标明了转载文章的出处,仍属于未经作者许可擅自复制作品,侵犯其复制权和传播权的行为。(2)尽量避免直接使用网络下载的图片或字体。对网络上发布的免费图文、字体资源应当审慎使用,特别是带有权利人或代理人名称或水印的图片,以免遭遇钓鱼式的侵权赔偿纠纷。(3)在委托第三方协助运营官网、公众号等自媒体平台时,一定要在合同中明确知识产权合法使用和连带责任条款,避免间接侵权造成的直接损失。(4)在对主体、产品、服务进行广告或类广告宣传时,一定要对宣传单页、网络宣传用语等进行严格审查,不要采用法律禁止或不建议使用的宣传词汇、词语或政治性、歧视性敏感词,避免受到行政处罚。

工作示例

某社会团体出现过在自媒体上未经权利人许可使用图片,而面临侵权诉讼和赔偿的情形。在经过与权利人及其代理人反复协商达成和解后,该社会团体一方面组织专班对已经发布的内容、图片中可能涉及侵权或权属不明的图片、内容进行了全面清理,另一方面制定了系统的品牌宣传方案和严格的宣传内容三重审查流程,有效避免了各种法律风险的发生。

防控要点

(1)学会网站或者公众号等媒体如果有使用图片、字体的需求,可以与专业的图片库、字体库平台签约购买。不要使用上述平台中标明“不享有著作权”和“侵权免责”的图片、字体素材,因为该类素材可能受到著作权保护,平台还未获得授权,若使用则侵权风险较高。(2)对于已经发布的文章内容和使用的图片、字体,要严格地进行风险排查和自查自纠。尽快删除未知来源、未经授权的图片、文章和字体;对于转载使用量多的栏目应当予以关闭或覆盖更新。(3)对于自己或委托他方进行的宣传推广,要遵守同样严格的内容审查流程;对于他方侵权造成的损失,应当在合同中约定违约和承担连带责任的条款。

第七节　学术会议风险提示

基本内涵

社会团体的学术会议通常是指其作为主办、承办、合办单位，组织召开的讲座、论坛、沙龙、研讨会、研修会、辩论会、年会等学术集会活动。学术会议一般具有学科性、主题性、群体性、交互性等特点。学术会议包括通知、收费、报名等前期环节，签到、餐宿、演讲等实施环节，发刊、结算、宣传等后期环节。学术会议相较于一般会议，除了要关注活动安全外，学术分享内容的权属界定和产权保护问题尤为关键。

警示案例

2016 年 6 月，A 学会作为甲方与 M 公司即乙方签订《合作协议书》，主要内容有：甲、乙双方本着诚实守信、互惠互利的原则经友好协商就 2016 年 9 月共同组织召开“××2016 大会”事宜达成如下协议：(1)甲方的主要工作内容：负责大会的整体策划、全面协调工作；负责大会的会务组织工作，并承担相应费用，包括接待邀请有关领导和专家的费用、征文审稿费用、大会会场租赁费用以及会议代表餐费等其他费用；负责收取参会代表的会务费以及甲方争取的有关单位的赞助费用；负责协调并保证相关专业委员会如期、保质保量完成大会学术交流部分的工作，包括征文、论文收集、审稿、向专家约稿、会上学术交流安排等；负责将审定的论文集稿件(电子版和文稿)最晚于开会前 15 日送达乙方。(2)乙方的主要工作内容：负责大会宣传、招商、招展工作。负责印刷招商宣传资料;在平面媒体上刊发征文通知和大会广告;大会参展商家的招揽、接待、组织和服务工作。乙方印刷的各种文字宣传材料应事先得到甲方认可;负责相关工作开展过程中所发生的费用,包括宣传费用、招商资料印制费用、论文集印制费用;负责收取企业参展费用、论文集广告费用及论文集销售费用、乙方争取的有关单位的赞助费用。甲方举办下届大会时,就广告招商部分同等条件下优先选择与乙方合作。为举办此大会,A学会撰写了相关请示报告、预备实施方案和工作总结,邀请若干单位参加展览,并以A学会名义对外征集论文。2016年9月,“××2016大会”如期举办,大会论文集和报告文集以A学会名义发行,记载的主办单位为A学会,协办单位有B研究所、M公司等。至2020年,该大会共举办了四届。2021年3月,国家商标局颁发第××号“大会名称”文字商标,注册人为M公司,核定服务项目第41类组织教育或娱乐竞赛、安排和组织大会、组织文化或教育展览等。M公司称其申请注册该商标时曾征得了A学会的口头同意,A学会对此予以否认。2021年5月,A学会发布声明,称大会进行更名,同时决定该展览不再由M公司承办。而M公司声称:近期发现,A学会即将于2021年9月举办的大会在对外宣传中重点强调原“××大会”创始于2016年,迄今已成功举办四届,在工作人员对外联系业务的文件中更是直接将现有展览会名称特意标注为原“××大会”的字样。这与A学会此前多次发出“大会活动已经更名”之声明自相矛盾,是利用“大会名称”在业界内的影响力混淆两个不同的大会而谋求利益。上述行为侵犯了M公司的商标权,违反了《反不正当竞争法》中有关诚实信用原则的规定,是不正当竞争行为。

法院经审查认为:不能认定A学会构成不正当竞争,理由为:(1)M公司没有明确指出A学会实施了《反不正当竞争法》第二章规定的具体的不正当竞争行为类型,而对相关行为是否因违反法律原则而应予以禁止,法律持谨慎评价态度。(2)从M公司与A学会签署的涉案《合作协议书》的内容来看,A学会是展会的主办单位,负责大会的整体策划、全面协调工作、会务组织工作及论文征集等,属于大会的主要工作;M公司仅负责大会宣传、招商、招展工作及争取有关单位的赞助费用等,属于具体筹办的辅助性工作。根据约定,A学会有权选择与其继续合作或者不合作。(3)根据2016年9月双方共同举办的首次大会策划筹备、对外协调和会议成果论文集、报告文集的记载等展览实际举办情况,A学会是大会的发起者和主办方,M公司只是众多协办单位之一。故A学会对外宣传自己是“××大会”举办方“迄今已成功举办四届”等是对客观事实的描述,二者之间确有渊源关系,故不违反诚实信用原则。(4)M公司在2021年二者关系尚未破裂、共同合作举办展览期间,未经A学会同意,私自将前期二者共同举办展览所用名称“大会名称”作为商标注册在自己名下,有失妥当。虽然某公司辩称曾获得A学会口头同意,但未提供证据证明,不予采信。(5)A学会在宣传中提到原“大会名称”也只是为了说明或描述自己的服务,不是作为自己服务的商标使用,没有主观恶意,属于正当使用商标标识的行为,不构成商标侵权。

风险提示

根据《商标法》《著作权法》《专利法》及其实施细则等法律法规的规定和相关行政、司法裁判的指引,社会团体应当在组织召开学术会议过程中注意:(1)要在会议邀请函中加入知识产权归属声明内容。例如,“允许主办方制作会议视频录像,并对录像作品享有著作权;与谈人享有会议发言内容的著作权,但会议论文集作为汇编作品由主办方享有著作权”。类似声明虽然不能代替合同,但能够降低签署正式协议的难度。(2)要在通知公告中发布禁止侵权要求。例如,“参会人员未经主办方许可,不得复制、传播、发布会议的视频、讲稿、课件等内容,否则主办方将保留追究侵权责任的一切权利”。这种禁止侵权通知或声明对于线上会议更为必要。(3)要事先获取出版会议论文集和发布会议视频的授权许可。主办方应当在会议论文集正式出版和发布会议视频前获得分享专家和投稿作者的许可,并签署正式的著作权授权许可协议,明确许可方式和许可范围。(4)要采取必要措施防止技术秘密的泄露。可以通过邀请函、参会须知等提醒分享专家注意技术秘密的保护,特别是避免发布敏感度较高的图片、数据。同时,要严格控制会议资料的拷贝、复制,确有必要的还要申请保密部门予以协助。(5)要加强对参会人员的身份审核和信息留存。

出于疫情防控和保密溯源的需要，应当按照报名、签到程序核实参会人员的身份信息，并建档留存以备不时之需。如发现伪造或冒用他人信息的，应予以重点关注。

工作示例

某社会团体制定了详尽的学术会议组织管理办法，不但对主办、承办会议的审批程序、会议收费和经费的管理使用、知识产权的确权和保护、会议风险防范和应急处理等内容作了详细的规定，而且还制作了会议通知、声明、授权及相关合同的格式范本，较好地完成了高频次、多地域、不同规模的学术会议组织工作。

防控要点

(1)应当签署合作协议，明确学术会议主办方、承办方、协办方的权利义务，特别是预算决算和资金管理及分配的内容。(2)应当围绕学术会议各个环节可能涉及的商标、著作权、商业秘密等的确权和保护，作出声明、获得授权，并签署相应合同。(3)应当成立专门的会务组，按照会议方案严格实施，维护会议现场安全秩序和妥善处理应急事件。(4)在学术会议还涉及展览内容时，应当参照属地与展会知识产权保护办法的相关规定，加强对参展方有关知识产权的保护和对参展项的知识产权状况的审查。

第八节　开办期刊风险提示

基本内涵

学术期刊是指由其作为出版单位或受出版单位委托，在特定的学科领域，编辑出版符合要求标准的原创研究文章、综述文章的刊物。开办期刊除了有知识传播的作用，还有同行评议的功能，在某种程度上能够体现社会团体的学术地位及影响力。期刊编辑社可以对作品作文字性修改、删节，但对内容的修改应当经作者许可。学术期刊的责任编辑在学术期刊的采稿、用稿、编校和发行等过程中应当做好“把关人”和“防火墙”。

警示案例

2006 年 4 月，《×报纸》上发表了《论××的控制》一文，作者系本案原告张某。2009 年 3 月，《论××的控制》一文被“某网站”转载。A 学会在 2011 年 1 月出版的某杂志中刊登了作者为李某的《针对××计划》一文。后经 A 学会许可，甲公司将该篇文章在其经营的网站上进行了刊载。2015 年 3 月，原告张某以 A 学会为本案第一被告，以某杂志刊登《针对××计划》一文侵犯其著作权为由，起诉至法院，要求被告 A 学会承担相应法律责任。2015 年 12 月 7 日，原告张某又以 A 学会、甲公司为被告，以甲公司网上刊载的《针对××计划》一文侵犯其著作权为由起诉。收到诉状后，甲公司已将涉案文章从其网站上撤除。

法院经审查认为：《针对××计划》一文未经原告同意，使用原告已发表作品中的部分文字，且未指明使用文字的作者及作品名称的情况属实。虽然《针对××计划》使用《论××的控制》的文字字数较少，占作品本身篇幅的比例也不大，但文章无论长短均是作者智慧的凝结，均应受到平等保护，故可以认定《针对××计划》一文侵犯了原告张某的著作权。现原告张某因该侵权作品被上传至维普网站而起诉，要求保护其署名权、复制权、信息网络传播权和获得报酬的权利。根据现有证据，足以认定系被告A学会提供并同意维普资讯有限公司以数据形式刊登涉案文章，维普资讯有限公司在维普网站上提供了该涉案文章。根据最高人民法院《关于审理侵害信息网络传播权民事纠纷案件适用法律若干问题的规定》第3条第1款之规定，可认定上述二被告的行为侵犯了原告包括署名权、信息网络传播权等在内的著作权，理应承担相应的法律责任，被告A学会并未举证证明其已经尽到合理的注意义务。

风险提示

根据《著作权法》及其实施条例和《出版专业技术人员职业资格管理规定》《使用文字作品支付报酬办法》等法律法规的规定，社会团体在开办学术期刊过程中应当注意：(1)防范可能的民事法律责任。避免在稿件编辑过程中未经作者允许损害作品完整权、对署名人审核不严导致不知情挂名和以稿约代替数字版权转让协议的情况出现。(2)防范可能的行政法律责任。加强编辑队伍的警示教育培训，避免发生参与买卖书号、刊号、版号等违反出版法规的行为和责任编辑把关不严导致出版物中出现内容质量、编校质量问题以及低于标准支付稿酬的情形。(3)防范可能发生的知识产权法律纠纷。一方面应当发布和签订严谨的投稿须知、版权转让/许可协议以及联合办刊协议等，另一方面应尽合理注意义务避免因收录侵权作品导致承担赔偿责任的情形发生。(4)防范与国外联合办刊过程中可能出现的法律纠纷。要在合作办刊协议中重点约定投稿文章的著作权权项的详细归属、适用法律及纠纷解决方式等内容。

工作示例

某社会团体单独和联合创办了数十种学术期刊。为防范可能发生的相关法律风险，首先，某社会团体系统梳理了联合办刊的协议，查漏补缺及时签署补充协议明确权责；其次，加强编辑队伍的教育培训，制定并实施了署名和内容审核管理办法，确保尽到合理注意义务；最后，制作与作者相关的各种合同协议的格式文本，取得了较好的管控效果。

防控要点

(1)应当进一步细化与作者签订协议的核心条款。例如，作品名称、转让或许可的权利种类、转让或授权的范围、翻译权、附件补充材料、许可期限、转让费或许可费、违约责任等。(2)应当进一步限定签订协议的方式。例如，与作者一对一签署纸质协议或通过邮件方式签署电子协议或登录投稿系统签署带电子签名的协议等。(3)应当进一步规范使用他刊已发表文献或图片数据的流程。使用他刊已发表作品不需要获得著作权人的许可，但是应当按照规定向著作权人支付报酬，还应联系原刊，明确是否需要支付费用。(4)应当进一步保护期刊本身的知识产权。例如，期刊名称、标志申请授权后的商标权，委托第三方公司设计的封面、插图、版式等的著作权，受让或被许可获得的其他知识产权。

第九节　评估出资风险提示

基本内涵

知识产权评估出资是指把拥有所有权的知识产权经评估或议价后作为出资，与相对方达成合作或共同成立公司的资产运营行为。社会团体以知识产权进行评估出资，除了要遵守知识产权相关法律法规的规定以外，更多的是要依据《公司法》和《合同法》的相关规定，重点保护出资以后的合法权益。

警示案例

A 学会于 2020 年委托甲评估公司对其所有的知识产权价值进行了评估，并据此增资入股乙公司，双方未作其他约定。随后，乙公司召开股东会会议，决议同意 A 学会以知识产权评估作价 100 万元入股乙公司，并履行了股东变更登记手续。后因其他相关权利人申请，A 学会出资并转让到乙公司的知识产权被裁定无效。因此，乙公司以 A 学会知识产权评估出资过程中存在违法情况为由，向法院提起诉讼，要求 A 学会承担补足出资和赔偿乙公司部分损失。

法院经审查认为：A 学会的出资严格遵循了《公司法》中对知识产权出资的要求。乙公司未能提交证据证明本案评估存在违法情形或者 A 学会在评估时存在违法情形，现以案涉知识产权被确认无效，要求 A 学会承担补足出资和赔偿损失的责任，缺乏事实和法律依据。

风险提示

根据《公司法》《民法典》合同编及相关知识产权法律法规的规定，社会团体在以知识产权评估出资的过程中应当注意：(1)要签订全周期的知识产权出资协议。要明确各方的出资授权、出资方式、出资金额、资金用途、资金管理、权利转让、考核退出和利益分配等各方面的规定。(2)要约定清楚出资后的非财产权利。无论是项目合作还是成立公司都需要高效的决策管理机制，如成立公司就会涉及股东会、董(理)事会、监事会的构成及议事规则的确定。从某种程度上来说，知情权、决策权的有效性往往能够决定投资收益能否得到保障和获取。(3)要委托具有资质的各方认可的第三方机构评估知识产权的经济价值。一方面要保证进行知识产权评估的合法性、专业性，另一方面要结合各方的实质议价结论，约定评估溢出价值的处理方法，还要避免在知识产权价值出现较大变动后产生纠纷的可能性。(4)要处理好知识产权出资与非营利性的关系。知识产权出资的实质是权利人寻求资产保值增值的经营管理行为。出资成立的经营实体具有与生俱来的营利属性，这就需要将投资收益或分红按照民非会计准则的规定，用于章程规定的宗旨目的。

工作示例

某社会团体将其名下一个知名学术会议的商标和部分学术成果的著作权评估以后，与他人成立了科技咨询和服务公司。在投资协议中，明确约定了该社会团体的出资方式、占股比例、分红比例、学术上的一票否决权、出资商标和成果的优先回购权以及提前退出条件等内容，全周期保障了社会团体投资目的的实现。

防控要点

(1)应当按照关于重大事项或对外投资的内控管理程序，明确投资方式、投资目的和可能风险，并获得充分的授权。（2）应当根据投资合作的具体形式，参照知识产权出资的相关司法裁判，起草公平、严谨、长效的合作协议或投资协议。（3）应当结合有资质机构对拟出资知识产权的评估价值和合作各方议定的合作价值，确定最终的出资比例、分红比例以及溢出价值的处理方法。（4）应当根据相应的财税法规，依法核算积极履行纳税义务，并确保投资收入按照民非会计准则进行财务管理。

第十节　维权救济风险提示

基本内涵

知识产权维权救济是当权利人的合法权益受到侵犯或损害时，依法可以采取的一系列保护、减损和求偿措施及手段的统称。维权救济途径通常包括发函警告、协商解决、司法维权及行政维权等方式。

警示案例

甲公司系各版本会议软件的著作权人。该公司认为，A学会未经甲公司授权，擅自在其秘书处以及各分支机构的相关计算机上安装并商业性使用了涉案软件，侵害了甲公司享有的计算机软件复制权，依法应当承担停止侵害、赔礼道歉、赔偿损失等民事责任。

法院审查认为：依甲公司申请对A学会的经营场所及其托管的服务器采取抽查方式进行查封和证据保全，证据显示A学会复制并商业性使用了上述涉案计算机软件。A学会复制涉案计算机软件的行为侵害了A公司的著作权，应当承担停止侵害、赔偿损失的民事责任。

风险提示

根据《商标法》《著作权法》《专利法》《仲裁法》等法律法规的规定和相关行政、司法裁判的指引，社会团体应当在进行知识产权维权救济过程中注意：

(1)对权利受损程度较低的情况可以发函警告。警告函可以以权利人的名义也可以所聘请律师的名义发出,陈述对方侵权事实和可能承担的法律责任,并要求对方立即停止侵权行为和消除影响,这有助于和解意向的达成。(2)对权利受损程度较高的情况就要慎重发函警告。应当在充分收集、固定对方的侵权证据和己方权益受损或对方获得非法利益的证据后,以获取更加直接有力的附加证据为目的,方可发函警告或以其他可记录方式告知。(3)对采取司法维权的方式应当权衡利弊。诉讼具有终局性、效力强和获得经济赔偿可能性大等优势,但也存在周期长、费用高、举证责任重和不利影响大等劣势,在申请诉前禁令、证据保全和财产保全时通常还要提供相应的财产担保。因此,要在充分论证必要性、研判胜诉率的前提下,方能确定诉与不诉。(4)对于采取行政维权的方式应当做好后继筹划。权利人可以向有关的行政部门提起对侵权人进行行政查处的投诉或申请,由行政部门作出侵权判定和禁令。行政维权的优点是周期短、成本低,缺点是非终局性和非赔偿性。因此,对于重大的侵权事件可以将行政维权作为认定事实和固化证据的一种前置救济方法。

工作示例

某社会团体的注册商标权被他人冒用、滥用,对其造成了较大的不利影响和经济损失。该社会团体经过慎重考虑,最终决定以诉讼的方式保护自己的合法权益和弥补已经造成的损失。在实施过程中,其按照梳理固化证据、发函予以警告、申请行政禁令、促成协商和解及坚决进行诉讼的步骤开展维权,最终促成了以诉促和的良好效果。

防控要点

(1)应当根据维权的目的选择维权方式。如果维权目的只是制止侵权行为,则行政维权是较适合的救济方式;如果维权目的是主张金额较大的侵权赔偿,在证据充分的前提下,司法维权是最佳的救济途径。(2)应当根据被侵犯的知识产权类型选择维权方式。如果是侵犯商标权或著作权，行政维权的方式更加合适，可以作为前置优先救济途径；如果是侵犯专利权或商业秘密，建议直接通过司法维权予以救济。(3)应当根据证据的充分程度选择维权方式。对于取证难度较大的侵权事件，可以优先选择行政维权以丰富、固化证据；对于取证较为容易的侵权事件，可以在固化后直接进行司法维权。(4)应当根据可接受的成本选择维权方式。任何维权都会涉及时间、精力、金钱的支出，维权也是有效益衡量指标的。时间短、速度快就选择行政维权，标的大、情节重就选择诉讼维权，但最终维权方式的选择最主要考虑的还是维权的目的能否完全实现。

第四章

国际科技交流法律风险防控

社会团体组织开展国际科技交流合作总体呈现为“三增三少”的趋势，即主办或承办国际会议的频次和规模、主办或合办英文科技期刊的数量和质量、在国际组织任职和参与国际组织事务稳步增多，主导或促成国际科技合作数量、在境外设立分支机构和在国内成立国际组织数量、创建英文网站和发展外籍会员数量较少。鉴于涉外法律风险的多边性、国别性和综合性，本章围绕社会团体开展国际科技交流活动的国际环境、法律责任、国际会议、科技合作、组织任职、境外分支6个方面进行法律风险防范提示和指导。

第一节　国际环境风险提示

基本内涵

社会团体面临的国际环境是指其在开展国际科技交流合作过程中，要遵守的国际法规则、国别法律、国际惯例等显性行为规范和目标国的政治、宗教、文化等隐性行为规范。国际环境对社会团体开展国际科技交流合作活动会产生各种直接或间接的影响，甚至能够决定交流合作的成败得失。社会团体动态把握国际环境的演变情况，不但可以保护自己的合法权益不受侵犯，还能够通过规则变化对合作需求和趋势进行预测研判。

警示案例

某年4月，M国第九大石油企业甲公司连年亏损，被政府批准破产。随即该国另一家大型石油乙公司以165亿美元的价格向其发出要约予以收购。同时，C国丙公司希望通过收购完成在M国的“借壳上市”，便紧跟乙公司以高出对手20亿美元的报价予以竞购。由于这笔交易关系到M国的国家利益，在甲公司竞购要约进入审查期间，M国政府直接出面干预，根据《能源法案》和《埃克森－佛罗里奥修正案》所规定的5条严苛标准，迫使甲公司最终接受了重新报价的本国乙公司，使丙公司的收购计划落空。

风险提示

根据《经济、社会及文化权利国际公约》《公民权利和政治权利国际公约》等国际条约的规定和相关涉外司法裁判的指引，社会团体应当在开展国际科技交流合作过程中注意：(1)防范国际条约风险。国际条约是国际法的首要渊源，泛指国家、地区和国际组织等国际法主体间缔结的相互权利义务关系的书面协议。国际条约产生效力通常要经过“签字”“批准程序”。有些条约可由缔约国政府核准，有些条约须由缔约国最高立法机关批准。在条约签署过程中，有些国家会还会结合己方的实际声明“保留条款”，即对条约中的某些条款不予履行或附条件履行。(2)防范政治干涉风险。政治干涉通常是指“强权”国家运用出入境、反垄断、税收管理等行政手段，通过公开或隐蔽、直接或间接的方式，对国际交流合作进行非正向干预的行为，以最终达到打压、封锁对方科技发展和保持己方技术优势的目的。外国政府政治干涉目前关注的对象，主要是相关党政部门的公职人员、重点经济技术领域的大型企业和个人。(3)防范国别法系风险。法系是法学概念，指凡是在内容上和形式上具有某些共同特征，形成一定传统或派系的国别法律，就隶属于同一个法系。理论上法系可概括为英美法系、大陆法系、中华法系、印度法系、伊斯兰法系五大法系。其中大陆法系又称罗马法系或民法法系。不同法系国家对相同法律主体、近似法律关系的规定差别很大。(4)防范科技伦理风险。科技伦理是指科技创新活动中人与社会、人与自然和人与人关系的思想与行为准则，是从观念和道德层面规范科技工作者从事科技活动的行为准则，其核心问题是使之不损害人类的生存条件(环境)和生命健康，保障人类的切身利益，促进人类社会的可持续发展。(5)防范宗教文化风险。宗教文化包括指导思想(宗教信仰)、组织结构(宗教组织)、行为规范(宗教组织内的活动)等各方面的内容，会对司法审判、道德培养乃至科技交流等产生作用。宗教文化风险可分为“认识型”和“发生型”两类。认识型宗教文化风险是指由于对当地宗教状况认识不足可能导致的思想误判与行动失当；发生型宗教文化风险是指因为宗教因素有可能导致的各种矛盾、困难乃至暴力冲突。(6)防范社会治安风险。社会治安是指社会秩序的整体治理水平和安全状况。社会安全治理是国家机关综合运用政治的、经济的、行政的、法律的、文化的、教育的等多种手段,通过加强打击、防范、教育、管理、建设、改造等方面的工作,从根本上预防和打击违法犯罪,化解不安定因素,维护社会持续稳定的系列工作。

工作示例

某社会团体在开展国际科技交流合作过程中,组建由主要负责人牵头的工作专班,先后与我国驻目标国大使馆、华人商会和访问学者及留学生开展座谈,全面了解该国的社会环境;并通过与在目标国有项目业务的国有企业和法律服务机构进行交流,全面了解该国的法治环境,有针对性地进行人员培训和制定工作方案,取得了较好的效果。

防控要点

(1)从国际条约的维度,既要关注我国或目标国新签署或退出某国际条约,又要关注我国或目标国不是条约缔约国、是缔约国但尚未批准生效和声明有保留条款的情况。(2)从政治干涉的维度,既要研判我国与目标国外交关系的历史、现状和该国现任政府对我国的外交态度和可能走势,又要关注目标国在对外贸易和科技交往过程中采取强化检查和设立壁垒等的现实案例。(3)从国别法系的维度,既要关注目标国在法律分类与术语、法律表现形式、审判模式与技巧、法律适用规则等方面的差异,又要考虑到同一纠纷在不同法系国家之间处理方式、法律的适用不同。(4)从科技伦理的维度,既要关注由于先进技术"失灵"或"失控"可能导致的社会性风险的责任,又要关注目标国对相关科技伦理话题的态度和审查监管体系。(5)从宗教文化的维度,既要关注目标国的宗教信仰氛围和宗教矛盾烈度,又要关注宗教文化对国际交流和司法审判施加的作用。(6)从社会治安的维度,既要关注目标国全球治安排名,又要关注具体区域、城市的治安状况。

第二节　法律责任风险提示

基本内涵

社会团体在开展国际交流合作过程中的法律责任是指其由于没有遵守国际交往或国际合作的相关法律规则包括但不限于法律、法规、规章、国际条约、惯例等的规定，从而产生如法律制裁、处罚以及经济损失等不利责任后果。

警示案例

A 国甲公司于 2018 年分 4 批与我国乙公司以形式发票的方式签订货物买卖合同，甲公司为客户丙公司向被告乙公司购买化工原料。合同签订后，甲公司向乙公司支付了货款。乙公司发货后，经检验化工原料含量均不符合标准。甲公司随即联系乙公司，乙公司称系发错货物，并承诺为甲公司补发货物或退还货款。第二批 100 吨货物到港后，甲公司立即将其退回乙公司。甲公司为上述两笔货物支付了进口运费和仓储费用等。随后，甲公司诉至我国法院，请求解除双方签订的货物买卖合同，被告乙公司退还货款，并支付因另行购买货物造成的差价款以及仓储费等费用。对此，被告乙公司认为，甲公司起诉主体错误，其与甲公司从来没有发生过业务关系，甲公司系与丙公司发生的业务。在诉讼过程中，原告甲公司申请追加丙公司为本案被告。

法院经审查认为：单从表面证据看，形式发票中显示的卖方为丙公司，且有该公司的签字及盖章确认，提单显示的发货人亦是丙公司，实际上也是该公司收到甲公司支付的货款，故丙公司为本案所涉合同的主体。另外，丙公司与乙公司存在高度混同:(1)丙公司与乙公司在名称上高度相似,容易造成合同相对方的误解;(2)丙公司与乙公司经营业务相同、共用一个网站且经营场所一致,构成业务混同;(3)丙公司与乙公司存在人员上的混同;(4)丙公司与乙公司法定代表人存在多笔资金上的往来。综上,乙公司与丙公司在人员、业务、资金上存在高度混同,已丧失独立人格,构成人格混同,致使合同相对方在客观上无法区分乙公司和丙公司的人格,二者应当承担相应的不利后果,即共同作为合同相对方承担本案的合同责任。本案货物存在质量问题,甲公司请求解除买卖合同,返还货款及赔偿相应损失的诉讼请求应予支持。

风险提示

根据《与保护臭氧层有关的国际环保公约》《控制危险废物越境公约》《濒危野生动植物物种国际贸易公约》《生物多样性公约》《联合国气候变化框架公约》等国际条约的规定和我国《涉外民事关系法律适用法》、相关司法判例及参考 TRACE(反商业贿赂合规联合会)发布的贿赂风险评价指标、FIDIC(国际咨询工程师联合会)发布的工程合同条款的指引,社会团体应当在开展国际科技交流合作过程中注意:(1)防范环境保护风险。多数国家都已经意识到发展不能以牺牲环境与枯竭资源为代价,并开始推行可持续发展战略,加强国内环保立法、执法力度,加大环境资源的保护力度。各国环境法律体系健全程度和执法力度差距较大。(2)防范医疗卫生风险。新冠肺炎疫情对全球安全和国际秩序的影响巨大,也触发了各国对生物、医药、传染病防治等领域科学研究和学术交流的"敏感神经",在愈加重视、支持的同时,也加大了管制和控制。(3)防范商业贿赂风险。TRACE 贿赂风险评价指标体系包括 4 项评估一级指标和 9 项二级指标。4 项一级评价指标为政商关系、反贿赂执法力度、政府透明度和社会监督能力。(4)防范合同管理风险。合同管理在国际科教交流合作项目管理中处于核心地位。凡是签约前或签约后形成的与本合同制定和实施相关的意向、纪要、会谈记录、数据、图样、文件和通知等,都必须作为合同的组成部分(或合同附件)。参考 FIDIC 合同条款的相互关系分析,应把《技术建议书》

的方案、《研发报价书》的价格正式并入科技合作合同附件之中。(5)防范劳动用工风险。劳工标准作为工作中的人权,已逐渐渗透到各个领域,各国也越来越关注。目标国的劳动法律和用工习惯与我国不尽相同,可能触犯不平等招工及反歧视相关的法律;可能未能与当地工人及工会形成良好关系,面临罢工和激烈抗议的挑战;可能在固定或临时雇工待遇和福利保障方面,触犯目标国的劳动法律法规。(6)防范国际结算风险。部分国家外汇管制较严,外汇资金短缺,官方汇率与市场汇率严重偏离,政府对外支付能力持续下降。要对目标国的政府财政状况、信用评级情况、营商环境、外汇管理力度和汇率波动情况等进行全面了解,作为重要的决策参考。(7)防范税务合规风险。税收法律制度可以说是"滞后性"最不明显的法律制度,其是最为复杂和善变的法律制度之一。各国关于劳务的定价、无形资产的定价,很难界定一致承认的公允价格,国内社会团体在各国不仅享受不到当地的税收优惠政策,还有可能面临双重征税风险。(8)防范法律适用风险。涉外法律适用通常指某国家司法机关根据法定职权和法定程序,运用适当法律处理涉外案件、解决涉外纠纷的活动。涉外法律适用一般遵循法治原则、平等原则、独立原则和责任原则。在涉外合同签订过程中,应当明确约定适用的法律和有管辖权的仲裁机构。

工作示例

某社会团体在相关领域的学术影响力已经居于世界前列,在个别细分领域还处于领先地位,具备"技术输出"的实力。其在"一带一路"沿线国家广泛开展国际科技合作活动,为此,该社会团体办事机构会同法律专家,对其在重点国别可能承担法律责任风险较高的事项进行了全面梳理,并在工作过程中全面排查和警示,收到了较好效果。

防控要点

（1）从环境保护的维度，既要关注目标国的环境保护条约签署情况，又要关注目标国的发展理念、政策导向、法律法规、技术实践及处罚案例。（2）从医疗卫生的维度，既要关注目标国的传染病防治水平和医疗救治水平，又要关注其政府对生物医药领域、公共卫生领域科学研究和学术交流的态度及法律规定。（3）从商业贿赂的维度，既要关注目标国的 TRACE 贿赂风险评价排名，又要关注反商业贿赂的案例及相关法律问题。（4）从合同管理的维度，既要关注涉外合同的必要内容和生效要件，又要关注法律适用、权利归属、管辖权等重要条款及其相互作用关系。严格控制由于自身原因引起的在设计、采购、测试、验收等环节造成的缺陷修复、返工、延误、赶工、误期损害赔偿、未履约损害赔偿和合作相对方的索赔等所造成的费用增加和工期延误等情况。（5）从劳动用工的维度，既要关注目标国外派劳务、属地化用工和第三国劳务等不同用工结构的特点和潜在问题，又要关注当地民众的工作习惯。（6）从国际结算的维度，既要关注我国对国际结算的各种强制性规定及程序和目标国的金融变化趋势，财政赤字、国际收支、商业性外债以及外汇相关政策制度等状况，又要关注在合同中订立保值条款或利用与目标国签署的货币互换协议的可能性。（7）从税务合规的维度，既要关注我国与目标国签署双边税收协定的情况，避免“双重征税”的风险，又要关注劳务和无形资产的“转移定价”问题，避免稽查和处罚。还可以在国际科技合作合同中加入保护性条款，要求合作相对方协助获得税收优惠，并列明补偿条款。（8）从法律适用的维度，既要学习我国的《涉外民事关系法律适用法》，又要关注目标国在涉外法律适用方面的强制规定。在签订涉外合同过程中，还要高度重视争议解决和法律适用条款，力争适用中华人民共和国或香港特区的法律和选择相应的仲裁机构。

第三节　国际会议风险提示

基本内涵

社会团体主办、承办和参加国际学术会议已经成为其开展国际科技交流合作的重要方式和载体。国际会议通常是指在关联主体和必备条件中有涉外元素的学术集会活动。大多数国家没有制定专门的《会展法》，有关于国际会议和展览的法律规定散见于国际条约、行政法规及相关政策文件中。

警示案例

2019 年，A 学会受 M 国某大学的邀请，共同在该大学举办一场“量子生物技术”的大型学术论坛，并附带相关仪器设备的展示体验。为了扩大会议影响和增加会议费收入，A 学会和该大学除在各自官网进行宣传外，还在当地报刊杂志上进行了专栏宣传。但由于对当地的相关法律法规不了解，不仅部分国内仪器设备未能顺利入关，而且还接到了当地市场监管部门的行政处罚通知。

当地市场监管部门认为，由于该学术论坛的会议费收取标准已经达到市场化收费标准，因此按照相关法律规定，A 学会和该大学都不具备举办商业会议的主体资格；而且由于有仪器设备的展示体验活动，相当于小规模的展览展示，即使 A 学会和该大学有相应的主体资格，也应当按照相关法律规定进行事前审批，方能举办和进行广告宣传。

风险提示

根据《服务贸易总协定》《保护工业产权巴黎公约》等国际条约的规定，以及我国《民法典》《出境入境管理法》《广告法》《保险法》《消防法》《商标法》《著作权法》《专利法》《反不正当竞争法》《大型活动管理条例》《暂时进出境货物管理办法》《国际科学技术会议与展览管理暂行办法》和相关司法、行政裁判的指引，社会团体应当在举办国际会议过程中注意：(1)防范主体身份风险。重点明确主办方与会议所在国家(地区)相关政府部门之间的行政管理关系、主办方与场馆方之间的场地租赁关系、主办方与联合主办方的合作关系、主办方与承办方的委托合同关系、主办方与参会单位及个人的会议服务合同关系等及相应的权利义务规定。(2)防范办会资格风险。在多数大陆法系国家，举办中大规模的会议需要到公安部门、经贸部门、科技部门审批或备案。(3)防范会议名称风险。学术会议的名称通常由“会议届数 + 会议范围(举办单位) + 会议主题 + 会议类型”等内容要素构成。各国相关法律对会议名称一般没有针对性强制规定。学术会议的名称一经通知发布，主办方一般不得变更；确需变更的，主办方应当立即告知参展方；若涉及审批备案的，还需办理相应的变更手续。(4)防范会刊资料风险。会刊是配合学术会议举办的书面材料，通常包括会议主题、会议时间、会议地点、会议日程、参会嘉宾、会议费用和主承办单位等相关内容。会刊还可分为会前刊、会中刊、会后刊三种类型。有些国家要求会议主办方对会议名称、会议主题、会议范围、会议地点进行信息公开，而且还要求对同一会议参展者发布的会议信息应当是一致的。(5)防范安全责任风险。各国对于规模较大、人数较多的学术会议，一般都要求主办方对会议的安全负责。若因主办方违反规定导致发生重大事故、治安案件等严重后果的，直接责任人员还应承担相应的法律责任。对一定人数规模以上的会议，还要向目标国当地治安管理部门提出申请；经过治安部门批准的会议，主办方不得擅自变更活动时间、地点、内容和规模。(6)防范会议宣传风险。无论是以线上还是以线下的方式对学术会议进行宣传，特别是对收取会议费的学术会议进行宣传，其内容、形式、载体在各国几乎都受《广告法》的规制。(7)防范知识产权风险。国际学术会议的知识产权主要包括会议本身的知识产权和会议各关联方及会议成果的知识产权。会议本身的知识产权如前文提及的会议名称、会议理念、背景设计和会议标志等;各关联方的知识产权主要是指在会议举办过程中涉及的主办方、承办方、与会嘉宾和投稿作品的知识产权。学术会议成果的知识产权通常是基于事先约定确定的会议论文集、图片集等的归属和使用及商业秘密、数据安全等。可以说知识产权是贯穿学术会议始终的智慧产权,同时也是学术会议的核心价值所在。(8)防范出境入境风险。在境外举办国际学术会议主要涉及人员的出入境管理,如果有设备、产品的展示就还会涉及暂时出入境货、物品的管理。绝大多数国家均对外籍人士参加在本国境内举办的会议或展览应申办的签证种类作出明确规定。此外,各国对出入境携带现金的数额都有明确限定,需要谨慎对待。(9)防范隐私保护风险。除知识产权保护范畴的技术秘密和商业秘密外,世界主要国家都越发重视公民个人信息的保护。除去通常意义上的公民姓名、年龄、血型、婚姻状况、工作单位和联系方式等基础信息外,指纹、人脸识别信息近年来也纳入个人隐私的保护范畴。

工作示例

某社会团体每年需要主办、承办多个国际知名的学术会议。为确保会议的顺利举办和绝对安全,该社会团体不但制定和实施了国际会议举办管理办法,还结合我国和目标国关于办会资格、安全管理和出入境管理等方面的法律规定,指定专人负责程序性合规事项的办理,还与关联各方签署了详尽的知识产权协议,有力地保障了会议进行。

防控要点

(1)从主体身份的维度,既要关注相关国际条约和目标国相关的法律规定,又要关注其作为主办方、承办方、协办方、支持方或参与方与其他关联方建立法律关系后产生的不同权利义务内容。(2)从办会资格的维度,既要关注目标国对会务资质和审批备案的规定要求，又要关注目标国关于举办国际科学技术会议与展览的特别规定。(3)从会议名称的维度，既要关注目标国对会议名称的法律规定，又要关注对国际知名的学术会议，采取注册会标、设定宗旨、背景登记等方式进行知识产权保护。(4)从会刊资料的维度，既要关注目标国对会议信息公开的要求，又要关注会刊资料中单位标志、嘉宾照片、会议成果等使用在先授权的获取。(5)从安全责任的维度，既要关注目标国当地治安、消防、生态环境管理部门对会议和展览的强制性规定，又要关注必要的前置审批程序，并制定安全管理制度和做好应急安全预案。(6)从会议宣传的维度，既要关注目标国《广告法》和相关行政法规的一般禁止性规定外，又要关注关于“虚假广告”的具体界定。(7)从知识产权的维度，既要关注我国和目标国的知识产权法律保护体系，又要关注学术会议自身及关联各方知识产权的保护问题。在境外会议一旦发生知识产权侵权行为，应当配合调查、合理抗辩、寻求谅解、留存证据、积极应对。(8)从出境入境的维度，既要关注目标国的出入境管理和检验检疫的管理规定，又要关注与我国的外交走向、签署的双边条约及关于展品的临时出入境管理规定。(9)从隐私保护的维度，既要关注自身对参会人员个人信息保护的意识，又要关注目标国关于公民个人信息保护的法律规定，还要提高保密意识，避免敏感数据、图片的泄露危害国家安全。

第四节 科技合作风险提示

基本内涵

国际科技交流是过程和手段,国际科技合作是目标和结果。国际科技合作是指两个及以上国家或地区的科技主体,按照国际条约和国际惯例及各方的约定,就共同开展某项科学技术活动所建立的国际科技法律关系。社会团体开展国际科技合作有平台建设合作、科研项目合作、学术会议合作、学术期刊合作等方式。

警示案例

张某、李某原为甲公司股东,分别占公司股权的88%、12%。2012年2月,张某与自然人杨某签订了《股权转让协议》,约定张某将其在公司所持有的78%的股权转让给杨某,张某仍持有公司10%的股权。2014年9月,张某起诉杨某支付剩余股权转让款时,杨某才得知张某为外籍人。随后,杨某以张某一直对他隐瞒其外籍身份,双方之间签订的《股权转让协议》构成重大误解为由,诉至法院请求判令:(1)依法撤销双方之间的《股权转让协议》;(2)被告张某返还原告杨某已支付的股权转让款及利息。

法院经审查认为:张某、李某原为甲公司股东,该公司成立于2002年。2009年,张某入籍加拿大。2012年,张某与杨某签订《股权转让协议》,双方对股权份额、价款、公司资产等内容进行了约定。协议约定后,杨某支付了部分款项。签订股权转让协议后,该公司的法定代表人变更为杨某,且在法定代表人变更后公司处置了股权转让协议上载明的公司资产。但张某与杨某一直未办理股权登记变更手续。杨某的证据不足以证明张某的加拿大国籍身份会导致杨某、张某间的权利义务发生重大变化,导致显著加重杨某义务或导致杨某利益受到重大损害。故杨某关于合同构成重大误解的主张,法院不予支持。同时,签订股权转让合同后,公司资产状况已发生重大变化,因此,依据诚实信用及公平原则,综合考虑该合同签订时及当前的公司资产状况,杨某撤销合同的诉请不应予以支持,该合同应继续履行。

风险提示

根据《服务贸易总协定》《保护工业产权巴黎公约》《国际货物销售合同公约》《承认及执行外国仲裁裁决公约》《一套多边协议的控制限制性商业惯例的公平原则和规则》等国际条约的规定,以及我国《对外贸易法》《技术进出口合同登记管理办法》《对外贸易经营者备案登记办法》《禁止出口限制出口技术管理办法》《中国禁止出口限制出口技术目录》《国家秘密技术出口审查规定》等相关司法、行政裁判的指引,社会团体应当在进行国际科技合作过程中注意:(1)防范技术输出风险。从国际法的角度来看,技术输出实质上是技术优势国家或地区,将科学研究人才、成果、设备、产品、模式向技术劣势国家的派遣、销售、转移、许可、咨询等行为的统称。随着科研能力和科技水平的不断跃升,我国已经从技术输入国向技术输出国转变。部分国家对育种类、机构建设类、园区指导类、资源调查类和网络通信类的合作需求比较迫切,对此特别要注意知识产权的体系保护。(2)防范技术限制风险。技术限制是世界技术优势国家在技术输入、输出过程中惯常采取的一系列限制显性或隐性管制措施的统称。一方面是技术优势国家为了防止核心领先技术外流、巩固技术领先地位,采取目录式的出口管理或实体管制;另一方面是在外国投资并购过程中,目标国政府为了防止“技术殖民”、“技术倾销”或“成果外泄”而采取的安全审查和投资限制。(3)防范限制条款风险。限制性商业条款又称限制性条款,虽然在国际上没有明确统一的概念,但其实际上是合作主体利用技术优势地位,以保护专利、商标等知识产权权项为借口,以获取更多权益或强化支配地位为目的,滥用基于技术的支配地位,限制合作相对方竞争潜力和平等权益的一种单向限制合同条款,也可以称为国际技术合作领域的"霸王条款"。(4)防范技术开发风险。技术开发风险是指技术开发合作各方虽然做出了最大限度的努力,但由于现有认识、技术、科学水平及其他确实存在客观因素的限制,致使无法预见、无法克服的技术困难出现,最终导致合作技术开发目标部分实现或未能实现。技术开发风险不包括通常意义上的不可抗力情形和合作方主观因素导致违约造成的技术开发失败。(5)防范权利归属风险。无论是开展国际还是国内科技合作,知识产权的权属都是核心焦点问题,具体包括中间成果、最终成果和衍生成果的知识产权归属以及知识产权运营收益分配等内容。在国际科技合作过程中,要综合考虑国际法和合作各方国内法的法律适用问题。(6)防范职务成果风险。职务成果的权属确定需要同时考虑国内法和国际法两个维度的规定。在国内法维度,职务成果的权利归属主要涉及研究人或发明人与其任职单位或存在其他雇佣关系单位之间的权利划分;在国际法层面,职务成果的权利归属既要考虑合作各方所在国参与相关国家条约的情况,又要考虑合作其他各方所在国关于职务成果的具体法律规定。(7)防范外事管理风险。科技相关外事活动具体包括接待国(境)外人员来华访问、组织驻外科技干部推荐、开展国际学术交流、参加国际学术会议、国际组织人才选拔、执行国际学术组织履职任务、开展国际科技合作研究、参加境外培训学习、组织国(境)外专家评奖等形式。我国对外事活动一直以来都采取较为严格的外事管理制度。(8)防范技术担保风险。技术担保是许可方应当保证其在双方签署的技术许可合同履行过程中,按照合同约定向被许可方提供可靠、完整、准确和可实现的技术方案,保证技术许可合同的宗旨得以充分实现。技术担保包括许可方对技术资料和技术成果两方面的保证。(9)防范仲裁执行风险。国际商事仲裁具有民间性、自愿性、快捷性、经济性、专业性、保密性和裁决的易于执行性等特点。在国际科技合作过程中的技术开发、转让、许可等合同中,通常也将国际商事仲裁作为合同各方的争端解决机制。但仲裁作为非诉讼争端解决机制也存在仲裁裁决难以在外国得到承认和执行的情况。

工作示例

某社会团体国际科技交流合作活动频繁。为此,其指定办事机构人员负责以下具体事项:各类长(短)期外事活动规划的制定与申报;长(短)期外籍专家来华的邀请函件、签证、外国专家证、居留许可证以及医疗保险的办理;外籍专家在华期间的接待和日常管理工作;因公出国开展科技交流合作项目的申报与审批;因公出国人员护照、证件等相关手续的审查和办理;因公出国人员返华后证件收缴及反馈总结报告等材料审核;根据上级因公出国经费管理规定申报出国团组成员经费预算,并对相关经费财务报销进行审核、报销等工作。

防控要点

(1)从技术输出的维度,既要关注目标国的需求和实际,又要关注对技术输出法律内涵的理解。特别是在选择合作伙伴、签订合作协议、保护知识产权等方面,要视情况开展必要的资信调查,慎重磋商协议的核心条款,明确知识产权的权属使用规则,明确约定纠纷解决方式。(2)从技术限制的维度,既要对目标国的科技合作政策充分了解,规避“实施不能”的风险,又要关注目标国的国家技术创新计划和国际科技合作计划,结合所在领域实际,顺势而为找到合适的切入点。(3)从限制条款的维度,既要对目标国反垄断法和反不正当竞争法律规定高度重视,又要关注在国际科技合作合同中据理力争,避免接受不合理的限制性条款。(4)从技术开发的维度,既要在项目前期充分调查、预判,确保立项决策的合理性,又要关注在技术合作协议中对技术风险的界定及责任承担进行明确规定和约定。(5)从权利归属的维度,既要在签署合作合同过程中遵循惯常原则,明确约定合作成果权属,又要关注合作标的所在国法律或约定适用的法律关于权属划分的具体规定。(6)从职务成果的维度,既要事先明晰我国特别是挂靠单位关于职务成果归属的具体规定,又要关注各合作相对方所在国关于职务成果的法律规定和惯常做法。如果合作方所在国采用的是“契约制”,还需要求合作方提供其与所在单位签署的职务成果权属划分合同。

(7)从外事管理的维度,既要做好涉外安全和我国相关法律法规及国情教育工作,又要关注年度规划制订、经费预先审批和成果经费绩效制度的制定和落实。(8)从技术担保的维度,既要保证己方作为技术许可人时所提供技术方案和成果的合法、完整、有效,又要关注己方作为技术被许可人时,技术担保条款内容的详细约定。尤其是在涉及技术指标、性能指标的测评时,应在合同中事先约定双方认可的国际或第三国检测检验机构,确保测评结果的权威性、公正性和认可性。(9)从仲裁执行的维度,既要在技术合作合同中明确约定以国际商事仲裁方式解决合作纠纷并指定仲裁机构和仲裁规则,又要关注合作方所在国是否为《纽约公约》的缔约国,还可以要求合作方提供其所在国在仲裁执行中承认执行的判例说明。

第五节　组织任职风险提示

基本内涵

社会团体人员在国际组织任职和履行职责是开展国际科技交流的重要手段。在现有国际法框架下，产生了特定的法律秩序，并逐渐演变成为自成体系的国际组织法。国际组织法与国际组织的产生、发展相互影响。国际组织法包含调整国际组织处理各种内部关系及对外事务的原则、规范和制度，如国际组织成员国的资格、相关法律文件及条文的效力与解释、表决程序、争端解决机制等。

警示案例

张某（C 国籍）于 2008 年 1 月入职 M 国甲公司，双方签订了无固定期限劳动合同，张某担任 M 国甲公司北京代表处首席代表。2010 年，M 国甲公司被乙公司收购。2011 年 2 月，乙公司上海分公司为张某办理了外国人就业证，经延长有效期至 2014 年 2 月。2011 年 11 月，张某与乙公司上海分公司签订无固定期限劳动合同，担任软件 BTO 销售。2013 年 6 月，乙公司上海分公司向张某发送了《解除劳动合同通知书》，以张某不能胜任工作为由，解除劳动合同。同年 7 月，张某申请劳动仲裁，请求恢复劳动关系。该委员会支持了张某的请求。2015 年 6 月，法院经过一审、二审维持了张某与乙公司上海分公司恢复劳动关系的判决。2015 年 1 月，张某以乙公司上海分公司未办理就业证延期致使劳动合同在 2014 年 2 月之后的部分无效为由，通知乙公司上海分公司单方解除劳动合同并诉求经济补偿金。仲裁委员会对张某的请求不予支持。张某不服,遂提起诉讼。二审法院最终认定,乙上海分公司应支付张某解除劳动合同经济补偿金。

风险提示

根据《条约法公约》《联合国特权和豁免公约》《联合国宪章》《国际组织的责任条款草案》《联合国财务条例和细则》等国际条约的规定和我国《慈善法》《社会团体管理条例》《民间非营利组织会计制度》等相关司法、行政裁判的指引,社会团体应当在国际组织任职过程中注意:(1)防范政治安全风险。美国等西方国家与我国在价值观念、意识形态、政治制度等方面存在巨大差异和分歧。因此,在国际科技组织任职可能遇到的政治安全风险有意识形态的渗透、价值观念的渗透和宗教文化的渗透等方面。(2)防范总部地点风险。国际科技组织通常是指从事科学、技术方面工作的国际组织。一个国家的国际科技组织总部的数量和质量通常与该国的创新力、竞争力正向关联,而且对于国家创新力的正向影响要强于对竞争力的正向影响。(3)防范任职岗位的风险。社会团体在国际科技组织中任职通常是指在国际科技组织中担任主席、副主席、主席候选人、秘书长、副秘书长、区域主席、司库(财务负责人)和行政负责人等重要管理岗位。国际科技组织总部所在国一般在组织中都有较高的话语权和影响力;此外,国际科技组织重要管理岗位任职人员还呈现显著的周边国家即区域联合的趋势。(4)防范决策程序风险。国际科技组织治理机构的决策是国际科技组织的行为核心,决策的过程也是成员各方展示影响力、达成主诉求的博弈过程。国际科技组织的决策过程不仅是其成员对未来行为的共同意思表示,更是对在本领域话语权重和资源分配方式的明确。通常国际科技组织的决策包括议程设定、谈判斡旋和投票表决等完整的程序过程。(5)防范组织级别风险。国际科技组织在国际法律地位上是完全平等的,但根据其成员性质、成员规模、覆盖范围等的不同,可以参照国际组织协会联合会的规则,将国际科技组织分为 4 个级别类型:联盟性组织、世界性组织、洲际性组织和地区性组织。(6)防范自愿出资风险。参照《联合国财务条例和细则》第3条的规定,国际科技组织的收入通常可分为:规划收入即各成员按照章程规定应当缴纳的会费、决议收入即各成员通过表决程序决定开展某项行动而愿意分摊的费用,以及捐赠收入即成员、非成员限定用途或不限定用途的自愿出资三类。一方面自愿出资人所附条件的偏好有可能与国际科技组织的宗旨目的和重点工作背道而驰,另一方面自愿出资还存在来源不固定、金额不可预测等特点,因此极有可能导致国际科技组织产生权利危机、利益胁迫、监管失效以及过度依赖等一系列现实问题。(7)防范绩效评价风险。大多数活跃的国际科技组织开始组织年度整体支出绩效评价,同时对外披露项目和机构的运行成果。对国际科技组织年度支出进行整体绩效评价,包括对整体运行情况、资金使用情况和各种项目执行情况的综合评价,可以衡量出国际科技组织的运行管理水平。在联合评价内容中,也包括对国际科技组织重要管理岗位的任职评价,评价结果将作为选任、激励的重要参考依据。(8)防范法律责任风险。国际科技组织作为一类国际法主体,应独立承担法律责任。参照《国际组织的责任条款草案》的相关内容,界定国际科技组织不法行为的准据法通常包括:国际科技组织的基本文件,如宪章、章程、发起倡议等,国际法中对国际科技组织有约束力的规定,有在先通例并由国际科技组织认可的国际习惯和国际科技组织签订的条约或合同及其他具有权利义务内容的法律文件。(9)规避豁免限制风险。由于联盟性、世界性国际组织所涉及的工作事务内容非常广泛,为保障其能以独立、公平的人格行使某些权利,这些国际组织可能具备一定的特权和豁免。以联合国为例,依据《联合国特权和豁免公约》和《联合国宪章》的相关规定,联合国各所属的部门在执行公务时都应享有特权与豁免;此外,联合国还与美国政府签署了总部协定,为的是确保在纽约起诉联合国的案件,联合国能享有司法豁免。同时联合国还在每次行动前与各个派驻国政府签署一份特权与豁免协议书,以保障联合国成员在行使其职权时能够免受外部法律的阻碍。

工作示例

某社会团体的负责人和个人会员在本领域著名国际组织中担任诸多重要职务。执行机构指定专人,一方面梳理、翻译各任职国际组织的章程、表决机制和财务管理规定,并加强对任职人员的培训教育;另一方面制订针对各国际组织的外事交往工作计划,在联谊交友、增强互信等方面做出长期努力。该社会团体在任职国际组织的影响力和掌控力日益巩固和提高。

防控要点

(1)从政治安全的维度,既要加强驻派人员的政治安全教育、提升政治安全意识,又要关注派驻人员的政治审查和资格考察。(2)从总部地点的维度,既要对国际科技组织总部所在国有充分了解,又要关注国际科技组织总部所在城市的历史渊源、国际影响和治理水平。(3)从任职岗位的维度,既要对国际科技组织总部所在国人士任职比例情况有所掌握,又要关注自身国际组织人才的培养。对于已经在国际科技组织中担任重要管理岗位的,应当加大沟通交往力度,保证连选连任和扩大任职。(4)从决策程序的维度,既要对国际科技组织的决策机制充分把握,又要针对不同的决策机制采取不同的谈判斡旋方式,更应当在支持、引入和扩大同盟会员方面加大工作力度。(5)从组织级别的维度,既要对国际科技组织的级别有清楚的认知,又要特别关注目标国际科技组织的运行管理状态。确有必要的还应当聘请专业机构对目标组织进行资信调查或尽职调查,确保任职目的得以实现。(6)从自愿出资的维度,既要对国际科技组织的收入来源情况进行分析,又要关注主要自愿出资人开列条件的核心诉求,避免在因自愿出资导致决策权力危机的国际科技组织中任职。(7)从绩效评价的维度,既要尽可能在整体绩效评价结果较好的国际科技组织中任职,又要关注任职后的岗位评价。任职人员也应当认真履职,不断提升任职能力,力争获得较好的岗位评价,为连选连任和更高任职夯实基础。(8)从法律责任的维度,既要尽可能避免自身的违法行为,又要关注代表国际科技组织开展具体运行管理行为时的合法性,着力避免个人利益与国际科技组织利益的混同或关联。(9)从豁免限制的维度,既要确定该组织是否具有绝对豁免保护或与哪些国家签订了豁免保护协议,又要对相关国家的涉外刑事、民事法律责任规定以及对国际组织的管理规定有所了解,避免由于管辖限制承担不利法律责任。

第六节 境外分支风险提示

基本内涵

社会团体一般会在技术优势国家、资源稀缺国家、重大项目国家和“一带一路”国家开办一些不具有独立法人资格的“实体”分支机构和“虚拟”分支机构。这些机构承担着沟通联络、发展会员、促进合作和项目实施等职能，以支持社会团体在对外经济、文化、科技、教育、环保等交流中发挥辅助配合作用和在民间对外交往中发挥重要平台作用。

警示案例

2012 年 3 月，甲公司与乙公司上海分公司签订一份《购销合同》，约定甲公司向乙公司上海分公司供应某商品，双方约定以签证单进行结算。2014 年 2 月，甲公司与乙公司上海分公司签订一份《补充协议》，约定乙公司上海分公司向甲公司支付 × 元货款。因乙公司上海分公司未付货款，甲公司将乙公司及其上海分公司起诉至法院。一审法院判决为：乙公司于判决生效后 10 日内向甲公司支付欠付的货款 × 元。乙公司上诉至最高人民法院请求：(1)二审人民法院在查明本案事实后撤销一审判决之全部内容；(2)请求二审人民法院依法判令乙公司上海分公司承担与其民事行为能力相适应的民事责任，原审被告乙公司对此承担补充责任；(3)本案诉讼费用由乙公司上海分公司一方承担。

最高人民法院经审查认为：甲公司与乙公司上海分公司先于 2012 年 3 月签订《购销合同》，建立了买卖合同关系，后于 2014 年 2 月签订《补充协议》，重新确认乙公司上海分公司应支付货款的具体数额、时间等，上述合同均为各方当事人的真实意思表示，符合法律规定，乙公司上海分公司应以后签订的《补充协议》确定的数额和时间向甲公司支付货款，逾期支付时应承担违约责任。甲公司在一审起诉时将乙公司和乙公司上海分公司均列为本案被告，乙公司上海分公司以独立的诉讼主体身份参加诉讼，但实际上乙公司上海分公司为乙公司的分支机构，不具备独立的法人资格，其民事责任最终应由其所属的法人承担，故一审法院判决由乙公司承担民事责任不违反法律规定，乙公司上海分公司关于其与乙公司责任分担的主张，本院不予采信。最终最高人民法院判决：驳回上诉，维持原判。

风险提示

根据《联合国宪章》《国际组织的责任条款草案》《联合国财务条例和细则》等国际条约的规定和我国《民法典》《民事诉讼法》《社会团体管理条例》《民间非营利组织会计制度》等相关司法、行政裁判的指引，社会团体应当在境外开设分支机构过程中注意：(1)防范法律定性风险。社会团体的分支机构指由社会团体根据规定程序出资设立的，在特定区域或领域开展业务活动的专门办事机构。分支机构在名称上可称为分会、专业委员会、工作委员会或专项基金管理委员会等。各国法律都认定分支机构如同企业的“分公司”一样，不具备独立的法人资格，不能独立承担民事责任，其人员、资金、业务接受社会团体的领导和管理。分支机构在组织架构上是隶属于社会团体治理机构的下设机构，分支机构的资产和债权债务也皆归社会团体所有。(2)防范概念混淆风险。社会团体在境外开办分支机构时，由于各国语言差异可能会接触到很多口语化、区域化的称谓，可能会引起概念上的认知混淆。(3)防范诉讼资格风险。在民事和行政诉讼领域，诉讼主体就是具备法定资格可以作为原告、被告或者第三人参与诉讼的自然人、法人或者其他组织。在诉讼法中通常对不适格的当事人没有强制规定，但在审判实践中，如遇到原被告不适格的情况，法院一般告知原告更换被告，若原告不更换的，法院会裁定驳回原告的起诉。(4)防范对外担保风险。对外担保的主体是指在保证关系中享有权利和承担义务的保证人。社会团体作为保证人为他人提供担保的,应当按照章程等基本规范文件的规定,由相应治理机构决议通过;如规范文件对担保的总额及单项担保的数额有限额规定的,不得超过规定的限额。(5)防范人员选聘风险。虽然法律法规和社会团体的规范文件对分支机构做出了相应的限制,但由于分支机构特别是境外的分支机构通常有自己的组织机构和资金,运行管理都比较独立;而且分支机构的负责人相较于社会团体的职能部门权限更高、资源更多,因此,分支机构负责人的选聘问题是社会团体开设分支机构的业务计划和工作目的能否达成的最关键因素之一。(6)防范合同管理风险。按照相关法律规定,分支机构虽然不具备独立的法人资格,但其设立要经过社会团体治理机构的批准和授权。所以,从其他善意第三方的角度来看,分支机构就是能够代表社会团体表达意思、履行义务的"代理人"。这就意味着,分支机构有对外签署经营合同、合作协议的资格,并具有全部履行和部分履行约定义务的能力。(7)防范财务管理风险。根据民政部的要求,社会团体应当将分支机构、代表机构的财务、账户纳入学会统一管理,不得以设立分支机构、代表机构的名义收取或变相收取管理费、赞助费。但随着境外分支机构的相继成立,社会团体的管理层级在不断增多、管理链条在不断延长,财务内控体系建设和财务核算监督就越发重要。境外分支机构的财务活动必须遵守所在国的法律规定,按期进行纳税申报和缴纳社保,并接受相关政府部门的检查监督。社会团体在编制合并财务报表时,不但要调整会计年度期间、统一核算货币单位,还要考虑到内部资金往来和会计准则的冲抵及调整。(8)防范区位布局风险。我国科学技术类分支机构遍布世界各个国家和地区,但在国家分布上如同国际组织总部一样并不平衡,且在城市分布上呈现集聚特征。社会团体是否设立境外分支机构、设立何种类型的境外分支机构以及在哪个国家和城市设立分支机构,很大程度上受所在国的科技区位优势影响。

工作示例

某社会团体基于业务发展需要，在多个国家设立了办事机构。参照其对国内分支机构的管理制度和授权流程，结合各分支机构所在国的相关法律规定，该社会团体建立健全了境外分支机构管理通则和国别管理细则，对境外分支机构运营管理的各个方面进行了全方位规范，发挥了较好的管理监督作用。

防控要点

(1)从法律定性的维度，既要关注所在国对于分支机构是否实行登记管理，又要关注分支机构的非法人资格可能带来的系列风险。在我国社会团体不得设立地域性分支机构，不得在分支机构、代表机构下再设立分支机构、代表机构。(2)从概念混淆的维度，既要透过现象看本质分清分支机构与代表机构、经营实体、发起组织、参加组织、合作单位及内设部门的区别，又要关注所在国对分支机构业务范围、活动范围的禁止性规定，如有的国家是不允许外国机构在本国开展教育培训的。(3)从诉讼资格的维度，既要关注所在国法律关于分支机构诉讼资格的具体规定，又要关注分支机构获得诉讼资格、行使诉讼权利的前置条件，如有的国家要求必须聘用本国律师作为代理人。(4)从对外担保的维度，既要关注所在国法律关于保证人资格的具体规定，又要注意不要轻易给予分支机构对外提供担保的书面授权。(5)从人员选聘的维度，既要对拟任负责人进行全方位的考察，又要关注社会聘用和境外聘用人员的资信情况。由于很多社会团体办事机构的专职人员同时也是挂靠单位的正式工作人员，能否担任境外机构的负责人还要遵守挂靠单位的相关规定。(6)从合同管理的维度，既要对所在国的登记注册及合同法律充分了解，掌握社会团体必须完成的事项，又要关注合同范本、用章和原件的全过程管理和履约监督。(7)从财务管理的维度，既要对所在国的财税法律详细掌握，又要关注自身财务制度的完善和财务人员能力的提升。必要时还可以设立内部审计部门，不定期对各境外分支机构业务活动的合法性、合规性、有效性进行审计。(8)从区位布局的维度，既要结合自身的业务需要、发展阶段和国际化战略，又要关注分支机构所在国家和城市的科技区位优势。国际科技组织总部所在地与科学技术类分支机构设立地重合度较高，可以互为参考。

附录一

社会团体常用法律文书模板

01 社会团体（会议）合同审批表模板

年　　月　　日

<table>
<tr><td>业务部门</td><td colspan="2"></td></tr>
<tr><td>提报人</td><td colspan="2"></td></tr>
<tr><td>所属项目(若有)</td><td colspan="2"></td></tr>
<tr><td>合同名称</td><td colspan="2"></td></tr>
<tr><td>合同相对方</td><td colspan="2"></td></tr>
<tr><td colspan="3">合同类型:□付款合同　□收款合同　□不涉金额的合作合同/意向</td></tr>
<tr><td>合同金额</td><td colspan="2"></td></tr>
<tr><td colspan="3">合同事项:</td></tr>
<tr><td colspan="3">合同文本资料来源:□合同模板　□业务部门起草　□合同相对方提供</td></tr>
<tr><td>业务部门负责人意见:</td><td colspan="2"></td></tr>
<tr><td>财务部门意见:
签字:
年____月____日</td><td>法务审核意见:
签字:
年____月____日</td><td>秘书长(或秘书处分管领导)意见:
签字:
年____月____日</td></tr>
</table>

注:本表格适用涉及合同订立、变更、解除、终止等事宜。

02　社会团体合同变更协议书模板

本合同变更书(以下称“本协议”)于【　】年【　】月【　】日签署。

本协议签署方为:

【姓名或名称】,【填入地址】(“甲方”)及

【姓名或名称】【填入地址】(“乙方”)

甲方、乙方,以下单独称为“一方”,合称为“双方”。

鉴于:

1. 甲方与乙方于【　】年【　】月【　】日订立了【协议名称】,(以下称“原协议”)。

2. 由于【××××××原因】。

3. 双方经协商一致,同意变更原协议。

因此,双方达成协议如下:

一、自【　　填入日期】(“变更日”)起,原协议变更如下:

1. ______

2. ______

3. ______

二、就变更日前已发生的合同权利和义务,双方确认按照以下第【　】种方式处理:

1. 在变更日之前,各方均如实履行了原合同项下的义务,不存在违约情形。

2. 在变更日之前,任意一方有违约情形的,仍应承担各自的违约责任。

3. 双方均免除对方的违约责任。

4.其他方式【可补充】。

三、本协议未明确规定或未作说明事宜,双方应继续按照原协议履行。本协议与原协议不一致,以本协议为准。

四、本协议一式两份,双方各持一份,自双方签订之日起生效。

甲方:　　　　　　　　　　乙方:

(盖章)　　　　　　　　　　(盖章)

授权代表:(签字)　　　　　　授权代表:(签字)

年　　月　　日　　　　　　年　　月　　日

03　社会团体解除协议书模板

本解除协议书（“本协议”）由【　】（“甲方”）与【　】（“乙方”）于【　】年【　】月【　】日签署。

鉴于，

一、甲方和乙方于【　】年【　】月【　】日签订了【协议名称】（“《原协议》”），约定《原协议》的有效期【　】年【　】月【　】日至【　】年【　】月【　】日。

二、【　】方于【　】年【　】月【　】日提出解除《原协议》的意愿。经友好协商，甲、乙双方一致同意解除《原协议》，并就以下条款达成一致：

1.《原协议》于【　】年【　】月【　】日解除（“解除日”）。

2. 甲方应【填入甲方应承担事项，比如返还价款】。

3. 乙方应【填入甲方应承担事项，比如返还货物】。

4. 其他约定事项：【　】。

5.【选项1 – 原协议无保密条款】甲、乙双方对各自在协商、履行及解除《原协议》的过程中所获得或知悉的任意一方的业务信息、商业秘密等保密信息负有保密义务，直至保密信息被保密信息持有方披露或被依法披露。

【选项2 – 原协议有保密条款】双方确认，原协议第【　】条项下义务继续有效。

三、本协议生效后，双方对《原协议》不再存在任何争议。

四、本协议一式两份，双方各执一份，经双方签字盖章后生效。

甲方：
（盖章）

授权代表：（签字）
年　　月　　日

乙方：
（盖章）

授权代表：（签字）
年　　月　　日

04　社会团体（会议）服务协议模板

甲方：	乙方：
联系人：	联系人：
联系电话：	联系电话：
联系地址：	联系地址：

甲方拟举办【　】（“会议”），乙方自愿付费参加会议（“参会“）。根据《中华人民共和国民法典》及其他相关法律法规，经友好协商，甲方与乙方就参会事宜订立本《参会协议》（“本协议”）。

第一条　会议信息

1. 会议名称：【　】

2. 会议时间：【　】

3. 会议地点：【　】

第二条　参会项目和费用

1. 经甲乙双方确认，乙方获得以下由甲方提供的参会项目：

（1）【　】

（2）【　】

（3）【　】

（4）【　】

2. 本条第1款的参会项目，乙方需在【　】年【　】月【　】日前将参会费用共计人民币【　】元（大写：）____________汇入甲方指定账户，甲方账户信息为：

开户名称：

开户银行：

账　　号：

3. 甲方在收到乙方支付的参会费用后【　】个工作日内，向乙方出具加盖发票专用章的发票，开票项目为____________。

请乙方提供增值税发票开具信息如下：

发票抬头：

纳税人识别号：

地址、电话：

开户行及账号：

第三条　甲方权利与义务

1. 甲方有权利要求乙方提供其经营资质与经营内容的证明材料。

2. 甲方有权监督乙方是否履行本协议中规定的每项义务。

3. 甲方对本协议项下会议有最终解释权。如因任意第三方（如搭建公司、场馆方或会展公司）原因导致甲乙双方就参会事宜无法达成一致，乙方应根据甲方要求更换或调配参加活动的人员或方案。

4. 根据会议举办的实际情况，经与乙方协商确认并经乙方书面确认，甲方可以临时增加参会项目。

第四条　乙方权利与义务

1. 乙方保证其具有履行本协议的相关资格、资质，并有义务按照甲方的要求提供包括但不限于营业执照、经营许可等相关证明文件。

2. 乙方应按照甲方要求的时间和方式在会议开始前提供参会相关材料或信息，包括但不限于参会人员信息、演讲材料或信息、展品材料或信息等。

3. 乙方应当遵守乙方或甲方代理人、合作方、承包商等利益相关方对于会议场馆或展厅、展位的管理及相关管理制度，包括但不限于会议参展商手册/参展服务手册。乙方严重违反本条款约定的，甲方有权取消乙方参会项目并不予退还乙方已支付的费用。

4. 乙方应结合自身情况购买与其参会所承担的风险相适应的保险。

5. 未经甲方事先明确书面允许,乙方不得向任何第三方(包括但不限于乙方的关联方)转让、委托、出让、分包、抵押或以其他任何方式处置其在本协议项下的所有或任何权利或义务。乙方违反本条款规定作出的任何转让、委托、出让、分包、抵押或其他任何方式的处置行为均无效且不对甲方发生任何法律效力。

第五条　违约责任

1. 若甲方违约,具体情况如下:

(1)若因甲方原因,导致会议时间或地点变更,甲方应在变更后5个工作日内通知乙方,乙方在接到甲方书面通知3个工作日内书面告知甲方是否继续履约,若继续履约则维持原合同条款不变。若拒绝履约则本协议终止,甲方返还乙方全部参会费用。

(2)若因甲方原因,导致本协议项下乙方权益的部分或全部无法实现的,甲方将根据乙方参会项目的实现情况返回乙方全部或部分参会费用。

2. 若乙方违约,具体情况如下:

(1)若乙方无经营资质或资质与经营内容不符或证明有其他违法行为,甲方有权立即终止协议不予退款并要求赔偿。

(2)若乙方提供的展品、商标、标识、会议材料、演讲内容等会议资料侵犯任何第三方合法权益包括但不限于知识产权,或会议资料存在真实性、合法性问题,因此产生的任何损失及责任由甲方自行承担,若乙方因此遭受任何损失、追诉或索赔,甲方应向乙方支付合同总金额30%违约金,该违约金不足以弥补乙方损失的,甲方应当予以补足。

(3)若因乙方原因,无法参加本次会议,需提前书面告知甲方取消参会。【　】年【　】月【　】日(含当日)前书面告知甲方的,甲方退还乙方【　】%的参会费;【　】年【　】月【　】日后告知甲方的,乙方参会费不予退还。

(4)乙方如不能在本协议规定日期内向甲方支付参会费,甲方有权立即终止本协议或要求乙方做出书面说明。经乙方书面说明且经甲方书面确认同意的,乙方可以按照甲方另行要求的支付日期支付参会费,若乙方未向甲方做出书面说明,甲方有权视为乙方放弃参会并立即终止本协议。

第六条　保密

1. 本协议所述之保密信息包括本协议内容及甲乙双方通过签订及履行本协议获知的对方或对方关联方尚未公开的任何信息,以及本次会议尚未公开或仅限在特定范围内公开或使用的任何信息。

2. 甲乙双方均有义务对本条规定的保密信息履行保密义务,未经对方同意,另一方不得向任何第三方披露或者透露任何保密信息或者将任何保密信息用于与本协议无关的其他任何用途。

3. 如果本协议因任何原因终止或不再履行,本条约定的保密义务仍应继续有效。

第七条　责任免除

1. 乙方对其在会议上提供或使用的所有信息,包括但不限于宣传信息、广告内容等的真实性、合法性负责,因真实性合法性等问题发生的任何纠纷与甲方无关,由乙方承担。

2. 对于乙方或其员工、代理人、承包商或其他受邀人员死亡或人身损害及财产损失甲方概不担责,除非该等死亡或人身及财产损害系因甲方过失或主观故意造成。

3. 在任何情况下,甲方均无须向乙方赔偿:1)间接或结果性损失、损害、成本或费用;2)利润损失;3)收入损失;或4)商誉损失。

4. 如发生法律规定的不可抗力,包括天灾、爆炸、自然现象、火灾、道路封锁、港口禁运、政府行为及其他超出本协议双方预测和控制能力以外的事件且不可避免,而使任何一方无法履行本协议规定的义务,受影响方应在事件发生后3日内通知另一方,并在合理时间内提供不可抗力的证明。受影响方有责任尽一切合理的努力消除或减轻此等不可抗力事件的影响。双方应立即通过友好协商决定如何执行本协议。如果不可抗力事件超过30天,则任何一方有权以提前两周书面通知的形式终止本协议。

第八条　通知

按本协议约定发出的通知或通讯,在信件交给速递服务公司后3天应被视为收件日期，快递单上载明的快递物内容即为邮寄内容；或者，如以传真发出，在发出后下一个工作日应被视为送达，但应有传真确认报告为证，并应发出上述确认信件（确认信件与传真件内容不符的，以传真件为准）；以电子邮件方式发出的，发出后的下一个工作日视为送达。拒收视为送达。一切通知和通讯均应发往如下地址，直到向另一方发出书面通知更改该地址为止。任何一方改变通讯地址及通讯方式，应在改变后的3天内通知对方。

甲方：

地址：

邮编：

电子邮件：

收件人：

乙方：

地址：

邮编：

电子邮件：

收件人：

第九条　其他

1. 本协议在履行过程中发生的争议，由双方协商解决；协商不成的，依法向甲方所在地人民法院起诉。

2. 由甲方出具的招展通知、会议手册、各轮会议通知及甲方出具的其他会议文件构成本协议的一部分，与本协议条款具有同等效力。若该等文件内容与本协议条款不一致的，以本协议条款为准。

3. 本协议一式两份，甲乙双方各执一份。自签订之日起生效，有效期至会议结束日。

（以下无正文，为本协议签署页）

甲方：

（盖章）

授权代表：（签字）

年　　月　　日

乙方：

（盖章）

授权代表：（签字）

年　　月　　日

05　社会团体服务（采购）协议模板

本服务协议（“本协议”）由以下两方在____签署，并于【____】年【____】月【____】日（“生效日”）开始生效：

甲方：
法定代表人：
联系地址：
联系电话：
联系人：

乙方：
法定代表人：
联系地址：
联系电话：
联系人：

（甲方，乙方下文合称为“双方”，单独简称为“一方”。）

鉴于：

由甲方举办的“【　】展会”将于【　】年【　】月【　】日至【　】年【　】月【　】日在____________举行（下称“展会”），乙方为甲方提供【　】服务。根据《中华人民共和国民法典》等有关法律法规，甲乙双方在平等自愿协商的基础上，达成如下协议：

一、服务内容和要求

1. 服务期限：【　】年【　】月【　】日至【　】年【　】月【　】日。

2. 服务地点：【　】。

3. 乙方按照甲方要求为展会提供以下服务：【　】，服务具体方案参见附件1《服务方案及服务标准》。

4. 乙方提供的服务应符合要求，具体服务要求参见附件1《服务方案及服务标准》。

二、服务费用支付

1. 就乙方提供的本协议项下服务，甲方向乙方支付服务费人民币【　】元（大写：人民币【　】元整）。具体见附件2《服务预算表》。

2. 费用结算及支付方式

（1）甲方应在本协议生效后的15个工作日内，向乙方支付服务费用的【　】%，即人民币【　】元（大写：人民币【　】元整）。

（2）甲方应在【　】年【　】月【　】日前，向乙方支付服务费用的【　】%，即人民币【　】元（大写：人民币【　】元整）。

（3）甲方活动结束后【　】个工作日内对乙方服务事项及服务质量进行验收或委托第三方进行验收。验收通过的，甲方在【　】个工作日内，向乙方支付服务费用的【　】%，即人民币【　】元（大写：人民币【　】元整）；验收未通过的，甲方有权不予支付相应的款项。

（4）如发生附件1《服务方案及服务标准》所列服务事项以外的事项的，乙方应事先获得甲方的书面确认后才可增加。未经甲方事先书面确认的增加事项，若未经甲方或甲方委托的第三方验收通过，甲方有权不予付款。

3. 乙方应在收到每一笔服务费用之日起10个工作日内，向甲方开具相应金额的发票或其他甲方接受的票据。

4. 支付方式

甲方以银行转账方式支付至乙方如下指定账户：

乙方开户信息：

开户名称：

开户行：

银行账号：

三、双方权利和义务

1. 甲方的权利和义务

（1）甲方应按照本协议的约定及时间向乙方支付服务费用。

(2)甲方有权随时终止本协议,但应提前10个工作日通知乙方,并根据乙方已经完成的服务内容按照本协议附件2支付费用(乙方完成服务不符合验收条件的除外)。

(3)在服务过程中,甲方有权随时向乙方查询服务事项的执行情况、管理情况,乙方应当配合。甲方可就相关服务的改进完善提出意见和建议,以保证展会顺利进行。

(4)乙方完成全部或部分服务内容后,甲方有权自行或委托第三方依据服务要求对服务事项和服务质量进行验收,乙方应提供相应的验收材料。本协议因无论何等事项被解除的,相关服务的交付情况以及款项的支付情况以甲方自行或委托第三方验收情况为准。

(5)若甲方因乙方的行为而被遭受损失,包括但不限于由于乙方对第三方的侵权行为导致甲方向第三方承担责任;或由于乙方的违约行为,导致甲方对其服务对象违约而承担违约责任等,乙方应当负责为甲方处理并赔偿甲方因此遭受的所有损失,包括但不限于处理案件的律师费、仲裁费、公证费、差旅费等。

2. 乙方的权利和义务

(1)乙方保证其具有提供本协议项下服务所必需的相关资格、资质,并有义务按照甲方的要求提供相关证明文件和处理相关事务。

(2)乙方应按照服务要求尽职尽责为甲方服务,按时、按质、按量完成本协议规定的各项工作,不得降低服务标准。

(3)乙方应就提供的服务接受甲方的监督,就甲方提出的意见和建议给予积极配合与客观全面的说明。

(4)未经甲方事先明确书面同意,乙方不得向任何第三方转让、委托、出让、分包、抵押或以其他任何方式处置其在本协议项下的任何权利或义务(无论全部或部分)。

四、知识产权

1. 乙方不得擅自改动、歪曲甲方提供的名称、标识、商标、信息资料,未经甲方事先书面许可,不得为非本协议目的使用。

2. 乙方侵犯第三方的知识产权或其他合法权益的,自行承担全部责任。

3. 本协议履行完毕、提前解除或其他原因终止后的3天内，乙方应归还甲方提供的所有信息和资料，并不得再继续使用或擅自许可任何第三方使用。

4. 乙方在服务过程中产生的或获得的工作成果，包括但不限于数据、报告、设计、图案、样品等工作成果的所有权及知识产权均归甲方所有。未经甲方书面允许，乙方不得自行使用或许可任何第三方使用。

5. 未经甲方书面许可，乙方不得擅自以甲方的合作伙伴的名义对外进行商业宣传。

五、违约责任

1. 如乙方无法按照本协议约定保质保量按时完成工作，甲方有权依据情况提出意见并要求乙方及时更正，如乙方未在甲方要求的时间内更正的，甲方有权终止协议并要求乙方赔偿服务费用的【30】%作为违约金。违约金不足以弥补甲方损失的，乙方应当补足。

2. 如乙方未按照本协议约定提供服务，造成列服务内容减少、时间缩短或服务标准降低的（详见附件1《服务方案及服务标准》及附件2《服务预算表》所示内容），应当积极采取措施予以补救；未采取补救措施、未能补救，甲方有权终止协议并要求乙方赔偿服务费用的【30】%作为违约金。违约金不足以弥补甲方损失的，乙方应当补足。

3. 如乙方服务经甲方或甲方委托的第三方验收不合格，甲方有权按照第三方验收结果扣减相应的价款。如乙方未能在甲方要求的时间整改更正或甲方发现乙方提交的验收材料中存在任何伪造、变造、瞒报或虚假材料的，甲方有权立即解除本协议，收回全部已支付款项并要求乙方赔偿所有的损失，且包括处理案件的律师费用、诉讼费、仲裁费、公证费、差旅费等。

4. 若乙方的违约行为造成甲方名誉受损的，乙方应当采取必要的措施进行澄清并解除对甲方的负面影响。

六、管辖法律与争议解决

1. 本协议的签订、解释及其在履行过程中出现的或与本协议有关的纠纷之解决，受中华人民共和国现行有效的法律约束。

2. 若发生任何因本协议而引起的或与本协议有关的任何争议、纠纷或索赔,由双方通过友好协商解决;如协商不成,任何一方均可提交至甲方住所地有管辖权的法院通过诉讼解决。

七、其他

1. 本协议未尽事宜,由甲方与乙方友好协商,订立书面补充协议。补充协议为本协议不可分割之部分,与本协议具有同等法律效力。

2. 本协议下的所有通知均应以电子邮件或带回执的快递邮件等书面形式作出,发送至文首列明的地址或者通知方事先另行通知的邮箱或其他地址。

3. 附于本协议的附件构成本协议不可分割的组成部分,与本协议具同等法律效力。如本协议与其附件之间内容不符,应以附件为准。

4. 本协议正本一式4份,甲方应持有2份,乙方应持有2份,双方签字并盖章生效,每一份均应视为原件,具有同等法律效力。

甲方:	乙方:
(盖章)	(盖章)
授权代表:(签字)	授权代表:(签字)
年　　月　　日	年　　月　　日

附件1:《服务方案及服务标准》(略)

附件2:《服务预算表》(略)

06　社会团体委托创作合同

甲方(委托人):　　　　　　　　乙方(受托人):

法定代表人:　　　　　　　　　法定代表人:

联系地址:　　　　　　　　　　联系地址:

联系电话:　　　　　　　　　　联系电话:

根据《中华人民共和国著作权法》《中华人民共和国民法典》及其他法律法规的相关规定,经充分友好协商,甲乙双方就甲方委托乙方创作受托作品达成本协议,具体条款如下:

第一条　创作内容

甲乙双方协商确定,乙方同意接受甲方委托创作__________(以下称"作品"),包括:

1.【　】

2.【　】

3.【　】

第二条　创作期限

1. 乙方的创作期限为【　】年【　】月【　】日至【　】年【　】月【　】日。乙方应于【　】年【　】月【　】日前按本合同约定的要求交付作品,作品必须包括全部附配作品(如光盘、照片等),包括:

(1)【　】

(2)【　】

(3)【　】

2. 若不能按时交付,乙方应在交付期限届满前30日通知甲方,双方另行约定交付日期。如果乙方未提前通知、甲方不同意延期的或重新约定时间到期仍然不能交付的,甲方有权解除本合同。

3. 乙方知晓相关委托作品的完整性。部分履行本协议将视为不能达到合同目的,相关的履行成果将不被甲方接受。若由于乙方的原因,导致作品不能被完整、保质、按时地提交,甲方有权要求乙方归还所有已支付的费用。

第三条　作品要求

1. 乙方提交的作品内容应符合甲方的方案要求,结构合理,论述科学,引文规范、准确,体例统一;图表符合制作要求;公式、注释、参考文献等的表达方式符合国家或行业标准。

2. 乙方向甲方交付作品应同时提供作品的电子版和打印稿,并自留底稿。乙方交付的作品内容必须完整,稿面必须清楚、整洁。未达到作品要求的,甲方不予接收。

3. 乙方所交作品不得侵犯任何第三方权利,甲方于接收作品时或接收作品后发现乙方所交作品侵犯任何第三方权利的,甲方有权退回该作品并要求乙方修改,乙方无法修改的,甲方有权解除本合同。

4. 乙方交付作品后,作品内容、名称等不再做出改动。确需改动时,应当征得甲方同意。

5. 作品全稿不超过【　】字,文字部分按 Microsoft Word 字数计,书面、摄影作品和图表部分等按所占版面折算字数。

第四条　报酬结算

1. 甲乙双方协商确定,报酬标准为人民币【　】元/千字。

2. 甲乙双方协商确定,报酬由甲方采取以下第【　】种方式向乙方支付:

(1)一次性付费方式

甲方依照本合同约定之方式确认接收后的【　】个工作日内向乙方指定收款账户一次性支付全部报酬。

(2)分期付款方式

甲方应按照以下支付阶段及支付方式向乙方指定收款账户支付本合同项下的创作报酬：

第一阶段：在本合同生效后【　】个工作日内，甲方应向乙方支付合同总价款的【　】%作为首付款，即人民币【　】元。

第二阶段：乙方提交创作方案并经甲方确认后，甲方须于【　】个工作日内向乙方支付合同总价款的【　】%作为进度款，即人民币【　】元。

第三阶段：乙方创作完成并经甲方确认接收后，甲方应于【　】个工作日内向乙方支付合同总价款的【　】%作为尾款，即人民币【　】元。

(3)甲乙双方协商确定的其他付款方式：＿＿＿＿＿＿＿＿＿＿＿＿。

3. 乙方指定的收款账户为：

开户名称：＿＿＿＿＿＿＿＿＿＿＿＿＿＿＿＿

开户银行：＿＿＿＿＿＿＿＿＿＿＿＿＿＿＿＿

银行账号：＿＿＿＿＿＿＿＿＿＿＿＿＿＿＿＿

4. 本合同约定之乙方报酬，均为税后/税前报酬。甲方应为乙方代扣代缴/乙方应自行承担有关税款。

第五条　双方权利义务

1. 甲方有权了解乙方的创作进展情况并督促乙方按约定的时间完成创作。甲方有权对乙方的创作提出要求和建议。

2. 甲方有权对乙方已交付的作品进行修改、删节和润色。

3. 甲方应按照本合同第四条规定的付款方式按期按时付款。除本合同约定款项外，甲方无须支付其他款项。

4. 甲方应当在收到作品后【　】个工作日内，对作品进行检查。作品达到本合同第三条要求的，甲方予以接收，并以书面方式通知乙方已确认接收作品；不符合的，甲方有权退回乙方提交的作品，并要求乙方在指定的合理期限内修改，如果乙方不修改，或未能在甲方指定的时间内完成修改，或经修改仍未能达到要求，甲方有权解除本合同。

5. 乙方享有依本合同之约定获得报酬的权利。

6. 乙方保证其所创作的作品不侵犯任何第三方权益。

7. 在甲方公开发表本合同项下委托乙方创作的作品之前,乙方不得擅自向第三方披露该作品的任何资料、创意、脚本、阶段性成果和最终成果等。

8. 乙方确认其以个人名义参与创作,不代表任何机构或组织。

第六条　知识产权

1. 受托作品之著作权归属于甲方所有,乙方不享有署名权,但甲方将以合理方式标明乙方参与作品创作,具体方式由甲方根据作品出版方式确定。

2. 双方保留各自原有著作权。甲方保留提交给乙方的任何素材、脚本或其他资料的著作权。乙方完成创作所需的原始资料、过程文件等的著作权归乙方所有。

3. 本合同因法律法规或本合同之约定而终止,乙方已完成的作品,符合本合同第三条要求的,该部分作品的著作权自创作完成之日起永久归甲方所有,甲方应按照本合同第四条规定向乙方支付报酬。

4. 乙方无权将其创作作品参与公益、专业、行业或媒介所组织的竞赛评比以及品牌宣传、公司简介等事项。

第七条　保密义务

1. 未经甲方事先书面同意,乙方不得私自对外泄露、传播、公布、发表、传授、转让、交换或者以其他任何方式使任何第三方知悉该作品(包括但不限于创意、脚本、阶段性成果和最终成果)以及甲方为履行本合同之目的向乙方提供的任何非公开资料。

2. 若乙方未尽本条款约定的保密义务视为重大违约行为,应当根据本合同第八条第1项向甲方承担违约责任。

第八条　违约责任和争议解决

1. 任意一方未履行或者完全履行本合同约定的,或有其他导致合同目的不能实现的重大违约情形,守约方有权:

(1)要求违约方继续履行合同;

(2)要求违约方支付合同总价款【　】%的违约金;

(3)要求违约方赔偿损失,赔偿的范围包括但不限于:已实际发生的支出及利息；已经或将要向有关权利人承担的侵权或违约赔偿责任；因本合同履行预期可得的利益；解决争议、实现债权所需的诉讼或仲裁、保全、担保费用以及鉴定与评估费、差旅费、律师费等；

(4)解除本合同。

2. 甲乙双方因本合同履行有关的任何争议，应友好协商解决，如协商不成的，双方同意选择下述第【　】种方式予以解决：

(1)任一方均有权向【　】仲裁委员会按照该会实时有效的仲裁规则申请裁决；

(2)任一方均可向甲方所在地有管辖权的人民法院提起诉讼。

第九条　合同效力

1. 本合同自双方本人或其授权代表人签字并加盖单位公章之日起生效。本合同一式两份，双方各执一份，具有同等法律效力。

2. 除非本合同另有明确约定或经双方另行书面同意，任何一方不得因任何原因转让本合同或转让其在本合同项下的任何权利和义务。

3. 本合同附件为本合同不可分割的组成部分，与本合同具有同等法律效力。

4. 双方同意本合同无效或部分内容无效，不影响本合同有关违约责任及争议解决条款的适用。

5. 本合同的订立、履行、解释及争议解决均适用中华人民共和国法律。

第十条　其他

1. 甲乙双方因履行本合同而相互发出的所有通知、文件、资料等，均应按照本合同首部所列明的通信方式送达；一方如果迁址或者变更其他联系方式，应当以书面方式通知对方。

2. 任何一方依法律规定或依本合同约定解除本合同，应提前【　】日以书面方式通知对方。

3. 本合同未尽事宜，由甲乙双方另行协商签订书面补充合同，补充合同与本合同具有同等法律效力。

甲方：	乙方：
（盖章）	（盖章）
授权代表：（签字）	本人或授权代表：（签字）
年　　月　　日	年　　月　　日

07 社会团体人员录用通知书

尊敬的________先生/女士：

恭喜您已顺利通过层层甄选，获得________学会/协会录用资格。

学会/协会，是(学会/协会简介)，构筑开放文化、广聚各方贤能，期待与您一起扬帆起航，共筑梦想！

一、职位信息

1. 单位拟聘用您担任________部门________职位，工作地点：________。

2. 报到地点为：________________。

3. 报到时间：________年____月____日____时，如未按时报到，取消录用资格。

二、薪酬福利

◆整体工资＝基本工资＋浮动奖金

1. 基本工资：

➢ 月薪，为税前人民币________元/月。

2. 浮动奖金：

浮动奖金并非固定薪酬，根据单位经营及业绩情况、个人绩效考核加以确定。

以上薪酬可作为参考，最终以劳动合同及单位规章制度为准。单位有权利对所有的奖金计划做出调整，并享有对奖金是否发放及发放标准、发放方式等的最终解释权。

◆福利待遇

➢ 社会福利：按照国家及地方政府规定缴纳养老保险、失业保险、基本医疗保险、工伤保险、生育保险、住房公积金。

➢ 单位福利:年休假、午餐补助等。

➢ 单位有权利根据实际情况调整单位福利,对此,单位保有最终解释权。

三、特别提示

➢ 本通知书的生效以您向单位提供全面、真实信息为前提。您对本通知书的接收与确认并不代表双方劳动关系的建立。

➢ 只有在您按照本通知书要求入职报到、提供真实有效材料的前提下,才具备签订劳动合同的条件。双方劳动关系的建立以及具体的权利义务(包括但不限于您的工作岗位、工作地点、薪酬福利待遇等)最终将以单位与您签订的书面劳动合同为准,在此之前双方不存在任何法律关系,亦不因此而对对方承担任何法律责任。

➢ 如您向单位提供的学历、工作经历等信息不真实;或向单位隐瞒了以前的不良记录(包括但不限于信用记录、违法记录等);或未向单位披露与其他雇主尚未解除的劳动关系;或对前雇主仍负有竞业限制等义务;或有任何隐瞒、虚报信息或者任何提供虚材料等不诚信行为的,本通知书将不产生法律效力,单位有权不予录用。如双方已经建立劳动关系的,上述行为视为严重违反单位的规章制度及劳动纪律,单位有权立即解除与您的劳动合同,且无须向您支付经济补偿金。如您的上述行为对单位造成损失的,单位将追究您相应的法律责任。

您在办理入职手续、准备相关资料的过程中,如有疑问,请联系单位人力资源部入职办理负责人:

联系人:__________ 电话:__________ 邮箱:__________

我们诚挚邀请您加入________学会/协会!我们期待与您共同成长。

学会/协会

________年____月____日

08　社会团体劳动合同到期续签（不续签）通知书模板

劳动合同到期续签通知书

____________先生/女士：

单位与您于________年____月____日签订的《劳动合同》（编号：____________）期限将于________年____月____日届满。单位决定与您续签劳动合同，如您同意续签，请于________年____月____日到________（部门）办理劳动合同续签手续。如不同意续签合同，请于________年____月____日前以书面方式答复单位。

单位：（签名或盖章）

________年____月____日

劳动合同到期续签通知书签收回执

本人已收到单位于________年____月____日发出的《劳动合同到期续签通知书》。

被通知方签字：

________年____月____日

劳动合同到期不续签通知书

__________先生/女士：

单位与您于______年____月____日签订的《劳动合同》(编号：________)期限将于_______年____月____日届满。单位决定不与您续签劳动合同，请您于劳动合同到期当日依据单位相关规定到_______(部门)办理办理离职手续。

您的工资结算到_______年____月____日。

特此通知。

单位：(签名或盖章)

_______年____月____日

劳动合同到期不续签通知书签收回执

本人已收到单位于_______年____月____日发出的《劳动合同到期不续签通知书》。

被通知方签字：

_______年____月____日

09　社会团体人员岗位、职级、薪酬调整确认书

<table>
<tr><td>姓名</td><td></td><td>身份证号</td><td colspan="2"></td></tr>
<tr><td>生效时间</td><td>年　月　日</td><td>调整原因</td><td colspan="2"></td></tr>
<tr><td>调整项目</td><td colspan="2">调整前</td><td>调整后</td><td>备注</td></tr>
<tr><td>部门名称</td><td colspan="2"></td><td></td><td></td></tr>
<tr><td>岗位名称</td><td colspan="2"></td><td></td><td></td></tr>
<tr><td>职级</td><td colspan="2"></td><td></td><td></td></tr>
<tr><td>基本薪酬</td><td colspan="2"></td><td></td><td></td></tr>
<tr><td>岗位薪酬</td><td colspan="2"></td><td></td><td></td></tr>
<tr><td rowspan="3">社团意见</td><td colspan="4">部门负责人意见签字：
年　月　日</td></tr>
<tr><td colspan="4">主管领导意见签字：
年　月　日</td></tr>
<tr><td colspan="4">人力资源部意见签字：
年　月　日</td></tr>
<tr><td>员工签名</td><td colspan="4">年　月　日</td></tr>
</table>

单位：(盖章)

10　社会团体人员解除（终止）劳动合同证明书

编号：________

解除(终止)劳动合同证明书[存根]

姓名______性别______民族______，________年____月____日出生，居民身份证号：____________，________年____月来本单位(本单位工作年限为：________年)，在____________工作。____________与本单位签订的劳动合同于________年____月____日依法解除(终止)。

特此证明。

出具单位：(盖章)

签收人：　　　　　　　　　　　　　　年　　月　　日

编号：________

解除(终止)劳动合同证明书

姓名______性别______民族______，________年____月____日出生，居民身份证号：____________，________年____月来本单位(本单位工作年限为：________年)，在____________工作。______与本单位签订的劳动合同于________年____月____日依法解除(终止)。

特此证明。

出具单位：(盖章)

年　　月　　日

11　社会团体人员保密及竞业限制协议模板

甲方：
法定代表人：
联系地址：

乙方：
身份证号：
联系地址：
联系电话：
个人邮箱：

根据《中华人民共和国劳动合同法》《中华人民共和国反不正当竞争法》等国家有关规定和甲方有关规章制度，甲乙双方遵循平等自愿、协商一致的原则，明确双方的权利义务，就乙方在任职期间及离职以后的商业秘密保护和竞业限制事宜达成如下协议。

第一条　如实告知义务

在乙方入职前，乙方应以书面形式如实告知甲方有关其在原工作单位所承担的保密义务和竞业限制义务，若乙方隐瞒在原单位所承担的保密义务和竞业限制义务的，甲方有权解除劳动合同。因乙方未主动告知而致使甲方遭受索赔的，甲方有权向乙方追偿，乙方应承担由此产生的一切法律责任，包括但不限于赔偿甲方全部的经济损失。

第二条　保密及竞业限制

本协议所称竞业限制，是指乙方在甲方任职期间的相关竞业限制义务及不论因何种原因从甲方离职之后应遵守的义务，具体如下：

1. 未经甲方事先书面同意，在乙方任职甲方期间，乙方不得自营或者为他人经营（包括投资或者委托他人投资、代持）与甲方同类型或与甲方有竞争关系的企业。

2. 在乙方任职甲方期间,乙方不得以任何方式直接或间接地为甲方生产、经营同类产品、从事同类业务且有竞争关系的其他用人单位提供任何性质的服务。

3. 乙方提出离职之后,应立即向甲方移交所有自己掌握的,涉及商业秘密的所有文件、记录、信息、资料、器具、数据、笔记、报告、计划、目录、来往信函、说明、图样、蓝图及纲要(包括但不限于上述内容之任何形式之复制品),并办妥相关手续,所有记录均为甲方绝对的财产,乙方将保证有关信息不外泄,不得以任何形式留存甲方有关商业秘密信息,也不能得以任何方式再现、复制或传递给任何人,更不得利用前述信息谋取利益。

4. 甲方在乙方离职时将决定是否启动竞业限制,甲方在乙方离职时向乙方发送《竞业限制启动通知书》时,则本协议约定的竞业限制义务全部启动,一旦启动,双方应严格按照本协议约定履行相关权利义务。

5. 甲方对乙方启动竞业限制后,乙方有义务履行本协议约定的离职之后的竞业限制义务,包括但不限于:

(1)不得到同业单位或与甲方有竞争关系的单位(包括但不限于其直接或间接设立、参股、控股、实际控制的单位)从事同类业务、生产或者经营同类产品的任职或兼职,提供任何有偿或无偿服务;

(2)不得自营或为他人经营与甲方有竞争关系的业务(包括但不限于从事同类业务、生产或者经营、参与经营同类产品等);

(3)不得引诱甲方员工离职;

(4)不得招徕、引诱甲方的客户或合作伙伴(包括潜在客户和合作伙伴)与第三方合作;

(5)不得进行其他属于竞业限制的行为。

第三条　禁止期限

竞业限制的期限原则上为从甲乙双方的劳动合同终止或劳动关系解除后<u>　两　</u>年内,具体期限以《竞业限制启动通知书》上的日期为准。

第四条　补偿

在乙方遵守本协议约定的前提下，甲方应按月向乙方支付竞业限制期间的经济补偿。补偿标准为乙方离职前12个月的月平均固定工资的【　】%（____元/月）。甲方应于每月12日前将上述款项支付至乙方离职前的工资发放账户。如需缴纳个税的，则由甲方代为扣缴。

如因乙方拒绝接受补偿、账号注销以及账号变更而未及时书面通知等其他任何原因导致甲方无法按时支付竞业限制经济补偿的，甲方不承担任何责任，乙方仍需按照本协议的约定履行竞业限制义务，乙方不得以三个月未支付经济补偿为由请求解除竞业限制约定。

甲方有权根据情况变化，单方面免除乙方的竞业限制义务，在甲方书面告知乙方后，乙方竞业限制义务终止，双方基于竞业限制的权利义务消灭，同时甲方免除支付补偿的义务。该等情形下，乙方对其知悉的甲方商业秘密等未公开信息仍负有保密义务。

在竞业限制期限内，乙方应当每季度书面告知甲方现工作单位情况，包括单位名称、单位经营范围、入职时间、岗位名称、人事部联系方式等信息，并提交相关证明材料，包括但不限于劳动合同、个税缴纳清单、社保缴纳证明等。同时还应将本协议的内容如实告知新用人单位。乙方未能按时提供上述证明文件或履行其他义务的，视为乙方违反竞业限制义务，甲方有权停止给予乙方补偿，追究其违约责任，且不免除乙方的竞业限制义务。

第五条　竞业限制的违约责任

1. 乙方违反竞业限制约定的，除应退还已收取的全部经济补偿外，还应向甲方支付违约金，并在支付违约金之后，继续履行竞业限制义务。违约金为协议约定竞业限制期间补偿金总额的三倍。

2. 因乙方违约给甲方造成损失的，乙方还应赔偿甲方损失。甲方经济损失以下列计算结果高者为准：(1)乙方及竞争单位因此获得的全部利润；(2)甲方及关联单位因此所受到的全部损失，包括为制止、调查以及处理乙方违约行为所支付的合理开支（包括但不限于律师费、诉讼费、评估费和调查取证费等）。

3. 甲方违反本协议的，应当依照法律规定承担违约责任。

第六条　争议

因履行本协议发生的劳动争议,双方应以协商为主,如果无法协商解决,争议一方或双方有权向甲方所在地的劳动争议仲裁委员会申请仲裁。

第七条　其他

1. 本协议经甲方盖章,乙方签字之日起生效。

2. 本协议作为劳动合同附件内容之一,续签劳动合同视为续签本协议。

3. 本协议一式两份,甲方、乙方各执一份,具有同等法律效力。

甲方:	乙方:
(盖章)	(签字)
授权代表:(签字)	
年　　月　　日	年　　月　　日

12　社会团体志愿服务协议模板

甲方：	乙方(志愿者)：
联系地址：	居民身份证：
联系人：	工作单位：
联系电话：	联系地址(邮编)：
	紧急联系人：
	联系电话：

甲方同意接收乙方作为志愿者提供志愿服务；乙方志愿作为志愿者，为甲方提供无报酬的志愿服务活动。现双方经协商一致，特此订立以下协议。

第一条　志愿服务内容

1.1　志愿服务期限：自【　】年【　】月【　】日起至【　】年【　】月【　】日止，志愿服务时间：【　】。

1.2　经甲方同意，乙方承诺提供以下志愿服务：

(1)【　】；

(2)【　】；

(3)【　】。

第二条　志愿者服务成本承担

2.1　志愿者提供的是志愿服务。甲方将给予适当的交通、通信和餐饮补贴。

2.2　所有补贴费用应通过银行转账方式支付至乙方以下账户：

账户持有人：

开户行：

账号：

2.3　乙方应当按甲方的要求凭相关的材料（包括但不限于签收单、交通、通信、餐饮发票）向甲方结算补贴。

第三条　甲方权利与义务

3.1　权利

3.1.1　有权就志愿服务要求乙方提供真实的身份资料、证件及学历、专长等足以证明其服务能力和水平的个人信息文件和证书。

3.1.2　有权根据志愿服务岗位需求，要求乙方承诺具备以下志愿服务条件：【　】。

3.1.3　有权按照自身的管理要求对乙方进行统一的志愿者信息登记，要求乙方给予相应的配合。

3.1.4　有权制订统一的计划和活动安排，对乙方所进行的活动进行整体调配和管理。

3.1.5　有权根据乙方的服务情况，对其服务进行评估。如不符合甲方要求的能力、服务测试未能达标者予以劝退终止志愿服务。或

3.1.6　因乙方行为严重违反甲方声誉、利益，已明显不适合作为甲方志愿者时，有权对其予以除名。

3.2　义务

3.2.1　有义务在本协议约定的志愿服务范围内为乙方从事志愿服务提供相应的工作条件；

3.2.2　有义务在乙方从事志愿服务活动过程中尽最大能力保障乙方的人身安全和人格尊严；

3.2.3　有义务对乙方进行必要的规范流程、专业技能等的培训和指导，并及时协助乙方解决在志愿服务活动中遇到的客观困难；

3.2.4　有义务根据经费状况，量力给乙方提供适当津贴补助；

3.2.5　有义务对乙方从事的志愿服务活动进行评估，并依据乙方服务绩效，给予其相应的激励和表彰。

第四条　乙方权利与义务

4.1　权利

4.1.1　有权要求作为志愿者在甲方注册登记；

4.1.2　有权要求参加甲方基于志愿服务所进行的必要教育和培训；

4.1.3　有权要求甲方提供从事志愿服务的必要条件和安全保障，并可请求协助解决在志愿服务活动中遇到的实际问题和困难；

4.1.4　有权在志愿活动中，要求保持自己的人格尊严，维护和保障自身的合法权益不受侵害；

4.1.5　有权就志愿服务工作对机构提出意见和建议。

4.2　义务

4.2.1　如实提供所有甲方要求的，为志愿者申请审核之目的的信息或材料。不得提供任何虚假信息或材料。

4.2.2　有义务配合甲方就志愿服务进行的资格审查和能力检测。

4.2.3　有义务按甲方要求进行注册登记，并进行时长录入。

4.2.4　有义务遵守机构相关规章制度，服从机构基于志愿服务和活动而进行的统一管理、安排和部署。有事请假需提前24小时告知，紧急事情需电话告知。

4.2.5　有义务在遇到紧急事件时，及时电话上报甲方上级主管及相关工作人员。

4.2.6　有义务按照甲方要求，参加甲方提供的相关教育、培训及活动，并达到甲方服务要求。

4.2.7　诚信对待其所参加的志愿服务活动，在服务期内连续不断地完成承诺的志愿服务活动。

4.2.8　在志愿活动中不得侵害第三方合法权益，应当自觉维护甲方、志愿者身份及所从事的志愿服务活动对外的声誉，不做任何与此相悖的事情。

4.2.9　有义务对甲方的保密信息（包括但不限于与甲方的业务、客户有关的所有资料、员工的薪酬及福利或其他个人资料）进行最严格的保密，除非事先取得甲方的书面同意，否则均不得复制、出版或向第三方披露甲方的任何保密信息。

4.2.10 确认并同意甲方在其提供志愿服务期间进行拍摄和录制,并使用和授权他人使用带有其肖像和声音的照片及视频等。

第五条 知识产权的保护

5.1 所有由乙方为甲方有关活动撰写、起草、设计和拍摄的文件、图纸、照片、录像等之版权归甲方所有,甲方有权将前述内容用于其他有关事项;未经甲方许可,乙方不得将前述内容及甲方向乙方提供的任何材料使用于与甲方无关的事项。

5.2 乙方应保证:甲方不会因采用乙方的志愿服务而引起任何第三方针对甲方就著作权、商标权或其他知识产权方面的索赔。如有该等索赔发生,乙方应在甲方发出书面通知的3个工作日内向索赔方(或在甲方要求下直接向甲方)做出全额赔偿。

第六条 非雇员性质

乙方作为向甲方提供志愿服务的志愿者,其本人并非甲方任何形式下的雇员。

第七条 不可抗力与责任免除

7.1 乙方作为志愿者为甲方组织、安排的志愿活动中,按照甲方统一要求,在正常情况下提供志愿服务期间,因地震、台风、水灾、暴风雪、瘟疫、暴乱、战争及其他不能预见并且对其发生和后果不能避免也不能克服的不可抗力事件,导致本协议无法继续履行或者无法完全履行,本协议终止。

7.2 基于对志愿服务的质量要求与对服务对象的现实需求,甲方根据统一部署及服务对象的反馈,无须乙方继续提供志愿服务时,甲方应至少提前5个工作日向乙方书面提出,本协议即行终止履行,甲方不承担违约责任。

第八条 协议变更

本协议履行中,经甲乙双方协商一致可以就志愿服务内容、时间和方式予以调整和变更,双方通过签订书面补充协议予以确认,补充协议与本协议具有同等法律效力。

第九条 协议解除与终止

9.1 协议履行期间，甲乙双方均可提前7个工作日以书面方式解除本协议。

9.2 无论本协议因何种原因终止，乙方都应当做好相关的工作以及财物的交接工作。由于乙方未能妥善完成工作及财物交接，造成甲方损失的，乙方应当赔偿。

9.3 乙方有下列情况之一的，甲方有权单方随时解除本协议，而不用提前亦不构成违约，且即使因解除协议给乙方造成损害，也无须给予乙方任何形式的赔偿或补偿：

9.3.1 乙方有违反本协议或者甲方相关规章制度的行为，给甲方造成声誉、经济损失的；

9.3.2 乙方以志愿服务的名义开展任何以营利为目的的活动，用于为自己或他人谋取利益的；

9.3.3 在提供志愿服务的过程中，乙方私自（无论是否以甲方的名义）向志愿服务对象收取费用的。

9.4 本协议履行中，本协议订立时所依据的客观情况发生重大变化或因签订本协议所依据的法律政策的变更，致使原协议无法履行，甲乙双方经协商不能达成变更协议的，双方可以协议解除本协议。

第十条 违约责任

10.1 乙任何一方在履约中，违反本协议约定的规定，或者擅自变更本协议任一条款规定，均构成违约，需向甲方承担违约责任。

10.2 如甲乙任何一方因违反本协议项下的规定，导致守约方面临任何第三方的索赔、诉讼或仲裁等要求，或使守约方因此遭受任何经济上的、直接或间接的损失，守约方有权要求违约方采取足够而适当的措施，赔偿守约方因此而遭受的任何损失。

第十一条 争议解决

本协议在履行过程中发生的争议，由双方协商解决；协商不成的，任意一方有权向甲方住所地人民法院起诉。

第十二条　协议效力

12.1　本协议一式两份，甲乙双方各执一份，具有同等法律效力。

12.2　本协议自双方签字、盖章之日起生效；至本协议约定的服务期届满时失效。

甲方：	乙方：
（盖章）	（签字）
授权代表：（签字）	监护人（若适用）：（签字）
年　　月　　日	年　　月　　日

13　社会团体论文版权授权协议模板

中文论文标题：

所有作者姓名：

所有作者单位：

遵照《中华人民共和国著作权法》，自本协议签署之日起，上述论文全体作者同意将该作品（包括但不限于论文正文、附图、附件视频及实验数据等内容）的所有版权、（含各种介质、媒体）独家授予《________》编辑部在全世界范围使用。编辑部有权作为著作权人享有除著作人身权外的一切权利。

本论文作者可以引用投稿论文，可在本单位或本人著作集中汇编出版以及用于宣讲和交流，但应注明发表于《________》年、卷、期。如有国内外其他单位和个人复制、翻译出版等商业活动，须征得《________》编辑部的书面同意。

在本授权书中作者保证：

（1）本论文是作者独立完成取得的原创性研究成果，全部数据真实、可靠，其内容不涉及国家及单位商业秘密，无抄袭、侵犯他人知识产权等内容；

（2）本论文未曾以任何形式、任何文种在国内外公开发表过；

（3）本论文作者单位和作者署名的内容和排序无争议；

（4）所有作者以后均不得以任何形式在其他地方公开发表该论文；

（5）一旦发现该论文涉及剽窃、抄袭、一稿多投、伪造数据等违规以及侵害他人权益的问题，编辑部为了维护科学道德规范和正常的出版秩序，将对责任作者进行严肃处理，在本刊刊出作者单位、姓名及撤销该论文的通告；本刊拒绝发表该文第一作者的一切文稿；并将就此事件向作者所在单位和该领域的其他科技期刊进行通报。如该论文未能通过审查而不能在《________》发表,本协议自动失效。

所有作者签字:

________年____月____日

14 社会团体委托设计（设计作品）合作协议模板

甲方(委托方)：	乙方(设计方)：
联系地址：	联系地址：
联系人：	联系人：
联系电话：	联系电话：

依据《中华人民共和国民法典》和有关法规的规定，乙方接受甲方的委托，就【　】事项，双方经协商一致，签订本协议，信守执行：

一、协议内容及要求

【　　　】。

二、合作时间及设计费用

合作期限自【　】年【　】月【　】日至【　】年【　】月【　】日。

设计费为：人民币￥【　】元。印刷费为：人民币￥【　】元。

费用总计为：人民币￥【　】元(大写：【　】元整)。

三、付款方式(以双方约定为准)

预付款【　】，余款于定稿后付清。

四、设计与制作作品的时间及交付方式

乙方需在约定的时间内完成设计方案和提交印刷品。因甲方反复提出修改意见导致乙方工作不能按时完成时，可延期执行。

五、知识产权约定

对于委托协议下的作品，甲方拥有作品的知识产权，包括但不限于著作权、版式设计权、商标申请权等。

六、双方的权利义务

甲方权利：

1. 甲方有权对乙方的设计提出建议和思路，以使乙方设计的作品更符合甲方企业文化内涵。

2. 甲方有权对乙方所设计的作品提出修改意见。

3. 甲方在付清所有费用后享有设计作品的所有权、使用权和修改权。

甲方义务：

1. 甲方有义务按照协议约定支付相关费用。

2. 甲方有义务提供有关企业资料或其他有关资料给乙方。

乙方权利：

1. 乙方有权要求甲方提供有关企业资料供乙方设计参考。

2. 乙方有权要求甲方按照合同约定支付相应款项。

3. 乙方对设计的作品享有著作权，有权要求甲方在未付清款项之前不得使用该设计作品。

乙方义务：

1. 乙方需按照甲方的要求进行作品设计与制作。

2. 乙方需按照协议约定按时交付设计制作作品。

七、违约责任

1. 甲方在设计作品初稿完成前终止协议，其预付的费用无权要求退回；甲方在乙方作品初稿完成后终止协议的，应当支付全额的设计费用。

2. 乙方如无正当理由提前终止协议，所收取费用应当全部退回给甲方。

八、不可抗力

1. 就本合同义务的遵守，如任何一方的义务不履行是由包括天灾地变、战争或国家非常状态、火灾、暴动的、各方无法控制的事由（以下称“不可抗力”）所致，任何一方均不对此承担违约责任。

2. 遭遇不可抗力的一方应立即向对方通知该不可抗力状况，并就该等状况的进行及中断可能性提供充分的信息，如该等不可抗力状况得到消除，则各方当事人应迅速履行自身的合同义务。如一方因本条规定的不可抗力状况无法履行本合同项下的义务，且履行状态不能持续6个月以上时，另一方有权解除本合同。

九、适用法律与争议解决

本合同的成立、效力、解释、执行均适用中国相关法律。有关本合同的解释、履行、不履行等的纠纷，应尽最大努力通过友好协商或和解解决。但纠纷发生后90日内仍无法通过协商解决时，双方均可向【　】（甲方/乙方）所在地有管辖权的法院提起诉讼。

十、合同生效

本合同一式两份，双方各执一份，本合同自签订之日起生效。

甲方：　　　　　　　　　　　　乙方：

（盖章）　　　　　　　　　　　（盖章）

授权代表：（签字）　　　　　　授权代表：（签字）

年　　月　　日　　　　　　　　年　　月　　日

15　社会团体著作权许可使用协议模板

甲方(许可方):　　　　　　　　　　乙方(被许可方):
联系地址:　　　　　　　　　　　　联系地址:
联系人:　　　　　　　　　　　　　联系人:
联系电话:　　　　　　　　　　　　联系电话:

根据《中华人民共和国民法典》、《中华人民共和国著作权法》及《著作权法实施条例》的规定,甲乙双方本着诚实信用的原则,经协商一致,对著作权的许可使用达成如下协议:

第一条　许可著作权的基本情况如下:(如有多个著作权可以附表)

许可使用的著作权名称:

著作权持有人的名称、地址:

持有人名称:

地址:

第二条　许可使用著作权的权限如下:(根据实际情况进行选择)

授权内容:授权作品的复制权、发行权、出租权、展览权、表演权、广播权、信息网络传播权、摄制权、改编权、翻译权、汇编权,以及应当由著作权人享有的其他权利。

许可使用著作权的地域:中华人民共和国境内(不包括港澳台地区)/全球

著作权许可使用权的性质:独占/排他/普通许可使用

是否可以再许可:是/否

第三条　许可使用著作权的期限:自【　】年【　】月【　】日起至【　】年

【 】月【 】日止。

第四条 著作权许可使用费用：自本合同签订之日起日内，乙方向甲方一次性支付著作权许可使用费【 】元整。

第五条 陈述与保证

1. 甲方保证自己是本许可著作权的所有权人；甲方有权签订本合同，可以将本合同规定的权利授予乙方。

2. 甲方保证是本合同约定之注册著作权的合法权利人，并保证有权授予乙方在约定范围内使用。在合同履行过程中，因第三方指控著作权侵权所引起的法律和经济上的责任由甲方承担。

3. 乙方为独立法人，依法成立、有效存在，乙方有权订立本合同以及履行本合同义务；乙方已授予其授权代表签署本合同的权利，从生效日起，本合同的条款对其具有法律约束力。

4. 乙方签署本合同以及履行本合同义务：

(1)不会违反其营业执照、成立协议、章程或类似组织文件的任何规定；

(2)不会违反任何相关法律或任何政府授权或批准；

(3)不会违反乙方作为当事人一方的其他任何合同；

(4)不存在将影响乙方履行本合同义务的能力的已经发生且尚未了解的诉讼、仲裁或其他司法或行政程序。

5. 陈述及担保不实的后果：

如果在本合同签订日，一方上述陈述与担保的任何一项与实际情况有实质性不符，则构成该方重大违约。

第六条 (在独占/排他许可情况下)甲方保证积极保护著作权，打击著作权侵权行为，积极应诉。若甲方放弃诉权或不积极应诉，乙方有权代为行使诉权、应诉或采取其他保护著作权的措施。

第七条 甲方应当在【 】年【 】月【 】日前向乙方交付一套完整的许可著作权内容，交付方式为【 】。

第八条 双方承诺，关于双方往来所获知对方之商业、财务信息，无论口头或书面，除应政府部门或法律法令的强制性要求外，均不得对本合同以外第三人泄露,也不得利用其做本合同以外目的使用,此保密义务于本合同终止后仍然有效,且不因本合同的终止、失效、解除而失效。任何一方违反保密义务给对方造成损失的,应予以赔偿。

第九条 合同双方约定,任何一方违反本合同约定义务,应按以下约定承担违约责任。

1. 甲方违约责任:

甲方违反本合同之权利保证,以至于损害乙方签订合同时之预期目的的,乙方有权解除合同,并可要求甲方支付约定许可使用费的【 】% 作为赔偿。

2. 乙方违约责任:

乙方违反约定,逾期不支付许可使用费的,每逾期【 】日向甲方支付许可使用费的【 】% 作为违约金。逾期【30】日的,甲方有权解除合同。

第十条 发生下列任一情形之一,合同一方可通过书面通知终止本合同。

1. 一方违反本合同,且在收到对方就该违反事项以及要求纠正的通知后30 日内仍未纠正的,对方可终止本合同。

2. 一方当事人启动清算程序,或其全部或部分事业或任何资产依据所在国破产法指定财产管理人、经营管理人、其他第三方时,或与其债权人或债务人协商或达成合意,从而影响本合同履行的,对方可终止本合同。

3. 一方当事人试图中断、废弃其经营的全部或部分事业,或将事业、财产或资产的全部或实质部门向第三方进行处分或企图处分,或在其他交易中发生违约事项从而影响本合同的履行的,对方可终止本合同。

4. 本合同项下技术中包括的所有著作权保护期届满,本合同自动终止。

第十一条 不可抗力

1. 就本合同义务的遵守,如任何一方的义务不履行是由包括天灾地变、战争或国家非常状态、火灾、暴动的、各方无法控制的事由(以下称“不可抗力”)所致,任何一方均不对此承担违约责任。

2. 遭遇不可抗力的一方应立即向对方通知该不可抗力状况,并就该等状况的进行及中断可能性提供充分的信息,如该等不可抗力状况得到消除,则各方当事人应迅速履行自身的合同义务。如一方因本条规定的不可抗力状况无法履行本合同项下的义务，且履行不能状态持续 6 个月以上时，另一方有权解除本合同。

第十二条　本合同的成立、效力、解释、执行均适用中国相关法律。有关本合同的解释、履行、不履行等的纠纷，应尽最大努力通过友好协商或和解解决。但纠纷发生后 90 日内仍无法通过协商解决时，双方均可向【　】（甲方/乙方）所在地有管辖权的法院提起诉讼。

第十三条　本合同一式三份，双方各执一份，一份用于著作权行政管理部门备案，本合同自签订之日起生效。

甲方：	乙方：
（盖章）	（盖章）
授权代表：（签字）	授权代表：（签字）
年　　月　　日	年　　月　　日

16 社会团体著作权转让合同模板

甲方(转让方):
联系地址:
联系人:
联系电话:

乙方(受让方):
联系地址:
联系人:
联系电话:

甲乙双方根据中华人民共和国法律法规,在平等、互利的基础上,就作品版权转让事宜达成如下协议:

第一条 转让作品名称【 】。(或附列表)

第二条 甲方自愿将其拥有的对【 】作品的著作权转让给乙方,转让权利种类为:

(1)复制权,即以印刷、复印、拓印、录音、录像、翻录、翻拍等方式将作品制作一份或者多份的权利;

(2)发行权,即以出售或者赠与方式向公众提供作品的原件或者复制件的权利;

(3)出租权,即有偿许可他人临时使用电影作品和以类似摄制电影的方法创作的作品的权利;

(4)展览权,即公开陈列美术作品、摄影作品的原件或者复制件的权利;

(5)表演权,即公开表演作品,以及用各种手段公开播送作品的表演的权利;

(6)放映权,即通过放映机、幻灯机等技术设备公开再现美术、摄影、电影和以类似摄制电影的方法创作的作品等的权利;

(7)广播权,即以无线方式公开广播或者传播作品,以有线传播或者转播的方式向公众传播广播的作品,以及通过扩音器或者其他传送符号、声音、图像的类似工具向公众传播广播的作品的权利;

(8)信息网络传播权,即以有线或者无线方式向公众提供作品,使公众可以在其个人选定的时间和地点获得作品的权利;

(9)摄制权,即以摄制电影或者以类似摄制电影的方法将作品固定在载体上的权利;

(10)改编权,即改变作品,创作出具有独创性的新作品的权利;

(11)翻译权,即将作品从一种语言文字转换成另一种语言文字的权利;

(12)汇编权,即将作品或者作品的片段通过选择或者编排,汇集成新作品的权利;

(13)应当由著作权人享有的其他权利。

第三条　转让地域范围:无地域限制。

第四条　转让价金:【　】。

第五条　交付转让价金的日期和方式:【　】。

第六条　陈述与保证

1. 甲方保证自己是转让著作权的唯一权利人;甲方有权签订本合同,可以将本合同规定的权利转让给乙方。

2. 乙方为独立法人,依法成立、有效存在,乙方有权订立本合同以及履行本合同义务;乙方已授予其授权代表签署本合同的权利,从生效日起,本合同的条款对其具有法律约束力。

3. 陈述及担保不实的后果

如果在本合同签订日,一方上述陈述与担保的任何一项与实际情况有实质性不符,则构成该方重大违约。

第七条　双方承诺,关于双方往来所获知对方之商业、财务信息,无论口头或书面,除应政府部门或法律法令的强制性要求外,均不得对本合同以外第三人泄露,也不得利用其做本合同以外目的使用,此保密义务于本合同终止后仍然有效,且不因本合同的终止、失效、解除而失效。任何一方违反保密义务给对方造成损失的，应予以赔偿。

第八条　合同双方约定，任何一方违反本合同约定义务，应按以下约定承担违约责任。

1. 甲方违约责任：

甲方违反本合同之权利保证，以至于损害乙方签订合同时之预期目的的，乙方有权解除合同，并可要求甲方支付约定转让费的【　】% 作为赔偿。

2. 乙方违约责任：

乙方违反约定，逾期不支付转让费的，每逾期【　】日向甲方支付转让费的【　】% 作为违约金。逾期【30】日的，甲方有权解除合同。

第九条　本合同的成立、效力、解释、执行均适用中国相关法律。有关本合同的解释、履行、不履行等的纠纷，应尽最大努力通过友好协商或和解解决。但纠纷发生后 90 日内仍无法通过协商解决时，双方均可向【　】（甲方/乙方）所在地有管辖权的法院提起诉讼。

第十条　本合同一式三份，双方各执一份，一份用于著作权行政管理部门备案，本合同自签订之日起生效。

甲方：	乙方：
（盖章）	（盖章）
授权代表：（签字）	授权代表：（签字）
年　　月　　日	年　　月　　日

17 社会团体著作权登记委托代理协议模板

甲方(委托方):

联系地址:

联系人:

联系电话:

乙方(受托方):

联系地址:

联系人:

联系电话:

甲乙双方经友好协商,现就甲方委托乙方提供著作权登记代理服务,达成以下协定:

一、服务内容

1. 甲方委托乙方办理以下著作权登记事务:

作品名称:	
作品附件:	

2. 乙方负责办理著作权登记的所有事宜,在甲方提供的文件齐全后递交到国家版权局,并在受理之日起【 】个工作日拿到著作权登记证书。甲方应当及时配合乙方完成委托的著作权登记事项。

3. 乙方联系方式如下:联系人【 】电话【 】邮箱【 】。

二、甲乙双方权利及义务

1. 甲方有权监督乙方相关事项的工作。

2. 甲方联系方式(电话)若有变动及时告知乙方。

3. 乙方须积极维护甲方的合法权益,不得随意更改著作权登记代理事项。

4. 乙方应当尽到及时通知义务,按照约定的方式将代理事项通知甲方。

5. 乙方有义务维护甲方的合法利益，保护所知悉的甲方商业秘密，未经甲方同意，乙方不得向与本次代理事宜无关的第三方泄露本协议事项，不得向与本次代理事宜无关的第三方泄露甲方的知识产权及相关资料和信息。此条不受合同期限的限制。

6. 乙方应根据法律法规忠实勤勉地实施知识产权代理工作。在本协议履行的过程中，乙方有义务随时解答甲方提出的与本协议委托事项相关的问题。

三、总费用

服务总费用为人民币【　】元（大写【　】元），甲方于签订协议之日起【　】个工作日内将款项付给乙方。

四、适用法律与争议解决

本合同的成立、效力、解释、执行均适用中国相关法律。有关本合同的解释、履行、不履行等的纠纷，应尽最大努力通过友好协商或和解解决。但纠纷发生后90日内仍无法通过协商解决时，双方均可向【　】（甲方/乙方）所在地有管辖权的法院提起诉讼。

五、其他

本合同一式两份，双方各执一份，自双方签字之日起生效。

甲方：	乙方：
（盖章）	（盖章）
授权代表：（签字）	授权代表：（签字）
年　　月　　日	年　　月　　日

18　社会团体国际商标许可合同模板

签约时间：

签约地点：

合同编号：

______公司（以下简称“接受方”）为一方，______公司（以下简称“许可方”）为另一方：

鉴于许可方拥有一定价值并经注册的商标；

鉴于接受方希望在制造、出售、分销产品时使用这一商标；

双方授权代表通过友好协商，同意就以下条款签订本合同。

第一条　定义

1.1　“注册商标”是指本合同所描述的在中华人民共和国商标局注册登记的商标，该注册商标的编号为__________。

1.2　“许可方”是指______公司，或者该公司的法人代表、代理和财产继承者。

1.3　“接受方”是指__________公司，或者该公司的法人代表、代理和财产继承者。

1.4　“合同产品”是指合同附件二所列的产品。

1.5　“净销售价”是指合同产品的销售发票价格扣除包装费、运输费、保险费、佣金、商业折扣、税费、外购件等费用后的余额。

1.6　“合同生效日”是指本合同双方签字日。

第二条　合同范围

2.1　根据以下条款的规定，接受方同意从许可方取得，许可方同意向接受方授予单独使用注册商标的许可权利，且只在制造和出售、分销合同产品时使用。合同产品的名称、型号、规格和技术参数详见本合同附件二。这种权利是独占性的，是不可转让的权利。许可方同意在合同的有效期内不在合同有效区域内再授予第三方销售合同产品时使用这一商标。

2.2　许可只在地区有效。接受方同意不在其他地区直接或间接使用或授权他人使用这一商标，且不在知情的情况下向有意或有可能在其他地区出售合同产品的第三者销售该产品。

2.3　许可方负责向接受方提供注册商标的有关资料，包括注册商标的文字、图案、申请情况、编号等，具体的资料详见本合同附件一。

2.4　接受方同意在出售合同产品或在合同产品的广告、促销和展示材料中根据规定标明"注册商标____________公司年"，或其他许可方要求的标志。

第三条　合同价格

3.1　按照第二条规定的内容和范围，本合同采用提成方式计算使用费，计价的货币单位为美元。

3.2　本合同使用费的计算时间从合同生效之日后的第____个月开始，按日历年度计算，每年的12月31日为使用费的结算日。

3.3　使用费按当年度合同产品的净销售价计算，提成率为____%（大写________）。

3.4　在使用费结算日后____日内接受方应向许可方提供完整、精确的报告，说明接受方上一年度合同产品的销售数量、净销售额和应支付的使用费，净销售额和使用费的具体计算方法见本合同附件三。如发现报告或支付中有不一致或错误，许可方应在收到该报告10日内提出疑问，接受方应及时改正。

3.5　接受方同意建立和保留所有有关本合同项下交易活动的会计账本和记录。许可方如需查核接受方的账目时，应在接到接受方根据第3.4条规定开出的书面报告后10日内通知接受方，具体的查账内容和程序详见本合同附件四。

第四条 支付条件

4.1 本合同第三条规定的使用费,接受方将通过＿＿＿＿＿＿银行(此处为接受方的业务银行)和＿＿＿＿＿＿银行(此处为许可方＿＿＿＿＿＿的业务银行)支付给许可方,支付中使用的货币为美元。

4.2 许可方在收到接受方按第3.4条的规定发出的书面报告后应立即开具有关的单据,接受方在收到许可方出具的下列单据后30日内,经审核无误后,即支付使用费给许可方:

A. 使用费计算单一式四份;

B. 商业发票一式四份;

C. 即期汇票一式二份。

4.3 按本合同规定,许可方需要向接受方支付罚款或赔偿时,接受方有权从上述支付的费用中直接扣除。

第五条 资料的交付

5.1 许可方应按本合同附件二的规定向接受方提供注册商标的名称、内容以及许可方向中国商标局申请注册的有关情况。

5.2 许可方应在签订本合同的同时,将第5.1条中规定的资料交付给接受方。

第六条 商品质量

6.1 接受方同意合同产品将符合高标准,其试样、外观和质量将能发挥其最好效益,并能保护和加强商标及其所代表的信誉。接受方保证合同产品符合附件二所规定的质量标准,同时合同产品的生产、出售、分销将符合销售地的法律,并不得影响许可方以及其商标本身的名声。

6.2 为了达到这一目标,接受方应在出售合同产品之前,免费寄给许可方一定数量的产品样品和其包装纸箱及包装材料,以取得许可方的书面同意。合同产品及其纸箱和包装材料的质量试样需得到许可方的同意。向许可方提交的每份产品得到其书面同意前不能视作通过。样品按本条所述得到同意后,接受方在未得到许可方的书面同意前不能作实质变动。而许可方除非提前＿＿日书面通知接受方,否则不能撤销其对样品的同意。

6.3　在接受方开始出售合同产品后，应许可方的要求，将免费向许可方提供不超过____件的随机抽样样品及相关的纸箱、包装箱和包装材料。

第七条　侵权和保证

7.1　许可方保证是本合同注册商标的合法持有者，并且有权授予接受方使用，如果在合同的执行过程中一旦发生第三方指控侵权时，则由许可方负责与第三方交涉，并承担由此引起的一切法律和经济上的责任。

7.2　接受方负责为自己和/或许可方就其非经授权使用合同产品商标、专利、工艺、设计思想、方法引起的索赔、诉讼或损失，就其他行为或产品瑕疵导致的索赔、诉讼或损失进行辩护，并使许可方免受损失。

7.3　接受方同意向许可方提供必要的帮助来保护许可方就该商标拥有的权利。接受方在可知的范围内应书面告知许可方就合同产品的商标的侵权和仿制行为。双方可以各自以自己的名义或以双方的名义针对这样的行为提起诉讼或索赔。

第八条　促销资料

8.1　在任何情况下，接受方如果期望得到合同产品的宣传材料，那么生产该宣传材料的成本和时间由接受方承担。所有涉及本合同商标或其复制品的宣传材料的产权应归接受方所有。如许可方要求使用或将其许可给他方使用，许可方应支付有关费用。届时双方可另行协商签订合同。

8.2　接受方同意，在没有得到许可方的事先书面批准的情况下，不在电台或电视台制作使用本合同商标的合同产品的宣传或广告。许可方可以自由决定同意批准或不批准。

第九条　分销

9.1　接受方同意将克尽勤勉，并且持续制造、分销或销售合同产品，而且还将为此做出必要和适当的安排。

9.2　接受方在没有得到许可方的书面同意前，不得将合同产品销售给那些以获取佣金为目的的、有可能将合同产品当作促销赠品的、以促进其搭售活动目的及销售方式有问题的批发商、零售商、零售店及贸易商等。

第十条　破产、违约

10.1　如果接受方在达成协议后____个月内未开始生产和销售合同产品，许可方可书面通知接受方终止合同。

10.2　如果接受方提出破产申请，或被宣告破产，或对接受方提起破产诉讼，或接受方无偿还能力，或接受方为其债权人的利益而转让，或依照破产法作出安排，或接受方停止经营，或有人接收其经营，则本合同自动终止。

10.3　任何一方违反本合同条款下的义务，另一方在提前____日书面通知对方后有权终止合同，除非违约方在____日内对其违约行为所造成的损失作出全部赔偿。

第十一条　最后报告

11.1　在合同期满前____日内，或收到终止合同通知或是在无须通知的合同终止的情况下____日内，接受方应向许可方出具一份报告以说明手中的和正在加工中的合同产品的数量和种类。

11.2　许可方有权进行实地盘存以确认存货情况和报告的准确。若接受方拒绝许可方的核查，将失去处理存货的权利。

第十二条　存货处理

12.1　合同根据第十条的条款终止后，在接受方已支付使用费，并已按照第三条要求提供报告的情况下，如合同中没有另外规定，接受方可以在收到终止合同通知后____日内处理其手中的和正在加工中的合同产品。

12.2　如果接受方生产的合同产品的质量、试样不符合许可方的要求而导致合同终止，接受方不得再生产、出售、处理任何合同产品。

第十三条　税费

13.1　中华人民共和国政府根据其现行税法征税。接受方有关执行本合同的一切税费由接受方负担。

13.2　中华人民共和国政府根据其现行税法征税。许可方有关执行本合同的一切税费由许可方负担。

第十四条　不可抗力

14.1　合同双方中的任何一方，由于战争或严重的水灾、火灾、台风和地震等自然灾害，以及双方同意的可作为不可抗力的其他事故而影响合同执行时，则延长履行合同的期限，延长的期限相当于事故所影响的时间。

14.2　受不可抗力影响的一方应尽快将发生不可抗力事故的情况以电传或电报通知对方，并于14日内以航空挂号信件将有权证明的机构出具的证明文件提交给另一方进行确认。

14.3　如果不可抗力事故的影响延续到120日以上时，合同双方应通过友好协商解决合同的执行问题。

第十五条　争议的解决

15.1　因执行本合同所发生的或与本合同有关的一切争议，双方应通过友好协商解决。

15.2　如双方通过协商不能达成协议时，则应提交中国国际经济贸易仲裁委员会深圳分会，按照申请仲裁时该会现行有效的仲裁规则进行仲裁。仲裁裁决是终局的，对双方均有约束力。

15.3　仲裁费由败诉方负担。

15.4　在争议的处理过程中，除正在进行仲裁的部分外，合同的其他部分将继续执行。

第十六条　合同的生效及其他

16.1　本合同由双方授权代表于________年____月____日在签字。并自签字之日起生效。

16.2　本合同的有效期从合同生效日起算共________年，有效期满后，本合同自动失效。

16.3　本合同失效后，除第十二条所述的情况外，接受方不得在制造、出售、分销其自己的产品时使用该商标或类似的商标。许可方可自由地向他人转让在生产、出售、分销协议产品过程中使用该商标的权利。

16.4　本合同的执行中，对其条款的任何变更、修改和增减，都须经双方协商同意并签署书面文件，作为合同的组成部分，与合同具有同等效力。

16.5　本合同期满后，双方的未了债权和债务不受合同期满的影响，债务人应对债权人继续完成未了债务。

16.6　本合同由第一条至第十六条和附件一至附件三组成,合同的正文和附件是不可分割的部分,具有同等法律效力。

16.7　本合同用英文书就,双方各持两份。在合同的有效期内,双方通信以英文进行。正式通知应以书面形式、特快专递或航空挂号邮寄,一式两份。合同双方的法定住址如下:

接受方:	许可方:
地　址:	地　址:
电　传:	电　传:
传　真:	传　真:
接受方授权代表:(签字)	许可方授权代表:(签字)

附件一:合同产品清单(略)

附件二:合同产品技术参数(略)

附件三:净销售额和使用费的具体计算方法(略)

附件四:账目内容及其程序(略)

19　外国专家聘用合同模板

聘方：

受聘方：

一、聘请【　】籍【　】男士/女士，双方本着友好合作精神，自愿签订合同并保证认真履行合同中约定的各项义务。

二、合同期自【　】年【　】月【　】日起至【　】年【　】月【　】日止。

三、受聘方的工作任务（可另附页）

1.【　】

2.【　】

3.【　】

四、受聘方的月薪为人民币【　】元，其中【　】%可按月兑换外汇。

五、聘方的义务

1. 向受聘方介绍中国有关法律、法规和聘方有关工作制度以及有关外国专家的管理规定。

2. 对受聘方的工作进行指导、检查和评估。

3. 向受聘方提供必要的工作和生活条件。

4. 配合合作共事人员。

5. 按时支付受聘方的报酬。

六、受聘方的义务

1. 遵守中国的法律、法规，不干预中国的内部事宜。

2. 遵守聘方的工作制度和有关外国专家的管理规定，接受聘方的工作安排、业务指导、检查和评估。未经聘方统一,不得兼任与聘方无关的其他劳务。

3. 按期完成工作任务,保证工作质量。

4. 尊重中国的宗教政策,不从事与专家身份不符的活动。

5. 尊重中国人民的道德规范和民俗习惯。

七、合同的变更、解除和终止

1. 双方信守合同,未经双方一致统一,任何一方不得擅自更改、解除和终止合同。

2. 经当事人双方协商同意后,可以变更、解除和终止合同。在未达成一致意见前,仍应当严格履行合同。

3. 聘方在下述条件下,有权以书面形式通知受聘方解除合同:

(1)受聘方不履行合同或者履行合同义务不符合约定条件,经聘方支出后,仍不改正的;

(2)根据医生诊断,受聘方在病假连续30日后不能恢复正常工作的。

4. 受聘方在下述情况下,有权以书面形式通知聘方解除合同:

(1)聘方未按合同约定提供受聘方必要的工作和生活条件;

(2)聘方未按时支付受聘方报酬。

八、违约金

当事人一方不履行合同或者履行合同义务不符合约定条件,即违反合同时,应当向另一方支付【　】美元(或相当数额的人民币)的违约金,受聘方因不可抗力实践要求解除合同,需出具有关机构证明,经聘方同意后,离华费用自理外,还应当向受聘方支付违约金。

聘方因不可抗力实践要求解除合同,经受聘方同意后,离华费用由聘方担负。聘方若无故解除合同,除负担受聘方离华费用外、还应当向受聘方支付违约金。

九、本合同附件为合同不可分割的一部分,与合同具有同等效力。

十、本合同自双方签字之日起生效,合同期满即自行失效。当事人一方要求签订新合同,必须在本合同期满90日前向另一方提出,经双方协商同意后签订新合同。受聘方合同期满后,在华逗留期间的一切费用自理。

十一、仲裁当事人双方发生合同纠纷时,尽可能通过协商或者调节解决。若协商调解无效,可向国家外国专家局设立的外国文教专家事务仲裁机构申请仲裁。

本合同一式两份,每份都用中文和英文写成,两种文本同等作准。签订地点:

聘方:(盖章)	受聘方:(签字)
聘方法定代表人:(签字)	联系电话:
年　月　日	年　月　日

20 社会团体国际保密协议模板

甲方：

乙方：

甲乙双方本着互惠互利、共同发展的原则，经友好协商签订本协议。

1. 保密资料的定义

保密资料指甲乙双方中任何一方披露给对方的明确标注或指明是“保密资料”的相关业务和技术方面的书面或其他形式的资料和信息（以下简称保密资料），但不包括下述资料和信息：

(1)已经或将公布于众的资料，但不包括甲乙双方或其代表违反本协议规定未经授权所披露的资料；

(2)在任何一方向接受方披露前已为该方知悉的非保密资料；

(3)任何一方提供的非保密资料，接受方在披露这些资料前不知此资料提供者（第三方）已经与本协议下的非保密资料提供方订立过有约束力的保密协议，且接受方有理由认为资料披露者未被禁止向接受方提供该资料。

2. 双方责任

(1)甲乙双方互为保密资料的提供方和接受方，负有保密义务，承担保密责任。

(2)甲乙双方中任何一方未经对方书面同意不得向第三方（包括新闻界人士）公开和披露任何保密资料或以其他方式使用保密资料。双方也须促使各自代表不向第三方（包括新闻界人士）公开或披露任何保密资料或以其他方式使用保密资料。除非披露、公开或利用保密资料是双方从事或开展合作项目工作在通常情况下应承担的义务(包括双方今后依法律或合同应承担的义务)。

(3)双方均须把接触保密资料的范围严格限制在因本协议规定的目的而需接触保密资料的各自负责的代表的范围内。

(4)除经过双方书面同意而进行披露外,任何一方不得将含有对方或其代表披露的保密资料副本或复印件、有意无意地提供给他人。

(5)如果合作项目不再继续进行或其中一方因故退出此项目,经对方在任何时候提出书面要求,另一方应当、并应促使其代表在5个工作日内销毁或向对方返还其占有的或控制的全部保密资料以及包含或体现了保密资料的全部文件和其他材料并连同全部副本。但是在不违反本协议其他条款的条件下,双方可仅为本协议第四条之目的,保留上述文件或材料的复制件一份。

(6)甲乙双方将以并应促使各自的代表以不低于其对自己拥有的类似资料的保管程度来对待对方向其披露的保密资料,但在任何情况下,对保密资料的保管都不能低于合理程度。

3. 知识产权

甲乙双方向对方或对方代表披露保密资料并不构成向对方或对方的代表的转让或授予另一方对其商业秘密、商标、专利、技术秘密或任何其他知识产权拥有的权益,也不构成向第三方许可使用商业秘密、商标、专利、技术秘密或任何其他知识产权的有关权益。

4. 保密资料的保存和使用

(1)甲乙双方中的任何一方有权保存必要的保密资料,以便履行其在合作项目工作中所承担的法律、规章与义务时使用该保密资料。

(2)甲乙双方有权使用保密资料对任何针对接受方或其代表的与协议项目及其事务相关的索赔、诉讼、司法程序及指控进行抗辩,或者对与本协议项目及其事务相关的传唤、传票或其他法律程序做出答复。

(3)任何一方在书面通知对方并将披露内容的复印件抄送对方后,可根据需要在提交任何市、省、中央或其他对接受方有管辖权或声称对接受方有管辖权的监管团体的任何报告、声明或证明中披露保密资料。

5. 争议解决和适用法律

本协议受中华人民共和国法律管辖并按中华人民共和国法律解释。因本协议或本协议各方的权利和义务而发生的或与之有关的任何事项和争议、诉讼或程序，本协议双方不可撤销地接受中华人民共和国法院的管辖。

6. 协议有效期

(1)本协议有效期为________年，自甲乙双方签字盖章之日起生效。

(2)本协议一式____份，双方各执____份，具有同等法律效力。

甲方：　　　　　　　　　　　　乙方：

(盖章)　　　　　　　　　　　　(盖章)

授权代表：(签字)　　　　　　　授权代表：(签字)

年　　月　　日　　　　　　　　年　　月　　日

附录二

相关法律法规节选

中华人民共和国民法典（节选）

（2020年5月28日第十三届全国人民代表大会第三次会议通过）

……

第三编　合　　同

第一分编　通　　则

第一章　一般规定

第四百六十三条　本编调整因合同产生的民事关系。

第四百六十四条　合同是民事主体之间设立、变更、终止民事法律关系的协议。

婚姻、收养、监护等有关身份关系的协议，适用有关该身份关系的法律规定；没有规定的，可以根据其性质参照适用本编规定。

第四百六十五条　依法成立的合同，受法律保护。

依法成立的合同，仅对当事人具有法律约束力，但是法律另有规定的除外。

第四百六十六条　当事人对合同条款的理解有争议的，应当依据本法第一百四十二条第一款的规定，确定争议条款的含义。

合同文本采用两种以上文字订立并约定具有同等效力的，对各文本使用的词句推定具有相同含义。各文本使用的词句不一致的，应当根据合同的相关条款、性质、目的以及诚信原则等予以解释。

第四百六十七条　本法或者其他法律没有明文规定的合同，适用本编通则的规定，并可以参照适用本编或者其他法律最相类似合同的规定。

在中华人民共和国境内履行的中外合资经营企业合同、中外合作经营企业合同、中外合作勘探开发自然资源合同，适用中华人民共和国法律。

第四百六十八条 非因合同产生的债权债务关系，适用有关该债权债务关系的法律规定；没有规定的，适用本编通则的有关规定，但是根据其性质不能适用的除外。

第二章 合同的订立

第四百六十九条 当事人订立合同，可以采用书面形式、口头形式或者其他形式。

书面形式是合同书、信件、电报、电传、传真等可以有形地表现所载内容的形式。

以电子数据交换、电子邮件等方式能够有形地表现所载内容，并可以随时调取查用的数据电文，视为书面形式。

第四百七十条 合同的内容由当事人约定，一般包括下列条款：

（一）当事人的姓名或者名称和住所；

（二）标的；

（三）数量；

（四）质量；

（五）价款或者报酬；

（六）履行期限、地点和方式；

（七）违约责任；

（八）解决争议的方法。

当事人可以参照各类合同的示范文本订立合同。

第四百七十一条 当事人订立合同，可以采取要约、承诺方式或者其他方式。

……

第四百八十三条 承诺生效时合同成立，但是法律另有规定或者当事人另有约定的除外。

……

第四百九十条 当事人采用合同书形式订立合同的,自当事人均签名、盖章或者按指印时合同成立。在签名、盖章或者按指印之前,当事人一方已经履行主要义务,对方接受时,该合同成立。

法律、行政法规规定或者当事人约定合同应当采用书面形式订立,当事人未采用书面形式但是一方已经履行主要义务,对方接受时,该合同成立。

第四百九十一条 当事人采用信件、数据电文等形式订立合同要求签订确认书的,签订确认书时合同成立。

当事人一方通过互联网等信息网络发布的商品或者服务信息符合要约条件的,对方选择该商品或者服务并提交订单成功时合同成立,但是当事人另有约定的除外。

第四百九十二条 承诺生效的地点为合同成立的地点。

采用数据电文形式订立合同的,收件人的主营业地为合同成立的地点;没有主营业地的,其住所地为合同成立的地点。当事人另有约定的,按照其约定。

第四百九十三条 当事人采用合同书形式订立合同的,最后签名、盖章或者按指印的地点为合同成立的地点,但是当事人另有约定的除外。

……

第四百九十五条 当事人约定在将来一定期限内订立合同的认购书、订购书、预订书等,构成预约合同。

当事人一方不履行预约合同约定的订立合同义务的,对方可以请求其承担预约合同的违约责任。

第四百九十六条 格式条款是当事人为了重复使用而预先拟定,并在订立合同时未与对方协商的条款。

采用格式条款订立合同的,提供格式条款的一方应当遵循公平原则确定当事人之间的权利和义务,并采取合理的方式提示对方注意免除或者减轻其责任等与对方有重大利害关系的条款,按照对方的要求,对该条款予以说明。提供格式条款的一方未履行提示或者说明义务,致使对方没有注意或者理解与其有重大利害关系的条款的,对方可以主张该条款不成为合同的内容。

第四百九十七条 有下列情形之一的,该格式条款无效:

(一)具有本法第一编第六章第三节和本法第五百零六条规定的无效情形;

(二)提供格式条款一方不合理地免除或者减轻其责任、加重对方责任、限制对方主要权利;

(三)提供格式条款一方排除对方主要权利。

第四百九十八条 对格式条款的理解发生争议的,应当按照通常理解予以解释。对格式条款有两种以上解释的,应当作出不利于提供格式条款一方的解释。格式条款和非格式条款不一致的,应当采用非格式条款。

……

第五百条 当事人在订立合同过程中有下列情形之一,造成对方损失的,应当承担赔偿责任:

(一)假借订立合同,恶意进行磋商;

(二)故意隐瞒与订立合同有关的重要事实或者提供虚假情况;

(三)有其他违背诚信原则的行为。

第五百零一条 当事人在订立合同过程中知悉的商业秘密或者其他应当保密的信息,无论合同是否成立,不得泄露或者不正当地使用;泄露、不正当地使用该商业秘密或者信息,造成对方损失的,应当承担赔偿责任。

第三章 合同的效力

第五百零二条 依法成立的合同,自成立时生效,但是法律另有规定或者当事人另有约定的除外。

依照法律、行政法规的规定,合同应当办理批准等手续的,依照其规定。未办理批准等手续影响合同生效的,不影响合同中履行报批等义务条款以及相关条款的效力。应当办理申请批准等手续的当事人未履行义务的,对方可以请求其承担违反该义务的责任。

依照法律、行政法规的规定,合同的变更、转让、解除等情形应当办理批准等手续的，适用前款规定。

第五百零三条　无权代理人以被代理人的名义订立合同，被代理人已经开始履行合同义务或者接受相对人履行的，视为对合同的追认。

第五百零四条　法人的法定代表人或者非法人组织的负责人超越权限订立的合同，除相对人知道或者应当知道其超越权限外，该代表行为有效，订立的合同对法人或者非法人组织发生效力。

第五百零五条　当事人超越经营范围订立的合同的效力，应当依照本法第一编第六章第三节和本编的有关规定确定，不得仅以超越经营范围确认合同无效。

第五百零六条　合同中的下列免责条款无效：

（一）造成对方人身损害的；

（二）因故意或者重大过失造成对方财产损失的。

第五百零七条　合同不生效、无效、被撤销或者终止的，不影响合同中有关解决争议方法的条款的效力。

……

第四章　合同的履行

第五百零九条　当事人应当按照约定全面履行自己的义务。

当事人应当遵循诚信原则，根据合同的性质、目的和交易习惯履行通知、协助、保密等义务。

当事人在履行合同过程中，应当避免浪费资源、污染环境和破坏生态。

第五百一十条　合同生效后，当事人就质量、价款或者报酬、履行地点等内容没有约定或者约定不明确的，可以协议补充；不能达成补充协议的，按照合同相关条款或者交易习惯确定。

第五百一十一条　当事人就有关合同内容约定不明确，依据前条规定仍不能确定的，适用下列规定：

（一）质量要求不明确的，按照强制性国家标准履行；没有强制性国家标准的，按照推荐性国家标准履行；没有推荐性国家标准的，按照行业标准履行；没有国家标准、行业标准的，按照通常标准或者符合合同目的的特定标准履行。

（二）价款或者报酬不明确的，按照订立合同时履行地的市场价格履行；依法应当执行政府定价或者政府指导价的，依照规定履行。

（三）履行地点不明确，给付货币的，在接受货币一方所在地履行；交付不动产的，在不动产所在地履行；其他标的，在履行义务一方所在地履行。

（四）履行期限不明确的，债务人可以随时履行，债权人也可以随时请求履行，但是应当给对方必要的准备时间。

（五）履行方式不明确的，按照有利于实现合同目的的方式履行。

（六）履行费用的负担不明确的，由履行义务一方负担；因债权人原因增加的履行费用，由债权人负担。

……

第五百一十八条 债权人为二人以上，部分或者全部债权人均可以请求债务人履行债务的，为连带债权；债务人为二人以上，债权人可以请求部分或者全部债务人履行全部债务的，为连带债务。

连带债权或者连带债务，由法律规定或者当事人约定。

第五百一十九条 连带债务人之间的份额难以确定的，视为份额相同。

实际承担债务超过自己份额的连带债务人，有权就超出部分在其他连带债务人未履行的份额范围内向其追偿，并相应地享有债权人的权利，但是不得损害债权人的利益。其他连带债务人对债权人的抗辩，可以向该债务人主张。

被追偿的连带债务人不能履行其应分担份额的，其他连带债务人应当在相应范围内按比例分担。

……

第五百二十一条 连带债权人之间的份额难以确定的，视为份额相同。

实际受领债权的连带债权人，应当按比例向其他连带债权人返还。

连带债权参照适用本章连带债务的有关规定。

……

第五百二十五条 当事人互负债务，没有先后履行顺序的，应当同时履行。一方在对方履行之前有权拒绝其履行请求。一方在对方履行债务不符合约定时，有权拒绝其相应的履行请求。

第五百二十六条　当事人互负债务，有先后履行顺序，应当先履行债务一方未履行的，后履行一方有权拒绝其履行请求。先履行一方履行债务不符合约定的，后履行一方有权拒绝其相应的履行请求。

第五百二十七条　应当先履行债务的当事人，有确切证据证明对方有下列情形之一的，可以中止履行：

（一）经营状况严重恶化；

（二）转移财产、抽逃资金，以逃避债务；

（三）丧失商业信誉；

（四）有丧失或者可能丧失履行债务能力的其他情形。

当事人没有确切证据中止履行的，应当承担违约责任。

第五百二十八条　当事人依据前条规定中止履行的，应当及时通知对方。对方提供适当担保的，应当恢复履行。中止履行后，对方在合理期限内未恢复履行能力且未提供适当担保的，视为以自己的行为表明不履行主要债务，中止履行的一方可以解除合同并可以请求对方承担违约责任。

第五百二十九条　债权人分立、合并或者变更住所没有通知债务人，致使履行债务发生困难的，债务人可以中止履行或者将标的物提存。

第五百三十条　债权人可以拒绝债务人提前履行债务，但是提前履行不损害债权人利益的除外。

债务人提前履行债务给债权人增加的费用，由债务人负担。

……

第六章　合同的变更和转让

第五百四十三条　当事人协商一致，可以变更合同。

第五百四十四条　当事人对合同变更的内容约定不明确的，推定为未变更。

第五百四十五条　债权人可以将债权的全部或者部分转让给第三人，但是有下列情形之一的除外：

(一)根据债权性质不得转让;

(二)按照当事人约定不得转让;

(三)依照法律规定不得转让。

当事人约定非金钱债权不得转让的,不得对抗善意第三人。当事人约定金钱债权不得转让的,不得对抗第三人。

……

第五百五十一条 债务人将债务的全部或者部分转移给第三人的,应当经债权人同意。

债务人或者第三人可以催告债权人在合理期限内予以同意,债权人未作表示的,视为不同意。

……

第七章 合同的权利义务终止

第五百五十七条 有下列情形之一的,债权债务终止:

(一)债务已经履行;

(二)债务相互抵销;

(三)债务人依法将标的物提存;

(四)债权人免除债务;

(五)债权债务同归于一人;

(六)法律规定或者当事人约定终止的其他情形。

合同解除的,该合同的权利义务关系终止。

第五百五十八条 债权债务终止后,当事人应当遵循诚信等原则,根据交易习惯履行通知、协助、保密、旧物回收等义务。

……

第五百六十二条 当事人协商一致,可以解除合同。

当事人可以约定一方解除合同的事由。解除合同的事由发生时,解除权人可以解除合同。

第五百六十三条 有下列情形之一的,当事人可以解除合同:

（一）因不可抗力致使不能实现合同目的；

（二）在履行期限届满前，当事人一方明确表示或者以自己的行为表明不履行主要债务；

（三）当事人一方迟延履行主要债务，经催告后在合理期限内仍未履行；

（四）当事人一方迟延履行债务或者有其他违约行为致使不能实现合同目的；

（五）法律规定的其他情形。

以持续履行的债务为内容的不定期合同，当事人可以随时解除合同，但是应当在合理期限之前通知对方。

……

第五百六十五条 当事人一方依法主张解除合同的，应当通知对方。合同自通知到达对方时解除；通知载明债务人在一定期限内不履行债务则合同自动解除，债务人在该期限内未履行债务的，合同自通知载明的期限届满时解除。对方对解除合同有异议的，任何一方当事人均可以请求人民法院或者仲裁机构确认解除行为的效力。

当事人一方未通知对方，直接以提起诉讼或者申请仲裁的方式依法主张解除合同，人民法院或者仲裁机构确认该主张的，合同自起诉状副本或者仲裁申请书副本送达对方时解除。

第五百六十六条 合同解除后，尚未履行的，终止履行；已经履行的，根据履行情况和合同性质，当事人可以请求恢复原状或者采取其他补救措施，并有权请求赔偿损失。

合同因违约解除的，解除权人可以请求违约方承担违约责任，但是当事人另有约定的除外。

主合同解除后，担保人对债务人应当承担的民事责任仍应当承担担保责任，但是担保合同另有约定的除外。

……

第五百七十五条 债权人免除债务人部分或者全部债务的，债权债务部分或者全部终止，但是债务人在合理期限内拒绝的除外。

……

第八章　违约责任

第五百七十七条　当事人一方不履行合同义务或者履行合同义务不符合约定的，应当承担继续履行、采取补救措施或者赔偿损失等违约责任。

……

第五百八十三条　当事人一方不履行合同义务或者履行合同义务不符合约定的，在履行义务或者采取补救措施后，对方还有其他损失的，应当赔偿损失。

第五百八十四条　当事人一方不履行合同义务或者履行合同义务不符合约定，造成对方损失的，损失赔偿额应当相当于因违约所造成的损失，包括合同履行后可以获得的利益；但是，不得超过违约一方订立合同时预见到或者应当预见到的因违约可能造成的损失。

第五百八十五条　当事人可以约定一方违约时应当根据违约情况向对方支付一定数额的违约金，也可以约定因违约产生的损失赔偿额的计算方法。

约定的违约金低于造成的损失的，人民法院或者仲裁机构可以根据当事人的请求予以增加；约定的违约金过分高于造成的损失的，人民法院或者仲裁机构可以根据当事人的请求予以适当减少。

当事人就迟延履行约定违约金的，违约方支付违约金后，还应当履行债务。

第五百八十六条　当事人可以约定一方向对方给付定金作为债权的担保。定金合同自实际交付定金时成立。

定金的数额由当事人约定；但是，不得超过主合同标的额的百分之二十，超过部分不产生定金的效力。实际交付的定金数额多于或者少于约定数额的，视为变更约定的定金数额。

第五百八十七条　债务人履行债务的，定金应当抵作价款或者收回。给付定金的一方不履行债务或者履行债务不符合约定，致使不能实现合同目的的，无权请求返还定金；收受定金的一方不履行债务或者履行债务不符合约定，致使不能实现合同目的的，应当双倍返还定金。

第五百八十八条　当事人既约定违约金，又约定定金的，一方违约时，对方可以选择适用违约金或者定金条款。

定金不足以弥补一方违约造成的损失的,对方可以请求赔偿超过定金数额的损失。

……

第五百九十条 当事人一方因不可抗力不能履行合同的,根据不可抗力的影响,部分或者全部免除责任,但是法律另有规定的除外。因不可抗力不能履行合同的,应当及时通知对方,以减轻可能给对方造成的损失,并应当在合理期限内提供证明。

当事人迟延履行后发生不可抗力的,不免除其违约责任。

……

第五百九十四条 因国际货物买卖合同和技术进出口合同争议提起诉讼或者申请仲裁的时效期间为四年。

第二分编 典型合同

第九章 买卖合同

第五百九十五条 买卖合同是出卖人转移标的物的所有权于买受人,买受人支付价款的合同。

第五百九十六条 买卖合同的内容一般包括标的物的名称、数量、质量、价款、履行期限、履行地点和方式、包装方式、检验标准和方法、结算方式、合同使用的文字及其效力等条款。

……

第六百条 出卖具有知识产权的标的物的,除法律另有规定或者当事人另有约定外,该标的物的知识产权不属于买受人。

……

第六百零五条 因买受人的原因致使标的物未按照约定的期限交付的,买受人应当自违反约定时起承担标的物毁损、灭失的风险。

……

第六百一十条 因标的物不符合质量要求，致使不能实现合同目的的，买受人可以拒绝接受标的物或者解除合同。买受人拒绝接受标的物或者解除合同的，标的物毁损、灭失的风险由出卖人承担。

……

第六百一十四条 买受人有确切证据证明第三人对标的物享有权利的，可以中止支付相应的价款，但是出卖人提供适当担保的除外。

第六百一十五条 出卖人应当按照约定的质量要求交付标的物。出卖人提供有关标的物质量说明的，交付的标的物应当符合该说明的质量要求。

……

第六百二十条 买受人收到标的物时应当在约定的检验期限内检验。没有约定检验期限的，应当及时检验。

……

第六百二十六条 买受人应当按照约定的数额和支付方式支付价款。对价款的数额和支付方式没有约定或者约定不明确的，适用本法第五百一十条、第五百一十一条第二项和第五项的规定。

……

第六百三十条 标的物在交付之前产生的孳息，归出卖人所有；交付之后产生的孳息，归买受人所有。但是，当事人另有约定的除外。

……

第六百三十三条 出卖人分批交付标的物的，出卖人对其中一批标的物不交付或者交付不符合约定，致使该批标的物不能实现合同目的的，买受人可以就该批标的物解除。

出卖人不交付其中一批标的物或者交付不符合约定，致使之后其他各批标的物的交付不能实现合同目的的，买受人可以就该批以及之后其他各批标的物解除。

买受人如果就其中一批标的物解除，该批标的物与其他各批标的物相互依存的，可以就已经交付和未交付的各批标的物解除。

……

第六百四十一条　当事人可以在买卖合同中约定买受人未履行支付价款或者其他义务的，标的物的所有权属于出卖人。

出卖人对标的物保留的所有权，未经登记，不得对抗善意第三人。

……

第十一章　赠与合同

……

第六百五十七条　赠与合同是赠与人将自己的财产无偿给予受赠人，受赠人表示接受赠与的合同。

第六百五十八条　赠与人在赠与财产的权利转移之前可以撤销赠与。

经过公证的赠与合同或者依法不得撤销的具有救灾、扶贫、助残等公益、道德义务性质的赠与合同，不适用前款规定。

……

第六百六十条　经过公证的赠与合同或者依法不得撤销的具有救灾、扶贫、助残等公益、道德义务性质的赠与合同，赠与人不交付赠与财产的，受赠人可以请求交付。

依据前款规定应当交付的赠与财产因赠与人故意或者重大过失致使毁损、灭失的，赠与人应当承担赔偿责任。

第六百六十一条　赠与可以附义务。

赠与附义务的，受赠人应当按照约定履行义务。

第六百六十二条　赠与的财产有瑕疵的，赠与人不承担责任。附义务的赠与，赠与的财产有瑕疵的，赠与人在附义务的限度内承担与出卖人相同的责任。

赠与人故意不告知瑕疵或者保证无瑕疵，造成受赠人损失的，应当承担赔偿责任。

……

第六百六十五条　撤销权人撤销赠与的，可以向受赠人请求返还赠与的财产。

第六百六十六条　赠与人的经济状况显著恶化，严重影响其生产经营或者家庭生活的,可以不再履行赠与义务。

第十二章　借 款 合 同

第六百六十七条　借款合同是借款人向贷款人借款,到期返还借款并支付利息的合同。

第六百六十八条　借款合同应当采用书面形式,但是自然人之间借款另有约定的除外。

借款合同的内容一般包括借款种类、币种、用途、数额、利率、期限和还款方式等条款。

第六百六十九条　订立借款合同,借款人应当按照贷款人的要求提供与借款有关的业务活动和财务状况的真实情况。

第六百七十条　借款的利息不得预先在本金中扣除。利息预先在本金中扣除的,应当按照实际借款数额返还借款并计算利息。

……

第六百七十二条　贷款人按照约定可以检查、监督借款的使用情况。借款人应当按照约定向贷款人定期提供有关财务会计报表或者其他资料。

第六百七十三条　借款人未按照约定的借款用途使用借款的,贷款人可以停止发放借款、提前收回借款或者解除合同。

……

第六百七十六条　借款人未按照约定的期限返还借款的,应当按照约定或者国家有关规定支付逾期利息。

……

第六百七十九条　自然人之间的借款合同,自贷款人提供借款时成立。

……

第十三章　保 证 合 同

第一节　一 般 规 定

第六百八十一条　保证合同是为保障债权的实现,保证人和债权人约定,当债务人不履行到期债务或者发生当事人约定的情形时，保证人履行债务或者承担责任的合同。

第六百八十二条　保证合同是主债权债务合同的从合同。主债权债务合同无效的，保证合同无效，但是法律另有规定的除外。

保证合同被确认无效后，债务人、保证人、债权人有过错的，应当根据其过错各自承担相应的民事责任。

第六百八十三条　机关法人不得为保证人，但是经国务院批准为使用外国政府或者国际经济组织贷款进行转贷的除外。

以公益为目的的非营利法人、非法人组织不得为保证人。

第六百八十四条　保证合同的内容一般包括被保证的主债权的种类、数额，债务人履行债务的期限，保证的方式、范围和期间等条款。

第六百八十五条　保证合同可以是单独订立的书面合同，也可以是主债权债务合同中的保证条款。

第三人单方以书面形式向债权人作出保证，债权人接收且未提出异议的，保证合同成立。

第六百八十六条　保证的方式包括一般保证和连带责任保证。

当事人在保证合同中对保证方式没有约定或者约定不明确的，按照一般保证承担保证责任。

……

第六百八十八条　当事人在保证合同中约定保证人和债务人对债务承担连带责任的，为连带责任保证。

连带责任保证的债务人不履行到期债务或者发生当事人约定的情形时，债权人可以请求债务人履行债务，也可以请求保证人在其保证范围内承担保证责任。

……

第二节　保证责任

第六百九十一条　保证的范围包括主债权及其利息、违约金、损害赔偿金和实现债权的费用。当事人另有约定的，按照其约定。

第六百九十二条 保证期间是确定保证人承担保证责任的期间，不发生中止、中断和延长。

债权人与保证人可以约定保证期间，但是约定的保证期间早于主债务履行期限或者与主债务履行期限同时届满的，视为没有约定；没有约定或者约定不明确的，保证期间为主债务履行期限届满之日起六个月。

债权人与债务人对主债务履行期限没有约定或者约定不明确的，保证期间自债权人请求债务人履行债务的宽限期届满之日起计算。

……

第六百九十九条 同一债务有两个以上保证人的，保证人应当按照保证合同约定的保证份额，承担保证责任；没有约定保证份额的，债权人可以请求任何一个保证人在其保证范围内承担保证责任。

第七百条 保证人承担保证责任后，除当事人另有约定外，有权在其承担保证责任的范围内向债务人追偿，享有债权人对债务人的权利，但是不得损害债权人的利益。

……

第十四章　租赁合同

第七百零三条 租赁合同是出租人将租赁物交付承租人使用、收益，承租人支付租金的合同。

第七百零四条 租赁合同的内容一般包括租赁物的名称、数量、用途、租赁期限、租金及其支付期限和方式、租赁物维修等条款。

第七百零五条 租赁期限不得超过二十年。超过二十年的，超过部分无效。

租赁期限届满，当事人可以续订租赁合同；但是，约定的租赁期限自续订之日起不得超过二十年。

……

第七百零七条 租赁期限六个月以上的，应当采用书面形式。当事人未采用书面形式，无法确定租赁期限的，视为不定期租赁。

第七百零八条　出租人应当按照约定将租赁物交付承租人，并在租赁期限内保持租赁物符合约定的用途。

第七百零九条　承租人应当按照约定的方法使用租赁物。对租赁物的使用方法没有约定或者约定不明确，依据本法第五百一十条的规定仍不能确定的，应当根据租赁物的性质使用。

第七百一十条　承租人按照约定的方法或者根据租赁物的性质使用租赁物，致使租赁物受到损耗的，不承担赔偿责任。

……

第七百一十二条　出租人应当履行租赁物的维修义务，但是当事人另有约定的除外。

第七百一十三条　承租人在租赁物需要维修时可以请求出租人在合理期限内维修。出租人未履行维修义务的，承租人可以自行维修，维修费用由出租人负担。因维修租赁物影响承租人使用的，应当相应减少租金或者延长租期。

因承租人的过错致使租赁物需要维修的，出租人不承担前款规定的维修义务。

第七百一十四条　承租人应当妥善保管租赁物，因保管不善造成租赁物毁损、灭失的，应当承担赔偿责任。

第七百一十五条　承租人经出租人同意，可以对租赁物进行改善或者增设他物。

承租人未经出租人同意，对租赁物进行改善或者增设他物的，出租人可以请求承租人恢复原状或者赔偿损失。

第七百一十六条　承租人经出租人同意，可以将租赁物转租给第三人。承租人转租的，承租人与出租人之间的租赁合同继续有效；第三人造成租赁物损失的，承租人应当赔偿损失。

承租人未经出租人同意转租的，出租人可以解除合同。

……

第七百一十八条　出租人知道或者应当知道承租人转租，但是在六个月内未提出异议的,视为出租人同意转租。

……

第七百二十条 在租赁期限内因占有、使用租赁物获得的收益,归承租人所有,但是当事人另有约定的除外。

……

第七百二十五条 租赁物在承租人按照租赁合同占有期限内发生所有权变动的,不影响租赁合同的效力。

第七百二十六条 出租人出卖租赁房屋的,应当在出卖之前的合理期限内通知承租人,承租人享有以同等条件优先购买的权利;但是,房屋按份共有人行使优先购买权或者出租人将房屋出卖给近亲属的除外。

出租人履行通知义务后,承租人在十五日内未明确表示购买的,视为承租人放弃优先购买权。

……

第七百三十三条 租赁期限届满,承租人应当返还租赁物。返还的租赁物应当符合按照约定或者根据租赁物的性质使用后的状态。

第七百三十四条 租赁期限届满,承租人继续使用租赁物,出租人没有提出异议的,原租赁合同继续有效,但是租赁期限为不定期。

租赁期限届满,房屋承租人享有以同等条件优先承租的权利。

第十七章 承揽合同

……

第七百七十条 承揽合同是承揽人按照定作人的要求完成工作,交付工作成果,定作人支付报酬的合同。

承揽包括加工、定作、修理、复制、测试、检验等工作。

第七百七十一条 承揽合同的内容一般包括承揽的标的、数量、质量、报酬,承揽方式,材料的提供,履行期限,验收标准和方法等条款。

第七百七十二条 承揽人应当以自己的设备、技术和劳力,完成主要工作,但是当事人另有约定的除外。

承揽人将其承揽的主要工作交由第三人完成的,应当就该第三人完成的工作成果向定作人负责;未经定作人同意的,定作人也可以解除合同。

……

第七百七十四条 承揽人提供材料的,应当按照约定选用材料,并接受定作人检验。

……

第七百七十六条 承揽人发现定作人提供的图纸或者技术要求不合理的,应当及时通知定作人。因定作人怠于答复等原因造成承揽人损失的,应当赔偿损失。

第七百七十七条 定作人中途变更承揽工作的要求,造成承揽人损失的,应当赔偿损失。

第七百七十八条 承揽工作需要定作人协助的,定作人有协助的义务。定作人不履行协助义务致使承揽工作不能完成的,承揽人可以催告定作人在合理期限内履行义务,并可以顺延履行期限;定作人逾期不履行的,承揽人可以解除合同。

第七百七十九条 承揽人在工作期间,应当接受定作人必要的监督检验。定作人不得因监督检验妨碍承揽人的正常工作。

第七百八十条 承揽人完成工作的,应当向定作人交付工作成果,并提交必要的技术资料和有关质量证明。定作人应当验收该工作成果。

第七百八十一条 承揽人交付的工作成果不符合质量要求的,定作人可以合理选择请求承揽人承担修理、重作、减少报酬、赔偿损失等违约责任。

……

第七百八十四条 承揽人应当妥善保管定作人提供的材料以及完成的工作成果,因保管不善造成毁损、灭失的,应当承担赔偿责任。

第七百八十五条 承揽人应当按照定作人的要求保守秘密,未经定作人许可,不得留存复制品或者技术资料。

第七百八十六条 共同承揽人对定作人承担连带责任,但是当事人另有约定的除外。

第七百八十七条 定作人在承揽人完成工作前可以随时解除合同,造成承揽人损失的,应当赔偿损失。

……

第二十章 技术合同

第一节 一般规定

第八百四十三条 技术合同是当事人就技术开发、转让、许可、咨询或者服务订立的确立相互之间权利和义务的合同。

第八百四十四条 订立技术合同,应当有利于知识产权的保护和科学技术的进步,促进科学技术成果的研发、转化、应用和推广。

第八百四十五条 技术合同的内容一般包括项目的名称,标的的内容、范围和要求,履行的计划、地点和方式,技术信息和资料的保密,技术成果的归属和收益的分配办法,验收标准和方法,名词和术语的解释等条款。

与履行合同有关的技术背景资料、可行性论证和技术评价报告、项目任务书和计划书、技术标准、技术规范、原始设计和工艺文件,以及其他技术文档,按照当事人的约定可以作为合同的组成部分。

技术合同涉及专利的,应当注明发明创造的名称、专利申请人和专利权人、申请日期、申请号、专利号以及专利权的有效期限。

第八百四十六条 技术合同价款、报酬或者使用费的支付方式由当事人约定,可以采取一次总算、一次总付或者一次总算、分期支付,也可以采取提成支付或者提成支付附加预付入门费的方式。

约定提成支付的,可以按照产品价格、实施专利和使用技术秘密后新增的产值、利润或者产品销售额的一定比例提成,也可以按照约定的其他方式计算。提成支付的比例可以采取固定比例、逐年递增比例或者逐年递减比例。

约定提成支付的,当事人可以约定查阅有关会计账目的办法。

第八百四十七条 职务技术成果的使用权、转让权属于法人或者非法人组织的,法人或者非法人组织可以就该项职务技术成果订立技术合同。法人或者非法人组织订立技术合同转让职务技术成果时,职务技术成果的完成人享有以同等条件优先受让的权利。

职务技术成果是执行法人或者非法人组织的工作任务,或者主要是利用法人或者非法人组织的物质技术条件所完成的技术成果。

第八百四十八条 非职务技术成果的使用权、转让权属于完成技术成果的个人,完成技术成果的个人可以就该项非职务技术成果订立技术合同。

第八百四十九条 完成技术成果的个人享有在有关技术成果文件上写明自己是技术成果完成者的权利和取得荣誉证书、奖励的权利。

第八百五十条 非法垄断技术或者侵害他人技术成果的技术合同无效。

第二节 技术开发合同

第八百五十一条 技术开发合同是当事人之间就新技术、新产品、新工艺、新品种或者新材料及其系统的研究开发所订立的合同。

技术开发合同包括委托开发合同和合作开发合同。

技术开发合同应当采用书面形式。

当事人之间就具有实用价值的科技成果实施转化订立的合同,参照适用技术开发合同的有关规定。

第八百五十二条 委托开发合同的委托人应当按照约定支付研究开发经费和报酬,提供技术资料,提出研究开发要求,完成协作事项,接受研究开发成果。

第八百五十三条 委托开发合同的研究开发人应当按照约定制定和实施研究开发计划,合理使用研究开发经费,按期完成研究开发工作,交付研究开发成果,提供有关的技术资料和必要的技术指导,帮助委托人掌握研究开发成果。

第八百五十四条 委托开发合同的当事人违反约定造成研究开发工作停滞、延误或者失败的,应当承担违约责任。

第八百五十五条 合作开发合同的当事人应当按照约定进行投资,包括以技术进行投资,分工参与研究开发工作,协作配合研究开发工作。

第八百五十六条 合作开发合同的当事人违反约定造成研究开发工作停

滞、延误或者失败的,应当承担违约责任。

第八百五十七条 作为技术开发合同标的的技术已经由他人公开,致使技术开发合同的履行没有意义的,当事人可以解除合同。

第八百五十八条 技术开发合同履行过程中,因出现无法克服的技术困难,致使研究开发失败或者部分失败的,该风险由当事人约定;没有约定或者约定不明确,依据本法第五百一十条的规定仍不能确定的,风险由当事人合理分担。

当事人一方发现前款规定的可能致使研究开发失败或者部分失败的情形时,应当及时通知另一方并采取适当措施减少损失;没有及时通知并采取适当措施,致使损失扩大的,应当就扩大的损失承担责任。

第八百五十九条 委托开发完成的发明创造,除法律另有规定或者当事人另有约定外,申请专利的权利属于研究开发人。研究开发人取得专利权的,委托人可以依法实施该专利。

研究开发人转让专利申请权的,委托人享有以同等条件优先受让的权利。

第八百六十条 合作开发完成的发明创造,申请专利的权利属于合作开发的当事人共有;当事人一方转让其共有的专利申请权的,其他各方享有以同等条件优先受让的权利。但是,当事人另有约定的除外。

合作开发的当事人一方声明放弃其共有的专利申请权的,除当事人另有约定外,可以由另一方单独申请或者由其他各方共同申请。申请人取得专利权的,放弃专利申请权的一方可以免费实施该专利。

合作开发的当事人一方不同意申请专利的,另一方或者其他各方不得申请专利。

第八百六十一条 委托开发或者合作开发完成的技术秘密成果的使用权、转让权以及收益的分配办法,由当事人约定;没有约定或者约定不明确,依据本法第五百一十条的规定仍不能确定的,在没有相同技术方案被授予专利权前,当事人均有使用和转让的权利。但是,委托开发的研究开发人不得在向委托人交付研究开发成果之前,将研究开发成果转让给第三人。

第三节 技术转让合同和技术许可合同

第八百六十二条 技术转让合同是合法拥有技术的权利人,将现有特定的专利、专利申请、技术秘密的相关权利让与他人所订立的合同。

技术许可合同是合法拥有技术的权利人,将现有特定的专利、技术秘密的相关权利许可他人实施、使用所订立的合同。

技术转让合同和技术许可合同中关于提供实施技术的专用设备、原材料或者提供有关的技术咨询、技术服务的约定,属于合同的组成部分。

第八百六十三条 技术转让合同包括专利权转让、专利申请权转让、技术秘密转让等合同。

技术许可合同包括专利实施许可、技术秘密使用许可等合同。

技术转让合同和技术许可合同应当采用书面形式。

第八百六十四条 技术转让合同和技术许可合同可以约定实施专利或者使用技术秘密的范围,但是不得限制技术竞争和技术发展。

第八百六十五条 专利实施许可合同仅在该专利权的存续期限内有效。专利权有效期限届满或者专利权被宣告无效的,专利权人不得就该专利与他人订立专利实施许可合同。

第八百六十六条 专利实施许可合同的许可人应当按照约定许可被许可人实施专利,交付实施专利有关的技术资料,提供必要的技术指导。

第八百六十七条 专利实施许可合同的被许可人应当按照约定实施专利,不得许可约定以外的第三人实施该专利,并按照约定支付使用费。

第八百六十八条 技术秘密转让合同的让与人和技术秘密使用许可合同的许可人应当按照约定提供技术资料,进行技术指导,保证技术的实用性、可靠性,承担保密义务。

前款规定的保密义务,不限制许可人申请专利,但是当事人另有约定的除外。

第八百六十九条 技术秘密转让合同的受让人和技术秘密使用许可合同的被许可人应当按照约定使用技术,支付转让费、使用费,承担保密义务。

第八百七十条 技术转让合同的让与人和技术许可合同的许可人应当保证自己是所提供的技术的合法拥有者,并保证所提供的技术完整、无误、有效,能够达到约定的目标。

第八百七十一条 技术转让合同的受让人和技术许可合同的被许可人应当按照约定的范围和期限,对让与人、许可人提供的技术中尚未公开的秘密部分,承担保密义务。

第八百七十二条 许可人未按照约定许可技术的,应当返还部分或者全部使用费,并应当承担违约责任;实施专利或者使用技术秘密超越约定的范围的,违反约定擅自许可第三人实施该项专利或者使用该项技术秘密的,应当停止违约行为,承担违约责任;违反约定的保密义务的,应当承担违约责任。

让与人承担违约责任,参照适用前款规定。

第八百七十三条 被许可人未按照约定支付使用费的,应当补交使用费并按照约定支付违约金;不补交使用费或者支付违约金的,应当停止实施专利或者使用技术秘密,交还技术资料,承担违约责任;实施专利或者使用技术秘密超越约定的范围的,未经许可人同意擅自许可第三人实施该专利或者使用该技术秘密的,应当停止违约行为,承担违约责任;违反约定的保密义务的,应当承担违约责任。

受让人承担违约责任,参照适用前款规定。

第八百七十四条 受让人或者被许可人按照约定实施专利、使用技术秘密侵害他人合法权益的,由让与人或者许可人承担责任,但是当事人另有约定的除外。

第八百七十五条 当事人可以按照互利的原则,在合同中约定实施专利、使用技术秘密后续改进的技术成果的分享办法;没有约定或者约定不明确,依据本法第五百一十条的规定仍不能确定的,一方后续改进的技术成果,其他各方无权分享。

第八百七十六条 集成电路布图设计专有权、植物新品种权、计算机软件著作权等其他知识产权的转让和许可,参照适用本节的有关规定。

第八百七十七条 法律、行政法规对技术进出口合同或者专利、专利申请合同另有规定的，依照其规定。

第四节 技术咨询合同和技术服务合同

第八百七十八条 技术咨询合同是当事人一方以技术知识为对方就特定技术项目提供可行性论证、技术预测、专题技术调查、分析评价报告等所订立的合同。

技术服务合同是当事人一方以技术知识为对方解决特定技术问题所订立的合同，不包括承揽合同和建设工程合同。

第八百七十九条 技术咨询合同的委托人应当按照约定阐明咨询的问题，提供技术背景材料及有关技术资料，接受受托人的工作成果，支付报酬。

第八百八十条 技术咨询合同的受托人应当按照约定的期限完成咨询报告或者解答问题，提出的咨询报告应当达到约定的要求。

第八百八十一条 技术咨询合同的委托人未按照约定提供必要的资料，影响工作进度和质量，不接受或者逾期接受工作成果的，支付的报酬不得追回，未支付的报酬应当支付。

技术咨询合同的受托人未按期提出咨询报告或者提出的咨询报告不符合约定的，应当承担减收或者免收报酬等违约责任。

技术咨询合同的委托人按照受托人符合约定要求的咨询报告和意见作出决策所造成的损失，由委托人承担，但是当事人另有约定的除外。

第八百八十二条 技术服务合同的委托人应当按照约定提供工作条件，完成配合事项，接受工作成果并支付报酬。

第八百八十三条 技术服务合同的受托人应当按照约定完成服务项目，解决技术问题，保证工作质量，并传授解决技术问题的知识。

第八百八十四条 技术服务合同的委托人不履行合同义务或者履行合同义务不符合约定，影响工作进度和质量，不接受或者逾期接受工作成果的，支付的报酬不得追回，未支付的报酬应当支付。

技术服务合同的受托人未按照约定完成服务工作的，应当承担免收报酬等违约责任。

第八百八十五条 技术咨询合同、技术服务合同履行过程中,受托人利用委托人提供的技术资料和工作条件完成的新的技术成果,属于受托人。委托人利用受托人的工作成果完成的新的技术成果,属于委托人。当事人另有约定的,按照其约定。

第八百八十六条 技术咨询合同和技术服务合同对受托人正常开展工作所需费用的负担没有约定或者约定不明确的,由受托人负担。

第八百八十七条 法律、行政法规对技术中介合同、技术培训合同另有规定的,依照其规定。

……

第二十三章 委托合同

第九百一十九条 委托合同是委托人和受托人约定,由受托人处理委托人事务的合同。

第九百二十条 委托人可以特别委托受托人处理一项或者数项事务,也可以概括委托受托人处理一切事务。

第九百二十一条 委托人应当预付处理委托事务的费用。受托人为处理委托事务垫付的必要费用,委托人应当偿还该费用并支付利息。

第九百二十二条 受托人应当按照委托人的指示处理委托事务。需要变更委托人指示的,应当经委托人同意;因情况紧急,难以和委托人取得联系的,受托人应当妥善处理委托事务,但是事后应当将该情况及时报告委托人。

第九百二十三条 受托人应当亲自处理委托事务。经委托人同意,受托人可以转委托。转委托经同意或者追认的,委托人可以就委托事务直接指示转委托的第三人,受托人仅就第三人的选任及其对第三人的指示承担责任。转委托未经同意或者追认的,受托人应当对转委托的第三人的行为承担责任;但是,在紧急情况下受托人为了维护委托人的利益需要转委托第三人的除外。

第九百二十四条 受托人应当按照委托人的要求,报告委托事务的处理情况。委托合同终止时,受托人应当报告委托事务的结果。

第九百二十五条 受托人以自己的名义,在委托人的授权范围内与第三人订立的合同,第三人在订立合同时知道受托人与委托人之间的代理关系的,该合同直接约束委托人和第三人;但是,有确切证据证明该合同只约束受托人和第三人的除外。

第九百二十六条　受托人以自己的名义与第三人订立合同时,第三人不知道受托人与委托人之间的代理关系的,受托人因第三人的原因对委托人不履行义务,受托人应当向委托人披露第三人,委托人因此可以行使受托人对第三人的权利。但是,第三人与受托人订立合同时如果知道该委托人就不会订立合同的除外。

受托人因委托人的原因对第三人不履行义务,受托人应当向第三人披露委托人,第三人因此可以选择受托人或者委托人作为相对人主张其权利,但是第三人不得变更选定的相对人。

委托人行使受托人对第三人的权利的,第三人可以向委托人主张其对受托人的抗辩。第三人选定委托人作为其相对人的,委托人可以向第三人主张其对受托人的抗辩以及受托人对第三人的抗辩。

第九百二十七条　受托人处理委托事务取得的财产,应当转交给委托人。

第九百二十八条　受托人完成委托事务的,委托人应当按照约定向其支付报酬。

因不可归责于受托人的事由,委托合同解除或者委托事务不能完成的,委托人应当向受托人支付相应的报酬。当事人另有约定的,按照其约定。

第九百二十九条　有偿的委托合同,因受托人的过错造成委托人损失的,委托人可以请求赔偿损失。无偿的委托合同,因受托人的故意或者重大过失造成委托人损失的,委托人可以请求赔偿损失。

受托人超越权限造成委托人损失的,应当赔偿损失。

第九百三十条　受托人处理委托事务时,因不可归责于自己的事由受到损失的,可以向委托人请求赔偿损失。

第九百三十一条　委托人经受托人同意,可以在受托人之外委托第三人处理委托事务。因此造成受托人损失的,受托人可以向委托人请求赔偿损失。

第九百三十二条　两个以上的受托人共同处理委托事务的,对委托人承担连带责任。

第九百三十三条 委托人或者受托人可以随时解除委托合同。因解除合同造成对方损失的,除不可归责于该当事人的事由外,无偿委托合同的解除方应当赔偿因解除时间不当造成的直接损失,有偿委托合同的解除方应当赔偿对方的直接损失和合同履行后可以获得的利益。

第九百三十四条 委托人死亡、终止或者受托人死亡、丧失民事行为能力、终止的,委托合同终止;但是,当事人另有约定或者根据委托事务的性质不宜终止的除外。

第九百三十五条 因委托人死亡或者被宣告破产、解散,致使委托合同终止将损害委托人利益的,在委托人的继承人、遗产管理人或者清算人承受委托事务之前,受托人应当继续处理委托事务。

……

第三分编 准 合 同

第二十八章 无 因 管 理

第九百七十九条 管理人没有法定的或者约定的义务,为避免他人利益受损失而管理他人事务的,可以请求受益人偿还因管理事务而支出的必要费用;管理人因管理事务受到损失的,可以请求受益人给予适当补偿。

管理事务不符合受益人真实意思的,管理人不享有前款规定的权利;但是,受益人的真实意思违反法律或者违背公序良俗的除外。

第九百八十条 管理人管理事务不属于前条规定的情形,但是受益人享有管理利益的,受益人应当在其获得的利益范围内向管理人承担前条第一款规定的义务。

第九百八十一条 管理人管理他人事务,应当采取有利于受益人的方法。中断管理对受益人不利的,无正当理由不得中断。

第九百八十二条 管理人管理他人事务,能够通知受益人的,应当及时通知受益人。管理的事务不需要紧急处理的,应当等待受益人的指示。

第九百八十三条　管理结束后，管理人应当向受益人报告管理事务的情况。管理人管理事务取得的财产，应当及时转交给受益人。

第九百八十四条　管理人管理事务经受益人事后追认的，从管理事务开始时起，适用委托合同的有关规定，但是管理人另有意思表示的除外。

第二十九章　不当得利

第九百八十五条　得利人没有法律根据取得不当利益的，受损失的人可以请求得利人返还取得的利益，但是有下列情形之一的除外：

（一）为履行道德义务进行的给付；

（二）债务到期之前的清偿；

（三）明知无给付义务而进行的债务清偿。

第九百八十六条　得利人不知道且不应当知道取得的利益没有法律根据，取得的利益已经不存在的，不承担返还该利益的义务。

第九百八十七条　得利人知道或者应当知道取得的利益没有法律根据的，受损失的人可以请求得利人返还其取得的利益并依法赔偿损失。

第九百八十八条　得利人已经将取得的利益无偿转让给第三人的，受损失的人可以请求第三人在相应范围内承担返还义务。

……

中华人民共和国劳动合同法（节选）

（2007 年 6 月 29 日第十届全国人民代表大会常务委员会第二十八次会议通过　根据 2012 年 12 月 28 日第十一届全国人民代表大会常务委员会第三十次会议《关于修改〈中华人民共和国劳动合同法〉的决定》修正）

第一章　总　　则

第一条　为了完善劳动合同制度，明确劳动合同双方当事人的权利和义务，保护劳动者的合法权益，构建和发展和谐稳定的劳动关系，制定本法。

第二条　中华人民共和国境内的企业、个体经济组织、民办非企业单位等组织（以下称用人单位）与劳动者建立劳动关系，订立、履行、变更、解除或者终止劳动合同，适用本法。

国家机关、事业单位、社会团体和与其建立劳动关系的劳动者，订立、履行、变更、解除或者终止劳动合同，依照本法执行。

第三条　订立劳动合同，应当遵循合法、公平、平等自愿、协商一致、诚实信用的原则。

依法订立的劳动合同具有约束力，用人单位与劳动者应当履行劳动合同约定的义务。

第四条　用人单位应当依法建立和完善劳动规章制度，保障劳动者享有劳动权利、履行劳动义务。

用人单位在制定、修改或者决定有关劳动报酬、工作时间、休息休假、劳动安全卫生、保险福利、职工培训、劳动纪律以及劳动定额管理等直接涉及劳动者切身利益的规章制度或者重大事项时，应当经职工代表大会或者全体职工讨论,提出方案和意见,与工会或者职工代表平等协商确定。

在规章制度和重大事项决定实施过程中,工会或者职工认为不适当的,有权向用人单位提出,通过协商予以修改完善。

用人单位应当将直接涉及劳动者切身利益的规章制度和重大事项决定公示,或者告知劳动者。

……

第二章　劳动合同的订立

第七条　用人单位自用工之日起即与劳动者建立劳动关系。用人单位应当建立职工名册备查。

第八条　用人单位招用劳动者时,应当如实告知劳动者工作内容、工作条件、工作地点、职业危害、安全生产状况、劳动报酬,以及劳动者要求了解的其他情况;用人单位有权了解劳动者与劳动合同直接相关的基本情况,劳动者应当如实说明。

第九条　用人单位招用劳动者,不得扣押劳动者的居民身份证和其他证件,不得要求劳动者提供担保或者以其他名义向劳动者收取财物。

第十条　建立劳动关系,应当订立书面劳动合同。

已建立劳动关系,未同时订立书面劳动合同的,应当自用工之日起一个月内订立书面劳动合同。

用人单位与劳动者在用工前订立劳动合同的,劳动关系自用工之日起建立。

第十一条　用人单位未在用工的同时订立书面劳动合同,与劳动者约定的劳动报酬不明确的,新招用的劳动者的劳动报酬按照集体合同规定的标准执行;没有集体合同或者集体合同未规定的,实行同工同酬。

第十二条　劳动合同分为固定期限劳动合同、无固定期限劳动合同和以完成一定工作任务为期限的劳动合同。

第十三条　固定期限劳动合同,是指用人单位与劳动者约定合同终止时间的劳动合同。

用人单位与劳动者协商一致，可以订立固定期限劳动合同。

第十四条 无固定期限劳动合同，是指用人单位与劳动者约定无确定终止时间的劳动合同。

用人单位与劳动者协商一致，可以订立无固定期限劳动合同。有下列情形之一，劳动者提出或者同意续订、订立劳动合同的，除劳动者提出订立固定期限劳动合同外，应当订立无固定期限劳动合同：

（一）劳动者在该用人单位连续工作满十年的；

（二）用人单位初次实行劳动合同制度或者国有企业改制重新订立劳动合同时，劳动者在该用人单位连续工作满十年且距法定退休年龄不足十年的；

（三）连续订立二次固定期限劳动合同，且劳动者没有本法第三十九条和第四十条第一项、第二项规定的情形，续订劳动合同的。

用人单位自用工之日起满一年不与劳动者订立书面劳动合同的，视为用人单位与劳动者已订立无固定期限劳动合同。

第十五条 以完成一定工作任务为期限的劳动合同，是指用人单位与劳动者约定以某项工作的完成为合同期限的劳动合同。

用人单位与劳动者协商一致，可以订立以完成一定工作任务为期限的劳动合同。

第十六条 劳动合同由用人单位与劳动者协商一致，并经用人单位与劳动者在劳动合同文本上签字或者盖章生效。

劳动合同文本由用人单位和劳动者各执一份。

第十七条 劳动合同应当具备以下条款：

（一）用人单位的名称、住所和法定代表人或者主要负责人；

（二）劳动者的姓名、住址和居民身份证或者其他有效身份证件号码；

（三）劳动合同期限；

（四）工作内容和工作地点；

（五）工作时间和休息休假；

（六）劳动报酬；

（七）社会保险；

（八）劳动保护、劳动条件和职业危害防护；

（九）法律、法规规定应当纳入劳动合同的其他事项。

劳动合同除前款规定的必备条款外，用人单位与劳动者可以约定试用期、培训、保守秘密、补充保险和福利待遇等其他事项。

第十八条　劳动合同对劳动报酬和劳动条件等标准约定不明确，引发争议的，用人单位与劳动者可以重新协商；协商不成的，适用集体合同规定；没有集体合同或者集体合同未规定劳动报酬的，实行同工同酬；没有集体合同或者集体合同未规定劳动条件等标准的，适用国家有关规定。

第十九条　劳动合同期限三个月以上不满一年的，试用期不得超过一个月；劳动合同期限一年以上不满三年的，试用期不得超过二个月；三年以上固定期限和无固定期限的劳动合同，试用期不得超过六个月。

同一用人单位与同一劳动者只能约定一次试用期。

以完成一定工作任务为期限的劳动合同或者劳动合同期限不满三个月的，不得约定试用期。

试用期包含在劳动合同期限内。劳动合同仅约定试用期的，试用期不成立，该期限为劳动合同期限。

第二十条　劳动者在试用期的工资不得低于本单位相同岗位最低档工资或者劳动合同约定工资的百分之八十，并不得低于用人单位所在地的最低工资标准。

第二十一条　在试用期中，除劳动者有本法第三十九条和第四十条第一项、第二项规定的情形外，用人单位不得解除劳动合同。用人单位在试用期解除劳动合同的，应当向劳动者说明理由。

第二十二条　用人单位为劳动者提供专项培训费用，对其进行专业技术培训的，可以与该劳动者订立协议，约定服务期。

劳动者违反服务期约定的，应当按照约定向用人单位支付违约金。违约金的数额不得超过用人单位提供的培训费用。用人单位要求劳动者支付的违约金不得超过服务期尚未履行部分所应分摊的培训费用。

用人单位与劳动者约定服务期的，不影响按照正常的工资调整机制提高劳动者在服务期期间的劳动报酬。

第二十三条 用人单位与劳动者可以在劳动合同中约定保守用人单位的商业秘密和与知识产权相关的保密事项。

对负有保密义务的劳动者,用人单位可以在劳动合同或者保密协议中与劳动者约定竞业限制条款,并约定在解除或者终止劳动合同后,在竞业限制期限内按月给予劳动者经济补偿。劳动者违反竞业限制约定的,应当按照约定向用人单位支付违约金。

第二十四条 竞业限制的人员限于用人单位的高级管理人员、高级技术人员和其他负有保密义务的人员。竞业限制的范围、地域、期限由用人单位与劳动者约定,竞业限制的约定不得违反法律、法规的规定。

在解除或者终止劳动合同后,前款规定的人员到与本单位生产或者经营同类产品、从事同类业务的有竞争关系的其他用人单位,或者自己开业生产或者经营同类产品、从事同类业务的竞业限制期限,不得超过二年。

第二十五条 除本法第二十二条和第二十三条规定的情形外,用人单位不得与劳动者约定由劳动者承担违约金。

第二十六条 下列劳动合同无效或者部分无效:

(一)以欺诈、胁迫的手段或者乘人之危,使对方在违背真实意思的情况下订立或者变更劳动合同的;

(二)用人单位免除自己的法定责任、排除劳动者权利的;

(三)违反法律、行政法规强制性规定的。

对劳动合同的无效或者部分无效有争议的,由劳动争议仲裁机构或者人民法院确认。

第二十七条 劳动合同部分无效,不影响其他部分效力的,其他部分仍然有效。

第二十八条 劳动合同被确认无效,劳动者已付出劳动的,用人单位应当向劳动者支付劳动报酬。劳动报酬的数额,参照本单位相同或者相近岗位劳动者的劳动报酬确定。

第三章 劳动合同的履行和变更

第二十九条 用人单位与劳动者应当按照劳动合同的约定,全面履行各自的义务。

第三十条 用人单位应当按照劳动合同约定和国家规定,向劳动者及时足额支付劳动报酬。

用人单位拖欠或者未足额支付劳动报酬的,劳动者可以依法向当地人民法院申请支付令,人民法院应当依法发出支付令。

第三十一条 用人单位应当严格执行劳动定额标准,不得强迫或者变相强迫劳动者加班。用人单位安排加班的,应当按照国家有关规定向劳动者支付加班费。

……

第三十三条 用人单位变更名称、法定代表人、主要负责人或者投资人等事项,不影响劳动合同的履行。

第三十四条 用人单位发生合并或者分立等情况,原劳动合同继续有效,劳动合同由承继其权利和义务的用人单位继续履行。

第三十五条 用人单位与劳动者协商一致,可以变更劳动合同约定的内容。变更劳动合同,应当采用书面形式。

变更后的劳动合同文本由用人单位和劳动者各执一份。

第四章 劳动合同的解除和终止

第三十六条 用人单位与劳动者协商一致,可以解除劳动合同。

第三十七条 劳动者提前三十日以书面形式通知用人单位,可以解除劳动合同。劳动者在试用期内提前三日通知用人单位,可以解除劳动合同。

第三十八条 用人单位有下列情形之一的,劳动者可以解除劳动合同:

(一)未按照劳动合同约定提供劳动保护或者劳动条件的;

(二)未及时足额支付劳动报酬的;

(三)未依法为劳动者缴纳社会保险费的;

（四）用人单位的规章制度违反法律、法规的规定，损害劳动者权益的；

（五）因本法第二十六条第一款规定的情形致使劳动合同无效的；

（六）法律、行政法规规定劳动者可以解除劳动合同的其他情形。

用人单位以暴力、威胁或者非法限制人身自由的手段强迫劳动者劳动的，或者用人单位违章指挥、强令冒险作业危及劳动者人身安全的，劳动者可以立即解除劳动合同，不需事先告知用人单位。

第三十九条 劳动者有下列情形之一的，用人单位可以解除劳动合同：

（一）在试用期间被证明不符合录用条件的；

（二）严重违反用人单位的规章制度的；

（三）严重失职，营私舞弊，给用人单位造成重大损害的；

（四）劳动者同时与其他用人单位建立劳动关系，对完成本单位的工作任务造成严重影响，或者经用人单位提出，拒不改正的；

（五）因本法第二十六条第一款第一项规定的情形致使劳动合同无效的；

（六）被依法追究刑事责任的。

第四十条 有下列情形之一的，用人单位提前三十日以书面形式通知劳动者本人或者额外支付劳动者一个月工资后，可以解除劳动合同：

（一）劳动者患病或者非因工负伤，在规定的医疗期满后不能从事原工作，也不能从事由用人单位另行安排的工作的；

（二）劳动者不能胜任工作，经过培训或者调整工作岗位，仍不能胜任工作的；

（三）劳动合同订立时所依据的客观情况发生重大变化，致使劳动合同无法履行，经用人单位与劳动者协商，未能就变更劳动合同内容达成协议的。

第四十一条 有下列情形之一，需要裁减人员二十人以上或者裁减不足二十人但占企业职工总数百分之十以上的，用人单位提前三十日向工会或者全体职工说明情况，听取工会或者职工的意见后，裁减人员方案经向劳动行政部门报告，可以裁减人员：

（一）依照企业破产法规定进行重整的；

（二）生产经营发生严重困难的；

（三）企业转产、重大技术革新或者经营方式调整，经变更劳动合同后，仍需裁减人员的；

（四）其他因劳动合同订立时所依据的客观经济情况发生重大变化，致使劳动合同无法履行的。

裁减人员时，应当优先留用下列人员：

（一）与本单位订立较长期限的固定期限劳动合同的；

（二）与本单位订立无固定期限劳动合同的；

（三）家庭无其他就业人员，有需要扶养的老人或者未成年人的。

用人单位依照本条第一款规定裁减人员，在六个月内重新招用人员的，应当通知被裁减的人员，并在同等条件下优先招用被裁减的人员。

第四十二条　劳动者有下列情形之一的，用人单位不得依照本法第四十条、第四十一条的规定解除劳动合同：

（一）从事接触职业病危害作业的劳动者未进行离岗前职业健康检查，或者疑似职业病病人在诊断或者医学观察期间的；

（二）在本单位患职业病或者因工负伤并被确认丧失或者部分丧失劳动能力的；

（三）患病或者非因工负伤，在规定的医疗期内的；

（四）女职工在孕期、产期、哺乳期的；

（五）在本单位连续工作满十五年，且距法定退休年龄不足五年的；

（六）法律、行政法规规定的其他情形。

第四十三条　用人单位单方解除劳动合同，应当事先将理由通知工会。用人单位违反法律、行政法规规定或者劳动合同约定的，工会有权要求用人单位纠正。用人单位应当研究工会的意见，并将处理结果书面通知工会。

第四十四条　有下列情形之一的，劳动合同终止：

（一）劳动合同期满的；

（二）劳动者开始依法享受基本养老保险待遇的；

（三）劳动者死亡，或者被人民法院宣告死亡或者宣告失踪的；

（四）用人单位被依法宣告破产的；

（五）用人单位被吊销营业执照、责令关闭、撤销或者用人单位决定提前解散的；

（六）法律、行政法规规定的其他情形。

第四十五条 劳动合同期满，有本法第四十二条规定情形之一的，劳动合同应当续延至相应的情形消失时终止。但是，本法第四十二条第二项规定丧失或者部分丧失劳动能力劳动者的劳动合同的终止，按照国家有关工伤保险的规定执行。

第四十六条 有下列情形之一的，用人单位应当向劳动者支付经济补偿：

（一）劳动者依照本法第三十八条规定解除劳动合同的；

（二）用人单位依照本法第三十六条规定向劳动者提出解除劳动合同并与劳动者协商一致解除劳动合同的；

（三）用人单位依照本法第四十条规定解除劳动合同的；

（四）用人单位依照本法第四十一条第一款规定解除劳动合同的；

（五）除用人单位维持或者提高劳动合同约定条件续订劳动合同，劳动者不同意续订的情形外，依照本法第四十四条第一项规定终止固定期限劳动合同的；

（六）依照本法第四十四条第四项、第五项规定终止劳动合同的；

（七）法律、行政法规规定的其他情形。

第四十七条 经济补偿按劳动者在本单位工作的年限，每满一年支付一个月工资的标准向劳动者支付。六个月以上不满一年的，按一年计算；不满六个月的，向劳动者支付半个月工资的经济补偿。

劳动者月工资高于用人单位所在直辖市、设区的市级人民政府公布的本地区上年度职工月平均工资三倍的，向其支付经济补偿的标准按职工月平均工资三倍的数额支付，向其支付经济补偿的年限最高不超过十二年。

本条所称月工资是指劳动者在劳动合同解除或者终止前十二个月的平均工资。

第四十八条 用人单位违反本法规定解除或者终止劳动合同，劳动者要求继续履行劳动合同的，用人单位应当继续履行；劳动者不要求继续履行劳动合同或者劳动合同已经不能继续履行的，用人单位应当依照本法第八十七条规定支付赔偿金。

……

第五十条　用人单位应当在解除或者终止劳动合同时出具解除或者终止劳动合同的证明，并在十五日内为劳动者办理档案和社会保险关系转移手续。

劳动者应当按照双方约定，办理工作交接。用人单位依照本法有关规定应当向劳动者支付经济补偿的，在办结工作交接时支付。

用人单位对已经解除或者终止的劳动合同的文本，至少保存二年备查。

……

第五章　特别规定

第二节　劳务派遣

……

第五十八条　劳务派遣单位是本法所称用人单位，应当履行用人单位对劳动者的义务。劳务派遣单位与被派遣劳动者订立的劳动合同，除应当载明本法第十七条规定的事项外，还应当载明被派遣劳动者的用工单位以及派遣期限、工作岗位等情况。

劳务派遣单位应当与被派遣劳动者订立二年以上的固定期限劳动合同，按月支付劳动报酬；被派遣劳动者在无工作期间，劳务派遣单位应当按照所在地人民政府规定的最低工资标准，向其按月支付报酬。

第五十九条　劳务派遣单位派遣劳动者应当与接受以劳务派遣形式用工的单位（以下称用工单位）订立劳务派遣协议。劳务派遣协议应当约定派遣岗位和人员数量、派遣期限、劳动报酬和社会保险费的数额与支付方式以及违反协议的责任。

用工单位应当根据工作岗位的实际需要与劳务派遣单位确定派遣期限，不得将连续用工期限分割订立数个短期劳务派遣协议。

第六十条　劳务派遣单位应当将劳务派遣协议的内容告知被派遣劳动者。

劳务派遣单位不得克扣用工单位按照劳务派遣协议支付给被派遣劳动者的劳动报酬。

劳务派遣单位和用工单位不得向被派遣劳动者收取费用。

……

第六十二条 用工单位应当履行下列义务：

（一）执行国家劳动标准，提供相应的劳动条件和劳动保护；

（二）告知被派遣劳动者的工作要求和劳动报酬；

（三）支付加班费、绩效奖金，提供与工作岗位相关的福利待遇；

（四）对在岗被派遣劳动者进行工作岗位所必需的培训；

（五）连续用工的，实行正常的工资调整机制。

用工单位不得将被派遣劳动者再派遣到其他用人单位。

第六十三条 被派遣劳动者享有与用工单位的劳动者同工同酬的权利。用工单位应当按照同工同酬原则，对被派遣劳动者与本单位同类岗位的劳动者实行相同的劳动报酬分配办法。用工单位无同类岗位劳动者的，参照用工单位所在地相同或者相近岗位劳动者的劳动报酬确定。

劳务派遣单位与被派遣劳动者订立的劳动合同和与用工单位订立的劳务派遣协议，载明或者约定的向被派遣劳动者支付的劳动报酬应当符合前款规定。

……

第六十五条 被派遣劳动者可以依照本法第三十六条、第三十八条的规定与劳务派遣单位解除劳动合同。

被派遣劳动者有本法第三十九条和第四十条第一项、第二项规定情形的，用工单位可以将劳动者退回劳务派遣单位，劳务派遣单位依照本法有关规定，可以与劳动者解除劳动合同。

第六十六条 劳动合同用工是我国的企业基本用工形式。劳务派遣用工是补充形式，只能在临时性、辅助性或者替代性的工作岗位上实施。

前款规定的临时性工作岗位是指存续时间不超过六个月的岗位；辅助性工作岗位是指为主营业务岗位提供服务的非主营业务岗位；替代性工作岗位是指

用工单位的劳动者因脱产学习、休假等原因无法工作的一定期间内，可以由其他劳动者替代工作的岗位。

用工单位应当严格控制劳务派遣用工数量，不得超过其用工总量的一定比例，具体比例由国务院劳动行政部门规定。

第六十七条 用人单位不得设立劳务派遣单位向本单位或者所属单位派遣劳动者。

第三节 非全日制用工

第六十八条 非全日制用工，是指以小时计酬为主，劳动者在同一用人单位一般平均每日工作时间不超过四小时，每周工作时间累计不超过二十四小时的用工形式。

第六十九条 非全日制用工双方当事人可以订立口头协议。

从事非全日制用工的劳动者可以与一个或者一个以上用人单位订立劳动合同；但是，后订立的劳动合同不得影响先订立的劳动合同的履行。

第七十条 非全日制用工双方当事人不得约定试用期。

第七十一条 非全日制用工双方当事人任何一方都可以随时通知对方终止用工。终止用工，用人单位不向劳动者支付经济补偿。

第七十二条 非全日制用工小时计酬标准不得低于用人单位所在地人民政府规定的最低小时工资标准。

非全日制用工劳动报酬结算支付周期最长不得超过十五日。

第六章 监督检查

……

第七十四条 县级以上地方人民政府劳动行政部门依法对下列实施劳动合同制度的情况进行监督检查：

（一）用人单位制定直接涉及劳动者切身利益的规章制度及其执行的情况；

（二）用人单位与劳动者订立和解除劳动合同的情况；

（三）劳务派遣单位和用工单位遵守劳务派遣有关规定的情况；

（四）用人单位遵守国家关于劳动者工作时间和休息休假规定的情况；

（五）用人单位支付劳动合同约定的劳动报酬和执行最低工资标准的情况；

（六）用人单位参加各项社会保险和缴纳社会保险费的情况；

（七）法律、法规规定的其他劳动监察事项。

……

第七十七条 劳动者合法权益受到侵害的，有权要求有关部门依法处理，或者依法申请仲裁、提起诉讼。

第七十八条 工会依法维护劳动者的合法权益，对用人单位履行劳动合同、集体合同的情况进行监督。用人单位违反劳动法律、法规和劳动合同、集体合同的，工会有权提出意见或者要求纠正；劳动者申请仲裁、提起诉讼的，工会依法给予支持和帮助。

……

第七章 法律责任

第八十条 用人单位直接涉及劳动者切身利益的规章制度违反法律、法规规定的，由劳动行政部门责令改正，给予警告；给劳动者造成损害的，应当承担赔偿责任。

第八十一条 用人单位提供的劳动合同文本未载明本法规定的劳动合同必备条款或者用人单位未将劳动合同文本交付劳动者的，由劳动行政部门责令改正；给劳动者造成损害的，应当承担赔偿责任。

第八十二条 用人单位自用工之日起超过一个月不满一年未与劳动者订立书面劳动合同的，应当向劳动者每月支付二倍的工资。

用人单位违反本法规定不与劳动者订立无固定期限劳动合同的，自应当订立无固定期限劳动合同之日起向劳动者每月支付二倍的工资。

第八十三条 用人单位违反本法规定与劳动者约定试用期的，由劳动行政部门责令改正；违法约定的试用期已经履行的，由用人单位以劳动者试用期满月工资为标准,按已经履行的超过法定试用期的期间向劳动者支付赔偿金。

第八十四条 用人单位违反本法规定,扣押劳动者居民身份证等证件的,由劳动行政部门责令限期退还劳动者本人,并依照有关法律规定给予处罚。

用人单位违反本法规定,以担保或者其他名义向劳动者收取财物的,由劳动行政部门责令限期退还劳动者本人,并以每人五百元以上二千元以下的标准处以罚款;给劳动者造成损害的,应当承担赔偿责任。

劳动者依法解除或者终止劳动合同,用人单位扣押劳动者档案或者其他物品的,依照前款规定处罚。

第八十五条 用人单位有下列情形之一的,由劳动行政部门责令限期支付劳动报酬、加班费或者经济补偿;劳动报酬低于当地最低工资标准的,应当支付其差额部分;逾期不支付的,责令用人单位按应付金额百分之五十以上百分之一百以下的标准向劳动者加付赔偿金:

(一)未按照劳动合同的约定或者国家规定及时足额支付劳动者劳动报酬的;

(二)低于当地最低工资标准支付劳动者工资的;

(三)安排加班不支付加班费的;

(四)解除或者终止劳动合同,未依照本法规定向劳动者支付经济补偿的。

第八十六条 劳动合同依照本法第二十六条规定被确认无效,给对方造成损害的,有过错的一方应当承担赔偿责任。

第八十七条 用人单位违反本法规定解除或者终止劳动合同的,应当依照本法第四十七条规定的经济补偿标准的二倍向劳动者支付赔偿金。

……

第八十九条 用人单位违反本法规定未向劳动者出具解除或者终止劳动合同的书面证明,由劳动行政部门责令改正;给劳动者造成损害的,应当承担赔偿责任。

第九十条 劳动者违反本法规定解除劳动合同,或者违反劳动合同中约定的保密义务或者竞业限制,给用人单位造成损失的,应当承担赔偿责任。

第九十一条 用人单位招用与其他用人单位尚未解除或者终止劳动合同

的劳动者,给其他用人单位造成损失的,应当承担连带赔偿责任。

第九十二条 违反本法规定,未经许可,擅自经营劳务派遣业务的,由劳动行政部门责令停止违法行为,没收违法所得,并处违法所得一倍以上五倍以下的罚款;没有违法所得的,可以处五万元以下的罚款。

劳务派遣单位、用工单位违反本法有关劳务派遣规定的,由劳动行政部门责令限期改正;逾期不改正的,以每人五千元以上一万元以下的标准处以罚款,对劳务派遣单位,吊销其劳务派遣业务经营许可证。用工单位给被派遣劳动者造成损害的,劳务派遣单位与用工单位承担连带赔偿责任。

第九十三条 对不具备合法经营资格的用人单位的违法犯罪行为,依法追究法律责任;劳动者已经付出劳动的,该单位或者其出资人应当依照本法有关规定向劳动者支付劳动报酬、经济补偿、赔偿金;给劳动者造成损害的,应当承担赔偿责任。

……

第八章　附　　则

第九十六条 事业单位与实行聘用制的工作人员订立、履行、变更、解除或者终止劳动合同,法律、行政法规或者国务院另有规定的,依照其规定;未作规定的,依照本法有关规定执行。

……

中华人民共和国商标法（节选）

（1982 年 8 月 23 日第五届全国人民代表大会常务委员会第二十四次会议通过　根据 1993 年 2 月 22 日第七届全国人民代表大会常务委员会第三十次会议《关于修改〈中华人民共和国商标法〉的决定》第一次修正　根据 2001 年 10 月 27 日第九届全国人民代表大会常务委员会第二十四次会议《关于修改〈中华人民共和国商标法〉的决定》第二次修正　根据 2013 年 8 月 30 日第十二届全国人民代表大会常务委员会第四次会议《关于修改〈中华人民共和国商标法〉的决定》第三次修正　根据 2019 年 4 月 23 日第十三届全国人民代表大会常务委员会第十次会议《关于修改〈中华人民共和国建筑法〉等八部法律的决定》第四次修正）

第一章　总　　则

第一条　为了加强商标管理，保护商标专用权，促使生产、经营者保证商品和服务质量，维护商标信誉，以保障消费者和生产、经营者的利益，促进社会主义市场经济的发展，特制定本法。

第二条　国务院工商行政管理部门商标局主管全国商标注册和管理的工作。

国务院工商行政管理部门设立商标评审委员会，负责处理商标争议事宜。

第三条　经商标局核准注册的商标为注册商标，包括商品商标、服务商标和集体商标、证明商标；商标注册人享有商标专用权，受法律保护。

本法所称集体商标，是指以团体、协会或者其他组织名义注册，供该组织成员在商事活动中使用，以表明使用者在该组织中的成员资格的标志。

本法所称证明商标，是指由对某种商品或者服务具有监督能力的组织所控制，而由该组织以外的单位或者个人使用于其商品或者服务，用以证明该商品或者服务的原产地、原料、制造方法、质量或者其他特定品质的标志。

集体商标、证明商标注册和管理的特殊事项，由国务院工商行政管理部门规定。

第四条 自然人、法人或者其他组织在生产经营活动中，对其商品或者服务需要取得商标专用权的，应当向商标局申请商标注册。不以使用为目的的恶意商标注册申请，应当予以驳回。

本法有关商品商标的规定，适用于服务商标。

第五条 两个以上的自然人、法人或者其他组织可以共同向商标局申请注册同一商标，共同享有和行使该商标专用权。

第六条 法律、行政法规规定必须使用注册商标的商品，必须申请商标注册，未经核准注册的，不得在市场销售。

第七条 申请注册和使用商标，应当遵循诚实信用原则。

商标使用人应当对其使用商标的商品质量负责。各级工商行政管理部门应当通过商标管理，制止欺骗消费者的行为。

第八条 任何能够将自然人、法人或者其他组织的商品与他人的商品区别开的标志，包括文字、图形、字母、数字、三维标志、颜色组合和声音等，以及上述要素的组合，均可以作为商标申请注册。

第九条 申请注册的商标，应当有显著特征，便于识别，并不得与他人在先取得的合法权利相冲突。

商标注册人有权标明“注册商标”或者注册标记。

第十条 下列标志不得作为商标使用：

(一)同中华人民共和国的国家名称、国旗、国徽、国歌、军旗、军徽、军歌、勋章等相同或者近似的，以及同中央国家机关的名称、标志、所在地特定地点的名称或者标志性建筑物的名称、图形相同的；

(二)同外国的国家名称、国旗、国徽、军旗等相同或者近似的，但经该国政府同意的除外；

（三）同政府间国际组织的名称、旗帜、徽记等相同或者近似的，但经该组织同意或者不易误导公众的除外；

（四）与表明实施控制、予以保证的官方标志、检验印记相同或者近似的，但经授权的除外；

（五）同“红十字”、“红新月”的名称、标志相同或者近似的；

（六）带有民族歧视性的；

（七）带有欺骗性，容易使公众对商品的质量等特点或者产地产生误认的；

（八）有害于社会主义道德风尚或者有其他不良影响的。

县级以上行政区划的地名或者公众知晓的外国地名，不得作为商标。但是，地名具有其他含义或者作为集体商标、证明商标组成部分的除外；已经注册的使用地名的商标继续有效。

第十一条　下列标志不得作为商标注册：

（一）仅有本商品的通用名称、图形、型号的；

（二）仅直接表示商品的质量、主要原料、功能、用途、重量、数量及其他特点的；

（三）其他缺乏显著特征的。

前款所列标志经过使用取得显著特征，并便于识别的，可以作为商标注册。

第十二条　以三维标志申请注册商标的，仅由商品自身的性质产生的形状、为获得技术效果而需有的商品形状或者使商品具有实质性价值的形状，不得注册。

第十三条　为相关公众所熟知的商标，持有人认为其权利受到侵害时，可以依照本法规定请求驰名商标保护。

就相同或者类似商品申请注册的商标是复制、摹仿或者翻译他人未在中国注册的驰名商标，容易导致混淆的，不予注册并禁止使用。

就不相同或者不相类似商品申请注册的商标是复制、摹仿或者翻译他人已经在中国注册的驰名商标，误导公众，致使该驰名商标注册人的利益可能受到损害的，不予注册并禁止使用。

……

第十五条 未经授权,代理人或者代表人以自己的名义将被代理人或者被代表人的商标进行注册,被代理人或者被代表人提出异议的,不予注册并禁止使用。

就同一种商品或者类似商品申请注册的商标与他人在先使用的未注册商标相同或者近似,申请人与该他人具有前款规定以外的合同、业务往来关系或者其他关系而明知该他人商标存在,该他人提出异议的,不予注册。

第十六条 商标中有商品的地理标志,而该商品并非来源于该标志所标示的地区,误导公众的,不予注册并禁止使用;但是,已经善意取得注册的继续有效。

前款所称地理标志,是指标示某商品来源于某地区,该商品的特定质量、信誉或者其他特征,主要由该地区的自然因素或者人文因素所决定的标志。

第十七条 外国人或者外国企业在中国申请商标注册的,应当按其所属国和中华人民共和国签订的协议或者共同参加的国际条约办理,或者按对等原则办理。

第十八条 申请商标注册或者办理其他商标事宜,可以自行办理,也可以委托依法设立的商标代理机构办理。

外国人或者外国企业在中国申请商标注册和办理其他商标事宜的,应当委托依法设立的商标代理机构办理。

第十九条 商标代理机构应当遵循诚实信用原则,遵守法律、行政法规,按照被代理人的委托办理商标注册申请或者其他商标事宜;对在代理过程中知悉的被代理人的商业秘密,负有保密义务。

委托人申请注册的商标可能存在本法规定不得注册情形的,商标代理机构应当明确告知委托人。

商标代理机构知道或者应当知道委托人申请注册的商标属于本法第四条、第十五条和第三十二条规定情形的,不得接受其委托。

商标代理机构除对其代理服务申请商标注册外,不得申请注册其他商标。

第二十条 商标代理行业组织应当按照章程规定,严格执行吸纳会员的条件,对违反行业自律规范的会员实行惩戒。商标代理行业组织对其吸纳的会员和对会员的惩戒情况，应当及时向社会公布。

第二十一条　商标国际注册遵循中华人民共和国缔结或者参加的有关国际条约确立的制度，具体办法由国务院规定。

第二章　商标注册的申请

第二十二条　商标注册申请人应当按规定的商品分类表填报使用商标的商品类别和商品名称，提出注册申请。

商标注册申请人可以通过一份申请就多个类别的商品申请注册同一商标。

商标注册申请等有关文件，可以以书面方式或者数据电文方式提出。

第二十三条　注册商标需要在核定使用范围之外的商品上取得商标专用权的，应当另行提出注册申请。

第二十四条　注册商标需要改变其标志的，应当重新提出注册申请。

……

第二十六条　商标在中国政府主办的或者承认的国际展览会展出的商品上首次使用的，自该商品展出之日起六个月内，该商标的注册申请人可以享有优先权。

依照前款要求优先权的，应当在提出商标注册申请的时候提出书面声明，并且在三个月内提交展出其商品的展览会名称、在展出商品上使用该商标的证据、展出日期等证明文件；未提出书面声明或者逾期未提交证明文件的，视为未要求优先权。

第二十七条　为申请商标注册所申报的事项和所提供的材料应当真实、准确、完整。

……

第四章　注册商标的续展、变更、转让和使用许可

第三十九条　注册商标的有效期为十年，自核准注册之日起计算。

第四十条　注册商标有效期满，需要继续使用的，商标注册人应当在期满前十二个月内按照规定办理续展手续；在此期间未能办理的，可以给予六个月

的宽展期。每次续展注册的有效期为十年,自该商标上一届有效期满次日起计算。期满未办理续展手续的,注销其注册商标。

商标局应当对续展注册的商标予以公告。

第四十一条 注册商标需要变更注册人的名义、地址或者其他注册事项的,应当提出变更申请。

第四十二条 转让注册商标的,转让人和受让人应当签订转让协议,并共同向商标局提出申请。受让人应当保证使用该注册商标的商品质量。

转让注册商标的,商标注册人对其在同一种商品上注册的近似的商标,或者在类似商品上注册的相同或者近似的商标,应当一并转让。

对容易导致混淆或者有其他不良影响的转让,商标局不予核准,书面通知申请人并说明理由。

转让注册商标经核准后,予以公告。受让人自公告之日起享有商标专用权。

第四十三条 商标注册人可以通过签订商标使用许可合同,许可他人使用其注册商标。许可人应当监督被许可人使用其注册商标的商品质量。被许可人应当保证使用该注册商标的商品质量。

经许可使用他人注册商标的,必须在使用该注册商标的商品上标明被许可人的名称和商品产地。

许可他人使用其注册商标的,许可人应当将其商标使用许可报商标局备案,由商标局公告。商标使用许可未经备案不得对抗善意第三人。

第五章 注册商标的无效宣告

第四十四条 已经注册的商标,违反本法第四条、第十条、第十一条、第十二条、第十九条第四款规定的,或者是以欺骗手段或者其他不正当手段取得注册的,由商标局宣告该注册商标无效;其他单位或者个人可以请求商标评审委员会宣告该注册商标无效。

商标局做出宣告注册商标无效的决定,应当书面通知当事人。当事人对商标局的决定不服的,可以自收到通知之日起十五日内向商标评审委员会申请复审。商标评审委员会应当自收到申请之日起九个月内做出决定,并书面通知当事人。有特殊情况需要延长的,经国务院工商行政管理部门批准,可以延长三个月。当事人对商标评审委员会的决定不服的,可以自收到通知之日起三十日内向人民法院起诉。

其他单位或者个人请求商标评审委员会宣告注册商标无效的,商标评审委员会收到申请后,应当书面通知有关当事人,并限期提出答辩。商标评审委员会应当自收到申请之日起九个月内做出维持注册商标或者宣告注册商标无效的裁定,并书面通知当事人。有特殊情况需要延长的,经国务院工商行政管理部门批准,可以延长三个月。当事人对商标评审委员会的裁定不服的,可以自收到通知之日起三十日内向人民法院起诉。人民法院应当通知商标裁定程序的对方当事人作为第三人参加诉讼。

第四十五条　已经注册的商标,违反本法第十三条第二款和第三款、第十五条、第十六条第一款、第三十条、第三十一条、第三十二条规定的,自商标注册之日起五年内,在先权利人或者利害关系人可以请求商标评审委员会宣告该注册商标无效。对恶意注册的,驰名商标所有人不受五年的时间限制。

……

第四十七条　依照本法第四十四条、第四十五条的规定宣告无效的注册商标,由商标局予以公告,该注册商标专用权视为自始即不存在。

宣告注册商标无效的决定或者裁定,对宣告无效前人民法院做出并已执行的商标侵权案件的判决、裁定、调解书和工商行政管理部门做出并已执行的商标侵权案件的处理决定以及已经履行的商标转让或者使用许可合同不具有追溯力。但是,因商标注册人的恶意给他人造成的损失,应当给予赔偿。

依照前款规定不返还商标侵权赔偿金、商标转让费、商标使用费,明显违反公平原则的,应当全部或者部分返还。

第六章　商标使用的管理

第四十八条　本法所称商标的使用,是指将商标用于商品、商品包装或者容器以及商品交易文书上,或者将商标用于广告宣传、展览以及其他商业活动中,用于识别商品来源的行为。

第四十九条 商标注册人在使用注册商标的过程中,自行改变注册商标、注册人名义、地址或者其他注册事项的,由地方工商行政管理部门责令限期改正;期满不改正的,由商标局撤销其注册商标。

注册商标成为其核定使用的商品的通用名称或者没有正当理由连续三年不使用的,任何单位或者个人可以向商标局申请撤销该注册商标。商标局应当自收到申请之日起九个月内做出决定。有特殊情况需要延长的,经国务院工商行政管理部门批准,可以延长三个月。

第五十条 注册商标被撤销、被宣告无效或者期满不再续展的,自撤销、宣告无效或者注销之日起一年内,商标局对与该商标相同或者近似的商标注册申请,不予核准。

第五十一条 违反本法第六条规定的,由地方工商行政管理部门责令限期申请注册,违法经营额五万元以上的,可以处违法经营额百分之二十以下的罚款,没有违法经营额或者违法经营额不足五万元的,可以处一万元以下的罚款。

第五十二条 将未注册商标冒充注册商标使用的,或者使用未注册商标违反本法第十条规定的,由地方工商行政管理部门予以制止,限期改正,并可以予以通报,违法经营额五万元以上的,可以处违法经营额百分之二十以下的罚款,没有违法经营额或者违法经营额不足五万元的,可以处一万元以下的罚款。

第五十三条 违反本法第十四条第五款规定的,由地方工商行政管理部门责令改正,处十万元罚款。

第五十四条 对商标局撤销或者不予撤销注册商标的决定,当事人不服的,可以自收到通知之日起十五日内向商标评审委员会申请复审。商标评审委员会应当自收到申请之日起九个月内做出决定,并书面通知当事人。有特殊情况需要延长的,经国务院工商行政管理部门批准,可以延长三个月。当事人对商标评审委员会的决定不服的,可以自收到通知之日起三十日内向人民法院起诉。

第五十五条 法定期限届满,当事人对商标局做出的撤销注册商标的决定不申请复审或者对商标评审委员会做出的复审决定不向人民法院起诉的,撤销注册商标的决定、复审决定生效。

被撤销的注册商标，由商标局予以公告，该注册商标专用权自公告之日起终止。

第七章 注册商标专用权的保护

第五十六条 注册商标的专用权，以核准注册的商标和核定使用的商品为限。

第五十七条 有下列行为之一的，均属侵犯注册商标专用权：

（一）未经商标注册人的许可，在同一种商品上使用与其注册商标相同的商标的；

（二）未经商标注册人的许可，在同一种商品上使用与其注册商标近似的商标，或者在类似商品上使用与其注册商标相同或者近似的商标，容易导致混淆的；

（三）销售侵犯注册商标专用权的商品的；

（四）伪造、擅自制造他人注册商标标识或者销售伪造、擅自制造的注册商标标识的；

（五）未经商标注册人同意，更换其注册商标并将该更换商标的商品又投入市场的；

（六）故意为侵犯他人商标专用权行为提供便利条件，帮助他人实施侵犯商标专用权行为的；

（七）给他人的注册商标专用权造成其他损害的。

第五十八条 将他人注册商标、未注册的驰名商标作为企业名称中的字号使用，误导公众，构成不正当竞争行为的，依照《中华人民共和国反不正当竞争法》处理。

第五十九条 注册商标中含有的本商品的通用名称、图形、型号，或者直接表示商品的质量、主要原料、功能、用途、重量、数量及其他特点，或者含有的地名，注册商标专用权人无权禁止他人正当使用。

三维标志注册商标中含有的商品自身的性质产生的形状、为获得技术效果而需有的商品形状或者使商品具有实质性价值的形状，注册商标专用权人无权禁止他人正当使用。

商标注册人申请商标注册前，他人已经在同一种商品或者类似商品上先于商标注册人使用与注册商标相同或者近似并有一定影响的商标的，注册商标专用权人无权禁止该使用人在原使用范围内继续使用该商标，但可以要求其附加适当区别标识。

第六十条 有本法第五十七条所列侵犯注册商标专用权行为之一，引起纠纷的，由当事人协商解决；不愿协商或者协商不成的，商标注册人或者利害关系人可以向人民法院起诉，也可以请求工商行政管理部门处理。

工商行政管理部门处理时，认定侵权行为成立的，责令立即停止侵权行为，没收、销毁侵权商品和主要用于制造侵权商品、伪造注册商标标识的工具，违法经营额五万元以上的，可以处违法经营额五倍以下的罚款，没有违法经营额或者违法经营额不足五万元的，可以处二十五万元以下的罚款。对五年内实施两次以上商标侵权行为或者有其他严重情节的，应当从重处罚。销售不知道是侵犯注册商标专用权的商品，能证明该商品是自己合法取得并说明提供者的，由工商行政管理部门责令停止销售。

对侵犯商标专用权的赔偿数额的争议，当事人可以请求进行处理的工商行政管理部门调解，也可以依照《中华人民共和国民事诉讼法》向人民法院起诉。经工商行政管理部门调解，当事人未达成协议或者调解书生效后不履行的，当事人可以依照《中华人民共和国民事诉讼法》向人民法院起诉。

第六十一条 对侵犯注册商标专用权的行为，工商行政管理部门有权依法查处；涉嫌犯罪的，应当及时移送司法机关依法处理。

第六十二条 县级以上工商行政管理部门根据已经取得的违法嫌疑证据或者举报，对涉嫌侵犯他人注册商标专用权的行为进行查处时，可以行使下列职权：

（一）询问有关当事人，调查与侵犯他人注册商标专用权有关的情况；

（二）查阅、复制当事人与侵权活动有关的合同、发票、账簿以及其他有关资料；

（三）对当事人涉嫌从事侵犯他人注册商标专用权活动的场所实施现场检查；

（四）检查与侵权活动有关的物品；对有证据证明是侵犯他人注册商标专用权的物品，可以查封或者扣押。

工商行政管理部门依法行使前款规定的职权时，当事人应当予以协助、配合，不得拒绝、阻挠。

在查处商标侵权案件过程中，对商标权属存在争议或者权利人同时向人民法院提起商标侵权诉讼的，工商行政管理部门可以中止案件的查处。中止原因消除后，应当恢复或者终结案件查处程序。

第六十三条 侵犯商标专用权的赔偿数额，按照权利人因被侵权所受到的实际损失确定；实际损失难以确定的，可以按照侵权人因侵权所获得的利益确定；权利人的损失或者侵权人获得的利益难以确定的，参照该商标许可使用费的倍数合理确定。对恶意侵犯商标专用权，情节严重的，可以在按照上述方法确定数额的一倍以上五倍以下确定赔偿数额。赔偿数额应当包括权利人为制止侵权行为所支付的合理开支。

人民法院为确定赔偿数额，在权利人已经尽力举证，而与侵权行为相关的账簿、资料主要由侵权人掌握的情况下，可以责令侵权人提供与侵权行为相关的账簿、资料；侵权人不提供或者提供虚假的账簿、资料的，人民法院可以参考权利人的主张和提供的证据判定赔偿数额。

权利人因被侵权所受到的实际损失、侵权人因侵权所获得的利益、注册商标许可使用费难以确定的，由人民法院根据侵权行为的情节判决给予五百万元以下的赔偿。

人民法院审理商标纠纷案件，应权利人请求，对属于假冒注册商标的商品，除特殊情况外，责令销毁；对主要用于制造假冒注册商标的商品的材料、工具，责令销毁，且不予补偿；或者在特殊情况下，责令禁止前述材料、工具进入商业渠道，且不予补偿。

假冒注册商标的商品不得在仅去除假冒注册商标后进入商业渠道。

第六十四条 注册商标专用权人请求赔偿，被控侵权人以注册商标专用权人未使用注册商标提出抗辩的，人民法院可以要求注册商标专用权人提供此前三年内实际使用该注册商标的证据。注册商标专用权人不能证明此前三年内实际使用过该注册商标，也不能证明因侵权行为受到其他损失的，被控侵权人不承担赔偿责任。

销售不知道是侵犯注册商标专用权的商品，能证明该商品是自己合法取得并说明提供者的，不承担赔偿责任。

第六十五条 商标注册人或者利害关系人有证据证明他人正在实施或者即将实施侵犯其注册商标专用权的行为，如不及时制止将会使其合法权益受到难以弥补的损害的，可以依法在起诉前向人民法院申请采取责令停止有关行为和财产保全的措施。

第六十六条 为制止侵权行为，在证据可能灭失或者以后难以取得的情况下，商标注册人或者利害关系人可以依法在起诉前向人民法院申请保全证据。

第六十七条 未经商标注册人许可，在同一种商品上使用与其注册商标相同的商标，构成犯罪的，除赔偿被侵权人的损失外，依法追究刑事责任。

伪造、擅自制造他人注册商标标识或者销售伪造、擅自制造的注册商标标识，构成犯罪的，除赔偿被侵权人的损失外，依法追究刑事责任。

销售明知是假冒注册商标的商品，构成犯罪的，除赔偿被侵权人的损失外，依法追究刑事责任。

……

第八章　附　　则

第七十二条 申请商标注册和办理其他商标事宜的，应当缴纳费用，具体收费标准另定。

……

中华人民共和国著作权法（节选）

（1990年9月7日第七届全国人民代表大会常务委员会第十五次会议通过　根据2001年10月27日第九届全国人民代表大会常务委员会第二十四次会议《关于修改〈中华人民共和国著作权法〉的决定》第一次修正　根据2010年2月26日第十一届全国人民代表大会常务委员会第十三次会议《关于修改〈中华人民共和国著作权法〉的决定》第二次修正　根据2020年11月11日第十三届全国人民代表大会常务委员会第二十三次会议《关于修改〈中华人民共和国著作权法〉的决定》第三次修正）

第一章　总　　则

第一条　为保护文学、艺术和科学作品作者的著作权，以及与著作权有关的权益，鼓励有益于社会主义精神文明、物质文明建设的作品的创作和传播，促进社会主义文化和科学事业的发展与繁荣，根据宪法制定本法。

第二条　中国公民、法人或者非法人组织的作品，不论是否发表，依照本法享有著作权。

外国人、无国籍人的作品根据其作者所属国或者经常居住地国同中国签订的协议或者共同参加的国际条约享有的著作权，受本法保护。

外国人、无国籍人的作品首先在中国境内出版的，依照本法享有著作权。

未与中国签订协议或者共同参加国际条约的国家的作者以及无国籍人的作品首次在中国参加的国际条约的成员国出版的，或者在成员国和非成员国同时出版的，受本法保护。

第三条　本法所称的作品，是指文学、艺术和科学领域内具有独创性并能以一定形式表现的智力成果，包括：

（一）文字作品；

（二）口述作品；

（三）音乐、戏剧、曲艺、舞蹈、杂技艺术作品；

（四）美术、建筑作品；

（五）摄影作品；

（六）视听作品；

（七）工程设计图、产品设计图、地图、示意图等图形作品和模型作品；

（八）计算机软件；

（九）符合作品特征的其他智力成果。

第四条　著作权人和与著作权有关的权利人行使权利，不得违反宪法和法律，不得损害公共利益。国家对作品的出版、传播依法进行监督管理。

第五条　本法不适用于：

（一）法律、法规，国家机关的决议、决定、命令和其他具有立法、行政、司法性质的文件，及其官方正式译文；

（二）单纯事实消息；

（三）历法、通用数表、通用表格和公式。

第六条　民间文学艺术作品的著作权保护办法由国务院另行规定。

……

第八条　著作权人和与著作权有关的权利人可以授权著作权集体管理组织行使著作权或者与著作权有关的权利。依法设立的著作权集体管理组织是非营利法人，被授权后可以以自己的名义为著作权人和与著作权有关的权利人主张权利，并可以作为当事人进行涉及著作权或者与著作权有关的权利的诉讼、仲裁、调解活动。

著作权集体管理组织根据授权向使用者收取使用费。使用费的收取标准由著作权集体管理组织和使用者代表协商确定，协商不成的，可以向国家著作权主管部门申请裁决，对裁决不服的，可以向人民法院提起诉讼；当事人也可以直接向人民法院提起诉讼。

著作权集体管理组织应当将使用费的收取和转付、管理费的提取和使用、使用费的未分配部分等总体情况定期向社会公布,并应当建立权利信息查询系统,供权利人和使用者查询。国家著作权主管部门应当依法对著作权集体管理组织进行监督、管理。

著作权集体管理组织的设立方式、权利义务、使用费的收取和分配,以及对其监督和管理等由国务院另行规定。

第二章　著　作　权

第一节　著作权人及其权利

第九条　著作权人包括:

(一)作者;

(二)其他依照本法享有著作权的自然人、法人或者非法人组织。

第十条　著作权包括下列人身权和财产权:

(一)发表权,即决定作品是否公之于众的权利;

(二)署名权,即表明作者身份,在作品上署名的权利;

(三)修改权,即修改或者授权他人修改作品的权利;

(四)保护作品完整权,即保护作品不受歪曲、篡改的权利;

(五)复制权,即以印刷、复印、拓印、录音、录像、翻录、数字化等方式将作品制作一份或者多份的权利;

(六)发行权,即以出售或者赠与方式向公众提供作品的原件或者复制件的权利;

(七)出租权,即有偿许可他人临时使用视听作品、计算机软件的原件或者复制件的权利,计算机软件不是出租的主要标的的除外;

(八)展览权,即公开陈列美术作品、摄影作品的原件或者复制件的权利;

(九)表演权,即公开表演作品,以及用各种手段公开播送作品的表演的权利;

(十)放映权,即通过放映机、幻灯机等技术设备公开再现美术、摄影、视听作品等的权利；

（十一）广播权，即以有线或者无线方式公开传播或者转播作品，以及通过扩音器或者其他传送符号、声音、图像的类似工具向公众传播广播的作品的权利，但不包括本款第十二项规定的权利；

（十二）信息网络传播权，即以有线或者无线方式向公众提供，使公众可以在其选定的时间和地点获得作品的权利；

（十三）摄制权，即以摄制视听作品的方法将作品固定在载体上的权利；

（十四）改编权，即改变作品，创作出具有独创性的新作品的权利；

（十五）翻译权，即将作品从一种语言文字转换成另一种语言文字的权利；

（十六）汇编权，即将作品或者作品的片段通过选择或者编排，汇集成新作品的权利；

（十七）应当由著作权人享有的其他权利。

著作权人可以许可他人行使前款第五项至第十七项规定的权利，并依照约定或者本法有关规定获得报酬。

著作权人可以全部或者部分转让本条第一款第五项至第十七项规定的权利，并依照约定或者本法有关规定获得报酬。

第二节　著作权归属

第十一条　著作权属于作者，本法另有规定的除外。

创作作品的公民是作者。

由法人或者非法人组织主持，代表法人或者非法人组织意志创作，并由法人或者非法人组织承担责任的作品，法人或者非法人组织视为作者。

第十二条　在作品上署名的自然人、法人或者非法人组织为作者，且该作品上存在相应权利，但有相反证明的除外。

作者等著作权人可以向国家著作权主管部门认定的登记机构办理作品登记。

与著作权有关的权利参照适用前两款规定。

第十三条　改编、翻译、注释、整理已有作品而产生的作品，其著作权由改编、翻译、注释、整理人享有,但行使著作权时不得侵犯原作品的著作权。

第十四条 两人以上合作创作的作品,著作权由合作作者共同享有。没有参加创作的人,不能成为合作作者。

合作作品的著作权由合作作者通过协商一致行使;不能协商一致,又无正当理由的,任何一方不得阻止他方行使除转让、许可他人专有使用、出质以外的其他权利,但是所得收益应当合理分配给所有合作作者。

合作作品可以分割使用的,作者对各自创作的部分可以单独享有著作权,但行使著作权时不得侵犯合作作品整体的著作权。

第十五条 汇编若干作品、作品的片段或者不构成作品的数据或者其他材料,对其内容的选择或者编排体现独创性的作品,为汇编作品,其著作权由汇编人享有,但行使著作权时,不得侵犯原作品的著作权。

第十六条 使用改编、翻译、注释、整理、汇编已有作品而产生的作品进行出版、演出和制作录音录像制品,应当取得该作品的著作权人和原作品的著作权人许可,并支付报酬。

第十七条 视听作品中的电影作品、电视剧作品的著作权由制作者享有,但编剧、导演、摄影、作词、作曲等作者享有署名权,并有权按照与制作者签订的合同获得报酬。

前款规定以外的视听作品的著作权归属由当事人约定;没有约定或者约定不明确的,由制作者享有,但作者享有署名权和获得报酬的权利。

视听作品中的剧本、音乐等可以单独使用的作品的作者有权单独行使其著作权。

第十八条 自然人为完成法人或者非法人组织工作任务所创作的作品是职务作品,除本条第二款的规定以外,著作权由作者享有,但法人或者非法人组织有权在其业务范围内优先使用。作品完成两年内,未经单位同意,作者不得许可第三人以与单位使用的相同方式使用该作品。

有下列情形之一的职务作品,作者享有署名权,著作权的其他权利由法人或者非法人组织享有,法人或者非法人组织可以给予作者奖励:

(一)主要是利用法人或者非法人组织的物质技术条件创作,并由法人或者非法人组织承担责任的工程设计图、产品设计图、地图、示意图、计算机软件等职务作品；

（二）报社、期刊社、通讯社、广播电台、电视台的工作人员创作的职务作品；

（三）法律、行政法规规定或者合同约定著作权由法人或者非法人组织享有的职务作品。

第十九条 受委托创作的作品，著作权的归属由委托人和受托人通过合同约定。合同未作明确约定或者没有订立合同的，著作权属于受托人。

第二十条 作品原件所有权的转移，不改变作品著作权的归属，但美术、摄影作品原件的展览权由原件所有人享有。

作者将未发表的美术、摄影作品的原件所有权转让给他人，受让人展览该原件不构成对作者发表权的侵犯。

第二十一条 著作权属于自然人的，自然人死亡后，其本法第十条第一款第五项至第十七项规定的权利在本法规定的保护期内，依法转移。

著作权属于法人或者非法人组织的，法人或者非法人组织变更、终止后，其本法第十条第一款第五项至第十七项规定的权利在本法规定的保护期内，由承受其权利义务的法人或者非法人组织享有；没有承受其权利义务的法人或者非法人组织的，由国家享有。

第三节 权利的保护期

第二十二条 作者的署名权、修改权、保护作品完整权的保护期不受限制。

第二十三条 自然人的作品，其发表权、本法第十条第一款第五项至第十七项规定的权利的保护期为作者终生及其死亡后五十年，截止于作者死亡后第五十年的12月31日；如果是合作作品，截止于最后死亡的作者死亡后第五十年的12月31日。

法人或者非法人组织的作品、著作权（署名权除外）由法人或者非法人组织享有的职务作品，其发表权的保护期为五十年，截止于作品创作完成后第五十年的12月31日；本法第十条第一款第五项至第十七项规定的权利的保护期为五十年，截止于作品首次发表后第五十年的 12 月 31 日，但作品自创作完成后五十年内未发表的，本法不再保护。

视听作品，其发表权的保护期为五十年，截止于作品创作完成后第五十年的 12 月 31 日；本法第十条第一款第五项至第十七项规定的权利的保护期为五十年，截止于作品首次发表后第五十年的 12 月 31 日，但作品自创作完成后五十年内未发表的，本法不再保护。

第四节　权利的限制

第二十四条　在下列情况下使用作品，可以不经著作权人许可，不向其支付报酬，但应当指明作者姓名或者名称、作品名称，并且不得影响该作品的正常使用，也不得不合理地损害著作权人的合法权益：

（一）为个人学习、研究或者欣赏，使用他人已经发表的作品；

（二）为介绍、评论某一作品或者说明某一问题，在作品中适当引用他人已经发表的作品；

（三）为报道新闻，在报纸、期刊、广播电台、电视台等媒体中不可避免地再现或者引用已经发表的作品；

（四）报纸、期刊、广播电台、电视台等媒体刊登或者播放其他报纸、期刊、广播电台、电视台等媒体已经发表的关于政治、经济、宗教问题的时事性文章，但著作权人声明不许刊登、播放的除外；

（五）报纸、期刊、广播电台、电视台等媒体刊登或者播放在公众集会上发表的讲话，但作者声明不许刊登、播放的除外；

（六）为学校课堂教学或者科学研究，改编、汇编、播放或者少量复制已经发表的作品，供教学或者科研人员使用，但不得出版发行；

（七）国家机关为执行公务在合理范围内使用已经发表的作品；

（八）图书馆、档案馆、纪念馆、博物馆、文化馆等为陈列或者保存版本的需要，复制本馆收藏的作品；

（九）免费表演已经发表的作品，该表演未向公众收取费用，也未向表演者支付报酬且不以营利为目的；

（十）对设置或者陈列在公共场所的艺术作品进行临摹、绘画、摄影、录像；

（十一）将中国公民、法人或者非法人组织已经发表的以国家通用语言文字创作的作品翻译成少数民族语言文字作品在国内出版发行；

（十二）以阅读障碍者能够感知的无障碍方式向其提供已经发表的作品；

（十三）法律、行政法规规定的其他情形。

前款规定适用于对与著作权有关的权利的限制。

第二十五条　为实施义务教育和国家教育规划而编写出版教科书，可以不经著作权人许可，在教科书中汇编已经发表的作品片段或者短小的文字作品、音乐作品或者单幅的美术作品、摄影作品、图形作品，但应当按照规定向著作权人支付报酬，指明作者姓名或者名称、作品名称，并且不得侵犯著作权人依照本法享有的其他权利。

前款规定适用于对与著作权有关的权利的限制。

第三章　著作权许可使用和转让合同

第二十六条　使用他人作品应当同著作权人订立许可使用合同，本法规定可以不经许可的除外。

许可使用合同包括下列主要内容：

（一）许可使用的权利种类；

（二）许可使用的权利是专有使用权或者非专有使用权；

（三）许可使用的地域范围、期间；

（四）付酬标准和办法；

（五）违约责任；

（六）双方认为需要约定的其他内容。

第二十七条　转让本法第十条第一款第五项至第十七项规定的权利，应当订立书面合同。

权利转让合同包括下列主要内容：

（一）作品的名称；

（二）转让的权利种类、地域范围；

（三）转让价金；

（四）交付转让价金的日期和方式；

（五）违约责任；

（六）双方认为需要约定的其他内容。

第二十八条　以著作权中的财产权出质的，由出质人和质权人依法办理出质登记。

第二十九条　许可使用合同和转让合同中著作权人未明确许可、转让的权利，未经著作权人同意，另一方当事人不得行使。

第三十条　使用作品的付酬标准可以由当事人约定，也可以按照国家著作权主管部门会同有关部门制定的付酬标准支付报酬。当事人约定不明确的，按照国家著作权主管部门会同有关部门制定的付酬标准支付报酬。

第三十一条　出版者、表演者、录音录像制作者、广播电台、电视台等依照本法有关规定使用他人作品的，不得侵犯作者的署名权、修改权、保护作品完整权和获得报酬的权利。

第四章　与著作权有关的权利

第一节　图书、报刊的出版

第三十二条　图书出版者出版图书应当和著作权人订立出版合同，并支付报酬。

第三十三条　图书出版者对著作权人交付出版的作品，按照合同约定享有的专有出版权受法律保护，他人不得出版该作品。

第三十四条　著作权人应当按照合同约定期限交付作品。图书出版者应当按照合同约定的出版质量、期限出版图书。

图书出版者不按照合同约定期限出版，应当依照本法第五十四条的规定承担民事责任。

图书出版者重印、再版作品的，应当通知著作权人，并支付报酬。图书脱销后，图书出版者拒绝重印、再版的，著作权人有权终止合同。

第三十五条 著作权人向报社、期刊社投稿的,自稿件发出之日起十五日内未收到报社通知决定刊登的,或者自稿件发出之日起三十日内未收到期刊社通知决定刊登的,可以将同一作品向其他报社、期刊社投稿。双方另有约定的除外。

作品刊登后,除著作权人声明不得转载、摘编的外,其他报刊可以转载或者作为文摘、资料刊登,但应当按照规定向著作权人支付报酬。

第三十六条 图书出版者经作者许可,可以对作品修改、删节。

报社、期刊社可以对作品作文字性修改、删节。对内容的修改,应当经作者许可。

第三十七条 出版者有权许可或者禁止他人使用其出版的图书、期刊的版式设计。

前款规定的权利的保护期为十年,截止于使用该版式设计的图书、期刊首次出版后第十年的12月31日。

……

第三节 录音录像

第四十二条 录音录像制作者使用他人作品制作录音录像制品,应当取得著作权人许可,并支付报酬。

录音制作者使用他人已经合法录制为录音制品的音乐作品制作录音制品,可以不经著作权人许可,但应当按照规定支付报酬;著作权人声明不许使用的不得使用。

第四十三条 录音录像制作者制作录音录像制品,应当同表演者订立合同,并支付报酬。

第四十四条 录音录像制作者对其制作的录音录像制品,享有许可他人复制、发行、出租、通过信息网络向公众传播并获得报酬的权利;权利的保护期为五十年,截止于该制品首次制作完成后第五十年的12月31日。

被许可人复制、发行、通过信息网络向公众传播录音录像制品,应当同时取得著作权人、表演者许可,并支付报酬;被许可人出租录音录像制品,还应当取得表演者许可，并支付报酬。

第四十五条 将录音制品用于有线或者无线公开传播，或者通过传送声音的技术设备向公众公开播送的，应当向录音制作者支付报酬。

……

第五章 著作权和与著作权有关的权利的保护

第四十九条 为保护著作权和与著作权有关的权利，权利人可以采取技术措施。

未经权利人许可，任何组织或者个人不得故意避开或者破坏技术措施，不得以避开或者破坏技术措施为目的制造、进口或者向公众提供有关装置或者部件，不得故意为他人避开或者破坏技术措施提供技术服务。但是，法律、行政法规规定可以避开的情形除外。

本法所称的技术措施，是指用于防止、限制未经权利人许可浏览、欣赏作品、表演、录音录像制品或者通过信息网络向公众提供作品、表演、录音录像制品的有效技术、装置或者部件。

第五十条 下列情形可以避开技术措施，但不得向他人提供避开技术措施的技术、装置或者部件，不得侵犯权利人依法享有的其他权利：

（一）为学校课堂教学或者科学研究，提供少量已经发表的作品，供教学或者科研人员使用，而该作品无法通过正常途径获取；

（二）不以营利为目的，以阅读障碍者能够感知的无障碍方式向其提供已经发表的作品，而该作品无法通过正常途径获取；

（三）国家机关依照行政、监察、司法程序执行公务；

（四）对计算机及其系统或者网络的安全性能进行测试；

（五）进行加密研究或者计算机软件反向工程研究。

前款规定适用于对与著作权有关的权利的限制。

第五十一条 未经权利人许可，不得进行下列行为：

（一）故意删除或者改变作品、版式设计、表演、录音录像制品或者广播、电视上的权利管理信息，但由于技术上的原因无法避免的除外；

（二）知道或者应当知道作品、版式设计、表演、录音录像制品或者广播、电视上的权利管理信息未经许可被删除或者改变，仍然向公众提供。

第五十二条 有下列侵权行为的，应当根据情况，承担停止侵害、消除影响、赔礼道歉、赔偿损失等民事责任：

（一）未经著作权人许可，发表其作品的；

（二）未经合作作者许可，将与他人合作创作的作品当作自己单独创作的作品发表的；

（三）没有参加创作，为谋取个人名利，在他人作品上署名的；

（四）歪曲、篡改他人作品的；

（五）剽窃他人作品的；

（六）未经著作权人许可，以展览、摄制视听作品的方法使用作品，或者以改编、翻译、注释等方式使用作品的，本法另有规定的除外；

（七）使用他人作品，应当支付报酬而未支付的；

（八）未经视听作品、计算机软件、录音录像制品的著作权人、表演者或者录音录像制作者许可，出租其作品或者录音录像制品的原件或者复制件的，本法另有规定的除外；

（九）未经出版者许可，使用其出版的图书、期刊的版式设计的；

（十）未经表演者许可，从现场直播或者公开传送其现场表演，或者录制其表演的；

（十一）其他侵犯著作权以及与著作权有关的权利的行为。

第五十三条 有下列侵权行为的，应当根据情况，承担本法第五十二条规定的民事责任；侵权行为同时损害公共利益的，由主管著作权的部门责令停止侵权行为，予以警告，没收违法所得，没收、无害化销毁处理侵权复制品以及主要用于制作侵权复制品的材料、工具、设备等，违法经营额五万元以上的，可以并处违法经营额一倍以上五倍以下的罚款；没有违法经营额、违法经营额难以计算或者不足五万元的，可以并处二十五万元以下的罚款；构成犯罪的，依法追究刑事责任：

（一）未经著作权人许可，复制、发行、表演、放映、广播、汇编、通过信息网

络向公众传播其作品的,本法另有规定的除外;

(二)出版他人享有专有出版权的图书的;

(三)未经表演者许可,复制、发行录有其表演的录音录像制品,或者通过信息网络向公众传播其表演的,本法另有规定的除外;

(四)未经录音录像制作者许可,复制、发行、通过信息网络向公众传播其制作的录音录像制品的,本法另有规定的除外;

(五)未经许可,播放、复制或者通过信息网络向公众传播广播、电视的,本法另有规定的除外;

(六)未经著作权人或者与著作权有关的权利人许可,故意避开或者破坏技术措施的,故意制造、进口或者向他人提供主要用于避开、破坏技术措施的装置或者部件的,或者故意为他人避开或者破坏技术措施提供技术服务的,法律、行政法规另有规定的除外;

(七)未经著作权人或者与著作权有关的权利人许可,故意删除或者改变作品、版式设计、表演、录音录像制品或者广播、电视上的权利管理信息的,知道或者应当知道作品、版式设计、表演、录音录像制品或者广播、电视上的权利管理信息未经许可被删除或者改变,仍然向公众提供的,法律、行政法规另有规定的除外;

(八)制作、出售假冒他人署名的作品的。

第五十四条 侵犯著作权或者与著作权有关的权利的,侵权人应当按照权利人因此受到的实际损失或者侵权人的违法所得给予赔偿;权利人的实际损失或者侵权人的违法所得难以计算的,可以参照该权利使用费给予赔偿。对故意侵犯著作权或者与著作权有关的权利,情节严重的,可以在按照上述方法确定数额的一倍以上五倍以下给予赔偿。

权利人的实际损失、侵权人的违法所得、权利使用费难以计算的,由人民法院根据侵权行为的情节,判决给予五百元以上五百万元以下的赔偿。

赔偿数额还应当包括权利人为制止侵权行为所支付的合理开支。

人民法院为确定赔偿数额,在权利人已经尽了必要举证责任,而与侵权行为相关的账簿、资料等主要由侵权人掌握的,可以责令侵权人提供与侵权行为相关的账簿、资料等;侵权人不提供,或者提供虚假的账簿、资料等的,人民法院可以参考权利人的主张和提供的证据确定赔偿数额。

人民法院审理著作权纠纷案件,应权利人请求,对侵权复制品,除特殊情况外,责令销毁;对主要用于制造侵权复制品的材料、工具、设备等,责令销毁,且不予补偿;或者在特殊情况下,责令禁止前述材料、工具、设备等进入商业渠道,且不予补偿。

第五十五条 主管著作权的部门对涉嫌侵犯著作权和与著作权有关的权利的行为进行查处时,可以询问有关当事人,调查与涉嫌违法行为有关的情况;对当事人涉嫌违法行为的场所和物品实施现场检查;查阅、复制与涉嫌违法行为有关的合同、发票、账簿以及其他有关资料;对于涉嫌违法行为的场所和物品,可以查封或者扣押。

主管著作权的部门依法行使前款规定的职权时,当事人应当予以协助、配合,不得拒绝、阻挠。

第五十六条 著作权人或者与著作权有关的权利人有证据证明他人正在实施或者即将实施侵犯其权利、妨碍其实现权利的行为,如不及时制止将会使其合法权益受到难以弥补的损害的,可以在起诉前依法向人民法院申请采取财产保全、责令作出一定行为或者禁止作出一定行为等措施。

第五十七条 为制止侵权行为,在证据可能灭失或者以后难以取得的情况下,著作权人或者与著作权有关的权利人可以在起诉前依法向人民法院申请保全证据。

第五十八条 人民法院审理案件,对于侵犯著作权或者与著作权有关的权利的,可以没收违法所得、侵权复制品以及进行违法活动的财物。

第五十九条 复制品的出版者、制作者不能证明其出版、制作有合法授权的,复制品的发行者或者视听作品、计算机软件、录音录像制品的复制品的出租者不能证明其发行、出租的复制品有合法来源的,应当承担法律责任。

在诉讼程序中,被诉侵权人主张其不承担侵权责任的,应当提供证据证明已经取得权利人的许可,或者具有本法规定的不经权利人许可而可以使用的情形。

第六十条　著作权纠纷可以调解，也可以根据当事人达成的书面仲裁协议或者著作权合同中的仲裁条款，向仲裁机构申请仲裁。

当事人没有书面仲裁协议，也没有在著作权合同中订立仲裁条款的，可以直接向人民法院起诉。

第六十一条　当事人因不履行合同义务或者履行合同义务不符合约定而承担民事责任，以及当事人行使诉讼权利、申请保全等，适用有关法律的规定。

第六章　附　　则

第六十二条　本法所称的著作权即版权。

第六十三条　本法第二条所称的出版，指作品的复制、发行。

第六十四条　计算机软件、信息网络传播权的保护办法由国务院另行规定。

第六十五条　摄影作品，其发表权、本法第十条第一款第五项至第十七项规定的权利的保护期在 2021 年 6 月 1 日前已经届满，但依据本法第二十三条第一款的规定仍在保护期内的，不再保护。

第六十六条　本法规定的著作权人和出版者、表演者、录音录像制作者、广播电台、电视台的权利，在本法施行之日尚未超过本法规定的保护期的，依照本法予以保护。

本法施行前发生的侵权或者违约行为，依照侵权或者违约行为发生时的有关规定处理。

……

中华人民共和国反不正当竞争法（节选）

（1993 年 9 月 2 日第八届全国人民代表大会常务委员会第三次会议通过　2017年 11 月 4 日第十二届全国人民代表大会常务委员会第三十次会议修订　根据2019 年 4 月 23 日第十三届全国人民代表大会常务委员会第十次会议《关于修改〈中华人民共和国建筑法〉等八部法律的决定》修正）

第一章　总　　则

第一条　为了促进社会主义市场经济健康发展，鼓励和保护公平竞争，制止不正当竞争行为，保护经营者和消费者的合法权益，制定本法。

第二条　经营者在生产经营活动中，应当遵循自愿、平等、公平、诚信的原则，遵守法律和商业道德。

本法所称的不正当竞争行为，是指经营者在生产经营活动中，违反本法规定，扰乱市场竞争秩序，损害其他经营者或者消费者的合法权益的行为。

本法所称的经营者，是指从事商品生产、经营或者提供服务（以下所称商品包括服务）的自然人、法人和非法人组织。

……

第五条　国家鼓励、支持和保护一切组织和个人对不正当竞争行为进行社会监督。

国家机关及其工作人员不得支持、包庇不正当竞争行为。

行业组织应当加强行业自律，引导、规范会员依法竞争，维护市场竞争秩序。

第二章 不正当竞争行为

第六条 经营者不得实施下列混淆行为，引人误认为是他人商品或者与他人存在特定联系：

（一）擅自使用与他人有一定影响的商品名称、包装、装潢等相同或者近似的标识；

（二）擅自使用他人有一定影响的企业名称（包括简称、字号等）、社会组织名称（包括简称等）、姓名（包括笔名、艺名、译名等）；

（三）擅自使用他人有一定影响的域名主体部分、网站名称、网页等；

（四）其他足以引人误认为是他人商品或者与他人存在特定联系的混淆行为。

第七条 经营者不得采用财物或者其他手段贿赂下列单位或者个人，以谋取交易机会或者竞争优势：

（一）交易相对方的工作人员；

（二）受交易相对方委托办理相关事务的单位或者个人；

（三）利用职权或者影响力影响交易的单位或者个人。

经营者在交易活动中，可以以明示方式向交易相对方支付折扣，或者向中间人支付佣金。经营者向交易相对方支付折扣、向中间人支付佣金的，应当如实入账。接受折扣、佣金的经营者也应当如实入账。

经营者的工作人员进行贿赂的，应当认定为经营者的行为；但是，经营者有证据证明该工作人员的行为与为经营者谋取交易机会或者竞争优势无关的除外。

第八条 经营者不得对其商品的性能、功能、质量、销售状况、用户评价、曾获荣誉等作虚假或者引人误解的商业宣传，欺骗、误导消费者。

经营者不得通过组织虚假交易等方式，帮助其他经营者进行虚假或者引人误解的商业宣传。

第九条 经营者不得实施下列侵犯商业秘密的行为：

（一）以盗窃、贿赂、欺诈、胁迫、电子侵入或者其他不正当手段获取权利人的商业秘密；

（二）披露、使用或者允许他人使用以前项手段获取的权利人的商业秘密；

（三）违反保密义务或者违反权利人有关保守商业秘密的要求，披露、使用或者允许他人使用其所掌握的商业秘密；

（四）教唆、引诱、帮助他人违反保密义务或者违反权利人有关保守商业秘密的要求，获取、披露、使用或者允许他人使用权利人的商业秘密。

经营者以外的其他自然人、法人和非法人组织实施前款所列违法行为的，视为侵犯商业秘密。

第三人明知或者应知商业秘密权利人的员工、前员工或者其他单位、个人实施本条第一款所列违法行为，仍获取、披露、使用或者允许他人使用该商业秘密的，视为侵犯商业秘密。

本法所称的商业秘密，是指不为公众所知悉、具有商业价值并经权利人采取相应保密措施的技术信息、经营信息等商业信息。

……

第十一条 经营者不得编造、传播虚假信息或者误导性信息，损害竞争对手的商业信誉、商品声誉。

第十二条 经营者利用网络从事生产经营活动，应当遵守本法的各项规定。

经营者不得利用技术手段，通过影响用户选择或者其他方式，实施下列妨碍、破坏其他经营者合法提供的网络产品或者服务正常运行的行为：

（一）未经其他经营者同意，在其合法提供的网络产品或者服务中，插入链接、强制进行目标跳转；

（二）误导、欺骗、强迫用户修改、关闭、卸载其他经营者合法提供的网络产品或者服务；

（三）恶意对其他经营者合法提供的网络产品或者服务实施不兼容；

（四）其他妨碍、破坏其他经营者合法提供的网络产品或者服务正常运行的行为。

……

第四章　法 律 责 任

第十七条　经营者违反本法规定,给他人造成损害的,应当依法承担民事责任。

经营者的合法权益受到不正当竞争行为损害的,可以向人民法院提起诉讼。

因不正当竞争行为受到损害的经营者的赔偿数额,按照其因被侵权所受到的实际损失确定;实际损失难以计算的,按照侵权人因侵权所获得的利益确定。经营者恶意实施侵犯商业秘密行为,情节严重的,可以在按照上述方法确定数额的一倍以上五倍以下确定赔偿数额。赔偿数额还应当包括经营者为制止侵权行为所支付的合理开支。

经营者违反本法第六条、第九条规定,权利人因被侵权所受到的实际损失、侵权人因侵权所获得的利益难以确定的,由人民法院根据侵权行为的情节判决给予权利人五百万元以下的赔偿。

第十八条　经营者违反本法第六条规定实施混淆行为的,由监督检查部门责令停止违法行为,没收违法商品。违法经营额五万元以上的,可以并处违法经营额五倍以下的罚款;没有违法经营额或者违法经营额不足五万元的,可以并处二十五万元以下的罚款。情节严重的,吊销营业执照。

经营者登记的企业名称违反本法第六条规定的,应当及时办理名称变更登记;名称变更前,由原企业登记机关以统一社会信用代码代替其名称。

第十九条　经营者违反本法第七条规定贿赂他人的,由监督检查部门没收违法所得,处十万元以上三百万元以下的罚款。情节严重的,吊销营业执照。

第二十条　经营者违反本法第八条规定对其商品作虚假或者引人误解的商业宣传,或者通过组织虚假交易等方式帮助其他经营者进行虚假或者引人误解的商业宣传的,由监督检查部门责令停止违法行为,处二十万元以上一百万元以下的罚款;情节严重的,处一百万元以上二百万元以下的罚款,可以吊销营业执照。

经营者违反本法第八条规定,属于发布虚假广告的,依照《中华人民共和国广告法》的规定处罚。

第二十一条 经营者以及其他自然人、法人和非法人组织违反本法第九条规定侵犯商业秘密的，由监督检查部门责令停止违法行为，没收违法所得，处十万元以上一百万元以下的罚款；情节严重的，处五十万元以上五百万元以下的罚款。

第二十二条 经营者违反本法第十条规定进行有奖销售的，由监督检查部门责令停止违法行为，处五万元以上五十万元以下的罚款。

第二十三条 经营者违反本法第十一条规定损害竞争对手商业信誉、商品声誉的，由监督检查部门责令停止违法行为、消除影响，处十万元以上五十万元以下的罚款；情节严重的，处五十万元以上三百万元以下的罚款。

第二十四条 经营者违反本法第十二条规定妨碍、破坏其他经营者合法提供的网络产品或者服务正常运行的，由监督检查部门责令停止违法行为，处十万元以上五十万元以下的罚款；情节严重的，处五十万元以上三百万元以下的罚款。

第二十五条 经营者违反本法规定从事不正当竞争，有主动消除或者减轻违法行为危害后果等法定情形的，依法从轻或者减轻行政处罚；违法行为轻微并及时纠正，没有造成危害后果的，不予行政处罚。

第二十六条 经营者违反本法规定从事不正当竞争，受到行政处罚的，由监督检查部门记入信用记录，并依照有关法律、行政法规的规定予以公示。

第二十七条 经营者违反本法规定，应当承担民事责任、行政责任和刑事责任，其财产不足以支付的，优先用于承担民事责任。

第二十八条 妨害监督检查部门依照本法履行职责，拒绝、阻碍调查的，由监督检查部门责令改正，对个人可以处五千元以下的罚款，对单位可以处五万元以下的罚款，并可以由公安机关依法给予治安管理处罚。

第二十九条 当事人对监督检查部门作出的决定不服的，可以依法申请行政复议或者提起行政诉讼。

第三十条 监督检查部门的工作人员滥用职权、玩忽职守、徇私舞弊或者泄露调查过程中知悉的商业秘密的，依法给予处分。

第三十一条 违反本法规定,构成犯罪的,依法追究刑事责任。

第三十二条 在侵犯商业秘密的民事审判程序中,商业秘密权利人提供初步证据,证明其已经对所主张的商业秘密采取保密措施,且合理表明商业秘密被侵犯,涉嫌侵权人应当证明权利人所主张的商业秘密不属于本法规定的商业秘密。

商业秘密权利人提供初步证据合理表明商业秘密被侵犯,且提供以下证据之一的,涉嫌侵权人应当证明其不存在侵犯商业秘密的行为:

(一)有证据表明涉嫌侵权人有渠道或者机会获取商业秘密,且其使用的信息与该商业秘密实质上相同;

(二)有证据表明商业秘密已经被涉嫌侵权人披露、使用或者有被披露、使用的风险;

(三)有其他证据表明商业秘密被涉嫌侵权人侵犯。

……

中华人民共和国
涉外民事关系法律适用法(节选)

(2010年10月28日第十一届全国人民代表大会
常务委员会第十七次会议通过)

第一章 一般规定

第一条 为了明确涉外民事关系的法律适用,合理解决涉外民事争议,维护当事人的合法权益,制定本法。

第二条 涉外民事关系适用的法律,依照本法确定。其他法律对涉外民事关系法律适用另有特别规定的,依照其规定。

本法和其他法律对涉外民事关系法律适用没有规定的,适用与该涉外民事关系有最密切联系的法律。

第三条 当事人依照法律规定可以明示选择涉外民事关系适用的法律。

第四条 中华人民共和国法律对涉外民事关系有强制性规定的,直接适用该强制性规定。

第五条 外国法律的适用将损害中华人民共和国社会公共利益的,适用中华人民共和国法律。

第六条 涉外民事关系适用外国法律,该国不同区域实施不同法律的,适用与该涉外民事关系有最密切联系区域的法律。

第七条 诉讼时效,适用相关涉外民事关系应当适用的法律。

第八条 涉外民事关系的定性,适用法院地法律。

第九条　涉外民事关系适用的外国法律，不包括该国的法律适用法。

第十条　涉外民事关系适用的外国法律，由人民法院、仲裁机构或者行政机关查明。当事人选择适用外国法律的，应当提供该国法律。

不能查明外国法律或者该国法律没有规定的，适用中华人民共和国法律。

第二章　民 事 主 体

第十一条　自然人的民事权利能力，适用经常居所地法律。

第十二条　自然人的民事行为能力，适用经常居所地法律。

自然人从事民事活动，依照经常居所地法律为无民事行为能力，依照行为地法律为有民事行为能力的，适用行为地法律，但涉及婚姻家庭、继承的除外。

……

第十四条　法人及其分支机构的民事权利能力、民事行为能力、组织机构、股东权利义务等事项，适用登记地法律。

法人的主营业地与登记地不一致的，可以适用主营业地法律。法人的经常居所地，为其主营业地。

第十五条　人格权的内容，适用权利人经常居所地法律。

第十六条　代理适用代理行为地法律，但被代理人与代理人的民事关系，适用代理关系发生地法律。

当事人可以协议选择委托代理适用的法律。

……

第十八条　当事人可以协议选择仲裁协议适用的法律。当事人没有选择的，适用仲裁机构所在地法律或者仲裁地法律。

第十九条　依照本法适用国籍国法律，自然人具有两个以上国籍的，适用有经常居所的国籍国法律；在所有国籍国均无经常居所的，适用与其有最密切联系的国籍国法律。自然人无国籍或者国籍不明的，适用其经常居所地法律。

第二十条　依照本法适用经常居所地法律，自然人经常居所地不明的，适用其现在居所地法律。

……

第五章　物　　权

第三十六条　不动产物权,适用不动产所在地法律。

第三十七条　当事人可以协议选择动产物权适用的法律。当事人没有选择的,适用法律事实发生时动产所在地法律。

第三十八条　当事人可以协议选择运输中动产物权发生变更适用的法律。当事人没有选择的,适用运输目的地法律。

第三十九条　有价证券,适用有价证券权利实现地法律或者其他与该有价证券有最密切联系的法律。

第四十条　权利质权,适用质权设立地法律。

第六章　债　　权

第四十一条　当事人可以协议选择合同适用的法律。当事人没有选择的,适用履行义务最能体现该合同特征的一方当事人经常居所地法律或者其他与该合同有最密切联系的法律。

第四十二条　消费者合同,适用消费者经常居所地法律;消费者选择适用商品、服务提供地法律或者经营者在消费者经常居所地没有从事相关经营活动的,适用商品、服务提供地法律。

第四十三条　劳动合同,适用劳动者工作地法律;难以确定劳动者工作地的,适用用人单位主营业地法律。劳务派遣,可以适用劳务派出地法律。

第四十四条　侵权责任,适用侵权行为地法律,但当事人有共同经常居所地的,适用共同经常居所地法律。侵权行为发生后,当事人协议选择适用法律的,按照其协议。

第四十五条　产品责任,适用被侵权人经常居所地法律;被侵权人选择适用侵权人主营业地法律、损害发生地法律的,或者侵权人在被侵权人经常居所地没有从事相关经营活动的,适用侵权人主营业地法律或者损害发生地法律。

第四十六条　通过网络或者采用其他方式侵害姓名权、肖像权、名誉权、隐私权等人格权的,适用被侵权人经常居所地法律。

第四十七条　不当得利、无因管理，适用当事人协议选择适用的法律。当事人没有选择的，适用当事人共同经常居所地法律；没有共同经常居所地的，适用不当得利、无因管理发生地法律。

第七章　知识产权

第四十八条　知识产权的归属和内容，适用被请求保护地法律。

第四十九条　当事人可以协议选择知识产权转让和许可使用适用的法律。当事人没有选择的，适用本法对合同的有关规定。

第五十条　知识产权的侵权责任，适用被请求保护地法律，当事人也可以在侵权行为发生后协议选择适用法院地法律。

……

致　谢

本手册经编写组走访、调研20余家全国学会，总结凝练学会在法律风险防控过程中的好经验、好做法、好案例，获得学会一手资料，并经过合力创作、反复修改而形成。在此，诚挚感谢所有项目组成员，特别感谢任壮、张永华、陆璇、谢丽娜等法律专家为手册提供法律支持，也衷心感谢所有参与调研的各全国学会为本手册提供好经验、好做法。

2024
国家统一法律职业资格考试
案例分析指导用书

下册

民法 · 商法 · 民事诉讼法与仲裁制度

国家统一法律职业资格考试
案例分析指导用书编辑委员会 / 组编

法律出版社
北京

2024年国家统一法律职业资格考试
案例分析指导用书
各科编写人员

民法

主　编

温世扬

撰稿人

温世扬（如何解答本学科案例分析题；答题范例及作答样式01、02、03；案例指导与方法指引06、12）

杨　巍（案例指导与方法指引01、02、03、09、10、13；民事法律进阶案例02）

陆　剑（案例指导与方法指引04、05、11）

武亦文（案例指导与方法指引07、08、14、15、16；民事法律进阶案例01）

商法

主　编

刘凯湘

副主编

张双根

撰稿人

刘凯湘（答题范例及作答样式01）

张双根（如何解答本学科案例分析题；答题范例及作答样式02、03；案例指导与方法指引03）

尚继征（案例指导与方法指引01、04、05、08；商事法律进阶案例02）

程淑娟（案例指导与方法指引02、06、07）

王东敏（商事法律进阶案例03、04）

杨秋宇（商事法律进阶案例01）

民事诉讼法与仲裁制度

主　编

潘剑锋

副主编

刘哲玮

撰稿人

刘哲玮（如何解答本学科案例分析题；答题范例及作答样式01、02、03；案例指导与方法指引03、04；民事法律进阶案例04、06）

曹志勋（案例指导与方法指引06、07、08；民事法律进阶案例03、08）

卢　佩（案例指导与方法指引01、02、05、09；民事法律进阶案例05、07）

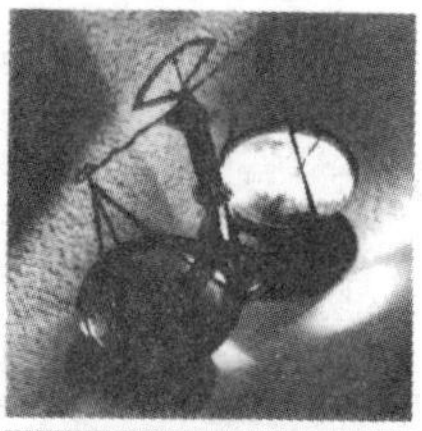

简称对照表

最高人民法院《关于适用〈中华人民共和国民法典〉有关担保制度的解释》	《担保制度解释》
最高人民法院《关于适用〈中华人民共和国民法典〉合同编通则若干问题的解释》	《合同编通则解释》
最高人民法院《关于适用〈中华人民共和国民法典〉婚姻家庭编的解释(一)》	《婚姻家庭编解释(一)》
最高人民法院《关于适用〈中华人民共和国民法典〉物权编的解释(一)》	《物权编解释(一)》
最高人民法院《关于适用〈中华人民共和国民法典〉继承编的解释(一)》	《继承编解释(一)》
最高人民法院《关于审理人身损害赔偿案件适用法律若干问题的解释》	《人身损害赔偿司法解释》
最高人民法院《关于审理商品房买卖合同纠纷案件适用法律若干问题的解释》	《商品房买卖合同解释》
最高人民法院《关于审理买卖合同纠纷案件适用法律问题的解释》	《买卖合同解释》
最高人民法院《关于确定民事侵权精神损害赔偿责任若干问题的解释》	《精神损害赔偿解释》
最高人民法院《关于审理城镇房屋租赁合同纠纷案件具体应用法律若干问题的解释》	《房屋租赁司法解释》

最高人民法院《关于适用〈中华人民共和国保险法〉若干问题的解释（二）》	《保险法解释（二）》
最高人民法院《关于适用〈中华人民共和国保险法〉若干问题的解释（三）》	《保险法解释（三）》
最高人民法院《关于适用〈中华人民共和国保险法〉若干问题的解释（四）》	《保险法解释（四）》
最高人民法院《关于适用〈中华人民共和国公司法〉若干问题的规定（一）》	《公司法规定（一）》
最高人民法院《关于适用〈中华人民共和国公司法〉若干问题的规定（二）》	《公司法规定（二）》
最高人民法院《关于适用〈中华人民共和国公司法〉若干问题的规定（三）》	《公司法规定（三）》
最高人民法院《关于适用〈中华人民共和国公司法〉若干问题的规定（四）》	《公司法规定（四）》
最高人民法院《关于适用〈中华人民共和国公司法〉若干问题的规定（五）》	《公司法规定（五）》
《全国法院民商事审判工作会议纪要》	《九民纪要》
最高人民法院《关于适用〈中华人民共和国企业破产法〉若干问题的规定（一）》	《破产法解释（一）》
最高人民法院《关于适用〈中华人民共和国企业破产法〉若干问题的规定（二）》	《破产法解释（二）》
最高人民法院《关于适用〈中华人民共和国企业破产法〉若干问题的规定（三）》	《破产法解释（三）》
最高人民法院《关于适用〈中华人民共和国民事诉讼法〉的解释》	《民诉解释》
最高人民法院《关于民事诉讼证据的若干规定》	《证据若干规定》
最高人民法院《关于适用〈中华人民共和国仲裁法〉若干问题的解释》	《仲裁法解释》

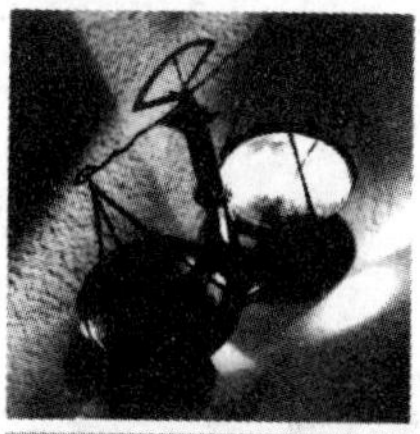

目 录

民 法

商 法

民事诉讼法与仲裁制度

民事法律进阶案例

商事法律进阶案例

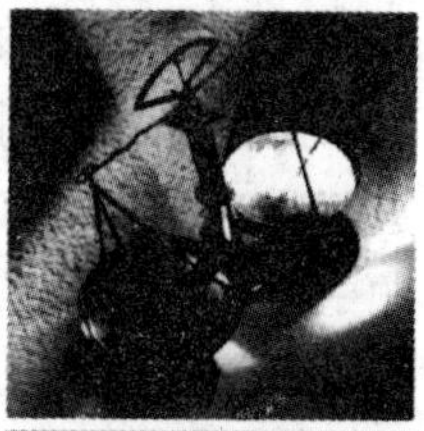

民 法*

如何解答本学科案例分析题

民法案例分析题往往涉及物权、合同、侵权责任、民事诉讼等多个领域,在问题设计上相互交织、层层递进。那么,如何能够在众多案件事实与法律规范之间抽丝剥茧,得出解决问题的答案呢?其实,民法案例分析题的解答主要从以下三个方面展开:(1)案件事实的提取;(2)法律规范的寻找;(3)结论的论证。

一、案件事实的提取

民法案例分析题的题干往往较长,其中涉及大量的事实(案情)信息,但是并非每一个案件事实(信息)对于答案的得出都有直接意义。因此,在解答民法案例分析题时,需要筛选题干信息,提取其中具备法律意义的信息,并将题目中对于案件信息的事实描述转化为法律描述。

首先,需要对题目描述的案情进行快速通读,勾画出其中的重点信息。尽管在司法实务中,裁判者一开始往往并不能立即判定案件的争议焦点是什么、重点案件事实(信息)是哪些,但这些信息在民法的案例分析题中是可以确定(题目中给定)的。一般而言,民法案例分析题的设问均会围绕题目(案情)中存在争议的信息以及异于常态的信息进行设问。因此,在第一遍通读案情时,考生需要将题目中出现的当事人存在争议之点(如物权是否发生变动、是否需要承担赔偿责任等情形)以及异常之处(如合同成立后发生了情势的异常变化)等进行标注。

其次,根据题目案件信息梳理当事人之间的法律关系。通过将社会关系规范为法律关系,民法在特定的社会关系中赋予当事人权利与义务。而民法案例分析的设问也均围绕着当事人的权利义务展开,或问当事人是否有权为某种行为,或问当事人是否有义务为某种行为,或应否承担民事责任。因此,要想回答当事人之间的权利义务如何,必须确定当事人之间是否存在法律关系,存在何种法律关系。基于此,在完成基本案情的提取后,可通过法律关系图的方式,明确当事人之间存在何种法律关系,形成对基本案情的整体把握。

---

* 除特殊情形外,本科目案例一般不考虑时效问题,且统一适用现行法规解答。——编者注

二、法律规范的寻找

解答民法案例分析题的依据为民事法律规范及民事诉讼法律规范，因此在对题目的设问进行回答前必须基于此前定性的法律关系寻找对应的法律规范。目前，在解答民法案例分析题中可能用到的民事法律规范主要集中于《民法典》《民事诉讼法》及其相关司法解释中。

在大多数情况下，考生在面对题目的设问时往往能够直接反应解答该题目所需要用到的民事法律规范，这主要源于考生平时对民事法律规范的积累。但是，从规范逻辑的层面来看，寻找法律规范的过程遵循了从特殊到一般的思维过程。针对某一法律问题，在《民法典》及司法解释中可能既存在特殊的规范又存在一般的规范。例如，针对租赁合同的权利义务关系，《民法典》合同编通则中关于合同的一般规定可以适用，但同时《民法典》合同编分论中又存在关于租赁合同的特别规定。此外，又有专门的司法解释对于城镇房屋租赁合同进行调整。因此，在寻找法律规范的过程中，如果涉及房屋租赁的问题，应当优先寻找司法解释的规定，司法解释中没有规定的，再寻找《民法典》合同编分论中关于租赁合同的规定，仍然缺乏规定则再适用《民法典》合同编通则中关于合同的一般规定，如果还无规定，则可能适用《民法典》总则编中关于法律行为的规定。可见，“房屋租赁合同—租赁合同—合同—法律行为”，是由特殊到一般的思维过程。

须注意，此时寻找到的法律规范是一个范围，并非每一个寻找到的法律规范均可用于最后的问题解答，因此还需要再对所寻找到的法律规范进行进一步的验证。

三、结论的论证

在民法中，思考一般案例的方法可表现为基于请求权的案例分析，其主要的论证逻辑在于判断“何人基于何种法律规范对于何人享有何种请求权”，不过在民法的案例分析题中，这个逻辑链条被大幅度缩短，其权利主体与义务主体均已确定，同时主张的权利内容或义务内容也已经确定，因此考生只需要判断此种请求权是否成立及其基础为何即可。

在完成第一遍的寻找法律规范工作后，需要论证所寻找的法律规范在这个题目中是否能够支持请求权的产生。此时，需要对法律规范进行逐一的筛选，逐一比对此类法律规范是否可以产生此种请求权。如此循环往复，最终寻找到支撑请求权基础的民事法律规范，或者在穷尽了民事法律规范后均无法找出请求权的根据从而得出请求权没有产生的结论。

此处需要注意的是，在法律推理的逻辑上实行的是演绎推理，其基本结构为大前提—小前提—结论，其第一步为大前提的确定。但是，在面对民法的案例分析题时，考生应该首先确定案件所需要解决的小前提，根据小前提再锁定大前提的范围。此时，演绎推理的论证实际上成了验证结论是否正确的工具。在完成大前提的准确锁定之后，可以通过演绎推理的方式来验证结论是否正确，如果可以得出结论，则表明此时的请求权基础正确。因此，演绎推理的论证实际上就成为考生最终的答案。

综上可知，民法案例分析题的解答需要经过三个过程，分别是：(1)案件事实的提取；(2)法律规范的寻找；(3)结论的论证。但是，这三个解题步骤在具体的案例解答步骤中并非每一步都会出现。随着考生对民事法律规范的熟悉度和对民事案件事实的敏感度的提高，很多考生在读题的同时就能够立刻反应解答本题目所需要的准确的民事法律规范，此时三个环节实际上合而为一了。不过，此种合而为一，需要通过考生在学习过程中对民法知识与民事法律规范的长期积累方可实现。

答题范例及作答样式

01 CASE 建华公司与国泰公司货车租赁合同纠纷案

案例指引

本案例由最高人民法院部分公报案例改编而成，内容涉及《合同编通则解释》中的一些新规则，体现了实体问题与程序问题的交织，对分析、处理类似案件具有参考价值。

案　情

建华有限责任公司（以下简称建华公司，主要营业地为甲市A区），以某种化工原料的生产、销售为其主营业务。国泰有限责任公司（以下简称国泰公司，主要营业地为乙市B区），以对外出租汽车为其主营业务。2023年3月1日，因业务扩展之需，建华公司自国泰公司处承租大型货车10辆，约定月租金5万元，租期10个月，租金于租赁期限结束后一次性支付。

为担保建华公司按期支付货车租金，建华公司的合作伙伴希望公司经内部合法决议，以自有大型机器一台向国泰公司提供抵押担保，双方订立了抵押合同但未办理抵押登记。建华公司的关联企业白云公司也为此提供保证担保，但是在签订保证合同时，白云公司的法定代表人李某未在合同上签字，仅加盖了白云公司的公章。

2023年4月5日，建华公司与大宋公司（主要营业地为丙市C区）签订某化工原料买卖合同，约定大宋公司自建华公司处采购价值300万元的化工原料，由建华公司负责将该批原料运至大宋公司营业地，大宋公司须于合同签订后10日支付价款。合同中还约定，若建华公司迟延交付该化工原料，则大宋公司可以立即解除该买卖合同。并约定，因履行该合同产生的一切纠纷，均提交丙市仲裁委员会仲裁。为担保大宋公司价款的支付，大宋公司的法定代表人赵某以自有房屋提供了抵押担保，并办理了抵押登记。

2023年4月20日，大宋公司所购化工原料在运输过程中遭遇山洪，导致其中一辆自国泰公司处承租的货车被冲毁。建华公司经紧急调度，向大宋公司交付全部货物，但是由于车队领队张某的判断失误，导致到达日期比约定的日期迟延2日。大宋公司据此拒绝支付价款。

由于未收到货款，建华公司向丙市C区法院提起诉讼，要求大宋公司依约支付价款300万元。庭审过程中，大宋公司认为该案件已经约定仲裁，C区法院并无管辖权。此外，大宋公司还主张行使合同约定的解除权，解除该买卖合同。法院经审理认定，买卖合同中约定的交货时间对合同的履行并无实质影响。此后，经双方洽谈，建华公司撤回起诉。

2024年4月初，建华公司未依约向国泰公司支付到期租金50万元。同月，国泰公司经调查发现，希望公司已将抵押给自己的大型机器出售给吕某，但吕某并不知晓机器上存在抵押权。国泰公司遂向自己的法律顾问韩某寻求帮助，韩某答复：(1)由于吕某不知情，国泰公司无法再对设备行使抵押权；(2)国泰公司可以大宋公司为被告，提起代位权诉讼。

国泰公司遂以大宋公司为被告，向丙市C区法院提起代位权诉讼。丙市C区法院受理该案件后，大宋公司提出答辩理由：(1)自己与建华公司之间存在仲裁条款，不应由法院对该纠纷进行审理；(2)建华公司固定资产丰厚，国泰公司不应直接起诉自己。丙市C区法院未采纳大宋公司的两项抗辩理由，判决国泰公司胜诉。

执行过程中，法院经调查发现大宋公司并无可供执行的财产。国泰公司遂以建华公司及白云公司为被告提起诉讼，要求建华公司支付价款且白云公司承担担保责任。建华公司认为，国泰公司再次起诉构成重复起诉，法院不应受理，并且货车毁坏1辆，应当减少自己支付的租金。白云公司提出，该合同中公章虽然为真，但是并非自己的法定代表人所签订，自己无须承担责任。

问　题

1. 对建华公司提起的诉讼，丙市C区法院在大宋公司提出管辖异议后能否继续审理？为什么？

2. 大宋公司提出解除合同的主张，法院应如何处理？为什么？

3. 若法院受理该请求，则大宋公司解除合同的主张能否得到支持？为什么？

4. 韩某的答复(1)是否正确？为什么？

5. 丙市C区法院未采纳大宋公司的答辩理由(1)是否合法？为什么？

6. 丙市C区法院未采纳大宋公司的答辩理由(2)是否合法？为什么？

7. 建华公司认为法院不应受理的主张能否成立？为什么？

8. 建华公司要求减少租金的主张能否得到支持？为什么？

9. 针对担保合同是否由白云公司的法定代表人李某签订，这一举证责任应当由何人承担？若法院无法查明合同由何人签订，法院应如何判决？为什么？

参考答案

1. 可以。虽然在建华公司与大宋公司之间约定了仲裁条款，但是建华公司向大宋公司住所地法院提起诉讼，大宋公司未在首次开庭前提出异议，此时丙市C区法院可以对该案件行使管辖权。

2. 应裁定不予受理。大宋公司解除合同的主张虽然具有独立性，但是由于该买卖合同约定由仲裁委员会仲裁，法院针对解除合同的请求不享有管辖权，故法院应当裁定不受理该反诉。

3. 不能。虽然大宋公司满足行使约定解除权的条件，但是建华公司的违约行为显著轻微，不影响该买卖合同目的的实现，因此，大宋公司主张行使约定解除权不应得到支持。

4. 正确。希望公司以大型机器这一动产为国泰公司设立抵押权，但未办理抵押登记，国泰公司的抵押权不得对抗善意买受人吕某。因此，国泰公司无法再对该设备行使抵押权。

5. 合法。债权人行使代位权时，以被告住所地法院为管辖法院，不受债务人与相对人之间仲裁条款的限制。本案中，国泰公司以大宋公司为被告提起债权人代位权之诉，不受大宋公司与建华公司之间仲裁条款的限制，大宋公司所在地法院（丙市 C 区法院）拥有管辖权。

6. 不合法。国泰公司行使债权人代位权，以债务人建华公司的财产不足以清偿其债权为前提。本案中，债务人建华公司尚有其他财产足以清偿债务，此时，国泰公司不满足主张债权人代位权的条件，法院不应支持其主张。

7. 不成立。国泰公司行使债权人代位权未能实现自己的债权，其要求自己的债务人建华公司支付价款且白云公司承担担保责任，提起了后诉。此时，后诉与前诉的诉讼当事人不同、诉讼标的不同、诉讼请求也不同，不构成重复起诉。因此，法院应当受理。

8. 能够得到支持。国泰公司与建华公司的租赁合同履行过程中，承租的汽车因山洪而被冲毁，此属于不可归责于双方当事人的事由而导致租赁物毁损、灭失，发生了的租赁合同中的风险。租赁合同中的租金风险应当由出租人承担，因此，建华公司有权据此要求减少租金。

9. (1) 由国泰公司承担举证责任。国泰公司主张该担保合同对白云公司发生效力进而要求白云公司承担担保责任，其须对该合同合法有效的事实承担举证责任。

(2) 如法院不能查明签订合同的主体，则应当认定该担保合同并非白云公司的代表人或代理人签订，即该担保合同对白云公司不发生效力，白云公司不承担担保责任。

推导过程

1. 第 2 问：诉讼中被告所提出的请求，只有两种可能，要么是反驳，要么是反诉。因此，首先须判断该请求是否具有独立性，如果不具有独立性，则只能按照反驳处理。相反，具有独立性时，可以考虑构成反诉。但是，具备独立性只是具有成为反诉的可能性，不代表一定能被认定为反诉。因此，还需要从反诉的构成要件出发进行分析，考虑该请求是否满足反诉的构成要件，如果满足，则法院应作为反诉处理。

本案中，建华公司起诉要求大宋公司支付价款，大宋公司作为被告要求解除合同，该请求可以脱离本诉而存在，具有独立性，可能构成反诉。此时，应从反诉的构成要件出发再对该解除请求进行分析。构成反诉要求本诉与反诉均属于同一法院主管和管辖。但是，本题中本诉是由丙市 C 区法院管辖，而解除合同的主张则应根据仲裁协议由丙市仲裁委员会仲裁，此时，C 区法院不享有管辖权，其不应受理该反诉。

本题的解题思路：被告提出的请求—是否具有独立性—是否满足反诉的构成要件。

易错点：本诉也存在仲裁协议，但是大宋公司未提出管辖异议，但本诉放弃了仲裁管辖，不代表反诉也放弃。

2. 第5问：此属于《合同编通则解释》第35条的新规则。债权人提起代位权诉讼，原则上以被告住所地作为管辖法院，但是涉及专属管辖的除外。需注意，债权人提起代位权诉讼时，不受到债务人与相对人之间仲裁协议、管辖协议的限制。

本题中，虽然债务人建华公司与相对人大宋公司之间存在仲裁协议，但是债权人大宋公司行使债权人代位权时并不受此影响，其可以直接向被告住所地提起诉讼。

解题思路：确定纠纷性质—锁定管辖法院—考虑特殊因素。

3. 第8问：在题目中发生了某一标的物的损失时，首先考虑是否存在一方当事人要承担赔偿责任；其次考虑是否属于合同风险的问题。

本题中，首先，货车因山洪暴发而毁损灭失，属于因不可抗力而导致的情形。不可抗力属于免责事由，因此不存在责任承担的问题。

其次，考虑是否属于合同风险。在租赁合同履行过程中，租赁物货车因不可归责于当事人的因素毁损灭失，这可以被认定为租赁合同中的风险，而在租赁合同中，租金的风险是由出租人承担的，即承租人可以要求减少租金或者免除租金。

解题思路：确定损失的性质—划定风险分配的标准—确定风险的法律后果。

4. 第9问：此属于《合同编通则解释》第22条第3款的新规则。在出现"人章分离"的情况下，须牢牢把握"看人不看章"的解题思路，不能仅仅因为合同上加盖了法人真实的公章就直接认定合同应对法人产生法律效力。

本题中，虽然在合同中加盖了白云公司的公章，但是不能证明该行为是由享有代理权、代表权的主体所实施，因此该担保合同不能约束白云公司，白云公司也自然不需要承担担保责任。

解题思路：看人不看章。

02 CASE 云天公司与恒和公司建设工程施工合同纠纷案

案例指引

本案例由最高人民法院部分相关指导案例改编而成，围绕担保制度的系列规则、违约金、建设工程施工合同、第三人撤销之诉等问题展开，其内容不仅涉及物权、合同，还涉及公司法、民事诉讼法，较全面地展现了一个合同纠纷中可能出现的实体法及程序法问题，对分析、处理类似案件具有参考价值。

案　情

2020 年 9 月 17 日，恒和公司（主要营业地为甲市 A 区）与云天公司（主要营业地为乙市 B 区）签订了一份《会展中心建设工程施工合同》，约定由云天公司对案涉工程（位于丙市 C 区）进行施工，工程款为 4000 万元；并约定任何一方违约须向对方支付违约金 400 万元，因履行合同出现的一切争议均由被告住所地法院管辖。

建设过程中，云天公司与汉城公司签订《买卖合同》，约定云天公司自汉城公司处购买建筑材料一批，总价款为 800 万元。为担保云天公司依约支付价款，南湖公司经合法决议以自有办公用房提供抵押担保，并约定若云天公司未能依约支付价款，则南湖公司在担保责任之外承担违约金 20 万元。此外，云天公司的唯一股东东湖公司的法定代表人刘某未经公司决议，擅自以东湖公司名义与汉城公司签订《保证合同》，约定东湖公司在云天公司不能支付价款时，承担保证责任。汉城公司虽知晓东湖公司未作出相关决议，但仍与之签订了《保证合同》。随后，南湖公司与东湖公司均在云天公司与汉城公司的《买卖合同》中盖章。

2021 年 1 月，恒和公司为向云天公司支付阶段性价款，自西山公司处借款 1000 万元，借期 1 年。为担保西山公司的债权，恒和公司以在建工程为西山公司设立抵押，并办理了抵押权的预告登记。2021 年 5 月 6 日，西山公司将其对恒和公司享有的债权转让给北海公司，并于次日通知了恒和公司，但未办理抵押权的变更登记。北海公司为向西山公司支付债权转让的价款，自华商银行处借款 800 万元。现该债权到期，北海公司无力偿还，唯一的财产系对恒和公司享有的债权。

2022 年 1 月，案涉会展中心修建完毕，同年 3 月，恒和公司办理了该房屋的所有权登记。由于资金紧张，恒和公司欠付云天公司工程款 1200 万元及西山公司借款 1000 万元无力支付。

2022 年 4 月，因北海公司无力偿还对华商银行的欠款，华商银行准备行使代位权直接向恒和公司主张债权并主张实现对会展中心的抵押权以优先受偿。与此同时，云天公司也准备起诉要求恒和公司支付工程款及违约金，并主张就会展中心优先受偿。

在云天公司与恒和公司的诉讼中，双方达成了和解协议，约定云天公司给予恒和公司宽限期半个月，恒和公司愿意支付违约金 350 万元，由此云天公司撤回起诉并解除对恒和公司的财产所采取的保全措施。宽限期届满后，恒和公司未能履行义务，云天公司再次起诉至法院，恒和公司则主张350万元的违约金过高，云天公司的实际损失仅200万元，要求法院对违约金进行调整。

华商银行获得胜诉判决后，准备对会展中心申请执行，但发现法院认定云天公司对会展中心的优先受偿权中包含了违约金，认为此判决存在问题，遂提起诉讼，要求撤销该判决。云天公司知悉华商银行提起撤销权诉讼后，立刻向法院申请执行该判决，华商银行则在执行程序中提出了执行异议。

此外，由于云天公司一直未获得工程款，其未能向汉城公司支付800万元的材料价款，汉城公司向南湖公司与东湖公司主张权利，但均遭到拒绝。南湖公司认为汉城公司应当先申请就云天公司的财产进行执行，其后方可要求南湖公司承担责任。而东湖公司则提出两个理由：其一，本公司虽为云天公司提供担保，但是该担保未经公司决议，因此该担保无效，本公司无须承担担保责任；其二，汉城公司应当先申请执行云天公司的财产。

问　题

1. 北海公司对会展中心是否享有优先受偿权？为什么？
2. 华商银行是否有权主张对会展中心的优先受偿？为什么？
3. 法院是否应当根据恒和公司的请求对违约金进行调整？为什么？
4. 就工程款问题，云天公司应向哪一（些）法院提起诉讼？为什么？
5. 华商银行是否有权提起撤销权诉讼？为什么？
6. 华商银行提出的撤销理由能否成立？为什么？
7. 若华商银行的执行异议被驳回，其能否申请再审？为什么？
8. 南湖公司的抗辩理由能否成立？为什么？
9. 东湖公司的抗辩理由一能否成立？为什么？
10. 东湖公司的抗辩理由二能否成立？为什么？
11. 若南湖公司自愿承担20万元的违约金，其能否向云天公司追偿？为什么？
12. 若南湖公司承担担保责任，其应如何实现自己的权利？为什么？

参考答案

1. 享有。恒和公司以在建工程为西山公司设立抵押权，虽然仅办理了预告登记，但由于抵押人已经办理房屋所有权首次登记且不具备预告登记的失效事由，西山公司可据此享有优先受偿权。而西山公司将债权转让给北海公司，北海公司一并取得该优先受偿权，不因未办理变更登记而受影响。

2. 有权。北海公司欠付华商银行的借款到期，恒和公司欠付北海公司的借款到期，北海公司未对恒和公司主张权利导致华商银行的债权无法实现，华商银行享有代位权。华商银行行使代位权，可一并主张与北海公司债权有关的从权利，该优先受偿权即属于从权利。

3. 不应当。尽管约定的违约金350万元远高于实际损失200万元，但是云天公司与恒和公司达成和解协议后，恒和公司再度违约，此时对违约金进行调整有违诚实信用原则。因此，法院不应对违约金进行调整。

4. 应向丙市C区人民法院提起诉讼。云天公司与恒和公司因建设工程施工合同引发的纠纷属于不动产纠纷，应由不动产所在地法院专属管辖，即由丙市C区人民法院专属管辖。尽管云天公司与恒和公司存在管辖协议，但是该协议因违反专属管辖而无效。

5. 有权。云天公司对会展中心享有建设工程价款优先受偿权，其优先于华商银行所主张的抵押权。因此，法院对云天公司优先受偿权范围的认定与华商银行具有法律上的利害关系，其有权提起第三人撤销之诉。

6. 成立。云天公司作为承包人对会展中心享有建设工程价款优先受偿权，但是其优先受偿的范围不包括违约金。因此，法院认定违约金属于优先受偿的范围错误，即华商银行的撤销理由成立。

7. 不能。华商银行已经提起第三人撤销之诉，其再提执行异议被驳回的，只能继续进行第三人撤销之诉，而不能申请再审。

8. 不能成立。本案中，汉城公司的债权既存在南湖公司的物保，又存在东湖公司的人保，构成混合担保，当事人未约定债权人实现债权的顺序，并且债务人云天公司未提供物保，因此债权人汉城公司主张权利没有顺序限制，可直接要求南湖公司承担担保责任。

9. 不能成立。云天公司系东湖公司的全资子公司，东湖公司无须作出公司决议，即可直接为云天公司的债务提供担保。因此，东湖公司须承担保证责任，其抗辩不成立。

10. 能够成立。东湖公司与债权人汉城公司约定，在云天公司不能履行债务时承担保证责任，其保证方式属于一般保证，东湖公司享有先诉抗辩权，其有权拒绝直接承担担保责任。

11. 不能。南湖公司与汉城公司约定在担保责任之外额外承担20万元的违约金，这一约定使担保责任的范围大于主债务，违反了担保在范围上的从属性。因此，南湖公司自愿支付违约金后，不得向债务人云天公司追偿。

12. 南湖公司可向债务人云天公司追偿，不能追偿的部分，可以按比例请求东湖公司分担。南湖公司承担担保责任后，其对债务人云天公司享有追偿权。此外，南湖公司与东湖公司在同一合同上盖章，其担保类型属于连带共同担保。因此，南湖公司向债务人云天公司不能追偿的部分，可以按比例请求东湖公司分担。

推导过程

1. 第1问：关于北海公司是否享有优先受偿权，须明确北海公司并未直接与恒和公司产生债权债务关系，其是通过债权转让而自西山公司处获得债权，在认定北海公司的优先受偿权之前，须明确西山公司是否享有此权利。恒和公司以在建工程为西山公司设立抵押，但没有办理抵押登记，而是办理了抵押权的预告登记，此时的问题在于根据抵押预告登记能否产生优先受偿权？《担保制度解释》第52条第1款规定："当事人办理抵押预告登记后，预告登记权利人请求就抵押财产优先受偿，经审查存在尚未办理建筑物所有权首次登记、预告登记的财产与办理建筑物所有权首次登记时的财产不一致、抵押预告登记已经失效等情形，导致不具备办理抵押登记条件的，人民法院不予支持；经审查已经办理建筑物所有权首次登记，且不存在预告登记失效等情形的,人民法院应予支持,并应当认定抵押权自预告登记之日起设立。”本题中,恒和公司已办理房屋所有权的首次登记且不存在预告登记的失效事由,因此西山公司可以根据预告登记享有优先受偿权。另外,需要明确的是西山公司享有的优先受偿权是否可以通过债权转让而移转给北海公司。《民法典》第547条规定:“债权人转让债权的,受让人取得与债权有关的从权利,但是该从权利专属于债权人自身的除外。受让人取得从权利不因该从权利未办理转移登记手续或者未转移占有而受到影响。”本案中,西山公司将债权转让给北海公司,该优先受偿权属于从权利,一并转让给了北海公司,并且即便没有办理变更登记也不影响该从权利的移转。

本题的反向推导思路为:北海公司享有优先受偿权—债权转让导致的权利移转—西山公司享有优先受偿权—预告登记产生优先受偿权。

容易忽视的两个知识点为:(1)抵押预告登记在特定情形下可以产生优先受偿权。(2)从权利随债权转让而转移,并且不以办理登记手续为必要。

2. 第3问:关于违约金是否应当进行调整的问题。《民法典》第585条第2款规定:“约定的违约金低于造成的损失的,人民法院或者仲裁机构可以根据当事人的请求予以增加;约定的违约金过分高于造成的损失的,人民法院或者仲裁机构可以根据当事人的请求予以适当减少。”本题中,当事人约定的违约金为350万元,违约造成的实际损失为200万元,约定的违约金明显高于实际损失,那么当事人是否可以申请法院对该违约金进行调整?对这一问题,最高人民法院在指导案例166号中提出:“当事人双方就债务清偿达成和解协议,约定解除财产保全措施及违约责任。一方当事人依约申请人民法院解除了保全措施后,另一方当事人违反诚实信用原则不履行和解协议,并在和解协议违约金诉讼中请求减少违约金的,人民法院不予支持。”本案中,云天公司与恒和公司达成和解协议,云天公司因此而撤诉。此后,恒和公司又违反该和解协议,并且申请对违约金进行调整,有违诚实信用原则。因此,法院不应支持其请求。

本题的反向推导思路为:违约金是否过高—违约金过高是否可以调整—是否存在违约金过高而不能调整的例外。

容易忽视的知识点为:最高人民法院在指导案例中确立了违反诚实信用原则而不予调整违约金的例外。

3. 第9问:关于公司担保是否有效的问题。根据《公司法》第15条的规定:“公司向其他企业投资或者为他人提供担保,依照公司章程的规定,由董事会或者股东会决议;公司章程对投资或者担保的总额及单项投资或者担保的数额有限额规定的,不得超过规定的限额。公司为公司股东或者实际控制人提供担保的,必须经股东会决议。前款规定的股东或者受前款规定的实际控制人支配的股东,不得参加前款规定事项的表决。该项表决由出席会议的其他股东所持表决权的过半数通过。”可见,公司为他人债务提供担保必须作出相应的决议,法定代表人不得直接签订担保合同。

法定代表人未经决议直接签订担保合同,该担保合同效力如何呢?《担保制度解释》第7条规定:“公司的法定代表人违反公司法关于公司对外担保决议程序的规定,超越权限代表公司与相对人订立担保合同,人民法院应当依照民法典第六十一条和第五百零四条等规定处理:(一)相对人善意的,担保合同对公司发生效力;相对人请求公司承担担保责任的,人民法院应予支持。(二)相对人非善意的,担保合同对公司不发生效力;相对人请求公司承担赔偿责任的,参照适用本解释第十七条的有关规定。法定代表人超越权限提供担保造成公司损失,公司请求法定代表人承担赔偿责任的,人民法院应予支持。第一款所称善意,是指相对人在订立担保合同时不知道且不应当知道法定代表人超越权限。相对人有证据证明已对公司决议进行了合理审查,人民法院应当认定其构成善意,但是公司有证据证明相对人知道或者应当知道决议系伪造、变造的除外。"可见,此时应根据相对人的主观状态来确定公司是否承担担保责任。

但是,特殊情况下公司无须决议也可对外提供担保。《担保制度解释》第8条规定:"有下列情形之一,公司以其未依照公司法关于公司对外担保的规定作出决议为由主张不承担担保责任的,人民法院不予支持:(一)金融机构开立保函或者担保公司提供担保;(二)公司为其全资子公司开展经营活动提供担保;(三)担保合同系由单独或者共同持有公司三分之二以上对担保事项有表决权的股东签字同意。上市公司对外提供担保,不适用前款第二项、第三项的规定。"本题中,云天公司系东湖公司的全资子公司,因此东湖公司为云天公司的债务提供担保时,无须公司作出决议,故东湖公司应承担担保责任。

本题的反向推导思路为:公司对外担保需要决议—无决议时需要考量相对人的主观状态—例外的情况下,无须决议即可担保。

容易忽视的知识点为:例外的情况下,即便未经公司决议,对外担保亦为有效。

4. 第12问:关于共同担保中担保人之间的求偿权问题。担保人承担了担保责任,其可以向债务人进行追偿。问题在于,担保人承担担保责任之后,能否向其他担保人请求分担?对这一问题,在过去的立法及司法实践中颇有争议。《担保制度解释》第13条规定:"同一债务有两个以上第三人提供担保,担保人之间约定相互追偿及分担份额,承担了担保责任的担保人请求其他担保人按照约定分担份额的,人民法院应予支持;担保人之间约定承担连带共同担保,或者约定相互追偿但是未约定分担份额的,各担保人按照比例分担向债务人不能追偿的部分。同一债务有两个以上第三人提供担保,担保人之间未对相互追偿作出约定且未约定承担连带共同担保,但是各担保人在同一份合同书上签字、盖章或者按指印,承担了担保责任的担保人请求其他担保人按照比例分担向债务人不能追偿部分的,人民法院应予支持。除前两款规定的情形外,承担了担保责任的担保人请求其他担保人分担向债务人不能追偿部分的,人民法院不予支持。"据此,唯有在三种情况下,担保人承担了担保责任后方可要求其他担保人进行分担:(1)明确约定可以相互追偿;(2)明确约定构成连带共同担保;(3)在同一合同中签字、盖章。还需注意,在请求分担时,唯有明确约定彼此分担的份额时方可直接请求分担,其余情形则应先向债务人追偿,只有不能追偿的部分,才可请求其他担保人按比例分担。本题中,担保人南湖公司与东湖公司均在《买卖合同》中盖章,其共同担保的类型推定为连带共同担保,南湖公司承担担保责任后可以请求东湖公司分担。但是,由于未明确约定分担的份额,南湖公司必须先向债务人云天公司进行追偿,不能追偿的部分方可请求东湖公司分担。

03 CASE 大唐公司与隆昌公司房屋租赁合同纠纷案

案例指引

本案例由最高人民法院部分指导案例改编而成，围绕保留所有权买卖合同、房屋租赁合同的内容展开，其中涉及民法、民事诉讼法等学科的法律制度，体现了实体问题与程序问题的交织，对分析、处理类似案件具有参考价值。

案　　情

2021年4月，甲、乙、丙三人预备设立大唐公司，从事酒店的经营管理。在大唐公司设立过程中，甲以个人的名义自百富公司处采购一批酒店必需的日常用品，须支付价款30万元。

2021年5月，大唐公司经登记注册成立，主要营业地为A市M区，任命乙为该公司的法定代表人。经过多方寻找，乙发现隆昌公司（主要营业地为B市N区）名下位于C市Q区的一处建筑较为适合。双方经协商于2021年6月10日签订《房屋租赁合同》，约定租期10年，年租金为15万元。经查，该房屋因修建时间较长，已被认定为危房，根据当地政府规章，应当予以拆除。签订合同时，隆昌公司明确告知乙该情况，但乙因租金低廉仍然选择承租该房屋。

租赁合同签订后，经隆昌公司同意，大唐公司花费50万元对该建筑进行装修，并且开始对外营业。

2022年4月14日，大唐公司自伟业公司处购买小型客运汽车3辆，用于运输旅客。双方约定，大唐公司分10期支付价款，每期10万元，合计价款100万元，在大唐公司支付完毕价款前，伟业公司保留3辆小客车的所有权，为此办理了保留所有权登记。同日，为担保大唐公司依约支付价款，大唐公司的股东乙与伟业公司签订《担保合同》，约定在大唐公司无力支付价款时承担保证责任，但未约定保证期间。

2022年5月初，大唐公司小客车中的一辆在运输旅客前往山区回程时遭遇泥石流，导致小客车被彻底毁坏。大唐公司遂向伟业公司表示，由于小客车尚属伟业公司所有，自己无须再支付该小客车的价款。双方因此发生争议，大唐公司遂在支付价款时故意迟延。2022年12月6日，大唐公司支付完毕前8期价款后，经伟业公司多次催促，拒不支付剩余价款。伟业公司遂向大唐公司主张取回剩余2辆小客车，遭到大唐公司的拒绝。

遭到拒绝的伟业公司要求乙对此承担保证责任，乙表示伟业公司应先起诉大唐公司。于是，伟业公司将大唐公司和乙作为共同被告诉至法院。法院认为，伟业公司应先起诉大唐公司后，方可对乙提起诉讼，遂裁定驳回伟业公司的起诉。

2022年6月，因大唐公司未依约向隆昌公司支付租金，隆昌公司遂向自己所在地的B市

N区法院提起诉讼。B市N区法院受理案件后，认为本院没有管辖权，遂将案件移送A市M区法院。经法院一审，判决大唐公司应当支付租金。大唐公司向法院提起上诉，并且主张该合同应当被认定为无效，并且隆昌公司应当补偿其装修损失。

二审法院判决大唐公司应支付租金后，大唐公司未按期履行义务。隆昌公司遂向A市M区法院申请执行，A市M区法院遂查封了大唐公司自伟业公司处购买的小客车2辆。此后，经A市M区法院调解，大唐公司与隆昌公司达成和解协议，约定"大唐公司将其名下的一个古董花瓶交隆昌公司抵债"。协议签订后，隆昌公司申请法院中止执行后，大唐公司一直未向隆昌公司交付花瓶。

问　题

1. 百富公司可否请求甲支付价款？为什么？
2. 大唐公司拒绝向伟业公司支付价款的理由是否成立？为什么？
3. 伟业公司是否有权取回2辆小客车？为什么？
4. 法院驳回伟业公司起诉的做法是否正确？为什么？
5. B市N区法院的做法是否正确？为什么？
6. A市M区法院收到案件后应如何处理？为什么？
7. 大唐公司主张合同无效是否具有理由？为什么？
8. 大唐公司要求补偿装修损失是否具有理由？为什么？
9. 法院应如何处理大唐公司提出的请求？
10. 法院可否执行查封的2辆小客车？为什么？
11. 大唐公司不交付古董花瓶，隆昌公司可如何进行救济？为什么？

参考答案

1. 可以。在大唐公司设立过程中，发起人甲以自己的名义与百富公司实施法律行为，在大唐公司设立后，相对人百富公司有权选择请求发起人甲承担责任。

2. 不成立。在买卖合同履行过程中，小客车因不可归责于当事人的因素毁损，发生了买卖合同的风险。由于伟业公司已经将客车交付给大唐公司，大唐公司应当继续支付价款。买卖合同的风险与标的物的所有权无关，因此，小客车归属于伟业公司不影响风险的负担。

3. 无权。虽然大唐公司欠付价款经催告仍不支付，但是，大唐公司已经支付前八期价款，达到了总价款的75%。因此，出卖人伟业公司不再享有取回权。

4. 不正确。保证人乙约定在大唐公司无力支付价款时承担保证责任，其保证方式为一般保证。伟业公司一并起诉债务人大唐公司与一般保证人乙，法院应当受理并作出判决，在判决中明确先就债务人大唐公司的财产进行执行，然后方可执行一般保证人乙的财产。

5. 不正确。隆昌公司与大唐公司之间的纠纷为房屋租赁合同纠纷，由房屋所在地C市Q区法院专属管辖，B市N区法院没有管辖权，其应该移送管辖。但是，其应该移送给C市

Q 区法院,而非 A 市 M 区法院。

6. 报请上级法院指定管辖。A 市 M 区法院作为受移送的法院,其对该房屋租赁合同纠纷没有管辖权。因此,A 市 M 区法院应当报请其上级法院指定管辖。

7. 有理由。大唐公司与隆昌公司的合同中,将违反规章应当拆除的危房用于经营酒店,将危及公共安全。该合同内容违反公序良俗,因此,该租赁合同无效。

8. 有理由。大唐公司经出租人隆昌公司同意而进行装修,现租赁合同无效,双方应按过错对装修损失进行分担。因此,大唐公司有权要求隆昌公司对其装修损失进行部分补偿。

9. 大唐公司在二审中主张合同无效、补偿等请求,属于反诉。二审法院可以对该请求进行调解,调解不成告知其另行起诉。但是,如果双方当事人同意一并判决,二审法院也可以一并进行判决。

10. 可以。法院查封的两辆小客车系大唐公司自伟业公司处购买,伟业公司保留所有权且已经办理登记。法院虽然可以执行该小客车,但所得价款应当优先清偿大唐公司欠付伟业公司的价款。

11. 大唐公司与隆昌公司在执行过程中达成和解协议,大唐公司拒不履行该和解协议的,隆昌公司可以申请法院恢复对原裁判的执行,也可以就该和解协议提起诉讼。

推导过程

1. 第 2 问:关于大唐公司是否有权拒绝支付价款,首先应当对小客车的毁损进行法律上的定性。小客车在买卖合同签订后、履行完毕前由于泥石流这一不可归责于双方当事人的事由而毁损,此属于买卖合同的风险。此时,应当在大唐公司与伟业公司之间分配该风险。《民法典》第 604 条规定:“标的物毁损、灭失的风险,在标的物交付之前由出卖人承担,交付之后由买受人承担,但是法律另有规定或者当事人另有约定的除外。”本案中,出卖人伟业公司已经将小客车交付给大唐公司使用,因此,小客车的风险由大唐公司承担,大唐公司应当按照约定继续支付价款。需要注意的是,由于当事人存在保留所有权的约定,小客车的所有权确实归属于伟业公司。但是,标的物所有权的归属与买卖合同中的风险负担并无直接关系。因此,大唐公司拒绝支付价款的理由不成立。

本题的推导思路为:买卖合同的风险发生—以交付为分配原则—所有权归属不影响风险分配。

容易忽视的知识点为:在买卖合同中,标的物的所有权归属与风险负担并无直接关系。

2. 第 4 问:法院驳回起诉的做法建立在伟业公司将债务人大唐公司与保证人乙列为共同被告的基础上,因此需要确定的是这一被告的选择是否正确。在确定保证人的诉讼地位之前,须先明确保证人的保证方式。本案中,保证人乙与债权人伟业公司并未明确约定保证方式。但是,乙表示其在“大唐公司无力支付价款时承担保证责任”,这一约定表明乙承担保证责任是有顺序的。根据《担保制度解释》第 25 条第 1 款的规定,当事人在保证合同中约定了保证人在债务人不能履行债务或者无力偿还债务时才承担保证责任等类似内容,具有债务人应当先承担责任的意思表示的,人民法院应当将其认定为一般保证。因此,乙的保证方式为一般保证。在确定保证方式后,进一步确定保证人的诉讼地位。根据《担保制度解释》第 26

条第2款的规定,一般保证中,债权人一并起诉债务人和保证人的,人民法院可以受理,但是在作出判决时,除有《民法典》第687条第2款但书规定的情形外,应当在判决书主文中明确,保证人仅对债务人财产依法强制执行后仍不能履行的部分承担保证责任。据此,伟业公司一并起诉债务人大唐公司与一般保证人乙地,法院可以受理,而不能裁定驳回起诉。

本题的推导思路为:驳回起诉的原因—诉讼地位的选择—保证方式的确定。

容易忽视的知识点为:一般保证人与债务人之间可以作为共同被告。

3.第5问:移送管辖的前提是受理案件的法院没有管辖权,因此,在判断B市N区法院移送管辖的行为是否正确时,须首先判断B市N区法院是否享有管辖权。本案中,隆昌公司与大唐公司之间的纠纷属于房屋租赁合同纠纷,即不动产纠纷。根据《民事诉讼法》第34条的规定,因不动产纠纷提起的诉讼,由不动产所在地人民法院管辖。据此,该案件应由C市Q区法院专属管辖,B市N区法院因没有管辖权而应当移送。但是,B市N区法院应当向有管辖权的法院进行移送,其将案件移送给A市M区法院,而A市M区法院对该案也没有管辖权。因此,B市N区法院的移送管辖错误。

本题的推导思路为:移送管辖—管辖错误—管辖权。

容易忽视的知识点为:房屋租赁合同纠纷系不动产纠纷,实行专属管辖。

4.第10问:法院所查封的两辆小客车的特殊之处在于,伟业公司对两辆小客车保留了所有权,即两辆小客车的所有权并不归属于被执行人大唐公司。此时,分析的重点就在于,不属于被执行人的财产能否纳入执行范围。最高人民法院《关于人民法院民事执行中查封、扣押、冻结财产的规定》第16条规定:被执行人购买第三人的财产,已经支付部分价款并实际占有该财产,第三人依合同约定保留所有权的,人民法院可以查封、扣押、冻结。保留所有权已办理登记的,第三人的剩余价款从该财产变价款中优先支付;第三人主张取回该财产的,可以依据《民事诉讼法》第238条规定提出异议。据此,法院虽然可以对两辆小客车进行执行,但是所得价款应当优先清偿伟业公司的价款。

本题的推导思路为:保留所有权—登记—优先受偿。

案例指导与方法指引

01 CASE 民事法律关系(一)
——吕某、张某离婚诉讼案

案例指引

本案例以最高人民法院指导案例89号为蓝本,并结合其他案例案情,围绕姓名权的行使、民事权利的救济、公序良俗原则、夫妻关系中的民事义务、民事法律关系的判断等问题展开,对分析此类案件具有参考意义。

案　情

吕某(男)与张某(女)于2017年1月登记结婚。2017年11月25日,张某生下一女。因吕某与张某皆酷爱诗词歌赋和中国传统文化,夫妇二人决定给女儿起名为"南雁林依",并以"南雁林依"为名办理了新生儿出生证明和计划生育服务手册新生儿落户备查登记。2017年12月,吕某前往住所地派出所(以下简称A派出所)为女儿申请办理户口登记,被民警告知拟被登记人员的姓氏应当随父姓或者母姓,即姓"吕"或者"张",否则不符合办理出生登记条件。但吕某坚持以"南雁林依"为姓名为女儿申请户口登记,A派出所遂依照《民法典》第1015条的规定,于当日作出拒绝办理户口登记的决定。

女儿出生后,张某在家全职照顾小孩,吕某继续工作。自2017年11月起,吕某经常以工作忙为由不回家居住,张某对吕某的在外社交产生怀疑。经数次争吵,二人最后协商约定:自约定之日起,如果吕某晚上12点至凌晨7点不回家居住,则每一小时支付"空床费"100元给张某。其后,吕某仍然经常夜不归宿,并经常与张某发生争吵。自双方达成上述约定之时起,吕某先后共计向张某出具了4000元的"空床费"欠条。

2018年2月15日,吕某与张某再次发生激烈争吵。在争吵过程中,吕某将张某打伤。张某被送到当地医院(以下简称B医院)治疗,诊断为:轻型颅脑损伤,头皮血肿,左中指皮肤裂伤,鼻骨骨折;需进行鼻骨修复手术。2018年2月18日,张某在B

医院进行手术的过程中，因主刀医师的医疗过失，手术部分失败，张某鼻部留下较明显疤痕。

2018 年 3 月，张某向法院提起离婚诉讼，请求法院分割夫妻共同财产，并要求吕某支付医疗费、误工费 3630 元，离婚损害赔偿 5 万元，“空床费”4000 元。

诉讼中法院另查明，(1)吕某与张某进行“空床费”约定时，吕某的弟弟吕小某在场并出具一份书面“担保书”，其载明：“吕小某担保其兄吕某今后专心家庭生活，绝不再夜不归宿，吕某如有违反，吕小某自愿承担法律责任。”吕某、吕小某和张某均在“担保书”上签名。(2)吕某于婚前开设一股票账户，投资 20 万元买进一只股票，2018 年 1 月于高价位抛出，得款 50 万元置于账户内，其后一直未进行操作。

问　题

1. 吕某与张某给女儿起名为“南雁林依”，是否符合姓名权的法律规定？为什么？

2. 吕某向 A 派出所为女儿申请办理户口登记，其所形成的法律关系是否属于民事法律关系？为什么？

3. 对于 A 派出所拒绝办理户口登记的决定，如果吕某与张某认为不合法，可以采取何种法律救济手段？为什么？

4. 吕某与张某关于“空床费”之约定，是否形成民事法律关系？为什么？

5. 吕某经常夜不归宿的行为，违反了配偶关系中的何种义务？为什么？

6. 吕某打伤张某，医师存在医疗过失致使手术部分失败，最终给张某造成损害，吕某的行为与医师的行为是否构成共同侵权行为？为什么？

7. 张某提起的离婚诉讼应由哪个法院管辖？

8. 如果是吕某提起离婚诉讼，张某在一审中未主张离婚损害赔偿，但在二审中提起，法院应如何处理？

9. 在离婚诉讼中，如果张某或吕某申请将 B 医院列为第三人，法院应否准许？为什么？

10. 吕某股票账户内的 50 万元应否作为夫妻共同财产予以分割？为什么？

11. 吕某、吕小某和张某签订“担保书”是否成立保证合同关系？为什么？

解题思路

1. 姓名权是指自然人决定、使用和依照规定改变自己姓名的权利，其内容包括姓名变更权、姓名使用权和姓名决定权。姓名一般都是自然人出生时由其父母确定，但这不是对自我命名权的否定，实际上是父母亲权的表现，是父母实施亲权的代理行为。材料中，吕某与张某给女儿起名为“南雁林依”属于行使姓名决定权的行为，但该行为不符合姓名权的法律规定。对于该行为，应适用《民法典》第 8 条“民事主体从事民事活动，不得违反法律，不得违背公序良俗”的规定，以及《民法典》第 132 条“民事主体不得滥用民事权利损害国家利益、社会公共利益或者他人合法权益”的规定，还应适用《民法典》第 1015 条“自然人应当随父姓或者母姓，但是有下列情形之一的，可以在父姓和母姓之外选取姓氏：(一)选取其他直系长辈血亲的姓氏；(二)因由法定扶养人以外的人扶养而选取扶养人姓氏；(三)有不违背公序良俗的其他正当理由。少数民族自然人的姓氏可以遵从本民族的文化传统和风俗习惯”的规定。

2. 吕某向A派出所为其女儿申请办理户口登记，派出所作出的行为属于行政行为，是行政法的调整对象，吕某与A派出所之间所形成的法律关系是行政法律关系而不是民事法律关系。《民法典》第2条规定：“民法调整平等主体的自然人、法人和非法人组织之间的人身关系和财产关系。”民事法律关系是指基于民事法律事实并由民事法律规范调整形成的民事权利义务关系，是民法所调整的平等主体之间的财产关系和人身关系在法律上的表现。吕某与A派出所之间的关系不属于平等民事主体之间的人身关系和财产关系。

3. 材料中，A派出所依照《民法典》第1015条的规定于当日作出拒绝办理户口登记的决定，此种行政行为，应适用《行政复议法》第2条第1款关于“公民、法人或者其他组织认为行政机关的行政行为侵犯其合法权益，向行政复议机关提出行政复议申请，行政复议机关办理行政复议案件，适用本法”的规定，以及《行政复议法》第10条关于“公民、法人或者其他组织对行政复议决定不服的，可以依照《中华人民共和国行政诉讼法》的规定向人民法院提起行政诉讼，但是法律规定行政复议决定为最终裁决的除外”的规定，还应适用《行政诉讼法》第2条规定的“公民、法人或者其他组织认为行政机关和行政机关工作人员的行政行为侵犯其合法权益，有权依照本法向人民法院提起诉讼。前款所称行政行为，包括法律、法规、规章授权的组织作出的行政行为”。

4. 关于吕某与张某“空床费”之约定是否形成民事法律关系，存在两种观点。

第一种观点：吕某与张某关于“空床费”的约定，是平等民事主体（自然人）之间关于设立民事权利义务关系的协议，属于民事法律行为范畴，双方因此成立民事法律关系，该约定不违反法律、行政法规的禁止性规定，真实有效，对双方具有法律约束力。

第二种观点：吕某与张某关于“空床费”的约定，属于好意施惠行为（情谊行为）。好意施惠行为是指当事人之间无意设定法律上的权利义务关系，而由当事人一方基于良好的道德风尚实施的使另一方受恩惠、旨在增进情谊的行为。好意施惠行为的特征之一为当事人“无意”设定法律上的权利义务关系。二者之间的该约定只是想督促吕某按时回家，以此促进夫妻关系和谐，本意并非为当事人设定法律上的义务。根据《民法典》第133条规定的“民事法律行为是民事主体通过意思表示设立、变更、终止民事法律关系的行为”，该行为不属于民事法律行为，故二者之间不能形成民事法律关系。

5. 根据案例材料，吕某经常夜不归宿，该行为属于违反配偶关系中同居义务的行为。根据《民法典》第1043条第2款规定的“夫妻应当互相忠实，互相尊重，互相关爱；家庭成员应当敬老爱幼，互相帮助，维护平等、和睦、文明的婚姻家庭关系”，夫妻之间互相负有同居义务与忠实义务，经常夜不归宿的行为属于对同居义务的违反。

6. 数人侵权包括共同侵权和无意思联络的数人侵权。共同侵权指两人以上基于共同故意或者共同过失实施侵权行为，依法承担连带侵权责任的侵权形态。无意思联络的数人侵权指两人以上没有共同故意或共同过失，分别实施侵权行为，造成他人不可分的同一损害的侵权形态。两种侵权形态在主体之间是否存在意思联络、责任承担方式等方面存在差异。本案中，吕某打伤张某，医生存在医疗过失致使手术部分失败，最终给张某造成损害，二者之间并无共同故意或者共同过失，不属于共同侵权，属于无意思联络的数人侵权，应当适用《民法典》第1172条规定的“二人以上分别实施侵权行为造成同一损害，能够确定责任大小的，各自承担相应的责任；难以确定责任大小的，平均承担责任”。

7. 应由吕某住所地人民法院管辖。根据《民事诉讼法》第22、23条以及《民诉解释》第11、12条的规定，当事人提起的离婚诉讼，原则上由被告住所地人民法院管辖，被告住所地与经常居住地不一致的，由经常居住地人民法院管辖。但在下述情况下，离婚诉讼采用特殊的地域管辖：(1)被告离开住所地超过一年的，由原告住所地人民法院管辖；双方离开住所地均超过一年的，由被告经常居住地人民法院管辖，没有经常居住地的，由原告起诉时被告居住地的人民法院管辖。(2)被告下落不明或者宣告失踪的，由原告住所地人民法院管辖；原告住所地与经常居住地不一致的，由原告经常居住地人民法院管辖。(3)被告被采取强制性教育措施或者被监禁的，由原告住所地人民法院管辖；原告住所地与经常居住地不一致的，由原告经常居住地人民法院管辖。(4)双方当事人都是军人的，由军事法院管辖。(5)被告不在中华人民共和国领域内居住的，由原告住所地人民法院管辖；原告住所地与经常居住地不一致的，由原告经常居住地人民法院管辖。根据材料，本案不存在适用特殊地域管辖的情况，可适用《民事诉讼法》第22条关于管辖法院的一般规定，吕某住所地与经常居住地也没有不一致，因此应由吕某住所地人民法院管辖。

8. 依据案情，吕某经常夜不归宿，属于违反配偶同居义务的行为；并且在吕某与张某的争吵过程中，吕某将张某打伤，造成张某轻型颅脑损伤、头皮血肿、左中指皮肤裂伤、鼻骨骨折等后果，张某属于无过错方。《婚姻家庭编解释(一)》第88条第3项规定："无过错方作为被告的离婚诉讼案件，一审时被告未基于民法典第一千零九十一条规定提出损害赔偿请求，二审期间提出的，人民法院应当进行调解；调解不成的，告知当事人另行起诉。双方当事人同意由第二审人民法院一并审理的，第二审人民法院可以一并裁判。"因此，如果张某在离婚诉讼一审中未提出离婚损害赔偿的诉讼请求，但在二审中提出，那么二审法院应先进行调解，调解不成则应告知张某另行起诉。如果张某和吕某均同意由二审法院对离婚损害赔偿的诉讼请求一并审理，则二审法院可以一并裁判。

9. 民事诉讼中的第三人，是指在诉讼系属中，对原被告之间的诉讼标的主张有独立的请求权，或者虽无独立的请求权，但案件的处理结果与其有法律上的利害关系，为维护自己的权益，参加到原被告之间已经开始的诉讼中来的人。第三人参加诉讼的根据在于其对原被告之间的诉讼具有实质的诉的利益。根据其享有的诉的利益，可分为有独立请求权的第三人和无独立请求权的第三人。有独立请求权的第三人须对原被告之间的诉讼标的享有独立的请求权，该第三人实际上是针对原被告一人或全体提出了一个独立的参加之诉。无独立请求权的第三人的成立则须以其与原被告之间诉讼裁判结果具有法律上的利害关系为前提条件。法律上的利害关系，是指如果本诉原被告一方败诉，则第三人所具有的权利主体地位将会遭受动摇或被否定，或者第三人将会因被败诉之被告作为被告提起债务追偿之诉而承担民事责任。在离婚诉讼中，B医院不可能对原被告之间的诉讼标的享有独立的请求权，案件的判决结果与B医院显然也不存在法律上的利害关系，因此，如果张某或吕某申请将B医院列为第三人，法院不应准许。

10. 本题考查夫妻共同财产的认定。夫妻共同财产是指在婚姻关系存续期间，夫妻双方或者一方所得的财产，除另有约定或者法定夫妻特有个人财产之外，均为夫妻共同所有的财产。《民法典》第1062条规定，"夫妻在婚姻关系存续期间所得的下列财产，为夫妻的共同财产，归夫妻共同所有：(一)工资、奖金、劳务报酬；(二)生产、经营、投资的收益；(三)知识产权的收益；(四)继承或者受赠的财产，但是本法第一千零六十三条第三项规定的除外；(五)其他应当归共同所有的财产。夫妻对共同财产,有平等的处理权”。《婚姻家庭编解释(一)》第25条规定,“婚姻关系存续期间,下列财产属于民法典第一千零六十二条规定的‘其他应当归共同所有的财产’:(一)一方以个人财产投资取得的收益;(二)男女双方实际取得或者应当取得的住房补贴、住房公积金;(三)男女双方实际取得或者应当取得的基本养老金、破产安置补偿费”。第26条规定,“夫妻一方个人财产在婚后产生的收益,除孳息和自然增值外,应认定为夫妻共同财产”。本案中,吕某于婚前花费20万元买进一只股票,所得股权并非婚姻关系存续期间取得的夫妻共同财产,而是吕某的个人财产。买进和抛售股票是一种个人投资行为,吕某在婚后将股票抛出所得利润,符合《婚姻家庭编解释(一)》第25条第1项所称“一方以个人财产投资取得的收益”。而且,这种收益系通过交易取得,不属于第26条中的“孳息与自然增值”,故应当认定为夫妻共同财产。

11.依据材料,吕小某为吕某与张某间的“空床费”约定提供担保,该“担保书”能否成立保证合同关系,需要依据《民法典》第681条和第464条第2款确定。《民法典》第681条规定:“保证合同是为保障债权的实现,保证人和债权人约定,当债务人不履行到期债务或者发生当事人约定的情形时,保证人履行债务或者承担责任的合同。”第464条第2款规定:“婚姻、收养、监护等有关身份关系的协议,适用有关该身份关系的法律规定;没有规定的,可以根据其性质参照适用本编规定。”本案中的“担保书”担保的对象属于与婚姻相关的身份关系协议。在法律对此没有规定的情况下,其能否参照适用合同编中保证合同的相关规定需要根据该身份关系协议的性质判断。本案中,该协议“担保书”的性质系为维护吕某与张某间的夫妻身份关系的和谐安定,适用合同编规定会导致该价值追求落空,依其性质不能适用合同编规定的身份关系协议,所以不成立保证合同关系。

当事人之间的法律关系如图1-1所示。

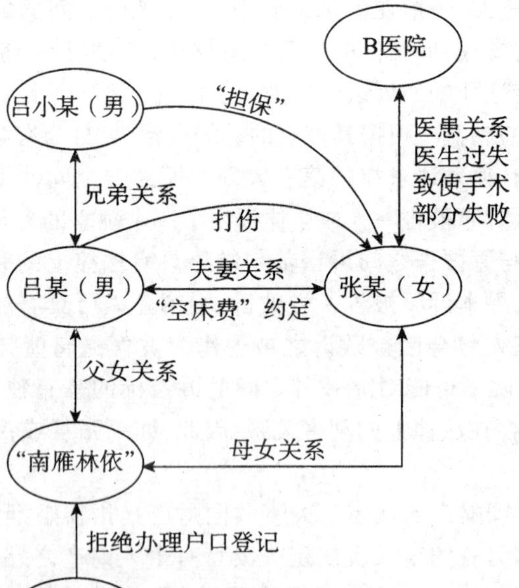

图1-1　当事人之间的法律关系

答题要点

1. 不符合姓名权的法律规定。行使姓名权要求不违反法律和公序良俗。吕某与张某给女儿起名“南雁林依”仅因为二人皆酷爱诗词歌赋和中国传统文化。吕某和张某为其女儿的法定扶养人，女儿的姓氏既非父姓、母姓，也非其他直系长辈血亲的姓氏，其名字不符合姓名权的行使要求。

2. 不属于民事法律关系。吕某前往A派出所为女儿申请办理户口登记，被告知不符合办理出生登记条件。但吕某坚持以“南雁林依”为姓名为女儿申请户口登记，A派出所依法于当日作出拒绝办理户口登记的决定。A派出所为行政机关，吕某为行政相对人，在这一法律关系中，二者不是平等主体，二者之间的关系属于行政法律关系。

3. 申请行政复议或提起行政诉讼。对于A派出所拒绝办理户口登记的决定，如果吕某与张某认为其不合法，可采取的法律救济手段为行政复议或者行政诉讼。派出所作出的拒绝办理户口登记的决定，不属于复议前置、复议终局或者选择但终局的情形，因此，吕某与张某可自由选择行政复议或者行政诉讼。若选择行政复议，原则上只能申请一次复议；若对复议结果不满意，可在复议后再提起行政诉讼。

4. 答案一：形成民事法律关系。吕某和张某关于“空床费”的约定符合法律对于具有完全效力的合同的规定，属于有效合同，不存在法律规定的合同无效或者可撤销情形，合同双方当事人基于合同形成民事法律关系。

答案二：不形成民事法律关系。吕某和张某关于“空床费”的约定仅仅是好意施惠行为（情谊行为），不存在引起民事法律关系变动的意思表示，因此不形成民事法律关系。

5. 忠实义务、同居义务。吕某经常夜不归宿的行为，首先，是对配偶间最基本的同居义务的违反；其次，其夜不归宿如果是与他人发生不正当关系，则违反配偶间忠实义务。

6. 不构成共同侵权行为。吕某打伤张某，医师存在医疗过失致使手术部分失败，最终给张某造成不可分的同一损害，吕某与医师之间不存在伤害张某的共同故意或者共同过失，不符合共同侵权行为的构成要件，应当定性为无意思联络的数人侵权。

7. 应由吕某住所地人民法院管辖。张某对吕某提起离婚诉讼，吕某不存在离开住所地超过一年、下落不明或者宣告失踪、被采取强制性教育措施或者被监禁的情况，也不具有军人身份，其住所地与经常居住地一致，因此应由其住所地人民法院管辖。

8. 二审法院应先进行调解，调解不成则应告知张某另行起诉。如果张某和吕某均同意由二审法院对离婚损害赔偿的诉讼请求一并审理，则二审法院可以一并裁判。在婚姻存续期间，吕某经常夜不归宿，违反夫妻法定义务；在双方争吵过程中，吕某殴打张某，造成较严重后果。在这一离婚案件中，张某是无过错方，应当适用《婚姻家庭编解释（一）》第88条第3项的规定。

9. 法院不应准许。因为在离婚诉讼中，B医院不可能对原被告之间的诉讼标的享有独立的请求权，案件的判决结果与B医院显然也不存在法律上的利害关系，既不满足有独立请求权的第三人的构成要件，也不满足无独立请求权的第三人的构成要件。

10. 50万元中，30万元应作为夫妻共同财产予以分割，剩余20万元构成吕某的个人财产。30万元利润属于《婚姻家庭编解释(一)》第25条规定的“一方以个人财产投资取得的收益”,是《民法典》第1062条中规定的“其他应当归共同所有的财产”包含的类型之一。这种收益通过股票交易获得,不属于《婚姻家庭编解释(一)》第26条排除的个人财产的“孳息或自然增值”,故应当认定为夫妻共同财产予以分割。购买股票的20万元本金自始至终属于吕某的个人财产,不应予以分割。

11. 不成立保证合同关系。“担保书”的担保对象属于与婚姻相关的身份关系协议,性质系为维护夫妻身份关系和谐稳定,适用合同编规定会导致该价值追求落空,故根据“担保书”性质不能参照适用合同编中有关保证合同的规定,其不成立保证合同关系。

扩展分析

1. 公序良俗原则的含义和作用

公序良俗包含两层意思:一是公共秩序,是指政治、经济、文化等领域的基本秩序和根本理念,是与国家和社会整体利益相关的基础性原则、价值和秩序。在以往的民商事立法中通常将其称为社会公共利益,在英美法系中也被称为公共政策。二是善良风俗,是指基于社会主流道德观念的习俗,也被称为社会公共道德,是全体社会成员所普遍认可、遵循的道德准则。公序良俗原则是我国民法的基本原则之一,具有弥补法律漏洞、维护社会正义、保护民事主体合法权益的功能。《民法典》总则编中主要有四处使用了公序良俗的表述:(1)第8条规定民主主体从事民事活动,不得违反公序良俗原则;(2)第10条对于法源的规定,适用习惯不得违背公序良俗;(3)第143条规定民事法律行为的有效要件之一为不得违背公序良俗;(4)第153条第2款规定,违背公序良俗的民事法律行为无效。

公序良俗原则对于民事主体从事民事活动起着重要的约束作用。由于民事活动复杂多样,法律不可能预见所有损害社会公共利益、公共道德秩序的行为,因此有必要辅之以公序良俗原则,以弥补法律禁止性规定的不足,实现对民事主体意思自治的必要限制,从而弘扬社会公共道德、维护社会公共秩序,实现民事主体的个体利益与社会公共利益之间的平衡。人民法院在审判实践中,遇到立法未能预见的扰乱社会公共秩序、有违社会公德的行为,而又缺乏相应的禁止性规定时,也可以援引公序良俗原则来保护民事主体权利、维护社会公共利益。就本题而言,如何选取姓氏和设定姓名原属于个人私权自治的范畴,但姓名作为个人在社会活动中的身份与价值符号,也具有显著的道德意义,规范姓名权的行使对于维护社会秩序与公共道德具有重要作用。在我国,姓氏彰显着一种血缘传统、伦理秩序和文化传统,它的继承性、传承性、封闭性决定了它是相对稳定的。《民法典》第1015条通过限制姓氏的使用,对公民行使姓名决定权设立了必要限制,有利于实现私权自治与公序良俗间的价值平衡,是公序良俗原则在法律规范中的重要体现。

民事主体实施的民事法律行为的内容不得违背公序良俗。根据《合同编通则解释》第17条规定,合同存在影响政治安全、经济安全、军事安全等国家安全,影响社会稳定、公平竞争秩序或者损害社会公共利益等违背社会公共秩序,以及合同背离社会公德、家庭伦理或有损人格尊严等违背善良风俗的,属于《民法典》第153条第2款规定的违背公序良俗的类型。合同违背公序良俗而无效有一个程度的问题,人民法院认定合同是否违背公序良俗,需要以社会主义核心价值观为导向,综合考量当事人的主观动机和交易目的、政府部门的监管强度、一定期限内当事人从事类似交易的频次、行为的社会后果等多种因素。社会公共秩序涵盖范围较为广泛,因而不能动辄以行为违背社会公共秩序为由主张无效,只有行为对社会的稳定、公平竞争秩序和社会公共利益等社会公共秩序产生较为重大的影响时,才能以违背公序良俗为由认定合同无效。因此,行为虽然可能对社会公共秩序造成一定的影响,但该影响并不显著,并且不影响国家安全,亦不违反善良风俗的,就不能以违背公序良俗为由认定合同无效。

2. 法律行为与情谊行为的区分

民事法律行为是指以意思表示为要素,可依其意思表示的内容而引起民事法律关系设立、变更和终止的行为。情谊行为是指行为人以建立、维持或者增进与他人相互关切、爱护的感情为目的,不具有受法律约束意思的无偿利他的行为。情谊行为的施惠者和受惠者存在事实上的意思表示一致,但缺乏法律上意思表示构成要素中受法律约束的意思,这也是情谊行为的实质特征。

民事法律行为作为实现私法自治的工具,其主要通过意思表示的主观构成要素来实现私法自治,意思表示的构成要素也是民事法律行为构成要素的核心。表示意识是意思表示的构成要素,与表示意识近似或者说同义的概念是受法律拘束的意思,受法律拘束的意思是行为人欲使自己的表示行为具有法律上的约束力,从而不同于纯粹生活事实意义上的行为。民事法律行为之所以会产生当事人期望的法律后果,主要是因为法秩序对当事人自主意思特别是当事人具有受法律拘束意思的尊重和认可。对比来看,情谊行为当事人则无可识别的受法律拘束的意思,这直接导致其处于法律调整范围之外,并不能产生法律上的后果。当一项情谊行为的给付人具有法律上受拘束的意思时,该行为就会转化为法律行为。情谊行为中没有受法律拘束的意思,这也是情谊行为和民事法律行为的核心区别。

区分情谊行为和民事法律行为,实际上是对行为当事人是否具有受法律拘束的意思或者缔结法律关系的意图进行查明,对此需要考量以下因素:(1)当事人是否明示的主观标准。当事人可以通过自己的意思,来决定其是否接受法律上的拘束,这符合私法自治对当事人行为原则上采取意定主义调整方式的立场,私法自治不应局限于认可当事人合法自主安排的法律效力,也应该包括认可当事人自主决定从事法律调整范围之外的情谊行为。然而,当事人明确表示是否受法律拘束的意思的情形在情谊行为中是比较少见的。对比来看,民法上的法律行为,特别是合同中的要约承诺需行为人通过语言或者行为表明受法律拘束的意思,但值得注意的是,民法上规定的情谊合同之情形,可能存在施惠者表明受法律拘束的意思,但在更多的情谊行为实例中,对当事人排除受法律拘束意思的明示尚有争议或者当事人干脆并未明确表明是否具有受法律拘束的意思,这就需要对个案进行利益衡量以作出判断。(2)具体利益衡量的客观标准等因素。在无法认定当事人是否具有受法律拘束的意思的情况下,应该根据客观标准来判断其是否存在受法律拘束的意思,而这种客观标准主要就是对当事人之间客观系争利益进行衡量。情谊行为和民事法律行为的区别在于利益衡量的标准,①社会公共利益标准。当事人利益安排中如果明显地对另一方存在利益失衡,使其承担过于巨大的风险,则该利益安排的民事法律行为属性可能会被否定,使其停留在情谊行为层面。此种过大风险带来利益安排失衡的背后对应的还是一项社会公共利益,是社会公共利益所支持的一方私人利益战胜了另一方微小概率的私人利益。基于对基本生存权益、基本人身自由等社会公共利益保护的考虑,会否定行为当事人受法律拘束的意思,否定法律拘束力的存在,交由当事人之间的意思自治来主导,相关行为也仅停留在法律行为之外的情谊行为层面,并不构成民事法律行为。②无偿性标准。情谊行为最典型的特征是行为的无偿性,无偿性往往可以作为情谊行为的判断标准,但又非绝对,民法上规定的很多无偿情谊合同就是实例。其实,无偿性标准也可以作为区分情谊行为与民事法律行为的重要衡量标准,需要注意的是,无偿性通常以隐含的面目出现。无偿性标准在区分情谊行为和民事法律行为时的作用是动态复杂的,需要通过精细的利益衡量对不同考量因素展开动态评价。③信赖利益标准。信赖利益的存在可能否定单纯情谊行为的定性。行为中能否产生法律义务,以使其不再单纯停留在纯粹情谊行为层面,会取决于受惠者是否明显信赖施惠者的履行。若受惠者明显信赖施惠者的许诺,并冒着巨大价值损失的风险,则应当认定当事人之间会产生法律义务。可见,信赖利益的存否也是区分情谊行为和民事法律行为的重要标准,而这种区分又进一步具体化为当事人之间能否产生法律义务。④所涉事务发生领域标准。日常生活中的情谊行为一般处于纯粹社会交往领域。所涉事务发生领域标准更注重从"事务的本质"入手,其近似于一个兜底性的客观标准,而且依此标准判断时须更加动态,并应综合参考前述其他客观标准。需要特别说明的是,这些标准大多是相对独立地判断是否存在受法律拘束意思的标准。通过这些具体区分标准以期确定纯粹生活事实意义上的"意思表示"或者协议是否具有相应的法律拘束力、能否产生相应的给付义务等。

02 CASE 民事法律关系（二）
——李某、郭某阳诉郭某父、郭某母继承纠纷案

案例指引

本案例以最高人民法院指导案例50号为蓝本，并结合其他案例案情，围绕人工授精子女的法律地位、胎儿继承权保护、个人信息保护、夫妻共同财产关系、不作为侵权、安全保障义务、民事法律关系的判断等问题展开，对分析此类案件具有参考意义。

案　情

2018年3月3日，李某（女）与郭某（男）登记结婚。2019年，郭某以自己的名义购买了涉案建筑面积为45.08平方米的A市某小区306室房屋，并办理了房屋产权登记。因多年未育，经检查夫妻双方得知郭某没有生育能力。2020年1月30日，李某和郭某共同与A市甲医院签订了人工授精协议书，对李某实施了异质人工授精（AID），之后李某怀孕。2020年4月，郭某因病住院，其在得知自己患了癌症后，向李某表示不要这个孩子，但李某不同意人工流产，坚持要生下孩子。2020年5月20日，郭某出院后立下自书遗嘱，在遗嘱中声明他不要这个人工授精生下的孩子，并将306室房屋赠与郭某父、郭某母。

刘某是郭某好友，同住A市。刘某通过网络结识女友陈某，经过1年多交往，刘某发觉陈某的精神状态有间歇性异常。经过多方打探，刘某得知陈某患有躁郁症且有发病伤人的经历。刘某决定结束与陈某的恋爱关系，但陈某坚决不同意，并且数次情绪激动，扬言要和刘某同归于尽。2020年5月23日，陈某又去刘某住处纠缠。刘某拒不开门，并打电话给好友郭某，请其来帮忙解决纠纷，但未告知郭某有关陈某详情。郭某半小时后到达刘某住处门口，面对疯狂敲门的陈某，劝说其冷静。情绪激动的陈某突然拔出小刀，猛刺郭某，郭某猝不及防身中数刀。陈某逃离现场数天后被警方抓获，郭某经抢救无效于当天死亡。

2020年10月22日，李某产下一子，取名郭某阳。另查明以下事实：(1)李某无业，每月领取最低生活保障金，另有不固定的打工收入，并持有夫妻关系存续期间的共同存款18,705.4元。郭某父、郭某母居住在同一个住宅小区的305室，均有退休工资。(2)2020年1月30日，李某夫妇与甲医院签订人工授精协议书时，还另行签订了一份《个人信息处理协议》，约定医院可对李某夫妇个人信息作出适当处理后，用于医院官网推介模块。(3)2020年3月，郭某为炒股，曾向刘某借款5万元，

李某对此一直不知情。

诉讼一中,原告李某诉称:案涉306室房屋,是其与被继承人郭某的夫妻共同财产。郭某死亡后,其儿子郭某阳出生。郭某的遗产,应当由其及其儿子郭某阳与郭某的父母等法定继承人共同继承。其请求法院在析产继承时,考虑郭某父、郭某母有自己房产和退休工资,而自己无固定收入还要抚养幼子的情况,对其和郭某阳给予照顾。

被告郭某父、郭某母辩称:儿子郭某生前留下遗嘱,明确将306室赠与父母,故对该房产不适用法定继承。李某所生的孩子与郭某不存在血缘关系,郭某在遗嘱中声明他不要这个人工授精生下的孩子,他在得知自己患癌症后,已向李某表示过不要这个孩子,是李某自己坚持要生下孩子。因此,应该由李某对孩子负责,不能将孩子列为郭某的继承人。

诉讼二中,原告李某、郭某父、郭某母诉称:被告刘某明知其女友陈某患有躁郁症且在情绪激动时有伤人的可能,却在未告知郭某的情况下叫其来帮忙解决纠纷。郭某到达后,刘某却仍躲在屋内,导致郭某单独面对情绪失控的陈某,加大了郭某受害的可能性。因此,三原告请求刘某支付精神损害赔偿100万元。

被告刘某辩称:自己叫郭某来帮忙解决纠纷,纯属朋友之间正常要求,其并无伤害郭某的故意或过失。当时事发突然,自己未来得及开门,惨剧已经发生,因此应当由加害人陈某承担全部责任,自己愿意给予适当人道主义补偿。而且,事发时郭某已确诊癌症晚期,三原告对郭某死亡已有心理准备,不应要求巨额精神损害赔偿。

问　题

1. 请列举出本案中涉及的民事法律关系(不少于5种)。

2. 诉讼一和诉讼二分别应当由哪个法院管辖?为什么?

3. 案涉306室房屋是否为夫妻共有财产?为什么?

4. 郭某阳是否为李某与郭某的婚生子女?为什么?

5. 郭某所立遗嘱中未给郭某阳留下遗产份额,是否有效?为什么?

6. 刘某对郭某是否构成一般侵权行为?为什么?

7. 刘某对郭某的侵权责任可否适用《民法典》第1198条关于安全保障义务的规定?为什么?

8. 如果李某夫妇拒绝签订《个人信息处理协议》,甲医院可否以此为由拒绝提供医疗服务?为什么?

9. 2020年3月郭某向刘某借款5万元,该债务是否为夫妻共同债务?为什么?

10. 诉讼二中,如果刘某以该5万元债权主张抵销,该主张可否作为反诉处理?该主张在实体法层面应否支持?为什么?

11. 诉讼二中,刘某以郭某已确诊癌症晚期来否认原告的精神损害赔偿请求,是否成立?为什么?

解题思路

1. 民事法律关系是民法调整的平等主体之间的财产关系与人身关系形成的社会关系。《民法典》第 2 条规定，民法调整平等主体的自然人、法人和非法人组织之间的人身关系和财产关系。民事法律关系基于民事法律事实发生，《民法典》第 129 条规定，民事权利可以依据民事法律行为、事实行为、法律规定的事件或者法律规定的其他方式取得。

民事法律关系分为财产法律关系和人身法律关系，财产法律关系包括物权关系和债权关系，人身法律关系包括人格权法律关系和身份权法律关系。本案中，民事法律关系包括：李某与郭某的夫妻法律关系，郭某父、郭某母的夫妻法律关系，李某、郭某与医院的人工授精合同关系，李某、郭某与郭某阳的亲权法律关系，郭某与陈某的侵权法律关系，郭某与刘某的侵权法律关系，郭某与李某、郭某阳、郭某父、郭某母的继承法律关系，郭某与刘某的借贷合同法律关系。

2. 本题考查的是级别管辖和地域管辖。

首先，关于级别管辖。根据《民事诉讼法》第 18 条至第 21 条的规定，第一审民事案件原则上由基层人民法院管辖，中级人民法院管辖重大涉外案件、在本辖区有重大影响的案件以及最高人民法院确定由中级人民法院管辖的案件。高级人民法院管辖在本辖区有重大影响的第一审民事案件。最高人民法院管辖在全国有重大影响的案件以及最高人民法院认为应当由本院审理的案件。诉讼一、诉讼二不属于中级人民法院、高级人民法院和最高人民法院的管辖范围，应由基层人民法院管辖。

其次，关于地域管辖。诉讼一涉及遗产继承纠纷，属于专属管辖范围，《民事诉讼法》第 34 条第 3 项规定，因继承遗产纠纷提起的诉讼，由被继承人死亡时住所地或者主要遗产所在地人民法院管辖。本案应由被继承人死亡时住所地或者主要遗产所在地管辖，由于本案中这两个地点均在 A 市，应由 A 市相应的基层人民法院管辖。诉讼二涉及侵权纠纷，《民事诉讼法》第 29 条规定，因侵权行为提起的诉讼，由侵权行为地或者被告住所地人民法院管辖。《民事诉讼法》第 22 条第 1 款规定，对公民提起的民事诉讼，由被告住所地人民法院管辖；被告住所地与经常居住地不一致的，由经常居住地人民法院管辖。本案侵权行为地或者被告住所地均在 A 市，应由 A 市相应的基层人民法院管辖。

3. 夫妻共同财产是指在婚姻关系存续期间，夫妻双方或者一方所得的财产，除另有约定或者法定夫妻特有个人财产之外，均为夫妻共同所有的财产。《民法典》第 1062 条规定，"夫妻在婚姻关系存续期间所得的下列财产，为夫妻的共同财产，归夫妻共同所有：（一）工资、奖金、劳务报酬；（二）生产、经营、投资的收益；（三）知识产权的收益；（四）继承或者受赠的财产，但是本法第一千零六十三条第三项规定的除外；（五）其他应当归共同所有的财产。夫妻对共同财产，有平等的处理权"。《婚姻家庭编解释（一）》第 25 条规定，"婚姻关系存续期间，下列财产属于民法典第一千零六十二条规定的'其他应当归共同所有的财产'：（一）一方以个人财产投资取得的收益；（二）男女双方实际取得或者应当取得的住房补贴、住房公积金；（三）男女双方实际取得或者应当取得的基本养老金、破产安置补偿费"。案涉 306 室房屋虽然是郭某以自己的名义购买、登记的，但是二人于 2018 年结婚，案涉房屋于 2019 年购买，系在夫妻关系存续期间取得的,又不属于另有约定或者法律规定属于个人财产的情形,应为夫妻共同财产。《物权编解释(一)》第2条规定,当事人有证据证明不动产登记簿的记载与真实权利状态不符、其为该不动产物权的真实权利人,请求确认其享有物权的,应予支持。郭某将夫妻共有财产登记在自己名下,与真实权利状态不符,李某可以请求确认其享有物权。

4. 婚生子女是指在婚姻关系存续期间受胎或者出生的子女。非婚生子女是指没有婚姻关系的男女所生的子女。《民法典》第1071条规定,非婚生子女享有与婚生子女同等的权利,任何组织或者个人不得加以危害和歧视。不直接抚养非婚生子女的生父或者生母,应当负担未成年子女或者不能独立生活的成年子女的抚养费。《婚姻家庭编解释(一)》第40条规定,婚姻关系存续期间,夫妻双方一致同意进行人工授精,所生子女应视为婚生子女,父母子女间的权利义务关系适用《民法典》的有关规定。郭某因无生育能力,签字同意医院为其妻子即李某施行人工授精手术,表明郭某具有通过人工授精方法获得其与李某共同子女的意思表示。《民法典》第136条规定,民事法律行为自成立时生效,但是法律另有规定或者当事人另有约定的除外。行为人非依法律规定或者未经对方同意,不得擅自变更或者解除民事法律行为。因此,郭某在遗嘱中否认其与李某所怀胎儿的亲子关系不具有法律效力,应当认定郭某阳是郭某和李某的婚生子女。

5. 本题考查胎儿必留份概念。胎儿必留份是指被继承人在遗嘱中处分自己的遗产时必须依法留给特定继承人,不得自由处分的遗产份额。《民法典》第1155条规定,遗产分割时,应当保留胎儿的继承份额。胎儿娩出时是死体的,保留的份额按照法定继承办理。涉案房屋为夫妻共同财产,一半归李某所有,其余部分属于郭某遗产,但是郭某遗嘱中未为胎儿保留必要的遗产份额,该部分遗嘱内容无效。《继承编解释(一)》第31条规定,应当为胎儿保留的遗产份额没有保留的,应从继承人所继承的遗产中扣回。为胎儿保留的遗产份额,如胎儿出生后死亡的,由其继承人继承;如胎儿娩出时是死体的,由被继承人的继承人继承。因此,应当扣除归李某享有的共有份额和应当为胎儿保留的继承份额之后,郭某遗产的剩余部分才可以按遗嘱确定的分配原则处理。

6. 第一种观点:构成。《民法典》第1165条第1款规定,行为人因过错侵害他人民事权益造成损害的,应当承担侵权责任。刘某要承担侵权责任需要具备四个要件,即违法行为、损害、违法行为与损害之间的因果关系、过错。

本案中,刘某的行为是否具备一般侵权行为的构成要件分析如下:第一,刘某在与陈某交往期间得知陈某患有躁郁症,有发病伤人的经历。刘某让郭某帮忙解决纠纷的先行行为,诱发或开启了郭某遭受陈某伤害的危险状态,负有消除该危险状态或者救助因此受害之人的作为义务。所以,刘某应针对陈某患有躁郁症的事实对郭某尽必要的、可能的提示义务。他没有尽到提示义务,受邀而来的郭某实际上在不知情的情况下承担了巨大危险。在到达刘某住处后,陈某疯狂敲门,刘某应有所察觉,面对陈某对郭某实施的杀害行为,他却躲在屋内,没有尽必要的、可能范围的协助义务和相应的危险防免义务。刘某构成不作为的违法行为。第二,刘某的行为造成了郭某死亡的损害。第三,刘某的不作为与郭某死亡之间具有因果关系。我国对因果关系的判断采用相当因果关系。相当因果关系由条件和相当性组成。相当因果关系是指在一般情形,依社会的一般观察,亦认为能发生同一结果。本案中,如果没有刘某邀请郭某到其住处解决纠纷行为,没有未告知陈某患有躁郁症以及事发时没有未及时开门的不作为,郭某不会死亡。刘某的不作为是郭某死亡的条件。陈某患有躁郁症,并且有伤人经历,而且陈某多次情绪激动,扬言要和刘某同归于尽。一般人在当时的情况下能够预知陈某有伤人的危险,可能造成他人损害。刘某的不作为和郭某死亡具有相当因果关系。在陈某疯狂敲门时,刘某躲在屋内,未开门,使郭某没有躲避危险的可能,依照社会的一般观察,患有躁郁症的陈某很可能伤害他人,所以刘某躲在屋内的不作为行为与郭某死亡之间具有相当因果关系。第四,他的行为具有过错。过错,是对注意义务的违反。刘某能够预知危险,可他没有将事态的严重性和危险性告知郭某,未尽到善意提醒和诚实告知的注意义务。陈某对郭某实施不法侵害之时,刘某躲在房内,未开门使郭某完全暴露在不法侵害之下,违反了危险防免义务,具有过错。

第二种观点:不构成。《民法典》第 1165 条第 1 款规定,行为人因过错侵害他人民事权益造成损害的,应当承担侵权责任。刘某要承担侵权责任需要具备四个要件,即违法行为、损害、违法行为与损害之间具有因果关系、过错。首先,刘某未告知郭某陈某有伤人的危险,但是未告知危险和邀请郭某帮忙解决纠纷并没有直接造成郭某陷入紧迫的危险状态,不能认为刘某的行为属于先行行为。其次,对于因果关系的判断,通说采纳相当因果关系,即以社会一般人在同样情况下有发生同样结果的可能性认为因果关系成立。在恋爱引起的纠纷中,邀请朋友帮忙调解是常规操作,该行为不会在相当程度上引起帮忙者死亡的损害后果。因此,郭某死亡与刘某的行为之间不具有相当因果关系。

7.《民法典》第 1198 条规定的安全保障义务,是指宾馆、商场、银行、车站、机场、体育场馆、娱乐场所等经营场所、公共场所的经营者、管理者或者群众性活动的组织者,所负有的在合理限度范围内保护他人人身和财产安全的义务。该条明确规定了两类适用主体,一类是"经营场所、公共场所的经营者和管理者",另一类是"群众性活动的组织者"。其中,"经营场所、公共场所"主要指以公众为对象进行商业性经营的场所,也包括对公众提供服务的场所。除条文列举的场所之外,通常还包括机场、码头、公园、餐厅等。"群众性活动"是指法人或者其他组织面向社会公众举办的参加人数较多的活动,如体育比赛活动,演唱会、音乐会等文艺演出活动,展览、展销等活动,游园、灯会、庙会、花会、焰火晚会等活动,人才招聘会、现场开奖的彩票销售等活动。本案中,刘某并不属于经营场所、公共场所的管理者,也不是群众性活动的组织者,故其并非《民法典》第 1198 条的适用主体,不能依照第 1198 条承担侵权责任。

8.《民法典》第 111 条规定,自然人的个人信息受法律保护。任何组织或者个人需要获取他人个人信息的,应当依法取得并确保信息安全,不得非法收集、使用、加工、传输他人个人信息,不得非法买卖、提供或者公开他人个人信息。如果李某夫妇拒绝签订《个人信息处理协议》,医院就可以拒绝提供服务的话,拒绝提供服务就会形成对用户的强制,迫使用户许可其采集和使用非必要信息,这种行为损害信息主体的合法利益。《个人信息保护法》第 16 条规定,个人信息处理者不得以个人不同意处理其个人信息或者撤回同意为由,拒绝提供产品或者服务;处理个人信息属于提供产品或者服务所必需的除外。本案中,协议约定医院可对李某夫妇个人信息作出适当处理之后,用于医院官网推介模块,不属于提供产品或者服务所必需的情形。因此,如果李某夫妇拒绝签订"个人信息处理协议",甲医院不得以此为由拒绝提供医疗服务。

9. 夫妻共同债务,是指夫妻为家庭共同生活或者为履行抚养、赡养等法定义务所负的债务。《民法典》第 1064 条规定,夫妻双方共同签名或者夫妻一方事后追认等共同意思表示所负的债务,以及夫妻一方在婚姻关系存续期间以个人名义为家庭日常生活需要所负的债务,属于夫妻共同债务。夫妻一方在婚姻关系存续期间以个人名义超出家庭日常生活需要所负的债务,不属于夫妻共同债务;但是,债权人能够证明该债务用于夫妻共同生活、共同生产经营或者基于夫妻双方共同意思表示的除外。本案中,郭某向刘某借款,不是基于夫妻共同意思表示借款,也未经过李某追认,借款用于炒股不是用于家庭日常生活,并且债权人不能证明该债务用于夫妻共同生活、共同生产经营或者基于夫妻双方共同意思表示,所以该债务不属于夫妻共同债务。

10. 关于该抵销主张可否作为反诉处理。反诉,是指在本诉的诉讼程序中,本诉的被告以本诉的原告为被告,提起的与本诉相关的诉。由于反诉是一个诉,提起反诉除应当具备起诉条件以外,还应具备如下要件:第一,反诉应由本诉被告对本诉原告提起,即反诉的当事人应限于本诉的当事人范围。第二,应在案件受理后,法庭辩论结束前提起反诉。第三,反诉与本诉应该适用相同的诉讼程序。第四,反诉与本诉在诉讼标的、诉讼请求或者案件事实方面存在法律上的牵连关系。根据《民诉解释》第 233 条第 2、3 款的规定,反诉与本诉的诉讼请求基于相同法律关系、诉讼请求之间具有因果关系,或者反诉与本诉的诉讼请求基于相同事实的,人民法院应当合并审理。反诉应由其他人民法院专属管辖,或者与本诉的诉讼标的及诉讼请求所依据的事实、理由无关联的,裁定不予受理,告知另行起诉。本案中,刘某以该 5 万元借款主张抵销侵权损害赔偿,由于本诉基于侵权法律关系,反诉基于借款合同关系,并不具有法律上的牵连关系,所以不能作为反诉处理。

关于该抵销主张在实体法层面应否支持。《合同编通则解释》第 57 条规定,因侵害自然人人身权益,或者故意、重大过失侵害他人财产权益产生的损害赔偿债务,侵权人主张抵销的,人民法院不予支持。

本案中,侵权人刘某主张抵销的债务系基于侵害郭某的人身权益所产生的损害赔偿债务,对此不区分侵权人的主观状态是故意还是过失,侵权人一概不得主张抵销,所以刘某作为侵权人一方提出抵销的主张在实体法层面不应得到支持。

11. 假设因果关系,是指损害已经因某一加害行为发生,但即使该加害行为不存在,损害的全部或者部分也会因为另外一个与加害人无关的原因发生。在假设的因果关系中,存在两个与损害有关的原因:一个是实际引发损害的加害行为,即真正原因;另一个是并未实际发生,但如果真的发生,也可能造成同一损害的原因,即假设原因。假设原因可能是第三人的合法行为或者非法行为、受害人自身的原因或者自然原因。本题中的假设原因是受害人患有癌症的自身原因。如果没有刘某和陈某的侵权行为,郭某也会因为疾病死亡。通说认为,假设原因对损害的发生没有事实上的原因力,不影响被告的赔偿责任。但也有学者认为,受害人的特殊体质作为假设原因的情形下,应当根据补偿义务的意义、目的,以及损害的不同类型,分别考虑受害人特殊体质的影响。

当事人之间的法律关系如图 1 - 2 所示。

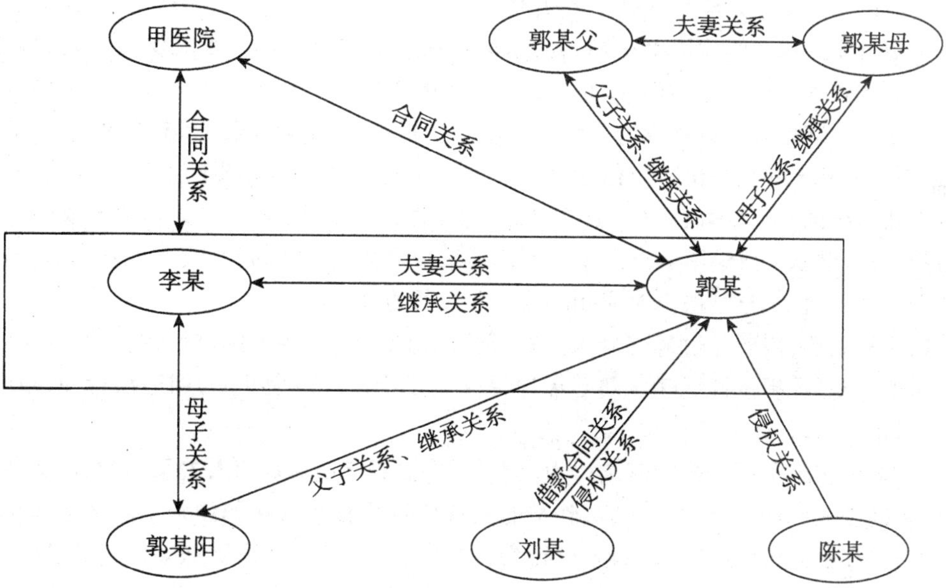

图1-2　当事人之间的法律关系

答题要点

1. 本案中,民事法律关系有李某与郭某的夫妻法律关系,郭某父、郭某母的夫妻法律关系,李某、郭某与医院的人工授精合同关系,李某、郭某与郭某阳的亲权法律关系,郭某与陈某的侵权法律关系,郭某与刘某的侵权法律关系,郭某与李某、郭某阳、郭某父、郭某母的继承法律关系,郭某与刘某的借贷合同法律关系。

2. 诉讼一由郭某死亡时住所地或者涉案房屋所在地的A市基层人民法院管辖。本案涉及继承纠纷和不动产纠纷,即继承纠纷涉及的遗产是不动产,因此适用专属管辖。《民事诉讼法》第34条第1项规定,因不动产纠纷提起的诉讼,由不动产所在地人民法院管辖;第3项规定,因继承遗产纠纷提起的诉讼,由被继承人死亡时住所地或者主要遗产所在地人民法院管辖。据此,本案应由郭某死亡时住所地或者涉案房屋所在地的A市基层人民法院管辖。

诉讼二由侵权行为地或者刘某住所地的A市基层人民法院管辖。本案涉及侵权纠纷,适用特殊地域管辖。《民事诉讼法》第29条规定,因侵权行为提起的诉讼,由侵权行为地或者被告住所地人民法院管辖。据此,本案应由侵权行为地或者被告刘某住所地的A市基层人民法院管辖。

3. 属于夫妻共有财产。双方于2018年结婚,房屋于2019年购买,虽然郭某以自己名义购买并办理登记,但涉案房屋系在夫妻关系存续期间取得的且没有双方协议或者其他法律规定属于个人财产的情形,依照《民法典》第1062条的规定,应属于夫妻共同财产。

4. 视为婚生子女。《婚姻家庭编解释(一)》第40条规定,婚姻关系存续期间,夫妻双方一致同意进行人工授精,所生子女应视为婚生子女,父母子女间的权利义务关系适用《民法典》的有关规定。郭某因无生育能力,签字同意医院为其妻子即李某施行人工授精手术,表明郭某具有通过人工授精方法与李某共同生育子女的意思表示。民事法律行为已经成立生效，郭某不得擅自变更或者解除民事法律行为。郭某在遗嘱中否认其与李某所怀胎儿的亲子关系不具有法律效力，应当认定郭某阳是郭某和李某的婚生子女。

5. 无效。被继承人的遗嘱自由受到一定限制。根据《民法典》第 1155 条的规定，遗产分割时，应当保留胎儿的继承份额。但是郭某遗嘱中未为胎儿保留必要的遗产份额，该部分遗嘱内容无效。根据《继承编解释(一)》第 31 条第 1 款的规定，应当为胎儿保留的遗产份额没有保留的，应从继承人所继承的遗产中扣回。涉案房屋为夫妻共同财产，一半归李某所有，其余部分属于郭某遗产，分割遗产时应扣除为胎儿保留的继承份额。

6. 第一种观点：构成。《民法典》第 1165 条第 1 款规定，行为人因过错侵害他人民事权益造成损害的，应当承担侵权责任。刘某承担侵权责任须具备四个要件，即违法行为、损害、因果关系、过错。

第一，刘某实施了不作为的违法行为。本案中，刘某与陈某系恋人关系，刘某对陈某患有躁郁症、发病伤人的经历有所了解，对陈某的人身危险性有所认知和预判。刘某让郭某帮忙解决纠纷且未告知郭某陈某患病的先行行为，诱发或开启了郭某遭受陈某伤害的危险状态。刘某针对陈某患有躁郁症的事实应对郭某尽必要的、可能的提示义务，他违反了提示义务。在郭某到达刘某住处后，郭某的法益处于紧迫危险时，刘某却躲在屋内，没有尽必要的、可能范围的协助义务和相应的危险防免义务。因此，刘某实施了不作为的违法行为。

第二，郭某生命权受到侵害，造成其死亡的损害。

第三，刘某的不作为与郭某死亡之间具有因果关系。如果没有刘某的不作为，即如果刘某提示了危险，郭某很可能不会去解决纠纷或者会做相应防范。如果刘某及时开门，郭某很可能进入房间，生命权受侵害的危险会大大降低。因此，刘某的不作为与郭某死亡之间具有条件关系。一般人在当时的情况下能够预知陈某有伤人的危险，可能造成他人损害，刘某的不作为具有引起郭某死亡的相当性。在陈某疯狂敲门时，刘某躲在屋内未开门，使得郭某没有躲避危险的可能。依照社会的一般观察，患有躁郁症的陈某很可能致郭某损害，所以刘某的不作为与郭某死亡之间具有相当因果关系。

第四，刘某具有过错。刘某知道陈某患有躁郁症且有伤人和威胁刘某的经历，他能够预知陈某的人身危险性，却未尽到善意提醒、诚实告知的注意义务和危险防免义务，因此具有过错。

第二种观点：不构成。《民法典》第 1165 条第 1 款规定，行为人因过错侵害他人民事权益造成损害的，应当承担侵权责任。刘某要承担侵权责任需要具备四个要件，即违法行为、损害、因果关系、过错。

第一，刘某没有过错。虽然陈某曾扬言要与刘某同归于尽，但仅是恋人之间争吵时的过激语言且十分常见，难以将其理解为真正意义的死亡威胁。陈某的杀人行为超出了一般人可以预见的范围，不能要求刘某作此预见。此外，在陈某刺杀郭某时，如果要求刘某开门，刘某必然会与郭某一样面临被陈某杀害的高度危险，超出了一般人可以承受的范围。因此，刘某没有过错。

第二，刘某的行为与郭某死亡之间不具有因果关系。对于因果关系的判断，通说采相当因果关系说，即以社会一般人在同样情况下有发生同样结果的可能性认定因果关系成立。刘某因恋爱纠纷请朋友帮忙调解，属于正常的社交行为，通常并不具有危险性。在不愿分手的女友实施过激言行的情形下，借助朋友加以劝阻而自己回避，通常情形下不会造成劝阻者死亡的严重后果。因此，刘某的行为与郭某死亡之间不具有因果关系。

7. 不可以适用。《民法典》第1198条只规定了两类主体因违反安全保障义务需承担侵权责任，一类是“经营场所、公共场所的经营者、管理者”，另一类是“群众性活动的组织者”。本案中，刘某将郭某个人请至自己的私人住所，其在身份上既不属于经营场所、公共场所的管理者，也不构成群众性活动的组织者，因此对于住所内外发生的危险并不具有法定的安全保障义务，不能适用《民法典》第1198条承担侵权责任。

8. 不可以。医院以拒绝提供服务为由强制李某夫妇提供个人信息，属于《民法典》第111条规定的非法收集个人信息行为，侵犯了李某夫妇的合法权益。《个人信息保护法》第16条规定，个人信息处理者不得以个人不同意处理其个人信息或者撤回同意为由，拒绝提供产品或者服务；处理个人信息属于提供产品或者服务所必需的除外。《个人信息处理协议》约定医院可对李某夫妇个人信息作出适当处理之后，用于医院官网推介模块，不属于提供产品或者服务所必需的情形。因此，如果李某夫妇拒绝签订《个人信息处理协议》，甲医院不得以此为由拒绝提供医疗服务。

9. 不属于夫妻共同债务。夫妻共同债务，是指夫妻为家庭共同生活或者为履行抚养、赡养等法定义务所负的债务。依照《民法典》第1064条的规定，下列债务为夫妻共同债务：第一，夫妻双方共同签名或者夫妻一方事后追认等共同意思表示所负的债务；第二，夫妻一方在婚姻关系存续期间以个人名义为家庭日常生活需要所负的债务；第三，夫妻一方在婚姻关系存续期间以个人名义超出家庭日常生活需要所负的债务，债权人能够证明该债务用于夫妻共同生活、共同生产经营或者基于夫妻双方共同意思表示的。郭某向刘某借款，不是基于夫妻共同意思表示借款，也未经过李某追认，借款用于炒股不是用于家庭日常生活，并且债权人不能证明该债务用于夫妻共同生活、共同生产经营或者基于夫妻双方共同意思表示，所以不属于夫妻共同债务。

10. 首先，该抵销主张不能作为反诉处理。反诉与本诉必须在诉讼标的、诉讼请求或者案件事实方面存在法律上的牵连关系。根据《民诉解释》第233条的规定，反诉与本诉的诉讼请求基于相同法律关系、诉讼请求之间具有因果关系，或者反诉与本诉的诉讼请求基于相同事实的，人民法院应当合并审理。本案中，本诉为侵权法律关系，反诉为借款合同关系，本诉与反诉不具有牵连关系，所以不能作为反诉处理。

其次，该抵销主张在实体法层面不应支持。根据《合同编通则解释》第57条的规定，因侵害自然人人身权益产生的损害赔偿债务，侵权人主张抵销的，人民法院不予支持。本案中，刘某作为侵权人对因侵害郭某人身权益产生的损害赔偿债务主张抵销，不符合法律规定，不应获得实体法层面的支持。

11. 不成立。郭某患有癌症是假设原因。假设的因果关系并不影响侵权责任成立与否的问题，因为假设原因对于损害不具有事实上的原因力。加害人陈某、刘某的加害行为与受害人郭某的损害有事实上的因果关系，满足侵权责任成立因果关系的要求。本案中，虽然受害人郭某无论是因为癌症死亡还是被陈某杀害死亡，都会给近亲属带来精神痛苦，但这种痛苦本质上不具有同一性，不能因为假设原因的存在免除精神损害赔偿。所以，受害人的特殊体质不应影响精神损害赔偿的数额，刘某的请求不能成立。

扩展分析

1. 不作为侵权责任中的因果关系

不作为侵权责任主要表现为行为人对积极作为义务的违反。义务的违反与损害后果之间的因果关系非常复杂，这源于不作为侵权责任中因果关系的特殊性。第一，不作为侵权责任中原因具有特殊性。在不作为侵权责任中，如果没有作为义务就不存在不作为行为。第二，不作为侵权责任中原因力具有特殊性。原因力不一定出自不作为本身。损害可能是直接由第三人的侵权行为或其他因素导致的，只是损害后果和行为人未履行作为义务存在一定的联系。第三，不作为侵权责任中的因果关系内部结构存在特殊性。作为侵权责任类型的因果关系内部形成了一个平行的因果链，即原因与结果之间除有条件的介入之外，没有其他原因的介入。不作为侵权责任中，不作为与损害后果之间的因果链条不具有平行性，除行为人的不作为之外还存在其他直接原因。如酒店未履行保护义务导致顾客遭受他人的人身伤害，虽然真正的原因来自第三人的加害行为，但是酒店的不作为导致这种原因力未被阻断，从而引发损害后果的发生。

不作为侵权责任中的因果关系分为两类：起果型因果关系和防果型因果关系。起果型因果关系是指引起损害后果发生的是不作为的因果关系。防果型因果关系是指引起损害后果发生的直接根据不存在于不作为中，而是存在于其他原因之中，不作为构成这种损害后果的原因，只是促成而非决定损害后果的发生。不能因为其他因素的介入并直接造成了损害后果，就否定不作为与损害之间的因果关系，因为在有作为义务的场合，行为人履行作为义务就是要对受害人提供保护。义务人违反了保护义务才将受害者暴露于危险的境地，并且为其他因素的介入提供了便利，从而使受害者面临的潜在危险变成了现实。此时，违反作为义务的不作为与损害后果之间是否存在因果关系，不应当从“若无，则不”的判断规则理解。判断不作为是否属于引发损害的不可欠缺的条件时，可以采取替代说，即假设发生损害结果时，义务人履行了作为义务，损害后果是否依然会出现。如果不再出现，说明不作为与损害有因果关系；如果义务人履行了作为义务，损害结果还会出现，则不作为并非引发损害结果的条件。

不作为侵权责任中的因果关系的判断标准应该考虑以下几种因素。

首先，不作为行为人负有特定的作为义务。作为义务的来源包括：(1)基于特定关系而产生的作为义务。(2)基于特定职业产生的法定作为义务。(3)在先行为引发的作为义务。(4)安全保障义务。(5)基于诚信原则产生的义务。

其次，不作为行为人有履行作为义务的能力。行为人是否能履行作为义务要结合当时的具体情形界定。

最后，因果关系的判定适用“若无，则不”和“若有，则不”规则。在由行为人不作为直接导致损害后果的场合，采取与作为侵权责任中因果关系认定相同的标准，即“若无，则不”；在由其他因素直接导致损害后果的场合，不作为与损害后果之间的因果关系应该采用“若有，则不”的检验规则。

2. 安全保障义务

安全保障义务来源于德国法上的交往安全义务，是指开启或持续特定危险的人所应承担的，根据具体情况采取必要的、具有期待可能性的防范措施，以保护第三人免受损害的义务。这一概念类似于英美法上的注意义务，需要根据理性人的行为标准，结合生理缺陷、精神缺陷、醉酒、未成年、紧急情况等因素进行判断。通说认为，安全保障义务的适用条件需要受到严格限制，以避免对社会交往中的人科以过重的义务负担。因此，只有在法律明确规定、合同约定或者存在先前行为的情况下，安全保障义务才得以启动。对于安全保障义务的性质，我国学界存在“附随义务说”“法定义务说”“竞合说”等不同观点。由于《人身损害赔偿司法解释》以来的立法和司法解释主要将其纳入侵权责任救济的范围，现今我国实务界通常将安全保障义务界定为一项侵权法层面的法定义务。

关于确定安全保障义务的适用范围，立法者贯彻的价值理念是既要以人为本，对社会生活中可能发生危险的场所或者活动，要求行为人履行必要的防范损害发生的义务，充分保护广大人民群众的人身和财产安全；又要考虑我国国情，从促进社会和谐稳定的目的出发，不能盲目地扩大安全保障义务人的范围，避免引发更多的社会纠纷；还要处理好未尽到安全保障义务的侵权行为与其他侵权行为之间的关系，避免或者减少相关法律规定间的冲突或者竞合。因此，原《侵权责任法》第 37 条将适用安全保障义务的情形严格限制为两种类型，即场所责任和组织者责任。《民法典》第 1198 条继受了这一规定框架，在原条文内容中加入了“机场、体育场馆”的列举，并参考《消费者权益保护法》第 18 条增添了“经营场所”与“公共场所”并列、“经营者”与“管理者”并列，使条文表述更加严谨与完善。由此可见，在适用这一规定时，可以根据现实情况对“经营场所”“公共场所”“社会活动”的范围进行细化，但不宜突破两种固定的情形类别，以免造成安全保障义务的滥用。

03 CASE 民事法律行为

——刘某与中国移动通信集团某省有限公司 A 市分公司合同纠纷案

案例指引

本案例以最高人民法院指导案例 64 号为蓝本,围绕意思表示的生效、民事法律行为的成立和生效、民事法律行为的类型、格式条款中免责条款的效力、数人侵权行为等问题展开,对分析此类案件具有参考意义。

案　情

2017 年 11 月,中国移动通信集团某省有限公司 A 市分公司(以下简称 A 分公司)推出"充话费、送话费 + 抽奖"活动,该活动的具体内容以宣传栏形式在营业厅展示。2017 年 11 月 24 日,刘某在 A 分公司营业厅看到该宣传栏,遂在业务办理窗口以口头形式提出办理"神州行标准卡"并参与"充话费、送话费 + 抽奖"活动的申请。业务员了解了刘某的申请后,遂拿出一份业务受理单让刘某填写。刘某填写好业务受理单并交给业务员,业务员审核无误后加盖公章一式两份,并将其中一份交给刘某留存。该业务受理单所附《中国移动通信客户入网服务协议》(以下简称《服务协议》)记载了"神州行标准卡"的服务内容以及 A 分公司和客户刘某的各项权利义务。刘某当场预付话费 50 元,业务员按照活动标准履行了充 50 元送 50 元的义务,并让刘某抽奖,刘某抽得三等奖,获得电饭锅一个。

《服务协议》第 4 项"特殊情况的承担"规定,在下列情况下,乙方有权暂停或限制甲方的移动通信服务,由此给甲方造成的损失,乙方不承担责任:(1)甲方银行账户被查封、冻结或余额不足等非乙方原因造成的结算时扣划不成功的;(2)甲方预付费使用完毕而未及时补交款项(包括预付费账户余额不足以扣划下一笔预付费用)的。第 5 项列举了 A 分公司有权解除协议、收回号码、终止提供服务的情形,其中包括"话费超过有效期 1 年"。《服务协议》第 12 项"争议解决"规定,甲乙双方就本协议履行发生纠纷需提起诉讼的,由设立 A 分公司的总公司所在地人民法院管辖。

2018 年 7 月 5 日,刘某在中国移动官方网站网上营业厅通过银联卡网上充值 50 元。2018 年 11 月 7 日,刘某在使用该手机号码时发现该手机号码已被停机,刘某到 A 分公司的营业厅查询,得知 A 分公司于 2018 年 10 月 23 日因话费有效期到期而暂停其移动通信服务，此时账户余额为11.70元。刘某认为，A分公司单方终止服务构成合同违约，遂诉至法院，要求取消对其手机号码的话费有效期的限制，恢复该号码的移动通信服务。

在诉讼中，A分公司主张在客户办理业务时已由业务员告知客户话费有效期，并且通过单联发票、宣传册和短信的方式向客户告知了有效期，但均未能提供有效的证据予以证明。另查明，《服务协议》第4项、第5项和第12项内容所采字体与其他条款字体相同，字体均较小且不易辨明。

2018年5月20日，B保险公司业务员李某向刘某兜售一款家庭财产综合险，刘某于当日填写好投保单交给李某。投保单上记载的保险期限是“2018年6月3日至2019年5月31日”，保险事故包括“意外失火”，保险金5万元。2018年6月1日，B保险公司对刘某的投保单审核完毕并加盖“同意承保”印章，李某当日将该情形电话告知刘某，并向刘某解释正式保险单还在走程序，需晚几日才能交给刘某，刘某表示同意。李某还要求刘某1周内将保险费500元支付给李某，刘某表示同意，但一直拖延未支付。

2018年6月5日，刘某在使用抽奖获得的电饭锅煮饭时，因电饭锅存在设计瑕疵引起失火，造成刘某家中财物毁损，共损失5000元。

问　题

1. 刘某在业务办理窗口提出办理申请，属于何种形式的意思表示？该意思表示何时生效？为什么？

2. A分公司不具有法人资格，其能否作为本案中民事法律行为的主体？能否作为本案中的诉讼主体（被告）？为什么？

3. 刘某与A分公司订立的电信服务合同何时成立？何时生效？为什么？

4. 刘某与A分公司实施的抽奖行为是什么类型的民事法律行为？

5.《服务协议》第4项规定，如果存在“甲方银行账户被查封、冻结或余额不足等非乙方原因造成的结算时扣划不成功”，则乙方有权暂停或限制甲方的移动通信服务。这是否意味着该电信服务合同是附条件的民事法律行为？为什么？

6.《服务协议》第5项规定的“话费超过有效期1年”是否有效？为什么？

7.《服务协议》第12项规定的管辖事项是否有效？为什么？

8. A分公司主张，刘某并未特别要求对《服务协议》第4项、第5项和第12项予以提示且这些条款已经清晰地记载于协议之中，故应具有约束力。该主张是否成立？为什么？

9. 刘某因电饭锅存在设计瑕疵引起失火产生的财产损失，能否要求A分公司予以赔偿？为什么？

10. 刘某能否向B保险公司请求支付保险金？B保险公司尚未向刘某出具保险单且刘某尚未交付保险费，对于刘某行使保险金请求权是否有影响？为什么？

11. 如果B保险公司向刘某支付了保险金，其能否向A分公司追偿？为什么？

12. 刘某起诉A分公司，要求取消话费有效期的限制，恢复该号码的移动通信服务。该诉讼可否适用审判员独任审理？为什么？

解题思路

1. 意思表示依据是否需要受领，分为无相对人的意思表示和有相对人的意思表示。其中，有相对人的意思表示依据相对人能否同步受领，又分为对话的意思表示和非对话的意思表示。材料中，刘某在业务办理窗口提出的办理申请需要 A 分公司受领，该申请属于有相对人的意思表示；刘某在提出申请后，A 分公司营业厅的业务员可以同步受领该意思表示，该申请属于对话的意思表示，具体形式为口头形式。因此，应当适用《民法典》第 137 条第 1 款规定的“以对话方式作出的意思表示，相对人知道其内容时生效”。

2. 关于 A 分公司的法律地位，由于分公司属于非法人组织，不具有法人资格，其法律地位应适用《民法典》第 102 条第 1 款规定的“非法人组织是不具有法人资格，但是能够依法以自己的名义从事民事活动的组织”。

关于 A 分公司能否作为本案中民事法律行为的主体，本案中，刘某以口头形式提出办理业务的申请，并填写了附有《服务协议》的受理单，A 分公司加盖了公章。A 分公司可以以自己的名义从事民事活动。据此，双方处于平等地位且达成了设立民事权利义务关系的协议，两者之间的民事法律关系，应适用《民法典》第 464 条第 1 款规定的“合同是民事主体之间设立、变更、终止民事法律关系的协议”，还应适用《电信条例》第 5 条规定的“电信业务经营者应当为电信用户提供迅速、准确、安全、方便和价格合理的电信服务”。

关于 A 分公司能否作为本案中的诉讼主体（被告），应适用《民事诉讼法》第 51 条规定的“公民、法人和其他组织可以作为民事诉讼的当事人。法人由其法定代表人进行诉讼。其他组织由其主要负责人进行诉讼”，还应当适用《民诉解释》第 52 条规定的“民事诉讼法第五十一条规定的其他组织是指合法成立、有一定的组织机构和财产，但又不具备法人资格的组织，包括：……（五）依法设立并领取营业执照的法人的分支机构……”从前两问分析可知，A 分公司属于非法人组织，不具有法人资格，但是能够以自己的名义从事民事活动，可以作为本案的民事法律行为的主体。依据《公司法》的相关规定，分公司不具有法人资格，其民事责任由公司承担。分公司作为企业法人的分支机构，虽不具有法人资格，但完全具备了《民事诉讼法》规定的诉讼主体条件：（1）依法设立；（2）领取营业执照。因此，分公司也具有民事诉讼当事人的资格，能够作为本案的诉讼主体（被告）。

3. 刘某与 A 分公司订立电信服务合同的行为属于民事法律行为，应适用《民法典》第 136 条第 1 款规定的“民事法律行为自成立时生效，但是法律另有规定或者当事人另有约定的除外”。刘某填写业务受理单，并由 A 分公司加盖公章，系签订了书面合同。故对于刘某与 A 分公司订立的电信服务合同的成立，应适用《民法典》第 490 条第 1 款第 1 句规定的“当事人采用合同书形式订立合同的，自当事人均签名、盖章或者按指印时合同成立”。对于刘某与 A 分公司订立的电信服务合同的生效，应适用《民法典》第 502 条第 1 款规定的“依法成立的合同，自成立时生效，但是法律另有规定或者当事人另有约定的除外”。

4. 关于抽奖行为的定性，可从以下几方面分析。

（1）从行为的效果来看，抽奖行为使刘某与 A 分公司之间发生了财产关系变动的效果，属于财产行为。

(2)从当事人的权利义务关系来看,刘某有依照A分公司的规定履行正当抽奖的义务,A分公司则在刘某中奖后有提供奖品的义务,双方均负担相应的义务。该抽奖行为基于双方当事人的意思表示一致才能够发生法律效力,属于双方法律行为。

(3)从民事行为内容上的主从关系来看,抽奖行为是基于充话费这一民事法律行为的存在而发生的,即以充话费这一行为的存在为前提,依附于充话费这一主行为而存在,不能独立发生。如果刘某未在A分公司办理相应的充话费业务,那么其就无法参加A分公司举办的抽奖活动。据此,抽奖行为属于从法律行为。

(4)从行为是否必须具备某种特别形式才能成立来看,抽奖行为不必具有特定形式或履行特定程序即可成立,属于不要式行为。

(5)从行为的成立是否须交付标的物来看,抽奖行为不必交付相应的标的物,当事人的意思表示达成一致即可成立,属于不要物行为,即诺成行为。

(6)从当事人一方履行义务的确定性来看,当刘某中奖时,A分公司才负有给予奖品的义务;反之,A分公司则不必履行义务。A分公司是否履行义务有赖于偶然事件的发生,即刘某中奖。故抽奖行为属于射幸行为。

5.附条件的民事法律行为是指双方当事人在民事法律行为中设立一定的事由作为条件,以该条件的成就与否(是否发生)作为决定该民事法律行为效力产生或解除根据的民事法律行为。对于附条件的民事法律行为,应适用《民法典》第158条规定的"民事法律行为可以附条件,但是根据其性质不得附条件的除外。附生效条件的民事法律行为,自条件成就时生效。附解除条件的民事法律行为,自条件成就时失效"。

材料中,《服务协议》第4项所规定的情形发生与否并非作为决定乙方A分公司提供移动通信服务这一民事法律行为效力产生或解除的根据,只是影响A分公司所应承担责任的大小。该规定系A分公司用以免除或限制其未来合同责任的条款,属于免责条款,而不属于附条件条款。

6.《服务协议》第5项规定的"话费超过有效期1年",系A分公司用以解除或限制其责任的条款,属于限责免责条款。对于此类条款,在合同订立时,提供格式条款的一方应履行相应的提示、说明义务。据此,《服务协议》第5项规定是否构成合同内容,应适用《民法典》第496条第2款规定的"采用格式条款订立合同的,提供格式条款的一方应当遵循公平原则确定当事人之间的权利和义务,并采取合理的方式提示对方注意免除或者减轻其责任等与对方有重大利害关系的条款,按照对方的要求,对该条款予以说明。提供格式条款的一方未履行提示或者说明义务,致使对方没有注意或者理解与其有重大利害关系的条款的,对方可以主张该条款不成为合同的内容"。

7.本题主要涉及格式条款的效力认定问题。格式条款是指当事人为重复使用而预先拟定,并在订立合同时未与对方协商的条款。其通常由交易中占有优势的一方提出,具有定型化、单方制定、不可协商的特征。案涉《服务协议》第4项、第5项及第12项均符合格式条款的定义。格式条款订入合同须符合《民法典》第496条第2款规定的"采用格式条款订立合同的,提供格式条款的一方应当遵循公平原则确定当事人之间的权利和义务,并采取合理的方式提示对方注意免除或者减轻其责任等与对方有重大利害关系的条款,按照对方的要求,对该条款予以说明。提供格式条款的一方未履行提示或者说明义务,致使对方没有注意或者理解与其有重大利害关系的条款的，对方可以主张该条款不成为合同的内容”。《民诉解释》第31条遵循该条文的理念进一步规定：“经营者使用格式条款与消费者订立管辖协议，未采取合理方式提请消费者注意，消费者主张管辖协议无效的，人民法院应予支持。”《服务协议》第12项是有关合同争议解决方法的重要条款，属于《民法典》第496条第2款中的“与对方有重大利害关系的条款”。案涉协议并未对此项内容采取区分字体的方式进行特别标识，而且，所载内容“字体均较小且不易辨明”，因此不能认定A分公司以合理方式对消费者履行了提示义务，根据《民诉解释》第31条的规定，该条款应认定无效。

8. 本题主要涉及提供格式条款一方履行提示义务的认定问题。《合同编通则解释》第10条第1款规定：“提供格式条款的一方在合同订立时采用通常足以引起对方注意的文字、符号、字体等明显标识，提示对方注意免除或者减轻其责任、排除或者限制对方权利等与对方有重大利害关系的异常条款的，人民法院可以认定其已经履行民法典第四百九十六条第二款规定的提示义务。”第3款规定：“提供格式条款的一方对其已经尽到提示义务或者说明义务承担举证责任。对于通过互联网等信息网络订立的电子合同，提供格式条款的一方仅以采取了设置勾选、弹窗等方式为由主张其已经履行提示义务或者说明义务的，人民法院不予支持，但是其举证符合前两款规定的除外。”A分公司作为格式条款提供方应当主动履行提示义务，无须对方特别要求对格式条款予以提示，并且A分公司应对其已经尽到提示义务承担举证责任，仅以格式条款已经清晰记载于协议中为由不足以证明该条款具有约束力，故A分公司的主张不成立。

9. 关于刘某因电饭锅存在设计瑕疵引起失火产生的财产损失，能否要求A分公司予以赔偿，存在不同意见。

对于因电饭锅存在设计瑕疵引起失火造成的财产损失，应适用《民法典》第1203条规定的“因产品存在缺陷造成他人损害的，被侵权人可以向产品的生产者请求赔偿，也可以向产品的销售者请求赔偿。产品缺陷由生产者造成的，销售者赔偿后，有权向生产者追偿。因销售者的过错使产品存在缺陷的，生产者赔偿后，有权向销售者追偿”，还应适用《产品质量法》第4条规定的“生产者、销售者依照本法规定承担产品质量责任”以及《产品质量法》第40条第1款规定的“售出的产品有下列情形之一的，销售者应当负责修理、更换、退货；给购买产品的消费者造成损失的，销售者应当赔偿损失：(一)不具备产品应当具备的使用性能而事先未作说明的；(二)不符合在产品或者其包装上注明采用的产品标准的；(三)不符合以产品说明、实物样品等方式表明的质量状况的”。

观点一，认为A分公司是销售者。虽然刘某是凭借抽奖获得的电饭锅，从外观上看，刘某获得奖品，与A分公司之间形成的是一种赠与合同关系，但在这种商业赠与中，买方必须先购得卖方商品，付出对价，才能享有取得赠品的权利。材料中，刘某只有办理A分公司的业务，才能参加抽奖。抽奖所得的电饭锅，虽名为免费赠与，但其实质仍是商品买卖行为。因为该附赠行为作为一种营业手段，与其销售行为不可分离。因此，本案中A分公司应该作为销售者，对奖品承担与商品相应的责任。

观点二，认为A分公司不是销售者。本案中，A分公司的主要业务是提供电信服务，对于刘某通过抽奖获得的电饭锅并不构成持续销售行为，A分公司不能被看作电饭锅的销售者，不应承担赔偿责任。

10. 关于刘某能否向 B 保险公司请求支付保险金涉及其与 B 保险公司的保险合同是否成立的问题，应适用《保险法》第 13 条规定的“投保人提出保险要求，经保险人同意承保，保险合同成立。保险人应当及时向投保人签发保险单或者其他保险凭证。保险单或者其他保险凭证应当载明当事人双方约定的合同内容。当事人也可以约定采用其他书面形式载明合同内容。依法成立的保险合同，自成立时生效。投保人和保险人可以对合同的效力约定附条件或者附期限”，还应适用《保险法》第 127 条第 1 款规定的“保险代理人根据保险人的授权代为办理保险业务的行为，由保险人承担责任”。保险合同属于诺成合同，在投保人提出保险要求、保险人同意承保时，保险合同成立生效。

关于刘某行使保险金请求权是否受到影响，应适用《保险法》第 14 条规定的“保险合同成立后，投保人按照约定交付保险费，保险人按照约定的时间开始承担保险责任”。保险合同的成立与生效只需投保人与保险人通过要约与承诺的方式达成意思一致。保险人在保险合同成立和生效后，应当及时签发保险单，保险人签发保险单的行为实际上是保险人承担的缔约义务在保险合同成立后的延续，其不能作为合同成立的标准。同样地，保险合同的成立亦不以交纳保险费为前提，如果将交付保险费视为合同成立的判断标准，那么实际上是为投保人增设了先行交付保险费的法定义务，与法律规定不符。

11. B 保险公司向刘某支付保险金后，能否向 A 分公司追偿，属于保险代位权行使的问题，应适用《保险法》第 60 条规定的“因第三者对保险标的的损害而造成保险事故的，保险人自向被保险人赔偿保险金之日起，在赔偿金额范围内代位行使被保险人对第三者请求赔偿的权利。前款规定的保险事故发生后，被保险人已经从第三者取得损害赔偿的，保险人赔偿保险金时，可以相应扣减被保险人从第三者已取得的赔偿金额。保险人依照本条第一款规定行使代位请求赔偿的权利，不影响被保险人就未取得赔偿的部分向第三者请求赔偿的权利”，还应适用《保险法解释(四)》第 7 条规定的“保险人依照保险法第六十条的规定，主张代位行使被保险人因第三者侵权或者违约等享有的请求赔偿的权利的，人民法院应予支持”。

12. 独任审理制度指由一名审判员对民事案件进行审理和裁判的制度。关于刘某起诉 A 分公司可否适用审判员独任审理的问题，应当适用《民事诉讼法》第 40 条第 2 款规定的“适用简易程序审理的民事案件，由审判员一人独任审理。基层人民法院审理的基本事实清楚、权利义务关系明确的第一审民事案件，可以由审判员一人适用普通程序独任审理”，还应适用《民事诉讼法》第 42 条规定的“人民法院审理下列民事案件，不得由审判员一人独任审理：(一)涉及国家利益、社会公共利益的案件；(二)涉及群体性纠纷，可能影响社会稳定的案件；(三)人民群众广泛关注或者其他社会影响较大的案件；(四)属于新类型或者疑难复杂的案件；(五)法律规定应当组成合议庭审理的案件；(六)其他不宜由审判员一人独任审理的案件”。

当事人之间的法律关系如图 1－3 所示。

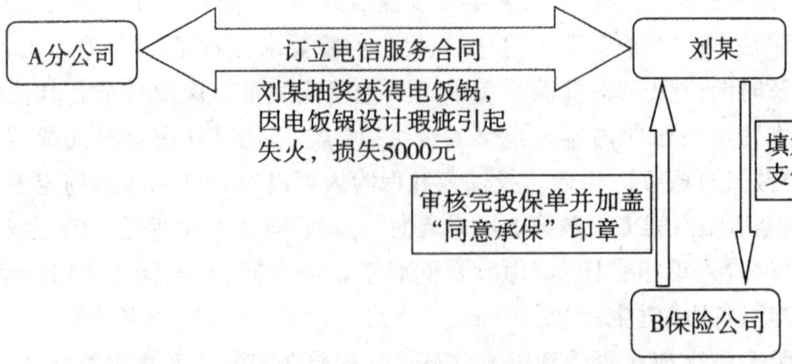

图1－3　当事人之间的法律关系

答题要点

1. 刘某提出的办理申请属于有相对人的意思表示、对话的意思表示，自A分公司知道其内容时生效。刘某在业务办理窗口提出办理申请后，A分公司营业厅的业务员可以同步受领该意思表示，因此该申请属于对话的意思表示。根据《民法典》第137条第1款规定的“以对话方式作出的意思表示，相对人知道其内容时生效”，以对话方式作出的意思表示的生效时点采了解主义，在相对人知悉时便生效。

2. A分公司可以作为本案中民事法律行为的主体。根据《民法典》第102条第1款规定的“非法人组织是不具有法人资格，但是能够依法以自己的名义从事民事活动的组织”，虽然A分公司不具有法人资格，属于非法人组织，但非法人组织只是不能独立承担责任，仍可以以自己的名义从事各种民事活动。

同时A分公司作为企业法人的分支机构，完全具备了《民事诉讼法》规定的诉讼主体条件：(1)依法设立；(2)领取营业执照。综上可知，A分公司具有民事诉讼当事人的资格，能够作为本案的诉讼主体（被告）。

3. 刘某与A分公司订立的电信服务合同自刘某和A分公司签名或盖章时成立和生效。根据《民法典》第490条第1款第1句规定的“当事人采用合同书形式订立合同的，自当事人均签名、盖章或者按指印时合同成立”，本案中，电信服务合同系以书面形式订立的合同，因此自双方当事人签名或者盖章时合同成立。根据《民法典》第502条第1款规定的“依法成立的合同，自成立时生效，但是法律另有规定或者当事人另有约定的除外”，法律、行政法规没有规定此类电信服务合同应当办理批准、登记等手续才能生效，因此该合同在依法成立时即生效。

4. 刘某与A分公司实施的抽奖行为是财产行为、双方行为、从行为、不要式行为、不要物行为、射幸行为。

5. 否。附条件民事法律行为是指双方当事人在民事法律行为中设立一定的事由作为条件，以该条件的成就与否（是否发生）作为决定该民事法律行为效力产生或解除根据的民事法律行为。《服务协议》第4项规定，只是影响A分公司承担责任的大小，其所规定的条件成就与否不会导致该服务合同本身生效或解除。因此，该项规定不意味着该合同属于附条件的民事法律行为。

6. 不具有效力。根据《民法典》第 496 条第 2 款规定的“采用格式条款订立合同的,提供格式条款的一方应当遵循公平原则确定当事人之间的权利和义务,并采取合理的方式提示对方注意免除或者减轻其责任等与对方有重大利害关系的条款,按照对方的要求,对该条款予以说明。提供格式条款的一方未履行提示或者说明义务,致使对方没有注意或者理解与其有重大利害关系的条款的,对方可以主张该条款不成为合同的内容”,格式条款提供方负有提示与说明义务。而本案中相关格式条款的字体均较小且不易辨明,A 分公司未对其进行加粗处理,无有效证据证明其对客户进行了有效期的说明和提示,因此该条款不具有法律效力。

7. 不具有效力。《服务协议》第 12 项是 A 分公司拟定的格式条款,条款内容涉及合同争议解决的管辖,属于与消费者有重大利害关系的条款。依据《民法典》第 496 条第 2 款与《民诉解释》第 31 条的规定,A 分公司应该就此条款对消费者履行提示义务。但《服务协议》针对对此项内容采取与其他条款相同的字体,字体均小且不易辨明,无法引起消费者的特别注意,因此该项内容应当被认定无效。

8. 不成立。《服务协议》第 4 项、第 5 项和第 12 项属于与消费者有重大利害关系的异常条款,根据《合同编通则解释》第 10 条第 1 款和第 3 款的规定,A 分公司作为提供格式条款一方应当主动履行提示义务,并就其已经尽到提示义务承担举证责任。刘某作为消费者无须对格式条款的提示提出特别要求,此为 A 分公司主动履行的提示义务范畴,并且 A 分公司仅主张相关条款已清晰记载于协议中,不足以证明其已经尽到提示义务,因此 A 分公司的主张不成立。

9. 答案一:能。虽然从外观来看,中奖获得电饭锅是一种赠与关系,但实际上电饭锅价款已被分摊到电信业务成本之中,A 分公司应当被视为销售者。根据《民法典》第 1203 条第 1 款规定的“因产品存在缺陷造成他人损害的,被侵权人可以向产品的生产者请求赔偿,也可以向产品的销售者请求赔偿”,刘某作为被侵权人可以向销售者 A 分公司主张赔偿。

答案二:不能。因为 A 分公司作为一家电信服务公司,对于电饭锅不构成持续销售行为,不能被视为销售者。对于因产品存在缺陷造成的损害,受害人刘某只能要求生产者赔偿,而不能要求 A 分公司赔偿。

10. 刘某能向 B 保险公司请求支付保险金。因为:(1)B 保险公司业务员李某作为 B 保险公司的保险代理人,其代为办理保险业务的行为由 B 保险公司承担责任。根据《保险法》第 13 条第 1 款第 1 句规定的“投保人提出保险要求,经保险人同意承保,保险合同成立”,同时法律未规定需要办理特殊生效手续,因此自 2018 年 6 月 1 日 B 保险公司同意承保时,该保险合同成立并生效。刘某有权向 B 保险公司请求支付保险金。(2)保险事故发生在保险合同约定的保险期限内。

B 保险公司尚未向刘某出具保险单且刘某尚未支付保险费,对于刘某行使保险金请求权无影响。因为出具保险单与交付保险费均是保险合同成立后保险人与投保人所应履行的义务,并不影响合同的成立,亦不影响保险金请求权的行使。

11. 答案一:能。虽然从外观来看,中奖获得电饭锅是一种赠与关系,但实际上电饭锅价款已被分摊到电信业务成本之中,A 分公司应当被视为销售者。因产品存在缺陷造成损害的,被侵权人可以向产品的生产者请求赔偿,也可以向产品的销售者请求赔偿,故 A 分公司应当承担侵权责任。根据《保险法》第 60 条第 1 款规定的“因第三者对保险标的的损害而造成保险事故的,保险人自向被保险人赔偿保险金之日起,在赔偿金额范围内代位行使被保险人对第三者请求赔偿的权利”，本案中，刘某与B保险公司签订的是财产保险合同，保险事故发生后，B保险公司在向刘某支付保险金后享有对侵权责任人的保险代位权，因此能够向A分公司追偿。

答案二：不能。A分公司对于电饭锅不构成持续销售行为，不能被视为销售者。故本案中，对于因产品存在缺陷造成的损害，受害人只能要求生产者赔偿，而不能要求A分公司赔偿，A分公司不是侵权责任人。故B保险公司只能向电饭锅生产者主张保险代位权，而不能向A分公司追偿。

12. 可以适用独任审理。因为：(1)符合独任审理制度的适用条件。《民事诉讼法》第40条第2款规定：“适用简易程序审理的民事案件，由审判员一人独任审理。基层人民法院审理的基本事实清楚、权利义务关系明确的第一审民事案件，可以由审判员一人适用普通程序独任审理。”刘某起诉A分公司要求取消话费有效期的限制，恢复该号码的移动通信服务属于基层人民法院管辖的案件范围，并且案情简单，符合独任审理制在法院级别、审级及案情方面的要求。(2)不属于不得适用独任审理制度的案件范围。《民事诉讼法》第42条规定：“人民法院审理下列民事案件，不得由审判员一人独任审理：(一)涉及国家利益、社会公共利益的案件；(二)涉及群体性纠纷，可能影响社会稳定的案件；(三)人民群众广泛关注或者其他社会影响较大的案件；(四)属于新类型或者疑难复杂的案件；(五)法律规定应当组成合议庭审理的案件；(六)其他不宜由审判员一人独任审理的案件。”刘某起诉A分公司不属于前述任何一种情况。综上可知，本案可以适用独任审理制度。

扩展分析

1. 格式条款中免责条款的效力

免责条款是当事人双方在合同中约定的，旨在限制或免除一方合同义务或责任的条款。免责条款有广义和狭义两种含义：广义免责条款包括完全免除当事人责任的条款及限制当事人责任的条款；狭义免责条款则仅指完全免除责任的条款。在实践中，免责条款常常以格式条款的形式出现，这就使免责条款成了片面维护一方当事人利益的工具。在这种情况下，免责条款的效力问题对于保护另一方当事人的利益显得尤为重要。依据现行法律规定，在下列情形下，格式条款中的免责条款不成为合同内容或者无效。

第一，免责条款提供方就免责条款的内容未向对方当事人履行提示义务和说明义务。《民法典》第496条第2款要求格式条款提供方“采取合理的方式提示对方注意免除或者减轻其责任等与对方有重大利害关系的条款，按照对方的要求，对该条款予以说明”，即针对格式条款中的免责条款履行提示义务和说明义务。法律设置提示义务的目的在于，通过格式条款提供方履行提示义务的行为，使相对人有机会得知有关重要条款的存在并进一步决定是否订立该合同；设置说明义务的作用在于使对方理解格式条款的含义，以决定是否以此订立合同。格式条款提供方未履行提示或者说明义务，致使对方没有注意或者理解与其有重大利害关系的条款的，对方可以主张该条款不成为合同的内容。

《合同编通则解释》第10条第1款表述为“免除或者减轻其责任、排除或者限制对方权利等与对方有重大利害关系的异常条款”，将《民法典》第496条第2款中“与对方有重大利害关系的条款”限制在“异常条款”，以避免格式条款提供方过于宽泛地履行提示说明义务而使其履行流于形式。此外，“与对方有重大利害关系的异常条款”还包括“排除或者限制对方权利”的条款，因其同样属于对交易对方利益有重大影响的因素，结合《民法典》第 497 条，若“排除或者限制对方权利”的格式条款没有提示对方注意，对方未注意到，即不应订入合同，而无须再论其是否合理。

第二，格式条款提供方不合理地免除或者减轻其责任、加重对方责任、限制对方主要权利。相比于原《合同法》第 40 条第 2 项、《民法典》第 497 条第 2 项对此种情形增设了“不合理”的限定条件。判断是否合理，需要结合交易的具体性质及双方当事人承担的交易风险等因素，综合判断条款内容是否导致双方当事人的利益严重失衡，即是否违背了格式条款公平确定双方当事人权利义务的要求。免除责任，是指免除格式条款提供方在合同中的核心责任，该责任被免除将导致相对人丧失基本救济手段。例如，洗衣店在洗衣须知中表示对顾客衣物污损不予赔偿。加重责任，是指不合理地加重对方的责任，依法律规定或交易习惯对方不应承担此类责任。主要权利，是指当事人依法律规定、交易习惯或合同性质应当享有的权利，此类权利不能通过约定予以排除。例如，格式条款约定发生合同纠纷时，对方不得提起诉讼或申请仲裁。根据《民法典》第 497 条的规定，此类格式条款无效。

第三，格式条款提供方排除对方主要权利。相较于上一种情形，立法者并未对此种情形加以“不合理”的限制要求，即排除对方主要权利的条款均应认定为无效，无须进行是否合理的认定。这样规定的原因在于，限制与排除的程度不同，限制意为约束，排除意为除掉，限制对方主要权利的格式条款并不当然违背公平原则，需要进行合理与否的认定，而排除对方主要权利的格式条款严重违背公平原则，应当直接认定为无效条款。

第四，具有《民法典》总则编第六章第三节规定的民事法律行为无效的事由。格式条款如果存在这些事由，当属无效。

第五，具有《民法典》第 506 条规定的情形。以下两类免责条款无效：一是“造成对方人身损害的”。例如，客运合同约定，在运输期间旅客发生人身伤亡的，承运人不承担赔偿责任。二是“因故意或者重大过失造成对方财产损失的”。例如，买卖合同约定，卖方交付货物后对买方的任何损失概不负责。

第六，其他单行法及司法解释的规定。《民法典》与其他单行法是一般法和特别法的关系，如果其他单行法对格式条款的效力有特别规定，则应当适用该规定。例如，《消费者权益保护法》第 26 条第 2、3 款规定：“经营者不得以格式条款、通知、声明、店堂告示等方式，作出排除或者限制消费者权利、减轻或者免除经营者责任、加重消费者责任等对消费者不公平、不合理的规定，不得利用格式条款并借助技术手段强制交易。格式条款、通知、声明、店堂告示等含有前款所列内容的，其内容无效。”《电子商务法》第 50 条第 1 款规定：“电子商务经营者应当清晰、全面、明确地告知用户订立合同的步骤、注意事项、下载方法等事项，并保证用户能够便利、完整地阅览和下载。”《旅行社条例》第 39 条第 1 款规定：“旅行社对可能危及旅游者人身、财产安全的事项，应当向旅游者作出真实的说明和明确的警示，并采取防止危害发生的必要措施。”《民诉解释》第 31 条规定：“经营者使用格式条款与消费者订立管辖协议，未采取合理方式提请消费者注意，消费者主张管辖协议无效的，人民法院应予支持。”

2. 保险合同的成立

保险合同属于诺成合同。根据《保险法》第 13 条第 1 款第 1 句规定的“投保人提出保险要求,经保险人同意承保,保险合同成立”,保险合同的订立,通常须经过要约和承诺两个步骤。保险合同的要约,通常是投保人的投保行为,在实务中的表现是,投保人填写保险人提供的投保书,就保险标的履行如实告知义务,并将投保单交给保险人的行为。保险合同的承诺,是保险公司的承保行为,因保险产品的不同,承诺形式也不同,有的表现为保险公司业务员的同意承保,有的为检查完毕后,保险人签章同意,有的还需要相关人员批准。由于法律并未明确规定投保与承保的形式,保险合同的成立存在较为复杂的情形。

(1)保险人或其代理人代签保单的法律后果

实务中存在投保人或其代理人未亲自签名或盖章而由保险人或其代理人代签的情形,此时保险合同的效力如何?依据《保险法解释(二)》第3 条第1 款的规定,代签保单的行为原则上不对投保人生效,保险合同无效。但是投保人已经交纳保费的,视为其对代签字或盖章行为的追认,保险合同有效。

(2)核保期间保险人的责任承担

在投保人预交保险费的前提下,被保险人在核保期间发生保险事故的,保险人是否应当承担赔偿责任。对此理论上存在不同观点,而根据《保险法解释(二)》第 4 条的规定,我国立法认可投保人预交保费就应当得到保障,但要保险人承担保险责任是有条件的,即投保人投保的风险符合保险人的承保条件。在正式保险合同尚未成立时,若符合上述条件,保险人对发生的保险事故承担一定的保险责任;若不符合承保条件,保险人应如数退还投保人预先交纳的保险费。至于是否符合承保条件,应当由保险人负责举证。

04
CASE

担保制度(一)

——张三与各相对人系列纠纷案

案例指引

本案例围绕担保物权法律关系中抵押权、质权、留置权的设立和人保、物保的关系等展开,对分析担保物权案件具有参考意义。

案　情

张三几战法考,屡战屡败,觉得此生注定与法考无缘,便打消了继续报考的念头。想到自己除了声音美妙动听外无一技之长,便做起了某平台女主播。直播中,张三曼妙的歌声配上她甜美的气质,竟吸引了万千粉丝的捧场。2018 年 5 月 20 日,一首“一生所爱”唱罢,还没等张三要求打赏,歌迷钱一便说要送她一间 A 旺铺。经查,该 A 旺铺系钱一于 2018 年 1 月因继承其父亲的遗产而取得。2018 年 3 月,孙某得知钱一从其父亲手中继承该 A 旺铺,其希望以低价从钱一手中购得该 A 旺铺,钱一不知 A 旺铺价值几何,二话不说便接受了孙某的出价,与孙某签订了《转让协议》。孙某支付全部价款后,钱一以处理家父丧事为由,一直未配合孙某办理房产过户手续。此时,该 A 旺铺不动产登记簿记载的权利人仍然为钱一父亲。

2018 年 5 月 21 日,张三担心钱一送她旺铺只是戏言,便让钱一尽快将 A 旺铺过户给她,钱一欣然答应。2018 年 5 月 22 日,钱一便将 A 旺铺过户给张三并办理不动产权属证书。2018 年 7 月,张三想将 A 旺铺用于经营火锅店,但又缺少启动资金,便向丙借款 50 万元,同时将 A 旺铺抵押给丙,并办理了抵押登记。

因尝到了打赏的甜头,某日张三在直播时表示,送她轿车的人就是她的“一生所爱”。话音刚落,经常给张三打赏的周二当即同意赠与一辆最新款的 M 轿车给张三。2018 年 12 月 24 日,周二将该 M 轿车赠与并过户给了张三,但并未实际交付车辆。其实,2018 年 12 月 11 日,周二就已将该 M 轿车出卖给吴某,同时双方约定由周二借用该轿车,30 日后周二再将 M 轿车交付给吴某。

2018 年 12 月 27 日,周二因手头拮据,却仍想给心仪的主播们打赏,便希望丁能够借他 250 万元,其愿意以 M 轿车设定质押。周二的朋友戊当即向丁出具一份书面申明,表示自己愿意就周二的 250 万元借款提供连带责任保证。第二天,好友戊也将自己的房产为周二的该笔 250 万元借款提供担保,并办理了抵押登记。2018 年 12 月 31 日,在丁将 250 万元转账给周二之后,周二当场将 M 轿车交付给丁,而丁对吴某与周二之间的轿车买卖事宜毫不知情。

赵四因某日听到张三的歌声,为之动容,又听闻张三说过成为本市法考状元的男人将是她的“一生所爱”,当即发誓要金榜题名,经过一番努力竟然一举夺魁。赵四拿着法考成绩单向张三求爱,还给张三送了一块L金表,张三欣然收下该金表,但对赵四的求爱不予理会。

之后,张三为火锅店经营需要,将L金表质押给王某,王某借款50万给张三。在王某占有L金表期间,不慎将该金表损坏,送冯某修理。王某不愿交付修理费3万元,冯某随即将L金表留置。王某表示愿意向冯某提供价值5万元的H名牌包作为担保,换回L金表,但被冯某以其不需要H名牌包为由拒绝。

问　题

1. 如果2018年4月,钱一愿意配合孙某办理A旺铺的过户手续,两人能否请求不动产登记机构直接基于《转让协议》办理移转登记?为什么?

2. 如果丙在2021年12月向张三主张债权,此时丙的抵押权效力如何?为什么?

3. 张三能否取得M轿车的所有权?为什么?

4. 丁的质权是否设立?为什么?

5. 如果丁的质权未能有效设立,保证人戊将250万元借款的本息向丁进行了全额清偿,戊能否向戊进行追偿?为什么?

6. 若冯某明知L金表上设有质权,仍将L金表留置,其是否享有优先受偿权?为什么?

7. 冯某能否拒绝王某以H名牌包换回L金表的诉求?为什么?

解题思路

1. 本问题考查继承不动产和转让不动产所产生的登记问题。《民法典》第230条规定:“因继承取得物权的,自继承开始时发生效力。”第232条规定:“处分依照本节规定享有的不动产物权,依照法律规定需要办理登记的,未经登记,不发生物权效力。”《物权编解释(一)》第8条规定:“依据民法典第二百二十九条至第二百三十一条规定享有物权,但尚未完成动产交付或者不动产登记的权利人,依据民法典第二百三十五条至第二百三十八条的规定,请求保护其物权的,应予支持。”根据上述规定,非基于法律行为发生的物权变动,只要发生法律规定的事实,就会发生物权变动,权利人虽未办理登记或者交付,但仍可享有物权请求权。但是物权人处分该物权时,依照法律规定需要办理登记的,未经登记,不发生物权效力。该规定强制物权人处分物权时,必须办理登记手续,主要是基于维护交易秩序和交易安全的考量。

本案中,2018年1月,钱一因继承取得A旺铺的所有权,但其一直未办理移转登记,使得不动产登记簿记载的权利人仍然为钱一父亲。由于钱一尚未办理移转登记,将权利人变更为自己,钱一将A旺铺转让给孙某的行为不能产生物权效力。不动产登记机构亦不能直接基于《转让协议》办理A旺铺的移转登记。同时,基于连续登记之原则,只有经过继承宣示登记,将A旺铺不动产登记簿记载的权利人由钱一父亲变为钱一,不动产登记机构才能为钱一将A旺铺出卖给孙某的行为办理相应的处分登记。

2. 本问题考查的是抵押权行使期间问题。《民法典》第419条规定:“抵押权人应当在主债权诉讼时效期间行使抵押权；未行使的，人民法院不予保护。”抵押权属于支配权，并非请求权的范围，更非债权请求权的范围，如将抵押权纳入诉讼时效的规制范围，无疑有违民法原理。抵押权本无期间限制，该规定只是基于抵押权的从属性而就主债权诉讼时效届满对抵押权的影响，并不是抵押权消灭的情形。对于《民法典》第419条的理解，理论和实务中产生了胜诉权丧失说、时效抗辩权发生说和抵押权消灭说等观点。《担保制度解释》第44条第1款规定：“主债权诉讼时效期间届满后，抵押权人主张行使抵押权的，人民法院不予支持；抵押人以主债权诉讼时效期间届满为由，主张不承担担保责任的，人民法院应予支持。主债权诉讼时效期间届满前，债权人仅对债务人提起诉讼，经人民法院判决或者调解后未在民事诉讼法规定的申请执行时效期间内对债务人申请强制执行，其向抵押人主张行使抵押权的，人民法院不予支持。”据此，司法解释采用了时效抗辩权发生说，即抵押人可以以主债权诉讼时效届满作为抗辩，而不承担担保责任。

本案中，2018年7月，张三向丙借款50万元，将A铺抵押给丙并办理抵押权登记手续；丙应在主债权诉讼时效期间内，即2021年7月前向张三主张债权和抵押权，但丙在2021年12月才向张三主张债权和抵押权，此时丙的抵押权仍然有效，只是抵押人张三享有了时效抗辩权，即抵押人可以以主债权诉讼时效届满作为抗辩，而不承担担保责任。

3. 本问题是对机动车等特殊动产的物权变动要件和善意取得要件的考查。《民法典》第228条规定：“动产物权转让时，当事人又约定由出让人继续占有该动产的，物权自该约定生效时发生效力。”占有改定是指通过使受让人取得对动产的间接占有，同时让与人对其所让与的动产成立直接占有的方式实现物权变动。实践中的问题是，当事人之间一项单纯的关于延期交付的约定都会落入《民法典》第228条之下，如关于履行期宽限之约定。从学理上解释，该约定必须是构成一项独立的合同，如租赁合同、借用合同或保管合同，受让人取得间接占有方能构成占有改定。本案中，2018年12月11日，周二将该M轿车出卖给吴某之后，双方约定由周二借用该轿车，30日之后再交付给吴某，这表明周二以占有改定的方式将M轿车交付给了吴某，M轿车的所有权已归吴某所有。《民法典》第224条规定：“动产物权的设立和转让，自交付时发生效力，但是法律另有规定的除外。”《民法典》第225条规定：“船舶、航空器和机动车等的物权的设立、变更、转让和消灭，未经登记，不得对抗善意第三人。”上述条文产生的争议是机动车等物权变动的效力究竟是交付时还是合同生效时起发生。多数说认为：虽然船舶、航空器和机动车等特殊动车的物权变动采取的是登记对抗主义，但交付仍是特殊动产物权变动的生效要件。本案中，虽然已经完成M轿车的过户登记手续，但周二并未向张三交付车辆。因此，尚未满足特殊动产物权变动的生效要件。《民法典》第311条第1款规定，“无处分权人将不动产或者动产转让给受让人的，所有权人有权追回；除法律另有规定外，符合下列情形的，受让人取得该不动产或者动产的所有权：（一）受让人受让该不动产或者动产时是善意；（二）以合理的价格转让；（三）转让的不动产或者动产依照法律规定应当登记的已经登记，不需要登记的已经交付给受让人”。《物权编解释（一）》第19条规定：“转让人将民法典第二百二十五条规定的船舶、航空器和机动车等交付给受让人的，应当认定符合民法典第三百一十一条第一款第三项规定的善意取得的条件。”据此，受让人构成善意取得需同时满足如下要件：（1）无处分权人处分他人动产或不动产；（2）受让人受让动产或不动产时出于善意；（3）有偿转让行为；（4）合理的价格；（5）必须完成法定的公示方法。本案中，周二将本属于吴某的M轿车赠与张三,周二与张三之间系属于赠与法律关系,不满足有偿转让的要件;而周二也并未向张三交付车辆,不满足特殊动产物权变动的公示要件,故无法构成《民法典》第311条规定之善意取得。因此,张三无法取得M轿车的所有权。

4. 本题考查质权善意取得的构成要件问题。《民法典》第311条第3款规定:“当事人善意取得其他物权的,参照适用前两款规定。”动产质权的善意取得构成要件具有一定的特殊之处,善意取得动产质权不要求具备“以合理的价格受让”这一要件,因为质押合同属于单务、无偿合同。原《担保法解释》第84条曾对质权的善意取得作出规定,即“出质人以其不具有所有权但合法占有的动产出质的,不知出质人无处分权的质权人行使质权后,因此给动产所有人造成损失的,由出质人承担赔偿责任”。该条规定可以作为参考。

本案中,2018年12月31日,周二当场将已经出卖给吴某的M轿车交付给丁,完成了质物的现实交付,并且丁对吴某与周二之间的轿车买卖事宜毫不知情。丁可依善意取得之规定取得基于M轿车设定的质权。

5. 本问题考查混合共同担保中担保人之间的追偿权问题。保证人或第三物保人在承担责任后,能否向另外一方进行追偿是争议焦点问题。学界形成了“肯定说”、“否定说”和“折中说”等不同观点。《担保制度解释》第13条对同一债务有数个第三人担保时是否构成共同担保以及担保人之间有无互相追偿权的问题进行了规定。该条采纳了“否定说”,即只有在担保人对相互追偿具有明确约定或具有共同担保的意思联络时,才可认定追偿权存在。除此之外,均不得认为担保人之间享有追偿权。该条是对《民法典》第392、699条关于混合共同担保和共同保证中保证人与物上担保人之间、保证人之间可否相互追偿的补充解释。

本案中,连带保证人戊和抵押人戌都对周二的250万元借款提供了担保,但是戊和戌之间并未对相互追偿事宜进行约定,也未约定承担连带共同担保,更没有在同一份合同书上签字、盖章或者按指印,故不存在担保人之间可以相互追偿的情形。因此,虽然保证人戊代周二就250万元借款的本息向丁全额进行了清偿,戊却不能向戌行使内部追偿权。

6. 本问题考点为质权与留置权的竞合关系。《民法典》第456条规定:“同一动产上已设立抵押权或者质权,该动产又被留置的,留置权人优先受偿。”在同一动产上,无论留置权是产生于质权之前还是之后,留置权的效力都是优先于质权的,即留置权对质权的优先效力不受其产生时间的影响。另外,留置权对质权的优先效力也不受留置权人在留置动产时是善意还是恶意的影响。所谓“善意”,是指留置权人对同一动产已存在的质权不知情。所谓“恶意”,仅指留置权人对同一动产已存在的质权知情,而非恶意串通。留置权产生的基础是公平原则,在适用留置权规则的许多情况下,留置权人一般使被留置动产的价值得以保全,并且留置权人的债权与被留置动产的价值相比往往是微不足道的。在这种情况下,仅以留置权人知道或应当知道该动产上存在质权就否定其优先效力,对留置权人而言并不公平。本案中,虽然冯某明知L金表上设有质权,但其将L金表留置后,仍然享有优先受偿权。留置权对质权的优先效力并不受冯某在留置动产时是善意还是恶意的影响。

7. 本问题考查留置权消灭的问题。《民法典》第457条规定:“留置权人对留置财产丧失占有或者留置权人接受债务人另行提供担保的,留置权消灭。”据此,当债务人另行提供的担保被债权人接受时才可以发生留置权消灭的效果。但如果债务人另行提供了担保而债权人拒不接受时应该怎样处理,法律没有明确规定。一般而言,债务人另行提供的担保以价值相当为必要，只要债务人提供的担保依客观价值能够保证债权的清偿，留置权人就不能拒绝债务人另行提供的担保。

本案中，冯某无权拒绝王某换回L金表的请求。修理费总金额为3万元，王某愿意向冯某提供价值5万元的H名牌包作为留置物以换回L金表，在王某另行提供的担保物价值远高于债权价值的情况下，债权人和留置权人冯某应当接受，否则对王某而言有失公平。

当事人之间法律关系如图1-4所示。

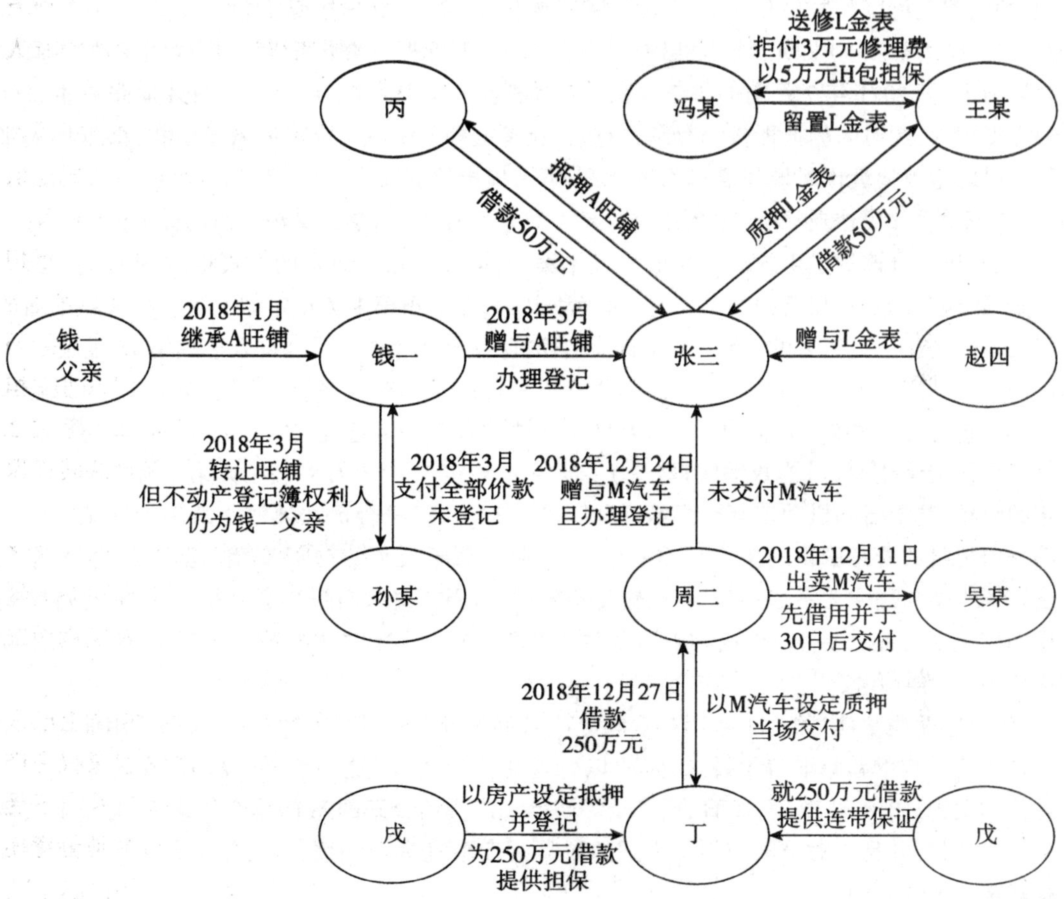

图1-4 当事人之间法律关系

答题要点

1. 不能。《民法典》第230条规定："因继承取得物权的，自继承开始时发生效力。"2018年1月，钱一因继承取得A旺铺的所有权。但因其一直未办理移转登记，使得不动产登记簿记载的权利人仍然为钱一父亲。《民法典》第232条规定："处分依照本节规定享有的不动产物权，依照法律规定需要办理登记的，未经登记，不发生物权效力。"本案中，钱一尚未办理移转登记将不动产登记簿记载的权利人变更为自己，故钱一将A旺铺转让给孙某的行为不能产生物权效力。不动产登记机构不能直接基于《转让协议》而办理不动产权属的移转登记。同时，基于连续登记之原则，只有经过继承宣示登记，不动产登记机构才能为钱一将A旺铺出卖给孙某的行为办理相应的处分登记。

2. 丙的抵押权仍然有效，但抵押人张三享有了时效抗辩权。《民法典》第419条规定："抵押权人应当在主债权诉讼时效期间行使抵押权；未行使的，人民法院不予保护。"关于该条中"人民法院不予保护"的含义，学界产生了胜诉权丧失说、时效抗辩权发生说和抵押权消灭说等观点。根据《担保制度解释》第44条第1款的规定，最高人民法院采用了时效抗辩权发生说，即抵押人可以以主债权诉讼时效届满作为抗辩，而不承担担保责任。本案中，2018年7月，张三向丙借款50万元，将A旺铺抵押给丙并办理抵押权登记手续；丙应在主债权诉讼时效期间内，即2021年7月前向张三主张债权和抵押权，但丙在2021年12月才向张三主张债权和抵押权，此时丙的抵押权仍存续并有效，只是抵押人张三享有了时效抗辩权，即抵押人张三可以以主债权诉讼时效届满作为抗辩，而不承担担保责任。

3. 不能。《民法典》第228条规定："动产物权转让时，当事人又约定由出让人继续占有该动产的，物权自该约定生效时发生效力。"本案中，周二以占有改定的方式将M轿车交付给了吴某，M轿车的所有权已归吴某所有。《民法典》第311条第1款规定，"无处分权人将不动产或者动产转让给受让人的，所有权人有权追回；除法律另有规定外，符合下列情形的，受让人取得该不动产或者动产的所有权：(一)受让人受让该不动产或者动产时是善意；(二)以合理的价格转让；(三)转让的不动产或者动产依照法律规定应当登记的已经登记，不需要登记的已经交付给受让人。"《物权编解释(一)》第19条规定："转让人将民法典第二百二十五条规定的船舶、航空器和机动车等交付给受让人的，应当认定符合民法典第三百一十一条第一款第三项规定的善意取得的条件。"本案中，周二将本属于吴某的M轿车赠与张三，周二与张三之间属于赠与法律关系，不满足有偿转让的要件；而周二也未向张三交付车辆，不满足特殊动产物权变动的公示要件，故无法构成《民法典》第311条规定之善意取得。因此，张三无法取得M轿车的所有权。

4. 是。《民法典》第311条第3款规定："当事人善意取得其他物权的，参照适用前两款规定。"动产质权的善意取得不要求具备"以合理的价格受让"这一要件，以动产交付为构成要件。本案中，2018年12月31日，周二当场将已经出卖给吴某的M轿车交付给丁，完成了质物的现实交付，并且丁对吴某与周二之间的轿车买卖事宜毫不知情，丁可依据善意取得规则取得基于M轿车的质权。

5. 不能。《担保制度解释》第13条规定："同一债务有两个以上第三人提供担保，担保人之间约定相互追偿及分担份额，承担了担保责任的担保人请求其他担保人按照约定分担份额的，人民法院应予支持；担保人之间约定承担连带共同担保，或者约定相互追偿但是未约定分担份额的，各担保人按照比例分担向债务人不能追偿的部分。同一债务有两个以上第三人提供担保，担保人之间未对相互追偿作出约定且未约定承担连带共同担保，但是各担保人在同一份合同书上签字、盖章或者按指印，承担了担保责任的担保人请求其他担保人按照比例分担向债务人不能追偿部分的，人民法院应予支持。除前两款规定的情形外，承担了担保责任的担保人请求其他担保人分担向债务人不能追偿部分的，人民法院不予支持。"本案中，连带保证人戊和抵押人戌对周二的250万元借款提供了担保，但是戊和戌之间并未对相互追偿事宜进行约定，也未约定承担连带共同担保，更没有在同一份合同书上签字、盖章或者按指印，故不存在担保人之间可以相互追偿的情形。因此，虽然保证人戊将 250 万元借款的本息向丁全额进行了清偿，戊却不能向戌行使追偿权。

6. 冯某享有优先受偿权。《民法典》第 456 条规定："同一动产上已经设立抵押权或者质权，该动产又被留置的，留置权人优先受偿。"留置权对质权的优先效力不受留置权人在留置动产时是善意还是恶意的影响。虽然冯某明知 L 金表上设有质权，但其将 L 金表留置后，仍然能享有优先受偿权。

7. 冯某无权拒绝王某换回 L 金表的请求。《民法典》第 457 条规定："留置权人对留置财产丧失占有或者留置权人接受债务人另行提供担保的，留置权消灭。"本案中，修理费总金额为 3 万元，王某愿意向冯某提供价值 5 万元的 H 名牌包作为担保以换回 L 金表，在王某另行提供的担保物价值远高于债权价值的情况下，留置权人冯某应当接受，否则对王某而言有失公平。

扩展分析 混合共同担保内部追偿权的问题

《民法典》第 392 条规定："被担保的债权既有物的担保又有人的担保的，债务人不履行到期债务或者发生当事人约定的实现担保物权的情形，债权人应当按照约定实现债权；没有约定或者约定不明确，债务人自己提供物的担保的，债权人应当先就该物的担保实现债权；第三人提供物的担保的，债权人可以就物的担保实现债权，也可以请求保证人承担保证责任。提供担保的第三人承担担保责任后，有权向债务人追偿。"该条所确立的具体适用规则为：当事人有约定的，按照约定实现债权。当事人没有约定或者约定不明确，债务人自己提供物保的，债权人应当先就该物保实现债权。"约定不明确"系指债权人和担保人对物保人（此情形下是债务人）、保证人担保债权的份额、范围或顺序等约定不清楚、不确定。当事人没有约定或者约定不明确，第三人提供物保的，债权人可以就物保实现债权，也可以要求保证人承担保证责任。提供担保的第三人承担担保责任后，有权向债务人追偿。

在理论上和实务中的争议焦点是保证人或第三物保人在承担责任后，能否向另外一方进行追偿。主流学者认为肯定混合共同担保追偿权更具合理性，主要理由是：其一，符合公平正义理念。混合共同担保中的担保人追偿权主要是基于公平而产生的规则。在混合共同担保中，债权人不行使担保物权而直接请求保证人承担责任，若不肯定追偿权，与人民朴素的法感情、公平观念有较大出入。其二，有助于分散风险，从而鼓励担保。其三，有助于防止道德风险。若否定追偿权，则很可能出现某一担保人与债权人恶意串通损害其他担保人利益的现象，如债务人请某人以其房产提供物保后，又邀请他人提供保证，并与提供物保的担保人恶意串通，请求保证人承担全部责任，导致该保证人濒临破产。其四，符合域外立法的通行做法。在大陆法系国家，基于公平的考量，多数域外立法均肯定了追偿这一点。从具体规则上看，如果有约定从约定，没有约定的原则上按照担保人人数平摊分担，例外情形下应按比例分摊。

《九民纪要》第 56 条规定：被担保的债权既有保证又有第三人提供的物的担保的，原《担保法解释》第 38 条明确规定，承担了担保责任的担保人可以要求其他担保人清偿其应当分担的份额。但原《物权法》第 176 条并未作出类似规定，根据原《物权法》第 178 条关于"担保法与本法的规定不一致的，适用本法"的规定，承担了担保责任的担保人向其他担保人追偿的，人民法院不予支持,但担保人在担保合同中约定可以相互追偿的除外。

《担保制度解释》第13条对担保人之间的追偿权作出明确规定:“同一债务有两个以上第三人提供担保,担保人之间约定相互追偿及分担份额,承担了担保责任的担保人请求其他担保人按照约定分担份额的,人民法院应予支持;担保人之间约定承担连带共同担保,或者约定相互追偿但是未约定分担份额的,各担保人按照比例分担向债务人不能追偿的部分。同一债务有两个以上第三人提供担保,担保人之间未对相互追偿作出约定且未约定承担连带共同担保,但是各担保人在同一份合同书上签字、盖章或者按指印,承担了担保责任的担保人请求其他担保人按照比例分担向债务人不能追偿部分的,人民法院应予支持。除前两款规定的情形外,承担了担保责任的担保人请求其他担保人分担向债务人不能追偿部分的,人民法院不予支持。”根据上述规定,在混合共同担保的内部追偿规则上,担保人之间可以相互追偿的具体情形包括以下四种:一是担保人之间约定相互追偿及分担份额。二是担保人之间约定相互追偿但是未约定分担份额。三是担保人之间约定承担连带共同担保。四是担保人之间未对相互追偿作出约定且未约定承担连带共同担保,但是各担保人在同一份合同书上签字、盖章或者按指印。否则,保证人或物保人承担担保责任后对其他担保人没有追偿权。

05 CASE 担保制度(二)

——甲公司与乙公司、江汉农商银行等动产担保纠纷案

案例指引

本案例围绕动产添附、动产担保法律关系中动产质权与未登记动产抵押权的关系、浮动抵押、购买价金担保权以及留置权人设定质押等问题展开,对分析动产担保物权纠纷案件具有参考意义。

案　情

2019年3月31日,张某在参加当地举办的婚博会时,购买了参展商家甲珠宝加工公司(以下简称甲公司)裸钻一颗,价值5000元,委托甲公司按照其选定的款式,将裸钻加工成钻石项链,定制项链所需的其他材料由甲公司提供。张某支付订金1000元,后续费用待项链制作完成并交付时再结算。

2019年4月9日,甲公司为扩展业务,与江汉农商银行签订了《贷款协议》,双方约定:贷款金额为600万元,借款期限为2年。同时,江汉农商银行同意以甲公司现有的以及将有的生产设备、原材料、半成品、产品作为抵押物设定抵押,为上述600万元贷款提供担保。《动产抵押合同》签订后,双方于2019年4月10日办理了动产抵押登记。

2019年5月11日,甲公司因拓展业务需要,从乙精密机械制造公司(以下简称乙公司)购买了A、B、C三套设备,并于当日交付。双方约定购买设备的价款于设备试运转1年内支付。为担保价款的履行,甲公司与乙公司约定以A、B、C三套设备作为抵押物,签订了《动产抵押合同》,并于2019年5月18日办理了抵押登记。

2019年6月20日,甲公司将发生故障的A套设备送去丙修理公司(以下简称丙公司)进行检修。因甲公司拖欠修理费用,丙公司将A套设备扣留。之后,丙公司见甲公司长期拖欠修理费用,其资金链也出现紧张,便未经甲公司同意于2019年7月1日将A套设备抵押给丁小贷公司(以下简称丁公司),但未办理抵押登记,从而获得贷款200万元以维持业务运营。丁公司对A套设备的所有权不属于丙公司并不知情。

2019年7月3日,丙公司法定代表人李某因投资失败而无力偿债,见甲公司送来修理的A套设备一直未取回,便将该设备质押给其债权人刘某,并于当日将该设备交付给刘某。刘某对A套设备的所有权不属于李某并不知情。

问　题

1. 如果在甲公司钻石项链制作完成后,张某无正当理由拒不支付材料和加工款项合计8000元,甲公司可以向法院提出何种诉讼请求?

2. 甲公司以其现有的及将有的生产设备等动产为江汉农商银行的贷款设立的抵押权是否成立?为什么?

3. 乙公司的动产抵押权与江汉农商银行的抵押权何者效力优先?为什么?

4. 丙公司的留置权是否设立?丁公司的抵押权是否设立?如果均已设立,则丙公司的留置权与丁公司的抵押权何者效力优先?为什么?

5. 刘某的质权是否设立?如果质权已设立,其与丁公司的抵押权何者效力优先?为什么?

解题思路

1. 本问题考查添附、承揽合同和留置权等相关考点。《民法典》第770条规定:"承揽合同是承揽人按照定作人的要求完成工作,交付工作成果,定作人支付报酬的合同。承揽包括加工、定作、修理、复制、测试、检验等工作。"本案即属承揽合同中的委托加工情形。《民法典》第782条第1句规定,"定作人应当按照约定的期限支付报酬"。甲公司按照张某要求完成加工后,张某即负有按照约定支付报酬的义务,甲公司同时应向张某交付该项链。本案中,张某无正当理由拒绝向甲公司支付报酬,法院可以依据上述法律规定作出同时履行的判决,判决张某向甲公司支付剩余报酬,甲公司向张某交付该项链。

《民法典》第783条规定:"定作人未向承揽人支付报酬或者材料费等价款的,承揽人对完成的工作成果享有留置权或者有权拒绝交付,但是当事人另有约定的除外。"本案中,张某无正当理由拒绝支付报酬,甲公司可以对项链行使留置权,故若甲公司主张行使留置权,就拍卖、变卖该项链的所得价款优先受偿,法院应予支持。

本案的难点在于是否适用添附制度。添附制度旨在确定基于侵权行为、无因管理、不当得利、不可抗力或其他自然力因素导致不同所有人的财产结合在一起,或不能分离,或无法识别,或分离致损严重情形下物之归属,并解决添附物所有权之归属和关系人之间利益之调和与维护的问题。从设置添附制度的国家和地区的立法上看,鲜有将当事人的合意情形适用于添附的;尽管理论上对添附的性质存在不同的认识,但添附为非民事法律行为则是定论。因此,基于添附导致的物权变动,就只能依非基于民事法律行为的物权变动规则处理。《民法典》第322条规定:"因加工、附合、混合而产生的物的归属,有约定的,按照约定;没有约定或者约定不明确的,依照法律规定;法律没有规定的,按照充分发挥物的效用以及保护无过错当事人的原则确定。因一方当事人的过错或者确定物的归属造成另一方当事人损害的,应当给予赔偿或者补偿。"

本案中,张某拒绝支付报酬引发的是承揽合同的违约救济问题,应无添附制度适用的余地。甲公司与张某之间存在承揽合同关系,应当依该合同的约定和解释规则来确定该钻石项链的最终归属，从承揽合同的订立目的和钻石项链的价值超过其他材料的价值来看，钻石项链应归张某所有。

2. 本问题考查动产浮动抵押的设立规则。《民法典》第 396 条规定："企业、个体工商户、农业生产经营者可以将现有的以及将有的生产设备、原材料、半成品、产品抵押，债务人不履行到期债务或者发生当事人约定的实现抵押权的情形，债权人有权就抵押财产确定时的动产优先受偿。"《民法典》第 403 条规定："以动产抵押的，抵押权自抵押合同生效时设立；未经登记，不得对抗善意第三人。"甲公司符合设立动产浮动抵押的主体要求，并且以动产设立抵押不以登记为生效要件，合同生效即可设立抵押权，因此该抵押权成立。

3. 本问题考查购买价金担保权。《民法典》第 416 条规定："动产抵押担保的主债权是抵押物的价款，标的物交付后十日内办理抵押登记的，该抵押权人优先于抵押物买受人的其他担保物权人受偿，但是留置权人除外。"购买价金担保权是指在购买价金担保物上设立的为担保购买价金偿付义务履行的动产担保权。"购买价金担保物"是指担保由其引起的"购买价金债务"的物品。"购买价金债务"是指债务人因购买担保物的全部或部分而引起的价金债务。"购买价金担保物"与"购买价金债务"共同构成了购买价金担保权的完整意义。购买价金担保物权的典型特征是担保的主债权是标的物的购买价金。只要在交付后 10 日内进行购买价金抵押权的登记，相比于抵押人设立的其他意定担保物权，该购买价金担保权便具有优先性，即该购买价金担保权优先于其他登记在先的担保物权，亦即购买价金担保权在规定的 10 日宽限期内进行登记便能获得优先于浮动抵押权的顺位。

本案中，甲公司与乙公司约定以三套设备作为抵押物来担保设备的价款，并且在标的物交付后 10 日内办理了抵押登记，乙公司的动产抵押权获得了优先于江汉农商银行浮动抵押权的顺位，故乙公司的动产抵押权效力优先于江汉农商银行的动产浮动抵押权效力。

4. 本问题考查留置权的成立、留置权人设定抵押、抵押权的善意取得、留置权人设定抵押时留置权与抵押权竞存等规则。关于留置权的成立，《民法典》第 447 条第 1 款规定："债务人不履行到期债务，债权人可以留置已经合法占有的债务人的动产，并有权就该动产优先受偿。"《民法典》第 448 条规定："债权人留置的动产，应当与债权属于同一法律关系，但是企业之间留置的除外。"《民法典》第 449 条规定："法律规定或者当事人约定不得留置的动产，不得留置。"本案中，留置权的成立应具备以下要件：其一，丙公司基于修理关系已经合法占有甲公司的设备；其二，甲公司拖欠修理费，丙公司的债权已届清偿期；其三，丙公司基于修理关系取得该设备的占有与其取得对甲公司的债权属于同一法律关系；其四，该设备并无法定或约定不得留置之情形；其五，留置该设备并不违反公序良俗。结合本案的情形，在甲公司拒绝支付修理费用的情况下，丙公司即有权留置甲公司的设备。

关于留置权人设定抵押问题，根据《民法典》第 311 条第 3 款的规定，当事人善意取得其他物权的，参照适用善意取得所有权的规定。通说认为，抵押权善意取得的特殊之处在于，抵押合同为单务、无偿合同，善意取得动产抵押权不要求具备"以合理的价格转让"这一要件，并且在设定动产抵押权时，不以"登记"或者"交付"为构成要件，合同生效即可设立抵押权。本案中丙公司作为留置权人无设立抵押权之权限，属于无权处分，丙、丁公司间存在设立抵押权之合意且丁公司符合主观善意要求，满足抵押权善意取得的条件，故丁公司的抵押权设立。

在留置权人自行设立抵押权的情形下，如果经留置物所有权人同意，留置权人为自己的债务而为其债权人设定抵押权，抵押权可为有效，发生留置权与抵押权竞存，在此情形下，抵押权的效力优先于留置权。因为留置权人是抵押权所担保债权的债务人，留置权人的行为表明其将留置权放在较抵押权次要的位置，所以留置权人的权利不能优于抵押权人的权利。在未经留置物所有权人同意的情形下，也可能发生后续抵押权人善意取得抵押权的情况，如果第三人构成善意取得，则抵押权的效力应优先于留置权。结合本案，丁公司善意取得抵押权，故丁公司的抵押权优先于丙公司的留置权。

5. 本问题考查质权的善意取得、动产质权与未登记动产抵押权的竞存规则。我国承认动产质权善意取得制度。根据《民法典》第 311 条第 3 款的规定，当事人善意取得其他物权的，参照适用善意取得所有权的规定。质权善意取得的特殊之处在于，质押合同为单务、无偿合同，善意取得动产质权不要求具备“以合理的价格转让”这一要件，动产质权的善意取得以动产交付为构成要件，但占有改定的交付方式不发生动产质权的善意取得。本案中李某作为留置权人丙公司的法定代表人并无处分 A 套设备的权限，属于无权处分，李某与刘某之间存在设立质押权之合意，该设备已交付于刘某且刘某符合主观善意要求，因此满足善意取得质权的要件，刘某的质权设立。

对于同一动产上存在动产质权与未登记动产抵押权竞存的情形，《民法典》第 415 条规定：“同一财产既设立抵押权又设立质权的，拍卖、变卖该财产所得的价款按照登记、交付的时间先后确定清偿顺序。”因动产质权采占有公示生效主义，办理完毕占有公示手续的动产质权已经设立，但动产抵押权采登记公示对抗主义，未办理完毕登记公示手续的抵押权虽已设立，但不能对抗第三人。此种情形之下，一种办理完毕公示手续，另一种未办理完毕公示手续。按照《民法典》第 415 条的规定，可以认定已经办理完毕公示手续的优先于未办理完毕公示手续的。本案中，丁公司的抵押权尚未登记，因此效力劣后于刘某的质权。

当事人之间的法律关系如图 1－5 所示。

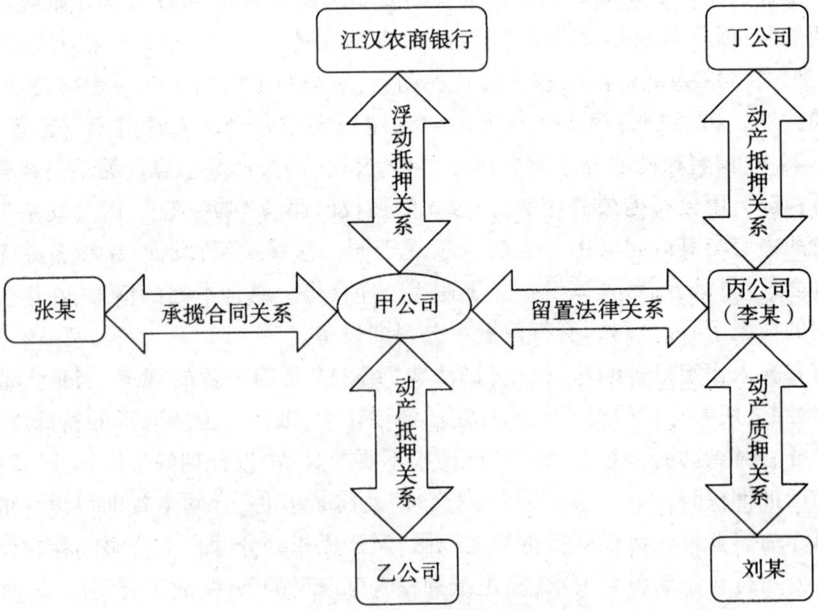

图 1－5　当事人之间的法律关系

答题要点

1. 甲公司可以提出如下诉讼请求。

(1)甲公司请求向张某交付钻石项链,张某向甲公司支付剩余款项。甲公司与张某之间成立承揽合同,甲公司负有按张某的要求加工并交付钻石项链的义务,张某也负有按约定支付价金的义务。甲公司将钻石项链制作完成后,张某无正当理由拒不支付材料费和加工款项构成违约,甲公司可要求张某承担违约责任。若甲公司依据《民法典》第577条规定的"当事人一方不履行合同义务或者履行合同义务不符合约定的,应当承担继续履行、采取补救措施或者赔偿损失等违约责任",将张某诉至法院,要求张某支付相关款项,此时法院可以依据上述法律规定作出同时履行的判决,判决张某向甲公司支付剩余报酬,甲公司向张某交付该项链。

(2)根据《民法典》第783条规定的"定作人未向承揽人支付报酬或者材料费等价款的,承揽人对完成的工作成果享有留置权或者有权拒绝交付,但是当事人另有约定的除外",甲公司可据此对该钻石项链行使留置权。根据《民法典》第453条的规定,甲公司应通知张某在不少于60日的期限内支付报酬以及其他应付价款,逾期仍不履行的,承揽人可以与债务人协议将留置的工作成果折价,也可以依法拍卖、变卖该工作成果,以所得价款优先受偿。故甲公司可诉至法院,请求依法拍卖、变卖该钻石项链,并以所得价款优先受偿。

2. 甲公司以其现有的及将有的生产设备等动产为江汉农商银行的贷款设立的抵押权已经成立。根据《民法典》第396条和第403条的规定,经当事人书面协议,甲公司可以现有的以及将有的生产设备、原材料、半成品、产品设定动产浮动抵押,该动产浮动抵押权自抵押合同生效时设立,不以登记为设立要件。

3. 乙公司的动产抵押权优先于江汉农商银行的动产浮动抵押权。乙公司的动产抵押权担保的是其买卖合同标的物的价款,属于购买价金担保权。动产抵押权自抵押合同生效之时设立,故其成立时间为2019年5月11日,又因其在2019年5月18日办理了抵押登记,符合《民法典》第416条中规定的"动产抵押担保的主债权是抵押物的价款,标的物交付后十日内办理抵押登记的,该抵押权人优先于抵押物买受人的其他担保物权人受偿"情形,故乙公司的动产抵押权优先于江汉农商银行成立在先的动产浮动抵押权。

4. 丙公司的留置权已经设立。甲公司将发生故障的A套设备送去丙公司维修却未支付修理费,符合留置权设立的相关规定:其一,丙公司基于修理关系已经合法占有甲公司的A套设备;其二,甲公司拖欠修理费,丙公司的债权已届清偿期;其三,丙公司基于修理关系取得对A套设备的占有与其取得对甲公司的债权属于同一法律关系;其四,该设备并无法定或约定不得留置之情形;其五,留置该设备并不违反公序良俗。所以,丙公司可以根据《民法典》第447条的规定,留置其已经合法占有的A套设备。

丁公司的抵押权已经设立。留置权人未经债务人同意,不得随意处分留置财产,所以丙公司未经甲公司同意将其留置的A套设备抵押给丁公司的行为属于无权处分,但是由于丁公司不知该设备的所有权不属于丙公司,属于善意受让人,根据《民法典》第311条第3款的规定,当事人善意取得其他物权的,可以参照适用善意取得所有权的规定,所以丁公司的抵押权已经设立。

丁公司的抵押权优先于丙公司的留置权。留置权人是抵押权所担保债权的债务人，留置权人的行为表明其将留置权放在较抵押权次要的位置，所以留置权人的权利不能优于抵押权人的权利。虽然丙公司未经留置物所有权人同意设定了抵押权，但在丁公司善意取得抵押权的情形下，抵押权的效力应优先于留置权。

5. 刘某的质权已设立。善意取得质权的要件有：出质人合法占有质押物、无权处分行为、质押物已完成交付和质权人善意且无重大过失。丙公司基于合同关系有权占有A套设备，丙公司法定代表人李某即有权占有，但无权处分该设备；李某就该设备为刘某设立质权；该设备已交付给刘某；刘某对A套设备的所有权不属于李某不知情，刘某属于善意且无重大过失。故质权已合法设立，刘某可依据《民法典》第311条第3款关于善意取得的规定取得质权。

刘某的质权优先于丁公司的抵押权。丁公司的动产抵押权未办理登记，而刘某的动产质权已设立，根据《民法典》第415条的规定，质权有效设立，抵押权未办理登记的，质权优先于抵押权。故刘某的质权优先于丁公司的抵押权。

扩展分析｜购买价金担保权的优先效力规则

在处理动产抵押权和其他担保物权的关系时，《民法典》第416条规定了购买价金担保权的优先效力规则。《民法典》第416条规定："动产抵押担保的主债权是抵押物的价款，标的物交付后十日内办理抵押登记的，该抵押权人优先于抵押物买受人的其他担保物权人受偿，但是留置权人除外。"

购买价金担保权是指在购买价金担保物上设立的为担保购买价金偿付义务履行的动产担保权。"购买价金担保物"是指担保由其引起的"购买价金债务"的物品。"购买价金债务"是指债务人因购买担保物的全部或部分而引起的价金债务。"购买价金担保物"与"购买价金债务"共同构成了购买价金担保权的完整意义。《担保制度解释》将购买价金担保权在实践中的运用区分为两种情形：一是债务人在设定动产浮动抵押后又购入新的动产时，为担保价款的支付而在该动产上为出卖人设定抵押权；二是在动产买卖中，买受人通过赊购取得动产后立即为他人设定担保物权，出卖人为担保价款支付而在该动产上设定抵押权。第一种情形主要是解决中小企业在将现有的和将有的动产设定浮动抵押后的再融资能力问题，因为如果动产浮动抵押设定在前且已经办理登记，则抵押人新购入的动产也将自动成为浮动抵押权的客体，即使买受人在新购入的动产上为担保价款债权实现而为出卖人设定了抵押权，但由于该抵押权登记在后，根据《民法典》第414条关于担保物权清偿顺序的规定，出卖人的交易安全也无法获得有效保障，从而影响出卖人与抵押人进行交易的积极性。购买价金担保权旨在打破《民法典》第414条的清偿顺序，赋予后设立的抵押权优先于先设立的浮动抵押权的效力，从而增强了抵押人的再融资能力，具有正当性。

《民法典》第416条主要解决的是浮动抵押担保的"绝对效力/位势垄断"问题。在浮动抵押合同中，必然存在"嗣后获得财产条款"，约定抵押人嗣后获得的财产当然进入浮动抵押财产，浮动抵押权人对嗣后获得的财产享有抵押权。若仅依据一般的"先登记者优先"的顺位规则，一旦债务人的财产上负担浮动抵押权，债务人将难以再从任何人处获得融资，将严重阻碍融资活动的开展并可能使浮动抵押人陷入经济困境，进而影响浮动抵押权人的利益。因此，为平衡“先登记者优先”的顺位规则在浮动抵押情形下造成的权利失衡，便创设了购买价金担保物权优先的例外情形，即购买价金担保权在规定的宽限期内进行登记便能获得优先于浮动抵押权的顺位。《担保制度解释》对购买价金抵押权的适用范围进行了扩张且对其顺序进行了规定，其第57条规定：“担保人在设立动产浮动抵押并办理抵押登记后又购入或者以融资租赁方式承租新的动产，下列权利人为担保价款债权或者租金的实现而订立担保合同，并在该动产交付后十日内办理登记，主张其权利优先于在先设立的浮动抵押权的，人民法院应予支持：（一）在该动产上设立抵押权或者保留所有权的出卖人；（二）为价款支付提供融资而在该动产上设立抵押权的债权人；（三）以融资租赁方式出租该动产的出租人。买受人取得动产但未付清价款或者承租人以融资租赁方式占有租赁物但是未付清全部租金，又以标的物为他人设立担保物权，前款所列权利人为担保价款债权或者租金的实现而订立担保合同，并在该动产交付后十日内办理登记，主张其权利优先于买受人为他人设立的担保物权的，人民法院应予支持。同一动产上存在多个价款优先权的，人民法院应当按照登记的时间先后确定清偿顺序。”

06 CASE 债务承担与侵权责任

——焦某与甲旅行社、乙旅行社旅游侵权纠纷案

案例指引

本案例以最高人民法院公报案例为蓝本，围绕免责的债务承担、侵权责任和违约责任的竞合、旅游辅助服务者、格式条款的效力、安全保障义务、侵权法中的过错、被帮工人的侵权损害赔偿责任等问题展开，对分析此类案件具有参考意义。

案　情

2021 年 11 月 15 日，焦某与甲旅行社签订了《外地旅游合同》一份。该合同约定：焦某购买甲旅行社所销售的外地旅游服务，游览点为南国，行程共计 10 晚 11 日，团费为 4560 元。合同订立后，焦某依约向甲旅行社缴纳了 4560 元的团费。

后来，甲旅行社在未征得焦某同意的情况下，擅自将焦某的旅游服务项目转包给具有资质的乙旅行社，约定由乙旅行社履行《外地旅游合同》中的旅游服务义务，甲旅行社退出与焦某的旅游服务合同关系。自 2021 年 11 月 21 日旅游行程开始之日起，焦某即由乙旅行社组团到外地旅游。

在南国南谷游玩时，乙旅行社与不具有运营资质的南国巴士公司签订合同，约定由南国巴士公司提供运送旅客的服务。2021 年 11 月 26 日 23 时许，焦某等人乘坐由南国巴士公司安排的旅游车在返回南谷途中发生严重交通事故。该起交通事故造成 1 人死亡，焦某等多人受伤，旅游车驾驶员负全部责任。事发后，焦某被送往南国当地医院治疗，伤情被诊断为：脾破裂、左锁骨闭合性骨折、胸腔积血、腰椎压缩性骨折等。焦某回乡后，于 2021 年 12 月 7 日入住 A 医院治疗 17 天，后又入院行摘除肩部钢板手术，住院 30 天。

经鉴定：焦某脾切除构成八级伤残；腰 1 椎体 1/3 以上压缩性骨折构成十级伤残；肋骨骨折构成十级伤残；左上肢功能部分丧失构成十级伤残；误工期限为 8 个月；护理期限为 6 个月；营养期限为 6 个月。

出院后，焦某向法院提起侵权之诉，请求甲旅行社与乙旅行社连带赔偿医疗费、残疾赔偿金等合计 522,437.16 元。

诉讼过程中，乙旅行社辩称，发生交通事故是驾驶员的过错所致，焦某的损失应由南国巴士公司承担赔偿责任，自己不应承担侵权责任。

甲旅行社辩称，根据《外地旅游合同》第 15 条的约定，焦某的人身权益受损系因第三人的行为导致的，符合免责情形，自己不应当承担责任。此外，自己虽未经

焦某同意便将焦某的旅游服务项目转包给乙旅行社，但该转让行为只是违约行为，并非侵权行为。旅游业务是否转让与交通事故及损害后果的产生之间并无因果关系，自己不应承担侵权责任。

经查明，《外地旅游合同》第15条约定："由于第三方侵害等不可归责于旅行社的原因导致旅游者人身权益受损的，本旅行社不承担赔偿责任。"该条所采用的字体大小、颜色均明显区别于其他条款，容易辨认，且焦某承认其在订立合同的过程中，甲旅行社的工作人员对该条款的内容进行了提示和说明。

焦某住院期间，其好友丁照顾焦某，为答谢丁的照顾之情，焦某在结束自己与旅行社的诉讼后，主动提出为好友丁无偿修缮漏水的房屋，丁提出，焦某身体刚恢复，便拒绝了焦某的提议，但当焦某于丁家中做客时，他又主动提出为丁修缮房顶，在修缮房顶过程中，焦某不慎坠楼造成自身残疾。焦某要求丁承担侵权损害赔偿责任，丁予以拒绝，焦某近亲属随即殴打丁，导致丁死亡，后查明，丁患有怪症，轻伤即可导致丁死亡，但正常情况下焦某近亲属的殴打行为不至于引发丁的死亡。

问　题

1. 焦某可否请求驾驶员、南国巴士公司承担损害赔偿责任？为什么？

2. 诉讼过程中，乙旅行社辩称，发生交通事故是驾驶员的过错所致，焦某的损失应由南国巴士公司承担赔偿责任，自己不应承担责任，该主张是否成立？为什么？

3. 焦某能否请求乙旅行社承担违约责任？为什么？

4. 诉讼过程中，甲旅行社辩称，根据《外地旅游合同》第15条的约定，焦某的人身权益受损系因第三人的行为导致的，符合免责情形，自己不应当承担责任。该主张是否成立？为什么？

5. 焦某能否请求甲旅行社承担侵权责任？为什么？

6. 若焦某以乙旅行社为被告提起诉讼，法官追加甲旅行社为共同被告，在诉讼中，焦某放弃对甲旅行社的诉讼请求，要求乙旅行社就自己所遭受的全部损害承担赔偿责任。焦某的主张是否成立？

7. 焦某可否请求丁承担侵权损害赔偿责任？

8. 丁近亲属请求殴打丁的焦某近亲属承担侵权损害赔偿责任，但焦某近亲属主张，自己无法预见丁会因自己的殴打而死亡，故拒绝就丁的死亡结果承担侵权损害赔偿责任。焦某近亲属的主张是否成立？

解题思路

1. 要判断焦某能否请求驾驶员、南国巴士公司承担损害赔偿责任，首先应明确焦某、驾驶员和南国巴士公司之间的关系。材料中，驾驶员为南国巴士公司的雇员，南国巴士公司为用人单位，二者之间存在劳动关系。驾驶员未能安全驾驶造成交通事故，导致焦某的人身权益受到损害，根据《民法典》第1191条第1款"用人单位的工作人员因执行工作任务造成他人损害的，由用人单位承担侵权责任……”的规定，南国巴士公司作为用人单位，应承担侵权责任。

2. 乙旅行社在选择南国巴士公司时，未能尽到注意义务以审查南国巴士公司是否具有资质，存在过失，客观上提升了焦某损害发生的可能性，乙旅行社仍应当对焦某承担侵权损害赔偿责任。

3. 要判断乙旅行社是否需要承担违约责任，首先需要判断焦某和乙旅行社之间是否存在合同关系。材料中，焦某与甲旅行社签订了《外地旅游合同》，二者之间成立旅游服务合同关系。后甲旅行社未经焦某同意，擅自将自己的旅游服务义务转让给乙旅行社，对于这一债务移转行为的效力，应适用《民法典》第 551 条第 1 款的规定：“债务人将债务的全部或者部分转移给第三人的，应当经债权人同意。”甲旅行社的擅自转包行为，未取得债权人焦某的同意，不发生债务移转的法律效果。故焦某与乙旅行社之间不存在合同关系，焦某不能请求乙旅行社承担违约责任。

4. 判断甲旅行社的主张是否成立，关键是要判断《外地旅游合同》第 15 条的效力如何。《外地旅游合同》第 15 条系由甲旅行社单方提供的格式条款，判断该格式条款的效力，需要从以下层面进行分析：首先，判断提供格式条款的一方是否履行了提示和说明义务。对此，应适用《民法典》第 496 条第 2 款的规定：“……提供格式条款的一方未履行提示或者说明义务，致使对方没有注意或者理解与其有重大利害关系的条款的，对方可以主张该条款不成为合同的内容。”本案中，《外地旅游合同》第 15 条所采用的字体大小、颜色均明显区别于其他条款，容易辨认，且在订立合同的过程中甲旅行社的工作人员对焦某就相关内容进行了提示和说明，应当认定该条款属于合同内容。

其次，判断该格式条款是否具备法定无效事由。对此，《民法典》第 497 条规定：“有下列情形之一的，该格式条款无效：(一)具有本法第一编第六章第三节和本法第五百零六条规定的无效情形；(二)提供格式条款一方不合理地免除或者减轻其责任、加重对方责任、限制对方主要权利；(三)提供格式条款一方排除对方主要权利。”《外地旅游合同》第 15 条免除了甲旅行社的安全保障义务和赔偿责任，限制了焦某的主要权利。此外，按照《民法典》第 506 条第 1 项的规定，合同中免除造成对方人身损害责任的条款无效，故《外地旅游合同》第 15 条应被认定为无效条款。按照最高人民法院《关于审理旅游纠纷案件适用法律若干问题的规定》第 10 条第 2 款的规定：“旅游经营者擅自将其旅游业务转让给其他旅游经营者，旅游者在旅游过程中遭受损害，请求与其签订旅游合同的旅游经营者和实际提供旅游服务的旅游经营者承担连带责任的，人民法院应予支持。”本案中，甲旅行社存在擅自将其旅游业务转让给其他旅游经营者的行为，鉴于合同中格式条款对甲旅行社免责的约定无效，故甲旅行社仍应当承担损害赔偿责任。因此，甲旅行社的主张并不成立。

5.《民法典》第 1165 条第 1 款规定：“行为人因过错侵害他人民事权益造成损害的，应当承担侵权责任。”一般侵权责任的构成要件包括侵权行为、过错、损害和因果关系，欠缺任何一个构成要件，都无法构成一般侵权责任。材料中，甲旅行社实施了擅自转团行为，焦某在受让人乙旅行社提供旅游服务的过程中人身权益受到侵害，焦某的人身权益受损，系南国巴士公司的侵权行为导致的。甲旅行社将合同义务转让给具有相应资质的乙旅行社，通常不会导致焦某人身权益受损的结果。焦某的人身权益受损，系南国巴士公司、乙旅行社的侵权行为导致的，与甲旅行社的转包行为之间不存在因果关系。因此，甲旅行社的侵权责任不成立，焦某不能请求甲旅行社承担侵权责任。

6.《民法典》第520条第2款规定："部分连带债务人的债务被债权人免除的，在该连带债务人应当承担的份额范围内，其他债务人对债权人的债务消灭。"《人身损害赔偿司法解释》第2条第1款规定："赔偿权利人起诉部分共同侵权人的，人民法院应当追加其他共同侵权人作为共同被告。赔偿权利人在诉讼中放弃对部分共同侵权人的诉讼请求的，其他共同侵权人对被放弃诉讼请求的被告应当承担的赔偿份额不承担连带责任。责任范围难以确定的，推定各共同侵权人承担同等责任。"在本案中，赔偿权利人焦某放弃对连带责任人甲旅行社的债权，在焦某放弃的范围内，其他连带责任人乙旅行社无需承担损害赔偿责任，因而焦某要求乙旅行社就自己所遭受的全部损害承担赔偿责任的主张并不成立。

7.《人身损害赔偿司法解释》第5条第1款规定："无偿提供劳务的帮工人因帮工活动遭受人身损害的，根据帮工人和被帮工人各自的过错承担相应的责任；被帮工人明确拒绝帮工的，被帮工人不承担赔偿责任，但可以在受益范围内予以适当补偿。"本案中，被帮工人丁明确拒绝焦某的帮工行为，故不应承担侵权损害赔偿责任，但可在受益范围内进行适当补偿。

8.焦某近亲属的主张并不成立。在受害人特殊体质案件中，尽管侵权人无法预见到受害人存在特殊体质，并由此产生严重的损害后果，但侵权行为的风险是由侵权人所引发的，如果认为可以受害人存在特殊体质为由而减轻侵权人的损害赔偿责任，那么存在特殊体质的受害人在日常生活中将承担更重的注意义务，这有悖于人格平等原则。

当事人之间的法律关系如图1－6所示。

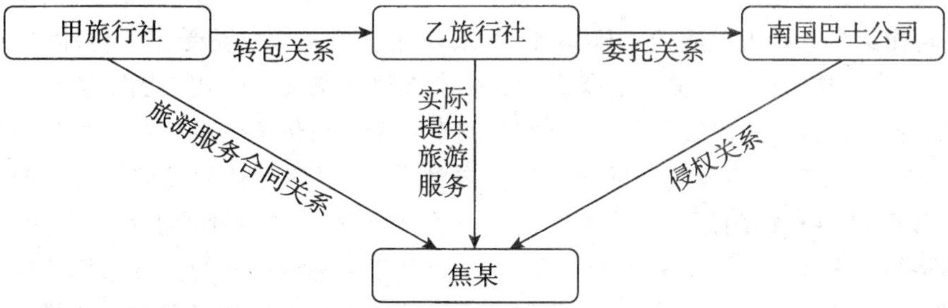

图1－6　当事人之间的法律关系

答题要点

1.焦某不能请求驾驶员承担赔偿责任，但可以请求南国巴士公司承担赔偿责任。本案中，驾驶员与南国巴士公司之间存在劳动关系，驾驶员未能安全驾驶造成交通事故，导致焦某的人身权益受到损害，根据《民法典》第1191条第1款"用人单位的工作人员因执行工作任务造成他人损害的，由用人单位承担侵权责任……"的规定，南国巴士公司作为用人单位，应承担侵权责任。

2.该主张不成立。乙旅行社作为实际提供旅游服务的旅游经营者，对焦某负有安全保障义务，南国巴士公司受乙旅行社的委托，协助乙旅行社提供运送旅客服务，乙旅行社在选任南国巴士公司时，未能尽到合理的注意义务，客观上提升了焦某发生损害的可能性，存在过失侵权行为，造成焦某损害，乙旅行社应当向焦某承担侵权损害赔偿责任。

3. 焦某不能请求乙旅行社承担违约责任。焦某与甲旅行社签订了《外地旅游合同》，甲旅行社擅自将自己的旅游服务义务转让给乙旅行社，且未取得债权人焦某的同意，根据《民法典》第 551 条第 1 款的规定，该行为不发生债务移转的法律效果。故焦某与乙旅行社之间不存在合同关系，焦某不能请求乙旅行社承担违约责任。

4. 该主张不成立。《外地旅游合同》第 15 条系由甲旅行社单方提供的格式条款。根据《旅游法》第 71 条第 2 款、最高人民法院《关于审理旅游纠纷案件适用法律若干问题的规定》第 7 条第 1 款的规定，旅游经营者对旅游者负有法定的安全保障义务，违反该义务造成旅游者权益受损的，应当承担损害赔偿责任。《外地旅游合同》第 15 条不合理地免除了甲旅行社的安全保障义务和赔偿责任，限制了焦某的主要权利，属于《民法典》第 497 条第 2 项规定的无效事由。此外，按照《民法典》第 506 条第 1 项的规定，免除造成对方人身损害责任的合同条款无效，因而，《外地旅游合同》第 15 条应被认定为无效。根据最高人民法院《关于审理旅游纠纷案件适用法律若干问题的规定》第 10 条第 2 款的规定，旅游经营者擅自将其旅游业务转让给其他旅游经营者，旅游者在旅游过程中遭受损害的，其可请求与其签订旅游合同的旅游经营者和实际提供旅游服务的旅游经营者承担连带责任。本案中，甲旅行社存在擅自将其旅游业务转让给其他旅游经营者的行为，鉴于合同中格式条款对甲旅行社免责的约定无效，故甲旅行社仍应当承担损害赔偿责任。

5. 焦某不可请求甲旅行社承担侵权责任。第一，甲旅行社对损害后果的发生不存在主观过错。甲旅行社实施转包行为，不存在侵害焦某人身权益、财产权益的主观故意；甲旅行社将合同义务转让给具有相应资质的乙旅行社，并未增加焦某人身权益受损的可能性，主观上不存在过失。第二，转团行为与损害后果之间也不存在民法意义上的相当因果关系。甲旅行社将合同义务转让给具有相应资质的乙旅行社，通常不会导致焦某人身权益受损的结果。焦某的人身权益受损，系南国巴士公司的侵权行为导致的，与甲旅行社的转包行为之间不存在因果关系。因此，甲旅行社的侵权责任不成立，焦某不能请求甲旅行社承担侵权责任。

6. 焦某的主张并不成立。按照最高人民法院《关于审理旅游纠纷案件适用法律若干问题的规定》第 10 条第 2 款的规定，甲旅行社和乙旅行社应当针对焦某所受损害承担连带赔偿责任，按照《民法典》第 520 条第 2 款的规定，在债权人免除部分连带债务人的债务时，其他连带债务人在被免除的范围内对债权人的债务消灭，焦某免除了甲旅行社所应承担的赔偿责任，在甲旅行社被免除的责任范围内，乙旅行社无须承担损害赔偿责任，因而焦某要求乙旅行社就自己所遭受的全部损害承担赔偿责任的主张，并不成立。

7. 不可以。按照《人身损害赔偿司法解释》第 5 条第 1 款的规定，若无偿提供劳务的帮工人因帮工活动遭受人身损害，那么在被帮工人明确拒绝帮工时，应当否定被帮工人的侵权损害赔偿责任。本案中，被帮工人丁已经明确拒绝焦某提供帮工，因而焦某无权请求丁承担侵权损害赔偿责任，但可以请求丁在受益范围内进行适当补偿。

8. 焦某近亲属的主张并不成立。侵权人对自己的侵权行为承担损害赔偿责任，所需满足的重要条件是侵权人具有过错，侵权行为与损害结果之间具有因果关系，过错意味着侵权人预见到自己的行为可能对受害人造成损害，但并未采取措施避免损害的发生，或者按照一般理性人的标准，能够预见到自己的行为会造成受害人损失，但却并未预见到，循此标准，本案中的侵权人对于丁死亡的结果并不存在过错，但民法在受害人特殊体质案件中，并不考虑侵权人对于受害人特殊体质无法预见这一因素，因而，焦某近亲属仍应承担侵权损害赔偿责任。

扩展分析 旅游辅助服务者

旅游辅助服务者，是指与旅游经营者存在合同关系，协助旅游经营者履行旅游合同义务，实际提供交通、游览、住宿、餐饮、娱乐等旅游服务的人。在包价旅游合同中，旅游经营者通常会承诺向旅游者提供包含吃、住、行等多个方面的服务内容，但实际提供服务的主体往往是旅游经营者委托的交通、餐饮、住宿等旅游辅助服务者。因此，旅游辅助服务者虽非旅游合同的当事人，但其对于旅游合同目的能否实现以及旅游者的人身安全、财产安全起着举足轻重的作用。司法实践中，因旅游辅助服务者的原因造成旅游者人身权益、财产权益受损的纠纷日益增多，处理该类纠纷的基本规则为：

首先，旅游者可以向旅游经营者主张违约责任，但不能向旅游辅助服务者主张违约责任。按照传统民法理论，旅游辅助服务者的角色可定位为旅游经营者的履行辅助人。所谓履行辅助人，是指基于债务人的意思而事实上为债务履行之人。履行辅助人的履行行为应视为债务人的履行行为，当履行辅助人的履行行为不符合合同约定时，债务人构成违约，应承担违约责任。履行辅助人与债权人之间不存在合同关系，根据合同相对性原则，履行辅助人无须承担违约责任。具体到旅游关系中，旅游辅助服务者根据旅游经营者的意思，辅助旅游经营者履行旅游合同义务，是旅游经营者的履行辅助人。当旅游辅助服务者的履行行为不符合合同约定时，旅游经营者应承担违约责任，旅游辅助服务者不承担违约责任。

其次，旅游者可以向旅游辅助服务者主张侵权责任。最高人民法院《关于审理旅游纠纷案件适用法律若干问题的规定》第 7 条第 1 款规定："旅游经营者、旅游辅助服务者未尽到安全保障义务，造成旅游者人身损害、财产损失，旅游者请求旅游经营者、旅游辅助服务者承担责任的，人民法院应予支持。"旅游辅助服务者对旅游者负有安全保障义务，其违反该义务造成旅游者人身权益和财产权益受损的，应对旅游者承担侵权责任。

最后，旅游经营者和旅游辅助服务者之间成立不真正连带责任关系。《旅游法》第 71 条第 2 款规定："由于地接社、履行辅助人的原因造成旅游者人身损害、财产损失的，旅游者可以要求地接社、履行辅助人承担赔偿责任，也可以要求组团社承担赔偿责任；组团社承担责任后可以向地接社、履行辅助人追偿……"据此，旅游者既可以选择对旅游辅助服务者提起诉讼，请求其承担侵权赔偿责任；也可以选择对旅游经营者提起诉讼，请求其承担违约责任，旅游经营者承担责任后有权向旅游辅助服务者追偿。

07
CASE

合同权利义务的终止与转让(一)

——“欣欣小区”系列合同纠纷案

案例指引

本案例以最高人民法院的公报案例和指导性案例为蓝本,围绕合同法律关系中的合同解除关系、合同变更关系、情势变更原则、担保关系、债权让与关系、债务承担关系,公司法律关系中的股权转让关系,《企业破产法》中的别除权以及《民事诉讼法》中的强制执行财产范围等展开,对解决合同解除、股权转让、公司破产和强制执行过程中遇到的问题具有参考意义。

案　情

2010年4月3日,陈某与言某合开了一家银河公司(有限责任公司),言某未实际缴纳出资。2010年4月20日,银河公司与新月公司签订《建设工程施工合同》,将其厂区建设工程发包给新月公司承建,并约定竣工日期为2011年5月20日,工程款分期支付。2010年6月8日,陈某与言某签订股权转让协议,协议中约定言某将享有的公司股权无偿转让给陈某。2011年2月11日,银河公司未按合同约定支付工程款,致使工程停工。因银河公司不能清偿到期债务,2013年9月4日,法院裁定受理了银河公司债权人对银河公司提出的破产申请。2013年11月20日,新月公司向银河公司的破产管理人申报债权并主张工程款优先受偿权。

2015年3月10日,新月公司与星星公司订立合作开发欣欣小区房地产合同,主要卖点拟为“A小学学区房,交通方便,环境优美”(A小学为该地区公认的教学质量最好的小学)。但在开发筹备过程中,新月公司一直怠于履行自己的主要义务,星星公司多次催促无果。2015年5月8日,新月公司收到星星公司发来的通知1:鉴于你公司怠于履行主要义务,若在后续合作中不做改正,我方将终止与你方的合作。2015年7月3日,新月公司收到星星公司发来的通知2:鉴于你公司怠于履行主要义务,我方决定终止合同。

与新月公司合作无果,2015年8月5日,星星公司与阳阳公司订立了欣欣小区房地产项目的建设工程施工合同。同时,星星公司、阳阳公司与赵某签署履约保证书,载明如果阳阳公司违约,担保人赵某需向星星公司赔偿其因此而蒙受的损失。阳阳公司为了赚取更多利润,在修建房屋的过程中擅自采用部分不符合约定的劣质建筑材料。星星公司之后发现阳阳公司施工存在质量问题,必须进行修复,该开发项目工期因而延误。后因其他原因,双方在2016年8月19日协议解除合同并签订《解除合同协议》,但并未就因工期延误以致双方蒙受的直接损失另行协商达成一致。2016年9月28日,星星公司向赵某发出《索赔通知》:保函约定的担保事由现已发生,通知你方依据保函赔偿因阳阳公司违约造成的损失共计100万元(该100万元为星星公司的实际损失)。

2016年12月3日,欣欣小区的房屋正式对外出售。钱某为了自己的孩子能到A小学上学,一直都在等待欣欣小区的房屋开售。开售当天,钱某在欣欣小区售楼处抢购到1套住房,在订立合同时特别约定:星星公司保证欣欣小区住房为A小学学区房。该套房屋于2016年12月15日完成房产登记。2017年1月25日,教育部门发布《更改校区分片的决定》,其中,欣欣小区对应的小学变更为B小学。

孙某也在开售当天抢购到欣欣小区的1套住房,以按揭方式支付价款,并约定如因政策变动导致首付增加,需买方自行筹款。2016年12月4日,当地政府为了稳定房价,要求增加购买第二套房的首付比例。孙某购买的这套住房恰好是第二套,其手中并无余钱可以用来支付增加的首付,只好找到好友李某,向其借款20万元,同时孙某、李某与刘某签订《保证合同》,约定刘某对该笔借款承担连带保证责任。在《保证合同》中还约定孙某与李某若要变更主合同的有关条款,应征得保证人刘某的同意。2016年12月30日,李某因欠张某20万元,便将对孙某享有的20万元债权转让给张某,李某未将此变动告知孙某和刘某。2017年1月4日,孙某因某些情况需要将对李某负担的20万元债务转移给王某,孙某于当日获得李某的同意。王某到期无法偿还李某的债务,除一份以王某自己为投保人和被保险人的分红型人寿保险单之外,王某再无其他财产。

欣欣小区的业主委员会与奇奇物业公司于2017年3月7日签订物业服务合同,合同期限为3年,合同未约定解除合同条件。2018年2月24日,该小区业主大会认为物业服务存在重大缺陷,按照法定程序作出解聘奇奇物业公司的决定,之后业主委员会向物业公司发出解除合同通知,物业公司在2018年3月12日提出小区业主大会无权单方决定解除物业服务合同的异议并向法院提起诉讼。

问　题

1. 陈某与言某签订的无偿转让股权协议是否属于赠与合同?为什么?

2. 银河公司破产时,新月公司能否就厂房建设工程的折价或拍卖的价款主张优先受偿权?为什么?

3. 星星公司与新月公司之间的房地产合作开发合同何时解除?为什么?

4. 赵某能否拒绝星星公司的索赔请求?为什么?

5. 钱某能否以情势变更为由请求解除合同?为什么?

6. 在孙某转让债务之前,李某将债权转让给张某后,刘某还需承担保证责任吗?为什么?

7. 孙某与王某之间的债务承担能否生效?为什么?

8. 李某能否向法院申请强制执行王某所投保的人寿保险单的保单现金价值?为什么?

9. 物业公司的异议能否得到法院支持?为什么?

解题思路

1. 材料中,陈某与言某所签订的股权转让协议的效力判断适用《公司法》第 84 条第 1 款的规定,“有限责任公司的股东之间可以相互转让其全部或者部分股权”。在章程没有限制的情形下,银河公司股东之间可以自愿转让股权,所以这份股权转让协议是合法有效的。在判断这份无偿转让股权协议是否为赠与合同时,适用《民法典》第 657 条的规定,“赠与合同是赠与人将自己的财产无偿给予受赠人,受赠人表示接受赠与的合同”。本案中,尽管言某尚未履行其出资义务,但《公司法规定(三)》第 18 条规定:“有限责任公司的股东未履行或者未全面履行出资义务即转让股权,受让人对此知道或者应当知道,公司请求该股东履行出资义务、受让人对此承担连带责任的,人民法院应予支持……受让人根据前款规定承担责任后,向该未履行或者未全面履行出资义务的股东追偿的,人民法院应予支持。但是,当事人另有约定的除外。”由此可知,股权转让并不当然伴随着出资义务的转让,言某仍然负有缴纳出资的义务。对转让协议是否为赠与合同的判断,应当着眼于转让行为本身,由于陈某系无偿取得股权的,未支付任何对价,故言某与陈某之间的股权转让合同是赠与合同。

2. 材料中因银河公司未能按合同约定支付工程款导致涉案工程停工,在判断新月公司是否享有优先受偿权时,适用《民法典》第 807 条的规定,“发包人未按照约定支付价款的,承包人可以催告发包人在合理期限内支付价款。发包人逾期不支付的,除根据建设工程的性质不宜折价、拍卖外,承包人可以与发包人协议将该工程折价,也可以请求人民法院将该工程依法拍卖。建设工程的价款就该工程折价或者拍卖的价款优先受偿”。新月公司对于厂区建设工程的折价或拍卖价款享有优先受偿权。由于建设工程的承包方的优先受偿权具有期限性,所以需要判断该优先受偿权是否已经经过除斥期间。根据最高人民法院《关于审理建设工程施工合同纠纷案件适用法律问题的解释(一)》第 41 条的规定,“承包人应当在合理期限内行使建设工程价款优先受偿权,但最长不得超过十八个月,自发包人应当给付建设工程价款之日起算”。本案中,银河公司无力支付工程价款导致合同实际终止履行,应当认定实际停工日期,即 2011 年 2 月 11 日为应当给付建设工程价款之日。新月公司于 2013 年 11 月 20 日申请优先受偿已超过最长 18 个月的期限,应当不予支持。

3. 材料中,星星公司与新月公司订立合作开发欣欣小区房地产合同后,新月公司怠于履行义务,在星星公司与新月公司对合同解除没有事前约定,也没有事后协商一致的情况下,判断星星公司是否享有解除权,适用《民法典》第 563 条的规定:“有下列情形之一的,当事人可以解除合同:……(三)当事人一方迟延履行主要债务,经催告后在合理期限内仍未履行……”当新月公司怠于履行主要义务时,星星公司首先向新月公司发送通知 1 催告新月公司尽快履行合同义务,虽然通知 1 中未明确限定新月公司履行义务的期限,但解除合同的通知 2 是在通知 1 送达 1 个多月之后送达的,可以认为新月公司是经催告后在合理期限内仍未履行主要义务,所以星星公司依法享有法定解除权。关于合同何时解除的问题,适用《民法典》第 565 条第 1 款的规定:“……合同自通知到达对方时解除……”星星公司发出的解除合同的通知 2 于 2015 年 7 月 3 日到达新月公司。所以,星星公司与新月公司之间的房地产合作开发合同于 2015 年 7 月 3 日解除。

4. 材料中，星星公司与阳阳公司之间签订的建设工程施工合同为主合同，星星公司、阳阳公司与赵某签订的《履约保证书》为从合同。关于主合同解除，作为从合同的保证合同效力如何的问题，《民法典》第 566 条第 3 款规定："主合同解除后，担保人对债务人应当承担的民事责任仍应当承担担保责任，但是担保合同另有约定的除外。"星星公司、阳阳公司与赵某签署的《履约保证书》并未对保证合同的效力作出例外约定，所以《履约保证书》仍有效，赵某应当按照《履约保证书》的规定履行担保义务。材料中，星星公司并未先行找债务人阳阳公司索赔，而是直接找担保人赵某索赔，关于赵某是否享有先诉抗辩权的问题，适用《民法典》第 686 条第 2 款的规定，"当事人在保证合同中对保证方式没有约定或者约定不明确的，按照一般保证承担保证责任"。由于《履约保证书》没有约定赵某承担保证责任的方式，故赵某承担一般保证责任。《民法典》第 687 条第 2 款规定："一般保证的保证人在主合同纠纷未经审判或者仲裁，并就债务人财产依法强制执行仍不能履行债务前，有权拒绝向债权人承担保证责任，但是有下列情形之一的除外：(一)债务人下落不明，且无财产可供执行；(二)人民法院已经受理债务人破产案件；(三)债权人有证据证明债务人的财产不足以履行全部债务或者丧失履行债务能力；(四)保证人书面表示放弃本款规定的权利。"主债务人阳阳公司并未存在上述例外情形，因此一般保证的保证人赵某享有先诉抗辩权，在主合同纠纷未经审判或者仲裁，并就主债务人阳阳公司财产依法强制执行仍不能履行债务前，有权拒绝向债权人星星公司承担保证责任。

5. 材料中，星星公司和钱某签订了一份商品房买卖合同，在订立合同时，星星公司保证欣欣小区住房为 A 小学学区房，但交房后不久，由于入学政策变更，欣欣小区住房不再为 A 小学学区房，关于材料中学区房的变更是否属于情势变更，适用《民法典》第 533 条的规定，"合同成立后，合同的基础条件发生了当事人在订立合同时无法预见的、不属于商业风险的重大变化，继续履行合同对于当事人一方明显不公平的，受不利影响的当事人可以与对方重新协商；在合理期限内协商不成的，当事人可以请求人民法院或者仲裁机构变更或者解除合同。人民法院或者仲裁机构应当结合案件的实际情况，根据公平原则变更或者解除合同"。一般家长在为孩子购买学区房的时候都会十分注意入学政策，入学政策的变化应当在家长购房的考虑之中，且材料中的房屋不是期房而是现房，所以欣欣小区对应的学校发生改变是当事人在订立合同时就应当预见的。欣欣小区对应的学校发生改变的情况发生在 2017 年 1 月 25 日，该套房屋完成房产登记的时间为房屋买卖合同履行完毕的时间是 2016 年 12 月 15 日，即情况变化发生在合同履行完成之后，而根据情势变更解除合同需要在合同履行完成前。所以，钱某不能以情势变更为由请求解除合同。

6. 材料中，债务人孙某、债权人李某与保证人刘某签订《保证合同》，明确约定变更主合同的有关条款，应征得保证人刘某的同意。合同变更的含义有广义和狭义之分，广义的合同变更包括合同内容变更和合同主体变更，狭义的合同变更则专指合同内容变更。从《民法典》合同编的立法体例来看，合同变更采取狭义概念，合同主体变更则属于合同转让，不是合同变更。故债权人李某转让债权给张某，无须征得保证人刘某同意。2016 年 12 月 30 日，李某将对孙某享有的 20 万元债权转让给张某，李某未通知保证人刘某，根据《民法典》第 696 条第 1 款的规定，"债权人转让全部或者部分债权，未通知保证人的，该转让对保证人不发生效力"，故该债权转让对保证人刘某不发生效力。因此，刘某对张某不承担保证责任。

7. 材料中，孙某向李某借钱，之后李某将该债权转让给张某，孙某将该债务转让给王某。关于孙某与王某之间的债务承担的效力问题，《民法典》第143条规定了民事法律行为有效的要件，即“行为人具有相应的民事行为能力；意思表示真实；不违反法律、行政法规的强制性规定，不违背公序良俗”。孙某与王某的债务承担符合民事法律行为有效的三要件。孙某将对李某负担的20万元债务转移给王某属于免责的债务承担，根据《民法典》第551条第1款的规定，“债务人将债务的全部或者部分转移给第三人的，应当经债权人同意”。债权人李某将对孙某享有的20万元债权转让给张某，而未将此变动告知孙某，根据《民法典》第546条第1款的规定，“债权人转让债权，未通知债务人的，该转让对债务人不发生效力”，该债权转让对债务人孙某不发生效力。所以，债务人孙某与王某之间的债务承担经债权人李某同意，该债务承担生效。

8. 我国立法目前并没有明确保单现金价值能否强制执行。现行法中规定强制执行范围的是《民事诉讼法》第253条第1款，“被执行人未按执行通知履行法律文书确定的义务，人民法院有权向有关单位查询被执行人的存款、债券、股票、基金份额等财产情况。人民法院有权根据不同情形扣押、冻结、划拨、变价被执行人的财产。人民法院查询、扣押、冻结、划拨、变价的财产不得超出被执行人应当履行义务的范围”。

赞同保单现金价值能被强制执行的观点认为：第一，分红型人寿保险虽以人的身体和生命为保险标的，但由于投保人可通过解除保险合同提取保单现金价值，故保险单本身具有储蓄性、有价性，为投保人所依法享有的财产权益，并构成投保人的责任财产，因此属于《民事诉讼法》第253条所确定的范围；第二，最高人民法院《关于人民法院民事执行中查封、扣押、冻结财产的规定》第3条对不得强制执行的财产进行了规定，而保单现金价值在法律性质上并不具有人身依附性和专属性，也不是被执行人及其所扶养家属所必需的生活物品和生活费用，不属于不得执行的财产。因此，保单现金价值能被强制执行。

反对保单现金价值能被强制执行的观点认为：保单现金价值产生的原因是人寿保险中的保险费收取方式采用平准保费制，保单现金价值实际上是预交的保险费，在投保人解除保险合同之前，其所有权归属于保险人，只要保险合同未被解除，便无法认定保单现金价值归属投保人所有，进而构成投保人自身的责任财产。因此，保单现金价值不属于《民事诉讼法》第253条规定的被执行人的财产，不能被强制执行。

9. 材料中，欣欣小区的业主大会要解除与奇奇物业公司订立的物业服务合同，物业服务合同为委托合同，关于欣欣小区的业主大会是否有权单方解除物业服务合同的问题，根据《民法典》第946条第1款的规定，“业主依照法定程序共同决定解聘物业服务人的，可以解除物业服务合同。决定解聘的，应当提前六十日书面通知物业服务人，但是合同对通知期限另有约定的除外”。欣欣小区业主大会按照法定程序作出解聘奇奇物业公司的决定，并由业主委员会向物业公司发出解除合同通知，在程序上没有瑕疵，其有权单方决定解除该物业服务合同，所以物业公司的异议不能得到法院支持。

当事人之间的法律关系如图1－7所示。

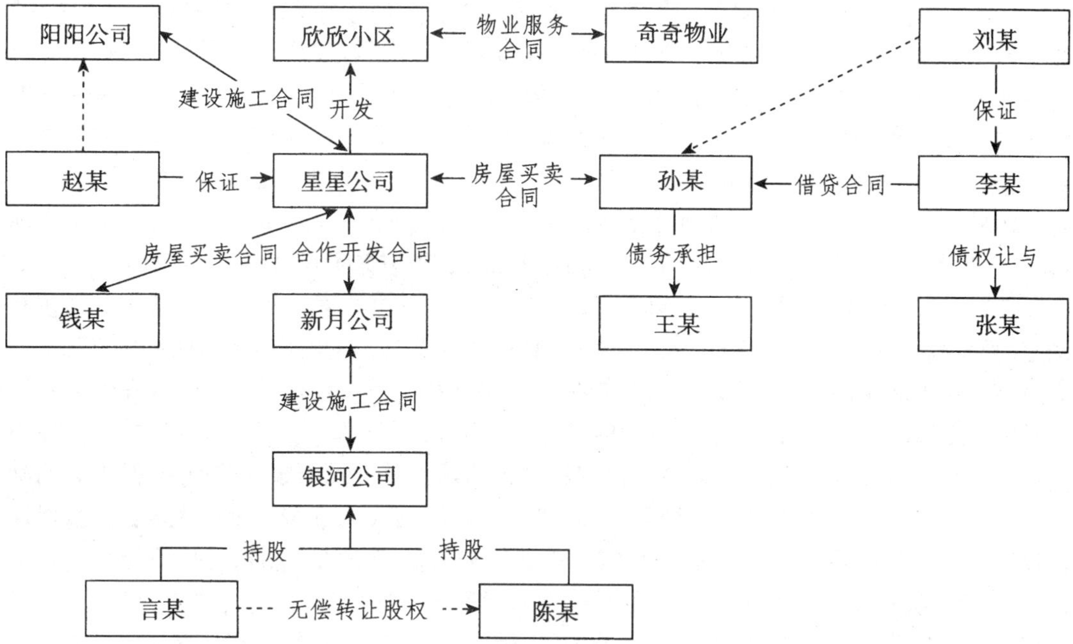

图1－7　当事人之间的法律关系

答题要点

1. 陈某与言某签订的无偿转让股权协议属于赠与合同。首先,该合同为陈某与言某基于真实意思表示所订立,且不违反《公司法》关于股权转让的规定,因而真实有效。其次,根据《公司法规定(三)》第18条第1款的规定:"有限责任公司的股东未履行或者未全面履行出资义务即转让股权,受让人对此知道或者应当知道,公司请求该股东履行出资义务、受让人对此承担连带责任的,人民法院应予支持……"股东转让股权后仍有义务履行出资义务,因此言某转让股权并不当然转让其出资义务。《民法典》第657条规定:"赠与合同是赠与人将自己的财产无偿给予受赠人,受赠人表示接受赠与的合同。"由于协议约定股权为无偿转让,陈某取得股权并未支付任何对价,故二者之间的无偿转让股权协议属于赠与合同。

2. 银河公司破产时,新月公司不能就厂房建设工程的折价或拍卖的价款主张优先受偿权。根据《民法典》第807条的规定,"发包人未按照约定支付价款的……建设工程的价款就该工程折价或者拍卖的价款优先受偿"。新月公司对于厂区建设工程的折价或拍卖价款享有优先受偿权。根据最高人民法院《关于审理建设工程施工合同纠纷案件适用法律问题的解释(一)》第41条的规定,"承包人应当在合理期限内行使建设工程价款优先受偿权,但最长不得超过十八个月,自发包人应当给付建设工程价款之日起算"。本案中,银河公司无力支付工程价款导致合同实际终止履行,应当认定实际停工日期,即2011年2月11日为应当给付建设工程价款之日。新月公司于2013年11月20日申请优先受偿已超过最长18个月的行使期限,因此不能就厂房建设工程的折价或拍卖的价款主张优先受偿权。

3. 星星公司与新月公司之间的房地产合作开发合同于2015年7月3日解除。本案中，新月公司迟延履行主要债务，经星星公司催告后在合理期限内仍未履行，根据《民法典》第563条的规定，星星公司享有法定解除权。根据《民法典》第565条第1款中的规定，当事人一方依法主张解除合同的，应当通知对方，合同自通知到达对方时解除。本案中，通知1的性质为催告，通知2为解除合同的通知。所以，新月公司收到通知2的时间为解除合同的时间。

4. 赵某有权拒绝星星公司的索赔请求。根据《民法典》第566条第3款的规定，"主合同解除后，担保人对债务人应当承担的民事责任仍应当承担担保责任，但是担保合同另有约定的除外"。星星公司、阳阳公司与赵某签署的《履约保证书》并未对保证合同的效力作出例外约定，所以《履约保证书》仍有效，赵某应当按照《履约保证书》的规定履行担保义务。又根据《民法典》第686条的规定，"保证的方式包括一般保证和连带责任保证。当事人在保证合同中对保证方式没有约定或者约定不明确的，按照一般保证承担保证责任"。《履约保证书》中只约定如果阳阳公司违约，担保人赵某需向星星公司赔偿其因此而蒙受的损失，并没有明确约定保证方式，因此赵某为一般保证人。再根据《民法典》第687条第2款的规定，"一般保证的保证人在主合同纠纷未经审判或者仲裁，并就债务人财产依法强制执行仍不能履行债务前，有权拒绝向债权人承担保证责任，但是有下列情形之一的除外：(一)债务人下落不明，且无财产可供执行；(二)人民法院已经受理债务人破产案件；(三)债权人有证据证明债务人的财产不足以履行全部债务或者丧失履行债务能力；(四)保证人书面表示放弃本款规定的权利"。主债务人阳阳公司并未存在上述例外情形，因此一般保证人赵某享有先诉抗辩权，在主合同纠纷未经审判或者仲裁，并就主债务人阳阳公司财产依法强制执行仍不能履行债务前，有权拒绝星星公司的索赔请求。

5. 钱某不能以情势变更为由请求解除合同。第一，根据《民法典》第533条的规定，情势变更应当为合同成立后，合同的基础条件发生了当事人在订立合同时无法预见的、不属于商业风险的重大变化。本案中的住房对应的学校发生改变是当事人在订立合同时就应当预见的，一般家长在为孩子购买学区房时都会十分注意入学政策，入学政策的变化应当在家长购房的考虑之中。第二，情势变更需发生在合同成立后履行完毕前，而本案中的变化发生在房屋买卖合同履行完毕之后。综上所述，钱某不能以情势变更为由请求解除合同。

6. 刘某对张某不承担保证责任，但依然对李某承担保证责任。从我国《民法典》合同编的立法体例来看，对合同变更采取的是狭义概念，专指合同内容的变更，主体变更则属于合同转让。故虽然《保证合同》明确约定若要变更主合同的有关条款，应征得保证人刘某的同意，但债权人李某转让债权给张某属于合同转让，无须征得保证人刘某同意。2016年12月30日，李某将对孙某享有的20万元债权转让给张某，李某未通知保证人刘某，根据《民法典》第696条第1款的规定，"债权人转让全部或者部分债权，未通知保证人的，该转让对保证人不发生效力"。故该债权转让对保证人刘某不发生效力。因此，刘某对张某不承担保证责任。

7. 孙某与王某之间的债务承担能够生效。《民法典》第143条规定了民事法律行为有效的要件，孙某与王某的债务承担符合民事法律行为有效的三要件。孙某将对李某负担的20万元债务转移给王某属于免责的债务承担，根据《民法典》第551条第1款的规定，"债务人将债务的全部或者部分转移给第三人的，应当经债权人同意"。债权人李某将对孙某享有的20万元债权转让给张某，而未将此变动告知孙某，根据《民法典》第546条第1款的规定，"债权人转让债权,未通知债务人的,该转让对债务人不发生效力”,该债权转让对债务人孙某不发生效力,故李某仍为债权人。所以,债务人孙某与王某之间的债务承担经债权人李某同意,该债务承担生效。

8.本题为开放性答案。

答案一:李某能向法院申请强制执行王某所投保的人寿保险单的保单现金价值。投保人可通过解除保险合同提取保单现金价值,保单现金价值是投保人的责任财产,因此,属于《民事诉讼法》第253条所确定的可以强制执行的财产范围。而且,保单现金价值在法律性质上并不具有人身依附性和专属性,也不是被执行人及其所扶养家属所必需的生活物品和生活费用,因而不属于最高人民法院《关于人民法院民事执行中查封、扣押、冻结财产的规定》第3条规定的不得执行的财产,可以被强制执行。

答案二:李某不能向法院申请强制执行王某所投保的人寿保险单的保单现金价值。保单现金价值实际上是投保人预交的保险费,在投保人解除保险合同之前,其所有权归属于保险人,因此,其不属于《民事诉讼法》第253条规定的被执行人的财产,不能被强制执行。

9.物业公司的异议不能得到法院支持。根据《民法典》第946条第1款的规定,“业主依照法定程序共同决定解聘物业服务人的,可以解除物业服务合同。决定解聘的,应当提前六十日书面通知物业服务人,但是合同对通知期限另有约定的除外”。欣欣小区的业主大会在经过法定程序作出解聘物业公司的决定之后便享有法定的任意解除权,有权单方决定解除该物业服务合同,所以物业公司的异议不能得到法院支持。

扩展分析　合同法定解除条件的判断

合同的法定解除是指合同成立后,履行完毕前,一方或者双方当事人因法律规定情形的发生可以单方解除合同,进而终止合同关系的制度。根据《民法典》第563条的规定,一共有五种情形可以使当事人享有法定合同解除权,分别是不可抗力、预期违约、迟延履行、其他违约行为和法律规定的其他情形,具体分析见表1-1。

表1-1　当事人享有法定解除权的情形

项目	适用情形	注意事项
不可抗力	自然灾害、社会异常事件、政府行为等造成合同目的不能实现的情况	1.一般在此种情况下,双方均享有法定解除权,但若不可抗力发生在一方迟延履行期间,迟延履行方不能以此为由要求解除合同或者免除违约金; 2.若合同目的只是暂时不能实现,不能解除合同,不可抗力事件消失后,应当继续履行合同
预期违约	当事人一方明确表示或者以自己的行为表明不履行主要债务的情况	1.当事人若在履行期限届满后明示或默示毁约,不是预期违约; 2.若当事人的不履行有正当理由,如行使同时履行抗辩权等,对方当事人不享有法定解除权

续表

项目	适用情形	注意事项
迟延履行	当事人一方迟延履行主要债务,经催告后在合理期限内仍未履行的情况	1. 该种情形适用于履行期限与合同目的没有紧密联系的合同; 2. 若对方迟延履行的为次要债务,则不能适用该规定
	当事人一方迟延履行债务致使不能实现合同目的情况	1. 该种情形适用于履行期限与合同目的有紧密联系的合同,如生日蛋糕、情人节礼物等买卖合同; 2. 若违反合同的次要债务也能导致合同目的不能实现,则可以适用该规定解除合同
其他违约行为	根本违约,导致合同目的不能实现的情况	此为兜底规定,一般结合具体案件分析,是法官自由裁量权的体现,在分析案件时,一般从合同履行程度、合同目的实现程度等方面综合判断是否属于根本违约
法律规定的其他情形	散见于《民法典》合同编,常见的有不定期租赁合同和委托合同的双方当事人均享有任意解除权,承揽合同的定作人、货运合同的托运人享有任意解除权等	由于合同的特殊性质,针对特定类型合同的特别法定解除权的产生有的不以根本违约甚至违约为条件,一方或双方当事人享有任意解除权

08
CASE

合同权利义务的终止与转让(二)

——东方公司、安达公司、嘉美公司等合同纠纷案

案例指引

本案例以最高人民法院指导性案例为蓝本,围绕民事合同法律关系中的合同变更与解除制度展开,对理解合同权利义务的变更与终止规则具有参考意义。

案　　情

东方化工有限责任公司(以下简称东方公司)为A市一家经营化工产品的企业。该公司股东张某欲将其所持的5%的股权转让给李某。2016年6月20日,张某与李某签订《股权转让资金分期付款协议》。双方约定:股权合计1000万元,分四期付清,每期支付250万元;此协议经双方签名生效,不得反悔。李某依约如期支付第一期股权转让款250万元,随后经东方公司到市场监督管理部门进行变更登记,张某所持有的5%的股权变更至李某名下。

2016年10月3日,因李某逾期未支付第二期股权转让款,张某旋即以李某根本违约为由向其送达了《解除协议通知书》。次日,李某支付了第二期转让款,并按照合同约定履行了后续2期转让款的支付义务。张某以已解除合同为由将4笔转让款全数退还给李某。

2017年3月1日,东方公司与安达股份有限公司(以下简称安达公司)签订《技术委托开发合同》,以改进东方公司现存的3座中型燃煤锅炉的脱硫技术。安达公司组建了技术团队,购置了相关设备与材料,进驻东方公司开展锅炉脱硫改造的工作。2017年4月10日,A市政府根据省政府《关于进一步加强污染物减排工作的意见》的要求,作出拆除A市所有中小型燃煤锅炉的行政决定。该技术委托开发合同的履行出现了障碍。

2017年6月1日,东方公司因订单量大幅增加,需扩大生产规模,故与嘉美建筑有限公司(以下简称嘉美公司)签订《建设工程合同》。约定在2017年9月1日前建成厂房2间;厂房交付后10日内东方公司支付嘉美公司工程款200万元;嘉美公司每迟延交付1日,支付违约金2000元。

2017年7月4日,东方公司发现正在修建的厂房墙体不直,存在安全隐患,后经调查又发现嘉美公司所派的建筑工人并不具备相关资质。东方公司遂与嘉美公司商议:拆除已建成部分,并由嘉美公司重新选派合格的工人继续该建设工程。嘉美公司表示接受,并提出工期需延长1个月,东方公司同意。嘉美公司于2017年

10 月 1 日交付 2 间厂房。经验收合格后，东方公司支付了 194 万元工程款，并向嘉美公司说明所扣除的 6 万元为迟延交付的违约金。

钟某为东方公司（成立于 2014 年 5 月，注册资本为人民币 8000 万元）的自然人股东，在公司设立时以货币出资 200 万元，持股比例为 2.5%，其担任东方公司的管理人员，后于 2016 年年底离职，到其他公司工作。2017 年 11 月 3 日，东方公司为扩大经营规模、提高公司的资信程度，召开全体股东会就公司增资扩股相关事宜进行表决，股东会上全体股东同意将公司注册资本从 8000 万元增至 1 亿元，持有 80% 表决权的股东同时通过了东方公司的增资方案，方案第 3 条规定"不在公司工作的股东，不能参与本次增资扩股"。

2018 年 1 月，东方公司的税后利润用于弥补上一年度亏损、提取法定公积金后仍有盈余。股东会于 2018 年 1 月 20 日通过了该年度具体分配方案，方案载明"上一年度的利润于 2018 年 2 月 28 日前按照股东实缴的出资比例进行分配"。决议生效后，董事会以所剩利润应当用于提取任意公积金为由拒绝在股东会决议确定的时间截止前分配利润。据悉，钟某自入股以来从未分得利润。

东方公司为美化办公环境，决定购置一批实木家具。2018 年 3 月 4 日，东方公司与红杉家具公司（以下简称红杉公司）签订了一份家具买卖合同。交付后，东方公司发现该批实木家具存在质量问题，影响美观和使用。

问　题

1. 张某是否有权解除合同？为什么？
2. 李某应当如何维护其合同权利？
3. 安达公司是否有权解除合同？为什么？
4. 安达公司是否有权要求东方公司承担违约损害赔偿责任？为什么？
5. 东方公司扣除违约金的行为是否合法？为什么？
6. 东方公司是否可以向嘉美公司请求赔偿？为什么？
7. 东方公司股东会的增资决议和增资方案第 3 条是否有效？为什么？
8. 董事会的做法是否合法？为什么？
9. 试分析钟某应当如何维护自身权利？
10. 东方公司可向红杉公司主张何种救济措施？

解题思路

1. 东方公司的原股东张某向李某转让股份，二人签订了《股权转让资金分期付款协议》，并在随后的合同履行过程中完成了市场监督管理部门的股权变更登记。由于案情没有详细交代李某是否为公司股东之外的其他人，以及转让的内部表决程序是否合法，故这两点不在探讨的范围之内，默认其不存在瑕疵。张某与李某签订的协议本质上属于股权转让合同，设问中问到张某是否可以解除合同，在阅读案情的基础上可排除二人约定解除、协议解除的情形，故仅需要判断张某是否享有《民法典》第 563 条规定的法定解除权。张某在李某未按期履行第二期股权转让款支付义务之后,未经催告旋即向李某送达了《解除协议通知书》,而李某于次日向张某支付了该笔转让款,因此不能认定李某存在《民法典》第 563 条第 1 款第 3 项规定的迟延履行行为。接下来,还要判断本案张某是否享有《民法典》第 634 条对于分期付款买卖规定的法定解除权,该条第 1 款规定:"分期付款的买受人未支付到期价款的数额达到全部价款的五分之一,经催告后在合理期限内仍未支付到期价款的,出卖人可以请求买受人支付全部价款或者解除合同。"张某在李某未按期履行第二期股权转让款义务之后,未经催告旋即向李某送达了《解除协议通知书》,而李某于次日向张某支付该笔转让款,因此张某也不具有对于分期付款买卖规定的法定解除权。对此,还可以从股权分期转让合同的属性、合同的目的能否实现、诚实信用原则、维护交易安全等角度进行衡量。首先,从股权分期转让协议的属性上看,股权分期转让合同难以被简单定性为分期付款买卖合同,因为股权是一种混合型权利,不完全等同于买卖合同的客体——所有权,其也不具备分期付款买卖合同主要以消费为目的的典型特征。其次,从合同的目的能否实现来看,李某迟延支付第二期股权转让款的行为不影响其依约履行剩余三期转让款的事实。李某也以其行为表明履行第二期转让款的意愿,因此双方的合同目的能够得到实现。最后,从诚信原则的角度看,《民法典》第 509 条第 1 款、第 2 款规定:"当事人应当按照约定全面履行自己的义务。当事人应当遵循诚信原则,根据合同的性质、目的和交易习惯履行通知、协助、保密等义务。"张某、李某在合同中约定了"协议经双方签名生效,不得反悔",因此应当尽力维护该合同的存续,张某应首先要求李某依约履行支付转让款的义务,而非直接解除合同。综合以上原因,张某不享有法定解除权,无权解除与李某的《股权转让资金分期付款协议》。

2. 材料中的李某作为合同当事人,对于合同相对方张某送达的解除合同的通知,若存在异议,应当积极行使异议权。根据《民法典》第 565 条第 1 款的规定,"当事人一方依法主张解除合同的,应当通知对方。合同自通知到达对方时解除……对方对解除合同有异议的,任何一方当事人均可以请求人民法院或者仲裁机构确认解除行为的效力",根据案情无法认定双方存在仲裁协议,所以李某应当请求人民法院确认张某解除合同的效力。

3. 材料中,东方公司与安达公司签订了《技术委托开发合同》,合同的目的是改进东方公司现存的三座中型燃煤锅炉的脱硫技术。在合同履行的过程中,A 市政府作出的行政决定导致该合同的履行出现了客观障碍,该风险不属于商业风险,这一不可归责于任何一方的风险使合同目的永久不能达成,合同的继续履行将有违公平原则且无意义。根据《民法典》第 533 条的规定,"合同成立后,合同的基础条件发生了当事人在订立合同时无法预见的、不属于商业风险的重大变化,继续履行合同对于当事人一方明显不公平的,受不利影响的当事人可以与对方重新协商;在合理期限内协商不成的,当事人可以请求人民法院或者仲裁机构变更或者解除合同。人民法院或者仲裁机构应当结合案件的实际情况,根据公平原则变更或者解除合同"。故安达公司可与东方公司重新协商,若在合理期限内协商不成,可依据情势变更原则行使法定解除权,请求法院解除其与东方公司签订的《技术委托开发合同》。

4. 材料中,东方公司与安达公司签订了《技术委托开发合同》,安达公司在合同成立并生效后,因组建团队、购置设备与材料产生了一系列的费用。由于 A 市政府根据省政府《关于进一步加强污染物减排工作的意见》的要求,作出拆除 A 市所有中小型燃煤锅炉的行政决定,现东方公司与安达公司所签订的《技术委托开发合同》因不可抗力而无法继续履行,当事人所签订合同的目的无法实现，根据《民法典》第 563 条第 1 款第 1 项，当事人可解除合同，同时，按照《民法典》第 590 条第 1 款，在当事人因不可抗力不能履行合同时，除法律另有规定外，可按照不可抗力的影响部分或全部免除责任。本案中的东方公司无法履行合同，系因政府所作出的行政决定这一不可抗力，故应当免除东方公司的违约损害赔偿责任。

5.《民法典》第 543 条规定："当事人协商一致，可以变更合同。"《民法典》第 544 条规定："当事人对合同变更的内容约定不明确的，推定为未变更。"因此，协议变更应具备一定的条件。在原合同有效的基础上，当事人协商一致且合同变更的内容明确时，才能构成协议变更。材料中，东方公司与嘉美公司签订了《建设工程合同》，在该合同履行的过程中，因墙体不直、建筑工人不具备资质，双方经协商，嘉美公司重新选派有资质的工人继续施工，且双方同意延长工期 1 个月。因此，双方对合同的内容进行了协议变更，变更后的内容构成了双方履行合同新的依据。嘉美公司在 2017 年 10 月 1 日交付厂房，按期履行了变更后的合同所规定的义务，因此不存在延期交付的违约行为。合同中违约金的计算条款仍有效，只是因嘉美公司未逾期交付而不适用。综上所述，嘉美公司未逾期交付厂房，不发生违约金的计算，东方公司扣除违约金的行为是不恰当的。

6. 材料中，东方公司与嘉美公司对合同进行了协议变更，而合同的变更不影响当事人要求赔偿损失的权利，合同的变更与损害赔偿可以并存。嘉美公司选派不具备资质的工人到东方公司进行施工建设，对墙体不直的后果具有一定的过错。根据《民法典》第 577 条的规定，"当事人一方不履行合同义务或者履行合同义务不符合约定的，应当承担继续履行、采取补救措施或者赔偿损失等违约责任"。因此，由于嘉美公司存在过错，故已建成部分墙体不直需拆除重建所产生的损失，应当由嘉美公司承担。综上所述，东方公司有权要求嘉美公司承担赔偿责任。

7. 材料中，东方公司召开股东会对增资决议进行表决，根据《公司法》第 59 条的规定："股东会行使下列职权：……（五）对公司增加或者减少注册资本作出决议……"因此，有限责任公司增加注册资本的决议应当由股东会作出。根据《公司法》第 66 条第 3 款的规定，"股东会作出修改公司章程、增加或者减少注册资本的决议……应当经代表三分之二以上表决权的股东通过。"本案中，东方公司对于增加注册资本召开全体股东会进行表决，全体股东同意增资决议，因此，东方公司股东会的增资决议符合《公司法》的规定，有效。至于增资方案第 3 条的效力，涉及股东的优先认购权，根据《公司法》第 227 条第 1 款的规定，"有限责任公司增加注册资本时，股东在同等条件下有权优先按照实缴的出资比例认缴出资。但是，全体股东约定不按照出资比例优先认缴出资的除外。"增资方案第 3 条在未经全体股东同意的条件下，不能排除其他股东的优先认购权，该权利不可以股东会多数决的表决方式被剥夺。因此，该增资方案第 3 条无效。

8. 东方公司的董事会在股东会通过利润分配方案之后，以所剩利润应当用于提取任意公积金为由，拒绝在股东会决议确定的时间截止前分配利润，而根据《公司法》第 210 条第 3 款的规定，"公司从税后利润中提取法定公积金后，经股东会决议，还可以从税后利润中提取任意公积金"。因此，提取任意公积金必须经东方公司股东会决议，董事会无权决定提取任意公积金。故东方公司董事会的做法不合法。

9. 公司股东会通过的增资方案第 3 条排除了股东钟某的优先认购权，根据《公司法》第

25 条的规定，“公司股东会、董事会的决议内容违反法律、行政法规的无效”。《公司法规定（四）》第 3 条第 1 款规定：“原告请求确认股东会或者股东大会、董事会决议不成立、无效或者撤销决议的案件，应当列公司为被告……”故钟某有权以东方公司为被告，提起公司决议效力确认之诉，要求法院依法确认该增资方案第 3 条无效，同时确认自己对新增资本享有优先认购的权利。

此外，股东钟某享有利润分配请求权。根据《公司法规定（四）》第 13 条、第 14 条的规定，“股东请求公司分配利润案件，应当列公司为被告……”“股东提交载明具体分配方案的股东会或者股东大会的有效决议，请求公司分配利润，公司拒绝分配利润且其关于无法执行决议的抗辩理由不成立的，人民法院应当判决公司按照决议载明的具体分配方案向股东分配利润”，东方公司股东会已经决议作出了具体的利润分配方案，且董事会拒绝分配利润的理由不成立，因此，钟某有权以公司为被告，向法院提起利润分配之诉，请求法院判决公司按照决议载明的具体分配方案向股东分配利润。

10.《民法典》第 615 条规定：“出卖人应当按照约定的质量要求交付标的物。出卖人提供有关标的物质量说明的，交付的标的物应当符合该说明的质量要求。”出卖人负有交付符合约定质量标的物的义务，在出卖人违反这一义务时，构成瑕疵给付。《民法典》第 617 条规定：“出卖人交付的标的物不符合质量要求的，买受人可以依据本法第五百八十二条至第五百八十四条的规定请求承担违约责任。”《民法典》第 582 条规定：“履行不符合约定的，应当按照当事人的约定承担违约责任。对违约责任没有约定或者约定不明确，依据本法第五百一十条的规定仍不能确定的，受损害方根据标的的性质以及损失的大小，可以合理选择请求对方承担修理、重作、更换、退货、减少价款或者报酬等违约责任。”在出卖人瑕疵给付时，应当承担瑕疵担保责任。本案中，出卖人所交付的家具质量不满足合同约定，应承担瑕疵担保责任，据此东方公司可要求红杉公司承担修理、更换、退货、减少价款等违约责任。依据《民法典》第 583 条的规定，在违约方履行合同义务或采取补救措施后，非违约方仍存在其他损失的，作为违约方的红杉公司还应承担损害赔偿责任。此外，依据《民法典》第 610 条的规定，在出卖人所交付的家具质量不满足要求以至于东方公司合同目的不能实现时，东方公司还可行使合同解除权。

当事人之间的法律关系如图 1－8 所示。

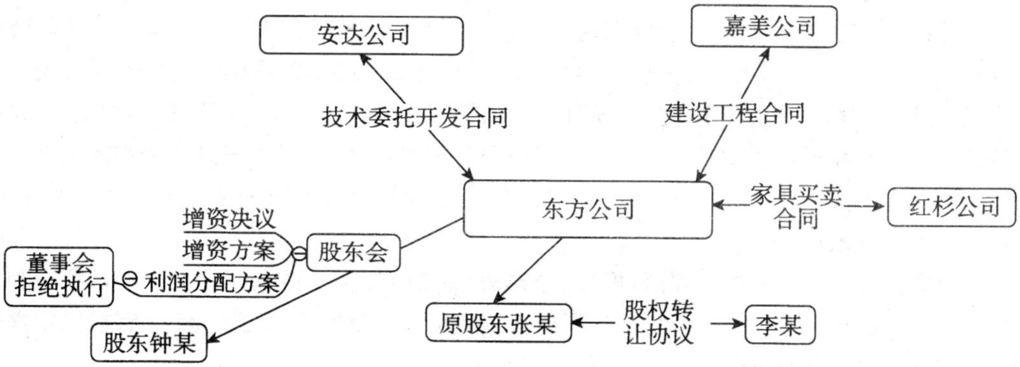

图 1－8　当事人之间的法律关系

答题要点

1. 张某无权解除合同。第一，合同解除必须具备一定的条件。根据《民法典》第562条和第563条的规定，只有在法定的或约定的解除条件成就时，即享有解除权时，才可以解除合同。第二，根据《民法典》第634条关于买卖合同分期付款中解除合同的规定，张某也不享有解除权。综上所述，张某不享有约定、法定解除权，因此无权解除合同。

2. 李某应当向人民法院请求确认张某解除合同的效力。根据《民法典》第565条的规定，李某有权向人民法院提出异议，请求人民法院确认张某解除合同的效力。

3. 安达公司在合理期限内与东方公司协商不成则有权解除合同。根据《民法典》第533条的规定，情势变更原则所涉的解除权是法定解除权。本案中，A市政府政策的调整导致合同的继续履行失去意义，如果双方继续履行将导致明显不公平的结果，双方订立合同的目的不能实现。因此，安达公司可以依据情势变更原则与东方公司重新协商，在合理期限内协商不成则可行使法定解除权，请求法院解除双方的合同关系。

4. 安达公司不能要求东方公司承担违约损害赔偿责任。按照《民法典》第590条第1款的规定，不可抗力导致当事人一方无法履行合同时，除法律另有规定外，应当根据不可抗力的影响，全部或部分免除当事人的违约责任。本案中，因政府发布的政策，东方公司的中小型燃煤锅炉必须被拆除，这属于不可抗力导致东方公司无法继续履行与安达公司之间的《技术委托开发合同》，应当免除东方公司的违约损害赔偿责任。

5. 东方公司扣除违约金的行为不合法。根据《民法典》第543条和第544条的规定，当双方当事人协商一致，且变更的内容明确时，可以变更合同。本案中，双方当事人对于工期延长1个月均表示同意，构成了对原合同的变更。嘉美公司在2017年10月1日交付厂房，按期履行了变更后的合同所规定的义务，不存在延期交付的行为，因此不发生违约金的计算。东方公司不应扣除违约金。

6. 东方公司可向嘉美公司请求赔偿。合同的变更不影响当事人要求赔偿损失的权利。嘉美公司在前期的施工中存在过错，导致厂房存在安全隐患而被拆除重建，因此给东方公司造成一定的损失。对于该部分损失，东方公司有权要求嘉美公司予以赔偿，该赔偿并未因合同的变更而被免除。

7. 材料中，东方公司股东会的增资决议有效，但增资方案第3条无效。理由：根据《公司法》第59条、第66条的规定，股东会作出增加注册资本的决议，必须经代表2/3以上表决权的股东通过。本案中的全体股东同意增资，因此该增资决议有效。但是，根据《公司法》第227条的规定，不按照出资比例优先认缴出资须全体股东同意，增资方案第3条排除了部分股东的优先认购权，而该权利为股东的法定权利，不能以股东会多数决的方式被剥夺。因此，该增资方案第3条无效。

8. 董事会的做法不合法。理由：根据《公司法》第210条第3款的规定，“公司从税后利润中提取法定公积金后，经股东会决议，还可以从税后利润中提取任意公积金”。有权决定提取任意公积金的主体是股东会，董事会无权决定是否提取。

9. 根据《公司法》第25条以及《公司法规定(四)》第3条的规定，本案中的钟某可以东方公司为被告,提起公司决议效力确认之诉,要求法院依法确认该增资协议第3条无效,同时确认自己对新增资本享有优先认购的权利。此外,钟某可以公司为被告,向法院提起利润分配之诉。理由:本案中,股东会已经决议作出了具体的利润分配方案,且董事会拒绝分配利润的理由不成立。根据《公司法规定(四)》第13条、第14条的规定,钟某有权向法院起诉,请求东方公司向股东分配利润。

10. 首先,依据《民法典》第615条及第617条的规定,出卖人负有交付符合合同约定质量标的物的义务,在出卖人违反这一义务时,应承担瑕疵担保责任。本案中,红杉公司所交付的家具存在质量问题,影响美观和使用,买受人东方公司可要求出卖人红杉公司承担瑕疵担保责任。依据《民法典》第582条的规定,东方公司可要求红杉公司承担修理、更换、退货、减少价款等违约责任。其次,依据《民法典》第583条的规定,如果在红杉公司履行合同义务或采取补救措施后,东方公司仍存在其他损失,则东方公司还可要求红杉公司承担损害赔偿责任。最后,依据《民法典》第610条的规定,如果红杉公司所交付的家具不满足质量要求,导致东方公司合同目的不能实现,则东方公司还可行使合同解除权。

扩展分析 合同变更的判断

与合同的解除不同,合同的变更使当事人之间的合同关系得以延续。合同的变更是指不改变合同的主体而仅改变合同内容的情形。它是在合同成立以后,尚未履行或尚未完全履行以前,基于法律规定、法院或仲裁机构的裁判行为或者当事人的法律行为等,使合同内容发生变化的现象。在此,列举各类合同变更的典型应用,便于考生结合合同的变更制度进行案例研判,见表1-2。

表1-2 各类合同变更的典型应用示例

比较项目	适用情形	示例
法定变更	在法律规定的情形出现时,合同的内容发生变更	1. 债务不能履行,如债务人不具备免责事由,则原债务变更为损害赔偿债务 2. 在迟延履行中,如债务人不具备免责事由,则在原给付义务外,又发生迟延赔偿
裁判变更	基于裁判命令(法院判决、仲裁机构裁决等)合同内容发生变更	情势变更时,当事人可以请求法院或者仲裁机构变更合同内容(《民法典》第533条)
依法律行为变更	依单方法律行为变更(某些名为变更,实为违约,需承担不利后果)	1. 定作人中途变更承揽工作的要求(《民法典》第777条) 2. 发包人变更计划等(《民法典》第805条) 3. 承运人擅自降低服务标准(《民法典》第821条) 4. 托运人要求承运人变更到达地、返还货物、中止运输、变更收货人等(《民法典》第829条)
	依双方法律行为变更	协议变更(《民法典》第543条、第544条)

09 CASE 违约责任(一)

——某通讯连锁有限公司诉某实业有限责任公司房屋买卖纠纷案

案例指引

本案例以2023年最高人民法院发布的“民法典合同编通则司法解释相关典型案例”以及《最高人民法院公报》案例为蓝本,围绕要约与要约邀请的区分、预约合同与本约合同的区分、预约合同的违约责任、执行异议等问题展开,对分析此类案件具有参考意义。

案　情

2006年5月5日,有购房意向的通讯公司(以下简称乙方)委派其法定代表人黄某前往实业公司(以下简称甲方)售楼部了解情况。甲方工作人员向黄某介绍正在预售的A大厦楼房,并向其详细展示了A大厦的宣传资料和沙盘图。宣传资料显示:买方购房面积1000平方米以上的,可获赠地下车库中2个停车位。宣传资料用图纸详细指明了地下车库中用于赠与的停车位所处位置和所占面积。

2006年9月20日,甲方与乙方签订《购房协议书》,约定:(1)乙方购买甲方所拥有的讼争房屋(包含a、b两套房屋),总建筑面积2000平方米,总价格6750万元。(2)本协议签订之日,甲方收到乙方定金1000万元,待购房合同签订时,该定金自动转为购房款。(3)甲、乙双方应就购房合同及付款方式等问题在本协议原则下进行具体磋商。(4)甲、乙双方均应遵守本协议所确定的原则,违反则违约方应向守约方支付违约金1000万元。(5)甲乙双方就该宗房屋买卖合同签订时,本协议自动失效。同日,乙方依约向甲方支付了定金1000万元。

2007年1月4日,甲方向乙方交付了b房屋,面积为1000平方米,此后b房屋一直由乙方使用,但未办理过户登记手续。

2009年9月28日,乙方向甲方发出商函称:因受金融危机影响,且房地产销售价格整体下调,请求甲方将诉争房屋的价格下调至6000万元左右。其后,双方多次就订立正式的房屋买卖合同进行磋商,但因对有关条款无法达成一致而未能签订正式的房屋买卖合同。

2010年5月20日,甲方将a房屋卖给第三人,并已办理过户登记手续。

2010年6月30日,乙方诉至法院,请求:(1)确认甲方与乙方于2006年9月20日签订的《购房协议书》已成立并合法有效;(2)甲方向乙方履行b房屋产权过户登记义务;(3)因甲方已经无法履行a房屋的过户登记义务,由甲方向乙方双倍返还定金2000万元;(4)因甲方已经无法履行a房屋的过户登记义务,由甲方向乙方赔偿500万元(依据乙方购买同地段类似户型的差价)。

甲方提起反诉,请求:(1)乙方立即腾退b房屋给甲方;(2)乙方向甲方支付b房屋从2007年1月4日至实际腾退房屋之日的占有使用费1300万元。

法院查明以下事实:

(1)2006年9月20日甲方与乙方签订《购房协议书》时,系由乙方法定代表人黄某在协议书上签字,但未加盖乙方公章。

(2)《购房协议书》并未记载赠与停车位的内容。但依据甲方和乙方当庭确认,2006年5月5日甲方工作人员向黄某介绍预售房屋时,确实就赠与停车位做了详细说明。

(3)2008年3月3日,甲方与其债权人丙公司订立抵押合同,约定以b房屋为抵押物,担保丙公司对甲方的2000万元债权。双方于同日办理了抵押登记。该债权于2009年3月3日到期,甲方未履行还款义务。2010年5月20日,丙公司就b房屋向法院申请实现抵押权。

问　题

1. 甲方在售楼部展示的宣传资料可否构成合同内容?为什么?

2.《购房协议书》是预约合同还是本约合同?为什么?

3. 甲方与乙方就讼争房屋的买卖合同关系是否成立?为什么?

4.《购房协议书》由黄某签字但未加盖乙方公章,该协议能否对乙方发生效力?为什么?

5. 甲方将a房屋卖给第三人,该行为对乙方是否构成违约?为什么?

6. 乙方请求甲方履行b房屋产权过户登记义务,应否支持?为什么?

7. 乙方请求甲方双倍返还定金2000万元,应否支持?为什么?

8. 乙方的诉讼请求(3)和诉讼请求(4)能否同时主张?为什么?

9. 乙方的诉讼请求(4)依据购买同地段类似户型的差价计算赔偿数额,应否支持?为什么?

10. 甲方请求乙方支付b房屋的占有使用费1300万元,应否支持?为什么?

11. 对于丙公司就b房屋向法院申请实现抵押权,乙方提出执行异议的,应否支持?为什么?

解题思路

1. 本题考查的是商品房宣传资料的性质。判断宣传资料的性质应适用《民法典》第473条的规定,"要约邀请是希望他人向自己发出要约的表示。拍卖公告、招标公告、招股说明书、债券募集办法、基金招募说明书、商业广告和宣传、寄送的价目表等为要约邀请。商业广告和宣传的内容符合要约条件的,构成要约",即宣传资料一般属于要约邀请,但符合要约条件的,可以构成要约。根据《商品房买卖合同解释》第3条,"商品房的销售广告和宣传资料为要约邀请,但是出卖人就商品房开发规划范围内的房屋及相关设施所作的说明和允诺具体确定,并对商品房买卖合同的订立以及房屋价格的确定有重大影响的,构成要约。该说明和允诺即使未载入商品房买卖合同，亦应当为合同内容，当事人违反的，应当承担违约责任”。本案中，甲方在宣传资料中明确指出了赠与停车位的条件以及所赠停车位的详细地址、面积，所作说明和允诺具体确定。并且，停车位具有相当的经济价值，若甲方在签订合同时并未承诺赠与免费停车位，那么基于对未来停车费用的考量，将很有可能影响乙方作出购买该房屋的意思表示以及对房屋价格的判断。由此可见，甲方通过宣传资料作出的赠与停车位的表示具体确定，并对双方是否签订购房合同以及对房屋价格的确定产生重大影响。因此，甲方在售楼部展示的宣传资料属于要约，构成合同内容。

2. 本题考查的是预约合同与本约合同的区分。首先，应明确预约合同与本约合同的区分标准。《民法典》第 495 条第 1 款规定：“当事人约定在将来一定期限内订立合同的认购书、订购书、预订书等，构成预约合同。”据此可知，区分本约合同与预约合同的根本标准应当是当事人的意思表示。也就是说，当事人是否有意在将来订立一个新的合同，以最终明确在双方之间形成某种法律关系的具体内容。本案中，甲方与乙方之间签订的《购房协议书》中约定“(5)甲、乙双方就该宗房屋买卖合同签订时，本协议自动失效”。可见，双方当事人一致明确要在将来订立一个新的合同，案涉《购房协议书》符合预约合同的实质标准。

其次，《民法典》的规定适用于一般情形，特殊条件下预约合同还可以转化为本约合同，所以判断《购房协议书》是否属于预约合同还应进一步考查是否存在向本约合同转化的情形。根据《合同编通则解释》第 6 条第 3 款，“当事人订立的认购书、订购书、预订书等已就合同标的、数量、价款或者报酬等主要内容达成合意，符合本解释第三条第一款规定的合同成立条件，未明确约定在将来一定期限内另行订立合同，或者虽然有约定但是当事人一方已实施履行行为且对方接受的，人民法院应当认定本约合同成立”。《商品房买卖合同解释》第 5 条亦规定：“商品房的认购、订购、预订等协议具备《商品房销售管理办法》第十六条规定的商品房买卖合同的主要内容，并且出卖人已经按照约定收受购房款的，该协议应当认定为商品房买卖合同。”本案中，并不存在上述成立本约合同的特殊情况。其一，《购房协议书》明确约定了将另行订立合同。其二，甲方仅向乙方支付了定金而非购房款，并未实际履行付款义务。其三，协议书第 3 条认为在付款方式等问题上需要日后进一步磋商，并不完全具备《商品房销售管理办法》第 16 条规定的合同主要内容。所以，案涉《购房协议书》的性质应为预约合同。

3. 本题考查的是本约合同的成立条件。虽然《购房协议书》性质为预约，但是对于当事人之间存在预约关系还是本约关系，不能仅凭一份孤立的协议就简单地加以认定，还应当综合审查当事人嗣后的具体履行行为等事实，从而对当事人之间法律关系的性质作出准确的界定。若当事人事后实施的行为足以表明其已作出订立本约合同的意思表示，且符合本约合同的成立条件，则本约合同自然已经成立。《合同编通则解释》第 6 条第 3 款规定：“当事人订立的认购书、订购书、预订书等已就合同标的、数量、价款或者报酬等主要内容达成合意，符合本解释第三条第一款规定的合同成立条件，未明确约定在将来一定期限内另行订立合同，或者虽然有约定但是当事人一方已实施履行行为且对方接受的，人民法院应当认定本约合同成立。”本案中，讼争房屋包括 a、b 两套，二者的实际交付情况有所差异，因此在界定法律关系时应当分别考查。针对 a 房屋，出卖方甲始终未作交付，即未实施履行行为，且购买方乙未支付购房款，因此甲、乙双方就 a 房屋仅存在预约关系，而未达成买卖合意，买卖合同关系并未成立。针对 b 房屋，出卖方甲已将其交付给乙方，且乙方接受了该交付。因此，可以适用《合同编通则解释》第 6 条第 3 款的规定，认定甲、乙双方就 b 房屋成立了房屋买卖法律关系。

4. 本题考查的是法定代表人签字与盖章的关系。《民法典》第 490 条第 1 款规定："当事人采用合同书形式订立合同的，自当事人均签名、盖章或者按指印时合同成立……"由此可见，签订合同的方式包括签名、盖章、按指印，但并不要求同时具备。法律并未对法人签署合同的形式作出限定，未明确规定公司作为合同当事人签署合同的，必须以加盖公章的形式。《民法典》第 61 条第 2 款规定，"法定代表人以法人名义从事的民事活动，其法律后果由法人承受"。《合同编通则解释》第 22 条第 2 款规定，"合同系以法人、非法人组织的名义订立，但是仅有法定代表人、负责人或者工作人员签名或者按指印而未加盖法人、非法人组织的印章，相对人能够证明法定代表人、负责人或者工作人员在订立合同时未超越权限的，人民法院应当认定合同对法人、非法人组织发生效力。但是，当事人约定以加盖印章作为合同成立条件的除外"。本案中，《购房协议书》虽未加盖乙方公章但已明确买方为乙方，而非作为自然人的黄某。黄某作为乙方的法定代表人，系在职权范围内代表乙方签订合同，甲、乙双方亦未明确约定以加盖公章作为《购房协议书》的成立条件。因此，虽然《购房协议书》并未加盖乙方公章，但该协议系以乙方名义签订，对乙方发生效力。

5. 本题考查的是违反预约合同的违约行为的认定。预约合同是当事人将阶段化的谈判成果予以固定并赋予该合意以法律约束力，但同时保留就尚未形成共识的内容仍然享有最终决策权的制度工具。判断是否存在违反预约合同的情形，应适用《合同编通则解释》第 7 条第 1 款的规定，"预约合同生效后，当事人一方拒绝订立本约合同或者在磋商订立本约合同时违背诚信原则导致未能订立本约合同的，人民法院应当认定该当事人不履行预约合同约定的义务"。本案中，甲、乙双方签订的《购房协议书》已经生效，该协议书约定由乙方购买甲方的 a、b 两套房屋。但是在后续磋商过程中，甲方却擅自将 a 房屋卖给第三人并办理过户，此举系以实际行为表明拒绝和乙方订立本约合同，构成违约。

6. 本题考查的是出卖人的转移标的物所有权的义务。本案中，甲、乙双方就 b 房屋成立了房屋买卖合同关系。因此，应适用《民法典》第 598 条的规定，"出卖人应当履行向买受人交付标的物或者交付提取标的物的单证，并转移标的物所有权的义务"以及《商品房买卖合同解释》第 1 条的规定，"本解释所称的商品房买卖合同，是指房地产开发企业（以下统称为出卖人）将尚未建成或者已竣工的房屋向社会销售并转移房屋所有权于买受人，买受人支付价款的合同"。甲作为房屋买卖合同关系中的卖方，负有将 b 房屋的所有权转移至买方乙的义务。因房屋系不动产，通过买卖变更所有权时，需办理过户登记，所以乙方有权请求甲方履行 b 房屋的产权过户登记义务。

7. 本题考查的是定金罚则的适用。《民法典》第 587 条规定："……收受定金的一方不履行债务或者履行债务不符合约定，致使不能实现合同目的的，应当双倍返还定金。"但是该条规定的双倍返还定金责任仅适用于收受定金方存在致使不能实现合同目的的违约行为的情形。根据《合同编通则解释》第 68 条第 2 款，"当事人一方已经部分履行合同，对方接受并主张按照未履行部分所占比例适用定金罚则的，人民法院应予支持。对方主张按照合同整体适用定金罚则的，人民法院不予支持，但是部分未履行致使不能实现合同目的的除外"。本案中，《购房协议书》中约定，由乙方购买甲方所拥有的 a、b 两套房屋，但甲方仅向乙方交付了 b 房屋，而将 a 房屋转卖第三方，该行为构成部分履行。同时，鉴于 a、b 两套房屋相互独立，部分未履行并不会导致乙方无法实现全部合同目的。因此,应适用《合同编通则解释》第 68 条第 2 款,部分支持乙方的请求。

8. 本题考查的是定金责任与损害赔偿责任的关系。判断定金责任与损害赔偿责任能否并用,应适用《民法典》第 588 条第 2 款的规定,“定金不足以弥补一方违约造成的损失的,对方可以请求赔偿超过定金数额的损失”。本案中,因甲方无法履行 a 房屋的过户登记义务,乙方请求甲方承担定金责任并赔偿 500 万元。此两项请求能否并存,取决于定金能否完全弥补乙方因甲方违约行为所遭受的损失。因此,乙方的诉讼请求(3)和诉讼请求(4)能否同时主张应当视情况而定,若定金不足以弥补所遭受的损失则可以同时主张,反之则否。

9. 本题考查的是违反预约合同的损害赔偿责任。首先,应判断乙方向甲方主张损害赔偿是否具有法律依据。《民法典》495 条第 2 款规定:“当事人一方不履行预约合同约定的订立合同义务的,对方可以请求其承担预约合同的违约责任。”根据《合同编通则解释》第 8 条第 1 款,“预约合同生效后,当事人一方不履行订立本约合同的义务,对方请求其赔偿因此造成的损失的,人民法院依法予以支持”。本案中,甲方违反《购房协议书》将 a 房屋转卖他人,以至于无法订立本约合同。因此,乙方有权要求甲方赔偿因其违约造成的损失,但是乙方的具体赔偿请求能否得到支持还应进一步分析。

其次,进一步分析乙方提出的“依据购买同地段类似户型的差价计算赔偿数额”,是否属于违反预约合同的损害赔偿范围。违反预约合同的赔偿范围应是预约合同的履行利益,但由于预约合同的标的是将来订立本约合同,在本约合同未能订立的情况下,计算预约合同的履行利益显得尤为困难,为此产生了本约的信赖利益说、本约的履行利益说及酌定赔偿说三种观点。

观点一:信赖利益说主张将违反预约合同的损失赔偿界定为订立本约合同过程中的信赖利益,从而与本约合同的履行利益相区别。但是,这一做法忽视了预约合同保护交易安全的规范目的,存在架空预约合同的问题。因为根据《民法典》第 500 条的规定,如果当事人在订立本约合同的过程中存在不诚信的行为且给对方造成损失,也须就对方的信赖利益承担赔偿责任。

观点二:履行利益说主张根据本约合同的履行利益界定违反预约合同的赔偿责任,但这将使违反预约合同和违反本约合同在赔偿范围上没有区别,同样会带来架空预约合同制度的问题。

观点三:酌定赔偿说主张由法官根据具体情况,在订立本约的信赖利益和本约合同的履行利益之间进行酌定赔偿。该说较好地平衡了预约合同所具备的灵活性与约束力之间的关系,有利于充分发挥预约合同的制度价值。

《合同编通则解释》采纳了酌定赔偿说,根据其第 8 条第 2 款的规定,“……没有约定的,人民法院应当综合考虑预约合同在内容上的完备程度以及订立本约合同的条件的成就程度等因素酌定”。本案中,乙方请求“依据购买同地段类似户型的差价计算赔偿数额”。该项赔偿数额是乙方参照类似房屋价格而计算出的 a 房屋顺利过户登记后其可获得的差价利益,即本约合同顺利履行后的履行利益。但甲、乙双方就 a 房屋仅成立了预约合同关系,同正式的买卖合同存在法律性质上的差异,故根据《合同编通则解释》第 8 条第 2 款不能完全支持乙方的诉讼请求,而应由法院综合考虑预约合同在内容上的完备程度以及订立本约合同的条件的成就程度等因素酌定赔偿数额。

10. 本题考查的是买卖合同纠纷中的占有使用费。甲、乙双方就 b 房屋成立了房屋买卖法律关系，而非租赁等有偿使用法律关系，甲方将 b 房屋交付给乙方是基于房屋买卖法律关系而为的交付，系正常履行合同义务的行为。因此，甲方要求乙方支付 b 房屋的占有使用费的主张没有任何事实和法律依据，法院不应支持。

11. 本题考查的是案外人异议。关于案外人异议，《民事诉讼法》第 236 条规定，“当事人、利害关系人认为执行行为违反法律规定的，可以向负责执行的人民法院提出书面异议。当事人、利害关系人提出书面异议的，人民法院应当自收到书面异议之日起十五日内审查，理由成立的，裁定撤销或者改正；理由不成立的，裁定驳回……”。本案中，涉及的执行标的 b 房屋系商品房，且当前仍登记于房地产开发企业甲名下，乙方作为 b 房屋的买受人，有权对该执行提出异议，但能否得到支持需进一步考察。根据最高人民法院《关于人民法院办理执行异议和复议案件若干问题的规定》第 29 条的规定，“金钱债权执行中，买受人对登记在被执行的房地产开发企业名下的商品房提出异议，符合下列情形且其权利能够排除执行的，人民法院应予支持：（一）在人民法院查封之前已签订合法有效的书面买卖合同；（二）所购商品房系用于居住且买受人名下无其他用于居住的房屋；（三）已支付的价款超过合同约定总价款的百分之五十”。由于乙方作为通讯公司其购买 b 房屋的目的并非用于居住，且并未支付购房款，故乙方的执行异议不满足上述司法解释第 29 条的适用情形，法院不应支持。

当事人之间的法律关系如图 1－9 所示。

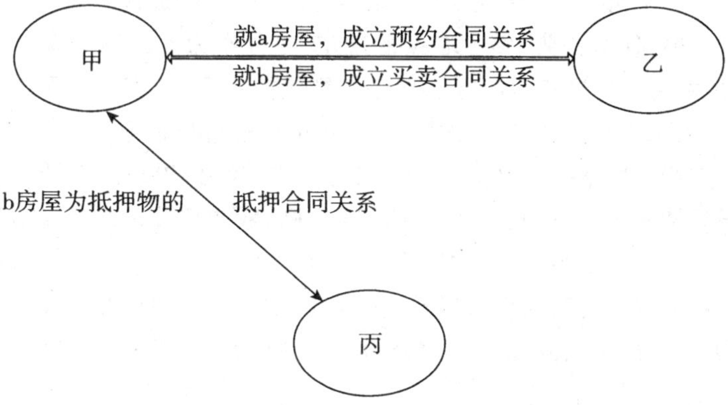

图 1－9　当事人之间的法律关系

答题要点

1. 甲方在售楼部展示的宣传资料可以构成合同内容。甲方在宣传资料中明确指出了赠与停车位的条件以及所赠停车位的详细地址、面积，所作说明具体确定。并且，停车位具有相当的经济价值，对双方是否签订购房合同以及对房屋价格的确定具有重大影响。所以，根据《民法典》第 473 条以及《商品房买卖合同解释》第 3 条的规定，甲方在售楼部展示的宣传资料属于要约，构成合同内容。

2.《购房协议书》是预约合同。根据《民法典》第 495 条第 1 款的规定，在《购房协议书》

明确约定了要在将来订立一个新的合同的情况下,应属于预约合同。此外,由于甲、乙双方尚未履行合同义务,且协议书在付款方式等问题上还有所保留,所以也并不存在成立本约合同的特殊情形。

3. 甲方与乙方就b房屋的买卖合同关系成立,就a房屋的买卖合同关系未成立。《合同编通则解释》第6条第3款规定,在一方已实施履行行为且为对方接受的情况下,应认定本约合同成立。就本案而言,a、b两套房屋的交付情况有所差异,界定法律关系时应分别考查。针对b房屋,出卖方甲已将其交付给了乙方,且乙方接受了该交付。在当事人之间不存在租赁等其他有偿使用房屋的法律关系的情形下,甲方的该行为应认定为系基于房屋买卖关系而为的履行行为。因此,甲、乙双方就b房屋的买卖合同关系成立。针对a房屋,出卖方甲始终未作交付,且购买方乙未支付购房款,因此甲、乙双方就a房屋的买卖合同关系未成立。

4.《购房协议书》对乙方发生效力。根据《合同编通则解释》第22条第2款的规定,合同系以法人名义订立但仅有法定代表人签字的情况下,若法定代表人未超越权限且当事人并未约定以加盖公章作为合同成立的条件,则合同对法人生效。本案中,《购房协议书》明确买方为乙方,黄某系作为乙方的法定代表人在职权范围内代表乙方签订合同,且甲、乙双方未约定以加盖公章作为《购房协议书》的成立条件,所以该协议书对乙方生效。

5. 甲方将a房屋卖给第三人的行为对乙方构成违约。根据《合同编通则解释》第7条第1款的规定,在预约合同生效后当事人一方拒绝订立本约合同的,该行为构成违约。就本案而言,甲、乙双方签订的《购房协议书》已经生效,甲方嗣后将协议书的标的物a房屋转卖他人的行为属于以实际行为表明拒绝和乙方订立本约合同,对乙方构成违约。

6. 应当支持。根据《民法典》第598条的规定,甲方作为商品房买卖合同中的房屋出卖方,负有将b房屋的所有权转移至乙方的义务。因房屋系不动产,通过买卖变更所有权时,需办理过户登记,所以乙方有权请求甲方履行b房屋的产权过户登记义务。

7. 应当部分支持。根据《合同编通则解释》第68条第2款的规定,当事人部分履行合同且为对方所接受的情况,应当按照比例适用定金罚则,除非部分未履行导致不能实现合同目的。就本案而言,甲、乙双方签订的《购房协议书》约定甲方出卖a、b两套房屋至乙方,但甲方仅交付b房屋而将a房屋转卖他人,该行为构成部分履行。同时,鉴于a、b两套房屋相互独立,部分未履行并不会导致乙方无法实现合同目的,所以乙方仅能主张按照未履行部分所占比例适用定金罚则。

8. 应当视情况而定。根据《民法典》第588条第2款的规定,只有在定金不足以弥补乙方因甲方违约行为所造成的损失的情况下,乙方才可以请求赔偿超过定金数额的损失,因此本案中乙方能否同时请求甲承担定金责任和损害赔偿责任,应当视具体情况而定。

9. 应当部分支持。本案中,乙方因出卖方甲违反预约合同而遭受了经济损失,有权向甲请求损害赔偿。但是,乙方提出的"依据购买同地段类似户型的差价计算赔偿数额",系本约合同履行利益的计算方法,甲、乙双方就a房屋仅成立了预约合同关系,同正式的买卖合同存在法律性质上的差异。违反预约合同的损害赔偿数额确定应适用《合同编通则解释》第8条第2款的规定,由法院综合考虑预约合同的内容完备程度以及订立本约合同的条件的成就程度等因素酌定,故应部分支持乙方的诉讼请求。

10. 不应支持。因为甲方将b房屋交付给乙方是基于房屋买卖法律关系而为的交付,系正常履行合同义务的行为,所以甲方要求乙方支付b房屋的占有使用费的主张没有任何事实和法律依据。

11.不应支持。买受人乙作为通讯公司购买b房屋的目的并非用于居住,且乙方并未支付购房款,并不满足最高人民法院《关于人民法院办理执行异议和复议案件若干问题的规定》第29条所规定的商品房买受人有权排除执行的情形,所以法院不应支持乙方的执行异议。

扩展分析

1.预约合同义务是"订约义务"还是"磋商义务"?

无论是实务界还是理论界,对于预约合同义务是"订约义务"还是"磋商义务"都存有分歧。"订约义务说"的支持者认为,预约合同就是为了订立本约而签订的,因此只要本约合同未订立,就应认为存在违反预约合同的情形。"磋商义务说"的支持者则认为,预约合同成立后,当事人仍无法就订立本约合同达成一致的原因众多,所以只要当事人履行了诚信磋商的义务,无论最终是否订立本约合同,都不应认定任何一方当事人构成违约。对于该问题,《合同编通则解释》第7条最终采纳了"磋商义务说"的观点,其规定:"预约合同生效后,当事人一方拒绝订立本约合同或者在磋商订立本约合同时违背诚信原则导致未能订立本约合同的,人民法院应当认定该当事人不履行预约合同约定的义务。人民法院认定当事人一方在磋商订立本约合同时是否违背诚信原则,应当综合考虑该当事人在磋商时提出的条件是否明显背离预约合同约定的内容以及是否已尽合理努力进行协商等因素。"

根据《合同编通则解释》第7条第1款的规定,当事人违反预约合同有两种情形:一是明确拒绝签订本约合同;二是在磋商订立本约合同时违背诚信原则导致未能订立本约合同。第一种情形实质是当事人彻底否认了磋商的可能性,包括明确表达拒绝订立本约合同的意愿和通过行为表明拒绝签订本约合同(如已将房屋卖给第三人)。第二种情形相对前者而言则更为复杂,需判断当事人在订立本约合同时是否诚信磋商。为实现预约合同维护交易安全的制度功能,此处的诚信磋商应当与《民法典》第500条确立的先合同义务区分开来。在当事人订立预约合同的背景下,当事人还应承担促成本约合同得以订立的积极义务,所以判断当事人是否诚信磋商的标准应是当事人是否已尽合理努力促成本约合同的订立。为此,根据《合同编通则解释》第7条第2款的规定,人民法院认定当事人一方在磋商订立本约合同时是否违背诚信原则,应当综合考虑该当事人在磋商时提出的条件是否明显背离预约合同约定的内容以及是否已尽合理努力进行协商等因素。

2.预约合同的违约责任形式是否包括"继续履行"?

对于预约合同的违约责任形式是否包括"继续履行"长期存在分歧:肯定说认为,违反预约合同和违反其他合同一样,都应承担包括继续履行在内的违约责任,至于预约合同欠缺的内容,则可以通过合同解释、合同漏洞填补规则加以解决。否定说认为,签订本约合同属于《民法典》第580条规定的"债务的标的不适于强制履行"情形。由于当事人在订立预约合同后,仍然保留对是否最终完成交易的决策权,所以无论是强制签订本约合同还是以法院判决代替当事人订立本约合同的意思表示,都与意思自治原则不符,有违现代文明精神。由于肯定说和否定说的争议激烈,难以达成一致,遂又出现折中说的观点,认为应区分预约合同在内容上的具体程度来确定究竟是否可以采取继续履行的救济方式:如果预约合同已经具备本约合同的全部实质性内容,则应赋予当事人请求继续履行预约合同的权利,以防止当事人违背诚信原则通过拒绝订立本约合同逃避债务;如果预约合同仅具备本约合同的部分内容,其他内容仍须当事人协商确定,则不应赋予当事人请求继续履行预约合同的权利,否则就会架空意思自治原则。尽管折中说试图调和双方分歧,但仍未能解决核心争议:预约合同内容完备亦不能表明当事人之间在订立预约合同后没有进一步磋商的机会,否则将与本约合同无异,若允许请求继续履行,仍存在侵犯意思自治的缺陷。

从司法实践的具体情况上看,认为违反预约合同可采取继续履行作为救济方式的有之,例如公报案例"张某与徐州市同力创展房地产有限公司商品房预售合同纠纷案"中,法院认为,"具有相应行为能力的人在意思表示真实的情况下签订的预约合同在双方当事人之间也产生拘束力,非经当事人协商一致不得更改,否则构成对预约合同的违约。预约权利人可以请求对方履行订立本约的义务或者赔偿损失"。认为违反预约合同不应采取继续履行作为救济方式的亦有之,例如"黄某诉厦门联宏房地产开发有限公司、姜淑琴、厦门中兴房地产开发有限公司商品房买卖合同案"中,法院认为,"原告请求判令被告与其签订商品房买卖合同,违反合同法规定的合同自愿原则"。

《合同编通则解释》则最终采纳了否定说的观点,其第8条第1款规定"预约合同生效后,当事人一方不履行订立本约合同的义务,对方请求其赔偿因此造成的损失的,人民法院依法予以支持"。尽管没有明确规定在当事人一方不履行预约合同约定的订立本约合同的义务时另一方是否有权请求继续履行,但从仅提及损害赔偿责任的表述来看,应当认为当事人提出的继续履行请求不能获得支持。如此规定的理由或可从三个方面进行解读:其一,当事人订立预约合同的主要目的就是要保留自己对订立本约合同的决策权,如果允许对违反预约合同的违约行为采取继续履行的救济措施,无异于承认意定的强制缔约,不符合当事人真实的意思表示。其二,允许对违反预约合同的违约行为采取继续履行的救济措施,将模糊预约合同与本约合同之间的界限,从而使预约合同的规范功能丧失殆尽。其三,我国现行法并无以法院判决代替当事人意思的规定,缺乏强制执行的配套措施。

10
CASE

违约责任(二)
——某村民委员会与某旅游公司经营协议纠纷案

案例指引

本案例以2023年最高人民法院发布的“人民法院贯彻实施民法典典型案例”为蓝本，围绕违约责任、情势变更、合同僵局、违约损害赔偿、违约金、损益相抵、申请执行时效等问题展开，对分析此类案件具有参考意义。

案　情

2019年2月26日，某村民委员会(以下简称甲方)、某旅游公司(以下简称乙方)就甲方村域范围内旅游资源开发建设签订经营协议(以下简称A协议)，该协议约定:(1)开发经营面积595.88公顷，经营范围内有河沟、山谷、民宅等旅游资源;(2)经营期限50年;(3)乙方向甲方支付合作费用300万元，用于甲方前期各项改造支出;(4)经营期限内的利润分成为各50%;(5)任何一方违约导致合同目的不能实现的，须向对方支付100万元惩罚性违约金。甲、乙双方与镇政府签订补充协议，约定镇政府对A协议中甲方承诺事项负有协调义务，并承担连带责任。

A协议签订后，乙方按照协议向甲方支付合作费用300万元。甲方按照协议腾退相关土地及地上物，并向村民支付补偿款，对电力设施进行改造等(至诉讼时已实际支出180万元)。为建设景区设计方案中的综合大楼，乙方于2019年9月9日与某建筑公司签订《建筑施工协议》(以下简称B协议)。

2019年年底，涉案区水务局将涉案经营范围内河沟两侧划定为城市蓝线。《城市蓝线管理办法》自2006年开始实施，被划定为城市蓝线的河道属于签订经营协议时已有的山区河道。城市蓝线范围内禁止进行违反城市蓝线保护和控制要求的建设活动。2019年11月左右，乙方得知划定城市蓝线一事。2020年5月11日，乙方书面通知(以下简称通知1)甲方要求解除A协议，甲方未予回复，乙方于5月底自行撤场。

2020年6月15日，乙方诉至法院，请求:(1)解除A协议;(2)甲方返还合作费用300万元。理由为:经营范围内部分区域位于城市蓝线内，导致无法经营开发，构成情势变更。

甲方提起反诉，请求:(1)乙方赔偿因其违约给甲方造成的损失，包括:①为订立A协议在磋商过程中支出的差旅费、人工费10万元;②参酌国内同类景区的利润率，经营期限内的预期利润分成5000万元;③甲方为应诉，与某律所签订代理合同，代理费20万元。(2)乙方支付100万元违约金。(3)乙方赔礼道歉。

法院查明以下事实：

(1)城市蓝线图显示，大部分村民旧宅在城市蓝线范围外。区水务局陈述，开发建设如果影响防洪，须对河道进行治理，验收合格后能正常开发建设。按照规定，乙方如需对在城市蓝线范围内的区域进行开发建设，应当报请相关审批手续。但乙方未报请相关审批手续，也未提交证据证明因城市蓝线的划定相关政府部门向其出具了禁止开展任何活动的通知。

(2)甲方支出180万元对相关区域进行改造后，即使该相关区域不再用于旅游开发，也节省了本应由甲方负担的相关费用80万元。

(3)甲方与某律所签订的合同是风险代理，约定律师费"需要根据实际回收的现金标准计算，最高不超过20万元"。诉讼时律师费尚未实际支付。

问　题

1. 乙方未起诉镇政府，法院可否追加镇政府为第三人？为什么？

2. 涉案区水务局将涉案经营范围内河沟两侧划定为城市蓝线，是否构成情势变更？为什么？

3. 乙方构成何种违约行为？对该违约行为可否适用继续履行？为什么？

4. 甲方对通知1未予回复，是否导致合同解除？为什么？

5. 乙方是否有权请求法院终止合同？如果有权，合同终止的时间如何认定？为什么？

6. 甲方请求赔偿①②③，应否支持？为什么？

7. 对于甲方赔偿损失的请求，乙方可否主张损益相抵？为什么？

8. 乙方请求返还合作费用300万元，应否支持？为什么？

9. 如果法院支持(或部分支持)甲方的赔偿请求，甲方是否还能主张A协议约定的100万元违约金？为什么？

10. 甲方请求乙方赔礼道歉，应否支持？为什么？

11. 假设乙方在该诉讼中还请求解除B协议，法院可否合并审理？为什么？

12. 假设法院判决甲方返还乙方120万元，规定从判决生效后起分3次履行，每次于当月月底履行1/3。申请执行时效何时起算？为什么？

解题思路

1. 本题考查的是诉讼中第三人的相关问题。A协议虽然约定镇政府对甲方承诺事项承担"连带责任"，但该协议并没有明确约定镇政府为甲方债务提供连带保证或者约定镇政府加入该债务，因此镇政府缺乏承担民法意义上连带责任的基础。实务中，政府对辖区内的特定交易承诺"予以协调"的情形十分常见，此类承诺一般不宜解释为担保或债务加入的意思。结合A协议整体内容来看，其仅约定镇政府对甲方承诺事项负有协调义务，即镇政府扮演的是协助、促成合同得以履行的角色。因此，镇政府不对甲方债务承担连带责任。由此推出，镇政府并不属于甲、乙诉讼中的必要共同诉讼人，不能追加其为共同被告。根据《民事诉讼法》第

59 条第 2 款的规定："对当事人双方的诉讼标的，第三人虽然没有独立请求权，但案件处理结果同他有法律上的利害关系的，可以申请参加诉讼，或者由人民法院通知他参加诉讼……"镇政府对甲、乙双方的诉讼标的不具有独立的请求权，但该案件的处理结果可能与镇政府有法律上的利害关系，因此法院可以将镇政府追加为无独立请求权的第三人。

2. 本题考查的是情势变更规则的适用条件。判断是否构成情势变更，应适用《民法典》第 533 条第 1 款的规定，"合同成立后，合同的基础条件发生了当事人在订立合同时无法预见的、不属于商业风险的重大变化，继续履行合同对于当事人一方明显不公平的，受不利影响的当事人可以与对方重新协商；在合理期限内协商不成的，当事人可以请求人民法院或者仲裁机构变更或者解除合同"。另外，还应适用《合同编通则解释》第 32 条第 1 款的规定："合同成立后，因政策调整或者市场供求关系异常变动等原因导致价格发生当事人在订立合同时无法预见的、不属于商业风险的涨跌，继续履行合同对于当事人一方明显不公平的，人民法院应当认定合同的基础条件发生了民法典第五百三十三条第一款规定的'重大变化'。但是，合同涉及市场属性活跃、长期以来价格波动较大的大宗商品以及股票、期货等风险投资型金融产品的除外。"

其一，本案城市蓝线划定不属于无法预见的重大变化，风险程度也没有远远超出正常人的合理预期。《城市蓝线管理办法》自 2006 年开始实施，被划定为城市蓝线的河道属于签订经营协议时已有的山区河道。城市蓝线主要根据江、河、湖、库、渠和湿地等城市地标水体进行区域界线划定，因此乙方应当对经营协议所涉山区河道可能被划入城市蓝线这一情况有所预期和准备。城市蓝线划定后，相应建设方案根据政策性文件具体要求面临相应的调整，该调整变化亦属于可预见的合理范围。结合《合同编通则解释》第 32 条第 1 款的规定，本案中城市蓝线划定是合同订立前既有政策实行的结果，非因政策调整而突发性产生，其所导致的甲、乙合作费用价格的变化是双方当事人在订立合同时能够预见的正常商业风险，且 A 协议涉及的自然资源开发建设领域本身政策管理属性较强，蓝线划定符合该行业的商业规律，交易双方对此应当有所预见。

其二，城市蓝线划定不会导致当事人无法履约。一方面，经营协议确定的绝大部分经营区域并不在城市蓝线范围内，大部分村民旧宅在城市蓝线范围外，故仍可以继续进行开发建设。另一方面，对城市蓝线范围内的经营区域，根据《城市蓝线管理办法》的规定，当事人亦可在履行相应行政审批手续后、符合政策文件的具体要求时继续进行开发活动，城市蓝线政策不必然导致其履约困难。根据《合同编通则解释》第 32 条第 1 款的规定，本案 A 协议成立后虽因城市蓝线划定导致价格发生一定的变化，但继续履行合同对于双方当事人均没有明显不公平，A 协议中部分经营范围位于城市蓝线内并不导致无法经营开发，当事人能够继续履约。

综上，城市蓝线划定不构成情势变更。

3. 本题涉及违约行为的形态、继续履行的适用情形等问题。违约行为的形态包括拒绝履行、不能履行、迟延履行以及不完全履行。乙方于 2020 年 5 月底自行撤场的行为构成以明示方式表明其拒绝履行非金钱债务的违约行为。在何种情况下不能适用继续履行，应适用《民法典》第 580 条的规定。该条第 1 款规定，"当事人一方不履行非金钱债务或者履行非金钱债务不符合约定的，对方可以请求履行，但是有下列情形之一的除外：（一）法律上或者事实上不能履行；（二）债务的标的不适于强制履行或者履行费用过高；（三）债权人在合理期限内未请求履行”。本案中，乙方的合同义务是就甲方村域范围内的旅游资源进行开发建设，该义务属于《民法典》第 580 条第 1 款第 2 项所规定的不适于继续履行的非金钱债务，因而无法适用继续履行。

4. 本题考查合同解除权行使问题。《民法典》第 565 条第 1 款规定：“当事人一方依法主张解除合同的，应当通知对方。合同自通知到达对方时解除……”但是该款规定的合同解除程序仅适用于享有法定或者约定解除权的当事人。《合同编通则解释》第 53 条规定：“当事人一方以通知方式解除合同，并以对方未在约定的异议期限或者其他合理期限内提出异议为由主张合同已经解除的，人民法院应当对其是否享有法律规定或者合同约定的解除权进行审查。经审查，享有解除权的，合同自通知到达对方时解除；不享有解除权的，不发生合同解除的效力。”根据《九民纪要》第 46 条的规定，“……只有享有法定或者约定解除权的当事人才能以通知方式解除合同。不享有解除权的一方向另一方发出解除通知，另一方即便未在异议期限内提起诉讼，也不发生合同解除的效果。人民法院在审理案件时，应当审查发出解除通知的一方是否享有约定或者法定的解除权来决定合同应否解除，不能仅以受通知一方在约定或者法定的异议期限届满内未起诉这一事实就认定合同已经解除”。本案中，在甲方不存在违约行为、不构成情势变更的情况下，乙方明确表示不再对经营范围进行民宿及旅游资源开发，乙方属于违约方，故不享有法定解除权。因此，当乙方对甲方发出通知 1 时，虽然甲方未予回复（提出异议），但也不导致合同解除。

5. 本题涉及违约方向司法机关请求终止合同的问题。

首先，违约方向司法机关请求终止合同的适用条件。《民法典》第 580 条第 2 款规定，“有前款规定的除外情形之一，致使不能实现合同目的的，人民法院或者仲裁机构可以根据当事人的请求终止合同权利义务关系，但是不影响违约责任的承担”。《全国法院民商事审判工作会议纪要》第 48 条第 1 款规定：“违约方不享有单方解除合同的权利。但是，在一些长期性合同如房屋租赁合同履行过程中，双方形成合同僵局，一概不允许违约方通过起诉的方式解除合同，有时对双方都不利……”本案中，乙方属于违约方，且乙方负有的开发建设义务不适用继续履行。这表明涉案 A 协议已丧失继续履行的现实可行性、陷入合同僵局，因此可以适用《民法典》第 580 条第 2 款的规定，乙方有权请求人民法院终止 A 协议。

其次，合同终止的时间认定。《合同编通则解释》第 59 条规定：“当事人一方依据民法典第五百八十条第二款的规定请求终止合同权利义务关系的，人民法院一般应当以起诉状副本送达对方的时间作为合同权利义务关系终止的时间。根据案件的具体情况，以其他时间作为合同权利义务关系终止的时间更加符合公平原则和诚信原则的，人民法院可以以该时间作为合同权利义务关系终止的时间，但是应当在裁判文书中充分说明理由。”本案中，法院一般应当以乙方起诉状副本送达甲方之日作为合同权利义务终止的时间，但根据该案的具体情况，若存在其他时间作为合同终止时间更符合公平原则和诚信原则的，法院可以该时间作为合同权利义务关系终止的时间，但需在裁判文书中充分说理。

6. 本题考查违约损害赔偿的赔偿范围问题。首先，应判断甲方向乙方主张损害赔偿是否具有法律依据。根据《民法典》第 580 条第 2 款的规定，在合同陷入“合同僵局”的情况下，人民法院可以根据乙方的申请终止合同权利义务关系，但是不影响违约责任的承担。因此，甲方有权要求乙方赔偿因其违约造成的损失，但具体的各项赔偿请求能否得到支持还需进一步分析。

其次，进一步分析甲方的①②③项赔偿请求是否属于违约损害赔偿的赔偿范围。根据《民法典》第584条规定的损害赔偿范围，违约损害赔偿额应当相当于因违约所造成的损失，包括合同履行后可以获得的利益；但是，不得超过违约方订立合同时预见到或者应当预见到的因违约可能造成的损失。

（1）就赔偿请求①而言，如果甲方为订立A协议在磋商过程中支出的差旅费、人工费属于缔约过程中"必要的交易成本"，那么即使乙方没有违约，该笔支出也仍然存在。对此，应适用最高人民法院《关于当前形势下审理民商事合同纠纷案件若干问题的指导意见》第10条的规定："人民法院在计算和认定可得利益损失时，应当……从非违约方主张的可得利益赔偿总额中扣除违约方不可预见的损失、非违约方不当扩大的损失、非违约方因违约获得的利益、非违约方亦有过失所造成的损失以及必要的交易成本……"

（2）就赔偿请求②而言，该项赔偿数额5000万元是甲方参酌国内同类景区的利润率而计算出的A协议经营期限内的预期利润分成，属于一种可得利益。对于可得利益的计算，《民法典》第584条之"但书"和最高人民法院《关于当前形势下审理民商事合同纠纷案件若干问题的指导意见》第10条均强调，可得利益的计算要受到可预见性规则的约束。同时，和所有需要补救的损害一样，可得利益也需要具有一定的确定性。一方面，乙方在签订A协议时不能预见到如果违约需要赔偿高达5000万元的可得利益，且虽然A协议规定经营期限为50年，但涉案村域旅游开发建设尚未实际开展，甲方计算的赔偿数额已经超出了一般人可以合理预见的范畴。另一方面，虽然甲方参酌同类景区的利润率并以50年为基础计算出了赔偿数额，但是涉案村域能否顺利开发建设完成并且像其他景区一样持续经营50年却是不确定的。最高人民法院《关于当前形势下审理民商事合同纠纷案件若干问题的指导意见》第9条指出："……根据交易的性质、合同的目的等因素，可得利益损失主要分为生产利润损失、经营利润损失和转售利润损失等类型……"也就是说，能够被支持的可得利益都应该和前述条款中列举的三种损失类型具有同等程度的确定性。然而，本案中甲方计算的50年经营收益并未达到这种确定性。

（3）就赔偿请求③而言，甲方要求乙方赔偿律师费。根据法院查明的事实，甲方与某律所签订的合同是风险代理，约定律师费"需要根据实际回收的现金标准计算，最高不超过20万元"，且诉讼时律师费尚未实际支付。《民法典》第584条规定的"损失"须为数额确定且已经支出的费用。实务中一般认为，风险代理中的律师费"可待确定会发生或者实际发生后另行主张"。

7. 本题涉及损益相抵规则的适用问题。根据《买卖合同解释》第23条的规定，"买卖合同当事人一方因对方违约而获有利益，违约方主张从损失赔偿额中扣除该部分利益的，人民法院应予支持"。该条规定了买卖合同中的损益相抵规则。虽然本案中甲、乙签订的是开发经营协议而非买卖合同，但是《民法典》第646条规定，"法律对其他有偿合同有规定的，依照其规定；没有规定的，参照适用买卖合同的有关规定"。因此，本案的A协议可以参照适用买卖合同的损益相抵规则。

8. 本题考查合同解除的效力问题。《民法典》第566条第1款规定："合同解除后，尚未履行的，终止履行；已经履行的，根据履行情况和合同性质，当事人可以请求恢复原状或者采取其他补救措施,并有权请求赔偿损失。”在本案中,乙方向甲方支付合作费用 300 万元属于合同已经履行的部分,在法院判决合同解除的情况下,乙方有权请求甲方恢复原状、返还合作费用。但这 300 万元费用的返还情况要分两部分讨论:甲方已支出的 180 万元以及未支出的 120 万元。(1)对于未支出的 120 万元,由于该笔款项尚未支出,适用直接“恢复原状”,甲方应返还给乙方。(2)对于已支出的 180 万元,根据题干可知,甲方因该笔改造费用获益 80 万元,因此 180 万元中的 80 万元应在违约损害赔偿中适用损益相抵规则进行抵扣,不需另行返还。对于 180 万元中甲方不能受益的 100 万元,应根据“履行情况和合同性质采取其他补救措施”,无法采取的,不予返还。

9. 本题考查的是惩罚性违约金和违约损害赔偿的并存问题。本案中甲、乙双方在 A 协议中明确约定 100 万元违约金的性质为惩罚性违约金。根据《九民纪要》第 49 条第 1 款的规定,“合同解除时,一方依据合同中有关违约金、约定损害赔偿的计算方法、定金责任等违约责任条款的约定,请求另一方承担违约责任的,人民法院依法予以支持”。在出现违约的情况下,违约金请求权与损害赔偿请求权是有可能同时适用的。具体而言,如果两个请求权指向的利益同一,则不能同时主张;如果两个请求权指向的利益不同,则可以同时主张。本案中,A 协议中的惩罚性违约金的作用是惩罚违约方而非填补守约方的损害,而甲方请求损害赔偿的作用在于填补违约损害,因此二者可以同时主张。

10. 本题考查的是赔礼道歉的适用范围问题。赔礼道歉是《民法典》第 179 条第 1 款规定的承担民事责任的方式之一。根据《民法典》第 1000 条第 1 款的规定,赔礼道歉这一责任形式仅适用于行为人侵害人格权的侵权责任。本案中,甲方请求乙方承担的是违约责任,而不存在侵害人格权的事实。因此,甲方请求乙方赔礼道歉无法律上的依据,不应得到支持。

11. 本题涉及共同诉讼的相关问题。法院能否合并审理两个案件取决于两个案件是否构成必要共同诉讼或者普通共同诉讼。判断是否构成共同诉讼,应适用《民事诉讼法》第 55 条第 1 款的规定,“当事人一方或者双方为二人以上,其诉讼标的是共同的,或者诉讼标的是同一种类、人民法院认为可以合并审理并经当事人同意的,为共同诉讼”。只有诉讼标的共同或者诉讼标的为同一种类的诉讼才可以由人民法院合并审理。本案中,乙方起诉甲方是基于甲、乙之间的开发经营合同法律关系,而乙方起诉某建筑公司请求解除 B 协议是基于乙方和该建筑公司之间的建设工程合同法律关系。两个案件的诉讼标的不同一,且不属于同一种类诉讼标的,不符合共同诉讼的构成要件,因此法院不能合并审理。

12. 本文考查申请执行时效的起算点。关于申请执行时效的起算点,2021 年修正的《民事诉讼法》作出了一定修改,2023 年修正的《民事诉讼法》维持了该修改后的规定。2017 年《民事诉讼法》第 239 条第 2 款规定:“前款规定的期间,从法律文书规定履行期间的最后一日起计算;法律文书规定分期履行的,从规定的每次履行期间的最后一日起计算……”2023 年修正后的《民事诉讼法》第 250 条第 2 款规定:“前款规定的期间,从法律文书规定履行期间的最后一日起计算;法律文书规定分期履行的,从最后一期履行期限届满之日起计算……”根据该规定,申请执行时效应从最后一期履行期限届满之日起计算。

当事人之间的法律关系如图 1 – 10 所示。

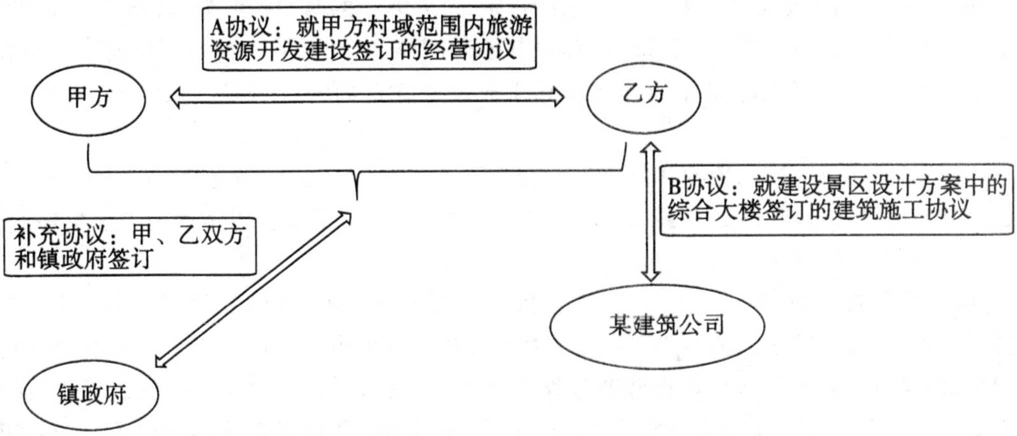

图 1－10　当事人之间的法律关系

答题要点

1. 法院可以将镇政府追加为第三人。镇政府不属于甲、乙诉讼中的必要共同诉讼人，不能被追加为共同被告。但该案件的处理结果与镇政府可能有法律上的利害关系，所以根据《民事诉讼法》第 59 条第 2 款，法院可以将镇政府追加为无独立请求权的第三人。

2. 城市蓝线划定之事实不构成情势变更。其一，城市蓝线划定不属于无法预见的重大变化，风险程度也没有远远超出正常人的合理预期。城市蓝线划定后，相应建设方案根据政策性文件具体要求面临相应的调整，该调整变化属于可预见的合理范围。其二，城市蓝线划定不会导致当事人无法履约。经营协议确定的绝大部分经营区域并不在城市蓝线范围内，对于该部分仍可以继续进行开发建设。对在城市蓝线范围内的经营区域，当事人可在履行相应行政审批手续后、符合政策文件的具体要求时继续进行开发活动。

3. 乙方的行为属于拒绝履行非金钱债务的违约行为。对于乙方的该违约行为，不能适用继续履行，因为该情形属于《民法典》第 580 条第 1 款规定的“债务的标的不适于强制履行或者履行费用过高”之情形。

4. 不导致合同解除。根据《九民纪要》第 46 条的规定，在甲方不存在违约行为、不构成情势变更的情况下，乙方明确表示不再对经营范围进行民宿及旅游资源开发，属于违约一方，不享有法定解除权，因此乙方对甲方发出通知 1 而甲方未予回复不导致合同解除。

5. 首先，乙方有权请求人民法院终止 A 协议。《民法典》第 580 条第 2 款规定，在无法适用继续履行的情况下违约方有权请求法院终止合同。就本案而言，甲、乙双方签订的 A 协议约定经营期限为 50 年，且对后期旅游收益分成进行约定，系具有合作性质的长期性合同。长期性合作合同须以双方自愿且相互信赖为前提，在乙方拒绝履行且涉案 A 协议丧失继续履行的现实可行性的情形下，如不允许双方权利义务终止，既不利于充分发挥土地等资源的利用价值，又不利于双方利益的平衡保护。涉案 A 协议履行已陷入合同僵局，乙方有权依据《民法典》第 580 条第 2 款请求人民法院终止 A 协议。

其次,根据《合同编通则解释》第59条的规定,合同终止的时间一般为乙方起诉状副本送达甲方之日,但根据该案的具体情况,若存在其他时间作为合同终止时间更符合公平原则和诚信原则的,法院可以该时间作为合同权利义务关系终止的时间,但需在裁判文书中充分说理。

6. 首先,根据《民法典》第580条第2款的规定,在“合同僵局”的情况下,人民法院可以根据乙方的申请终止合同,但是不影响违约责任的承担。因此,甲方可以请求乙方承担违约责任、对其进行损害赔偿。

其次,甲方的①②③项赔偿请求应否支持应分别予以分析。(1)赔偿请求①不应支持。根据最高人民法院《关于当前形势下审理民商事合同纠纷案件若干问题的指导意见》第10条的规定,如果甲方为订立A协议在磋商过程中支出的差旅费、人工费属于缔约过程中“必要的交易成本”,那么其与违约行为就没有因果关系,故该项赔偿请求不能得到支持。(2)赔偿请求②不应全部支持。甲方主张赔偿的5000万元属于可得利益。根据《民法典》第584条和最高人民法院《关于当前形势下审理民商事合同纠纷案件若干问题的指导意见》第10条的规定,可得利益的计算须受到可预见性和确定性的限制。由于涉案村域尚未开发建设完成,甲方参酌同类景区的利润率并以50年为基础计算出的5000万元数额,不具备可预见性和确定性。在符合可预见性和确定性的数额范围内的数额,法院予以支持。(3)赔偿请求③不应支持。甲方与某律所签订的合同是风险代理,且诉讼时律师费尚未实际支付,故不构成实际损失,此项诉讼请求不能得到支持。

7. 可以主张损益相抵。虽然本案中甲、乙签订的是开发经营协议,但是根据《民法典》第646条的规定,有偿合同参照适用买卖合同的规定,乙方可以主张从损失赔偿额中扣除甲方因乙方违约所获有的利益,即主张损益相抵。

8. 不应全部支持。本案中,乙方向甲方支付合作费用300万元属于履行合同的行为,在法院判决合同解除的情况下,乙方有权请求甲方恢复原状、返还合作费用。但300万元费用的返还情况要分两部分讨论:(1)对于未支出的120万元,由于该笔款项尚未支出,适用直接“恢复原状”,甲方应返还给乙方。(2)对于已支出的180万元,其中80万元在违约损害赔偿中适用损益相抵规则进行抵扣,不予另行返还。对于甲方不能受益的100万元,应根据“履行情况和合同性质采取其他补救措施”,无法采取的,不予返还。

9. 可以主张。A协议约定的100万元的违约金系惩罚性质,其与甲方的损害赔偿请求权指向的损害填补利益不同,因此在甲方的赔偿请求得到支持(或部分支持)的情况下,甲方仍能主张100万元的惩罚性违约金。

10. 不应支持。根据《民法典》第1000条第1款的规定,赔礼道歉仅适用于侵害人格权的侵权责任。本案中,甲方请求乙方承担的是违约责任,因此甲方请求乙方赔礼道歉无法律上的依据,不应得到支持。

11. 不可以合并审理。根据《民事诉讼法》第55条第1款的规定,只有诉讼标的共同或者诉讼标的为同一种类的诉讼才可以由人民法院合并审理。本案中,乙方起诉甲方是基于甲、乙之间的开发经营合同法律关系,而乙方起诉某建筑公司请求解除B协议是基于乙方和该建筑公司之间的建设工程合同法律关系。两个案件的诉讼标的不同一,且不属于同一种类的诉讼标的,不符合共同诉讼的构成要件,因此法院不能合并审理。

12. 从最后一期履行期限届满之日起计算。根据2023年修正后的《民事诉讼法》第250条第2款的规定，如果法院判决甲方分三期履行120万元的债务，则乙方的申请执行时效应从最后一期履行期限届满之日起计算。

扩展分析

1. "合同僵局"与违约方的申请司法解除权

无论是理论界还是实务界，对于违约方能否申请解除合同都存有分歧。反对的观点认为，赋予违约方申请解除合同的权利有违意思自治，具体表现为与鼓励交易和合同严守原则相背离。而且，赋予违约方主动解除合同的权利还有违诚实信用原则，极易引发道德风险和投机主义。赞成的观点则认为，在合同陷入僵局等特殊情况下，应当允许违约方通过起诉的方式由人民法院或仲裁机构决定是否解除合同，以降低交易成本、提高效率。合同僵局是指在合同一方违约且该合同无法适用强制履行的情况下，守约方虽然可以解除合同，但却拒绝行使解除权；违约方想要申请解除合同却无法律依据，由此形成的僵局。对于该问题，《民法典》第580条第2款采纳了前述第二种观点，其规定：在非金钱债务无法实际履行、致使不能实现合同目的的，人民法院或者仲裁机构可以根据当事人的请求终止合同权利义务关系，但是不影响违约责任的承担。《九民纪要》第48条在此基础上明确规定了适用条件。

根据《九民纪要》第48条的规定，违约方起诉解除合同须同时具备三个条件：一是违约方起诉请求解除合同不存在恶意违约的情形。规定该条件的目的是防止违约方不当转嫁合同风险，引发道德风险和投机主义。如果不设置该主观要件，那么违约方可以在履行困难或者履行对其不利时就故意违约，这将极大损害守约方的利益，且违背诚实信用原则，有悖于合同法的道德价值。实践中，经常发生因房屋价格上涨，违约方一房数卖、恶意解约的情形，故该项条件有利于保护交易秩序和交易安全。二是违约方继续履行合同对其显失公平。允许违约方在合同僵局下主张解除合同的合理性在于继续履行的成本过高，导致双方利益显著失衡。如果违约方可以正常地继续履行合同或者继续履行不会对违约方显失公平，那么就不存在失衡的利益关系，也就没有赋予违约方解除权的必要了。三是守约方拒绝解除合同，违反诚实信用原则。在出现"合同僵局"时，守约方拒绝行使解除权，通常有以"敲竹杠"的方式向对方索要高额赔偿的嫌疑，这就违反了诚信和公平原则。因此，对守约方拒绝解除的行为有必要予以限制。

根据《民法典》第580条第2款的规定，违约方起诉请求解除合同，并不影响其应承担的违约责任，违约方对守约方的损失应予赔偿。在实务中，违约方通过起诉主张解除合同，法院审查认为符合合同解除条件的，应当进行释明，告知守约方可以直接要求损害赔偿，也可以另行起诉主张损害赔偿。

2. 违约损害赔偿的范围

违约损害赔偿是指一方当事人违反合同给另一方当事人造成财产等损失的赔偿。赔偿损失的范围可由法律直接规定或由当事人双方约定。《民法典》第584条规定，"当事人一方不履行合同义务或者履行合同义务不符合约定，造成对方损失的，损失赔偿额应当相当于因违约所造成的损失，包括合同履行后可以获得的利益；但是，不得超过违约一方订立合同时预见到或者应当预见到的因违约可能造成的损失”。在法律没有特殊规定和当事人没有另行约定的情况下,违约损害赔偿应按完全赔偿原则赔偿全部损失。根据完全赔偿原则,损害赔偿的范围主要包括实际损失和可得利益损失。实际损失是指因违约行为造成守约方现有财产的直接减少,可得利益损失是指因违约行为造成守约方本应当获得的利益而实际未能获得。以典型的买卖合同为例,在交易关系发展的不同阶段以及按照不同标准,主要会涉及返还利益、信赖利益、固有利益、履行利益以及可得利益等不同的利益类型。这些利益是否均属于违约损害赔偿的范围,须作具体分析。

(1)返还利益

《民法典》规定的返还利益主要有两种类型。一种是合同无效、被撤销或确定不发生效力后的财产返还,规定在《民法典》第157条。另一种则是合同解除后的财产返还,规定在《民法典》第566条。

《民法典》第157条规定:“民事法律行为无效、被撤销或者确定不发生效力后,行为人因该行为取得的财产,应当予以返还;不能返还或者没有必要返还的,应当折价补偿……”这里的“返还”与“补偿”,即返还利益。该条对返还利益的救济,不属于违约救济手段。

根据《民法典》第566条的规定,合同解除后,尚未履行的,终止履行;已经履行的,根据履行情况和合同性质,当事人可以请求恢复原状或者采取其他补救措施,并有权请求赔偿损失。其中“恢复原状”需借助返还财产方式进行的,即第二种类型的返还利益,因违约解除合同的,可以请求返还相关利益。

(2)信赖利益

《民法典》规定了两种类型的信赖利益。第一种类型规定在《民法典》第500条,第二种类型则是前述《民法典》第584条规定的“合同履行后可以获得的利益”。

《民法典》第500条规定,当事人在订立合同过程中存在假借订立合同、恶意进行磋商,故意隐瞒与订立合同有关的重要事实或者提供虚假情况以及有其他违背诚信原则的行为,造成对方损失的,应当承担赔偿责任。这里所涉及的当事人利益,即指信赖利益。赔偿此种信赖利益属于承担缔约过失责任。对信赖利益损失进行赔偿的结果是使当事人达到合同未订立时的状态。信赖利益损失的赔偿范围通常包括:缔约费用、准备履行所支出的费用、受害人支出上述费用所失去的利益。

《民法典》第584条规定:“当事人一方不履行合同义务或者履行合同义务不符合约定,造成对方损失的,损失赔偿额应当相当于因违约所造成的损失,包括合同履行后可以获得的利益……”其中“因违约所造成的损失”中,排除“合同履行后可以获得的利益”相对应的损失,即第二种类型的信赖利益损失。它主要是指合同当事人因信赖对方将全面履行合同而支出费用,因此遭受损失。

(3)固有利益

《民法典》第186条规定:“因当事人一方的违约行为,损害对方人身权益、财产权益的,受损害方有权选择请求其承担违约责任或者侵权责任。”该条即规定了固有利益损失的赔偿责任。固有利益损失,是指因债务人存在加害给付的违约行为,违反保护义务,侵害债权人的人身或财产权益所造成的损失。加害人应当赔偿受害人因其健康或所有权所受的一切损害,此类损害可以远超出履行合同所生利益,不存在以履行利益为限赔偿的问题。

(4)履行利益

履行利益,又称积极利益或积极的合同利益,是基于债务人的履行行为债权人直接获得的利益。《民法典》第584条规定,当事人一方不履行合同义务或者履行合同义务不符合约定,造成对方损失的,损失赔偿额应当相当于因违约所造成的损失,包括合同履行后可以获得的利益……这里的"合同履行后可以获得的利益",即属于履行利益范畴。履行利益损失赔偿的结果是让债权人处于如同债务被履行的状态。

(5)可得利益

①可得利益及其计算方法

依据《民法典》第584条的规定,当事人一方不履行合同义务或者履行合同义务不符合约定,造成对方损失的,损失赔偿额应当相当于因违约所造成的损失,包括合同履行后可以获得的利益……这里的"合同履行后可以获得的利益",就是可得利益。可得利益是一种未来利益,在违约行为实施时并没有实际发生。

对于可得利益的计算,《合同编通则解释》第63条第1款规定,"在认定民法典第五百八十四条规定的'违约一方订立合同时预见到或者应当预见到的因违约可能造成的损失'时,人民法院应当根据当事人订立合同的目的,综合考虑合同主体、合同内容、交易类型、交易习惯、磋商过程等因素,按照与违约方处于相同或者类似情况的民事主体在订立合同时预见到或者应当预见到的损失予以确定。"可得利益的计算具有弹性,只有在能够合理预见的损害范围内才产生赔偿责任,故应当为可预见性规则提供相对明确而有弹性的判断体系。关于具体考量因素,基础判断因素有合同目的、合同主体和合同内容,参考判断因素有交易类型、交易习惯、磋商过程等。关于预见的内容,当前争议在于是否限于损失的类型,还是也包括损失的数额。该问题分歧较大,较为折中的观点认为,因损失定义采差额理论,故损失的额度也应纳入是否可预见的考量中,但可得利益是一种不确定的未来利益,合同当事人不能预见可得利益的准确额度,故对其额度要求只能为违约方在订立合同时预见的大概额度。

②可得利益赔偿的限制:可预见性规则和确定性规则

《民法典》第584条中规定的"不得超过违约一方订立合同时预见到或者应当预见到的因违约可能造成的损失",即损失赔偿的可预见性规则。该规则具有限制违约损害赔偿范围的作用。可预见性规则是确定违约损害赔偿责任的要件之一,即因果关系要件。法律要求违约方仅对其在订约时能够合理预见到的损害承担赔偿责任,从而为因果关系的确定提供了具有可操作性和确定性的依据。除此之外,可得利益赔偿还必须受到确定性规则的限制,即只有具有确定性的可得利益才能被纳入损害赔偿的赔偿范围。任何需要救济的损害都必须具有一定程度的确定性,否则不能要求赔偿。

11
CASE

保证合同

——郑某与某汽车品牌店买卖汽车纠纷案

案例指引

本案例围绕保证合同法律关系中保证的种类、保证的设立、保证期间、保证的效力等展开,对分析保证合同纠纷类案例具有参考意义。

案　情

2014年10月18日,郑某在某汽车品牌店购买豪华汽车一辆,双方签订了《买卖合同》,并在相应位置签名盖章,汽车价格为440万元,首期付款220万元,余款则通过按揭贷款方式由某行王县支行支付,以汽车办理两年期抵押贷款,约定年利率为12%。郑某与某行王县支行另行签订了《汽车抵押贷款合同》,办理了抵押登记,并由康达公司在《汽车抵押贷款合同》"担保人"一栏签名盖章。

2014年10月19日,利达公司与某行王县支行签订了《保证合同》,对郑某的借款承担一般保证责任。《保证合同》第14条约定:"本合同由甲乙双方法定代表人或法定代表人授权的代理人签名并加盖公章后生效。"但该《保证合同》仅由利达公司法定代表人陆某在私下签名,并未加盖公司公章。在知道担保的情况下,利达公司事后并不认可。

2014年10月20日,顺达公司单方向某行王县支行出具了一份《贷款担保承诺函》,注明"郑某在贵行申请汽车按揭贷款,我公司愿意为其提供担保,当郑某丧失偿债能力不能按期还款时,则由我公司负责还款"。

2015年11月20日,郑某与某行王县支行协商对贷款年利率进行了调整,降为10%。

2017年3月18日,某行王县支行对主债务人郑某提起诉讼并胜诉,但郑某欠债较多,除了某豪华汽车以外并无可供执行的财产。

2017年4月18日,某行王县支行又对顺达公司和康达公司提起诉讼,要求其对起诉郑某后胜诉判决书所确定的本金和利息承担保证责任。

顺达公司抗辩理由一:2015年11月20日,郑某与某行王县支行对贷款利率进行了调整,但并未经过本公司同意。

顺达公司抗辩理由二:我公司单方向某行王县支行出具《贷款担保承诺函》,并不是双方合意的结果,且已经过了保证期间。

康达公司抗辩理由一:某行王县支行应首先将郑某的某豪华汽车进行拍卖或

变卖,不足部分才能要求本公司承担责任。

康达公司抗辩理由二:某行王县支行要求本公司承担保证责任,但已过了保证期间,本公司依法不应当承担保证责任。

诉讼中,某行王县支行又申请增加利达公司为共同被告。

问题

假如你是当地律师事务所律师,王县支行向你咨询,请你就本案出现的所有法律关系进行分析,列出你的法律意见,并简述理由。

解题思路

此类问题为概括性设问,旨在考查考生发现与分析问题的能力。部分考生在应对此类问题时最容易犯的两个错误是:(1)遗漏重要知识点;(2)行文无章法。其根源在于部分考生在分析案情时所用方法不当。在民法学界,分析法律问题主要有两种方法可供选择:一是法律关系分析方法,二是请求权基础分析方法。二者最大的不同在于思维路径正好相反:法律关系分析方法遵循"法律事实(着重于法律关系的寻找)→请求权基础→请求权"的顺序,而请求权基础分析方法则依照"请求权→请求权基础→法律事实(主要是为了明晰证明责任问题)"的路径。

本案题干明确提示"就本案出现的所有法律关系进行分析",故应采用法律关系分析方法分析本案。法律关系分析方法的一般步骤如下:(1)梳理案件事实,找出其中的核心法律关系及其关联;(2)考查法律关系中的各要素,即明确三个问题"谁得向谁主张权利""权利义务的性质、效力和行使(或承担)方式""法律关系的客体是什么";(3)是否发生了变更、消灭法律关系的后果,以及考查变更消灭的原因何在;(4)查找可适用于上述法律关系的法律规范,并予以三段论的推演。

本案分析的具体思路如下:(1)初步梳理案情可得,郑某与某汽车品牌店的买卖合同关系为本案中的核心法律关系,与其相关联的法律关系分别有:①郑某和某行王县支行的借贷合同关系(郑某提供汽车为抵押,并办理了抵押登记);②康达公司为郑某的担保人;③利达公司并非郑某的保证人;④顺达公司为郑某的担保人;⑤各保证人之间的法律关系。在此基础上,逐一考察各法律关系是否成立。(2)在上一步骤所得结果的基础上,逐步分析各关系内容,以及分析是否发生了变动(需注意的是,在有限的考试时间里,很难面面俱到。因此,考生必须学会辨别各关系中的核心问题,即所谓的"考点")。(3)查找可适用的法律规范,予以三段论的推演。具体可参考的模式为:"甲为×××(此处写甲的法律地位)。理由:……"

当事人之间的法律关系如图1-11所示。

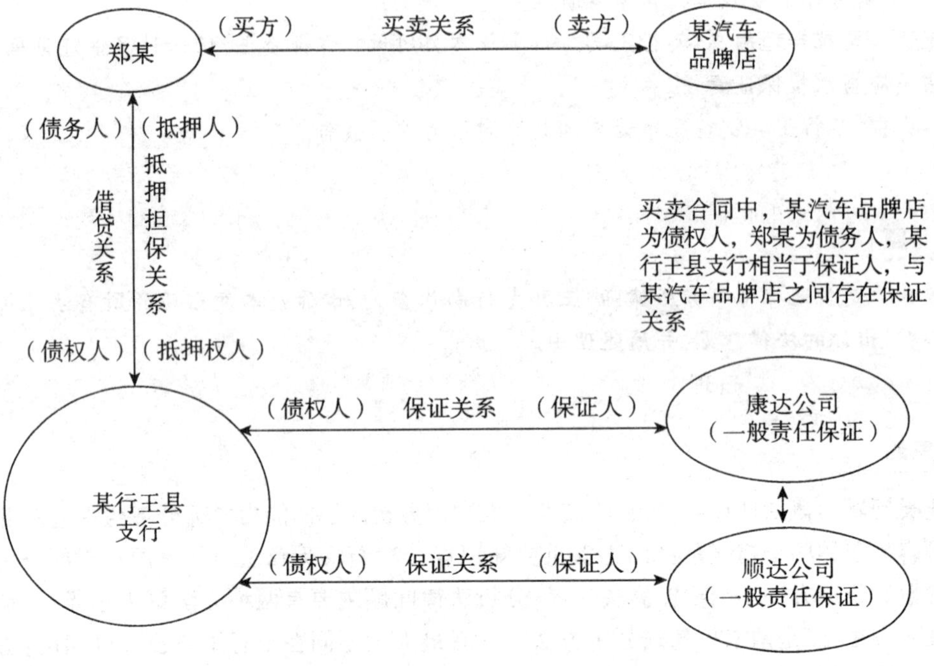

图 1－11 当事人之间的法律关系

答题要点

本案中，郑某与某汽车品牌店的买卖合同关系为核心法律关系，与其相关联的法律关系有：(1)郑某和某行王县支行之间的借贷合同关系；(2)康达公司为郑某与某行王县支行之间债务的保证人；(3)利达公司并非郑某与某行王县支行之间债务的保证人；(4)顺达公司为郑某与某行王县支行之间债务的保证人；(5)康达公司与顺达公司均承担一般保证责任。具体分析如下。

1. 郑某与某汽车品牌店之间为买卖合同关系，其客体为交付汽车和支付价款、贷款的行为，合同自签订之日起成立并生效。《民法典》第 490 条第 1 款的规定："当事人采用合同书形式订立合同的，自当事人均签名、盖章或者按指印时合同成立。在签名、盖章或者按指印之前，当事人一方已经履行主要义务，对方接受时，该合同成立。"《民法典》第 502 条规定："依法成立的合同，自成立时生效……"本案中，双方签订了《买卖合同》，并在相应位置签名盖章，故合同成立并生效。知识小拓展：汽车为特殊动产，采取的是登记对抗主义，但我国出于行政管理的需要，规定机动车必须作初始登记。理由在于，《机动车登记规定》(部门规章)第 10 条规定："初次申领机动车号牌、行驶证的，机动车所有人应当向住所地的车辆管理所申请注册登记。"

2. 郑某与某行王县支行之间为借贷合同关系，合同自签订之日起成立并生效。理由同上。

3.(1)康达公司是郑某与某行王县支行之间债务的保证人。依《民法典》第685条第1款的规定,“保证合同可以是单独订立的书面合同,也可以是主债权债务合同中的保证条款”。本案中,康达公司在“担保人”一栏签章,具有为债务人提供保证的意思表示。该约定为主债权债务合同中的保证条款,康达公司为保证人。

(2)康达公司的抗辩理由一成立。理由见《民法典》第392条的规定:“被担保的债权既有物的担保又有人的担保的,债务人不履行到期债务或者发生当事人约定的实现担保物权的情形,债权人应当按照约定实现债权;没有约定或者约定不明确,债务人自己提供物的担保的,债权人应当先就该物的担保实现债权……”本案中,既存在债务人自己的汽车抵押担保,又存在保证人保证,债权人应先就汽车进行拍卖、变卖,不足部分由保证人承担。

(3)康达公司的抗辩理由二不成立。理由如下:第一,依据《民法典》第686条第2款的规定,“当事人在保证合同中对保证方式没有约定或者约定不明确的,按照一般保证承担保证责任”,所以康达公司承担的是一般保证责任。第二,根据《民法典》第692条第2款的规定,“债权人与保证人可以约定保证期间,但是约定的保证期间早于主债务履行期限或者与主债务履行期限同时届满的,视为没有约定;没有约定或者约定不明确的,保证期间为主债务履行期限届满之日起六个月”。本案中,保证期间为2016年10月19日至2017年4月19日,某行王县支行要求康达公司承担保证责任并未超过保证期间。

4.利达公司不是郑某与某行王县支行之间债务的保证人。理由见双方《保证合同》第14条的约定,“本合同由甲乙双方法定代表人或法定代表人授权的代理人签名并加盖公章后生效”。据此,《保证合同》为附生效条件的合同,只有签名与加盖公章的条件同时具备,合同才能生效。双方当事人该约定意思表示清楚,不存在歧义。因《保证合同》上仅有利达公司法定代表人陆某的签名,而无利达公司的真实公章,故不具备双方约定的生效条件。利达公司亦不存在先签订合同,而后又拒绝加盖公章、恶意阻却合同生效的情形,因此《保证合同》约定的生效条件并未成就。现利达公司对《保证合同》不予认可,《保证合同》确定不能发生法律效力,利达公司无须承担保证责任。

5.顺达公司为郑某与某行王县支行之间债务的保证人,其仍应承担保证责任,其抗辩理由一与抗辩理由二均不成立。理由如下:

(1)抗辩理由一不成立,原因在于《民法典》第695条第1款的规定:“债权人和债务人未经保证人书面同意,协商变更主债权债务合同内容,减轻债务的,保证人仍对变更后的债务承担保证责任;加重债务的,保证人对加重的部分不承担保证责任。”本案中,年利率的下调是减轻了债务人的债务,无须经过保证人同意,保证人仍应承担保证责任。

(2)抗辩理由二不成立,原因在于:第一,《民法典》第685条第2款规定:“第三人单方以书面形式向债权人作出保证,债权人接收且未提出异议的,保证合同成立。”本案中,顺达公司出具《贷款担保承诺函》,某行王县支行未提出异议,保证合同成立。第二,由顺达公司在《贷款担保承诺函》中注明债务人不能还款时承担保证责任可知,其提供的担保仅为一般保证。该保证未约定保证期间,保证期间为主债务履行期限届满之日起6个月,即2016年10月19日至2017年4月19日。同时,因债权人在保证期间内已对债务人提起诉讼,故保证人已不能依据保证期间免责。某行王县支行主张保证人顺达公司应承担保证责任,并未超出保证期间,保证债务诉讼时效从保证人拒绝承担保证责任的权利消灭之日起算,具体标准适用《担保制度解释》第 28 条的规定，即从某行王县支行知道郑某的财产不足以履行全部债务时开始计算。

6. 如果法院最终认定康达公司和顺达公司均应承担一般保证责任，那么，一方承担保证责任后不可以向另一方追偿。理由见《民法典》第 699 条的规定："同一债务有两个以上保证人的，保证人应当按照保证合同约定的保证份额，承担保证责任；没有约定保证份额的，债权人可以请求任何一个保证人在其保证范围内承担保证责任。"《民法典》第 700 条规定，"保证人承担保证责任后，除当事人另有约定外，有权在其承担保证责任的范围内向债务人追偿，享有债权人对债务人的权利，但是不得损害债权人的利益"。

《担保制度解释》第 13 条对担保人之间的追偿权作出明确规定："同一债务有两个以上第三人提供担保，担保人之间约定相互追偿及分担份额，承担了担保责任的担保人请求其他担保人按照约定分担份额的，人民法院应予支持；担保人之间约定承担连带共同担保，或者约定相互追偿但是未约定分担份额的，各担保人按照比例分担向债务人不能追偿的部分。同一债务有两个以上第三人提供担保，担保人之间未对相互追偿作出约定且未约定承担连带共同担保，但是各担保人在同一份合同书上签字、盖章或者按指印，承担了担保责任的担保人请求其他担保人按照比例分担向债务人不能追偿部分的，人民法院应予支持。除前两款规定的情形外，承担了担保责任的担保人请求其他担保人分担向债务人不能追偿部分的，人民法院不予支持。"据此，同一债务存在多个保证人时，其责任承担规则为：当事人没有约定保证份额，债权人可要求任一保证人在其责任范围内承担保证责任；保证人之间没有约定相互追偿及份额分担，也未在同一合同书上签字、盖章或按指印的，保证人承担保证责任后对其他保证人没有追偿权。本案中，康达公司和顺达公司皆为一般保证，某行王县支行可以向任何一方主张责任，任一保证人承担保证责任后，享有债权人对债务人的权利。同时，由于各保证人之间并未就份额承担及追偿作出约定，故承担保证责任的保证人仅取得向债务人主张债权的权利，不得向另一保证人追偿。

扩展分析　保证期间的性质与法律适用

保证期间，是指当事人约定的或者法律规定的保证人承担保证责任的期间。关于保证期间的性质，学界主要有以下三种观点：一是认为属于诉讼时效；二是认为属于除斥期间；三是认为其既不属于诉讼时效，亦不是除斥期间，而属于特殊期间，无须将其归入二者之中。

目前，学界通说为特殊期间说。《民法典》第 692 条规定："保证期间是确定保证人承担保证责任的期间，不发生中止、中断和延长。债权人与保证人可以约定保证期间，但是约定的保证期间早于主债务履行期限或者与主债务履行期限同时届满的，视为没有约定；没有约定或者约定不明确的，保证期间为主债务履行期限届满之日起六个月。债权人与债务人对主债务履行期限没有约定或者约定不明确的，保证期间自债权人请求债务人履行债务的宽限期届满之日起计算。"《民法典》第 693 条规定："一般保证的债权人未在保证期间对债务人提起诉讼或者申请仲裁的，保证人不再承担保证责任。连带责任保证的债权人未在保证期间请求保证人承担保证责任的，保证人不再承担保证责任。"《民法典》第 694 条规定："一般保证的债权人在保证期间届满前对债务人提起诉讼或者申请仲裁的，从保证人拒绝承担保证责任的权利消灭之日起，开始计算保证债务的诉讼时效。连带责任保证的债权人在保证期间届满前请求保证人承担保证责任的，从债权人请求保证人承担保证责任之日起，开始计算保证债务的诉讼时效。”上述规定明确了以下问题：

首先，保证期间是保证人承担保证责任的期间，不发生中止、中断和延长的问题。保证期间允许当事人意思自治，只有在没有约定、约定不明、约定早于或等于主债务履行期限的情况下，才适用法定的保证期间。考虑到保证期间届满消灭的是实体权利，对当事人权利义务的影响巨大，法院在对与保证期间有关的事实进行审理时不宜采取类似诉讼时效那样的当事人抗辩主义，而应当在向当事人释明的基础上查明与保证期间有关的基本事实。在具体案件的审理中，应重点查明保证期间是否已经届满，债权人是否在保证期间内依法行使权利等具体内容。

其次，债权人在保证期间内向保证人主张权利，即一般保证中，债权人在保证期间届满前对债务人提起诉讼或者申请仲裁；连带保证中，债权人在保证期间届满前请求保证人承担保证责任的，只要保证人无抗辩事由，保证期间则功成身退，转而开始计算诉讼时效的期间。从《民法典》第687条第2款的规定来看，在一般保证中，债权人在保证期间内向债务人提起诉讼或者申请仲裁，并就债务人财产依法强制执行仍不能履行债务的，才能向保证人主张保证责任。显然，债权人提起诉讼或者申请仲裁的目的是得到生效的法律文书，并以此为依据执行债务人的财产。但实践中，还存在无须经过诉讼或者仲裁，债权人就能直接取得执行依据的特殊情形，即债权人取得赋予强制执行效力的公证债权文书。《担保制度解释》第27条根据目的解释规则，增加规定了债权人在取得此类文书后，依法就债务人财产申请强制执行仍不能履行的，债权人亦有权要求保证人承担保证责任。

再次，若债权人未在保证期间内向保证人主张履行保证债务，则于保证人而言，消灭的是保证债务本身。《担保制度解释》第34条第2款规定：“债权人在保证期间内未依法行使权利的，保证责任消灭……”就一般保证而言，债权人必须在保证期间内对债务人起诉或申请仲裁，否则，保证债务消灭；就连带保证而言，债权人必须在保证期间内请求保证人清偿主债务，否则，保证债务消灭。

最后，保证期间的起算也有其特殊规定。当事人对保证期间没有约定或者约定不明确的，保证期间为主债务履行期限届满之日起6个月。债权人与债务人对主债务履行期限没有约定或者约定不明确的，保证期间自债权人请求债务人履行债务的宽限期届满之日起计算。《担保制度解释》第32条规定：“保证合同约定保证人承担保证责任直至主债务本息还清时为止等类似内容的，视为约定不明，保证期间为主债务履行期限届满之日起六个月。”

需注意的是，《担保制度解释》对保证期间制度进行了诸多完善。例如，关于共同保证的保证期间问题。《担保制度解释》第29条规定：“同一债务有两个以上保证人，债权人以其已经在保证期间内依法向部分保证人行使权利为由，主张已经在保证期间内向其他保证人行使权利的，人民法院不予支持。同一债务有两个以上保证人，保证人之间相互有追偿权，债权人未在保证期间内依法向部分保证人行使权利，导致其他保证人在承担保证责任后丧失追偿权，其他保证人主张在其不能追偿的范围内免除保证责任的，人民法院应予支持。”又如，关于撤诉是否影响保证期间的问题。债权人提起诉讼或者申请仲裁后又撤回起诉或者仲裁申请，能否视为债权人依法向保证人主张过权利，《担保制度解释》第31条区别一般保证和连带责任保证规定了不同的法律后果。再如,关于保证合同无效时的保证期间问题。如果保证合同无效或者被撤销,保证人不能受到保证期间的保护的话,就可能导致保证人在保证合同无效或者被撤销时的责任较之保证合同有效时更重。保证合同有效时,保证人因债权人未在保证期间内行使权利而无须承担任何责任,但在保证合同无效或者被撤销时,保证人反倒可能要承担赔偿责任,这显然不公平。鉴于此,《担保制度解释》第 33 条规定,保证合同无效或者被撤销时,债权人仍然要在保证期间内主张权利。

12 CASE 买卖合同

——张某与他人买卖手机、宠物合同纠纷案

案例指引

本案例以司法考试案例为蓝本，结合时事热点改编而成，围绕买卖合同的成立及效力、标的物交付和所有权转移、标的物风险负担、孳息归属、标的物检验、违约责任、所有权保留等展开，对分析买卖合同案件具有参考意义。

案　　情

2017年5月10日，张某与王某签订购买1台MyPhone10s手机的合同。合同中约定，手机总价为5000元，张某首期支付3000元，余款应于2017年11月30日前付清。在余款付清之前，王某仍拥有该手机所有权。另外，张某应当于收到手机的当天对其进行检验。之后，张某按照合同约定，将3000元转至王某的银行卡账户。

2017年6月20日，张某发短信给其好友钱某，欲将其宠物狗大妞出卖。短信中称：钱某应于收到短信后1周内回复并支付价款500元，付款后即可取得宠物狗大妞的所有权；张某应于2018年1月13日放假回家时，将宠物狗大妞送至钱某家中，此前宠物狗大妞仍由张某负责保管照顾。2017年7月1日，钱某回复短信同意，并将500元转至张某的银行卡账户。其后，张某回复短信言明已收到500元转账。

2017年8月1日，宠物狗大妞产下3只小狗：小白、小黄、小花。张某知晓同学陈某喜欢日本柴犬，便在陈某前来围观时进行误导，使其认为该宠物狗的品种为日本柴犬，陈某十分喜爱，愿以市价1000元购买宠物狗小白、小黄、小花。张某同意，将3只狗交予陈某，陈某支付1000元现金。陈某对张某和钱某的买卖合同并不知情。2017年8月5日，陈某带宠物狗小白、小黄、小花去宠物医院注射疫苗，得知3只狗并非日本柴犬，而是秋田犬。

2017年9月23日，陈某与李某签订50袋澳洲进口狗粮的买卖合同。合同中未约定交付地点，但约定由李某办理托运，运费由陈某承担。次日，李某将50袋国产狗粮交由迅德货运公司运输。2017年9月27日，陈某将运输途中的10袋狗粮以原价转售于关某，约定交付地点为西华市长安县。2017年10月3日，因迅德货运公司员工保管不周，20袋狗粮不慎丢失。2017年10月5日，30袋狗粮运至陈某住处。陈某虽发现狗粮为国产，但仍接收。同日，陈某通知关某其购买的10袋狗粮于运输途中灭失。关某认为，陈某仍应向其交付10袋狗粮，两人经交涉未能达

成一致意见，关某于2017年10月10日诉至法院。陈某为北华市朔方县人，自2015年2月起定居汉东市吴兴县。关某为西华市万年县人，2017年5月起因工作调动一直居住在兴庆市长乐县，并于同月将户口迁出，尚未落户。

2017年11月10日，宠物狗大妞突患重病，濒临死亡。同日，陈某打电话告知张某，因错将3只狗当成日本柴犬而购买，故要求张某返还1000元价款。张某当即拒绝。陈某遂于次日诉至法院，请求法院撤销其与张某间的买卖合同，并要求张某返还1000元价款。

2017年11月21日，张某将1500元转至王某的银行卡账户，王某告知张某其应于2017年11月30日前将余款付清。

2017年12月1日，张某发现MyPhone10s手机无法充电，经检查发现系使用了非原装的劣质锂电池，导致其寿命仅有正常电池的1/4。张某要求王某免费维修，王某拒绝，并以张某未按期付款为由要求取回手机。

2017年12月15日，张某就该MyPhone10s手机向鸿鹄保险公司投保手机意外保险，保险期限为1年。保险合同约定，若手机因意外事故（如跌落、进液等）损坏，鸿鹄保险公司应免费以原厂零件进行维修；若手机因意外事故损坏且无法维修，在张某支付300元并将原手机交付鸿鹄保险公司后，鸿鹄保险公司应予置换全新同型号手机。投保时，张某在鸿鹄手机安心保申请单"是否曾拆修或更换零件"一栏勾选了"否"。鸿鹄保险公司员工肖某对手机进行检查时，发现手机锂电池并非原厂，但因疏忽未填入公司系统。2018年1月20日，张某故意将其手机浸泡水中致其损坏，但声称手机是不慎掉入水中的，要求鸿鹄保险公司赔付同型号新手机1部。鸿鹄保险公司以张某未履行如实告知义务为由，通知张某解除保险合同。

问　题

1. 张某是否有权要求王某免费维修手机？为什么？

2. 张某与钱某的买卖合同是否成立？为什么？

3. 谁享有4只狗的所有权？为什么？

4. 对遗失的20袋狗粮，应当由谁承担风险损失？为什么？

5. 关某应向哪一法院提起诉讼？为什么？

6. 陈某能否要求张某取回3只小狗并返还1000元价款？为什么？

7. 钱某处于何种诉讼地位？其欲加入诉讼应满足哪些条件？

8. 王某是否有权取回手机？为什么？

9. 鸿鹄保险公司能否以张某违反如实告知义务为由解除合同？其是否须履行赔付义务？为什么？

10. 若张某与陈某间的宠物狗买卖合同嗣后被撤销，钱某能否取得宠物狗所有权？

11. 在张某与陈某间的宠物狗买卖合同被撤销后，张某返还价款，但陈某并未返还3只小狗，在此期间内，如果3只小狗丢失，则陈某是否应承担损害赔偿责任？

解题思路

1. 张某能否要求王某免费维修手机，取决于张某能否要求王某承担物的瑕疵担保责任。物的瑕疵担保责任，是指出卖人就其交付的标的物不符合债之本旨，欠缺约定或法定品质所需负担的责任。根据学界通说，物的瑕疵担保责任的构成要件包含如下四个方面：(1)给付的标的物有瑕疵；(2)标的物瑕疵在标的物风险转移时存在；(3)买受人善意且无重大过失；(4)买受人在异议期间内履行了瑕疵的通知义务。

出卖人王某出卖的MyPhone10s手机存在电池质量问题，该瑕疵于交付时即存在。张某对该瑕疵并不知情，且不存在重大过失。对于张某履行瑕疵的通知义务的异议期间，应适用《民法典》第621条第2款，"当事人没有约定检验期限的……不适用该二年的规定"，以及《民法典》第622条第1款，"当事人约定的检验期限过短，根据标的物的性质和交易习惯，买受人在检验期限内难以完成全面检验的，该期限仅视为买受人对标的物的外观瑕疵提出异议的期限"的规定。材料中，虽然张某与王某约定了检验期限为收到手机的当日，但该期限不足以完成对手机的全面检验，应认定其为对手机外观瑕疵的检验期限，而非对手机隐蔽瑕疵的检验期限。电池质量瑕疵属于隐蔽瑕疵，张某与王某实际上对手机隐蔽瑕疵未约定检验期限，张某于2017年12月1日发现该瑕疵后即通知王某，且距离其收到手机之日未超过2年，故张某已于异议期限内履行了瑕疵的通知义务。因此，张某有权要求王某承担物的瑕疵担保责任，免费为其维修手机。

2. 判断张某与钱某买卖宠物狗大妞的合同是否成立，需要检视是否存在一组有效的要约与承诺。根据材料，张某于2017年6月20日向钱某发出的短信属于有效的要约，承诺期限为一周。钱某于2017年7月1日向张某作出承诺，虽然其内容与要约一致，但未于承诺期限内到达张某，为迟到的承诺。根据《民法典》第486条的规定，迟到的承诺，除要约人及时通知受要约人有效的以外，为新要约。因此，张某与钱某的宠物狗买卖合同此时尚未成立。但其后，张某短信回复钱某收到500元转账，应认定为张某对新要约的承诺，承诺到达了钱某，故张某与钱某的宠物狗买卖合同成立。

3. 判断4只宠物狗的所有权归属，应按照时间顺序逐一分析物权变动情况：

2017年7月1日，张某与钱某订立买卖宠物狗大妞的合同，约定钱某支付500元价款后即取得宠物狗大妞的所有权，但宠物狗大妞暂时仍由张某保管照顾。钱某依约支付500元价款。张某系通过占有改定的方式完成交付。根据《民法典》第224条和第228条的规定，占有改定亦能发生物权变动的效果，因此钱某取得宠物狗大妞的所有权。

2017年8月1日，宠物狗大妞产下的小白、小黄、小花3只小狗属于天然孳息。《民法典》第321条第1款规定："天然孳息，由所有权人取得……"此时，钱某已经取得了宠物狗大妞的所有权，3只小狗为宠物狗大妞产生的天然孳息，因此应当归宠物狗大妞的所有权人钱某所有。

2017年8月1日，张某将宠物狗小花、小白、小黄出卖给不知情的陈某，并完成交付。此时张某不享有3只宠物狗的所有权，其行为构成无权处分。买受人陈某能否取得3只宠物狗的所有权，取决于其是否符合善意取得的构成要件。《民法典》第311条第1款规定："……符合下列情形的，受让人取得该不动产或者动产的所有权：……不需要登记的已经交付给受让人。”材料中，不知情的陈某以合理价格购买了宠物狗小花、小白、小黄，且3只宠物狗已交付给陈某，符合善意取得的构成要件，故陈某取得了宠物狗小花、小白、小黄的所有权。

4. 本题考查的是买卖合同的风险负担。

材料中，陈某与李某签订了50袋澳洲进口狗粮的买卖合同，合同中未约定交付地点，但约定由李某办理托运。首先，该情形适用《民法典》第604条关于买卖合同风险负担一般规则的规定，“标的物毁损、灭失的风险，在标的物交付之前由出卖人承担，交付之后由买受人承担，但是法律另有规定或者当事人另有约定的除外”。其次，需进一步判断李某是否已经交付。根据《民法典》第510条和第603条的规定，未约定交付地点，不能达成补充协议，且按照合同有关条款或交易习惯仍不能确定交付地点的，在标的物需要运输的情形，货交第一承运人时即为交付。因此，李某将50袋狗粮交给迅德货运公司时即已完成交付，标的物毁损灭失的风险即转移至陈某。

材料中，李某交付运输的狗粮为国产狗粮，并非合同约定的澳洲进口狗粮，其行为构成根本违约。根本违约情形下的风险负担规则为《民法典》第610条的规定：“因标的物不符合质量要求，致使不能实现合同目的的，买受人可以拒绝接受标的物或者解除合同。买受人拒绝接受标的物或者解除合同的，标的物毁损、灭失的风险由出卖人承担。”本案中，虽然李某构成根本违约，但陈某仍接受，因此狗粮灭失的风险仍由陈某承担。

陈某将10袋狗粮转售关某，其与关某的合同为路货买卖合同。关于路货买卖的风险负担规则适用《民法典》第606条的规定，“出卖人出卖交由承运人运输的在途标的物，除当事人另有约定外，毁损、灭失的风险自合同成立时起由买受人承担”。但陈某与关某间买卖合同的标的物为种类物，还应当适用《买卖合同解释》第11条的规定，“当事人对风险负担没有约定，标的物为种类物，出卖人未以装运单据、加盖标记、通知买受人等可识别的方式清楚地将标的物特定于买卖合同，买受人主张不负担标的物毁损、灭失的风险的，人民法院应予支持”。由于陈某未将转售关某的10袋狗粮特定化，因此合同成立时狗粮灭失的风险并未发生转移，仍由陈某承担。

5. 本题考查的是民事诉讼法中的管辖规则。

首先判断级别管辖。根据《民事诉讼法》第18～21条以及《民诉解释》第2条的规定：一审民事案件原则上应由基层人民法院管辖，中级人民法院管辖重大涉外一审民事案件、在本辖区范围内有重大影响的一审民事案件以及最高人民法院确定由中级人民法院管辖的一审民事案件（海事海商案件、公益诉讼案件、专利纠纷案件、绝大部分与仲裁相关的案件），高级人民法院管辖在本辖区范围内有重大影响的一审民事案件，最高人民法院管辖在全国范围内有重大影响的案件以及最高人民法院认为应由其管辖的一审民事案件。本案中，关某所涉案件不属于中级人民法院、高级人民法院和最高人民法院的管辖范围，应由基层人民法院管辖。

然后确定地域管辖。《民事诉讼法》第22条第1款规定了一般地域管辖的规则：“对公民提起的民事诉讼，由被告住所地人民法院管辖；被告住所地与经常居住地不一致的，由经常居住地人民法院管辖。”材料中关某与陈某之间为合同纠纷，关于合同纠纷的特殊地域管辖规则，规定在《民事诉讼法》第24条：“因合同纠纷提起的诉讼，由被告住所地或者合同履行地人民法院管辖。”根据《民诉解释》第18条的规定，合同履行地的确定方法如下：(1)合同约定履行地点的，以约定的履行地点为合同履行地。(2)合同对履行地点没有约定或者约定不明确，争议标的为给付货币的，接收货币一方所在地为合同履行地；交付不动产的，不动产所在地为合同履行地；其他标的，履行义务一方所在地为合同履行地。即时结清的合同，交易行为地为合同履行地。(3)合同没有实际履行，当事人双方住所地都不在合同约定的履行地的，由被告住所地人民法院管辖。

对于一般地域管辖和特殊地域管辖规则的适用关系，理论界和司法实践中存在两种观点。第一种观点认为，特殊地域管辖规则排斥一般地域管辖规则的适用，因为特殊地域管辖规则中已经包含一般地域管辖的内容，在适用特殊地域管辖时无须再考虑一般地域管辖。如上述《民事诉讼法》第 24 条规定的有管辖权的法院不仅包括合同履行地法院，还包括被告住所地法院，后者即属于一般地域管辖的内容。第二种观点认为，一般地域管辖与特殊地域管辖为互补关系，二者应相互结合，同时适用。本案中，被告陈某的住所地为北华市朔方县，而其离开住所地至起诉时已连续在汉东市吴兴县居住 1 年以上，故其经常居住地为汉东市吴兴县。原告关某与被告陈某虽于合同中约定履行地点为西华市长安县，但合同并未实际履行，且该约定履行地点并非当事人双方的住所地。根据第一种观点，应适用关于合同纠纷的特殊地域管辖的规定，由被告住所地的人民法院，即北华市朔方县人民法院管辖。根据第二种观点，除适用关于合同纠纷的特殊地域管辖的规定外，还应适用一般地域管辖的规定。因为被告陈某住所地与经常居住地不一致，应由陈某经常居住地人民法院，即汉东市吴兴县人民法院管辖。

6. 关于陈某能否要求张某取回 3 只小狗并返还 1000 元价款的问题，应检视其与张某的买卖合同的效力，判断其是否享有且正确行使撤销权。

张某出卖 3 只小狗给陈某，由于张某不享有 3 只小狗的所有权，因而属于无权处分。《民法典》第 597 条第 1 款规定："因出卖人未取得处分权致使标的物所有权不能转移的，买受人可以解除合同并请求出卖人承担违约责任。"该规定事实上认可了处分权的欠缺并不影响合同的效力。故张某的无权处分行为，不影响其与陈某间的买卖合同的效力。

张某误导陈某使其认为该宠物狗的品种为日本柴犬，构成欺诈。根据《民法典》第 148 条的规定，"一方以欺诈手段，使对方在违背真实意思的情况下实施的民事法律行为，受欺诈方有权请求人民法院或者仲裁机构予以撤销"，张某与陈某间的买卖合同为可撤销的合同，陈某享有撤销权。

撤销权属于形成诉权，其行使应当依照法律的规定。首先，撤销权仅能通过向法院起诉或者向仲裁机构申请仲裁的方式行使，仅向相对人通知不产生撤销合同的效力。其次，撤销权的行使受到除斥期间的限制，除斥期间经过，撤销权人的撤销权消灭，可撤销的合同成为完全有效的合同。《民法典》第 152 条第 1 款规定："有下列情形之一的，撤销权消灭：(一)当事人自知道或者应当知道撤销事由之日起一年内……没有行使撤销权……"材料中，陈某于 2017 年 8 月 5 日得知 3 只宠物狗为秋田犬而非柴犬，于 2017 年 11 月 11 日请求法院撤销其与张某间的买卖合同，故陈某的撤销权仍处于除斥期间内，陈某有权要求张某取回 3 只小狗并返还 1000 元价款。

7. 本题考查的是民事诉讼法中第三人种类的判断以及第三人加入诉讼的方式。

首先判断第三人的种类。第三人分为有独立请求权的第三人和无独立请求权的第三人。

《民事诉讼法》第 59 条第 1 款规定:“对当事人双方的诉讼标的,第三人认为有独立请求权的,有权提起诉讼。”此为有独立请求权的第三人。《民事诉讼法》第 59 条第 2 款规定:“对当事人双方的诉讼标的,第三人虽然没有独立请求权,但案件处理结果同他有法律上的利害关系的,可以申请参加诉讼,或者由人民法院通知他参加诉讼。人民法院判决承担民事责任的第三人,有当事人的诉讼权利义务。”此为无独立请求权第三人。有独立请求权的第三人与无独立请求权的第三人的主要区别在于:是否对本诉中的诉讼标的有独立的请求权。材料中,陈某起诉张某,诉讼标的为陈某与张某的宠物狗买卖合同。钱某认为,其对该买卖合同的标的物(3 只宠物狗)享有所有权,陈某与张某的行为系对其权利的侵害,故要求行使所有物返还请求权,取回 3 只小狗。钱某的诉讼地位为有独立请求权的第三人。需要注意的是,第三人对当事人双方的诉讼标的是否有独立请求权,应根据第三人提出的请求来判断,而非当事人实际拥有的实体权利。

然后确定有独立请求权的第三人加入诉讼的条件。第一,根据《民事诉讼法》第 59 条第 1 款和《民诉解释》第 81 条第 1 款的规定,有独立请求权的第三人须以向人民法院提起诉讼的方式加入诉讼,其提起的诉讼为新的独立的诉讼。第二,1990 年 7 月 28 日最高人民法院《关于第三人能否对管辖权提出异议问题的批复》(法[经]复〔1990〕9 号)第 1 条规定,“有独立请求权的第三人主动参加他人已开始的诉讼,应视为承认和接受了受诉法院的管辖,因而不发生对管辖权提出异议的问题;如果是受诉法院依职权通知他参加诉讼,则他有权选择是以有独立请求权的第三人的身份参加诉讼,还是以原告身份向其他有管辖权的法院另行起诉”。因此,有独立请求权的第三人提起诉讼的法院应为其欲加入之诉讼的法院,且其无权提出管辖权异议。第三,有独立请求权的第三人参加诉讼的时间,原则上应为一审法庭辩论终结前。有独立请求权的第三人,在第一审程序中未参加诉讼的,根据《民诉解释》第 325 条的规定,第二审人民法院可以根据当事人自愿的原则予以调解;调解不成的,发回重审。本案中,钱某欲以有独立请求权第三人的身份加入张某和陈某的诉讼,应向受理张某和陈某诉讼的法院提起诉讼,提起诉讼的时间为一审法庭辩论终结前。

8. 王某与张某的手机买卖合同,为典型的所有权保留买卖合同。王某能否取回手机,应检视其是否享有出卖人取回权以及其取回权是否受到限制。

关于所有权保留买卖中,出卖人享有取回权的条件及取回权的限制适用《民法典》第 642 条第 1 款的规定:“当事人约定出卖人保留合同标的物的所有权,在标的物所有权转移前,买受人有下列情形之一,造成出卖人损害的,除当事人另有约定外,出卖人有权取回标的物:(一)未按照约定支付价款,经催告后在合理期限内仍未支付……”以及《买卖合同解释》第 26 条第 1 款的规定:“买受人已经支付标的物总价款的百分之七十五以上,出卖人主张取回标的物的,人民法院不予支持。”张某未按照约定付清 5000 元价款,且经催告后其在合理期限内仍未支付,王某享有取回权。但是张某已支付价款达 4500 元,达到总价款的 75%,王某的取回权因此受到限制,其不得主张取回手机。

9. 本题考查的是保险法中的违反如实告知义务和故意制造保险事故的法律后果。

首先判断张某违反如实告知义务的法律后果。根据《保险法》第 16 条第 1 款的规定,“订立保险合同,保险人就保险标的或者被保险人的有关情况提出询问的,投保人应当如实告知”,即投保人负有如实告知义务。根据《保险法》第 16 条第 2 款的规定,投保人故意或者因重大过失未履行前款规定的如实告知义务，足以影响保险人决定是否同意承保或者提高保险费率的，保险人有权解除合同。但保险人的上述解除权受到一定的限制，根据《保险法》第16条第6款的规定，“保险人在合同订立时已经知道投保人未如实告知的情况的，保险人不得解除合同；发生保险事故的，保险人应当承担赔偿或者给付保险金的责任”。材料中，手机是否拆修或更换零配件可能影响手机的质量（如结构强度、防跌落和进水的能力等），进而影响保险事故的发生概率，属于足以影响保险人决定是否同意承保或提高保险费率的事实。对于该事实，鸿鹄保险公司通过鸿鹄手机安心保申请单“是否曾拆修或更换零件”一栏向张某进行询问。张某明知MyPhone10s手机电池为非原厂劣质电池，却勾选“否”选项，系故意未履行如实告知义务，鸿鹄保险公司因此享有合同解除权。肖某对手机进行检查后发现手机锂电池并非原厂，但因疏忽未填入公司系统。肖某为鸿鹄保险公司员工，其行为应归属于鸿鹄保险公司，尽管该信息尚未录入系统，但仍应认为鸿鹄保险公司在合同订立时已知晓该解除事由，故鸿鹄保险公司不得以张某未履行如实告知义务为由解除合同。

然后判断张某故意制造保险事故的法律后果。《保险法》第27条第2款规定：“投保人、被保险人故意制造保险事故的，保险人有权解除合同，不承担赔偿或者给付保险金的责任；除本法第四十三条规定外，不退还保险费。”材料中，张某故意将其手机浸泡水中致其损坏，属于故意制造保险事故的情形，鸿鹄保险公司有权解除合同并且拒绝承担赔付义务。故虽然保险公司丧失了基于违反如实告知义务的合同解除权，但其仍可以投保人故意制造保险事故为由解除保险合同，并拒绝承担保险责任。

10. 本题考查的是善意取得适用的排除。

本案中存在一个无权处分合同，且该合同由于出让人张某的欺诈而被买受人撤销。在分析原权利人的权利如何被救济前需要弄清关键问题：合同被撤销后，陈某是否善意取得该宠物的所有权？

《物权编解释（一）》第20条规定，“具有下列情形之一，受让人主张依据民法典第三百一十一条规定取得所有权的，不予支持：（一）转让合同被认定无效；（二）转让合同被撤销”。若张某与陈某间的宠物狗买卖合同嗣后因张某欺诈而被撤销，则受让人陈某不能善意取得标的物所有权，即宠物狗的所有权人仍为钱某。因此，钱某可依据《民法典》第235条的规定请求张某返还原物。

11.《民法典》第461条规定：“占有的不动产或者动产毁损、灭失，该不动产或者动产的权利人请求赔偿的，占有人应当将因毁损、灭失取得的保险金、赔偿金或者补偿金等返还给权利人；权利人的损害未得到足够弥补的，恶意占有人还应当赔偿损失。”在小狗买卖合同被撤销后，张某返还了价款，陈某占有3只小狗构成无权占有，且陈某知晓自己为无权占有人，构成恶意占有人，根据《民法典》第461条的规定，恶意占有人在占有的标的物毁损或灭失时，应当对权利人承担损害赔偿责任。

当事人之间的法律关系如图1－12所示。

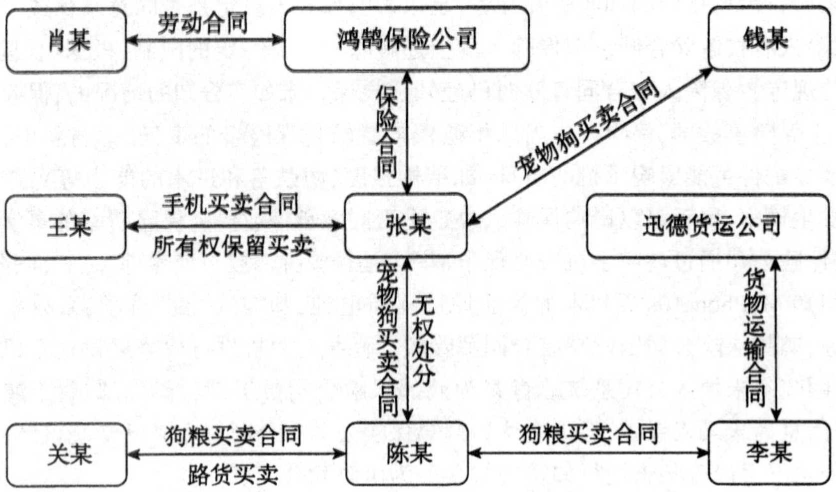

图1－12　当事人之间的法律关系

答题要点

1. 张某有权要求王某免费维修。(1)王某售卖给张某的手机,于交付时即存在电池质量瑕疵。(2)根据《民法典》第622条第1款的规定,约定的检验期限过短,根据标的物的性质和交易习惯,买受人在检验期限内难以完成全面检验的,应当认定该期限为买受人对外观瑕疵提出异议的期限。张某与王某约定的检验期限为收到手机的当日,该期限不足以对手机完成全面检验,故其应被认定为对手机外观瑕疵的检验期限。(3)根据《民法典》第621条第2款和《买卖合同解释》第12条第1款的规定,隐蔽瑕疵的检验期限为发现或应当发现质量瑕疵后的合理期限。手机的电池寿命瑕疵为隐蔽瑕疵,张某在发现手机无法充电当日即向王某通知,应认定其在"合理期限内"履行了通知义务。(4)根据《民法典》第621条第2款和《买卖合同解释》第14条的规定,买受人应于收到标的物之日起2年内通知出卖人。张某通知王某之日与其收到手机之日间隔未超过2年。

综上所述,王某售卖给张某之手机存在电池隐蔽瑕疵,致使该手机无法实现手机的一般功能,且张某于法律规定的期限内履行了检验通知义务,有权要求王某承担违约责任,维修手机。

2. 张某与钱某之间的买卖合同成立。根据《民法典》第471条、第481条和第486条的规定,当事人订立合同可以采取要约、承诺方式,受要约人的承诺应于要约确定的期限内到达要约人,超过承诺期限发出承诺的,除要约人及时通知受要约人该承诺有效外,为新要约。本案中,张某向钱某发出出卖宠物狗大妞的要约,规定承诺期间为1周(7日)。10日后钱某发出的承诺到达张某,超出承诺期间,视为新要约。张某回复收到500元转账,应认定其为对钱某的新要约的承诺,该承诺到达钱某时,买卖合同成立。

3. 陈某享有宠物狗小花、小白和小黄的所有权,钱某享有宠物狗大妞的所有权。(1)根据

《民法典》第224条和第228条的规定，动产物权的转让，自交付时发生效力；动产物权转让时，双方又约定由出让人继续占有该动产的，物权自该约定生效时发生效力。2017年7月1日，张某与钱某的买卖合同成立且生效，张某以占有改定的方式完成交付，钱某取得宠物狗大妞的所有权。(2)根据《民法典》第321条第1款的规定，天然孳息由所有权人取得，既有所有权人又有用益物权人的，由用益物权人取得。当事人另有约定的，按照约定。2017年7月1日，钱某取得宠物狗大妞的所有权。2017年8月1日，宠物狗大妞产下的3只小狗为天然孳息，归宠物狗大妞的所有人钱某所有。(3)根据《民法典》第311条的规定，动产物权善意取得的条件为：受让人受让时为善意，以合理价格转让，且已完成交付。本案中，张某将宠物狗小花、小白和小黄以合理价格转让给善意的陈某并完成了交付，故陈某取得了这3只小狗的所有权。

4. 对遗失的20袋狗粮，应当由陈某承担风险损失。(1)根据《民法典》第604条和第607条的规定，本案中，陈某与李某未约定交付地点，李某将狗粮交第一承运人，即迅德货运公司后，便完成交付，风险转移至陈某。(2)陈某和关某订立的是路货买卖合同。根据《买卖合同解释》第11条的规定，当事人对风险负担没有约定，标的物为种类物，且出卖人未以装运单据、加盖标记、通知买受人等可识别的方式清楚地将标的物特定于买卖合同的，买受人不负担标的物毁损、灭失的风险。本案中，陈某未采取任何措施将转售关某的10袋狗粮特定化，故关某不负担狗粮灭失的风险，其仍有权要求陈某交付10袋狗粮。(3)根据《民法典》第610条的规定，在出卖人给付的标的物质量不符合合同约定时，在同时满足"不能实现合同目的"和"买受人拒绝接受标的物或者解除合同"时，风险方由出卖人负担。本案中，李某实际交付的是国产狗粮，并非合同约定的澳洲进口狗粮，应认定为根本违约，符合"不能实现合同目的"的条件；但陈某仍接受货物，未解除合同，故风险仍由陈某负担。

5. 对于一般地域管辖和特殊地域管辖规则的适用，目前存在两种观点。以下依据两种观点分别作答，答案无绝对，言之有理即可。

答案一：关某应向陈某住所地的基层人民法院，即北华市朔方县人民法院提起诉讼。(1)级别管辖。根据《民事诉讼法》第18～21条的规定，本案中关某所涉案件不属于中级人民法院、高级人民法院和最高人民法院的管辖范围，应由基层人民法院管辖。(2)地域管辖。材料中关某与陈某之间为合同纠纷，应适用关于合同纠纷的特殊地域管辖规则。根据《民事诉讼法》第24条的规定，因合同纠纷提起的诉讼，由被告住所地或合同履行地人民法院管辖。本案中，原告关某与被告陈某虽于合同中约定履行地点为西华市长安县，但合同并未实际履行，且该约定履行地点并非当事人双方的住所地，根据《民诉解释》第18条第3款的规定，合同没有实际履行，当事人双方住所地都不在合同约定的履行地的，由被告住所地人民法院管辖。故应由被告陈某住所地人民法院管辖。综上所述，关某应向陈某住所地基层人民法院，即北华市朔方县人民法院提起诉讼。

答案二：关某应向陈某经常居住地的基层人民法院，即汉东市吴兴县人民法院提起诉讼。(1)级别管辖。根据《民事诉讼法》第18～21条的规定，本案中关某所涉案件不属于中级人民法院、高级人民法院和最高人民法院的管辖范围，应由基层人民法院管辖。(2)地域管辖。材料中被告陈某为公民，根据《民事诉讼法》第22条第1款关于一般地域管辖的规定，对公民提起的民事诉讼，由被告住所地人民法院管辖，被告住所地与经常居住地不一致的，由经常居住地人民法院管辖。原告关某与被告陈某之间为合同纠纷,根据《民事诉讼法》第24条关于特殊地域管辖的规定,因合同纠纷提起的诉讼,由被告住所地或合同履行地人民法院管辖。本案中,关某与陈某虽于合同中约定履行地点为西华市长安县,但合同并未实际履行,且该约定履行地点并非当事人双方的住所地,根据《民诉解释》第18条第3款的规定,合同没有实际履行,当事人双方住所地都不在合同约定的履行地的,应由被告住所地人民法院管辖。结合一般地域管辖和特殊地域管辖的规则,应由被告陈某经常居住地人民法院管辖。本案中,被告陈某离开住所地,至起诉时已连续在汉东市吴兴县居住1年以上,故该地为其经常居住地。综上所述,关某应向陈某经常居住地的基层人民法院,即汉东市吴兴县人民法院提起诉讼。

6. 陈某有权要求张某取回3只小狗并返还1000元价款。(1)根据《民法典》第597条第1款的规定,出卖人没有所有权或处分权不影响合同的效力。张某出卖宠物狗小花、小白和小黄给陈某,系无权处分。张某虽不享有3只小狗的所有权,但张某与陈某间的买卖合同的效力不受影响。(2)张某误导陈某使其认为该宠物狗的品种为日本柴犬,构成欺诈。根据《民法典》第148条的规定,“一方以欺诈手段,使对方在违背真实意思的情况下实施的民事法律行为,受欺诈方有权请求人民法院或者仲裁机构予以撤销”,张某与陈某间的买卖合同为可撤销的合同,陈某享有撤销权。(3)《民法典》第152条第1款规定:“有下列情形之一的,撤销权消灭:(一)当事人自知道或者应当知道撤销事由之日起一年内……没有行使撤销权……”材料中,陈某于2017年8月5日即得知3只宠物狗为秋田犬而非柴犬,于2017年11月11日请求法院撤销其与张某间的买卖合同,故陈某的撤销权仍处于除斥期间内,陈某有权要求张某取回3只小狗并返还1000元价款。

7. 钱某的诉讼地位为有独立请求权的第三人,其应向受理张某和陈某诉讼的法院提起诉讼,时间为一审法庭辩论终结前。根据《民事诉讼法》第59条第1款的规定,对当事人双方的诉讼标的,第三人认为有独立请求权的,为有独立请求权的第三人。材料中,陈某起诉张某,在该诉讼中,诉讼标的为陈某与张某的宠物狗买卖合同。钱某认为其对该买卖合同的标的物(3只宠物小狗)享有所有权,陈某与张某的行为系对其权利的侵害,故要求行使所有物返还请求权,取回3只小狗。钱某的诉讼地位为有独立请求权的第三人。根据《民事诉讼法》第59条第1款,《民诉解释》第81条第1款、第325条和1990年7月28日最高人民法院《关于第三人能否对管辖权提出异议问题的批复》(法[经]复〔1990〕9号)第1条的规定,钱某欲以有独立请求权的第三人的身份加入诉讼,应以向法院提起诉讼的方式为之;管辖法院为受理张某和陈某诉讼的法院,且钱某无权提出管辖权异议;起诉时间为一审法庭辩论终结前。

8. 王某无权取回手机。(1)根据《民法典》第642条第1款第1项的规定,在所有权保留买卖中,买受人未按约定支付价款,经催告后在合理期限内仍未支付,对出卖人造成损害的,出卖人享有取回权,可主张取回标的物。本案中,张某未按期支付全部价款,且经王某催告后在2017年11月30日前仍未支付,王某因此享有取回权。(2)但出卖人行使取回权在一定情况下受到限制。根据《买卖合同解释》第26条第1款的规定,买受人已经支付标的物总价款的75%以上的,出卖人不得取回标的物。本案中,张某已支付价款4500元,超过手机总价款5000元的75%,故王某不得主张取回手机。

9. 保险公司不能以张某违反如实告知义务为由解除合同,但其仍可以张某故意制造保险事故为由解除保险合同,并拒绝承担保险责任。(1)根据《保险法》第16条的规定,投保人负有如实告知义务：订立保险合同时，保险人就保险标的或者被保险人的有关情况提出询问的，投保人应当如实告知。投保人故意未履行如实告知义务，足以影响保险人决定是否同意承保或者提高保险费率的，保险人有权解除合同。但若保险人在合同订立时已经知道投保人未如实告知的情况的，保险人不得解除合同；发生保险事故的，保险人应当承担赔偿或者给付保险金的责任。材料中，手机是否拆修或更换零配件可能影响手机的质量（如结构强度、防跌落和进水的能力等），进而影响保险事故的发生概率，属于足以影响保险人决定是否同意承保或提高保险费率的事实。对于该事实，鸿鹄保险公司通过鸿鹄手机安心保申请单“是否曾拆修或更换零件”一栏向张某进行询问。张某明知 MyPhone10s 手机电池为非原装的劣质电池，却勾选“否”选项，系故意未履行如实告知义务，鸿鹄保险公司因此享有合同解除权。肖某对手机进行检查后发现手机锂电池并非原厂，但因疏忽未填入公司系统。肖某为鸿鹄保险公司员工，其行为应归属于鸿鹄保险公司，尽管该信息尚未录入系统，仍应认为鸿鹄保险公司在订立合同时已知晓该解除事由，其不得以张某未履行如实告知义务为由解除合同。(2)根据《保险法》第 27 条第 2 款的规定，投保人故意制造保险事故的，保险人有权解除合同，不承担赔偿或者给付保险金的责任。材料中，张某故意将其手机浸泡水中致其损坏，属于故意制造保险事故的行为，故鸿鹄保险公司有权解除合同并且拒绝承担赔付义务。

综上所述，虽然保险公司丧失了基于违反如实告知义务的合同解除权，但其仍可以投保人故意制造保险事故为由解除保险合同，并拒绝承担保险责任。

10. 钱某有权向张某主张所有物返还请求权，取得宠物狗的所有权。本案中，张某无权处分钱某的 3 只小狗，但其以合理价格将 3 只小狗卖给不知情的陈某并完成了交付，根据《民法典》第 311 条的规定，陈某善意取得了 3 只小狗的所有权。但根据《物权编解释(一)》第 20 条的规定，转让合同被撤销的，受让人不能善意取得所有权。因此，若张某与陈某间的宠物狗买卖合同嗣后因张某欺诈而被撤销，则受让人陈某不能善意取得标的物所有权，即宠物狗的所有权人仍为钱某。因此，钱某可依据《民法典》第 235 条的规定请求张某返还原物。

11. 陈某应当承担损害赔偿责任。按照《民法典》第 461 条的规定，在无权占有人所占有的动产毁损或灭失时，占有人应将由此所获得的保险金、赔偿金或补偿金返还至权利人，如不存在保险金、赔偿金或补偿金，恶意占有人应当对权利人承担损害赔偿责任，在陈某撤销小狗买卖合同后，张某已返还价款，但陈某仍未返还小狗，陈某构成恶意占有人，在小狗丢失时，应当对权利人承担损害赔偿责任。

扩展分析 买卖合同风险负担

买卖合同风险负担，指因不可归责于双方当事人之事由，致标的物毁损、灭失时，其损失应由谁负担。买卖合同风险负担，以约定优先，当事人没有约定的，适用如下规则：

1. 买卖合同风险负担的一般规则。根据《民法典》第 604 条的规定，我国买卖合同风险负担采交付主义的规则，交付地点的确定对风险负担至关重要。根据《民法典》第 510 条、第 603 条和《买卖合同解释》第 9 条的规定，标的物的交付地点，应按照如下规则确定：

(1)约定的交付地点。

(2)没有约定交付地点或者约定不明确的，可以协议补充；不能达成补充协议的，按照合同有关条款或交易习惯确定交付地点。

(3)根据(2)仍旧不能确定,标的物需要运输的,货交第一承运人即交付。

(4)根据(2)仍旧不能确定,标的物不需要运输的,若订立合同时知道标的物在某一地点,则在该地点交付;若不知道标的物在某一地点,则在出卖人订立合同时的营业地交付。

(5)约定将标的物运送至指定地点交付给承运人的,依约于该地点货交承运人即交付。

2. 路货买卖的风险负担规则。根据《民法典》第606条的规定,路货买卖合同中标的物的风险自合同成立时转移至买受人。但其存在例外,根据《买卖合同解释》第10条的规定,出卖人在合同成立时知道或应当知道标的物已经毁损、灭失却未告知买受人的,风险仍由出卖人负担。

3. 未特定的标的物风险负担规则。根据《买卖合同解释》第11条的规定,当事人对风险负担没有约定,标的物为种类物,出卖人未以装运单据、加盖标记、通知买受人等可识别的方式清楚地将标的物特定化的,风险仍由出卖人承担。

4. 违约时风险负担的规则。

(1)因买受人自身问题致使标的物不能按照约定的期限交付的,买受人应自违反约定之日起承担标的物毁损、灭失的风险。

(2)出卖人按照约定或有关法律规定将标的物置于交付地点,买受人违反约定没有收取的,标的物毁损、灭失的风险自买受人违反约定之日起由其承担。

(3)标的物质量不符合要求,致使不能实现合同目的,买受人拒绝接受标的物或者解除合同的,标的物毁损灭失的风险由出卖人承担。

(4)出卖人未按照约定交付有关标的物的单证和资料的,不影响标的物毁损、灭失风险的转移。

13 CASE 电子合同

——A生物科技有限公司与王某网络购物合同纠纷案

案例指引

本案例以中国裁判文书网所载真实民事判决书为蓝本，围绕网络购物交易场合下电子合同的订立、履行以及价格欺诈的认定等问题展开，对《民法典》合同编和《电子商务法》新增电子合同履行规则的适用具有参考意义。

案　情

2015年3月16日，原告王某在某猫商城从被告A生物科技有限公司（以下简称A公司）经营的“虹山本草旗舰店”购买“虹山本草霍山石斛铁皮枫斗石斛颗粒野生特级铁皮石斛枫斗”（以下简称石斛枫斗）11件，单价390元（390元用删除线划除），促销价138元，实际付款1518元，订单编号为89×××77，收货人及地址为王先生、北京市朝阳区×××中心1××、100123，运送方式为快递，物流公司为某通速递有限公司，运单号为10×××02。

涉案产品交易页面中的月成交记录显示：石斛枫斗在2015年3月15、16日以138元成交，2015年3月14日以99元、138元成交，2015年3月13日以99元成交，2015年3月6至11日以128元成交。

A公司为推销产品，委托B直播间于2015年1月1日至当年年底为其直播带货。受托期间B直播间的知名网红“娅娅”在直播带货时，一直宣称A公司促销价保证为真实最低价。

订单编号为89×××77的订单对应的运单号为10×××02的运单上的物流信息载明：2015年3月16日订单发送至某通速递有限公司，2015年3月16日订单被某通速递有限公司接收，2015年3月16日上海市宝山区某通速递有限公司已收件，2015年3月16日上海市宝山区某通速递有限公司已打包，2015年3月16日上海市宝山区某通速递有限公司已发出，2015年3月17日上海转运中心公司已收入，2015年3月18日北京转运中心公司已收入，2015年3月18日北京转运中心公司已发出。

王某与昵称为“虹山本草旗舰店：落×”（以下简称落×）的旺旺用户自2015年3月23日起进行了多次沟通。2015年3月23日，落×留言：“亲，早上快递联系我们，您的件遗失了，此款宝贝我店铺已经断货，现已无法帮您补发，由于交易即将成功，您上线后看到留言，可以直接申请退款，谢谢。”2015年4月9日，王某多次在旺旺中留言要求发货,落×答复称:“有给您发货,但是宝贝遗失。”

王某向法院起诉请求:(1)A公司退还货款1518元;(2)A公司支付10倍赔偿15,180元;(3)A公司支付精神损害赔偿金10,000元;(4)由A公司承担本案诉讼费用;(5)B直播间承担连带责任。

法院查明以下事实:

(1)A公司在某猫商城经营的“虹山本草旗舰店”的各商品页面中的价格一栏均采取“单价×元(×元用删除线划除),促销价×元”的表述方式,且均标注“现货供应、先来先买、卖完为止”字样。

(2)A公司在某猫商城经营的“虹山本草旗舰店”首页,于醒目位置标注“本商家承诺:促销价均为某猫商城内真实最低价,如有虚假,本商家自愿按照买家实际支付款项的十倍予以赔偿”。

(3)应B直播间要求,A公司每天将销售清单以电子邮件发送给B直播间阅览。

在诉讼中,王某表示其并未收到涉案石斛枫斗,并以上述旺旺留言予以举证。A公司未能举证证明王某已经收到涉案石斛枫斗。

问　题

1. 王某与A公司所订合同是否属于书面形式?为什么?

2. 在王某与A公司的缔约过程中,如何认定要约和承诺?为什么?

3. 王某与A公司所订合同的成立时间是哪个时间点?为什么?

4. A公司向王某交付标的物的时间应如何认定?为什么?

5. 王某与A公司客服落×进行的多次旺旺对话及留言能否作为民事诉讼证据?为什么?

6. 在诉讼中,A公司提交书面申请要求法院调取涉案订单相关信息,法院应否准许该申请?为什么?

7. 王某的诉讼请求“(2)A公司支付10倍赔偿15,180元”应否得到支持?为什么?

8. 王某的诉讼请求“(3)A公司支付精神损害赔偿金10,000元”应否得到支持?为什么?

9. 王某的诉讼请求“(5)B直播间承担连带责任”应否得到支持?为什么?

10. 王某是否有权请求电商平台某猫商城承担责任?为什么?

11. 本案诉讼中,法院应否追加物流公司为共同被告?为什么?

12. 本案诉讼的开庭审理可否通过网络平台在线方式进行?为什么?

解题思路

1. 书面形式指以文字表现合同内容的合同形式,包括合同书、信件、数据电文和其他书面形式。其中,数据电文包括电报、电传、传真、电子数据交换和电子邮件等形式。材料中,王某通过网络交易平台某猫商城从A公司购买石斛枫斗,买卖双方之间成立真实有效的网络买卖合同关系,该合同采用了数据电文中的电子数据交换形式,属于书面形式,应当适用《民法典》第469条的规定,“当事人订立合同,可以采用书面形式、口头形式或者其他形式。书面形式是合同书、信件、电报、电传、传真等可以有形地表现所载内容的形式。以电子数据交换、电子邮件等方式能够有形地表现所载内容,并可以随时调取查用的数据电文,视为书面形式”。

2. 要约是指缔约人一方以缔结合同为目的向对方当事人所作出的意思表示。要约必须符合以下构成要件:(1)内容确定具体;(2)表明经受要约人承诺,要约人即受该意思表示约束。承诺是指受要约人同意接受要约的条件以订立合同的意思表示。用户访问电子商务经营者使用自动信息系统发布的商品或服务信息,并与之互动、提交订单,有理由相信此种系统发布的信息是有约束力的要约;相对人发出的订单视为承诺,使合同有效地订立。若经营者不愿受到信息的约束,可以将相关的格式条款设置在自动信息系统中,使相对人在提交订单之前或之时知晓经营者的信息发布不受约束,仅为要约邀请的意图,或者声明要约为“先到先得,售完为止”,以避免库存告罄的风险。材料中,“虹山本草旗舰店”发布的石斛枫斗商品信息符合要约的构成要件,属于要约;王某选择了石斛枫斗并且提交了订单,构成了承诺。王某与 A 公司所订合同属于电子合同,应适用《民法典》第 472 条的规定,“要约是希望与他人订立合同的意思表示,该意思表示应当符合下列条件:(一)内容具体确定;(二)表明经受要约人承诺,要约人即受该意思表示约束”;适用《民法典》第 479 条的规定,“承诺是受要约人同意要约的意思表示”;还应适用《电子商务法》第 49 条第 1 款的规定,“电子商务经营者发布的商品或者服务信息符合要约条件的,用户选择该商品或者服务并提交订单成功,合同成立。当事人另有约定的,从其约定”。

3. 确定合同成立的时间,具有三方面的意义:(1)是区分缔约过失责任与违约责任的重要标准;(2)是区分自始履行不能和嗣后履行不能的标准;(3)在适用违约损害赔偿的可预见性规则时,是判断能否预见的时间标准。除当事人另有约定外,在电子合同中,若当事人一方通过互联网等信息网络发布的商品或者服务信息符合要约条件,则合同成立的时间是对方选择该商品或者服务并提交订单成功的时间。材料中,A 公司通过网络交易平台发布了石斛枫斗的商品信息,王某选择该商品并提交了订单,应适用《民法典》第 483 条的规定,“承诺生效时合同成立,但是法律另有规定或者当事人另有约定的除外”,以及《民法典》第 491 条第 2 款的规定,“当事人一方通过互联网等信息网络发布的商品或者服务信息符合要约条件的,对方选择该商品或者服务并提交订单成功时合同成立,但是当事人另有约定的除外”,还应适用《电子商务法》第 49 条第 1 款的规定,“电子商务经营者发布的商品或者服务信息符合要约条件的,用户选择该商品或者服务并提交订单成功,合同成立。当事人另有约定的,从其约定”。

4. 交付是指将标的物或提取标的物的单证占有转移。合同法中,交付是履行合同的重要环节,完成交付是为了履行合同,在履行合同时,当事人可以任意约定交付的方式和效果。合同法中的交付注重过程,注重对交付瑕疵的法律调整,只要依照合同的约定完成交付行为,合同即履行完毕。合同的交付时间有一般规则和特殊规则,电子合同的交付时间适用特殊规则。材料中,王某与 A 公司的合同是通过网络交易平台订立的电子商务合同,该合同标的为交付 11 件石斛枫斗,并且双方约定采用快递物流的方式交付标的物,应适用《民法典》第 512 条第 1 款第 1 句“通过互联网等信息网络订立的电子合同的标的为交付商品并采用快递物流方式交付的,收货人的签收时间为交付时间”的规定,《民法典》第 598 条“出卖人应当履行向买受人交付标的物或者交付提取标的物的单证,并转移标的物所有权的义务”的规定,《电子商务法》第 51 条第 1 款“合同标的为交付商品并采用快递物流方式交付的,收货人签收时间为交付时间……”的规定，以及《电子商务法》第 52 条第 1 款“电子商务当事人可以约定采用快递物流方式交付商品”的规定。

5. 电子数据是指通过电子邮件、电子数据交换、网上聊天记录、博客、微博客、手机短信、电子签名、域名等形成或者存储在电子介质中的信息。电子数据证据主要有三个特征：(1)可以精确复制；(2)可以在虚拟空间内快速传播；(3)易剪辑、修改。材料中，王某与 A 公司客服落×进行的多次旺旺对话及留言是通过网上聊天形成的储存在电子介质中的信息，属于电子数据，应适用《民事诉讼法》第 66 条的规定，“证据包括：(一)当事人的陈述；(二)书证；(三)物证；(四)视听资料；(五)电子数据；(六)证人证言；(七)鉴定意见；(八)勘验笔录。证据必须查证属实，才能作为认定事实的根据”，还应适用《证据若干规定》第 14 条的规定，“电子数据包括下列信息、电子文件：(一)网页、博客、微博客等网络平台发布的信息；(二)手机短信、电子邮件、即时通信、通讯群组等网络应用服务的通信信息；(三)用户注册信息、身份认证信息、电子交易记录、通信记录、登录日志等信息；(四)文档、图片、音频、视频、数字证书、计算机程序等电子文件；(五)其他以数字化形式存储、处理、传输的能够证明案件事实的信息”。

6. 法院依当事人申请调查收集的证据包括：(1)属于国家有关部门保存并须经人民法院依职权调取的证据；(2)涉及国家秘密、商业秘密、个人隐私的证据；(3)当事人及其诉讼代理人因客观原因无法自行收集的其他证据材料。材料中，涉案订单相关信息属于电子数据，基于其存储的特殊性，A 公司及其代理人不能自行收集这些信息，应适用《民事诉讼法》第 67 条第 2 款的规定，“当事人及其诉讼代理人因客观原因不能自行收集的证据，或者人民法院认为审理案件需要的证据，人民法院应当调查收集”，《民诉解释》第 94 条的规定，“民事诉讼法第六十七条第二款规定的当事人及其诉讼代理人因客观原因不能自行收集的证据包括：(一)证据由国家有关部门保存，当事人及其诉讼代理人无权查阅调取的；(二)涉及国家秘密、商业秘密或者个人隐私的；(三)当事人及其诉讼代理人因客观原因不能自行收集的其他证据。当事人及其诉讼代理人因客观原因不能自行收集的证据，可以在举证期限届满前书面申请人民法院调查收集”，还应适用《证据若干规定》第 23 条的规定，“人民法院调查收集视听资料、电子数据，应当要求被调查人提供原始载体。提供原始载体确有困难的，可以提供复制件。提供复制件的，人民法院应当在调查笔录中说明其来源和制作经过。人民法院对视听资料、电子数据采取证据保全措施的，适用前款规定”。

7. 价格欺诈行为是指经营者利用虚假的或者使人误解的标价形式或者价格手段，欺骗、诱导消费者或者其他经营者与其进行交易的行为，价格欺诈行为的构成不以形成交易结果为必要条件。《消费者权益保护法》第 55 条第 1 款规定：“经营者提供商品或者服务有欺诈行为的，应当按照消费者的要求增加赔偿其受到的损失，增加赔偿的金额为消费者购买商品的价款或者接受服务的费用的三倍；增加赔偿的金额不足五百元的，为五百元。法律另有规定的，依照其规定。”最高人民法院《关于审理网络消费纠纷案件适用法律若干问题的规定(一)》第 10 条规定：“平台内经营者销售商品或者提供服务损害消费者合法权益，其向消费者承诺的赔偿标准高于相关法定赔偿标准，消费者主张平台内经营者按照承诺赔偿的，人民法院应依法予以支持。”

材料中，A 公司发布的商品信息中标注“原价 390 元，促销价 138 元”，同时在某猫平台销售主页承诺“促销价均为某猫商城内真实最低价,如有虚假,本商家自愿按照买家实际支付款项的十倍予以赔偿”。但A公司在此前7日内并未以所标原价390元进行销售,而前7日内“虹山本草旗舰店”成交的有交易票据的最低交易价格为99元,其行为构成虚构原价、虚假优惠折价,诱骗他人购买,属于价格欺诈行为。王某虽然没有收到货物,但其在购买行为发生时受到了A公司的欺诈,价格欺诈行为不以交易成功为要件,故王某有权向A公司索赔。由于A公司在某猫平台销售商品时对价格欺诈承诺以买家实际支付货款的10倍进行赔偿,该承诺的赔偿标准高于法定赔偿标准,故王某要求A公司支付10倍赔偿的诉讼请求应当得到支持。

8. 精神损害赔偿是指自然人人身权或者某些财产权利受到不法侵害,致使其人身利益或者财产利益受到损害并遭到精神痛苦时,受害人本人、本人死亡后其近亲属有权要求侵权人给予的金钱赔偿。自然人的下列五类人格利益和身份利益遭受侵害,导致自然人遭受严重精神损害的,受害人或其近亲属有权主张精神损害赔偿:(1)一般人格权;(2)生命权、健康权、身体权、姓名权、肖像权、名誉权、隐私权、荣誉权八种具体人格权;(3)两种身份权即亲权(非法使被监护人脱离监护)和配偶权;(4)死者的姓名、肖像、名誉、荣誉、隐私、遗体、遗骨等人格利益;(5)具有人身意义的特定物(如结婚照、定情信物等)。根据《精神损害赔偿解释》的规定,精神损害赔偿适用于人身权益或具有人身意义的特定物受到侵害的侵权案件。《民法典》第996条规定:“因当事人一方的违约行为,损害对方人格权并造成严重精神损害,受损害方选择请求其承担违约责任的,不影响受损害方请求精神损害赔偿。”材料中,A公司虽有违约行为,但并未侵害王某的人格权,因此法院不应支持王某要求A公司支付精神损害赔偿金的诉讼请求。

9. 根据最高人民法院《关于审理网络消费纠纷案件适用法律若干问题的规定(一)》第17条,“直播间运营者知道或者应当知道经营者提供的商品不符合保障人身、财产安全的要求,或者有其他侵害消费者合法权益行为,仍为其推广,给消费者造成损害,消费者依据民法典第一千一百六十八条等规定主张直播间运营者与提供该商品的经营者承担连带责任的,人民法院应予支持”。A公司每天将销售清单以电子邮件的方式发送给B直播间阅览,因此B直播间能够了解A公司的具体销售状况,应当知道A公司给出的促销价只是一种价格欺诈策略。在这种情况下,B直播间还为A公司进行商品推广,并积极宣称A公司商品的促销价为真实最低价,帮助诱导消费者作出错误判断,从而对消费者的财产利益造成损害,因此其应当与A公司承担连带责任。

10. 关于电商平台的法律地位,存在不同的观点:

观点一:交易方合营说。该说认为电子商务平台与平台内经营者都是交易方当事人,两者共同参与经营。当卖方通过电子商务平台与买方进行交易时,电子商务平台应被视为卖方或者卖方的合营者。

观点二:行纪人说。该观点认为电子商务平台实质上在与平台上的卖方签订服务合同后,以自己的名义为后者从事商业交易活动。

观点三:代理人说。该观点将电子商务平台看作卖方的代理人,其为卖方代理商业活动的过程就等同于平台提供服务的过程。

观点四:居间人说。该观点认为电子商务平台为买卖双方或多方提供交易场所和信息发布等服务,电子商务平台与交易当事人之间存在居间合同法律关系。

观点五:柜台出租者说。该观点将电子商务平台提供的网络虚拟交易网店看作现实中商场的租赁柜台,认为电子商务平台与平台内经营者之间存在虚拟租赁关系,前者为后者提供了一个虚拟的空间来从事经营活动。

观点六:特殊的租赁平台说。该观点认为,电子商务平台应被视为特殊的租赁平台,它向外出租的是一个虚构的空间,该空间由一系列的网络数据组成,平台内的经营者承租的正是这一虚构空间,享有空间使用权。

观点七:新型交易中介说。该观点认为,电子商务平台是电子商务交易场所的提供者和拥有者,它向买方和卖方分别提供服务,在交易过程中具有独立性,不直接参与商品买卖,对其用户即交易双方免收注册费用,但收取增值服务费、赚取广告费等,因此应将其界定为一种新型的交易中介。

材料中,王某作为消费者遭受了价格欺诈,其合法权益受到了侵害,某猫商城属于电子商务平台,其是否需承担责任应适用《电子商务法》第 38 条第 1 款和第 83 条的规定进行判断,"电子商务平台经营者知道或者应当知道平台内经营者销售的商品或者提供的服务不符合保障人身、财产安全的要求,或者有其他侵害消费者合法权益行为,未采取必要措施的,依法与该平台内经营者承担连带责任";"电子商务平台经营者违反本法第三十八条规定,对平台内经营者侵害消费者合法权益行为未采取必要措施,或者对平台内经营者未尽到资质资格审核义务,或者对消费者未尽到安全保障义务的,由市场监督管理部门责令限期改正,可以处五万元以上五十万元以下的罚款;情节严重的,责令停业整顿,并处五十万元以上二百万元以下的罚款"。

11. 共同诉讼分为普通共同诉讼和必要共同诉讼。普通共同诉讼是指当事人一方或双方为两人以上,其诉讼标的属于同一种类,人民法院认为可以合并审理,并经当事人同意而共同进行的诉讼。必要共同诉讼是指当事人一方或双方为两人以上,诉讼标的同一,法院必须合并审理的诉讼。《民事诉讼法》第 55 条第 1 款规定:"当事人一方或者双方为二人以上,其诉讼标的是共同的,或者诉讼标的是同一种类、人民法院认为可以合并审理并经当事人同意的,为共同诉讼。"《民事诉讼法》第 135 条规定:"必须共同进行诉讼的当事人没有参加诉讼的,人民法院应当通知其参加诉讼。"《民诉解释》第 73 条规定:"必须共同进行诉讼的当事人没有参加诉讼的,人民法院应当依照民事诉讼法第一百三十五条的规定,通知其参加;当事人也可以向人民法院申请追加。人民法院对当事人提出的申请,应当进行审查,申请理由不成立的,裁定驳回;申请理由成立的,书面通知被追加的当事人参加诉讼。"根据以上规定可知,只有在必要共同诉讼中,当事人没有参加诉讼的,法院才应当通知其参加。材料中,王某与 A 公司之间存在网络购物合同关系,王某与物流公司之间不存在合同关系,两者的诉讼标的不相同,不属于必要共同诉讼的情形。

12. 网络平台在线诉讼是《民事诉讼法》修正新增加的内容,旨在推动民事诉讼方式与现代信息化手段相适应,方便当事人诉讼,为未来在线诉讼发展拓展制度空间。《民事诉讼法》第 16 条规定:"经当事人同意,民事诉讼活动可以通过信息网络平台在线进行。民事诉讼活动通过信息网络平台在线进行的,与线下诉讼活动具有同等法律效力。"材料中,经王某和 A 公司同意,案件的审理可以通过信息网络平台在线进行,且该在线诉讼活动与线下诉讼活动具有同等效力。

当事人之间的法律关系如图1-13所示。

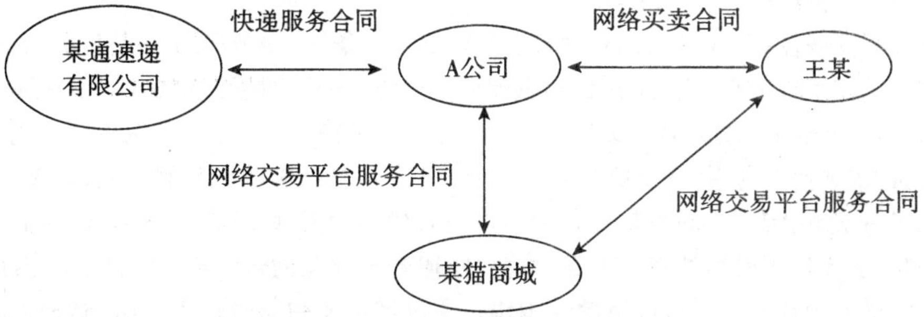

图1-13　当事人之间的法律关系

答题要点

1. 王某与A公司所订合同属于书面形式。王某通过网络交易平台与A公司订立网络买卖合同，交易信息通过通信网络在王某与A公司的电子计算机系统之间进行数据交换和自动处理，该合同采用了数据电文中的电子数据交换形式，根据《民法典》第469条的规定，应当被视为书面形式。

2. A公司发布的商品信息构成要约，王某选择该商品并提交订单构成承诺。因为A公司发布的商品信息符合要约的条件：(1)由A公司向不特定的相对人作出；(2)以缔结石斛枫斗买卖合同为目的；(3)商品信息明确了合同标的石斛枫斗的数量和价格（包括正常价格和促销价格）等合同必要条款；(4)A公司通过自动信息系统发布了石斛枫斗的商品信息，根据某猫商城的交易规则，该商品信息对A公司具有约束力，只要王某提交订单成功，A公司即受该意思表示的约束。王某选择该商品并提交订单符合承诺的条件：王某通过提交订单向A公司表达了他同意以要约条件与A公司订立买卖合同的意思。

3. 王某选择该商品并提交订单成功时，合同成立。因为电子商务合同的成立时间应适用特别规定。A公司与王某订立的合同采用了数据电文的形式，且未特别约定合同成立的时间，A公司通过网络交易平台某猫商城发布的石斛枫斗的商品信息符合要约的条件，王某选择了该商品并提交订单符合承诺的要件，故提交订单成功时合同成立。

4. 王某签收时间为交付时间。因为合同标的为交付商品并采用快递物流方式交付的，收货人签收时间为交付时间。王某与A公司之间的买卖合同是通过网络交易平台订立的电子商务合同，合同标的是交付11件石斛枫斗，且双方约定采用某通速递运送商品，故合同的交付时间是收货人王某的签收时间。

5. 能作为民事诉讼证据。因为客服对话符合电子数据证据的特征。王某与A公司客服进行的多次旺旺对话及留言是以网络聊天记录形式存储在电子介质中的信息，属于电子数据，这些信息可以被精确复制并且在网络空间内快速传播，同时容易被剪辑和修改。

6. 法院应准许该申请。因为涉案订单相关信息属于电子数据，其原始载体存储在网络交易平台某猫商城的系统中，A公司及其代理人因客观原因不能自行收集，属于法院依当事人申请调查取证的情形。只要A公司在举证期限届满前书面申请人民法院调查收集,法院应当准许。同时,法院在调查收集涉案订单信息时,原则上应当要求被调查人提供原始载体。提供原始载体确有困难的,可以提供复制件。

7. 应得到支持,因为A公司的行为符合价格欺诈的条件。A公司发布的商品信息中标明"原价390元,促销价138元",但A公司在此前7日内并未以所标原价390元进行销售,前7日内"虹山本草旗舰店"成交的有交易票据的最低交易价格为99元,该行为构成虚构原价、虚假优惠折价,诱骗他人购买,属于价格欺诈行为。王某虽然没有收到货物,但其在购买行为发生时受到了A公司的欺诈,价格欺诈行为不以交易成功为要件,因此王某有权索赔。依据最高人民法院《关于审理网络消费纠纷案件适用法律若干问题的规定(一)》第10条的规定,A公司在某猫平台销售商品时对价格欺诈承诺以买家实际支付货款的10倍进行赔偿,该赔偿标准高于法定赔偿标准,故王某有权要求A公司支付10倍赔偿。

8. 不应得到支持。因为现行法规定精神损害赔偿多适用于侵权案件,而《民法典》第996条规定的违约精神损害赔偿,其适用必须限定在违约责任与侵权责任发生竞合的情形。A公司并未对王某实施侵权行为,王某与A公司之间的纠纷属于网络买卖合同纠纷,不属于精神损害赔偿的适用范围。

9. 应得到支持。由于A公司每天将销售清单以电子邮件的方式发送给B直播间阅览,故B直播间能够知晓A公司以价格欺诈的方式损害消费者合法权益。在此前提下,B直播间仍为A公司提供产品推广,并宣称A公司促销价为真实最低价,帮助A公司欺诈消费者,故依照最高人民法院《关于审理网络消费纠纷案件适用法律若干问题的规定(一)》第17条的规定,B直播间运营者应与商品经营者A公司承担连带责任。

10. 无权。因为没有证据证明平台属于应承担责任的情形。王某没有证据证明某猫商城知道或应当知道A公司侵害消费者的合法权益,且没有证据证明某猫商城未尽到对A公司的审核义务和对王某的安全保障义务,故无权要求某猫商城承担责任。

11. 不应追加。因为并非同一诉讼标的,不属于必要的共同诉讼。王某与A公司之间存在网络买卖合同关系,A公司与某通速递有限公司之间存在快递服务合同关系,但王某与某通速递有限公司之间不存在合同关系,王某与某通速递有限公司之间的诉讼标的和王某与A公司之间的诉讼标的不相同,某通速递有限公司与A公司并非必须共同进行诉讼的当事人,故法院不应追加某通速递有限公司为共同被告。

12. 经王某和A公司同意,本案的开庭审理活动可以通过网络平台在线进行,且与线下诉讼活动具有同等法律效力。

扩展分析

1. 电子合同的特征

(1)电子合同是通过计算机网络订立的合同。传统合同的订立往往需要当事人面对面或者通过信件、电报、电话、传真等方式进行协商、谈判,而在电子合同的订立过程中,当事人可以通过电子的方式进行沟通。例如,在网络购物合同订立过程中,当事人之间的交易信息通过通信网络在消费者与网络交易平台内的经营者的计算机系统之间进行数据交换和自动处理，最终成立数据电文形式的买卖合同。

(2)电子合同关系的主体具有虚拟性和广泛性。互联网的虚拟性决定了电子合同主体的虚拟性，虽然现在许多网络交易平台均要求用户和商家进行实名认证，但是这些个人信息只有网络交易平台有权收集和合法使用，对用户与商家而言，对方的身份仍然具有虚拟性。电子合同的主体范围也比较广泛，电子合同的当事人可以是任何自然人、法人或其他组织。在电子商务合同中，平台内经营者发布的商品信息针对的是所有的平台用户，经营者与消费者之间存在“多对多”的关系。

(3)电子合同以电子签名的方式生效。传统合同的生效方式一般是当事人签名或者盖章，电子合同的生效方式则是电子签名，电子签名可以提高当事人缔结合同的效率，免去合同文书邮递或传送的麻烦。电子签名的形式多样，因采用的技术不同，其法律效力也会有所差别，可能存在不同模式的电子签名对应不同法律效力的情形。

(4)电子合同的缔结成本较低。传统合同的订立往往需要当事人双方面对面签名、盖章，当事人的交易过程和手续较为复杂。电子合同的订立是通过互联网来完成的，当事人之间的交易不受时空的限制，交易过程中免去了许多烦琐的流程，提高交易效率的同时，降低了交易的成本。

(5)电子合同的载体“无纸化”。传统的合同一般以实体的纸质文件作为载体，而电子合同的载体是数据电文，如电报、电传、传真、电子数据交换和电子邮件等。这些“无纸化”的载体在给当事人带来方便的同时也带来了较高的风险，数据电文的特性使得电子合同的交易信息极易被泄露和篡改，因此当事人应注重保障电子合同交易信息的安全。

2. 电子合同的履行

电子合同中，标的的交付时间决定了合同的履行时间，电子合同的交付时间因交付标的的不同而适用不同的规则：

首先，当事人对交付时间有约定的，从其约定。为了尊重当事人的意思自治，无论电子合同的标的是商品、服务还是采用在线传输方式交付的标的，只要当事人约定了交付的时间，则依其约定，这也是合同自治原则的体现。

其次，电子合同标的为交付商品并采用快递物流方式交付的，收货人的签收时间为交付时间。在以快递物流方式交付商品的电子合同中，一般由卖方承担运送商品的责任，由于是卖方与物流公司签订的快递服务合同，故商品在被买方签收之前，仍然处于卖方和物流公司的控制之下。若将签收之前的某个时间点作为交付时间，风险就提前转移给了买方，加重了买方的责任。在传统的合同中，标的物的签收并非交付的必要环节，只要标的物被买方或者承运人占有，合同标的物的交付就已经完成，风险也随之转移。在电子合同中，将买方签收商品的时间作为交付时间，延迟了风险转移的时间点，在平台内的经营者与消费者地位不平等的情形下，保护了弱势一方消费者的权益。签收只是交付的形式要件，若有其他证据证明实际交付时间并非签收时间，则应以实际交付时间为准。实践中经常出现快递公司提前签收而买方并未收到商品的情况，此时若有证据证明买方的实际收货时间，应以实际收货时间作为交付时间。

再次，电子合同标的为提供服务的，生成的电子凭证或者实物凭证中载明的时间为交付时间；前述凭证没有载明时间或者载明时间与实际提供服务时间不一致的，实际提供服务的时间为交付时间。标的为提供服务的合同包括提供服务产品的合同和单纯提供服务的合同。在提供服务产品的合同中，服务产品的交付时间是电子凭证或者实物凭证中所载明的时间。单纯提供服务的合同，本质上是雇佣合同，此种合同不存在标的物的交付问题，判断是否完成交付的标准是合同是否适当履行，此时提供服务的时间为交付时间。电子凭证或实物凭证和商品签收一样，只是交付的形式要件，若有证据证明实际提供服务的时间并非凭证载明的时间，应以实际提供服务的时间为准。

最后，电子合同的标的采用在线传输方式交付的，合同标的进入对方当事人指定的特定系统并且能够检索识别的时间为交付时间。以在线传输方式交付标的的合同，其标的物是无形的数字产品，如网络虚拟财产、数据、知识产权等，当事人通过传输信息数据完成交付行为。"特定系统"是指当事人指定的特殊系统，而非当事人控制下的任意系统。"能够检索识别"是指当事人能够明确、完整地接收数字产品。若当事人没有指定特定的接收系统，关于合同标的物的交付时间，现行法有两种规定：(1)《电子签名法》第 11 条第 2 款"……未指定特定系统的，数据电文进入收件人的任何系统的首次时间……"的规定；(2)《民法典》第 137 条第 2 款"……相对人知道或者应当知道该数据电文进入其系统时……"的规定。电子商务合同应适用哪一条规定目前仍然存在争议，但是随着互联网的发展，电子商务合同的当事人均拥有多个收件系统，若直接推定数据电文进入任何系统的首次时间即为交付时间，不利于保护收件人的权益。因此，适用《民法典》第 137 条第 2 款的规定更加合理，即只有在收件人知道或应当知道合同标的物进入某个系统时，才能视为标的物已经交付给收件人。

3. 电子商务平台经营者与电子商务经营者的关系

电子商务经营者是指通过互联网等信息网络从事销售商品或者提供服务的经营活动的自然人、法人和非法人组织，包括电子商务平台经营者、平台内经营者以及通过自建网站、其他网络服务销售商品或者提供服务的电子商务经营者。电子商务平台经营者是指在电子商务中为交易双方或者多方提供网络经营场所、交易撮合、信息发布等服务，供交易双方或者多方独立开展交易活动的法人或者非法人组织。电子商务经营者有广义和狭义两种理解，广义的电子商务经营者包含了从构造、运营电子商务平台到实际进行电子商务等所有通过互联网等信息网络从事经营活动的经营者，电子商务平台经营者就是电子商务经营者的一种。狭义的电子商务经营者是指以电子商务为经营模式的经营者。电子商务经营者与电子商务平台经营者之间的区别与联系包括以下几个方面：

(1)交易主体的范围。电子商务经营者的交易主体包括自然人、法人和非法人组织，和一般民事主体的范围相同。电子商务平台经营者的交易主体则限定在法人和非法人组织之中，自然人没有成为电子商务平台经营者的主体资格。

(2)与电子商务平台的关系。电子商务经营者以互联网等信息网络为媒介从事经营活动，互联网等信息网络就是电子商务平台，因此电子商务经营者的交易场所是电子商务平台。最高人民法院《关于审理网络消费纠纷案件适用法律若干问题的规定(一)》第 4 条规定，"电子商务平台经营者以标记自营业务方式或者虽未标记自营但实际开展自营业务所销售的商品或者提供的服务损害消费者合法权益，消费者主张电子商务平台经营者承担商品销售者或者服务提供者责任的，人民法院应予支持。电子商务平台经营者虽非实际开展自营业务，但其所作标识等足以误导消费者使消费者相信系电子商务平台经营者自营，消费者主张电子商务平台经营者承担商品销售者或者服务提供者责任的，人民法院应予支持”。该条表明电子商务平台经营者只要具有开展自营业务的表征，则需承担商品销售者或者服务提供者的责任。最高人民法院《关于审理网络消费纠纷案件适用法律若干问题的规定(一)》第5条规定，“平台内经营者出售商品或者提供服务过程中，其工作人员引导消费者通过交易平台提供的支付方式以外的方式进行支付，消费者主张平台内经营者承担商品销售者或者服务提供者责任，平台内经营者以未经过交易平台支付为由抗辩的，人民法院不予支持”。该条表明即使平台内的商品或服务交易并未使用平台提供的支付方式，平台内经营者依旧需要承担相应的责任。此外，最高人民法院《关于审理网络消费纠纷案件适用法律若干问题的规定(一)》第6条规定，“注册网络经营账号开设网络店铺的平台内经营者，通过协议等方式将网络账号及店铺转让给其他经营者，但未依法进行相关经营主体信息变更公示，实际经营者的经营活动给消费者造成损害，消费者主张注册经营者、实际经营者承担赔偿责任的，人民法院应予支持”。这表明平台内经营者将店铺转让给其他经营者时必须进行信息公示，否则需要与实际经营者共同承担责任。

(3)交易内容。电子商务经营者的交易内容是销售商品或提供服务，而电子商务平台经营者的交易内容仅限于提供服务。电子商务平台经营者不参与自己平台上的交易，仅作为“第三方”为他人的交易提供场所或信息发布等服务。电子商务平台经营者依法负有对平台内商品或服务的审查义务，在未尽合理审查义务而使消费者合法权益受到损害时，需要与商品或服务提供者承担连带责任。最高人民法院《关于审理网络消费纠纷案件适用法律若干问题的规定(一)》第18条规定，“网络餐饮服务平台经营者违反食品安全法第六十二条和第一百三十一条规定，未对入网餐饮服务提供者进行实名登记、审查许可证，或者未履行报告、停止提供网络交易平台服务等义务，使消费者的合法权益受到损害，消费者主张网络餐饮服务平台经营者与入网餐饮服务提供者承担连带责任的，人民法院应予支持”。

14 CASE 租赁合同

——甲公司与乙公司房屋租赁合同纠纷案

案例指引

本案例围绕租赁合同法律关系中的租赁期限、租金支付、承租人的优先购买权、租赁合同的继续履行与解除等展开，对分析租赁合同案件具有参考意义。

案　情

2014年1月2日，甲超市连锁有限责任公司（以下简称甲公司）与乙公司签署了《房屋租赁合同》，但甲公司与乙公司双方签署合同后并未到房产管理部门办理房屋租赁登记备案手续。

《房屋租赁合同》约定的房屋租赁期限是25年，甲公司租赁乙公司所有的A栋建筑用于开办超市，拟开办的超市名称为利民超市，租赁物为A栋建筑的一楼、二楼和三楼，面积分别为1万平方米、1万平方米和8000平方米。

《房屋租赁合同》明确约定，"在合同约定的租赁期间内，每年1月15日甲公司一次性向乙公司支付当年全年的租金，乙公司应当向甲公司出具正规的发票""乙公司应向甲公司所开办的利民超市提供300平方米的免费停车位""本合同自双方到房产管理部门办理租赁登记备案手续之日起生效""在本合同签署后，甲乙双方应就该超市的具体经营模式等未尽事宜进行协商"。

2017年6月30日，乙公司将A栋建筑二楼(1万平方米)卖给了丙公司，将三楼(8000平方米)卖给了丁公司，均未通知甲公司，并已经办理了房产过户手续，甲公司在丙公司和丁公司向其主张租金时，经查询房产部门登记方才了解到房屋已经转让的事实。

2017年8月1日，因所在地交通管理部门的统一规定，乙公司无法向甲公司所办超市提供300平方米的免费停车位，而必须采用每小时收费3元的计时收费停车模式。采取计时收费停车模式后，利民超市的顾客流量受到了一定的影响。因乙公司无法向利民超市提供300平方米的免费停车位，且因受网络交易影响，利民超市的运营状况不佳，亏损严重。甲公司于2017年8月18日向乙公司发出《解除租赁合同通知书》，明确表示因乙公司无法向利民超市提供300平方米的免费停车位，甲公司立即解除双方签署的《房屋租赁合同》。

2014年、2015年和2016年，甲公司均已按时支付租金；甲公司已于2017年1月15日向乙公司支付2017年全年的房屋租金。

问题

1.《房屋租赁合同》约定的租赁期限是25年，该合同条款的效力如何？为什么？

2.甲公司与乙公司双方签署合同后并未办理租赁登记备案手续，《房屋租赁合同》效力如何？为什么？

3.2018年1月19日，丙公司向法院起诉要求甲公司向其支付2017年7月1日至12月31日的A栋建筑二楼房屋租金。丙公司的该请求能否得到法院的支持？为什么？

4.2017年6月30日，乙公司将A栋建筑二楼出卖给了丙公司，现甲公司向法院起诉，要求确认乙公司与丙公司之间的房屋买卖合同无效。请问甲公司的该请求能否得到法院的支持？为什么？

5.乙公司收到甲公司于2017年8月18日发出的《解除租赁合同通知书》后，于2017年12月1日向法院起诉请求确认甲公司的解除行为无效。请问乙公司的该请求能否得到法院的支持？为什么？

6.对于解除合同的方式，甲公司可否直接向法院起诉请求解除《房屋租赁合同》，而不通知乙公司？为什么？

7.如果甲公司与乙公司签订《房屋租赁合同》后，双方因经营模式和停车场等问题存在争议，甲公司并未进场进行装修和营业，也未实际支付租金，在双方争议两年半后，甲公司向乙公司书面表示，因双方信任基础丧失，其将不再履行《房屋租赁合同》。现乙公司向法院起诉要求甲公司继续履行《房屋租赁合同》。请问乙公司的该请求能否得到法院的支持？为什么？

8.在A栋三楼房屋转让至丁公司后，甲公司擅自对三楼房屋进行了装修，后丁公司要求甲公司承担损害赔偿责任，丁公司主张是否成立？

解题思路

1.根据题干，本题考查租赁合同法定最长租赁期限，属于纯知识点考查。适用《民法典》第705条第1款的规定：“租赁期限不得超过二十年。超过二十年的，超过部分无效。”

2.租赁登记备案属于房产部门行政管制措施，未办理登记不影响租赁合同的效力。《民法典》第706条规定：“当事人未依照法律、行政法规规定办理租赁合同登记备案手续的，不影响合同的效力。”此外，租赁合同约定“本合同自双方到房产管理部门办理租赁登记备案手续之日起生效”。该合同是对合同的生效附停止条件。但因双方当事人已经按照合同约定履行了各自的权利义务，是通过履行的方式弥补形式瑕疵，通过默示合意改变了合同约定的生效条件，因此，未备案登记不影响合同的效力。

3.本问题考查租赁合同权利义务的概括承受、买卖不破租。《民法典》第725条规定：“租赁物在承租人按照租赁合同占有期限内发生所有权变动的，不影响租赁合同的效力。”甲、乙之间成立租赁合同法律关系，互负租赁合同之债，出租人乙于租赁期间将建筑物二楼出让给丙公司，丙公司受让成为该部分建筑物所有权人，不影响租赁合同效力，丙公司替代乙公司在租赁合同中的地位，概括承受租赁合同权利义务。因在所有权变动之前，承租人甲公司已于2017年1月15日向乙公司支付2017年全年的房屋租金，出租人就该期间的租金请求权因清偿而消灭，丙公司从乙公司处承继相关的权利义务，应以乙公司的权利义务范围为限，自然无该部分的租金请求权。至于丙公司之损失如何寻求救济，应依据丙公司与乙公司之间法律关系而定，即丙公司可以主张乙公司承担违约损害赔偿责任，或基于不当得利制度向原出租人乙公司要求偿还部分租金。

4. 关于乙、丙之间的买卖合同效力，应适用《民法典》第728条的规定，“出租人未通知承租人或者有其他妨害承租人行使优先购买权情形的，承租人可以请求出租人承担赔偿责任。但是，出租人与第三人订立的房屋买卖合同的效力不受影响”。

5. 本问题考查法定解除权的适用情形及解除权异议期间问题。甲公司解除权是否成立，应适用《民法典》第563条第1款“有下列情形之一的，当事人可以解除合同：(一)因不可抗力致使不能实现合同目的；(二)在履行期限届满前，当事人一方明确表示或者以自己的行为表明不履行主要债务；(三)当事人一方迟延履行主要债务，经催告后在合理期限内仍未履行；(四)当事人一方迟延履行债务或者有其他违约行为致使不能实现合同目的；(五)法律规定的其他情形”的规定。解除权是否超过异议期间，《民法典》第565条第1款规定：“当事人一方依法主张解除合同的，应当通知对方。合同自通知到达对方时解除……对方对解除合同有异议的，任何一方当事人均可以请求人民法院或者仲裁机构确认解除行为的效力。”当事人可以在合同中约定相对人的异议期限以及当事人请求司法确认解除合同效力期限的问题，但如果未有约定，则应默示推定为在合理期限内提出，不宜漫无限制，应根据具体案件来确定，此乃为使法律关系尽早确定所必需。

6. 本题考查行使解除权的方式。《民法典》对此作出了一定的修改。《民法典》第565条第2款规定：“当事人一方未通知对方，直接以提起诉讼或者申请仲裁的方式依法主张解除合同，人民法院或者仲裁机构确认该主张的，合同自起诉状副本或者仲裁申请书副本送达对方时解除。”实务中，不少当事人不采取通知对方的方式行使解除权，而是直接向法院起诉或者申请仲裁请求解除合同，《民法典》认可了这种行使解除权的方式。起诉或申请仲裁后，起诉状副本或者仲裁申请书副本送达对方也能达成解除通知的效果。如果经实体审理后确定行使解除权符合法律规定或当事人约定，该副本送达对方时合同解除。

7.《民法典》第577条规定：“当事人一方不履行合同义务或者履行合同义务不符合约定的，应当承担继续履行、采取补救措施或者赔偿损失等违约责任。”本案中，甲公司不再履行《房屋租赁合同》构成违约，原则上“应当承担继续履行、采取补救措施或者赔偿损失等违约责任”，但是乙公司能否要求甲公司继续履行须适用《民法典》第580条第1款之规定：“当事人一方不履行非金钱债务或者履行非金钱债务不符合约定的，对方可以请求履行，但是有下列情形之一的除外：(一)法律上或者事实上不能履行；(二)债务的标的不适于强制履行或者履行费用过高；(三)债权人在合理期限内未请求履行。”

8.《房屋租赁司法解释》第11条规定：“承租人未经出租人同意装饰装修或者扩建发生的费用，由承租人负担。出租人请求承租人恢复原状或者赔偿损失的，人民法院应予支持。”本案中，A栋三楼房屋所有权移转至丁公司后，丁公司取代乙公司成为A栋三楼房屋的出租人，承租人甲公司对A栋三楼房屋进行装修时，应当征得丁公司的同意，但承租人甲公司未征得丁公司的同意，丁公司有权要求甲公司承担损害赔偿责任。

当事人之间的法律关系如图 1－14 所示。

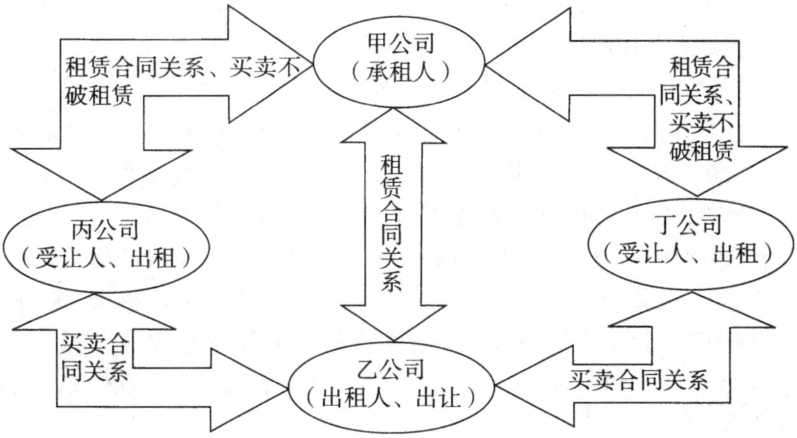

图 1－14　当事人之间的法律关系

答题要点

1. 该合同条款部分无效。本案《房屋租赁合同》约定租期为 25 年，超过了《民法典》第 705 条规定的最长租赁期限 20 年。依据法律规定，该租赁合同的实际租赁期限为 20 年，超过的 5 年无效。

2.《房屋租赁合同》已经生效。《民法典》第 706 条规定："当事人未依照法律、行政法规规定办理租赁合同登记备案手续的，不影响合同的效力。"此外，租赁合同约定"本合同自双方到房产管理部门办理租赁登记备案手续之日起生效"。该合同是对合同的生效附停止条件。但因双方当事人已经按照合同约定履行了各自的权利义务，是通过履行的方式弥补形式瑕疵，通过默示合意改变了合同约定的生效条件，因此，未备案登记不影响合同的效力。

3. 丙公司的请求不能得到法院的支持。理由如下：丙公司的租金请求权已因清偿而消灭。丙公司从出租人乙公司处受让成为建筑物二楼的所有权人，如无特别约定，其同时概括承受乙公司租赁合同中的权利义务，成为新的出租人，依据《民法典》第 630 条之规定，"标的物在交付之前产生的孳息，归出卖人所有；交付之后产生的孳息，归买受人所有。但是，当事人另有约定的除外"。甲公司已依据合同约定于 2017 年 1 月 15 日向乙公司支付了 2017 年全年的房屋租金，该部分合同项下的租金因清偿而消灭，受让人丙公司承继乙公司在租赁合同中的权利义务，自然也无该部分租金请求权，其可以基于不当得利制度向原出租人乙公司要求偿还 7 月 1 日起应交付的租金，或依据与乙公司之间买卖合同的约定寻求救济。

4. 不能得到法院的支持。《民法典》第 728 条规定，"出租人未通知承租人或者有其他妨害承租人行使优先购买权情形的，承租人可以请求出租人承担赔偿责任。但是，出租人与第三人订立的房屋买卖合同的效力不受影响"。在本案中，甲公司作为承租人享有优先购买权，可以乙公司未履行告知义务侵害其优先购买权为由向乙公司请求其承担赔偿责任，但是不能以此为由请求确认乙公司与丙公司之间的房屋买卖合同无效。

5. 乙公司的请求不能得到支持。乙公司的请求虽然未超过异议期间，但甲公司的解除权系有法律依据的。依据《民法典》第565条第1款的规定,“当事人一方依法主张解除合同的,应当通知对方。合同自通知到达对方时解除……对方对解除合同有异议的,任何一方当事人均可以请求人民法院或者仲裁机构确认解除行为的效力”。本案中,甲公司于2017年8月18日向乙公司发出《解除租赁合同通知书》,双方当事人在合同中未约定异议期间,乙公司于2017年12月1日向法院起诉请求确认甲公司的解除行为无效,根据本案的复杂程度以及具体情况,乙公司在2017年12月1日请求司法确认解除合同效力期限并无不当。

甲公司行使解除权有法律根据。依据甲乙公司之间的《房屋租赁合同》约定,乙公司负有提供300平方米的免费停车位的从给付义务,同时合同载明甲公司将该租赁物用于经营超市(合同目的),乙公司于订立合同时对此明知,但本案乙公司不能如约提供300平方米的免费停车位系政府行为所致,此为合同当事人于订立合同时不可预见、不可避免、不能克服的情形,系不可抗力致使合同目的不能实现,符合《民法典》第563条第1款第1项之规定,甲公司可以据此行使解除权。

6. 甲公司可以直接向法院起诉请求解除《房屋租赁合同》。根据《民法典》第565条第2款的规定,“当事人一方未通知对方,直接以提起诉讼或者申请仲裁的方式依法主张解除合同,人民法院或者仲裁机构确认该主张的,合同自起诉状副本或者仲裁申请书副本送达对方时解除。”据此,对于行使解除权的方式,甲公司可以选择不通知乙公司,而直接起诉请求法院解除合同。

7. 乙公司的请求不能得到法院支持。根据《民法典》第580条第1款规定,本案为房屋租赁合同纠纷。虽然承租人在租赁合同中的主要义务是支付租金,但除此之外还负有按照约定方法使用租赁物、不当使用租赁物时的损害赔偿等义务。本案中,乙公司请求继续履行的内容并非仅为依约支付租金,更为重要的是,本案所涉项目系商业地产租赁,甲公司依约进场经营对于整个项目的正常租赁经营有着重要影响,乙公司请求甲公司继续履行的内容包括甲公司应继续依约接收房屋、进场装修、开办经营等概括性、持续性的行为,这些行为显然难以强制履行,故构成《民法典》第580条第1款第2项规定的“债务的标的不适于强制履行或者履行费用过高”的情形。而且,租赁合同为继续性合同,这些义务的履行具有相当程度的人合性,有赖于双方之间的信任关系。在本案中,双方之间的信任基础已然丧失,而案涉合同的未履行期限尚有10余年,并非短时间内即可履行完毕,在甲公司不愿继续履行合同或者已经以自己的行为表明其不再继续履行合同时,继续履行合同的基础显然已经不复存在。在这种情况下,法院无法判令继续履行案涉合同。

8. 丁公司主张成立。依据《房屋租赁司法解释》第11条的规定,承租人甲公司对房屋进行装修时,应当获得出租人丁公司的同意,承租人甲公司擅自对作为出租人的丁公司所有的房屋进行装修,侵害了丁公司的房屋所有权,应当对丁公司承担损害赔偿责任。

扩展分析 **侵害承租人优先购买权的房屋买卖合同效力问题**

承租人优先购买权,是指承租人依照法律规定,在出卖人出卖租赁物给第三人时,享有的在同等条件下优先于第三人购买的权利。《民法典》第726条第1款规定:“出租人出卖租赁房屋的,应当在出卖之前的合理期限内通知承租人,承租人享有以同等条件优先购买的权利;

但是,房屋按份共有人行使优先购买权或者出租人将房屋出卖给近亲属的除外。"《民法典》第 728 条规定:"出租人未通知承租人或者有其他妨害承租人行使优先购买权情形的,承租人可以请求出租人承担赔偿责任。但是,出租人与第三人订立的房屋买卖合同的效力不受影响。"《房屋租赁司法解释》第 15 条规定:"出租人与抵押权人协议折价、变卖租赁房屋偿还债务,应当在合理期限内通知承租人。承租人请求以同等条件优先购买房屋的,人民法院应予支持。"上述规定的目的在于,当房屋出租人侵害承租人的优先购买权时,一方面赋予承租人一定程度的保护,令出租人承担损害赔偿责任;另一方面,则意在保护交易安全,维持第三人因正当交易而发生的房屋产权移转的利益。据此,如果出卖人在未通知承租人时即将标的物出卖给第三人,此时承租人优先购买权受到侵犯,会产生侵害承租人优先购买权的房屋买卖合同是否有效的问题。对于侵害承租人行使优先购买权的法律后果,有损害赔偿说、无效说和形成权说等多种观点。

根据《民法典》第 728 条的规定,承租人的优先购买权被侵害的,出租人与第三人订立的房屋买卖合同的效力不受影响。即便第三人知道所购房屋之上存在承租人的,只要其没有与出租人恶意串通(如共同虚构交易条件,误导承租人的购买决策),妨碍承租人行使优先购买权,其合同效力就不应当受到影响。因为,第三人对此可以合理地预期,出租人作为出卖方,也应当确定好承租人是否要优先购买。基于合同相对性原则,出租人与第三人签订的房屋买卖合同效力应依照合同法有关合同效力的规定进行判断,《民法典》第 726 条的规定不属于《民法典》第 153 条所称之效力性强制性规定。依据《民法典》第 728 条的规定,出租人出卖租赁房屋未在合理期限内通知承租人或者存在其他侵害承租人优先购买权的情形,承租人请求出租人承担赔偿责任的,法院应予支持,但出租人与第三人订立的房屋买卖合同的效力不受影响。对于出租人侵害承租人优先购买权损害赔偿责任的性质,有侵权责任和违约责任之争议,此种争议的产生根源在于对优先购买权性质系请求权或形成权认定的不同。此外,承租人的优先购买权被侵害之后可能因此遭受的损失主要有两个方面:一是获得类似房屋所需要多支出的房屋购买价款,以及为了购买新的房屋需要支出的其他费用(如中介费等);二是因为无法购买所租用房屋而遭受的经营性损失。

15 CASE 侵权责任(一)

——苏芳、颜香等侵权责任纠纷案

案例指引

本案例以中国裁判文书网公布的案例为蓝本,围绕产品责任、惩罚性赔偿、过失相抵规则、数人侵权行为、股权转让等展开,试图通过综合案例从多种角度对民事实体法的相关知识进行考查,对解决侵权责任法适用中的相关疑难问题具有参考意义。

案　情

2020年8月19日,苏芳因身体不适前往南平大学附属肿瘤医院检查,门诊检查初步诊断为"右乳上方肿块"。苏芳未再继续检查,即行返回绩效县。此后,苏芳遇见先药公司职员周力,即将其在医院检查发现右乳长有肿块的情况告知了周力,周力遂向苏芳推荐本公司经营的系列保健产品,并展示了先药公司授权周力在本区域销售相关产品的授权书,周力邀请苏芳参加相关产品的推介会、培训会。周力在销售过程中,向受害人苏芳展示了先药公司提供的相关宣传资料,包括《产品健康手册》、强力好软胶囊产品介绍,产品介绍载明,强力好主要作用及适用人群:抗菌、消炎、抗病毒,改善体质、预防伤风、感冒,增强免疫力、缓解体力疲劳、抗肿瘤。适用于免疫力低下,极易患病人群;长期服用抗生素类药患者;不能或不愿手术及放化疗肿瘤患者;对于体质虚弱、容易患伤风感冒,以及经常感觉疲惫人士,效果尤为显著。但本品不能替代药物。《产品健康手册》主要介绍骨髓功能及其对人体各项机能的重要性,强力好胶囊的成分及该成分对滋养骨髓达到提高人体免疫力的药物原理等内容。《产品健康手册》载明的保健功能为"免疫调节,抗疲劳"。苏芳通过了解强力好等保健产品宣传资料及参与上述宣传活动后,相信强力好等保健产品对其体内肿块具有治疗作用,遂通过周力购买服用。2020年10月至2021年7月期间,苏芳陆续出资49760元用以购买耀眼牌强力好等系列产品。2021年8月,苏芳自觉病情加重,遂到安心医科大学第一附属医院检查,经诊断为"右乳癌伴右腋下淋巴结,考虑双肺及肝脏转移"。2021年8月25日,苏芳在该院行"右侧乳房切除+右侧腋窝淋巴结切除术",术后病情好转,于2021年9月5日出院。2022年12月28日,苏芳因病情恶化入住绩效县中医院治疗,于2023年1月5日出院,并于同日死亡。经绩效县医疗保险管理中心结算,苏芳于2021年10月至2023年1月期间发生的医疗费用为20万元,其中的12万元由医保报销,余额8万元由苏芳自行负担。

2023年5月2日，颜香以周力及先药公司为被告，以被告周力、先药公司虚假宣传为由，诉至法院，并提出如下诉讼请求：(1)周力与先药公司、先药生物公司连带赔偿双倍货款10.162万元；(2)周力与先药公司、先药生物公司连带赔偿误工费、护理费、医药费、丧葬费、死亡赔偿金、被抚养人生活费、精神损害抚慰金等共计70万元。诉讼中，颜香申请追加先药生物公司为本案被告参加诉讼，法院依法予以准许。先药公司与先药生物公司均系独立法人，先药生物公司成立于2012年，主要业务为强力好保健食品的开发及生产工作，为便利强力好保健食品的销售工作，先药生物公司于2013年成立全资子公司先药公司。

受害人苏芳死亡后，颜香与被告周力进行交涉，交涉过程中，周力称其对苏芳身患癌症的情况不知情，对苏芳乳腺处长有肿块的客观情况知悉和了解。诉讼中，颜香申请对受害人苏芳服用被告先药公司及先药生物公司的相关产品、延误乳腺疾病治疗与受害人因乳腺疾病死亡之间的因果关系及原因力大小进行鉴定，经法院联系多家鉴定机构，或未作答复，或明确回复无法鉴定，本案鉴定程序无法启动。原告颜香系受害人苏芳之女。

颜香因卷入诉讼，心情不佳，来到余某、李某经营的餐馆就餐，余某、李某系夫妻关系，餐馆系有限责任公司，由余某、李某、唐某三人出资设立，其中，余某、李某、唐某各出资100万元，唐某以房屋使用权作为出资，以用于餐馆经营，唐某虽按照章程的规定交付房屋，但该房屋存在安全隐患，导致房屋实际使用价值显著低于100万元，并致使餐馆经营不顺。后唐某通知余某、李某，将其在餐馆中的股权转让至向某，向某误以为餐馆经营状况良好，遂与唐某订立了股权转让合同，余某、李某在收到股权转让通知后的2个月内未作任何回复。颜香消费约260元左右，未结账即离开，李某发现后，沿路追赶，并拨打110报警。随后，余某驾车追赶，途中因超速驾驶，在十字路口与醉酒驾驶的张某相撞，导致路边正常行走的第三人赵某受伤。颜香在逃跑过程中摔伤。经鉴定，颜香损伤程度属轻伤二级，住院治疗产生医疗费等支出。颜香遂诉至法院，请求判令余某、李某赔偿其因被追摔伤所造成的各项经济损失4万余元。

问　题

1. 若颜香在诉讼中主张，周力应当承担产品责任，其主张是否成立？

2. 先药公司辩称周力的促销宣传行为与其无关，且相关宣传资料非本公司提供，是周力实施的虚假宣传行为，先药公司并未实施虚假宣传，其主张是否成立？

3. 周力及先药公司主张，即使法院认定周力及先药公司应承担损害赔偿责任，也应当按照公平原则，适当减轻其应当承担的损害赔偿责任，其主张可否得到支持？

4. 颜香主张被告周力与先药公司、先药生物公司连带返还双倍货款10.162万元的主张是否成立？

5. 颜香主张先药公司赔偿误工费、护理费、医药费、丧葬费、死亡赔偿金、被抚养人生活费、精神损害抚慰金等共计70万元，其主张是否成立？

6. 颜香向法院提起诉讼，要求余某、李某对自己承担损害赔偿责任，其主张是否成立？

7. 赵某对余某、张某提起诉讼请求，要求二人承担损害赔偿责任，其诉讼请求可否得到支持？

8. 若余某、李某向法院提起诉讼，主张唐某侵犯了二人的优先购买权，其主张是否成立？

9. 若餐馆向法院提起诉讼，主张唐某、向某就唐某就未足额缴纳的出资承担连带赔偿责任，其主张是否成立？

解题思路

1. 本题考查产品责任的构成要件。产品责任的承担所需满足的前提条件是受害人所遭受损害是产品缺陷所导致。本案中，原告无法举证苏芳死亡结果的发生是产品缺陷所导致。

2. 本题考查职务行为的归属效果。《民法典》第 170 条第 1 款规定："执行法人或者非法人组织工作任务的人员，就其职权范围内的事项，以法人或者非法人组织的名义实施的民事法律行为，对法人或者非法人组织发生效力。"该条只是规定了执行法人或者非法人组织工作任务的人员，就其职权范围内的事项，以法人或非法人组织的名义所实施的民事法律行为，是否对法人或者非法人组织发生效力，而本案需要考查的是周力所实施的虚假宣传或欺诈行为能否也归属于天药公司，但本案中的虚假宣传或欺诈行为发生于周力作为天药公司销售人员与苏芳缔结买卖合同过程中，因此周力所实施虚假宣传或欺诈行为的法律后果也归属于天药公司。

3. 本题考查过错相抵规则。过错相抵规则指的是在受害人对于自己损害的发生同样存在过错时，应由其自身承担部分损害，而不能将由自身过错所导致的损害转移由行为人承担。本案中，苏芳明知医院诊断右乳肿块疑似恶性肿瘤时，仍未做进一步检查和治疗，其对自身损害的发生存在过错，不应将由苏芳过错行为所产生的损害移转由周力及先药公司承担。

4. 本题考查经营者提供商品或者服务存在欺诈时的法律后果。为了保障消费者在接受商品或者服务时，避免因经营者欺诈遭受损失，《消费者权益保护法》第 55 条第 1 款规定了经营者的惩罚性赔偿责任。本案中，消费者苏芳在购买强力好保健品时受到欺诈，其有权要求经营者按照购买商品价款的 3 倍赔偿消费者苏芳损失。

5. 本题考查侵权损害赔偿责任构成要件中的因果关系。行为人要对损害承担赔偿责任建立在侵权行为与损害之间存在因果关系的基础之上。本案中，并无证据证明先药公司的违规宣传行为与苏芳死亡结果之间存在因果关系，若仅仅因为先药公司存在违规宣传行为，便要求其对苏芳的死亡结果承担损害赔偿责任，将与自己责任原理相悖。

6. 本题考查侵权损害赔偿责任中的过错要件。除了侵权法中所规定的少数无过错责任外，一般而言，行为人要对受害人所产生的损害承担赔偿责任，必须满足的条件是行为人存在过错。本案中余某、李某追赶颜香的行为属于自助行为，旨在实现自己的正当权利，两人所采取的措施也不存在不当之处，因而余某、李某不存在过错，不应对颜香摔伤所造成的损害承担赔偿责任。

7. 本题考查数人侵权行为的责任承担问题，数人侵权行为分为共同侵权行为、共同危险行为、聚合因果关系案型、补足因果关系案型。本案不属于共同侵权行为、共同危险行为案型。聚合因果关系案型指的是，某一行为单独能够导致损害的发生，本案并不属于此种情形。本案损害结果的发生是余某和张某各自的过错行为结合导致的，因而应由两人承担按份责任。

8. 本题考查有限责任公司中股权的转让问题。有限责任公司具有较强的人合性，为了保障此种人合性不被破坏，在有限责任公司的股东转让股权时，法律赋予其他股东以优先购买权，但其他股东必须在合理期间内行使优先购买权，若其他股东在合理期间内并未行使优先购买权，为了保障股权转让人的转让自由，应推定其他股东放弃优先购买权。

9. 本题考查未足额出资时股权转让人和受让人的责任问题。认缴出资的股东负有按照公司章程规定的出资日期缴纳出资的义务。问题在于，在股权发生转让时，如何确定出资义务的履行主体，若认定股东负有缴纳出资的义务，则意味着应由受让人缴纳不足的出资，但在受让人不知道转让人未足额缴纳出资时，要求受让人承担这一义务将过于苛刻。因此，只有在受让人知晓转让人出资不足的事实时，方才与转让人一同承担连带责任。而要求转让人也同时承担责任，则可以避免出资不足的股东通过转让股权，使得自己规避本应履行的出资义务。

当事人之间的法律关系如图 1－15 所示。

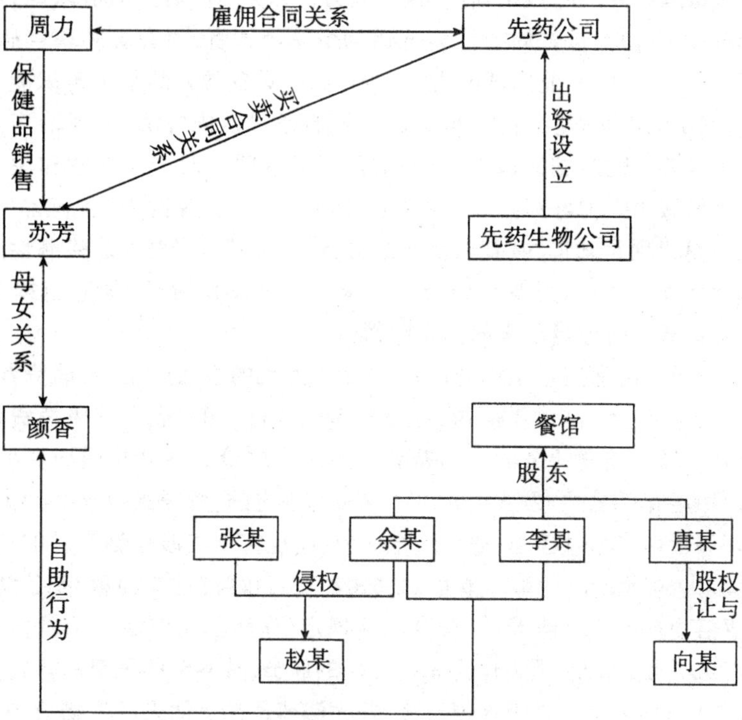

图 1－15　当事人之间的法律关系

答题要点

1. 不成立。《民法典》第 1203 条第 1 款规定："因产品存在缺陷造成他人损害的，被侵权人可以向产品的生产者请求赔偿，也可以向产品的销售者请求赔偿。"本案中，苏芳死亡结果的发生并非强力好保健产品缺陷所导致，不满足产品责任中的因产品缺陷造成他人损害这一要件。此外，周力为先药公司的雇员，即便本案中，苏芳死亡结果的发生是强力好这一产品的缺陷所致，也应当由先药公司承担产品责任。

2. 主张并不成立。周强经销的产品属于被告天药公司，且周强为天药公司的雇员，根据天药公司的授权在特定区域内从事销售活动，结合天药公司的经营范围和上述宣传资料兼具保健等专业知识，可以认定上述宣传资料为天药公司所提供。天药公司作为销售耀眼牌强力好软胶囊的经营主体，其行为亦构成虚假宣传，天药公司辩称周力的促销宣传行为与其无关且相关宣传资料非本公司提供，因未提举反驳证据，并不成立。

3. 成立。《民法典》第1173条规定："被侵权人对同一损害的发生或者扩大有过错的，可以减轻侵权人的责任。"从受害人苏芳出现病症、接受治疗直至死亡的过程来看，2010年8月苏芳经医院诊断发现其右乳出现肿块并疑似恶性肿瘤时未做进一步检查和治疗，其本人迟至次年8月方经医院确诊为右乳癌伴右腋下淋巴结并转移至肝肺等部位，此后苏芳辗转在多家医院进行治疗，后因医治无效于2013年1月5日死亡。首先，苏芳作为完全民事行为能力人，在医院诊断其右乳肿块疑似恶性肿瘤时，疏于关注个人生命健康和安危，是其未及时接受医疗机构诊疗的客观原因和主导因素；其次，被告周力得知苏芳右乳生有肿块时，苏芳是否罹患乳癌尚未经医疗机构确诊。被告周力作为普通的个体经营者，对右乳肿块疾病的发展、演化及后果不具备医务工作者的专业判断能力，苏芳对此应具备常人的基本辨识能力。周力在推销强力好产品过程中的不实宣传行为，虽与苏芳没有通过常规方法、程序治疗自身疾病存在一定牵连，但鉴于苏芳订购产品的包装盒、瓶身及产品说明书对产品疗效和注意事项予以了提示，苏芳作为大量服用强力好产品者，主观上对强力好产品属性为"保健品"以及"本品不能替代药物"的注意事项是知情的，其未及时寻医就诊，系其自身对所患疾病性质的错误预估和判断所致。即使法院认定周力及先药公司应承担损害赔偿责任，也应当按照过错相抵规则，适当减轻赔偿义务人所应当承担的损害赔偿责任。

4. 原告要求先药公司承担返还双倍货款10.162万元的主张成立。《消费者权益保护法》第55条第1款规定："经营者提供商品或者服务有欺诈行为的，应当按照消费者的要求增加赔偿其受到的损失，增加赔偿的金额为消费者购买商品的价款或者接受服务的费用的三倍；增加赔偿的金额不足五百元的，为五百元。法律另有规定的，依照其规定。"周力、先药公司销售或经销强力好等系列产品过程中，违反法定义务，违规宣传案涉保健产品的功效，致使苏芳误识误信后购置49760元产品的事实清楚，根据《消费者权益保护法》第55条的规定，颜香主张先药公司按双倍货款承担赔偿责任，符合法律规定，先药公司依法应予承担的赔偿数额为49760元×2=99520元。但是，周力作为先药公司的雇员，其实施的民事法律行为的后果归属于先药公司，原告主张周力也应承担连带责任，并无法律依据。而先药生物公司在本案中并不存在虚假宣传或欺诈行为，因而原告要求先药生物公司连带返还双倍货款的主张也并不成立。

5. 不成立。苏芳死于右乳癌，无证据证明其死亡与周力、先药公司的违规宣传行为具有因果关系。因此，苏芳为治疗疾病支出的医疗费用，以及苏芳近亲属因其死亡造成的各项财产损失，均应由其本人或其近亲属自行承担；本案纠纷性质为虚假广告宣传引发的财产损失赔偿纠纷，与产品缺陷造成的人身权益和财产损害赔偿纠纷的性质不一，颜香主张周力等被告承担给付精神损害抚慰金的民事责任，不应得到支持。

6. 不应得到支持。《民法典》第1177条规定："合法权益受到侵害，情况紧迫且不能及时获得国家机关保护，不立即采取措施将使其合法权益受到难以弥补的损害的，受害人可以在保护自己合法权益的必要范围内采取扣留侵权人的财物等合理措施；但是，应当立即请求有关国家机关处理。受害人采取的措施不当造成他人损害的,应当承担侵权责任。”就餐后付款结账是完全民事行为能力人均应知晓的社会常理,颜香就餐后未买单,也未告知餐馆经营人用餐费用怎么处理即离开饭店,属于吃“霸王餐”的不诚信行为,经营者李某要求颜香付款的行为并无不当。余某、李某在发现颜香逃跑后阻拦其离开,并让颜香买单,属于正当的自助行为,不存在过错。颜香在逃跑过程中因自身原因摔伤,与李某、余某恰当合理的自助行为之间并无直接因果关系,李某、余某不应对颜香摔伤造成的损失承担赔偿责任。

7. 不应得到支持。《民法典》第 1172 条规定:“二人以上分别实施侵权行为造成同一损害,能够确定责任大小的,各自承担相应的责任;难以确定责任大小的,平均承担责任。”余某追赶颜香的行为虽然属于自助行为,但余某驾车追赶过程中超速驾驶,其应当预见到自己的超速驾驶行为可能导致第三人产生损害,而仍然选择超速驾驶,余某对于赵某损害的发生存在过错。张某醉酒驾驶,对于导致赵某损害的发生同样存在过错。余某和张某的过错行为单独并不足以导致第三人赵某损害的发生,按照《民法典》第 1172 条的规定,余某和张某应当对赵某承担按份责任,在能够确定各自的责任份额时,由余某和张某在各自的责任份额内承担责任,若无法确定各自的责任份额,由余某和张某平均承担责任。

8. 不成立。《公司法》第 84 条规定:“有限责任公司的股东之间可以相互转让其全部或者部分股权。股东向股东以外的人转让股权的,应当将股权转让的数量、价格、支付方式和期限等事项书面通知其他股东,其他股东在同等条件下有优先购买权。股东自接到书面通知之日起三十日内未答复的,视为放弃优先购买权。两个以上股东行使优先购买权的,协商确定各自的购买比例;协商不成的,按照转让时各自的出资比例行使优先购买权。公司章程对股权转让另有规定的,从其规定。”本案中,餐馆章程对于股权转让并未另作规定,唐某在转让自己所享有的股权时,已经通知了余某、李某,但两人在收到书面通知之日起 30 日内未作答复,应视为两人放弃了优先购买权,因而余某、李某主张唐某侵犯了二人的优先购买权的主张并不成立。

9. 不成立。《公司法》第 88 条第 2 款规定:“未按照公司章程规定的出资日期缴纳出资或者作为出资的非货币财产的实际价额显著低于所认缴的出资额的股东转让股权的,转让人与受让人在出资不足的范围内承担连带责任;受让人不知道且不应当知道存在上述情形的,由转让人承担责任。”本案中,股权受让人向某在受让股权时,以为餐馆经营状况良好,不知道股权转让人唐某所提供的作为出资的非货币财产的实际价额显著低于所认缴的出资额 100 万元,因而,受让人向某对于唐某未足额缴纳的出资无须承担连带赔偿责任,餐馆的主张并不成立。

扩展分析 **侵权损害赔偿责任的认定及处理**

侵权损害赔偿责任的成立要求存在侵权行为,受害人产生损害,侵权行为与损害之间存在因果关系,行为人存在过错或者符合法律所规定的无过错责任的情形。对于以产品责任为代表的无过错责任,虽然奉行无过错责任原则,但要求受害人损害的发生是产品缺陷所导致,若受害人损害的发生并非产品缺陷所导致,自然不存在适用产品责任的空间,而这要求受害人举证证明自身损害的发生是产品缺陷所导致。在受害人未完成举证时,受害人应承担举证不能的法律后果。此外,当行为人的行为属于自助行为,旨在实现自身合法权益时,由于行为人的行为不存在过错,行为人也不应对受害人所产生的损害承担赔偿责任。

16 CASE 侵权责任(二)
——李某被蜜蜂蜇死等系列侵权案

案例指引

本案例以最高人民法院公报、中国裁判文书网公布案例、创设案例为蓝本,围绕特殊侵权行为、共同危险行为、免责事由、侵权责任与违约责任的竞合、一般侵权行为、股东会决议、破产程序中的债务清偿、责任保险等展开,对分析侵权责任案件及相关问题具有参考意义。

案　情

2022 年 6 月 1 日,蜂多来蜜蜂养殖有限责任公司(以下简称养殖公司)与赵甲、赵乙、赵丙兄弟三人分别签订蜜蜂收购合同,约定赵甲、赵乙、赵丙分别将 50 箱(共计 150 箱)蜜蜂出售给养殖公司,且三人均应于 6 月 10 日之前将蜜蜂交付至 H 地,养殖公司将派遣员工钱某在 H 地接收货物。后三人与孙某签订运输合同,约定由孙某将 150 箱蜜蜂运送至 H 地,由于孙某当日身体不适,无法亲自驾车运送至约定交付地点,故孙某雇李某作为驾驶员。6 月 8 日早晨,孙某、李某二人驾车至蜜蜂装运地,在装运蜜蜂过程中,坐在后座的孙某见主驾驶座旁车窗未被完全关闭,于是提醒李某关闭车窗,李某未理睬,孙某也没有关闭车窗。在装运过程中,因蜂箱未被密封,致使几只蜜蜂飞出将车中的李某蜇伤,李某身体不适,被立即送往医院抢救治疗。由于李某是过敏性体质,半个月之后,李某身亡。后无法查明蜇伤人的蜜蜂属于何人所有,但赵丙所装运的 50 箱蜜蜂始终处于封闭状态。

2022 年 6 月 9 日,孙某亲自将装运的蜜蜂运送至 H 地交付于钱某,之后由钱某驾车将蜜蜂运送至养殖公司所在地。途中,钱某绕道回家探望生病的妻子,在正常驾驶过程中,迎面驶来一辆高速逆向行驶的汽车,该车司机周某系醉酒驾驶,为避免两车相撞,钱某急打方向盘,导致多名行人死于车祸中,但事发时,机动车道旁并无其他车辆,钱某本可通过变换车道减少损害发生。

在李某死亡后,李某的亲属发现了李某留下的代书遗嘱。经查明,李某在住院期间,与天地律师事务所签订了一份《非诉讼委托代理协议》,约定由天地律师事务所为其提供代书遗嘱服务,后天地律师事务所由于过失仅指派 1 名律师至医院对遗嘱进行见证。李某所立代书遗嘱中记载:由大儿子李甲继承其名下房产。在李某去世后,李某的两个儿子李甲、李乙因继承纠纷诉至法院,诉讼过程中,法院认为该份代书遗嘱仅有 1 名见证人签名,根据《民法典》第 1135 条的规定,代书遗嘱因不符合法定形式要件而无效，李甲不能依代书遗嘱单独取得房产。

养殖公司成立于2020年3月1日，发起人为万某、张某、朱某、鲜王浆蜂蜜有限责任公司（以下简称鲜王浆公司），注册资本为2040万元。万某与张某系夫妻关系，万某、张某、朱某认缴的出资额分别是1400万元、20万元和20万元，且三人均已实际履行出资义务；鲜王浆公司认缴的出资额为600万元，应于2020年3月1日前缴纳全部出资，但其仅实际履行了300万元的出资义务。此外，公司章程规定：股东向股东以外的人转让股权时，必须经股东会决议，且须经代表2/3以上表决权的股东通过。2021年3月1日，因万某与吴某同居，其与张某签订离婚协议且约定，"离婚后万某向张某给付80万元，其他一切财产均归万某所有"，但并未办理离婚登记手续。2021年6月1日，万某作为养殖公司的执行董事，在未通知其他股东的情形下召开股东会，并形成转让张某原享有的股权的股东会决议。9月20日，万某同吴某签订股权转让协议。2021年12月1日，公司召开股东会，决议将注册资本由2040万元增资到3000万元。2021年12月20日，张某以万某为被告向法院提起股东会决议撤销之诉。2022年1月15日，养殖公司以2000万元的价格自谭某处受让谭某所持有的昊海食品有限责任公司30%的股权，双方约定养殖公司应当于2022年3月10日付清全部股权转让款。2022年3月10日，谭某请求养殖公司支付股权转让款，但养殖公司无力偿付。谭某遂诉至法院，请求鲜王浆公司提前缴纳出资。

赵丙于2022年8月1日路过某小区时，三单元住房中一玻璃杯被抛掷到楼下，砸伤赵丙，但无法查明何户抛掷该玻璃杯。随后，赵丙以三单元所有住户为被告向法院提起诉讼，并以《民法典》第1170条为依据，请求所有被告承担连带赔偿责任。诉讼过程中，一楼住户吴某认为，玻璃杯不可能从一楼掉落将赵丙砸伤。此外，案发时三楼住户郑某一家在外地旅游，家中无人居住，房屋呈全封闭状态。

郑某乘坐康泰旅行社安排的旅游大巴，行至中途时，因一辆客车横侧于路中，旅游大巴让车上的乘客下车后停车牵引，但并未及时开启危险报警闪光灯，后王某醉酒驾车至此撞伤游客郑某，郑某为此支出医疗费等费用共计15万元。郑某认为康泰旅行社违反了旅游合同中保障游客旅行期间人身财产安全的义务，遂以康泰旅行社为被告提起违约之诉，诉讼过程中，双方达成和解协议，约定由康泰旅行社赔偿郑某5万元。

问　题

1. 赵甲、赵乙、赵丙三人应否对李某承担侵权责任？为什么？

2. 若李某以赵甲为被告提起诉讼，法官认为，本案属于必要共同诉讼，李某并未将赵乙作为共同被告提起诉讼，因而应当驳回起诉，法官的做法是否合理？

3. 李甲能否主张天地律师事务所对其承担侵权责任？为什么？

4. 若天地律师事务所对其律师在执业过程中可能承担的责任在泰山保险公司投保了律师执业责任险（承保范围包括侵权责任），天地律师事务所与李甲私自达成赔偿协议，后李甲以泰山保险公司为被告起诉到人民法院请求其支付保险金，泰山保险公司在诉讼中主张：李甲并非保险合同当事人，天地律师事务所亦未对其提出索赔请求，故而请求法院驳回李甲诉讼请求，泰山保险公司的主张是否成立？

5. 孙某应否对李某承担补偿责任？为什么？

6. 针对多名行人死亡的后果，钱某应否承担侵权责任？为什么？

7. 张某的主张是否成立？为什么？如若不成立，其应当作出何等主张？

8. 若鲜王浆公司提出抗辩，其只需在2025年3月1日前履行出资义务即可，现出资义务履行期限尚未届满，谭某无权要求鲜王浆公司履行出资义务，其主张是否成立？

9. 针对赵丙的诉讼请求，法官应如何处理？为什么？

10. 在郑某获得5万元的赔偿之后，其是否可以继续向王某请求侵权损害赔偿？为什么？

解题思路

1. 李某生命权被侵害的损害后果是蜜蜂蜇伤所致，蜜蜂属于饲养动物，本案应当适用饲养动物侵权责任相关规定。在不存在第三人侵权行为的前提下，承担侵权责任的主体为饲养动物的饲养人或管理人。一般而言，饲养人与管理人为饲养动物的所有权人。本案中，赵甲、赵乙、赵丙三人分别与养殖公司签订了蜜蜂买卖合同，根据《民法典》第224条的规定，“动产物权的设立和转让，自交付时发生效力，但是法律另有规定的除外”。买卖合同约定交付地点为H地，案发当时，蜜蜂尚未被交付给养殖公司，蜜蜂的管理人为蜜蜂所有权人赵甲、赵乙、赵丙三人。

尽管赵甲、赵乙二人未对蜜蜂采取相应安全措施，但本案中并不存在针对饲养蜜蜂的相关管理规定，因此不应适用《民法典》第1246条关于违反管理规定未对饲养动物采取安全措施致人损害的规定，而应适用《民法典》第1245条饲养动物侵权责任的一般规定。

《民法典》第1170条规定：“二人以上实施危及他人人身、财产安全的行为，其中一人或者数人的行为造成他人损害，能够确定具体侵权人的，由侵权人承担责任；不能确定具体侵权人的，行为人承担连带责任。”该条并未将共同危险行为适用范围限于一般侵权行为，故而亦适用于饲养动物侵权责任等采取无过错责任原则的特殊侵权行为。由于本案无法确定蜇伤李某的蜜蜂属于何人，此时，需判断赵甲、赵乙、赵丙三人的行为是否构成共同危险行为。由于赵丙的50箱蜜蜂始终处于密封状态，其并未实施危及他人人身、财产安全的行为，不满足《民法典》第1170条规定的共同危险行为的构成要件，赵丙不应对李某的损害后果承担侵权责任。而赵甲、赵乙二人因未对蜜蜂采取安全防范措施，致使蜜蜂飞出将李某蜇伤，此时因无法明确蜇伤人的蜜蜂属于何人，故构成共同危险行为，赵甲、赵乙二人应对李某的损害后果承担连带责任。

此外，尽管李某对损害后果的发生存在过错，但本案不应适用《民法典》第1173条关于过失相抵的规定，因为饲养动物侵权责任属于特殊的侵权责任，对于责任减轻事由或免责事由《民法典》侵权责任编作了特别规定。根据《民法典》第1245条的规定，只有在受害人故意或重大过失造成损害后果的前提下，才可减轻或免除动物饲养人或管理人的责任，重大过失如受害人挑逗被饲养动物致使自身遭受损害。尽管在孙某提醒后李某仍未关闭车窗，自身对损害的发生存在一定的过错，但此种过失并非重大过失，损害结果也并非李某故意造成，因此，不应免除或减轻侵权人的责任。

2. 不合理。依据《民事诉讼法》第135条的规定，“必须共同进行诉讼的当事人没有参加诉讼的,人民法院应当通知其参加诉讼"。该条为对必要共同诉讼的规范。而《民事诉讼法》第55条则以诉讼标的是否为共同或同一种类对共同诉讼进行了划分:如果具有共同的诉讼标的,则为必要共同诉讼,此时当事人具有共同的权利义务,诉讼标的必须合一确定;若诉讼标的只是同一种类,则为普通共同诉讼,当事人不必一同参加到诉讼中。根据《民法典》第178条第1款的规定,"二人以上依法承担连带责任的,权利人有权请求部分或者全部连带责任人承担责任"。这两条赋予了受害人选择针对部分或者全部应当承担连带责任的侵权人提起诉讼的权利,此时诉讼标的并不同一。应注意的是,《人身损害赔偿司法解释》第2条第1款规定:"赔偿权利人起诉部分共同侵权人的,人民法院应当追加其他共同侵权人作为共同被告。赔偿权利人在诉讼中放弃对部分共同侵权人的诉讼请求的,其他共同侵权人对被放弃诉讼请求的被告应当承担的赔偿份额不承担连带责任。责任范围难以确定的,推定各共同侵权人承担同等责任。"即使按照该条规定,也并未明确在赔偿权利人仅起诉部分共同侵权人时,应当驳回原告起诉,而只是明确法院应追加其他共同侵权人作为被告,因而法官驳回原告起诉的做法并不合理。

3. 根据《民法典》第1165条第1款的规定,"行为人因过错侵害他人民事权益造成损害的,应当承担侵权责任"。律师事务所存在侵犯他人权益的违法行为,作为提供法律服务的专业机构,明知代书遗嘱需满足法定形式要件,而由于过失仅指定1名律师,主观上具有过错,造成了李甲继承利益的丧失。律所侵权行为与李甲继承利益丧失的损害后果之间存在因果关系。因此,律师事务所的行为满足一般侵权行为的构成要件,应对李甲承担侵权损害赔偿责任。

4. 泰山保险公司的主张并不成立。尽管李甲并非保险合同当事人,但在满足一定条件后其仍然可以保险公司为被告提起诉讼要求给付保险金。《保险法》第65条第2款规定:"责任保险的被保险人给第三者造成损害,被保险人对第三者应负的赔偿责任确定的,根据被保险人的请求,保险人应当直接向该第三者赔偿保险金。被保险人怠于请求的,第三者有权就其应获赔偿部分直接向保险人请求赔偿保险金。"因此,在本案中,判断受害人李甲是否能够请求保险人直接向其给付保险金时,关键在于律师事务所的行为对李甲的损害赔偿责任是否确定以及律师事务所是否存在怠于请求保险人向李甲给付保险金的行为。《保险法解释(四)》第14条规定:"具有下列情形之一的,被保险人可以依照保险法第六十五条第二款的规定请求保险人直接向第三者赔偿保险金:(一)被保险人对第三者所负的赔偿责任经人民法院生效裁判、仲裁裁决确认;(二)被保险人对第三者所负的赔偿责任经被保险人与第三者协商一致;(三)被保险人对第三者应负的赔偿责任能够确定的其他情形。前款规定的情形下,保险人主张按照保险合同确定保险赔偿责任的,人民法院应予支持。"被保险人与受害人就赔偿责任协商一致时可认为被保险人的赔偿责任已经确定,虽然本案中被保险人与第三人只是私自就赔偿责任达成协议,但这同样属于责任确定的情形,只不过根据《保险法解释(四)》第19条第2款的规定,"被保险人与第三者就被保险人的赔偿责任达成和解协议,未经保险人认可,保险人主张对保险责任范围以及赔偿数额重新予以核定的,人民法院应予支持"。在未经保险人认可时,保险人可请求法院对保险责任范围以及赔偿数额重新予以核定。此外,保险人自身也承认被保险人尚未向其提出给付保险金的主张,故而满足《保险法》第65条及《保险法解释(四)》第14条的规定,受害人可直接以保险人为被告提起诉讼并要求其给付保险金。

5. 李某被雇佣为驾驶员,为孙某提供货车驾驶服务,孙某、李某均为自然人,双方之间形成了劳务关系，李某在提供劳务期间因赵甲和赵乙的共同危险行为而受到损害。根据《民法典》第 1192 条第 2 款的规定，“提供劳务期间，因第三人的行为造成提供劳务一方损害的，提供劳务一方有权请求第三人承担侵权责任，也有权请求接受劳务一方给予补偿。接受劳务一方补偿后，可以向第三人追偿”。因此在本案中，李某作为提供劳务的一方，有权请求赵甲与赵乙承担侵权责任，而孙某作为接受劳务一方，也应承担补偿责任。并且，接受劳务的雇主孙某在承担补偿责任后，可以向第三人赵甲和赵乙追偿。

6. 紧急避险，是指为避免自己或他人人身财产权益遭受急迫危险而不得已实施的危害他人的行为，紧急避险行为不得超过必要限度而造成不应有的损害。钱某为避免与迎面逆向驶来的汽车相撞而急打方向盘，造成多名行人死亡的损害后果。根据《民法典》第 182 条第 1 款的规定，“因紧急避险造成损害的，由引起险情发生的人承担民事责任”。本案应由引起险情发生的周某承担侵权责任。根据《民法典》第 182 条第 3 款的规定，“紧急避险采取措施不当或者超过必要的限度，造成不应有的损害的，紧急避险人应当承担适当的民事责任”。该案中，紧急避险人钱某的紧急避险行为导致多名行人死亡后果的发生，而在事发时，机动车道并无其他车辆，紧急避险人钱某本可通过变换车道减少损害发生，紧急避险行为超过了必要限度，紧急避险人应承担适当责任。但此案中的紧急避险人为养殖公司的员工钱某，根据《民法典》第 1191 条第 1 款第 1 句的规定，“用人单位的工作人员因执行工作任务造成他人损害的，由用人单位承担侵权责任”。钱某雇员身份的特殊性，决定了钱某不应对多名行人的死亡后果承担侵权责任。尽管钱某是在回家途中撞死多名行人，但钱某行为的表现形式仍然与其运送蜜蜂的工作任务存在内在联系。因此，钱某属于因执行工作任务造成他人损害，应当由养殖公司承担适当责任。

7. 虽然万某与张某达成了离婚协议，且就财产分割作出了约定，但双方一直未办理离婚登记手续，针对财产分割所作出的约定因而并不生效。故此，张某仍然拥有养殖公司相应份额的股权。按照养殖公司章程的规定，股东对外转让股权须经代表 2/3 以上表决权的股东同意。本案中，万某出资份额显然已经超过全体股东出资份额的 2/3，从表面上看，万某私自召开股东会的行为也只是违反了《公司法》所设定的程序规范。但是，依据《公司法》第 27 条第 1 项、《公司法规定（四）》第 5 条第 1 项的规定，公司未召开股东会即作出决议时，当事人可主张决议不成立。万某实际上并未召开股东会，只是一人作出了股东会的决议，故此，本案中的股东会决议并未成立，股东会决议的撤销以公司实际作出决议为前提要件，本案不属于《公司法》第 26 条规定的公司决议程序存在瑕疵时撤销权人应当在 60 日内提起撤销之诉的情形。张某作为养殖公司的股东，依据《公司法规定（四）》第 1 条的规定，其可提起确认股东会决议不成立之诉，故而张某请求撤销股东会决议的主张并不成立。依据《公司法规定（四）》第 3 条第 1 款的规定，原告请求确认股东会决议不成立时，应当以公司为被告。因此，张某应当以公司为被告提起确认股东会决议不成立之诉。

8. 根据《公司法》第 54 条的规定，“公司不能清偿到期债务的，公司或者已到期债权的债权人有权要求已认缴出资但未届出资期限的股东提前缴纳出资”。鲜王浆公司作为养殖公司的股东，负有缴纳认缴出资的义务，虽然鲜王浆公司只需在 2025 年 3 月 1 日前履行出资义务即可，但按照《公司法》第 54 条的规定，在公司无法清偿到期债务时，即便尚未缴纳出资的股东的出资义务履行期限尚未届满，已到期债权的债权人也可要求已认缴出资但出资义务履行期限尚未届满的鲜王浆公司履行出资义务。

9. 因楼栋中的玻璃杯掉落砸伤行人赵丙，且无法查明具体的侵权行为人，根据《民法典》第 1254 条第 1 款的规定，“……经调查难以确定具体侵权人的，除能够证明自己不是侵权人的外，由可能加害的建筑物使用人给予补偿。可能加害的建筑物使用人补偿后，有权向侵权人追偿”。因此，应由可能加害的建筑物使用人对赵丙给予一定的补偿。一楼住户吴某及三楼住户郑某举证证明自己并非侵权人，吴某和郑某不应承担补偿责任。本案中，赵丙以《民法典》第 1170 条为依据请求被告承担连带赔偿责任的主张并不成立。《民法典》第 1170 条是关于共同危险行为的规定，共同危险行为与第 1254 条规定的高空抛物致人损害主要有以下区别：第一，在共同危险行为中，承担连带责任的各个行为人均实施了侵权行为，只是无法明确造成损害后果的具体侵权行为人，而在高空抛物致人损害的案件中，并非所有可能加害的建筑物使用人均实施了侵权行为；第二，共同危险行为人需对损害后果承担连带责任，而可能加害的建筑物使用人只是承担补偿责任。

10. 郑某已对康泰旅行社提起违约损害赔偿之诉，经调解，康泰旅行社已向郑某赔偿 5 万元。判断郑某是否可以继续请求侵权损害赔偿，需明确的问题是本案是否构成侵权责任与违约责任的竞合？如果答案为肯定，则郑某不能再请求侵权损害赔偿。

当事人之间的法律关系如图 1－16 所示。

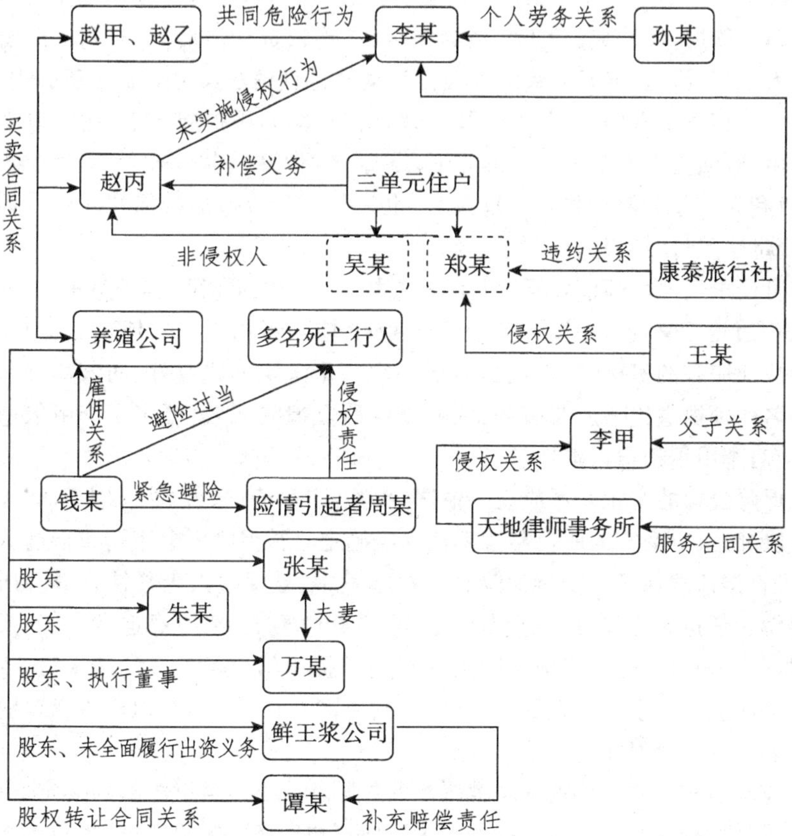

图 1－16　当事人之间的法律关系

答题要点

1. 赵甲、赵乙二人应对李某承担侵权责任,赵丙不应对李某承担侵权责任。根据《民法典》第 1245 条的规定,饲养动物侵权责任主体为动物饲养人或管理人。在蜜蜂尚未被交付给养殖公司之前,赵甲、赵乙二人仍然是蜜蜂的所有权人,为蜜蜂的管理人。二人因未对蜜蜂采取相应安全措施致使蜜蜂飞出将李某蜇伤,无法确定蜇伤李某的蜜蜂属于何人,根据《民法典》第 1170 条的规定,若二人以上实施危及他人人身、财产安全的行为,其中一人或者数人的行为造成他人损害,不能确定具体侵权人的,行为人承担连带责任。本案中,赵甲、赵乙的行为构成共同危险行为,赵甲、赵乙二人应对李某承担侵权责任。

《民法典》第 1245 条规定:"饲养的动物造成他人损害的,动物饲养人或者管理人应当承担侵权责任;但是,能够证明损害是因被侵权人故意或者重大过失造成的,可以不承担或者减轻责任。"本案中,在孙某提醒后,李某仍未关闭车窗,其对于自身损害后果的发生具有一定的过错,但此种过错并非重大过失,因而不应减轻或免除赵甲、赵乙二人的侵权责任。

由于赵丙的蜂箱在装运过程中始终处于密封状态,本案中不存在赵丙实施危及他人人身、财产安全的行为,赵丙不属于共同危险行为人,不应对李某承担侵权责任。

2. 不合理。依据《民法典》第 178 条的规定,在连带责任情形下,权利人可请求部分或全部连带债务人承担责任。本案为共同危险行为案件,依《民法典》第 1170 条的规定,各个共同危险行为人应承担连带责任,受害人李某可选择仅针对赵甲提起诉讼,法院以本案构成必要共同诉讼为由,驳回受害人李某的起诉并不合理。按照《人身损害赔偿司法解释》第 2 条第 1 款,在赔偿权利人仅起诉部分共同侵权人时,也只是法院应追加其他共同侵权人作为共同被告,而并未规定法院可驳回起诉。

3. 李甲可请求天地律师事务所对其承担侵权责任。根据《民法典》第 1165 条第 1 款的规定,"行为人因过错侵害他人民事权益造成损害的,应当承担侵权责任"。天地律师事务所作为提供专业法律服务的机构,明知代书遗嘱必须满足法定形式要件,而该律师事务所由于过失仅指派 1 名律师提供代书遗嘱服务,致使李某所立遗嘱无效,侵害了李甲依遗嘱所享有的继承利益,应对李甲承担侵权责任。

4. 泰山保险公司的主张并不成立。根据《保险法》第 65 条及《保险法解释(四)》第 15 条的规定,在被保险人对受害人所负赔偿责任已经确定且被保险人怠于请求保险人给付保险金时,受害人可直接请求保险人赔付保险金。在本案中,被保险人天地律师事务所已经与受害人李甲就赔偿责任达成协议,按照《保险法解释(四)》第 14 条的规定,被保险人责任已经确定,且泰山保险公司自己也主张被保险人尚未向其提出给付保险金的请求,这说明被保险人天地律师事务所怠于请求保险人给付保险金,故受害人此时可直接以泰山保险公司为被告提起诉讼进而要求其给付保险金。

5. 孙某应承担相应的补偿责任。根据《民法典》第 1192 条第 2 款的规定,个人之间形成劳务关系,在提供劳务期间,因第三人的行为造成提供劳务一方损害的,提供劳务一方有权请求第三人承担侵权责任,也有权请求接受劳务一方给予补偿。孙某、李某双方均为自然人,孙某雇佣李某为其提供有偿驾车送货服务,形成了个人劳务关系。李某作为提供劳务一方因赵甲与赵乙的共同危险行为受到损害，此时孙某作为接受劳务的一方，应承担相应的补偿责任，对李某予以补偿。并且孙某在承担补偿责任后，可以向赵甲和赵乙进行追偿。

6. 钱某不应对多名行人死亡的损害后果承担侵权责任。根据《民法典》第 182 条的规定，因紧急避险造成损害的，由引起险情发生的人承担责任，若紧急避险过当，造成不应有的损害的，紧急避险人也应当承担适当的责任。醉酒驾驶的周某逆向行驶，钱某为避免与其相撞而急打方向盘，造成多名行人死亡的损害后果，周某应承担侵权责任。由于钱某的紧急避险行为超过必要限度，而钱某为养殖公司的雇员，根据《民法典》第 1191 条第 1 款的规定，雇主对雇员的侵权行为承担无过错替代责任，故而养殖公司应对钱某紧急避险超过必要限度所造成的损害承担适当责任。综上所述，钱某不应承担侵权责任。

7. 张某的主张并不成立，其应当提起决议不成立之诉。该案中，公司执行董事万某并未通知其他股东召开股东会，仅在自己一人参加的情形下就作出股东会决议，实质上公司并未召开股东会，根据《公司法》第 27 条第 1 项、《公司法规定（四）》第 5 条第 1 项的规定，股东在公司未召开股东会时可诉请确认股东会决议不成立。由于撤销股东会决议的前提是股东会决议成立，但本案中自始并未作出股东会决议，故不可请求撤销股东会决议，张某的主张并不成立。

张某应当提起确认股东会决议不成立之诉。首先，张某与万某只签订离婚协议，并未办理离婚登记，二人就离婚财产分割所作约定并不生效，张某仍为股东，可诉请确认股东会决议不成立。其次，依据《公司法规定（四）》第 3 条第 1 款的规定，原告请求确认股东会或者董事会决议不成立、无效或者撤销决议的案件，应当列公司为被告。对决议涉及的其他利害关系人，可以依法列为第三人。故本案中张某应以公司为被告提起确认股东会决议不成立之诉。

8. 根据《公司法》第 54 条的规定，在公司不能清偿到期债务时，已到期债权的债权人有权要求已认缴出资但未届出资期限的股东提前缴纳出资。本案中，虽然养殖公司的股东鲜王浆公司的出资义务履行期限至 2025 年 3 月 1 日方才届满，但由于养殖公司已不能清偿对于谭某的到期债务，因而谭某可要求鲜王浆公司提前缴纳出资，鲜王浆公司的主张并不成立。

9. 法官应判决三单元除吴某及郑某的其他住户对受害人赵丙给予一定的补偿。根据《民法典》第 1254 条第 1 款，若建筑物中的抛掷物品造成他人损害，难以确定具体侵权人的，除能够证明自己不是侵权人的外，由可能加害的建筑物使用人给予补偿。一楼住户吴某及三楼住户郑某均已举证证明自己并非侵权人，因此，吴某、郑某不应承担侵权责任。本案不应适用《民法典》第 1170 条关于共同危险行为的规定，应由三单元其他所有住户承担补偿责任，而非连带赔偿责任。

10. 郑某可以继续向王某请求侵权损害赔偿。违约责任与侵权责任的竞合发生于合同当事人之间，而本案侵权人王某并非合同当事人，王某所实施的侵权行为并不构成违约，郑某与王某之间不存在责任竞合的关系。

扩展分析　共同危险行为

共同危险行为，是指多个行为人实施了侵权行为，其中某一或某几个侵权行为造成了损害后果的发生，但无法确定实际侵权人，此时由所有的行为人承担连带责任。共同危险行为涉及的主要问题包括：第一，共同危险行为的判断；第二，共同危险行为人的免责事由。

《民法典》第1170条并未将共同危险行为的适用范围限于一般侵权行为。由于该项制度主要解决的是因果关系不明所产生的受害人举证责任问题，而该问题无论是在一般侵权行为还是在特殊侵权行为中均会存在，故共同危险行为也适用于特殊侵权行为。判断某一行为是否构成危险行为，需要重点考查：该行为是否存在导致被害人损害的危险性，即行为人是否实施了危及他人人身、财产安全的行为。此外，共同危险行为也区别于加害人不明的高空抛物致人损害问题。

《民法典》第1170条明确规定，不能确定具体侵权人的，行为人承担连带责任。因此，共同危险行为人的免责事由为证明具体的侵权人，而非单纯证明其行为与损害不存在因果关系。但值得注意的是，免责事由的适用以行为具有危险性为前提。某一行为若根本不存在导致损害发生的可能性，则属于不具有危险性的行为，此时便不得以行为人未举证证明免责事由为由令其承担连带责任。

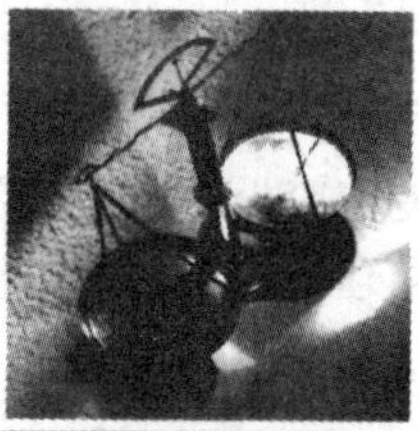

商 法

如何解答本学科案例分析题

从历年法考试题来看，本科目的案例分析考点包括公司法、合同法、担保法、企业破产法等具体民商法学科的主要考点。法考考查的内容主要集中于知识点的相互关联和融会贯通，突出反映了法考是一种职业资格考试的特征。正因如此，法考会着重考查商法学科内比较基础、比较常见同时在司法实务中也比较常用的知识点。

目前，我国还没有商法典，商法科目的知识体系比较庞杂，涉及的法律部门众多，但各个部门法的分值占比有所侧重。因此，考生在备考过程中应当依据各部门法的考查频率，有侧重地科学分配复习时间和精力，有针对性地展开复习，制订合理高效的备考计划，以提高复习效率。具体而言，考生可以着重考虑以下几个方面。

第一，在复习资料方面，由于商法科目涉及的部门法学科较多，法律体系较为庞杂，考生应当紧扣考试大纲，以辅导用书为主要参考资料，依照考试大纲所列主要知识点展开针对性复习。与此同时，考生还应当关注近年来法律法规的变化，以颁布的最新法律法规为学习资料。

在此方面，2023 年修订的《公司法》尤其应引起考生关注。本次《公司法》修改为了落实党中央关于深化国有企业改革、优化营商环境、加强产权保护、促进资本市场健康发展等重大决策部署，对原《公司法》70% 以上的条文进行了删减、补充或修正。从考试角度看，考生应当特别关注以下几个方面：(1)完善了公司设立、退出等制度。新《公司法》新设公司登记一章，明确法定代表人变更等公司登记事项和程序；肯定采用电子通信方式作出决议的法律效力；放宽只有一个股东的有限责任公司设立等限制，并允许设立只有一个股东的股份有限公司；明确董事等清算义务人的确定及其责任；增加简易注销和强制注销制度。(2)优化公司组织机构设置。新《公司法》允许公司只设董事会，如果公司只设董事会的，应当在董事会中设置审计委员会行使监事会职权；简化公司组织机构设置，对于规模较小或者股东人数较少的公司（包括股份公司），可以不设董事会（监事会），设一名董事（监事）；对于规模较小或者股东人数较少的有限责任公司,经全体股东一致同意,也可以不设监事。(3)进一步完善公司资本制度。新《公司法》在股份有限公司中引入授权资本制,允许公司章程或者股东会授权董事会发行股份;规定公司可以发行优先股和劣后股、特殊表决权股、转让受限股等类别股;允许公司择一采用面额股或者无面额股;取消无记名股;增加简易减资制度;增加股东欠缴出资的失权制度、股东认缴出资加速到期制度,明确股权转让时转让方、受让方的出资责任;对于认缴制做出重要调整,明确5年最长认缴期间以及认缴期间加速到期规则。(4)强化控股股东、实际控制人和董事、监事、高级管理人员的责任,即进一步完善忠实和勤勉义务的具体内容;加强对关联交易的规范,增加关联交易报告义务和回避表决规则;强化董事、监事、高级管理人员维护公司资本充实的责任;规定董事、高级管理人员执行职务存在故意或者重大过失的,也应当对他人承担赔偿责任等。

第二,本学科案例分析题重点考查考生灵活运用知识和理论解决问题的能力。因此,考生在复习过程中应当结合案例研习,提升独立思考的实践分析能力。特别是一些重要的概念,应当结合具体社会生活行为或者事实进行理解记忆。唯有如此,才能在具体案例分析中做到胸有成竹、游刃有余。

第三,本学科通常重点考查既具有理论重要性又具有司法实务意义的知识点,同时法考出现跨学科知识点结合考查的趋势,因此,考生在备考过程中应当参考考试大纲所列的重要考查知识点,结合往年考试案例和实践中的社会热点问题,进行有针对性地学习和复习,特别需要注意的是民商实体法和民事诉讼法的结合。程序法上经常考查具体诉讼中应当以谁为被告或者第三人等问题,并且多半围绕公司法上的法律争议问题出现。结合上述关于《公司法》2023年修订的介绍,建议考生多关注公司资本制度、公司管理者责任以及公司内部治理机制等方面的变化。总之,在学习公司法相关法律争议问题时,应当多思考其诉讼结构,把程序问题和实体问题作为一个整体进行学习并掌握。

案例分析题的重点在于考生是否能运用商法科目的理论知识解决实践问题。因此,考生在备考过程中一定不能仅"死记硬背"考点或法条,而是应当结合案例进行反复研习,尽可能地通过具体行为掌握相关法律概念,并以分析和解决法律问题的能力培养与锻炼为重点。例如表见代理,尽管许多考生对其核心特征都能倒背如流,但一到具体案例中,如何将各个特征落实到具体行为表现上,或者从具体案例中抽取相关事实以判断是否构成表见代理,则会出现各种不同的判断。之所以如此,根本上还是因为考生并未从行为出发去理解法律概念。诸如此类的问题,还体现在意思表示的定性等具体判断上。因此,考生在具体学习中不能仅仅背概念和法条,还要结合具体社会生活行为进行理解。唯有如此,才能在案例中基于知识寻找到对应的法律事实,进而运用法律知识。

答题本身也存在诸多技巧。一是审题要准确。民商法里有很多知识点比较接近,审题不仔细,往往会答错方向,从而导致错误。要想做到审题准确,考生可以多从问题本身出发,进而探寻案情。这样在问题和案情之间就可以来回穿梭,最终把问题和事实关联起来。

二是要按点作答。按点作答的好处是能够按点得分,即使最终结论错误,只要分析过程存在正确的点,也会得分。因此,在做案例分析题时,考生要尽可能地梳理清楚逻辑关系,条理清晰地按点分析并作答。推荐的作答方案是明确地按照阿拉伯数字排序等逐一列举相关分析的点或者理由。

三是答题语言要简练。切记不要堆砌文字,以为多写就会得高分。除非是开放性的论述题,否则多写可能导致更多的错误。因此,考生在平时练习时要尽可能用简练的语言分析和回答问题,一旦养成习惯,就不怕在考试时不会随机应变。

与公司法、合同法、担保法相关的试题占了本科目试题的一大半,这是因为这些学科属于非常重要且具有实务性的部门法领域,而且该领域的考点与素材比较适合考查考生对民商法知识的理解与应用能力。因此,对合同、公司等法律制度与知识的掌握,无论怎样强调也不为过。此外,2023 年《公司法》大修,考生尤其应当注重对新《公司法》中的相关制度的学习。既有考题仍然具有指导意义,会提示出重要考点,所以建议考生在备考过程中,多从新《公司法》的相关规定角度来解题,提高分析问题和解决问题的能力。

最后,还有必要指出的是,法考不仅强调对考生实务分析与应用能力的考查,也同样重视对考生跨学科知识运用与分析能力的考查。近年来,法考中出现了较多涉及跨学科考点的试题,即在一个考题中,同时出现公司法和企业破产法等其他相关部门法知识点的考题。此外,综上所述,民商实体法和民事诉讼法相结合的命题模式也是案例分析题之常见题型,考生应当从整体上把握具体法律诉讼中可能遇到的程序问题和实体问题。总之,希望考生能结合所掌握的商法基础知识及程序法相关知识进行答题。案例分析题要求考生能灵活地运用所学的跨学科知识做出相应的独立分析。法考不仅要求考生在掌握基本知识与理论基础上有系统性的学习能力,还要求考生具备灵活运用知识解决问题的实践能力。

答案范例及作答样式

01 CASE 好运公司股权转让纠纷案

案例指引

本案例涉及对股权转让以及让与担保知识点的综合考查，以实务中常常发生的名为股权转让实为担保的公司纠纷作为背景，主要考查考生对于公司股权转让以及股权让与担保和在此过程中的股东资格确认、股权行使、担保权利的行使以及法定代表人职务行为的法律责任认定等知识点的掌握。

案　情

2018年7月，好运公司成立，注册资本为5000万元。徐天认缴出资额4500万元，占90%股权，实缴出资额900万元；王亮认缴出资额500万元，占10%的股权，实缴出资额100万元。公司法定代表人和公司经理由徐天的司机郝明担任，但郝明并未参与公司经营管理。

2020年7月10日，徐天、王亮与周成、郑凯签订《股权转让协议》，约定：徐天将其持有的好运公司90%的股权以900万元转让给周成，王亮将其持有的好运公司10%的股权以100万元转让给郑凯；向好运公司按期补缴余额的义务由受让人承担；附属于股权的其他权利义务随股权的转让而转让，转让前的债权债务由原股东承担。2020年8月11日，双方又签订了《股权转让补充协议》，约定：(1)鉴于好运公司在市南郊区获得一块国有土地要开发建设，出让价格为5000万元，徐天、王亮资金短缺无力支付该土地转让价款，周成、郑凯已支付土地转让价款的20%，周成、郑凯二人愿意共同帮助徐天、王亮按时支付余下的土地转让价款4000万元以及相关税费，按实际支出金额到时一并总计代付总金额。资金使用费按实际支出金额和使用时间支付，资金使用费率为每月2%。(2)为确保周成、郑凯的代付资金和资金使用费能安全全额返还，徐天、王亮同意将在好运公司中双方拥有的好运公司100%的股权转让给周成、郑凯二人。(3)好运公司取得土地使用权证之日起3个月内，如果周成、郑凯的代付资金和资金使用费获得清偿，则将好运公司100%股权转让变更到徐天、王亮名下；若到期无法清偿，则周成、郑凯有权拒绝转让全部或部分股权，并有权行使公司法规定的各项股东权利，徐天、王亮无权干涉和阻挠。2021 年 8 月 1 日，周成、郑凯支付余额，变更为好运公司股东并办理登记。2021 年 11 月，好运公司取得该土地使用权证。徐天、王亮并未依约履行还款义务。2022 年 2 月 14 日，好运公司形成股东会决议，决议明确好运公司注册资本由 5000 万元增加至 10,000 万元，其中周成增资 4500 万元，郑凯增资 500 万元，并于 2 月 15 日完成变更登记。

2023 年 11 月 15 日，周成、郑凯与黄俊、楚华签订《股权转让协议》，约定周成将其持有的好运公司 90% 的股权作价 13,500 万元给黄俊，郑凯将其持有的好运公司 10% 的股权作价 1500 万元转让给楚华。该转让协议已经完全得到了履行且办理了股权变更登记。

2024 年 2 月，徐天、王亮向法院起诉要求：(1)判令周成、郑凯与黄俊、楚华签订的《股权转让协议》无效；(2)判令黄俊向徐天返还其持有的好运公司 90% 的股权、楚华向王亮返还其持有的好运公司 10% 的股权，并配合办理股权变更登记手续。

庭审期间，发现郝明以公司名义对外签订借款合同，债权人要求好运公司以及周成、郑凯、黄俊、楚华清偿。

问　题

1. 好运公司法定代表人登记为徐天的司机郝明是否符合法律规定？

2. 2020 年 7 月 10 日《股权转让协议》以及 2020 年 8 月 11 日《股权转让补充协议》是否属于附条件的股权转让合同，依据是什么？

3. 2020 年 8 月 11 日《股权转让补充协议》第 3 条是否因构成流质条款而无效？

4. 2023 年 11 月 15 日《股权转让协议》的法律效力如何？

5. 依据案情，你认为黄俊、楚华是否应当向徐天、王亮返还股权？

6. 若发生争议时周成与郑凯并未向黄俊和楚华转让股权，那么徐天、王亮要求周成与郑凯返还其股权的请求能否得到支持？

7. 郝明以公司名义签订的合同效力如何？好运公司以及周成、郑凯、黄俊、楚华是否有义务清偿？

参考答案

1. 郝明被登记为法定代表人符合公司法规定，其实际未参与公司经营管理并不违反法律规定。《公司法》第 10 条第 1 款规定，公司的法定代表人按照公司章程的规定，由代表公司执行公司事务的董事或者经理担任。《市场主体登记管理条例》第 12 条规定的不得担任公司法定代表人的法定情形并不涉及实际参与公司经营的要求。

2. 2020 年 7 月 10 日《股权转让协议》以及 2020 年 8 月 11 日《股权转让补充协议》当为股权让与担保合同性质，产生的是担保的法律效力而非股权转让的法律效力。该协议虽然名为股权转让合同，但从补充协议内容来看明显是以股权让与的方式为好运公司的建设项目融资 5000 万元提供担保，并非附条件的股权转让合同。本案中，股权已完成变更登记，符合《担保制度解释》第 68 条规定的有效的股权让与担保合同情形，产生的是担保债权的法律效力，而非股权转让的效力。

3. 2020 年 8 月 11 日《股权转让补充协议》第 3 条因构成流质条款而无效。该补充协议第 3 条约定周成、郑凯有权拒绝转让全部或部分股权，并有权行使全部股东权利，徐天、王亮无权干涉和阻挠，该内容实际上属于徐天、王亮在债务履行期限届满前未清偿主债务的情形下对股权变动的约定，因未参照法律对担保物权的规定对系争股权进行拍卖、变卖、折价优先偿还债权等方面的约定，而是直接约定可以拒绝返还全部或部分股权，并行使全部股东权利，该约定属流质条款，因违反强制性规定而应属无效。

4. 2023 年 11 月 15 日《股权转让协议》系有效的股权转让合同，周成、郑凯于 2021 年 8 月 1 日即完成变更登记，并且周成、郑凯于 2022 年 2 月 14 日召开股东会并完成增资，已经实际上行使了公司管理权。因并无任何证据证明受让人黄俊、楚华明知受让股权的实际情况，故该转让协议合法有效。

5. 依据案情，黄俊、楚华善意取得好运公司的股权，依法不应当向徐天、王亮返还股权。周成、郑凯于 2021 年 8 月 1 日即完成变更登记，并于 2022 年 2 月 14 日召开股东会并完成增资，周成、郑凯已经实际上行使了公司管理权，具有股东的权利外观。黄俊、楚华已按约支付了相应股权转让款并办理了涉案股权的变更登记，黄俊、楚华依股权善意取得的法律原理取得涉案股权，无须向徐天、王亮进行相应返还。

6. 若发生争议时，周成与郑凯并未向黄俊和楚华转让股权，徐天、王亮要求周成和郑凯返还其股权的请求依然不能得到法院的支持。如前文分析，案涉 2020 年 7 月 10 日的《股权转让协议》以及 2020 年 8 月 11 日的《股权转让补充协议》性质为股权让与担保协议，债权人周成、郑凯虽不享有股东权利，但却享有对股权优先受偿的担保权利。依据案情，徐天、王亮并未依约清偿债务，因此二人要求周成、郑凯返还股权的请求不能得到法院支持。

7. 郝明以公司名义签订的合同为有效合同。好运公司依法应当承担责任。若好运公司资产能够清偿债务，则周成、郑凯、黄俊、楚华均不承担清偿责任。若好运公司资产不足以清偿债务，则黄俊和楚华应当在认缴出资范围内承担补充赔偿责任，依据为《公司法》第 88 条。周成、郑凯因系债权人及名义上的股权受让人，依据《担保制度解释》第 69 条的规定，对好运公司的债权人不承担责任。

推导过程

本题考查的是对股权转让合同和股权让与担保合同的识别和认定。焦点问题在于对各方于 2020 年 7 月 10 日签订的《股权转让协议》、2020 年 8 月 11 日签订的《股权转让补充协议》以及 2023 年 11 月 15 日签订的《股权转让协议》效力的认定。解决焦点问题之后，按照确定的法律关系性质确定各方权利义务。

1. 2020 年 7 月 10 日签订的《股权转让协议》与 2020 年 8 月 11 日签订的《股权转让补充协议》密切关联，协议中存在被担保的主债权债务关系，即市南郊区国有土地开发建设所需的 5000 万元出让金以及相关税费的借贷法律关系，2020 年 7 月 10 日签订的《股权转让协议》作为主合同独立存在，2020 年 8 月 11 日签订的《股权转让补充协议》第 3 条约定了股权回购条款，明确以股权作为担保的意思表示，该补充协议系从合同，具有从属性。该股权回购条款与前述主债权债务及股权担保的相关条款共同证明了双方签约时真实意思表示系股权让与担保，因上述约定不违反强制性法律规定，并且系双方当事人真实意思表示，故应属合法有效。

因此，股权让与担保合同不以约定股东权利的行使方式及范围为识别要件，周成、郑凯履约中根据流质条款，违法行使好运公司股东权利的行为，违反当事人签约时即达成以股权担保主债权实现的真实意思表示，不符合股权转让合同的法律特征，不能据此认定该合同性质为附条件的股权转让合同。

2. 2020 年 8 月 11 日《股权转让补充协议》第 3 条约定周成、郑凯有权拒绝转让全部或部分股权，并有权行使全部股东权利，徐天、王亮无权干涉和阻挠，该内容实际上属于徐天、王亮在债务履行期限届满前未清偿主债务的情形下对股权变动的约定，因未参照法律对担保物权的规定对系争股权进行拍卖、变卖、折价优先偿还债权等方面的约定，而是直接约定可以拒绝返还全部或部分股权，并行使全部股东权利，该约定属流质条款，因违反强制性规定而应属无效。该条款无效只是前述补充协议部分无效，并不影响其他条款产生股权让与担保的法律效力。

3. 因此前的股权转让协议及补充协议法律性质为股权让与担保合同，而且第一次的受让人周成、郑凯已经完成了股东身份的变更登记。周成、郑凯系债权人及名义上的股权受让人，根据区分原则，在公司内部其虽无权对股权进行处分，不能享有公司法规定的股东所享有的参与决策、选任管理者、分红的权利，但股权对外转让协议的效力应依法予以认定。对于 2023 年 11 月 15 日签订的《股权转让协议》的效力判断，应根据黄俊、楚华取得涉案好运公司股权是否具备善意取得的事实构成要件予以考察认定。黄俊、楚华作为受让人对于股权此前的情况并不知晓，二人已经依约支付了相应的股权转让价款并且办理了股权变更登记，价格也属合理价格，故 2023 年 11 月 15 日签订的《股权转让协议》合法有效，黄俊、楚华依据股权善意取得的法律原理取得案涉股权，当然无须向徐天、王亮返还股权。

4. 在此前分析的基础上，因 2020 年 8 月 11 日《股权转让补充协议》为股权让与担保合同，故在转让人徐天、王亮并未依约清偿主债权的情形下，无权要求周成、郑凯将股权返还给二人；而黄俊、楚华完全履行了 2023 年 11 月 15 日签订的《股权转让协议》，并无证据证明二人明知股权让与担保的情形，也没有证据证明其支付的 13,500 万元以及 1500 万元的股权转让价款不合理，故黄俊、楚华善意取得案涉股权，当然也无须向徐天、王亮返还股权。

5. 法律并未要求登记为公司法定代表人的董事或者经理必须参与公司经营。《公司法》第 10 条第 1 款规定，公司的法定代表人按照公司章程的规定，由代表公司执行公司事务的董事或者经理担任。《市场主体登记管理条例》第 12 条规定："有下列情形之一的，不得担任公司、非公司企业法人的法定代表人：(一) 无民事行为能力或者限制民事行为能力；(二) 因贪污、贿赂、侵占财产、挪用财产或者破坏社会主义市场经济秩序被判处刑罚，执行期满未逾 5 年，或者因犯罪被剥夺政治权利，执行期满未逾 5 年；(三) 担任破产清算的公司、非公司企业法人的法定代表人、董事或者厂长、经理，对破产负有个人责任的，自破产清算完结之日起未逾 3 年；(四) 担任因违法被吊销营业执照、责令关闭的公司、非公司企业法人的法定代表人，并负有个人责任的，自被吊销营业执照之日起未逾 3 年；(五) 个人所负数额较大的债务到期未清偿；(六) 法律、行政法规规定的其他情形。"可见，其中并未要求公司法定代表人必须实际参与公司经营。

6. 至于法定代表人以公司名义作出的行为的法律效力，《公司法》第 11 条第 1、2 款规定，法定代表人以公司名义从事的民事活动，其法律后果由公司承受。公司章程或者股东会对法定代表人职权的限制，不得对抗善意相对人。故郝明以公司名义对外签订的合同有效。

02 CASE 星驰汽车科技有限公司经营风险系列纠纷案

案例指引

本案例展现的是关涉有限责任公司经营管理风险的一系列法律问题。案例以《公司法》及相关司法解释中股东权利、股东出资瑕疵、决议瑕疵以及股权转让等传统重点考查内容为核心进行编写,兼及考查考生对《票据法》《个人独资企业法》《企业破产法》中重要法条的熟悉程度、运用能力以及对《民法典》《担保制度解释》的理解。案情复杂程度适中,对有限责任公司内部关系与外部关系中的经典问题以及因近年法律变化而产生的新问题均有所呈现。

案　　情

2014年2月28日,基于对新能源汽车行业前景的看好,顾某、陆某、朱某、张某4人共同出资设立星驰汽车科技有限公司(以下简称星驰公司)。其中,朱某与好友孙某签订了股权代持协议,约定由孙某实际出资,享受投资收益。公司章程约定:(1)经营范围为新能源汽车配件的研发、销售及维修;(2)4人均出任公司董事,张某担任法定代表人;(3)公司注册资本为5000万元,顾某、陆某、朱某、张某各认缴出资1000万元、1000万元、1000万元、2000万元,其中顾某、陆某、朱某以现金出资,张某以自有房产作为营业场地作价出资;(4)首次出资额为4000万元,顾某、陆某、朱某、张某各实缴500万元、500万元、1000万元、2000万元,其余1000万元于2017年2月28日一次性缴足;(5)实缴出资低于公司注册资本20%的股东不得查阅公司会计账簿、会计凭证。公司成立后,在2014年6月14日的一次资产评估中发现,张某用以出资的房产实际价格仅为1000万元。

公司成立后不久,受油价下跌、新能源技术瓶颈等外部因素影响,传统能源汽车市场回暖,新能源汽车市场受到挤压。顾某对于公司前景丧失信心,提出欲将其全部股权转让给其妻弟。对此,陆某、朱某、张某虽均表示同意,但朱某与张某均表示要行使优先购买权,而陆某则表示可以更高价格来受让顾某股权,但转让金支付期限须延长1年。后经协调,最终由张某受让顾某全部股权,顾某于2015年3月9日退出公司。

为突破经营困局、寻求更多市场机会,2015年4月10日,星驰公司股东会会议以全票赞成通过如下决议:与飞光汽车有限公司(以下简称飞光公司)签订为期3年的合作协议,共同投资研发、生产、销售活塞环等传统能源汽车发动机配件。该项合作取得了良好经济效益,使企业经营转危为安。在2018年7月15日的股东会会议上,朱某、张某均提议赓续前约,继续合作项目。陆某根据自身专业知识判断市场行情已不可同日而语,故极力劝阻,主张回归新能源行业,但由于朱某、张某不赞同其判断,与飞光公司继续合作的决议终获通过。陆某担忧此项决议危及公司发展，遂于2018年7月20日以决议内容违反公司章程规定的经营范围为由向法院提起决议撤销之诉。

2021年3月2日，星驰公司为满足生产需要，以分期付款方式向长洲公司采购一批轮胎，签订所有权保留买卖合同。合同约定，货物总价款为500万元，星驰公司自合同签订日起，以3个月为一付款周期，分5期支付全部价款，长洲公司在全部价款付讫前保留轮胎的所有权。合同签订当日完成货物交付。为支付分期付款的首批款项，星驰公司签发了1张以银行为付款人，长洲公司为收款人，票据金额为100万元，出票后2个月付款的汇票，并交付给长洲公司。该汇票后又被长洲公司背书转让给万里公司，并在票据上记载了“不得背书转让”字样。其后，万里公司又将该票据背书转让给了凌云公司。

2021年3月8日，为担保对紫电公司所负的200万元债务，星驰公司与紫电公司订立动产抵押合同，在向长洲公司采购的轮胎之上为紫电公司设立动产抵押权，并于当日完成登记。长洲公司获悉此事后，要求星驰公司立即为其进行所有权保留登记。2021年3月10日，星驰公司与长洲公司完成了该批轮胎的所有权保留登记。

2015年2月7日，星驰公司曾向某个人独资企业出售一批汽车配件，买卖合同约定，货款为800万元，应于2018年12月31日前付清。截至2016年2月7日，该个人独资企业陆续支付货款共700万元。2016年8月4日，该个人独资企业解散。2021年10月11日，星驰公司方获悉该个人独资企业已解散，随即起诉该个人独资企业的原投资人秦某，要求以其个人财产偿还仍未清偿的100万元债务。

由于经营管理不善、技术骨干流失等，星驰公司的经营每况愈下。2022年11月12日，星驰公司向法院申请破产。债权申报期间，长洲公司申报2021年3月2日签订的轮胎所有权保留买卖合同未获清偿之两期货款债权共200万元，紫电公司申报2021年3月8日设立动产抵押权的债权200万元。长洲公司、紫电公司未放弃优先受偿权。此外，还有东隅、北海、南浦、西山公司4家企业申报债权，金额分别为200万元、400万元、500万元、1000万元，4家企业的债权均无担保。2023年2月15日，6家债权人企业组成的债权人会议就“各债权人按相同比例减免星驰公司债务30%”的和解协议进行表决，表决结果为长洲、紫电、东隅、北海、南浦公司同意，西山公司反对。

问　题

1. 请分别分析顾某、陆某、朱某、张某、孙某是否有权查阅公司会计账簿和会计凭证。

2. 就张某用以出资的房产实际价格与其认缴出资额的差额，各股东承担何种法律责任？为什么？

3. 就顾某全部股权的转让，陆某的优先购买权能否成立？为什么？

4. 陆某主张撤销决议的诉请能否得到法院支持？为什么？

5. 请分析星驰公司、长洲公司、万里公司对凌云公司的票据责任。

6. 请分析长洲公司的保留所有权与紫电公司的动产抵押权之间的优先关系。

7. 星驰公司对秦某的100万元价款请求权能否得到法院支持？为什么？

8. 债权人会议关于和解协议的决议能否通过？为什么？

参考答案

1.《公司法》第 57 条第 2 款规定，股东可以要求查阅公司会计账簿、会计凭证。顾某、陆某、朱某、张某有权查阅公司会计账簿和会计凭证，孙某无权查阅。公司章程实质性剥夺实缴出资低于注册资本 20% 的股东(顾某、陆某)的查账权，其约定不产生法律效力。公司以此类条款为由拒绝股东查阅会计账簿、会计凭证的，人民法院不予支持。朱某与孙某签订股权代持协议，朱某作为名义股东，享有股东知情权，孙某作为实际出资人，并非公司股东，不能行使仅由股东享有的知情权，故孙某无权查阅公司会计账簿和会计凭证。

2.《公司法》第 50 条规定："有限责任公司设立时，股东未按照公司章程规定实际缴纳出资，或者实际出资的非货币财产的实际价额显著低于所认缴的出资额的，设立时的其他股东与该股东在出资不足的范围内承担连带责任"。本题中，作为非货币财产出资的房屋，其实际价额 1000 万元显著低于公司章程中其所认缴的 2000 万元的出资额，应由出资人张某和公司设立时的其他股东顾某、陆某、朱某在 1000 万元内承担连带责任。

3. 不能成立。《公司法》第 84 条第 2 款规定，股东向股东以外的人转让股权的，应当将股权转让的数量、价格、支付方式和期限等事项书面通知其他股东，其他股东在同等条件下有优先购买权。因此，人民法院在判断是否符合"同等条件"时，应当考虑转让股权的数量、价格、支付方式及期限等事项。陆某虽然提出更高的转让价格，但要求将支付期限延长 1 年，已不能认定为"同等条件"，无法成立优先购买权。

4. 陆某的决议撤销之诉不能得到法院支持。《公司法》第 26 条第 1 款规定，公司股东会、董事会的会议召集程序、表决方式违反法律、行政法规或者公司章程，或者决议内容违反公司章程的，股东自决议作出之日起六十日内，可以请求人民法院撤销。但本案中，2015 年决定销售传统能源汽车发动机配件的决议全票通过，符合公司章程修改决议所要求的 2/3 多数，应视为对公司章程中经营范围条款的非正式修改，在此情况下，2018 年通过的决议并不违反公司章程，故而陆某的起诉应被判决驳回诉讼请求。

5. 长洲公司对凌云公司不承担票据责任，星驰公司和万里公司对凌云公司承担票据责任。长洲公司在背书时记载了"不得背书转让"字样，后手万里公司再背书转让时，长洲公司对后手的被背书人凌云公司不再承担票据责任。但星驰公司和万里公司仍需对凌云公司承担票据责任(《票据法》第 34 条)。

6. 长洲公司的保留所有权作为担保物权，优先于紫电公司的动产抵押权受偿。《民法典》第 414 条规定，同一财产上多个抵押权的优序规则同样适用于"其他可以登记的担保物权"，而本案中长洲公司的保留所有权已经办理登记，故符合本条"担保物权"的范畴。同时《民法典》第 416 条规定，动产抵押担保的主债权是抵押物的价款，标的物交付后 10 日内办理抵押登记的，该抵押权人优先于抵押物买受人的其他担保物权人(留置权人除外)受偿，即该条构成第 414 条的特别规定；本案长洲公司保留所有权所担保的是购置款债权，故可准用第 416 条的规定，使其取得优先于其他动产担保物权的地位，即优先于紫电公司的动产抵押权而受偿(《民法典》第 414、416、641 条)。

7. 不能。个人独资企业解散后，债权人在5年内未向债务人提出偿债请求，清偿责任消灭。星驰公司起诉时已超过5年期限（《个人独资企业法》第28条）。

8. 不能通过。债权人会议通过和解协议的决议，需由出席会议的有表决权的债权人过半数同意，并且其所代表的债权额占无财产担保债权总额的2/3以上。长洲、紫电公司对于星驰公司特定财产享有担保权，长洲、紫电公司未放弃优先受偿权，故就和解协议的通过不享有表决权，其所代表的债权额亦无须参与计算。投同意票的无担保的3位债权人所代表的债权额为1100万元，无财产担保债权总额为2100万元，前者在后者中的占比未达到2/3。故该关于和解协议的决议不能通过（《企业破产法》第59、97条）。

推导过程

1. 第1题考查关于股东知情权的强制性规定及代持股协议中实际出资人与名义股东的权利义务分配。《公司法》第57条第2款规定，股东可以要求查阅公司会计账簿、会计凭证。另外，参照《公司法规定（四）》第9条规定，公司章程、股东之间的协议等实质性剥夺股东依据《公司法》相关规定查阅或者复制公司文件材料的权利，公司以此为由拒绝股东查阅或者复制的，人民法院不予支持。本案中，公司章程关于查阅权的约定构成了对顾某、陆某股东知情权的实质性剥夺，应属无效。朱某与孙某的代持股法律关系中，孙某是实际出资人，享有投资收益，但不能向公司主张名义股东朱某享有的股东知情权。

2. 第2题考查以非货币财产出资的出资人责任。《公司法》第50条规定："有限责任公司设立时，股东未按照公司章程规定实际缴纳出资，或者实际出资的非货币财产的实际价额显著低于所认缴的出资额的，设立时的其他股东与该股东在出资不足的范围内承担连带责任。"本题中，考生容易遗漏的是公司设立时其他股东的连带责任。

3. 第3题考查对股东优先购买权"同等条件"的判断。《公司法》第84条第2款规定，股东向股东以外的人转让股权的，应当将股权转让的数量、价格、支付方式和期限等事项书面通知其他股东，其他股东在同等条件下有优先购买权。该条还提示应当从哪些方面（如转让股权的数量、价格、支付方式及期限等）判断"同等条件"。

4. 第4题考查可撤销决议与公司章程自治之间的关系。2015年各股东一致同意通过与飞光公司合作经营传统能源汽车发动机配件的决议，实质上已是扩展经营范围的举措，应被视为公司章程的非正式修改，即将企业经营范围扩大到传统能源汽车配件行业，并且该非正式修改具有公司内部约束力。因此，2018年相同内容的决议不再违反章程规定的经营范围，陆某撤销决议的诉请无法得到支持。

5. 第5题考查票据法基本规则。背书人在汇票上记载"不得转让"字样，表明其仅对直接后手负责，若该直接后手又将汇票背书转让，则后来的持票人无法对记载了"不得转让"字样的背书人行使追索权，但对于其他背书人及出票人仍然可以进行追索。

6. 第6题考查担保法功能主义改革背景下所有权保留的规范效力。《民法典》第414条明确规定，同一财产上多个抵押权的优序规则同样适用于"其他可以登记的担保物权"，并且《担保制度解释》第1条明确了该解释对因所有权保留买卖、融资租赁、保理等其他具有担保功能的合同发生的纠纷，亦得适用。结合《民法典》第641～643条的规定，出卖人保留所有权的担保物权定位已十分明显,而所有权保留交易的结构导致了保留所有权所担保的必然为购置款,故购置款的超级优先权当然得以适用。

7. 第 7 题考查个人独资企业投资人责任。本案中,星驰公司起诉时虽然尚未超过普通诉讼时效期间,但已超过《个人独资企业法》规定的对原投资人债权的除斥期间。

8. 第 8 题考查债权人会议相关知识。尤其需要关注债权人会议关于和解协议的决议的特殊通过条件:不适用《企业破产法》第 64 条第 1 款出席会议的有表决权的债权人过半数通过,并且其所代表的债权额占无财产担保债权总额的 1/2 以上的一般规则,而是适用第 97 条出席会议的有表决权的债权人过半数同意,并且其所代表的债权额占无财产担保债权总额的 2/3 以上的特殊规则。此外,根据《企业破产法》第 59 条的规定,长洲公司、紫电公司由于对星驰公司特定财产享有担保权,且未放弃优先受偿权利,故对和解协议的通过不享有表决权,其共计 400 万元的债权额不得计入。因此,本案中投同意票的有表决权的债权人所代表的无担保债权额超过无财产担保债权总额的 1/2 但不到 2/3,关于和解协议的决议不能通过。

03 CASE 伏光太阳能科技有限公司强制利润分配纠纷案

案例指引

本案是根据一件最高人民法院审结的强制利润分配纠纷案例中真实公司的发展历程并结合社会热点改编而成的。与以往仅侧重于有限责任公司案例(多半是经营失败)不同,本题较为真实地展示了一家小公司发展为上市公司可能遇到的各种股东间、公司与市场间等常见又比较棘手的法律问题。本案例具有综合性,涉及传统民法、公司法、反不正当竞争法等典型法律制度,主要考查考生对于真实法律问题的理解和处理能力。

案　情

程某、朱某、陆某和王某是京西大学2005级材料系同班同学。2012年12月月底,基于对当时市场环境、光伏发电产业未来以及国家政策的分析,4人相约一起投资研发和生产与光伏相关的材料。2012年12月28日,4人共同注册成立伏光太阳能科技有限公司(以下简称伏光有限),注册资本为1200万元,每人货币出资300万元。4人都担任董事。程某全面负责公司经营管理工作,担任董事长、总经理和法定代表人;朱某和陆某2人分别负责销售和采购;王某负责公司财务。由于经营得力,2013年伏光有限就取得了较好业绩。4人平时按月领取工资。在2014年年初的公司年度总结会议上,考虑到目前市场正在起步,公司需要进一步扩大市场份额,4人一致认可只将总利润的10%用于分红,剩余留存并全部用于向周边地区的战略扩张。随后数年,伏光有限因产品竞争力强逐步占有一定市场份额,被当地政府授予优秀民营企业称号。

但伏光有限骄人业绩未能阻止股东间爆发矛盾。因内部员工举报,2015年4月王某被公司查实擅自挪用公司大额资金。2015年5月14日,程某、朱某、陆某、王某4人一起召开会议并决定:(1)罢免王某董事身份,暂停其一切工作职务;(2)考虑到王某对公司的贡献,免除对王某挪用公司资金之追讨的法律责任。王某自知理亏,接受了这个决定,并于该月月底自动离开了伏光有限。此后,王某未再与公司和其他股东联系。机缘巧合,2015年11月王某加入了伏光有限的竞争对手扬尚太阳能科技有限公司(以下简称扬尚有限),负责光伏材料的市场销售。2015年以后,伏光有限未再分配任何利润,而是将其收益全部用于生产经营。

2017年10月,王某从一位律师朋友处获知关于强制利润分配的规定,于是就将其与伏光有限的相关事情与之共商。2017年11月5日,王某书面通知伏光有限,要求其提供2015年5月至2017年11月5日的公司章程、股东会会议记录、董事会会议决议、监事会会议决议和财务会计报告、会计凭证。程某、朱某、陆某3人收到该书面文件后既震惊又生气,多方打听了解到王某已经在竞争对手扬尚有限工作数年并且负责竞争产品的销售，于是回函称，只能提供公司章程、股东会会议记录、董事会会议决议、监事会会议决议以及年度财务会计报告等文件，不能提供会计凭证。王某随后又致函索要公司详细会计凭证数次，但均被伏光有限拒绝。

2018年3月，王某以知情权受侵害，程某、朱某、陆某3人滥用股东权利剥夺自己分享公司投资收益等为理由，诉请判令强制分配伏光有限截至2018年3月5日的未分配利润。

诉讼开始后，程某、朱某、陆某3人找到共同大学好友顾某进行斡旋。在顾某的撮合之下，程某、朱某、陆某、王某4人于2018年6月18日达成协议：(1)4人共同确认截至2018年6月18日公司净资产为1.8亿元，未分配净利润为5000万元；(2)王某申请撤诉后，程某、朱某、陆某3人分别以2000万元现金价格收购王某全部股份。截至2018年8月中旬，王某撤诉完毕；伏光有限股东变更完成，程某、朱某、陆某3人分别持有注册资本400万元；王某获得6000万元股权转让款。

2019年11月，伏光有限在深圳证券交易所公开发行股份并上市，更名为伏光太阳能科技股份有限公司(以下简称伏光股份)。公司董事会成员一共6人，程某、朱某、陆某3人都是公司董事会成员。余下3人是公司聘请的独立董事。朱某被选为董事长，担任总裁和法定代表人；程某担任财务总监。

2020年上半年，伏光股份发现扬尚有限未经其许可，在A市市场中使用与伏光股份产品相近似的商品名称、包装、装潢出售相同功能的产品。在委托A市公证处购买相关产品后，伏光股份向法院起诉主张扬尚有限构成不正当竞争并要求损害赔偿。

此外，为了能够更好地销售节能型民用产品，伏光股份还专门在某购物平台上开设了旗舰店。2021年8月9日晚，该旗舰店页面突然晒出标价每件50元的V型号的家用型太阳能发电机设备光伏板。李某正好浏览到，于是快速下单购买了4件。付款不久，旗舰店马上对该商品价格进行处理，同时告知李某价格标错了，可以为其办理退款，并当天就办理了退款。经查，该型号的光伏板在各大网络平台上的售价是每件996元；李某交易时旗舰店页面显示售价为每件50元，是后台录入错误导致的。

受大环境影响，伏光股份2020年业绩没有达标。但为了稳住投资市场，程某、朱某、陆某3人和外聘的D会计师事务所共同决定，以虚增销售合同、营业收入等方式虚增利润。于是，在2021年4月13日公布的由D会计师事务所出具的无保留意见且经全体董事会成员一致认可的年度财务报表中，虚增营业收入2000万元，少计财务费用890万元等，致使虚增利润总额3000万元。2021年4月20日晚间，该虚假信息被内部员工曝光于网络。2021年4月21日一开盘伏光股份就直接跌停，随后两日继续跌停，而到2021年4月29日伏光股份每股价格几乎被腰斩。2021年6月3日，伏光股份因涉嫌信息披露违法违规被监管部门立案调查。

问　题

1.假设王某对伏光有限2015年5月14日公司会议决议有异议并诉请撤销，请问该诉讼应当以谁为被告？王某的诉讼请求能获得法院支持吗？

2.假设王某2017年12月诉请查阅公司会计凭证，会得到法院支持吗？

3.假设程某、朱某、陆某3人和王某未于2018年6月达成协议，王某诉请强制分配伏光有

限未分配利润，会得到法院支持吗？

4.2019 年 10 月，王某在得知伏光有限正在申请首次公开募股，于是起诉请求伏光有限分配 2018 年 6 月 18 日协议确定的未分配利润款（5000 万元 ×25% =1250 万元），并请求程某、朱某、陆某 3 人就此承担连带赔偿责任。假如你是伏光有限的代理律师，你会如何进行抗辩？

5.《公司法》关于有限责任公司董事会和上市公司董事会董事人数、董事身份之规定如何？案情中的伏光有限和伏光股份的董事会设置符合法律规定吗？

6. 伏光股份以扬尚有限构成不正当竞争诉请损害赔偿，会获得法院支持吗？

7. 假设李某不服旗舰店的处理办法起诉到法院请求伏光股份按照差价（3784 元）进行赔偿，能获得支持吗？

8. 假设中证中小投资者服务中心 2021 年 9 月 8 日打算启动特别代表人诉讼，至少需要多少名投资者委托，才可以发起代表诉讼？

参考答案

1. 应当以伏光有限为被告。从案情看，该股东会召集程序合法，表决方式合法，决议内容合法，因此王某诉请撤销决议不能获得法院支持（《公司法》第 26 条）。

2. 由于王某在竞争对手公司任职且负责产品销售，其请求查阅伏光有限的会计凭证可视为“有不正当目的”，所以伏光有限有权拒绝其查阅会计凭证的请求（《公司法》第 57 条）。

3. 根据《公司法规定（四）》第 15 条之规定，股东在无具体分配方案的决议的情况下诉请分配公司利润，只有在其他股东违反法律规定滥用股东权利导致公司不分配利润致使其遭受损失时，法院才可以判令强制分配。通常解释认为，其他股东违反法律规定滥用股东权利可表现为公司形式上不分配但是其他股东基于控制关系等获得实质利益。本案中，其他股东虽然一直在公司任职，但并未有案情显示其过分获得其他利益，所以并无证据证明王某离开后其他股东违反法律规定滥用股东权利致使其遭受损害，王某诉请强制分配伏光有限未分配利润不会得到法院支持。

4. 主要涉及合同解释，可以从王某实际获得的股权转让款价格远高于按照资产计算的股权价值、当事人未作特别约定、一年都未诉讼不符合常理等角度进行论证。

5. 伏光有限董事会人数在股东争议前为 4 人，争议后为 3 人，并且只设置董事长一个职位，符合公司法规定（《公司法》第 68 条）。伏光股份董事会人数为 6 人，3 人是公司管理人员，另外 3 人是独立董事，符合公司法及其相关规定（《公司法》第 120 条）。

6. 会。结合案情可知，扬尚有限擅自使用与伏光股份产品相近似的商品名称、包装、装潢出售相同功能的产品，会在 A 市市场引起消费者误认，所以构成不正当竞争，因此伏光股份据此诉请损害赔偿会得到法院支持（《反不正当竞争法》第 6 条、第 17 条）。

7. 不能。本案中，旗舰店挂出的价格与市场价格差别特别大，基于一般生活经验，李某应当能够判断出是旗舰店搞错了。所以，就李某而言，旗舰店每件 50 元的价格并非其意思表示内容，不构成要约。李某以每件 50 元的价格下单视为一项新的独立的要约。在此情况下，旗舰店随后拒绝，可解释为不接受其要约。因此，李某和旗舰店之间未达成买卖合同，李某的诉讼请求不应得到支持。

8. 中证中小投资者服务中心属于投资者保护机构。根据《证券法》第95条第3款的规定，投资者保护机构受50名以上投资者委托，可以作为代表人参加诉讼。根据最高人民法院《关于证券纠纷代表人诉讼若干问题的规定》第32条第1款的规定，人民法院已经根据《民事诉讼法》第57条第1款、《证券法》第95条第2款的规定发布权利登记公告的，投资者保护机构在公告期间受50名以上权利人的特别授权，可以作为代表人参加诉讼。因此，在本案中需要50名投资者委托才可以发起代表诉讼。

推导过程

本案案情虽然比较复杂，但问题比较直接和相对容易。很多问题都是围绕法律条文进行设问，考查的重点还是考生对于法律条文之具体知识的掌握程度。但是，应高度注意的是，案例分析还考查考生运用法律知识分析和解决法律问题的能力，本案第4问和第7问充分体现了这一点。以下围绕这两问进行剖析，希望对考生有所帮助。

第4问是典型的合同解释问题，当事人间商定的股权转让款是否包含了转股前的未分配利润，有赖于考生结合具体案件事实进行分析和判断。如何综合运用各种解释方法维护当事人合法权益，需要考生不断地从案件本身、从可能的实际生活角度进行思考，进而提出合理的论据和论点。本题中，由于角色已经设定，合同解释要围绕有利于伏光有限的角度展开。此时，考生应当做的是，将所有有利于伏光有限的事实因素挑出来，然后赋予其说理功能。例如，可以论证的角度至少有三个方面：第一，王某获得的股权转让款(6000万元)远高于基于净资产计算的股权价值(4500万元)，或可说明该股权转让款包含了王某未分配利润的股权价值。第二，从理性谈判者角度看，很难想象当事人明知有巨额未分配利润而不作特别约定。也就是说，妥当的推论应该是当事人在协商确定股价时已经考虑到了对公司未分配利润的处理。第三，自达成协议至诉讼已经过去了一年多，若确实如王某所言，当事人为何长时间不起诉？这显然有悖于常理。

第7问也需要结合案情进行具体分析和判断，该题主要考查考生对网络购物合同之达成的理解。通常而言，如果商家标价正确，商家行为视为要约，消费者下单则视为承诺，于是两者间达成买卖合同。有疑问的是，当商家标价错误时应当如何处理呢？例如，在本案中，旗舰店标价远低于市场价格。这时需要运用意思表示的相关内容进行具体分析。第一，要判断此时旗舰店是否作出了要约的意思表示，或者仅涉及意思表示错误。分析这个问题时，应当注意民法解释上的“解释先于错误”的一般性原理。从解释角度来看，此时旗舰店因为每件50元价格并非其意思表示，所以其标价行为不视为要约。第二，李某下单是否构成意思表示，其性质是什么？在判断出旗舰店不构成要约的情况下，李某的意思表示性质就十分明确了，即李某的下单行为是独立的新的要约。但是，如果考生对旗舰店的行为理解有误，则不会认为李某的行为实际上是要约。第三，对旗舰店退货退款行为的解释。顺着上述分析，此时旗舰店退货退款行为应视为不接受李某的要约。至此，该题的结论也就很明了了，李某和旗舰店间未达成买卖合同，李某无权请求差价赔偿。这个考题也揭示出民商法上经常会碰到的一种现象，即在不同的场合，同一类社会行为可能会被赋予不同的法律意义。考生在准备法考过程中，应当对此予以高度重视。

案例指导与方法指引

01 CASE 公司的设立

——远大公司出资纠纷案

案例指引

本案例围绕公司股东未按期足额缴纳出资情况下的责任承担而设。对于理解公司出资责任和催缴失权制度等有着较强的参考意义。

案　情

2023年1月4日，万山公司认缴450万元，张三认缴200万元，乐梦公司以其对启迪公司的债权200万元认缴出资，签署章程，约定成立远大公司。注册资本850万元，出资期限至2023年5月30日。公司登记的法定代表人为唐峰。截至2023年6月，万山公司实缴出资90万元，张三实缴200万元，乐梦公司出资的债权由生效判决确定为40万元。

2023年8月22日，远大公司向万山公司发送催告函，要求万山公司按照公司章程约定向公司注入欠缴出资。万山公司2023年11月22日复函拒绝继续出资，称此前3位股东均未按约定缴纳出资，因公司经营亏损，要求监事会对公司财务账目核查并召开临时股东会议再商讨继续出资事宜。

2023年12月2日，张三向远大公司董事长王宏发出《关于提议召开临时股东会的函》，要求就未缴纳出资股东的资格问题召开临时股东会。2023年12月9日，万山公司收到召开临时股东会会议的通知。2023年12月28日，远大公司召开临时股东会议，只有万山公司未到会。与会股东一致表决通过以下临时股东会决议：(1)修改章程中出资条款为"张三认缴720万元，万山公司认缴90万元，乐梦公司认缴40万元，2024年3月30日前缴纳"；(2)按照各股东出资情况，将股东的持股比例调整为张三84.71%，万山公司10.59%，乐梦公司4.7%；(3)选举张三等3人任公司董事，张三担任公司董事长和法定代表人。2024年1月3日，公司召开董事会，作出《远大公司2024年第一次董事会决议》，决议内容为：选举张三为远大公司董事长及法定代表人，聘请东方税务师事务所对远大公司成立至今的财务和经营情况进行审计。2024年1月，张三再向远大公司缴纳出资520万元。万山公司认为远大公司于2023年12月28日作出的临时股东会决议内容违法，请求法院判决该决议无效。

一审中，远大公司在公司登记机关登记的法定代表人唐峰委托律师A作为远大公司的诉讼代理人；王宏以远大公司2023年8月26日形成的《远大公司2023年第三次董事会决议》为依据主张自己为远大公司法定代表人，并委托律师B作为远大公司的诉讼代理人；张三以《远大公司2024年第一次董事会决议》为依据主张自己为远大公司的法定代表人，委托律师C作为远大公司的诉讼代理人，并在授权委托书上加盖了远大公司的公章。各代理人均要求参与诉讼，经法院询问，唐峰认可其已于2023年8月辞去公司董事职务。

问　题

1. 乐梦公司以债权出资，如何才能发生出资的法律效力？

2. 应如何确定远大公司的诉讼代理人资格？法院允许三位诉讼代理人参加诉讼是否合法？

3. 2023年11月22日，万山公司复函称拒绝继续缴纳出资，此时万山公司的未缴出资部分的股权是否丧失？

4. 请分析诉争的2023年12月28日作出的临时股东会决议的法律效力。

5. 万山公司对于该临时股东会决议所涉内容还有什么救济途径？

6. 若2023年4月30日，远大公司债权人西林公司以远大公司无法清偿到期债务800万元为由提起诉讼，同时要求万山公司和乐梦公司向其清偿360万元以及160万元，其诉讼请求能否获得法院支持？

7. 若乐梦公司将其出资以100万元转让给高露公司，高露公司对于该债权实际价值40万元不知情，远大公司能否要求高露公司和乐梦公司连带承担补缴出资的责任？

解题思路

判断一：题目围绕股东出资责任而展开，主要考查对《公司法》第52条的催缴失权制度的正确理解。

依据《公司法》第52条第1款的规定，催告的主体为公司董事会，而非公司的其他组织机构；催缴书可以载明缴纳出资的宽限期，该期限自公司发出催缴书之日起不得少于60日。宽限期是股东收到董事会发出的书面催缴书后应当足额缴纳出资的期限。宽限期内，股东仍然持有其未出资部分的股权。但是，公司可以根据公司章程或者股东会决议对此部分未出资股权的利润分配请求权、新股优先认购权、剩余财产分配请求权等股东权利作出相应的合理限制。宽限期届满，股东仍未履行出资义务的，则进入股东失权程序。股东失权程序由董事会主导，具体程序如下：第一，董事会核查被催缴股东在宽限期内履行出资义务的情况，确定该股东未缴纳出资的股权。第二，针对未在宽限期内缴纳出资的股东，董事会决议认为应当剥夺其未缴纳出资的股权的，应当在失权决议作出后以公司的名义向该股东发出书面失权通知，通知发出之日即为该股东丧失其未缴纳出资股权之日。根据《公司法》第 52 条第 2 款的规定，失权通知生效后，作为通知对象的股东丧失其未缴纳出资的股权，该部分股权自失权通知生效之日起 6 个月内应当依法转让或者相应减少注册资本并注销该股权。6 个月内未转让或者注销的，由公司其他股东按照其出资比例足额缴纳相应出资。

股东失权异议之诉，是指股东对失权程序或相关文件材料的效力存在异议而提起的诉讼。失权股东应当自接到失权通知之日起 30 日内，向人民法院提起股东失权异议之诉。

因此，远大公司向万山公司发送催告函后，万山公司在 60 日以上的宽限期后仍复函称拒绝继续出资，此时因公司董事会并未作出失权决议且发出失权通知，故万山公司仍享有全部股权。

本案中，万山公司仅实际出资 90 万元，经远大公司催告，其回函内容表明其拒绝继续出资，其后也一直未向远大公司缴纳剩余的认缴出资金额。在此情形下，万山公司应当承担不利的后果，其股东权利应当受到相应的限制，远大公司通过临时股东会决议对股东的出资比例进行了变更，由实际缴足出资的股东认缴万山公司未出资部分，决议并未对万山公司已经实际出资部分所对应的股东权利进行剥夺或者限制，而仅对万山公司未实际出资部分股东权利作出了合理限制。该限制完全符合《公司法》规定的股东出资催缴失权的法律规定。股东会临时决议对于未缴纳股权的失权股权的出资由张三缴纳的安排也完全符合法律规定，故该决议合法有效。

万山公司除了有权提出股东会决议无效的救济之外，还可以依据《公司法》第 52 条第 3 款之规定，自接到失权通知之日起 30 日内，向人民法院提起股东失权异议之诉。

判断二：对于股东出资义务加速到期的理解。

《公司法》第 54 条规定，公司不能清偿到期债务的，公司或者已到期债权的债权人有权要求已认缴出资但未届出资期限的股东提前缴纳出资。该条确认了非破产情形下的股东出资义务的加速到期规则，“股东提前缴纳出资”的规定要求股东先向公司履行出资义务，继而由公司向其债权人清偿债务，即入库规则。从法理逻辑上而言，债权人与公司之间、公司与未出资股东之间的关系存在明显的相对性，股东承担的出资义务对象系公司而非债权人。未届期股东的出资义务一旦触发加速到期条件，可因债权人或公司的要求而即时到期，如果股东未履行其义务，将进一步导致《公司法规定（三）》第 13 条所规定的未出资股东补充责任。补充责任具有顺位补充性，其并非连带责任。因而，债权人西林公司可以远大公司、万山公司和乐梦公司作为共同被告起诉，但其诉讼请求不能得到法院的支持。西林公司作为债权人只能请求二股东将出资缴纳给公司，而无权要求二股东直接将其出资支付给债权人。

判断三：对于有限责任公司未出资股权转让后出资责任的理解。

依照股权转让时股东的出资状态，将未出资的股权转让交易分为未届期股权转让与瑕疵出资股权转让。《公司法》第 88 条针对两类股权转让交易后的出资责任分别作出了规定。

其一，未届期股权转让的出资责任。当股权转让时出资期限尚未届满，股东未实际履行出资义务即转让股权。认缴制下，转让人在转让未届期股权时，出资义务随之转移，受让人成为公司新股东，并实际承担缴纳该出资的义务。出资期限届满后，受让人应足额缴纳出资，如果受让人未完全履行出资义务，即因违反法定义务而须承担出资责任。此时，受让人是第一顺位的出资责任人，优先以其财产向公司实际出资，受让人不能承担的部分，再由转让人承担补充责任。

其二，瑕疵出资股权转让的出资责任。出资期限届满后，股东仍未足额缴纳出资，已违背其认缴承诺，理应承担出资责任。然而，股东承担出资责任不应限制股权的流动，此时股东仍享有转让其出资、从公司中退出的权利和自由。因此，《公司法》允许瑕疵出资股权转让，但股东承担的法定出资责任不因股权转让而免除，转让人仍需在股权转让后承担出资责任。瑕疵出资股权转让后，转让人与受让人应对出资不足部分承担连带责任，公司可以向转让人或受让人择一追缴出资，也可以要求二者共同承担出资责任。然而，受让人能够举证证明其不知道且不应当知道瑕疵出资事实的，其无须承担出资责任。

因此，乐梦公司转让非货币财产的实际价值显著低于所认缴的出资额的股权的，受让人高露公司不知道且不应当知道存在上述情形的，由转让人乐梦公司承担责任。

答题要点

1. 股东以债权出资，本质上仍然是将其持有的用于出资的债权转让给公司。因此，股东以债权出资，须符合《民法典》第545条的规定，并须依据《民法典》第546条的规定将以股权出资的事项通知债务人，否则该转让对债务人不发生效力。

2. (1)张三委托的律师C应当为远大公司诉讼代理人，理由如下。

本案中，唐峰已经辞任董事，虽未变更登记，但其依法不是公司的法定代表人。依据《公司法》第10条第2、3款的规定，担任法定代表人的董事或者经理辞任的，视为同时辞去法定代表人。法定代表人辞任的，公司应当在法定代表人辞任之日起30日内确定新的法定代表人。故唐峰委托的律师A不能作为远大公司的诉讼代理人。

张三与王宏的法定代表人身份均未经公司登记机关登记确认，各自以其所持有的董事会决议为依据。张三持有的《远大公司2024年第一次董事会决议》形成时间在后，且张三委托的律师C的授权委托书加盖了公司印章，故当以张三委托的律师C作为远大公司的诉讼代理人。

(2)合法。法院允许三位律师一并参加诉讼，让各方提交其委托代理人身份的证明文件，从其中判断哪一位是符合法律规定，能够代表远大公司意思的诉讼代理人并最终确认其以远大公司诉讼代理人身份进行诉讼活动，不违反法律规定。

3. 此时万山公司的未缴出资部分的股权并未丧失。依据《公司法》规定，书面催缴书载明的不少于60日的宽限期届满，股东仍未履行出资义务的，公司应召开董事会作出未缴出资股东失权的决议，并向该股东发出书面失权通知。自通知发出之日起，万山公司才丧失其未缴纳出资的股权。

4. 根据《公司法》的规定，公司股东会、董事会的决议内容违反法律、行政法规的无效。诉争的临时股东会决议不存在违法违规情形，合法有效。

本案中，万山公司仅实际出资90万元，经远大公司催告，其回函内容表明其拒绝继续出资，其后也一直未向远大公司缴纳剩余的认缴出资金额。在此情形下，万山公司应当承担不利的后果，远大公司通过临时股东会决议对股东的出资比例按照实缴情况进行了变更，决议并未对万山公司已经实际出资部分所对应的股东权利进行剥夺或者限制。股东会临时决议对于万山公司失权股权的出资由张三缴纳的安排也完全符合法律规定，故该决议合法有效。

5. 万山公司有权向法院提出失权异议之诉。依据《公司法》第 52 条第 3 款的规定，股东对失权有异议的，应当自接到失权通知之日起 30 日内，向人民法院提起诉讼。

6. 不能获得法院支持。依据《公司法》第 54 条的规定，公司不能清偿到期债务的，公司或者已到期债权的债权人有权要求已认缴出资但未届出资期限的股东提前缴纳出资。西林公司能够以远大公司、万山公司和乐梦公司作为共同被告起诉，但其诉讼请求不能得到法院的支持。西林公司作为债权人只能请求二股东将出资缴纳给公司，而无权要求二股东直接将出资支付给债权人。

7. 不能。因乐梦公司为非货币出资，受让人高露公司不知道该非货币财产的实际价值显著低于所认缴的出资额，高露公司不承担补足出资的责任。

扩展分析　股东未履行出资义务的情形以及责任承担

依据《公司法》规定，股东应当按期足额缴纳公司章程规定的各自所认缴的出资额。《公司法》规定了有限责任公司成立后，董事会对于股东出资义务履行情况的核查和催缴义务，未履行或者未完全履行出资义务不仅会被依法限制股权，还会被催缴失权乃至股东除名；未履行或者未完全履行出资义务的股权转让的受让人应对股东出资义务进行审查，否则要承担出资补足义务。出资义务的履行存在多种变化，考生复习时要进行归纳总结并加强理解。

02
CASE

公司的出资
——三叶公司系列纠纷案

案例指引

有限责任公司的人合性是这类公司较为显著的特征。人合性要求股东之间彼此信任,没有了这种信任,公司这个"组织体"就失去了运转所需的"润滑剂"。实务中大量有限责任公司的内部纠纷都可能归因于股东人合性的丧失。当然,当我们谈论有限责任公司人合性时,同样不能忽视有限责任公司治理的法律要求。本案中,三个股东原本是准备打拼一番事业的,但琐事导致股东之间生了嫌隙,进而在利益的驱使下,又产生了诸多违反法律的行为。对于这些行为,我们需要按公司法的规定,运用公司法的原理和具体规则进行恰如其分的法律评价和责任分析。只有在清晰的法律规则下,公司内部治理和经营才能得以体现和维持。

案　　情

2024年7月,一源公司拟在某市开发一个高新技术项目。因为该市为高新技术企业提供了不少优惠政策,一源公司便想和当地人合作,以便获得更多的优惠。经人介绍,一源公司认识了许某和方某。许某、方某承诺其在当地人脉较广,可以为该项目获得优惠提供帮助。一源公司于是同意与许某、方某共同在该市设立三叶公司,共同开发该高新技术项目。三方拟定了章程,约定出资期限为2029年6月30日,三叶公司的注册资本是1000万元,其中一源公司出资340万元,许某和方某各出资330万元,出资形式为货币。章程还规定公司经理负责主持公司的生产经营管理工作。

三叶公司成立后,许某担任法定代表人和董事,方某担任总经理和监事。许某、方某向一源公司提出,为了获取政府的优惠,需要一些公司的开办费用,一源公司便向三叶公司的银行账户汇入200万元,注明"开办费用"。许某随后与他人签订委托合同,委托其负责与政府沟通以获得优惠。一源公司得知后认为,让许某、方某入股并给予较大股比,就是为了让他们去和当地政府沟通,二人再委托他人说明他们能力不够,于是一源公司对许某、方某逐渐丧失信任,许某、方某也逐渐消极推进该项目。

某日,许某接到好友周某的电话,请他为自己公司的银行贷款提供担保,许某碍于朋友情面只好答应。银行要求三叶公司出具同意担保的股东会决议,许某便把三叶公司设立时,一源公司提供的股东会决议盖章页取下,签上自己的名字,也让方某签字,又打印了一份股东会同意担保的决议页与该盖章页一起装订好给了银行。银行随后便给周某的公司发放了贷款。

一源公司因公司本部的业务调整,无暇顾及三叶公司。方某看到三叶公司经营无望,于是与某电器公司联系并签订合同,购买价值500万元的空气净化器。方某向某电器公司支付预付款50万元后,某电器公司提供了全部空气净化器。方某将空气净化器转卖得款后并未按合同约定的付款时间将450万元货款支付给某电器公司,而是用这笔钱购买了两辆豪华轿车,自己开一辆,另一辆让许某开,许某得知后默许和接受。方某还向许某建议,既然三叶公司可能不再继续经营,那么他们应向一源公司主张自己的劳动报酬。于是方某拿来两份空白的劳动合同书,分别填上了许某、方某的名字,许某在这两份合同书上盖上了三叶公司的印章。劳动合同书上给许某的年薪是80万元,给方某的年薪是70万元。许某、方某分别从三叶公司的账上支取了当年的年薪。

许某、方某随后又与其他公司发生多笔业务往来,除欠某电器公司款项未付外,还欠了其他多家公司的款项,三叶公司的债务合计高达2000万元。

某电器公司多次向三叶公司发函要求支付450万元货款,许某、方某以各种理由推脱。于是某电器公司向法院起诉三叶公司并胜诉。某电器公司持胜诉判决申请强制执行,并追加了一源公司、许某和方某为被执行人。一源公司为避免该案影响到本部业务,在接到法院通知时便立即向某电器公司履行了生效判决载明的义务。

一源公司为解决三叶公司的问题,提议召开股东会并提出将许某和方某除名。许某、方某对上述提案投反对票。一源公司自此再不过问三叶公司任何事务。

此时,周某的公司向银行的借款到期不能偿还,银行起诉了周某的公司,并要求三叶公司承担连带保证责任,三叶公司名下的两辆豪车被查封。该借款案进入执行阶段后,法院发现周某已经不知所踪,而三叶公司因有大量负债,根本无法清偿债务。

问　题

1. 一源公司向三叶公司的银行账户汇入200万元,是一源公司向三叶公司的出资还是借款?为什么?

2. 许某用三叶公司的名义给周某公司的银行贷款提供担保,对银行而言,该担保有效吗?为什么?

3. 方某用三叶公司名义与某电器公司签订的买卖合同有效吗?将款项用于购买豪车是否合法?为什么?

4. 许某、方某与三叶公司所签的劳动合同约定的年薪是否有效?许某、方某可否为自己支取年薪?为什么?

5. 某电器公司持生效判决申请强制执行时,追加一源公司、许某、方某为被执行人在程序上是否合法,为什么?

6. 许某、方某可以被除名吗?为什么?

7. 在周某公司的借款执行案中,是否可以将对三叶公司的执行转为破产清算?如果破产,三叶公司的股东还需要履行出资义务吗?

8. 许某、方某是否应向一源公司承担责任，为什么？

解题思路

判断一：在认缴资本制下，股东享有期限利益，即股东可以按照公司章程的规定自公司成立之日起5年内向公司出资。但实务中股东与公司之间可能有很多资金往来，到底是公司向股东的借款还是股东的出资存在争议。股东向公司所出的资金如果被认定为出资，则该出资属于公司合法的财产不能被抽回；如果股东所出资金被认定为借款，则应还本付息。因此，所出资金究竟是出资还是借款应当根据当事人的真实意思表示来判断。如果股东的真实意思是出借资金并返还本息，就应是借款；如果股东的真实意思是履行出资义务，那么就应作为出资。当然，真实意思表示的判断是需要结合证据加以判断的。

判断二：目前关于越权担保的效力认定，有较为明确的规则，即《公司法》不再区分管理性规定和效力性规定，即使违反《公司法》第15条的对外担保规则，担保也并不必然就是无效的。因为担保并不是大部分公司的营业范围，所以法定代表人并不必然享有用公司名义为他人担保的权利。如果法定代表人未经公司授权提供对外担保，就构成"越权代表"。在"越权代表"的情形下，担保是否有效取决于相对人是否善意。如果相对人善意，则越权代表就是有效的。判断相对人是否善意则应按《担保制度解释》第7条第3款的规定，相对人只要有证据证明已对公司决议进行了合理审查就应被认定为善意。

判断三：经理的职权与法定代表人不同，根据《公司法》第74条，经理的职权来自公司章程的规定或者董事会的授权。一般情况下，法定代表人的行为就是公司的行为，但经理的法律地位是商事代理人，即只能在权限范围内行使代理权。但是，经理的行为也往往有可能对善意第三人构成表见代理而有效。因此，公司的越权经营一般为有效。

判断四：董事、高级管理人员与公司之间的关系既有公司法意义上的委托关系，也有劳动法中的劳动合同关系，一般需要具体约定。在没有约定的情况下，应当认可两种关系都存在。但存在劳动关系，并不改变董事、高级管理人员在公司法上应承担的责任。

判断五：认缴资本制下，股东应自公司成立之日起5年内缴纳出资。实体法上，《公司法》第54条确立了股东出资加速到期制度。最高人民法院《关于民事执行中变更、追加当事人若干问题的规定》第17条规定："作为被执行人的营利法人，财产不足以清偿生效法律文书确定的债务，申请执行人申请变更、追加未缴纳或未足额缴纳出资的股东、出资人或依公司法规定对该出资承担连带责任的发起人为被执行人，在尚未缴纳出资的范围内依法承担责任的，人民法院应予支持。"在《公司法》第54条的规定出台之前，实践中对于"未缴纳或未足额缴纳出资的股东"是否包括未届出资期限的股东存在争议，但随着《公司法》对股东出资加速到期制度的正式确立，债权人在执行程序中可追加的股东毫无疑问包括未届出资期限的股东。虽然最高人民法院《关于民事执行中变更、追加当事人若干问题的规定》不属于法考范围，但是从民事执行程序的一般原理看，追加被执行人的程序本身是可行的，被追加人如果有异议也可以通过执行异议来解决。不过债权人能否将加速到期的股东出资直接用于清偿公司对自己的债务，应参照适用《民法典》第537条关于债权人代位权的规定。原则上，债权人主张出资加速到期的可以直接接受该出资人的履行，但在《民法典》规定的特定情况下，如加速到期的出资债权被采取保全、执行措施，或者公司破产，则应按照执行程序或者破产程序的规则处理。

判断六：《公司法规定(三)》第17条规定的股东除名是在股东未履行出资义务或者抽逃全部出资的情形下，经公司催告缴纳或者返还，在合理期间内仍未缴纳或返还，公司可以通过股东会决议的形式解除该股东的股东资格。股东除名是股东人合性的彻底断裂，目前出于对股东人合性的维护，司法解释仅将除名的情形限于全部未履行出资义务或者抽逃全部出资，并且要经过催告程序。

判断七：执行转破产是允许的。即使关于执行转破产的规定不属于法考范围，但是考生应能按照《企业破产法》第2条规定的破产原因判断出破产清算的可行性，在执行程序中转为破产是提升执行效率的举措。《企业破产法》第35条规定在破产清算情形下，出资人的出资义务将毫无争议地加速到期。

判断八：董事、高级管理人员对公司承担信义义务，应履行忠实和勤勉职责。违反了忠实和勤勉义务，给公司造成损失的，依据《公司法》第188条应当对公司承担赔偿责任；对其他股东的责任，应依据《公司法》第190条按侵权责任的构成要件来判断。

答题要点

1. 是借款。判断该笔200万元究竟是借款还是出资，应分析一源公司的真实意思表示。从一源公司转款凭证所记载的"开办费用"来看，并未注明是出资款，且三叶公司章程明确规定了出资期限是2029年6月30日，案情显示一源公司也从未主张过开办费用是其出资款。因此，该笔开办费用应被认定为一源公司向三叶公司的借款。

2. 有效。依据《公司法》第15条、《担保制度解释》第7条的规定，在法定代表人超越权限代表公司提供担保的情形下，如果相对人是善意的，则担保有效。本案中，银行已经对三叶公司的股东会决议进行了形式审查，对于许某自行"移花接木"的操作银行并不知情，且一源公司的印章本身是真实的，银行应是善意的，故该担保对银行是有效的。

3. (1)有效。经理的职权来自公司章程的规定或者董事会的授权，其对公司的日常经营负责，即使所签署的合同超越公司的经营范围依然有效。(2)合法。方某购置的豪车并没有落户在自己名下，豪车仍是三叶公司资产，所以购车行为本身并没有违法。但方某是经理，应对公司承担勤勉义务，他不支付债权人的款项的行为与其职责相违背。

4. 无效，不能支取。公司与董事、监事之间虽然不排除劳动合同关系，但基于《公司法》的规定应当是委托关系。《公司法》第59条规定，董事、监事的报酬应由股东会决定，而不能由董事、监事自行决定。在未经股东会决议前，董事、监事不能依据职权从公司资产中为自己支取报酬。

5. 合法。从程序而言，追加被执行人并无法律障碍。根据《民事诉讼法》第236条的规定，如果被追加者认为被追加违法，可以提出执行异议。因此考生即使不用最高人民法院《关于民事执行中变更、追加当事人若干问题的规定》第17条来回答本题，仅从《民事诉讼法》的上述一般规定也可以回答。

6. 不可以。根据《公司法规定(三)》第17条规定的除名，应仅限于股东未履行出资义务或抽逃全部出资的情形。本案中,许某、方某的出资期限尚未届至,并不符合可以被除名的情形。此外,司法解释还要求除名必须先进行出资的催告,本案也不存在催促出资的催告程序,故许某、方某不能被除名。

7.(1)可以转为破产清算。《企业破产法》第2条第1款规定,企业法人不能清偿到期债务,并且资产不足以清偿全部债务或者明显缺乏清偿能力的,依照本法规定清理债务。因此,债务人符合该规定就可以适用破产程序进行清算。(2)需要履行。《企业破产法》第35条规定,人民法院受理破产申请后,债务人的出资人尚未完全履行出资义务的,管理人应当要求该出资人缴纳所认缴的出资,而不受出资期限的限制,因此在破产清算程序中,债务人出资人尚未届至的出资也应加速到期。

8.应承担。《公司法》第190条规定,董事、高级管理人员违反法律、行政法规或者公司章程的规定,损害股东利益的,股东可以向人民法院提起诉讼。该规定是一般的侵权。本案中,许某、方某明知应向某电器公司支付货款却故意不支付,将资金用于购置与经营无关的豪车,以及擅自对外担保均属于违反勤勉义务的行为,已经给一源公司造成损失,一源公司有权要求他们承担赔偿责任。

扩展分析 | 有限责任公司治理与经营的合法性展望

公司治理是公司法的重要内容。在有限责任公司中,公司的治理一方面需要股东之间的信任,另一方面也特别需要制度的约束。实现公司治理的规范、高效,需要通过章程、股东协议、公司内部制度等对法定代表人的职权,股东之间的关系,股东与公司的关系,公司与董事、高级管理人员之间的关系进行约定。比如,公司章程需要对公司对外担保进行明确约定,是由股东会审批,还是董事会决定,或者不同额度的担保金额由不同的机构审批。再如,公司经理的权限范围也应当由公司制度予以明确。此外,在投资设立有限责任公司时,股权的分配比例也很重要,很多时候保持应有的控股比例或许是避免公司治理混乱的必要举措。

03 CASE 公司的经营

——全佳酒店有限公司经营风险系列纠纷案

案例指引

公司是法人制度之典型,但其一切经营活动又需借助于自然人。包括民法、公司法在内的私法制度的一个核心问题是,应当基于什么标准,把自然人行为归属于公司,由其承受相应的法律后果。一定意义上,这不仅贯穿于我们对法定代表人、职务代理、公司侵权等制度的理解,而且遵循着公司实体论的逻辑。就股东与公司关系而言,股东可以“操控”公司,公司“实体”意义又会被“虚化”,这体现于股东出资义务能否加速到期、可否破产抵销,乃至股东因法人人格否认承担连带责任等制度中。本案例围绕公司的“虚与实”展开,对于理解公司行为和责任及其与股东之间的关系有重要参考价值。

案　　情

全佳酒店有限公司是由刘某及其朋友(郭某、朱某)三人于2015年12月1日合资设立的,主营业务是承租某物业后对其进行酒店改造并运营。公司注册资本500万元,郭某、朱某、刘某三人分别认缴出资150万元、150万元、200万元,设立时分别实缴150万元、150万元、100万元。由于刘某一直从事酒店管理工作,经验丰富,三人一致选刘某为公司执行董事、法定代表人,全权负责酒店经营管理。公司章程特别约定:(1)2019年6月1日刘某实缴剩余出资;(2)公司为他人提供担保需经股东会决议。

2015年11月20日,刘某以自己名义与张某签署租赁合同,约定:承租张某所有的三层小楼,用于酒店经营;租金每月10万元,按季支付,租期6年。公司成立后,刘某就着手进行酒店装潢等开业前准备工作。2016年3月2日,酒店正式对外营业。

2016年5月14日,刘某受朋友贾某请托,为其向债权人成某的民间借款出具了一份加盖公司印章的连带责任保证承诺书,保证金额150万元。由于贾某未按期还本付息,成某于2017年7月12日起诉,同时要求酒店履行连带责任保证义务。

2017年3月1日晚,顾客王某到酒店健身房跑步。因酒店员工李某搬运器材失误,撞到了王某,致其从跑步机上滑倒并造成盆骨粉碎性骨折。王某治疗期间,酒店代为支付5万元医疗费用,但仍有10万元医药费未付。王某出院后与酒店交涉,要求其支付剩余医疗费用,但酒店称是员工李某过失导致的,应由其自行负责。

于是，王某起诉酒店要求其支付剩余医疗费用。

2017年5月1日，酒店新招员工贺某开始在公司上班。根据要求，贺某自该日起1个星期内只能观摩学习。5月4日下午，顾客钱某来住店，恰逢酒店值班经理葛某有事出去。贺某没想太多，根据前台留下的酒店房价牌信息，告知钱某每晚房价960元，并直接为其办了入住手续。由于预计入住7晚，钱某信用卡预授付款总金额为10,920元，其中房费6720元，剩余为押金。但该价牌是葛某不小心留在桌台上的，其上价格是1个月前淡季价格，现阶段当日每晚房价应是1280元，贺某对此并不知情也未注意到。第8天上午，钱某电话退房。5月12日，钱某收到信用卡短信通知，扣款8960元。因多扣了2000多元，钱某就打电话给酒店，要求解释并退款。酒店经理回复称，价款是员工弄错了，实际按照每晚房价1280元结算。由于酒店坚持不退款，钱某只好向法院起诉要求其退款。

2017年6月开始，由于类似上述侵犯消费者事件频繁发生且被媒体报道出来，酒店日住量受到严重影响，日营业额严重萎缩，且开始欠付租金。为了挽救公司，刘某个人资助100万元，以补充酒店日用品采购和一些离职人员的工资发放，维持酒店最低限度的经营。2017年10月中旬，张某因为酒店连续两个季度未付租金而感到不安，在沟通未果后，将酒店起诉至法院，并请求刘某在未付出资义务范围内承担连带赔偿责任。

2018年7月1日，酒店向法院申请破产清算。法院裁定受理后，指定管理人对公司财产进行清理。债权申报期间，刘某主张自己借给公司的100万元与自己对公司的出资义务进行抵销。管理人在对公司财务进行梳理时还发现，刘某在主管酒店时期，经常从公司账户划转资金，且酒店财务账簿并不清晰，很多住宿收入并未如实入账。

问　题

1. 请问酒店对王某抗辩称是员工侵权导致其骨折，医疗费用应由其自行承担能否成立？

2. 请问贺某代表酒店与钱某的缔约是否有效？

3. 请问钱某要求酒店退款能否得到法律支持？

4. 请问张某起诉要求酒店支付租金能否得到支持？

5. 请问张某能否要求刘某缴纳出资？

6. 请问成某要求酒店承担连带保证责任能否得到支持？

7. 破产管理期间，刘某主张抵销能否得到支持？

8. 如果你是张某的代理律师，在酒店破产清算未得到全额偿付的情况下，请结合案情分析，还可以采取什么法律措施？

解题思路

判断一：公司侵权责任。根据《民法典》第1191条第1款的规定，用人单位的工作人员因执行工作任务造成他人损害的，由用人单位承担侵权责任。因此，在理解公司活动时，除了合同等民事法律行为外，还包括公司侵权。公司在借助于自然人开展业务时，也可能会因为员工侵权而承受侵权责任。

判断二:公司员工的代理行为。根据《民法典》第 170 条的规定,执行法人或者非法人组织工作任务的人员,就其职权范围内的事项,以法人或者非法人组织的名义实施的民事法律行为,对法人或者非法人组织发生效力。法人或者非法人组织对执行其工作任务的人员职权范围的限制,不得对抗善意相对人。通说认为,该条规定了职务代理。公司活动除了借助于法定代表人外,更多的是要借助于公司员工。《民法典》对于职务代理的规定,一定意义上就是为了解决现实中公司雇员代理活动的效力认定问题。

判断三:股东出资的加速到期问题。2014 年公司注册改革后,我国法律已经准许股东可以在公司章程中自行约定实缴出资期限。由此引发的问题是,公司债权人可否诉请股东在出资时间到来前履行出资义务。《九民纪要》第 6 条提及:"在注册资本认缴制下,股东依法享有期限利益。债权人以公司不能清偿到期债务为由,请求未届出资期限的股东在未出资范围内对公司不能清偿的债务承担补充赔偿责任的,人民法院不予支持。但是,下列情形除外:(1)公司作为被执行人的案件,人民法院穷尽执行措施无财产可供执行,已具备破产原因,但不申请破产的;(2)在公司债务产生后,公司股东(大)会决议或以其他方式延长股东出资期限的。"值得注意的是,认缴制在 2023 年《公司法》修订中做了重大调整。《公司法》第 47 条第 1 款规定:"有限责任公司的注册资本为在公司登记机关登记的全体股东认缴的出资额。全体股东认缴的出资额由股东按照公司章程的规定自公司成立之日起五年内缴足。"第 54 条规定:"公司不能清偿到期债务的,公司或者已到期债权的债权人有权要求已认缴出资但未届出资期限的股东提前缴纳出资。"换言之,股东认缴期限最长不超过 5 年,且在认缴期间内,只要有到期债务不能获得清偿,股东均可因公司或者公司债权人要求而得提前实缴出资。

判断四:公司法定代表人的代表行为与公司对外担保的效力。根据《民法典》第 61 条"依照法律或者法人章程的规定,代表法人从事民事活动的负责人,为法人的法定代表人。法定代表人以法人名义从事的民事活动,其法律后果由法人承受。法人章程或者法人权力机构对法定代表人代表权的限制,不得对抗善意相对人"的规定,公司法定代表人能够代表公司从事民事活动,法律后果应由法人承受;在其超越章程权限时,善意相对人是受法律保护的。但就公司对外担保,《公司法》第 15 条第 1 款还规定:"公司向其他企业投资或者为他人提供担保,按照公司章程的规定,由董事会或者股东会决议;公司章程对投资或者担保的总额及单项投资或者担保的数额有限额规定的,不得超过规定的限额。"由于这是《公司法》专门为公司对外担保行为设定的特殊规则,在涉及法定代表人越权担保时,应当结合该条判断相对人的善意与否。

判断五:股东出资义务的破产抵销限制。《企业破产法》第 35 条规定:"人民法院受理破产申请后,债务人的出资人尚未完全履行出资义务的,管理人应当要求该出资人缴纳所认缴的出资,而不受出资期限的限制。"据此,股东出资义务在破产情况下可以加速到期。就股东是否可以其对公司债权与出资义务抵销问题,《破产法解释(二)》第 46 条规定:"债务人的股东主张以下列债务与债务人对其负有的债务抵销,债务人管理人提出异议的,人民法院应予支持:(一)债务人股东因欠缴债务人的出资或者抽逃出资对债务人所负的债务……"因此,在公司破产的情况下,股东不能将自己对公司的债权与其所应付的出资义务进行抵销。

判断六:法人人格否认制度。《公司法》第 23 条第 1 款规定:"公司股东滥用公司法人独立地位和股东有限责任,逃避债务,严重损害公司债权人利益的,应当对公司债务承担连带责任。”公司法理论界和实务界均认为,这是我国的法人人格否认制度。实践中引发的重大争议在于,应当通过什么标准判断股东构成了“制度滥用”。比较普遍的看法是,从人格混同、是否有过度控制等角度来具体分析具体认定。

答题要点

1. 不能。根据《民法典》第 1191 条第 1 款的规定,用人单位的工作人员因执行工作任务造成他人损害的,由用人单位承担侵权责任。本案中,李某是酒店的工作人员,其致使王某受损害时正在搬运健身房器材,应当认为属于正在执行工作任务,因此,王某有权向公司主张损害赔偿,公司以员工过失应自行负责的抗辩理由不成立。

2. 有效。本案中,贺某尽管因酒店管理制度无权代表公司缔约,但其当时在酒店前台,以酒店名义与钱某沟通、为之办理入住等,应当认为构成职务代理。由于钱某无法知悉贺某是否在实习期或者无签约权等,因此应当属于善意相对人。根据《民法典》第 170 条有关职务代理的规定,贺某的代理行为对酒店有效。

3. 能。承上述,贺某代表酒店与钱某缔结的入住酒店服务合同对酒店有效,贺某的意思表示即为酒店的意思表示。换言之,双方达成的价格条款是每晚 960 元。有疑问的是,酒店可否主张重大误解而请求撤销该合同。《民法典》第 147 条规定:“基于重大误解实施的民事法律行为,行为人有权请求人民法院或者仲裁机构予以撤销。”最高人民法院《关于适用〈中华人民共和国民法典〉总则编若干问题的解释》第 19 条第 1 款规定:“行为人对行为的性质、对方当事人或者标的物的品种、质量、规格、价格、数量等产生错误认识,按照通常理解如果不发生该错误认识行为人就不会作出相应意思表示的,人民法院可以认定为民法典第一百四十七条规定的重大误解。”题中贺某对酒店房价产生错误认识,属标的物价格错误,但只有满足“按照通常理解如果不发生该错误认识行为人就不会作出相应意思表示”时,才能构成可撤销的重大误解。本案中,因错误而产生的差价仅占实际价格的 25%,难以认定造成了“较大损失”,不符合“重大性”标准,故不成立重大误解,酒店无权主张撤销。综上所述,钱某有权要求酒店退款。

4. 能。尽管张某与刘某签约时刘某是以自己名义签约的,但从签约内容和随后付款看,均是酒店在履行合同。《民法典》第 75 条第 2 款规定:“设立人为设立法人以自己的名义从事民事活动产生的民事责任,第三人有权选择请求法人或者设立人承担。”《公司法》第 44 条第 3 款规定:“设立时的股东为设立公司以自己的名义从事民事活动产生的民事责任,第三人有权选择请求公司或者公司设立时的股东承担。”本案可以认为,酒店已经对租约予以确认,已经实际享有合同权利和履行义务。因此,张某可以请求酒店支付租金。

5. 能。《公司法》第 54 条规定:“公司不能清偿到期债务的,公司或者已到期债权的债权人有权要求已认缴出资但未届出资期限的股东提前缴纳出资。”根据《公司法》的规定,公司现在无法清偿张某到期债务,刘某又未实缴全部出资,因此,张某能起诉要求刘某提前缴纳出资。

6. 不能。《公司法》第 15 条对于公司对外提供担保规定了特别内部程序要件。成某在接受刘某以公司名义向其提供的保证担保时,并未要求公司提供相应的内部决策文件,因此不能认为其是善意第三人。该判断符合《担保制度解释》,该解释第 7 条规定:“公司的法定代表人违反公司法关于公司对外担保决议程序的规定,超越权限代表公司与相对人订立担保合同,人民法院应当依照民法典第六十一条和第五百零四条等规定处理:(一)相对人善意的,担保合同对公司发生效力;相对人请求公司承担担保责任的,人民法院应予支持。(二)相对人非善意的,担保合同对公司不发生效力;相对人请求公司承担赔偿责任的,参照适用本解释第十七条的有关规定。……第一款所称善意,是指相对人在订立担保合同时不知道且不应当知道法定代表人超越权限。相对人有证据证明已对公司决议进行了合理审查,人民法院应当认定其构成善意,但是公司有证据证明相对人知道或者应当知道决议系伪造、变造的除外。”

有必要提及的是,尽管本案中成某不能主张公司承担连带保证责任,但根据《担保制度解释》第 17 条第 1 款中关于“主合同有效而第三人提供的担保合同无效,人民法院应当区分不同情形确定担保人的赔偿责任:(一)债权人与担保人均有过错的,担保人承担的赔偿责任不应超过债务人不能清偿部分的二分之一”之规定,成某可以请求公司承担不超过债务人不能清偿部分的 1/2 之责任。

7. 不能。根据《企业破产法》第 35 条的规定,股东出资义务在公司破产情况下可以加速到期。根据《破产法解释(二)》第 46 条的规定,破产公司的股东不得以其对公司的出资义务主张与公司对其债务进行抵销。本案中,刘某应当向公司履行 100 万元出资义务,公司对其应付的 100 万元债务应当作为破产债权,与其他债权人一起,在公司破产财产中等比例受偿。

8. 根据破产管理人调查,刘某经常从公司账户划转资金,且在管理公司期间公司财务账簿并不清晰,很多住宿收入并未如实入账。这些证据都有助于认定刘某与公司之间存在财产混同,继而认定刘某在滥用公司人格独立和有限责任。因此,可以在公司破产清算结束后,以刘某为被告、公司为第三人,另行提起公司人格否认诉讼,请求股东对公司债务承担连带责任。

扩展分析 **深刻理解和把握公司的行为和责任**

我国《民法典》和《公司法》均规定,公司法定代表人在法律和公司章程范围内,代表公司从事民事活动,且公司章程的限制不得对抗善意第三人。但《公司法》还专门就公司对外担保、关联交易等作了特别规定,这些特别规定使在交易相对人善意之判断上,需要区别交易类型而适用不同的标准。如在对外担保中,相对人需要公司提供内部决议文件,以防止被认定为构成非善意。

除法定代表人外,公司更多的活动由员工执行。员工在执行职务范围内的活动可能会构成职务代理;由于有职务外观,即使员工越权代表公司活动,在相对人善意时,公司也很可能会因为表见代理而受约束。与之相伴随的是,公司还将“吸收”员工执行职务过程中的侵权行为之责,即对员工执行职务过程中造成的损害,承担赔偿责任。

这些制度的目的都是确保交易安全。但从公司管理者角度而言,它们增大了公司的责任(承受越权下的合同义务和承担员工侵权责任)。因此,公司管理者除了追求产品服务品质外,也应当注重合规建设,强化内部约束,降低操作风险。

04 CASE 公司法人治理结构

——文光酒店公司法人治理结构纠纷案

案例指引

本案例围绕公司股东出资与法人人格和法人财产而设，主要考查对公司股东会决议无效情形的认定、股东出资与公司法人财产之间的关系，以及股东分配利润请求权的行使限制，对理解公司法人人格与股东独立人格、公司法人财产与股东出资的独立关系有着较强的参考意义。

案　情

2010 年 7 月 5 日，国有企业天骄航空公司与北冥公司、正道公司三方签订了《投资合作意向书》，《投资合作意向书》约定天骄航空公司、北冥公司、正道公司三方共同出资成立文光酒店公司，其中天骄航空公司、北冥公司以对文光酒店公司主体工程投入的资金出资，正道公司以土地使用权作价出资。2010 年 7 月 20 日，文光酒店公司成立，注册资本 300 万元，由天骄航空公司占 60% 的股权、北冥公司占 30% 的股权、正道公司占 10% 的股权。2010 年 11 月，文光酒店公司召开股东会并形成以下决议：调整酒店股东及股份比例，正道公司不再占有股份，天骄航空公司及北冥公司按工程总投资调整为分别占股 70%、30%。2010 年 11 月 8 日，北冥公司与天马公司签订了《股权转让协议》，约定天马公司以注册资金 90 万元加上工程总投资额（以最终工程装修决算为准）收购北冥公司持有的文光酒店公司 30% 股权。同日，双方又签订《转让出资协议》，明确约定天马公司须于 2010 年 11 月月底前将注册资金 90 万元及工程总投资额约 1400 万元（以最终工程装修决算为准）以现金方式一次性支付给北冥公司。2010 年 11 月 27 日，天马公司和北冥公司向市场监督管理部门出具了《出资转让完毕证明》，证明天马公司已将注册资金 90 万元及工程总投资额约 1400 万元支付完毕用于办理股权变更登记，之后成功办理了股权的变更登记。依据最终工程装修决算，天马公司为该酒店装修工程实际支付了 1400 万元装修款。2018 年 6 月，文光酒店公司董事会会议认可审核后的工程造价为 1400 万元，并明确了天骄航空公司、天马公司按原确定的 70%、30% 投资比例核算应付投资额。

2015 年 4 月，当地政府划拨 8 亩土地给当地民航局用于建设航空运输室内售票处，天骄航空公司申领了该土地使用权证书，用于建设售票处。2016 年 6 月，文光酒店公司申领了房屋所有权证，房屋的所有权人为文光酒店公司，同时天骄航空公司、天马公司办理了房屋共有权证，天骄航空公司占70%，天马公司占30%。2019年8月9日，文光酒店公司召开股东会，通过以下决议：将售票处所占土地的使用权归属文光酒店公司；归属前售票处与文光酒店公司为租赁关系，产生租金100万元，机场建设集团给文光酒店公司投资200万元，扣除100万元租金后，剩余100万元作为对文光酒店公司的增资，增加了机场建设集团的占比，天马公司的股权比例也由30%调整为21.16%。2021年1月20日，文光酒店公司支付土地收益金后将售票处的土地使用类型变更为出让，并向市国土资源局申领了新的土地使用权证，使用权人为文光酒店公司，同时将房屋所有权证上的权属性质也更改为出让。

2021年9月，中级人民法院在执行钟松与文光酒店公司合同纠纷一案中，委托中正司法鉴定所对文光酒店公司不动产进行评估、变卖，变卖总价为5200万元。2022年9月27日，文光酒店公司经股东会决议解散，并于同日在当地日报发布了清算公告，要求债权人接到通知书之日起30日内，未接到通知书的自公告见报之日起45日内，向清算组申报。2022年11月5日，天马公司向文光酒店公司清算组申报了支付的装修款等费用1400万元。文光酒店公司清算组多次召开清算组会议后，决定不予认定天马公司申报的1400万元债权，并于2022年11月26日向天马公司通报。

2024年，天马公司先后提起诉讼：其一，主张文光酒店公司2010年11月股东会决议和2019年8月的股东会决议均因违反法律的强制性规定而无效。2010年11月股东会决议没有任何依据直接将正道公司的股权份额剥夺。2019年8月的股东会决议在没有进行评估且没有任何依据的情况下以核定的方式将售票处租赁费用擅自核定为100万元并进行抵扣，违反法律规定；决议无故"增加了机场建设集团的占比"，稀释了天马公司的股权占比，决议内容严重违反资本确定原则，也违反《公司法》规定的"谁投资，谁收益"的原则，属于无效的股东会决议。其二，以请求文光酒店公司返还其占有的房产变卖份额30%的对价款为由，对文光酒店公司主张财产损害赔偿之诉。

另外，文光酒店公司登记的法定代表人陈敏向法院提起诉讼，请求判令文光酒店公司办理公司变更登记，使原告不再被登记为被告公司的法定代表人并赔偿原告因拒不办理变更登记给原告造成的经济损失。陈敏提交了2015年6月26日文光酒店公司股东会决议，内容为全体股东一致同意陈敏不再担任文光酒店公司董事。经法院向市场监督管理部门查询，文光酒店公司的法定代表人仍登记为陈敏。

问　题

1. 文光酒店公司2010年11月以及2019年8月召开股东会形成的两个股东会决议是否无效？为什么？

2. 文光酒店公司清算组不予认定天马公司申报的1400万元债权，天马公司如何救济？

3. 天马公司主张文光酒店公司应返还其占有的房产变卖份额30%的对价款是否有理？

4. 天马公司主张其对文光酒店公司享有30%的房产所有权，是否成立？

5. 若北冥公司主张其在股权转让前尚有文光酒店公司2014年股东会决议中分配方案确定的100万元股息分红尚未分配，现请求分配，其诉讼请求能否得到支持？

6. 若北冥公司转让给天马公司的30%股权对应的出资尚未缴纳，债权人钟松是否有权要求北冥公司承担补充赔偿责任？

7. 陈敏的诉讼请求能否获得法院的支持？

解题思路

判断一：文光酒店公司2010年11月的股东会决议以及2019年8月的股东会决议并无违反法律效力性强制性规定的情形，应当有效。

《公司法》第25条规定："公司股东会、董事会的决议内容违反法律、行政法规的无效。"天马公司提起的为公司决议效力确认之诉。股东作为公司的投资人，依法享有资产收益、参与重大决策和选择管理者的权利。《公司法》第48条第1款规定，股东可以用货币出资，也可以用实物、知识产权、土地使用权、股权、债权等可以用货币估价并可以依法转让的非货币财产作价出资；但是，法律、行政法规规定不得作为出资的财产除外。第49条第2款规定，股东以货币出资的，应当将货币出资足额存入有限责任公司在银行开设的账户；以非货币财产出资的，应当依法办理其财产权的转移手续。《公司法规定（三）》第9条规定，出资人以非货币财产出资，未依法评估作价，公司、其他股东或者公司债权人请求认定出资人未履行出资义务的，人民法院应当委托具有合法资格的评估机构对该财产评估作价。评估确定的价额显著低于公司章程所定价额的，人民法院应当认定出资人未依法全面履行出资义务。因此，评估作价主要是为了保证公司设立时资本的真实和确定，防止以非货币出资的股东因未依法评估而使其他主体的利益陷入无法救济状态。股东以非货币财产出资的，依法评估作价不是其履行出资义务的前提条件。天马公司作为文光酒店公司的股东，如认为天骄航空公司的出资行为属于瑕疵出资，可以另行起诉。

判断二：天马公司没有权利主张其占有文光酒店公司30%的房产所有权。

本案中，《投资合作意向书》《股权转让协议》《转让出资协议》均是当事人真实意思表示，不违反法律、行政法规的强制性规定，合法有效。《投资合作意向书》明确约定天骄航空公司、北冥公司以对文光酒店公司主体工程的投入资金出资从而成为文光酒店公司的股东，而事实上，经过股权转让，天马公司确实支付了文光酒店公司1400万元装修款及90万元注册资金，取得了北冥公司所持有的文光酒店公司30%的股权。天马公司所支付的对价款只能取得一种权属，即文光酒店公司的股权而不能取得文光酒店公司的房产所有权。故其主张文光酒店公司的房产所有权显然没有事实基础。故天马公司不占有文光酒店公司30%的房产所有权。至于2016年6月文光酒店公司申领了房屋所有权证，房屋的所有权人为文光酒店公司，同时天骄航空公司、天马公司办理了房屋共有权证，并不能产生物权登记的公示公信效力。

判断三：在企业自行清算阶段，天马公司无权要求文光酒店公司按物权30%返还其变卖房产后的对价。

天马公司支付的90万元注册资金及1400万元装修款系向北冥公司支付的股权转让对价款，其也取得了文光酒店公司30%的股权。现天马公司要求返还文光酒店公司房产变卖份额30%的对价款，根据其对文光酒店公司的资金投入形式，其实质上就是要求返还股权投资款，根据《公司法》的规定，股东通过投资取得股权，其对公司的出资已转化为公司的资产，除特别规定的情形，即《公司法》第 89 条第 1 款规定的 3 种情形外，股东不能要求公司退还投资款。天马公司在取得 30% 股权的前提下亦不能要求文光酒店公司按物权 30% 返还其变卖房产后的对价。

文光酒店公司现处于自行清算阶段，根据《公司法》第 236 条的规定，清算组在清理公司财产、编制资产负债表和财产清单后，应当制订清算方案，并报股东会或者人民法院确认。公司财产在分别支付清算费用、职工的工资、社会保险费用和法定补偿金，缴纳所欠税款，清偿公司债务后的剩余财产，有限责任公司按照股东的出资比例分配，股份有限公司按照股东持有的股份比例分配。清算期间，公司存续，但不得开展与清算无关的经营活动。公司财产在未依照前款规定清偿前，不得分配给股东。

判断四：陈敏要求被告办理变更登记手续的诉请应当得到法院的支持。

《公司法》第 10 条第 3 款规定，法定代表人辞任的，公司应当在法定代表人辞任之日起 30 日内确定新的法定代表人。《市场主体登记管理条例》第 24 条规定，市场主体变更登记事项，应当自作出变更决议、决定或者法定变更事项发生之日起 30 日内向登记机关申请变更登记。市场主体变更登记事项属于依法须经批准的，申请人应当在批准文件有效期内向登记机关申请变更登记。本案中，2015 年 6 月文光酒店公司股东会决议显示，全体股东一致同意陈敏不再担任文光酒店公司董事。《公司法》第 10 条第 2 款规定，担任法定代表人的董事或者经理辞任的，视为同时辞去法定代表人。因此，陈敏已不再是文光酒店公司的法定代表人。文光酒店公司在法定代表人发生变更的情况下，应当依法办理相关变更登记。故陈敏要求被告办理变更登记手续的诉请应当得到法院的支持。文光酒店公司怠于履行义务，致使原告产生的实际损失，也应由文光酒店公司承担。

判断五：有限责任公司股东在股权转让后，不能向公司主张之前的股东分红。

股东从公司分取红利是公司作为营利法人的本质要求，也是股东投资的主要目的以及基于股东资格和地位享有的一项基本权能。《公司法规定（四）》第 13 条规定，股东请求公司分配利润案件，应当列公司为被告。一审法庭辩论终结前，其他股东基于同一分配方案请求分配利润并申请参加诉讼的，应当列为共同原告。第 14 条规定，股东提交载明具体分配方案的股东会或者股东大会的有效决议，请求公司分配利润，公司拒绝分配利润且其关于无法执行决议的抗辩理由不成立的，人民法院应当判决公司按照决议载明的具体分配方案向股东分配利润。第 15 条规定，股东未提交载明具体分配方案的股东会或者股东大会决议，请求公司分配利润的，人民法院应当驳回其诉讼请求，但违反法律规定滥用股东权利导致公司不分配利润，给其他股东造成损失的除外。可见，股东分红权的行使仍以具有股东身份为前提。因此，无论在转让股权时双方对于公司分配利润有无约定，前股东均不得直接向公司请求分配利润。转让股权双方对于公司分配利润作出约定的，前股东只能向股权受让方主张；未作出约定或者约定不明的，一般应认定前股东没有向受让方主张分配利润的权利。因此，股东一旦失去股东身份，其利润分配请求权也随即丧失。股东转让股权后不再具有公司股东身份，其对公司盈利享有的相关权益已通过股权转让价款得以实现，故不再享有红利分配请求权。

答题要点

1. 两个决议均有效。天马公司提起的为公司决议效力确认之诉。股东作为公司的投资人，依法享有资产收益、参与重大决策和选择管理者的权利。《公司法》第25条规定："公司股东会、董事会的决议内容违反法律、行政法规的无效。"

文光酒店公司2010年11月的股东会决议主要内容是调整酒店股东及股份比例，正道公司不再占有股份，天骄航空公司及北冥公司按工程总投资调整为分别占股70%、30%，股东相互之间自愿就股权持有和行使达成一致意见且并无违反法律强制性规定的情形，该股东会决议有效。

2019年8月的股东会决议涉及股东非货币财产出资问题，依照《公司法规定(三)》第9条之规定，出资人以非货币财产出资，未依法评估作价，公司、其他股东或者公司债权人请求认定出资人未履行出资义务的，人民法院应当委托具有合法资格的评估机构对该财产评估作价。评估确定的价额显著低于公司章程所定价额的，人民法院应当认定出资人未依法全面履行出资义务。依法评估作价并非股东履行出资义务的前提条件。因此，资产没有评估作价不属于股东会决议无效的法定情形，该决议有效。

2. 天马公司有权向受理破产申请的人民法院提起普通破产债权确认之诉。《企业破产法》第57条规定："管理人收到债权申报材料后，应当登记造册，对申报的债权进行审查，并编制债权表。债权表和债权申报材料由管理人保存，供利害关系人查阅。"第58条规定："依照本法第五十七条规定编制的债权表，应当提交第一次债权人会议核查。债务人、债权人对债权表记载的债权无异议的，由人民法院裁定确认。债务人、债权人对债权表记载的债权有异议的，可以向受理破产申请的人民法院提起诉讼。"

3. 天马公司无权提出该要求。首先，在企业自行清算阶段，天马公司无权要求文光酒店公司按房产变卖价额的30%返还其变卖房产后的对价。天马公司以90万元注册资金及1400万元装修款获得了北冥公司持有的文光酒店公司30%的股权。现天马公司要求返还房产变卖价额的对价款，其实质就是要求返还股权投资款，而依据《公司法》的规定，股东通过投资取得股权，其对公司的出资已转化为公司的资产，除《公司法》第89条第1款规定的3种情形外，股东不能要求公司退还投资款。天马公司在取得30%股权的前提下不能要求文光酒店公司返还其变卖房产后的对价款。

其次，根据《公司法》第236条的规定，清算组在清理公司财产、编制资产负债表和财产清单后，应当制定清算方案，并报股东会或者人民法院确认。公司财产在分别支付清算费用、职工的工资、社会保险费用和法定补偿金，缴纳所欠税款，清偿公司债务后的剩余财产，有限责任公司按照股东的出资比例分配，股份有限公司按照股东持有的股份比例分配。清算期间，公司存续，但不得开展与清算无关的经营活动。公司财产在未依照上述规定清偿前，不得分配给股东。故天马公司的诉请于法无据，不能成立。

4. 天马公司的主张不成立。本案中，《投资合作意向书》《股权转让协议》《转让出资协议》均是当事人真实意思表示，不违反法律、行政法规的强制性规定，合法有效。《投资合作意向书》明确约定天骄航空公司、北冥公司以对文光酒店公司主体工程的投入资金出资，从而成为文光酒店公司的股东，而事实上，经过股权转让，天马公司确实支付了文光酒店公司1400万元装修款及90万元注册资金，取得了北冥公司持有的文光酒店公司30%的股权。天马公司所支付的款项只能取得一种权属，即文光酒店公司的股权，而不能取得文光酒店公司的房产所有权。故其主张文光酒店公司的房产所有权显然没有事实基础，天马公司不占有文光酒店公司30%的房产所有权。至于2016年6月文光酒店公司申领了房屋所有权证，房屋的所有权人为文光酒店公司，同时天骄航空公司、天马公司办理了房屋共有权证并不能产生物权登记的公示公信效力。

5. 北冥公司请求分配其在股权转让前尚有文光酒店公司2014年股东会决议中分配方案确定的100万股息红利，不能得到支持。

《公司法规定(四)》第14条规定，股东提交载明具体分配方案的股东会或者股东大会的有效决议，请求公司分配利润，公司拒绝分配利润且其关于无法执行决议的抗辩理由不成立的，人民法院应当判决公司按照决议载明的具体分配方案向股东分配利润。第15条规定，股东未提交载明具体分配方案的股东会或者股东大会决议，请求公司分配利润的，人民法院应当驳回其诉讼请求，但违反法律规定滥用股东权利导致公司不分配利润，给其他股东造成损失的除外。由此可见，股东一旦失去股东身份，其利润分配请求权也随即丧失。北冥公司转让股权后不再具有文光酒店公司股东身份，其对公司盈利享有的相关权益已通过股权转让价款得以实现，故不再享有红利分配请求权。

6. 钟松有权要求北冥公司承担补充赔偿责任。

《公司法》第54条规定，公司不能清偿到期债务的，公司或者已到期债权的债权人有权要求已认缴出资但未届出资期限的股东提前缴纳出资。第88条第1款规定，股东转让已认缴出资但未届出资期限的股权的，由受让人承担缴纳该出资的义务；受让人未按期足额缴纳出资的，转让人对受让人未按期缴纳的出资承担补充责任。因此，若北冥公司转让给天马公司的30%的股权对应的出资尚未缴纳，债权人钟松有权要求受让人天马公司在未缴纳出资范围内承担责任，若天马公司无力承担，则转让人北冥公司应当承担补充责任。

7. 陈敏的诉讼请求能够获得支持。《公司法》第10条第3款规定，法定代表人辞任的，公司应当在法定代表人辞任之日起30日内确定新的法定代表人。《市场主体登记管理条例》第24条规定，市场主体变更登记事项，应当自作出变更决议、决定或者法定变更事项发生之日起30日内向登记机关申请变更登记。市场主体变更登记事项属于依法须经批准的，申请人应当在批准文件有效期内向登记机关申请变更登记。本案中，2015年6月文光酒店公司股东会决议显示，全体股东一致同意陈敏不再担任文光酒店公司董事，陈敏已不再担任文光酒店公司的法定代表人，文光酒店公司在法定代表人发生变更的情况下，应当依法履行到市场监督管理部门办理相关变更登记的义务。

扩展分析 | 公司法人治理与公司决议瑕疵的处理

公司法人治理体现为公司设立各层次的组织机构，并分别赋予各组织机构不同的权力，体现了分权制衡以及权力制约的思想。在实务中，公司法人治理多体现为通过会议和表决的方式形成公司股东会、董事会的决议，其本质是通过会议的形式根据多数决的规则作出决定。

股东会以投资多少分担风险,但也不排除公司章程的特殊约定;董事会实行的是人数多数决,体现的是每个人独立承担经营责任的风险。因此,只有公司决议的程序公正、内容合法才能发生法律效力。如果公司决议的程序或者内容违反法律法规和公司章程的规定,则因存在瑕疵不能被认定为团体意思,应对其效力作出否定性评价。

《民法典》第134条规定,民事法律行为可以基于双方或者多方的意思表示一致成立,也可以基于单方的意思表示成立。法人、非法人组织依照法律或者章程规定的议事方式和表决程序作出决议的,该决议行为成立。也就是说,公司决议行为是两个或者两个以上的当事人基于共同的意思表示而意图实现一定法律效果的民事法律行为。但决议行为又具有不同于一般法律行为的特殊性:其一,决议行为一般并不需要所有当事人意思表示一致才能成立。决议行为只要达到法定或者章程规定的标准即可成立,不同于一般的双方或者多方法律行为需要所有当事人的意思表示一致。其二,决议行为一般需要依一定的程序才能设立。决议行为的设立应当依照法律或者章程规定的议事方式和程序,而一般的双方或者多方法律行为的设立不需要遵循特定的程序。其三,决议行为原则上仅适用于法人或者非法人组织内部决议事项,一般的双方或者多方民事法律行为适用的范围一般并不受到限制。

关于公司决议瑕疵的类型,理论上存在"无效、可撤销二分法"以及"无效、可撤销、不成立三分法"。2023年《公司法》第25、26、27条已经使我国公司决议瑕疵的类型确定为"三分法"。《公司法规定(四)》规定的"裁量驳回"制度,赋予法院一定范围内的自由裁量权,对于存在某些非实质性程序瑕疵的决议,继续维持决议的效力。

05
CASE

公司的收购

——汇文公司收购创世达公司纠纷案

案例指引

本案例涉及公司的股权转让、优先购买权的行使、股权让与担保等知识点，对理解和学习公司股东权利的行使和转让规则有较强的参考意义。

案　情

创世达公司由股东刘生（持股比例66.67%）和徐兰（持股比例33.33%）出资设立，法定代表人为刘生。2017年10月，刘生、张霞签订一份协议书，约定：张霞借款给刘生6000万元，刘生将其持有的创世达公司51%股权变更登记至张霞名下作为借款担保；在12个月内，刘生如将张霞的本金、利息、费用、违约金等全部还清，张霞应无条件、无偿将51%股权退还给刘生；如刘生连续2个月未能支付利息等，张霞可行使股东权。上述协议签订后，刘生按约将其持有的创世达公司51%股权于2017年11月5日过户至张霞名下。

2019年9月，张霞起诉刘生、徐兰、创世达公司和荣邦公司要求偿还6000万元借款。法院判决：刘生、徐兰、创世达公司偿还张霞剩余借款本金及相应利息；荣邦公司承担连带清偿责任。张霞申请强制执行并全额执行回款，但张霞名下的股权并未办理变更登记。

刘生、徐兰原为荣邦公司的实际控制人，已于2019年1月将该公司的股权变更至王海、包增明名下，现荣邦公司的实际控制人为汇文公司。

2020年7月，汇文公司（甲方）与刘生、徐兰、创世达公司、荣邦公司（乙方）就乙方整体资产转让重组事宜签订协议书一份（以下简称2020年协议书），约定乙方转让资产包括创世达公司、荣邦公司的全部资产，乙方所有的债务（刘生、徐兰个人债务不包括在内）包括乙方因承担担保责任的债务均由甲方负责承担并处理（约14亿元），创世达公司、荣邦公司此后的建设与经营均由甲方负责，与刘生、徐兰无关。双方确定甲方给付乙方资产重组对价为2500万元。刘生、徐兰应于协议签订之日起5日内向甲方出具不可撤销的法律手续，将其现在持有的创世达公司49%股权转让至甲方或甲方指定的人员名下。刘生原持有的创世达公司51%股权系作为借款担保转让给张霞，甲乙双方应共同努力通过诉讼、谈判及其他正当合法手段收回，收回股权所支付的对价由甲方负责，张霞所持有的股权一旦收回，刘生、徐兰应无条件配合转让至甲方或其指定人员名下。甲、乙双方应严格按协议履行各自义务，如有违反应向对方支付违约金100万元。该协议上创世达公司、荣邦公司的公章均系后来补盖。

2020年协议书签订之后，汇文公司接管了创世达公司资产。2020年7月，刘生与汇文公司法定代表人王海签订股权转让协议，约定刘生将其持有的创世达公司15.67%的股权以681.5万元转让给王海。同日，徐兰与王海签订股权转让协议，约定徐兰将其持有的创世达公司33.33%的股权以1450万元转让给王海。

创世达公司、荣邦公司由汇文公司实际控制后，对外清偿了大量债务。截至本案起诉时，汇文公司已按约定支付刘生、徐兰资产转让对价1800万元，尚有700万元未支付。

2022年9月，刘生、徐兰出具授权委托书，委托李浩代两人行使所持创世达公司49%股份的股东权利，李浩所签署的创世达公司股东会决议、章程修正案等法律文件两人均予以认可。2022年11月，张霞与李浩签订股权转让协议，约定张霞将创世达公司11%的股权以478.5万元对价转让给李浩；张霞与天健公司签订股权转让协议，约定张霞将创世达公司10%的股权以435万元对价转让天健公司。李浩代刘生、徐兰行使股东权利，在相关股东会决议、公司章程修正案等文件签名，并于当日办理了公司登记事项变更。张霞、李浩、天健公司均未提供支付股权对价款的相关证据。

汇文公司于2022年12月向刘生、徐兰发函，要求刘生、徐兰提供的收款账户未支付余款700万元，并配合出具从张霞处收回创世达公司51%股权的相关法律手续。二人未回复，汇文公司委托王明红律师以刘生、徐兰代理人名义出具《返还请求权让与指示(通知)》，并邮寄给张霞、李浩、天健公司。《返还请求权让与指示(通知)》主要内容为：要求张霞及其他不特定单位和个人直接将本应属于其的股权转让变更或者交付给汇文公司或者其指定的单位个人名下。

张霞、李浩、天健公司曾于2023年12月起诉，请求：(1)确认2020年协议书无效；(2)判决汇文公司立即撤离创世达公司的经营场所，将该场所交还张霞、李浩、天健公司，返还创世达公司全部资产及公司全部资料。法院以张霞、李浩、天健公司不是该案的适格原告为由，裁定驳回起诉。

现汇文公司以刘生、徐兰、张霞、李浩以及天健公司为被告，提起诉讼。

问　题

1. 汇文公司第1项诉讼请求为请求确认汇文公司为创世达公司股东，享有创世达公司100%股权。请分析该请求是否成立。

2. 请分析刘生将其持有的创世达公司51%股权变更登记至张霞名下作为借款担保的协议的法律效力。

3. 若刘生变更至张霞名下的51%的股权出资没有到位，债权人汇文公司能否请求张霞与刘生在未出资的本息范围内承担连带责任？

4. 请分析2020年协议书的效力如何？

5. 汇文公司起诉要求刘生、徐兰将其名下共49%股权变更至汇文公司名下，张霞、李浩、天健公司主张对于该股权具有优先购买权，是否成立？

6. 汇文公司主张张霞与李浩、天健公司签订的股权转让协议无效，是否成立？

7. 汇文公司请求判令张霞将其持有的创世达公司30%的股权变更至汇文公司名下，能否获得法院的支持？

解题思路

判断一：汇文公司请求确认汇文公司为创世达公司股东，享有创世达公司100%股权的请求在本案中不能成立。

汇文公司提出的此项诉讼请求为股权（股东资格）的确认，依据《公司法规定（三）》第21条的规定，当事人向人民法院起诉请求确认其股东资格的，应当以公司为被告，与案件争议股权有利害关系的人作为第三人参加诉讼。故该项诉讼请求的适格被告应为创世达公司。本案中，汇文公司的该项诉讼请求与股权转让纠纷不属于同一法律关系且汇文公司并未针对创世达公司提起诉讼，也不符合诉的合并要件。因此，汇文公司的该项诉讼请求在本案中不能成立。

判断二：刘生将其持有的创世达公司51%股权变更登记至张霞名下作为借款担保的协议合法有效。刘生到期不履行债务，债权人张霞有权依据该协议对该股权进行折价或者拍卖、变卖。

《担保制度解释》第68条第1款规定，债务人或者第三人与债权人约定将财产形式上转移至债权人名下，债务人不履行到期债务，债权人有权对财产折价或者以拍卖、变卖该财产所得价款偿还债务的，人民法院应当认定该约定有效。当事人已经完成财产权利变动的公示，债务人不履行到期债务，债权人请求参照《民法典》关于担保物权的有关规定就该财产优先受偿的，人民法院应予支持。参照《九民纪要》第71条的规定，债务人或者第三人与债权人订立合同，约定将财产形式上转让至债权人名下，债务人到期清偿债务，债权人将该财产返还给债务人或第三人，债务人到期没有清偿债务，债权人可以对财产拍卖、变卖、折价偿还债权的，人民法院应当认定合同有效。合同约定债务人到期没有清偿债务，财产归债权人所有的，人民法院应当认定该部分约定无效，但不影响合同其他部分的效力。当事人根据上述合同约定，已经完成财产权利变动的公示方式转让至债权人名下，债务人到期没有清偿债务，债权人请求确认财产归其所有的，人民法院不予支持，但债权人请求参照法律关于担保物权的规定对财产拍卖、变卖、折价优先偿还其债权的，人民法院依法予以支持。债务人因到期没有清偿债务，请求对该财产拍卖、变卖、折价偿还所欠债权人合同项下债务的，人民法院亦应依法予以支持。

判断三：依据《担保制度解释》第69条的规定，股东以将其股权转移至债权人名下的方式为债务履行提供担保，公司或者公司的债权人以股东未履行或者未全面履行出资义务、抽逃出资等为由，请求作为名义股东的债权人与股东承担连带责任的，人民法院不予支持。因此，若刘生未履行变更登记至张霞名下的股权的出资义务，因该股权具有担保功能，债权人无权要求张霞承担连带责任。

判断四：2020年协议书的内容是对创世达公司100%股权转让及对荣邦公司股权转让的确认，合法有效。

2020年协议书约定的是创世达公司、荣邦公司全部资产及创世达公司100%股权的一并转让。荣邦公司的股权已在2020年协议书签订之前实际转让,双方当事人并无将创世达公司、荣邦公司资产转至汇文公司名下的意思表示,其真实意思表示为让汇文公司成为创世达公司100%的股东,结合之前已转让的荣邦公司股权,2020年协议书的内容是使汇文公司通过股权关系,实际享有两个法人资产的经营管理及收益权。故可以认定2020年协议书的性质为股权转让协议。

2020年协议书关于创世达公司股权转让标的分为两部分:一是刘生、徐兰持有的49%股权;二是张霞持有的51%股权。张霞持有的51%股权的转让是附生效条件的转让,所附生效条件为此部分股权由刘生收回。上述转让标的对应的转让对价是2500万元,但收回张霞持有的51%股权的费用不含在2500万元范围内,由汇文公司另行承担。另外,转让之前荣邦公司的全部债务约14亿元均由汇文公司承担。2020年协议书是当事人的真实意思表示,不违反法律法规的强制性规定,已成立并生效。即使签订上述协议之时,创世达公司、荣邦公司未加盖公章,但由于创世达公司、荣邦公司公章已实际交接给汇文公司,事后补盖公章亦不影响合同的成立及效力。

判断五:张霞、李浩、天健公司主张对刘生、徐兰名下共49%股权具有优先受偿权不能成立,理由如下。

其一,张霞、李浩、天健公司未在法定期限内主张行使优先购买权,因而已经丧失了针对该股权主张优先购买权的权利。《公司法》第84条第1、2款规定:"有限责任公司的股东之间可以相互转让其全部或者部分股权。股东向股东以外的人转让股权的,应当将股权转让的数量、价格、支付方式和期限等事项书面通知其他股东,其他股东在同等条件下有优先购买权。股东自接到书面通知之日起30日内未答复的,视为放弃优先购买权……"《公司法规定(四)》第21条第1款规定:"有限责任公司的股东向股东以外的人转让股权,未就其股权转让事项征求其他股东意见……其他股东主张按照同等条件购买该转让股权的,人民法院应当予以支持。但其他股东自知道或者应当知道行使优先购买权的同等条件之日起三十日内没有主张,或者自股权变更登记之日起超过一年的除外。"即使张霞、李浩、天健公司是创世达公司的合法股东,且之前不知刘生、徐兰与汇文公司之间关于股权转让的约定,但从张霞、李浩、天健公司曾于2023年12月向法院起诉,请求确认2020年协议书无效的行为来看,至少此时起其对股权转让的相关条件是知晓的,其未在法定期限内主张行使优先购买权,已丧失该权利。

其二,参见后文分析,张霞在已经获得债务清偿的情况下,仍然将其股权转让给李浩、天健公司的行为是违法的,张霞、李浩、天健公司不具有合法的股东身份,也无权主张股东的优先购买权。

判断六:张霞与李浩、天健公司签订的股权转让协议因恶意串通损害第三人合法权益而无效;汇文公司有权对张霞、李浩、天健公司持有的创世达公司51%股权直接行使代位权。

本案中,张霞基于借款的让与担保而取得股权,在债权债务未清算的情况下,无权对外转让作为担保物的股权。张霞在股权让与担保所担保的主债权已经法院作出生效判决并已向法院申请执行的情况下,在判决执行过程中又与李浩、天健公司签订股权转让协议,转让了部分用于担保的股权,造成主债务清偿后,担保物部分被转让、无法返还的后果,张霞主观恶意明显,亦违反了诚实信用这一民法基本原则。上述股权转让客观上会造成担保财产在主债权清偿后无法返还的结果，刘生在已与汇文公司约定由汇文公司负责支付收回张霞名下股权的对价且将收回的股权无条件转让给汇文公司的情况下，未经汇文公司同意，又同意张霞将相关股权转让给李浩、天健公司，恶意明显。相关股权转让合同虽约定了转让对价，但张霞、李浩、天健公司均未提供证据证明其实际支付了股权转让款，亦未对此作出合理解释，李浩、天健公司也非善意第三人。上述事实反映出张霞与李浩、天健公司之间股权转让合同属张霞、李浩、天健公司、刘生恶意串通，损害汇文公司的合法权益，依据《民法典》第154条的规定，行为人与相对人恶意串通，损害他人合法权益的民事法律行为无效。相关股权转让协议应确认为无效。李浩、天健公司据此取得的创世达公司股权应返还至张霞名下，汇文公司基于代位权可以直接要求李浩、天健公司将相关股权变更至汇文公司名下。

张霞基于借款合同的让与担保取得股权，所持有的股权对应的权利是受限的。张霞在股权让与担保所担保的主债权获得清偿后，继续持有股权缺乏法律依据，该部分股权应予返还，该部分股权的返还属于刘生对张霞的到期债权。根据2020年协议书的约定，应通过正当合法手段，将张霞持有的创世达公司51%股权收回。张霞所持有的股份一旦收回应无条件转让至汇文公司或其指定人员名下。现刘生在主债务清偿后，拒不要求张霞返还相关股权，该行为使汇文公司无法获得相应股权，对汇文公司造成损害。根据《民法典》第535条第1款的规定，因债务人怠于行使其债权或者与该债权有关的从权利，影响债权人的到期债权实现的，债权人可以向人民法院请求以自己的名义代位行使债务人对相对人的权利，但是该权利专属于债务人自身的除外。汇文公司向法院请求以自己的名义代位行使刘生的债权，直接要求张霞将相应股权变更至汇文公司名下具有法律依据。

当事人之间的法律关系如图2－1所示。

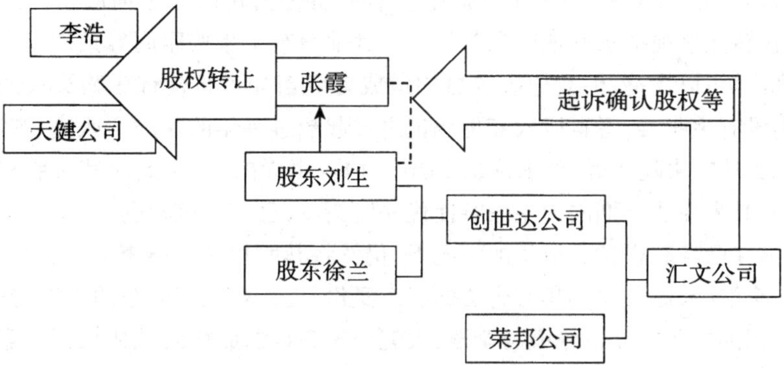

图2－1　当事人之间的法律关系

答题要点

1. 汇文公司第1项诉讼请求在本案中不能成立。汇文公司提出的第1项诉讼请求为股权确认，依据《公司法规定（三）》第21条的规定，当事人向人民法院起诉请求确认其股东资格的，应当以公司为被告，与案件争议股权有利害关系的人作为第三人参加诉讼。故该项诉讼请求的适格被告应为创世达公司。

2. 刘生将其持有的创世达公司51%股权变更登记至张霞名下作为借款担保的协议合法有效。刘生到期未履行债务，债权人张霞有权依据该协议对该股权进行折价或者拍卖、变卖。

《担保制度解释》第68条第1款规定，债务人或者第三人与债权人约定将财产形式上转移至债权人名下，债务人不履行到期债务，债权人有权对财产折价或者以拍卖、变卖该财产所得价款偿还债务的，人民法院应当认定该约定有效。当事人已经完成财产权利变动的公示，债务人不履行到期债务，债权人请求参照《民法典》关于担保物权的有关规定就该财产优先受偿的，人民法院应予支持。

3. 汇文公司不能请求张霞与刘生在未出资的本息范围内承担连带责任。《担保制度解释》第69条规定，股东以将其股权转移至债权人名下的方式为债务履行提供担保，公司或者公司的债权人以股东未履行或者未全面履行出资义务、抽逃出资等为由，请求作为名义股东的债权人与股东承担连带责任的，人民法院不予支持。若刘生未履行该变更登记至张霞名下的股权的出资义务，因该股权具有担保功能，债权人无权要求张霞承担连带责任。

4. 2020年协议书约定的是创世达公司、荣邦公司全部资产及创世达公司100%股权的一并转让。荣邦公司的股权已在2020年协议书签订之前实际转让，双方当事人并无将创世达公司、荣邦公司资产转至原告名下的意思表示，其真实意思表示为让汇文公司成为创世达公司100%的股东，结合之前已转让的荣邦公司股权，2020年协议书的内容是使汇文公司通过股权关系，实际享有两个法人资产的经营管理及收益权。故可以认定2020年协议书的性质为股权转让协议。该协议是当事人的真实意思表示，不违反法律法规的强制性规定，合同已成立并生效。

5. 张霞、李浩、天健公司主张对刘生、徐兰名下共49%股权享有优先购买权不能成立。

《公司法规定(四)》第21条第1款规定："有限责任公司的股东向股东以外的人转让股权，未就其股权转让事项征求其他股东意见……其他股东主张按照同等条件购买该转让股权的，人民法院应当予以支持，但其他股东自知道或者应当知道行使优先购买权的同等条件之日起三十日内没有主张，或者自股权变更登记之日起超过一年的除外。"张霞、李浩、天健公司曾于2023年12月向法院起诉，请求确认2020年协议书无效，至少此时其对股权转让的相关条件是知晓的，其未在法定期限内主张行使优先购买权，已丧失该权利。

而且，张霞在已经获得债务清偿的情况下，仍然将其股权转让给李浩、天健公司的行为是违法的，张霞、李浩、天健公司不具有合法的股东身份，也无权主张股东的优先购买权。

6. 汇文公司的主张成立。张霞与李浩、天健公司签订的股权转让协议因恶意串通损害第三人合法权益而无效。

《民法典》第154条规定，行为人与相对人恶意串通，损害他人合法权益的民事法律行为无效。本案中，张霞基于借款的让与担保取得股权，在债权债务未清算的情况下，无权对外转让作为担保物的股权。张霞在股权让与担保所担保的主债权已经法院作出生效判决，并已向法院申请执行的情况下，在判决执行过程中又与李浩、天健公司签订股权转让协议，转让了部分用于担保的股权，造成主债务清偿后，担保物部分被转让、无法返还的后果，张霞主观恶意明显，而且张霞、李浩、天健公司未提供证据证明其实际支付了股权转让款，亦未对此作出合理解释。上述事实反映出张霞与李浩、天健公司之间股权转让合同是张霞、李浩、天健公司、刘生恶意串通，损害汇文公司合法权益的无效行为。

7. 汇文公司的请求能够获得法院的支持。汇文公司有权代位行使刘生对于张霞的债权请求权，请求判令张霞将其持有的创世达公司的股权变更至汇文公司名下。

《民法典》第535条第1款规定，因债务人怠于行使其债权或者与该债权有关的从权利，影响债权人的到期债权实现的，债权人可以向人民法院请求以自己的名义代位行使债务人对相对人的权利，但是该权利专属于债务人自身的除外。张霞基于借款合同的让与担保取得股权，其所持有的股份对应的权利是受限的。张霞在股权让与担保所担保的主债权获得清偿后，依法应当将该部分股权返还给刘生，该项权利属于刘生对张霞的到期债权。

2020年协议书约定，各方应共同努力，通过正当合法手段，将张霞持有的创世达公司51%股权收回。张霞所持有的股权一旦收回应无条件转让至汇文公司或其指定人员名下。现刘生在主债务清偿后，拒不要求张霞返还相关股权，该行为使得汇文公司无法获得相应股权，对其造成损害。汇文公司向法院请求以自己的名义代位行使刘生的债权，直接要求张霞将相应股权变更至汇文公司名下具有法律依据。

扩展分析 | **公司股权转让规则**

对于公司股权转让纠纷，要区分有限责任公司与股份有限公司对股权转让的不同理念。随着当下商事活动的日趋复杂，公司基于融资、股东退出等因素而对股权的流动有着越来越高的需求，有限责任公司资合性的特征越发明显。相较之下，股东间人合性的特征则呈现越发弱化的趋势。有限责任公司与股份有限公司的股权转让规则出现趋同化。2023年《公司法》删除了就是否同意转让股权征求其他股东意见的规定，仅保留了股东优先购买权的相关规定，即股东转让公司股权的，无论是在股东之间转让，还是向股东之外的第三方转让，均无须经过其他股东的同意。

在股权转让过程中，对于股东资格的确认问题，首先要区分内部关系和外部公示关系，若存在对外、对第三人效力的情形下，要以公司章程、公司登记机关登记中的股东股权信息为产生公信效力的法定公示方式；而在股东相互之间、公司与股东之间，则侧重在是否依法出资或者受让了股权。股权转让是《公司法》中最为复杂的问题，有时需要结合民法的相关知识来理解。

另外，还要注意在同一个股权转让的问题上，《公司法》对于有限责任公司与股份有限公司的不同制度设定。例如，回购股权之后进行股权激励，只有股份有限公司有完备的规定，而有限责任公司并无明确的规定。此时，需要依据公司章程的规定或者股东会决议来决策如何进行。

06 CASE 公司的清算

——瑞德公司解散清算、破产清算纠纷案

案例指引

公司清算包括非破产清算和破产清算两大类型。不同类型的清算在程序控制和法律后果方面有较大的差别。非破产清算由清算义务人组织,破产清算应按《企业破产法》的规定进行。应注意目前公司法施行的认缴资本制,在公司的非破产清算和破产清算中都有加速到期的相关规则。对于绝大多数公司的经营而言,要特别注意经营的规范性;在出现资不抵债的情形下,应注意破产原因是否真实存在。应结合企业资产及负债情况对破产原因进行判断。

案 情

瑞德公司设立于2016年,注册资本为1000万元,3位股东是张某、王某、赵某,分别持股50%、30%和20%,公司章程约定的实缴出资时间是2026年12月31日,还规定经营事项由总经理负责。张某担任董事长及法定代表人,赵某担任经理。瑞德公司主要从事艺术培训,为此于2016年12月承租了位于某大型商业综合体的半层楼房,利森公司作为物业管理方及出租人与瑞德公司签署了租赁合同,约定租期是10年,每年租金为100万元。

赵某对艺术教育比较擅长,在他的努力下,瑞德公司的经营逐渐走上正轨。2019年,瑞德公司与路克公司等30家公司签署了特许经营合同,约定特许经营期是5年,瑞德公司一次性收取5年的特许加盟费。赵某将收取的特许加盟费共计1500万元全部用于营业场所的升级装修和购买教学设备、培训教师等方面。

瑞德公司还收取了学员预缴的培训费合计3000万元,张某决定将这笔款项借给自己好友的怀特公司用于投资,约定2023年12月底归还本息。王某、赵某得知后并未提出反对意见。

2022年开始,瑞德公司的经营逐渐陷入困境,截至2024年年底已经彻底无法继续经营。瑞德公司欠利森公司两年租金200万元未付;路克公司等30家加盟商提出解除特许经营合同并退还剩余2年的特许加盟费共计600万元。学员多次提出退还预缴培训费且多次到瑞德公司营业场所维权,在派出所调停下,赵某将由他本人签名但并未加盖瑞德公司公章的承诺书交给学员代表,承诺2024年1月底向学员退款合计3000万元但实际未能退款。

此外,瑞德公司被税务局催缴税款200万元,欠公司职工工资500万元。

2024年7月,瑞德公司无力应对上述债务。张某在听取完职工的意见后建议解散瑞德公司进行清算,于是张某、王某、赵某达成股东会决议同意解散。王某提出,因自己有其他事务不参加清算组,张某、赵某同意。

在清算中发现瑞德公司现有教学设备等实物资产共计800万元。利森公司要求支付欠付租金但不同意提前解除租赁合同。怀特公司称投资期限未满,不需要偿还3000万元本金及其利息。张某提出,瑞德公司负债过重且怀特公司的3000万元本金及其利息也不能偿还,因此瑞德公司应向法院申请破产。于是瑞德公司向法院申请了破产。

问 题

1. 赵某是否有权将收取的特许加盟费共计1500万元全部用于营业场所的升级装修和购买教学设备、培训教师等方面?为什么?

2. 张某是否有权将收取的培训费3000万元借给怀特公司?为什么?

3. 赵某向学员出具的由他本人签名但并未盖瑞德公司公章的承诺书是否有效?为什么?

4. 张某、王某、赵某达成的解散瑞德公司的股东会决议是否有效?为什么

5. 王某是否可以不作为清算组成员,为什么?

6. 本案开始清算后利森公司是否有权拒绝提前解除租赁合同?为什么?假设进入破产程序,租赁合同是否应解除?为什么?

7. 本案是否应进入破产清算程序?为什么?

解题思路

判断一:特许经营合同是商业实践中一种常见的合同类型,是指由经营资源(商号、技术秘密、专利、商标等)的享有人作为特许人将经营资源授权给他人使用并收取使用费而签订的合同。特许经营合同虽然没有在《民法典》中成为典型合同,但依据《民法典》第467条的规定,应遵循非典型合同法律适用的一般规则,即有类似的适用类似的,无类似的应适用合同编的一般规定。

判断二:公司经理权是公司法中常见的法律问题。公司经理权是商事代理的一种,应遵循商事代理的一般规则。依据公司章程的规定,经营事项由总经理负责。公司经营权应按照公司经营范围来判断,只要是属于经营范围内的事项就应属于公司经营权的范围。应注意公司经营权虽然也是概括授权,但仅限于经营范围内,如果超过公司经营范围,公司经理就无权作为商事代理人实施。

判断三:依据《民法典》第61条和《公司法》第11条的规定,公司法定代表人的职权是代表法人从事行为。即使公司章程对法定代表人的职权有限制,此种限制也不得对抗善意第三人。因此,一般情况下,除了担保和赠与两种使公司无法获益的行为外,其他行为包括出借资金,都会被认为是法定代表人有权作出的行为。

判断四:依据《公司法》第229条的规定,公司解散的情形包括公司股东会决议解散。依据《公司法》第17条第3款的规定,公司研究决定改制、解散、申请破产以及经营方面的重大

问题、制定重要的规章制度时，应当听取公司工会的意见，并通过职工代表大会或者其他形式听取职工的意见和建议。依据《公司法》第66条第3款的规定，股东会作出公司解散的决议，必须经代表2/3以上表决权的股东通过。因此，只要公司决议符合法律和章程规定的议事方式和表决程序，该决议就成立；只要决议不违反法律、行政法规就应有效。

判断五：企业法人是否可以破产，应依据《企业破产法》第2条规定进行判断，即判断企业是否具备不能清偿到期债务并且资产不足以清偿全部债务或者明显缺乏清偿能力的情形。公司自行组织的清算与破产清算的区别在于前者的资产是足够偿还债务的，但后者不够。是否具备法定的破产原因，应依据事实和法律进行判断。

答题要点

1. 有权。瑞德公司有权对外开展加盟业务，也有权对营业场所进行升级装修和购买教学设备、培训教师等，这些均属于瑞德公司的经营活动，作为经理的赵某有权这样做。

2. 有权。张某是瑞德公司的董事长及法定代表人，可以充分代表瑞德公司，有权将收取的3000万元培训费借给怀特公司用于投资。

3. 有效。向学员出具退费的承诺书是赵某作为经理的职责。虽然没有加盖瑞德公司的公章，但是向学员退费并承诺退款期限，法律上应理解为解除与学员的培训服务合同并清理相关款项（解除后的结算与清理），这仍属于赵某的职责范围，也是瑞德公司的真实意思表示。即使没有盖章也应按商事代理处理，相关后果由瑞德公司承担，故该承诺书有效。

4. 有效。因为张某、王某、赵某作为股东可以达成解散瑞德公司的股东会决议。只要该股东会决议符合公司章程规定的议事方式和表决程序，就应有效。

5. 可以。依据《民法典》第70条第2款的规定，法人的董事、理事等执行机构或者决策机构的成员为清算义务人。依据《公司法》第232条第2款的规定，清算组由董事组成，但是公司章程另有规定或者股东会决议另选他人的除外。王某仅为公司股东，不担任董事，可以不作为清算组成员。

6. 开始清算后利森公司无权拒绝提前解除合同。解散实际上是营业的终止，因此自公司解散开始，与利森公司的租赁合同就不能再继续履行，属于法律上的履行不能。因此，本案开始清算后，利森公司无权拒绝提前解除租赁合同。假设进入破产程序，租赁合同是否应解除需依据《企业破产法》第18条的规定，由管理人决定是否解除。

7. 本案不能进入破产清算程序。是否应进入破产清算程序应按是否具备破产原因来判断。本案3位股东未实缴出资。在清算中，依据《公司法规定（二）》第22条的规定，应将3位股东的出资义务视为加速到期，即3位股东应实缴1000万元，再加上债权3000万元以及资产800万元，实际上资产总额超过了负债4500万元（包括所欠税款及所欠职工工资）。此外，瑞德公司还有特许经营的“经营资源”即无形资产，因此不符合破产原因，不能进入破产。

扩展分析

破产是企业市场经济的退出机制之一。如果企业经营陷入困境,符合《企业破产法》规定的破产原因,就应当破产。破产之后,未偿还的债务将不再偿还,因此这种经营风险和成本实际上是由整个社会承担了,所以应严格掌握法律上的破产原因。《企业破产法》规定的破产原因包括"不能清偿+资不抵债",或者"不能清偿+明显缺乏清偿能力"。因此,即使没有看到更多的企业资产状况也应判断出企业是否符合上述破产原因。债务不仅包括经营债务,也包括国家债权和职工债权;企业的资产不仅包括实物资产,也包括无形资产、债权等。要综合判断是否存在破产原因。

07 CASE 公司的投资

——阳阳有限公司股权合作纠纷案

案例指引

股权投资是当下较为常见的投资类型,涉及公司法以及《民法典》合同编的诸多问题。相当一部分股权投资采用了有限合伙的形式,考生需要掌握《合伙企业法》的相关规定。在股权投资中,投资协议往往还有各种"花式"约定,这些约定究竟是依据《民法典》合同编的意思自治判断,还是按公司法中资本维持等规则判断,抑或遵从效力判断与履行相分离,协调投资协议作为合同的任意性与公司法作为组织法的强制性之间的冲突。这些都是公司法中较为复杂的难点问题。但是,考生只要扎实掌握公司法的基本原理,深刻理解公司组织法的本质,这类投资协议涉及的法律问题也就能迎刃而解。

案　情

阳阳有限公司(以下简称阳阳公司)的股东是梓安有限合伙企业和陈某,陈某是梓安有限合伙企业的执行事务合伙人和普通合伙人,阳阳公司的法定代表人也由陈某担任。刘某、王某、李某等30位自然人是梓安有限合伙企业的有限合伙人。梓安有限合伙企业的合伙协议中约定:在合伙企业存续期间,陈某不得退伙,有限合伙人若要退伙需经过全体合伙人的过半数同意;退伙结算应退还货币。

新新有限公司(以下简称新新公司)的股东是张某、王某,张某担任法定代表人。新新公司经招拍挂取得了某黄金地段100亩土地的使用权。2024年5月5日,新新公司、张某、王某与阳阳公司经协商一致,签订了一份《项目合作合同》,各方合作在该土地上建设某房地产项目。阳阳公司同意将现金5亿元作为对新新公司的增资款,增资后阳阳公司将在新新公司占股70%,张某占20%,王某占10%,张某继续担任新新公司的法定代表人。《项目合作合同》约定合同签署后30日内,阳阳公司应一次性将5亿元增资款全部支付给新新公司。《项目合作合同》还约定,新新公司的董事会由5名董事组成,阳阳公司有权在新新公司董事会中派出3名董事,另外2名董事由张某、王某担任。就双方的利润和风险分配,《项目合作合同》约定:如果在2026年1月5日之前新新公司完成了合同约定的房地产项目开发及销售回款,则阳阳公司按70%的比例分享利润。如果在2024年4月10日之前该房地产项目不能正常开工,则新新公司名下的土地使用权应过户给阳阳公司,或由新新公司向阳阳公司返还出资款5亿元及按年利率15%计算的利息;新新公司原股东张某、王某应无条件协助土地使用权的过户登记，或者对返还出资款5亿元及利息承担连带担保责任。

2024年5月5日，经梓安有限合伙企业的合伙人决议和阳阳公司股东会决议同意，阳阳公司将5亿元现金转账至新新公司账户。新新公司向阳阳公司出具了增资款收据。

2024年6月5日，新新公司办理了变更登记，除注册资本增加外，阳阳公司按《项目合作合同》的约定被登记为持股70%的股东，张某、王某分别持股20%、10%。新新公司也完成了公司章程的修改，但章程并未记载《项目合作合同》约定的利润和风险分配事项。阳阳公司派陈某、刘某、王某作为新新公司的董事。刘某、王某因在外地从事房地产项目来往不便，同意若新新公司召开董事会则将投票权委托给陈某行使。

2024年7月初，因张某在之前的项目运营中涉嫌非法吸收公众存款罪被刑事拘留，新新公司与阳阳公司合作的该房地产项目陷入停滞。直至2024年7月底，该项目仍无法开工。

2024年7月30日，梓安有限合伙企业召开合伙人会议，决议退出新新公司的投资。梓安有限合伙企业的有限合伙人李某提出要退出合伙企业，并要求清退其500万元的投资及利息，经全体合伙人决议不同意李某退出。李某随即起诉了梓安有限合伙企业和陈某，要求清退其全部投资500万元和利息。梓安有限合伙企业答辩称没有资金可以清退，可以将自己对新新公司的债权转让给李某。

2024年7月31日，阳阳公司向法院起诉了新新公司，诉讼请求包含以下四项：一是解除与新新公司的《项目合作合同》。二是退出新新公司，由新新公司为其办理股权注销登记手续。三是新新公司返还出资款5亿元及按年利率15%计算的利息。四是将新新公司名下的土地使用权过户给阳阳公司。新新公司答辩称因章程无约定，故阳阳公司全部诉讼请求均不成立。

问　题

1. 请问梓安有限合伙企业的合伙协议约定的在合伙企业存续期间，有限合伙人若要退伙需经过全体合伙人过半数的同意是否有效？为什么？

2. 请问新新公司与阳阳公司在《项目合作合同》中约定的“如果在2024年4月10日之前该房地产项目不能正常开工，则新新公司名下的土地使用权应过户给阳阳公司”能否实现，为什么？

3. 请问新新公司与阳阳公司在《项目合作合同》中约定的由新新公司向阳阳公司返还出资款5亿元及按年利率15%计算的利息是否有效？是否可以履行？阳阳公司可以退出新新公司吗？为什么？

4. 请问新新公司与阳阳公司在《项目合作合同》中约定的新新公司原股东张某、王某对返还出资款5亿元及利息承担连带担保责任是否有效？为什么？

5. 刘某、王某可否将其作为董事的投票权委托给陈某？为什么？

6. 假设梓安有限合伙企业对新新公司的债权成立，且李某可以顺利退伙，那么梓安有限合伙企业可以将该债权用于对李某的退伙结算吗？

7. 新新公司与阳阳公司的《项目合作合同》可否解除？假设可以解除，《项目合作合同》

解除后,新新公司是否丧失股东资格?为什么?

8.新新公司可否以章程无约定为由,拒绝阳阳公司退出的请求?为什么?

解题思路

判断一:我国《合伙企业法》规定的合伙企业包括普通合伙企业和有限合伙企业。有限合伙企业是风险投资领域常用的组织形式,这种组织形式可以很好地融合普通合伙人的知识经验优势,以及有限合伙人的资金优势。但是,有限合伙企业也和普通合伙企业一样,很多规则都必须通过合伙协议来约定。关于有限合伙人的退伙,同样应遵守相关的法律规定。根据《合伙企业法》第18条的规定,合伙协议应当载明合伙人的入伙和退伙事宜。根据《合伙企业法》第60条的规定,有限合伙企业及其合伙人除适用第三章的规定外,还适用第二章第一节至第五节关于普通合伙企业的规定。因此,有限合伙企业的退伙应与普通合伙企业的退伙规则一致,即应由合伙协议约定。如果有限合伙人可以退伙的话,退伙结算问题仍遵循"约定优先"原则,依据《合伙企业法》第52条的规定,如果合伙协议有约定或全体合伙人决定,就按约定或决定,可以退还货币,也可以退还实物。

判断二:让与担保是一类非典型担保。让与担保的构成需要"让与"和"担保"两方面的意思表示。"让与"即将担保物在形式上转让给债权人,如果不具备"形式上转让"(动产转移占有、不动产办理过户登记、股权办理变更登记),那就无从构成让与担保。当然,对于让与担保,更为熟知的法律规则是让与担保中的"让与"不能发生流押的后果。《民法典》第401条规定,抵押权人在债务履行期限届满前,与抵押人约定债务人不履行到期债务时抵押财产归债权人所有的,只能依法就抵押财产优先受偿。虽然流押无效规则在近年来的立法中得到了缓和,但也仅是不再如之前那样直接规定流押条款无效,而是将流押约定的效果明确为"只能就抵押财产优先受偿"。

判断三:投资究竟采用股权形式还是债权形式应有清晰的界分。采用股权形式时,有一种典型的模式,即对赌条款。对赌条款貌似权利义务不平衡,但在风险投资中有其合理性。从最高人民法院关于对赌条款效力的观点看,法院已经逐渐认可即使风险投资方与目标公司签署了对赌条款,其效力也仍按合同规则进行判断,只是在履行对赌条款时要遵守公司法减资程序、分红程序和回购规定。如果没有经过这些程序规则,很可能对赌条款将处于"有效但不能履行"的状态。这恰恰说明在面临投资协议的意思自治与公司法组织规则强制性的冲突时,化解这个冲突的方法仍是坚持组织规则适用的前置性。因为毕竟公司是一个复杂的组织体,涉及"多点联动"的多个主体、多重法律关系,其利益平衡的需求包括以有限的公司资产实现对债权人利益的保护,都可能超越合同关系当事人利益的保护需求。

判断四:风险投资合同能否解除,应适用合同解除的一般规则,即《民法典》第562、563条的规定。如果是合意解除,需要双方就合同的解除达成一致意思表示;如果是单方解除,需要解除权人有合法的单方解除权。此外,根据《民法典》第580条第2款的规定,在合同僵局下人民法院或仲裁机构还有权根据当事人的请求"终止"合同。但在风险投资合同解除的情形下,即使合同解除,也并不意味着风险投资方同时退出目标公司,因为按照公司法的规定还需要办理减资或股权转让/回购,方能使风险投资方顺利退出目标公司。

判断五：大部分情况下，公司章程会按风险投资合同的约定进行修改，但毕竟章程的内容需要符合《公司法》第95条的要求，而投资协议可能涉及的内容更多、更广泛，所以投资协议的内容并不必然成为公司章程的内容。依据《公司法》第5条的规定，公司章程对公司、股东、董事、监事和高级管理人员有约束力。如果风险投资者采用股权投资方式，实际上他们同时也具备股东身份，因此无论是投资协议还是公司章程，对于风险投资者而言都是其权利义务的依据。

答题要点

1. 有效。依据《合伙企业法》第18条的规定，合伙协议应当载明合伙人的入伙和退伙事宜。根据《合伙企业法》第60条关于有限合伙企业及其合伙人除适用第三章的规定外，还适用第二章第一节至第五节关于普通合伙企业的规定，有限合伙企业的退伙应与普通合伙企业的规则一致，即应由合伙协议约定。梓安有限合伙企业的合伙协议约定有限合伙人退伙需要经过全部合伙人的过半数同意，这一约定并没有违反强制性法律法规，也不能认为对其他合伙人有利益的损害，因此应当认定为有效。

2. 该约定不能发生案涉土地使用权归属于阳阳公司的法律后果。因为即使新新公司违约、未能按约定履行《项目合作协议》，《民法典》第577条规定的违约责任也仅是继续履行、采取补救措施或者赔偿损失等违约责任，并不包含将某财产直接归属于债权人的法律后果。该《项目合作协议》的此项约定还需要辨析是否构成让与担保。根据《担保制度解释》第68条的规定，让与担保的构成必须要约定将财产形式上转让给债权人，本案情形并不符合这种“让与”的形式要求，仅仅是《项目合作协议》中的一个约定，并且让与担保中如果构成流押，流押的效果也不被法律认可，《民法典》第401条已经明确规定即使有“担保”的意思也不能发生担保物归属于债权人的后果，故本题的答案较为清晰。若回答为该约定“无效”应当也属于正确答案，但若按“无效”回答则显然还没有能够充分理解何谓“流押”、何谓“让与担保”以及背后的立法变化。

3. 约定有效。该条款是一个较为典型的对赌条款。根据合同效力的一般规则可以判断出该条款的约定并没有违反强制性法律法规，应当是有效的。关于该条约的履行，因为阳阳公司是新新公司的股东，其作为股东，唯一合法从公司拿到钱的路径就是分红，为数不多的合法退出路径就是减资、股权转让/回购，因此，阳阳公司应遵守公司法关于分红或减资、股权转让/回购的具体规定。在这些“规定动作”完成之前，阳阳公司的本息返还请求权以及退出新新公司的请求权，均属于期待权，还不能成为可以诉请强制履行的权利。

4. 约定有效。新新公司的原股东在《项目合作协议》中承诺承担连带担保责任。只要基于原股东的真实意愿，不存在无效或可撤销情形，该约定就是有效的。

5. 可以。刘某、王某是阳阳公司委派到新新公司的董事。我国《公司法》第118条规定了股份有限公司的股东可以委托他人投票且并没有规定有限责任公司的董事必须亲自行使职权。按照委托合同的一般原理，董事出席董事会和表决也是一种可以委托他人的事务，因此刘某、王某作为董事也可以将投票权委托给陈某行使。

6.《合伙企业法》第52条规定，退伙人在合伙企业财产份额的退还办法，由合伙协议约定或者全体合伙人决定,可以退还货币,也可以退还实物。据此规定,退伙结算首先应由合伙协议约定,但在合伙协议无约定的情形下,法律允许结算货币或实物,立法对于债权能否作为结算财产并没有规定。有限合伙人李某有权接受也有权拒绝这种特殊形式的退伙结算。

7. 可以解除。本案中因项目停滞,实际上已经符合了《民法典》第563条第1款第3项根本违约的情形,也符合当事人约定的解除情形,因此可以解除。但解除《项目合作协议》仅在合同当事人之间发生法律效力,阳阳公司作为新新公司的股东只有按《公司法》规定的减资程序或股权转让/回购才能合法退出新新公司。

8. 不可以。本案《项目合作协议》是有效的,即使公司章程对于某些事项未规定,但《项目合作协议》约束各签约方。事实上,《项目合作协议》也对公司章程形成了补充。故新新公司不能以章程没有约定为由抗辩阳阳公司的退出,而应以《公司法》规定的股东合法退出路径抗辩阳阳公司的退出请求。

扩展分析　深刻理解和把握公司合同

通过本案的学习,考生应该对风险投资的基本情况有所了解。本案涉及一个非常复杂的问题——公司合同。公司合同的类型非常多,除了本案的《项目合作协议》,各类股东之间签署的协议都可以归为公司合同。公司合同综合了《公司法》以及《民法典》的合同规则,在法律适用方面较为复杂,在实务中风险点和争议都比较多。2019年11月发布的《九民纪要》中关于对赌条款的规则很好地展现了如何协调公司法作为组织法的强制性和合同法任意性的冲突,那就是“公司的归公司、合同的归合同”,在法律适用方面能用合同法解决、不需要用公司法解决的问题,比如合同的效力、合同的解除等,就运用合同法的规则;但是,如果需要应用公司法来解决,比如减资、分红、股权回购,则仍应适用公司法。如此一来,法律适用很可能造成公司法的规则优先于合同法的规则,这与公司法的强制性优于合同法的任意性、公司法作为组织法涉及主体利益的广泛性以及公司资产是全体债权人的责任财产等公司法的原理休戚相关。

08
CASE

有限合伙企业法律制度

——大元企业合伙事务纠纷案

案例指引

本案例涉及有限合伙企业的入伙、退伙,普通合伙人和有限合伙人的出资责任以及对合伙企业债务承担责任等知识点,对掌握合伙企业法律制度具有重要的参考意义。

案　　情

大元企业为有限合伙企业,泽明公司为普通合伙人,黄河公司为有限合伙人。2018年9月18日备案的财富中金2号专项资产管理计划是其主要项目之一,该资产管理合同的存续期限为33个月,资产管理人是黄河公司,资产托管人是某农村商业银行股份有限公司,该资产管理合同项下委托人认购的资产主要用于认购由泽明公司作为普通合伙人的大元企业的有限合伙份额,且有限合伙项下主要资产为大元企业持有的日立公司的5241.09万股定增限售股票。2021年6月,加盖泽明公司、庆林公司、正德公司和黄河公司印章的《大元企业入伙协议》明确正德公司及庆林公司分别以人民币1.7亿元和3.38亿元出资成为大元企业新的有限合伙人。正德公司向大元企业认缴的出资款1.7亿元于2021年6月19日汇付至大元企业的银行账户。2021年6月中旬,黄河公司与泽明公司等商议退伙事宜。加盖泽明公司、庆林公司、正德公司和黄河公司印章、签订日期为2021年6月19日的《大元企业退伙协议》明确约定:全体合伙人一致同意黄河公司退伙,出资额由5.08亿元变更为0元;黄河公司退伙后,对其退伙前大元企业发生的债务以其从大元企业取回的财产承担有限责任;全体合伙人一致同意,大元企业因原有限合伙人黄河公司退伙而应向其返还的货币财产为人民币6.7亿元;截至黄河公司退伙时,大元企业不存在任何应付未付的债务或纠纷,黄河公司收到退伙款后无须向大元企业返还任何款项。至纠纷发生时,出资确认书记载的大元企业的有限合伙人仍然是黄河公司,因《大元企业入伙协议》约定的出资期限为2023年8月1日,庆林公司的3.38亿元出资尚未缴纳。

2021年6月20日,大元企业与文泰公司签订了《借款合同》,合同约定:大元企业向文泰公司借款人民币5亿元整用于资金周转。为担保上述借款合同项下债务的履行,同日,大元企业与文泰公司签订了《股份质押合同》,约定:大元企业将其持有的日立公司的73,375,260股上市公司股份质押给文泰公司,质押担保范围为主合同项下全部债务以及实现债权的费用,双方于2021年6月27日办理了质押登记;付强与文泰公司签订了《自然人连带保证合同》,内容为付强自愿为大元企业对文泰公司在上述借款合同项下全部债务提供连带责任保证。《自然人连带保证合同》第6.2条约定:"保证人承诺,不论债务人或第三方是否为主债务提供其他担保,不论上述其他担保何时成立、是否有效,不论债权人是否向其他担保人提出权利主张,不论是否有第三方同意承担主合同项下的全部或部分债务,保证人均对担保范围内的全部债权承担担保责任,并且同意由债权人在各项担保中自主选择实现担保的顺序和额度。"

2021年6月21日,文泰公司将5亿元划入大元企业指定的黄河公司的收款账户,收款人为财富中金2号专项资产管理计划的账户,付款人为文泰公司。文泰公司与大元企业于2021年6月21日共同向黄河公司出具的说明函(加盖文泰公司与大元企业印章)记载:"2021年6月21日,文泰公司向黄河公司管理的资产管理计划账户汇付款项人民币5亿元,该5亿元款项实际为大元企业向文泰公司的借款,并由大元企业委托文泰公司直接支付至黄河公司管理的银行账户,作为大元企业应向黄河公司支付的退伙资金的一部分。大元企业及文泰公司再次确认,该等款项不是对黄河公司的借款,且无须黄河公司偿还。"

文泰公司诉至法院主张:(1)大元企业未按约归还借款,应当按约履行还款义务;(2)付强作为保证人,应当依约对大元企业的借款债务承担连带清偿责任;(3)确认文泰公司对大元企业持有的日立公司的73,375,260股上市公司股份拍卖、变卖价款在本案诉讼标的内享有优先受偿权;(4)黄河公司作为大元企业的有限合伙人退出合伙,对其退伙前合伙企业发生的债务应当以其退伙时从有限合伙企业中取回的财产为限承担责任;(5)正德公司应当对其入伙前合伙企业的债务,以其认缴的出资额1.7亿元范围为限承担责任。

大元企业庭审答辩及主要辩论意见如下:借款合同上的公章虽为大元企业的公章,但并不是大元企业以及大元企业的工作人员所加盖,具体情况大元企业并不清楚。对于合同是否生效的问题,请法庭依法裁判。

付强庭审答辩及主要辩论意见如下:(1)借款合同并不是大元企业的真实意思表示,不具备合同成立的构成要件,属于未成立、未生效的借款合同,付强所签署的保证合同也是无效的。(2)文泰公司和大元企业在未取得付强同意的情况下,将《借款合同》第1.3条借款用途由业务性的资金周转变更为用于支付原有限合伙人黄河公司退伙出资额,该等变更未经其书面同意,并且显著加重了其保证责任,付强对此不再承担保证责任。(3)本案债权既有债务人大元企业自身提供的股权质押担保,又有付强提供的无限连带责任保证,依照法律规定,文泰公司应当先就债务人大元企业自身提供的股权质押担保实现债权,然后才能在剩余不能实现债权的范围内向付强主张连带保证责任。(4)文泰公司放弃要求普通合伙人泽明公司承担责任以及对庆林公司主张其未实缴大元企业出资的责任,违背了《合伙企业法》第38条"合伙企业对其债务,应先以其全部财产进行清偿"的规定。付强不应当承担责任。

黄河公司庭审答辩称:(1)文泰公司向大元企业提供借款的本息未能获得清偿,系市场风险及文泰公司风险管理失当所致,与黄河公司从大元企业退伙并取回退伙款无关。文泰公司向大元企业提供人民币5亿元借款时,大元企业还有庆林公司人民币3.38亿元出资尚未实缴,且有价值人民币6亿元日立公司股票向文泰公司质押。可以说,当时大元企业有足够财产清偿文泰公司的借款。(2)文泰公司于2021年6月20日与大元企业签订借款协议,并于

2021 年 6 月 21 日提供借款。借款债务发生在黄河公司退伙后，黄河公司无须以其退伙时从有限合伙企业中取回的财产承担责任。(3) 文泰公司及大元企业于 2021 年 6 月 21 日向黄河公司出具的说明函明确表示了两层含义：一是文泰公司提供给大元企业的 5 亿元借款，作为支付黄河公司退伙资金使用；二是无须黄河公司偿还。文泰公司在明确承诺黄河公司无须归还该人民币 5 亿元借款的情况下，无权再通过民事诉讼的方式要求黄河公司连带清偿借款。(4) 黄河公司作为财富中金 2 号专项资产管理计划的资产管理人，不应成为该资管计划投资运作中债务的承担主体。根据前述说明函，文泰公司在提供借款时，明知黄河公司系财富中金 2 号专项资产管理计划的资产管理人代为进行投资运作。即便财富中金 2 号专项资产管理计划需要承担借款清偿义务，该清偿义务主体也应该是中金 2 号专项资产管理计划的委托人，而非受托管理人。黄河公司请求依法驳回文泰公司向黄河公司提出的诉讼请求。

正德公司庭审答辩及主要辩论意见如下：(1) 正德公司已举证证明认缴的大元企业 1.7 亿元出资已实际缴付到位，且出资款并没有回收。(2) 正德公司以有限合伙人的身份出资，依法以认缴出资额为限承担有限责任。既然正德公司的出资款已实际缴付，由大元企业控制，成为大元企业的资产，就应该由大元企业直接承担涉案债务的清偿责任。

问　题

1. 综合本案事实以及大元企业对于合同效力的主张，请判断本案中借款合同的效力。

2. 付强抗辩称：《借款合同》第 1.3 条借款用途由业务性的资金周转变更为用于支付原有限合伙人黄河公司退伙出资款，该等变更未经付强书面同意，并且显著加重了付强的保证责任。该说法是否成立？

3. 付强抗辩称：文泰公司应当先就债务人大元企业自身提供的股权质押担保实现债权，然后才能在剩余不能实现债权的范围内向付强主张连带保证责任。该说法是否成立？

4. 请分析黄河公司有关其不承担责任的抗辩理由是否成立？你认为黄河公司是否应当承担责任？分析并说明理由。

5. 正德公司在本案中是否应在其出资 1.7 亿元的范围内对文泰公司承担民事责任？

6. 你认为庆林公司是否应当向文泰公司承担还款责任？

7. 你认为文泰公司在既没有要求庆林公司向大元企业就其未能实缴 3.38 亿元出资承担责任，也未向泽明公司主张无限连带清偿责任的情形下，是否有权提出本案诉讼请求？

解题思路

本案例综合考查合伙企业的入伙、退伙，普通合伙人和有限合伙人的出资责任以及合伙人对合伙企业的责任承担。

普通合伙企业与有限合伙企业的区别如表 2－1 所示。

表 2－1　普通合伙企业与有限合伙企业的区别

比较项	普通合伙企业	有限合伙企业
合伙人资格	(1)自然人、法人和其他组织均可成为合伙人。 (2)国有独资公司、国有企业、上市公司以及公益性的事业单位、社会团体不得成为合伙人	(1)自然人、法人和其他组织均可成为普通合伙人和有限合伙人。 (2)国有独资公司、国有企业、上市公司以及公益性的事业单位、社会团体不得成为普通合伙人
经营管理	合伙人对执行合伙事务享有同等的权利	由普通合伙人执行合伙事务。有限合伙人不执行合伙事务，不得对外代表有限合伙企业
风险承担	合伙人对合伙企业债务承担无限连带责任	普通合伙人对合伙企业债务承担无限连带责任，有限合伙人以其认缴的出资额为限对合伙企业债务承担责任
人数	有 2 个以上合伙人	由 2 个以上 50 个以下合伙人设立；但是，法律另有规定的除外
出资形式	合伙人可以用货币、实物、知识产权、土地使用权或者其他财产权利出资，也可以用劳务出资	(1)普通合伙人出资形式同左。 (2)有限合伙人可以用货币、实物、知识产权、土地使用权或者其他财产权利作价出资，但不得以劳务出资
出资义务	合伙人应当按照合伙协议约定的出资方式、数额和缴付期限，履行出资义务	(1)普通合伙人出资义务同左。 (2)有限合伙人应当按照合伙协议的约定按期足额缴纳出资；未按期足额缴纳的，应当承担补缴义务，并对其他合伙人承担违约责任
利润分配	合伙协议不得约定将全部利润分配给部分合伙人或者由部分合伙人承担全部亏损	有限合伙企业不得将全部利润分配给部分合伙人；但是，合伙协议另有约定的除外
竞业禁止	合伙人不得自营或者同他人合作经营与本合伙企业相竞争的业务	普通合伙人此义务同左。有限合伙人可以自营或者同他人合作经营与本有限合伙企业相竞争的业务；但是，合伙协议另有约定的除外
自相交易	除合伙协议另有约定或者经全体合伙人一致同意外，合伙人不得同本合伙企业进行交易	普通合伙人此义务同左。有限合伙人可以同本有限合伙企业进行交易；但是，合伙协议另有约定的除外
财产出质	合伙人以其在合伙企业中的财产份额出质的，须经其他合伙人一致同意；未经其他合伙人一致同意，其行为无效，由此给善意第三人造成损失的，由行为人依法承担赔偿责任	普通合伙人财产份额的出质同左。有限合伙人可以将其在有限合伙企业中的财产份额出质；但是，合伙协议另有约定的除外
财产转让	除合伙协议另有约定外，合伙人向合伙人以外的人转让其在合伙企业中的全部或者部分财产份额时，须经其他合伙人一致同意	普通合伙人财产份额的转让同左。有限合伙人可以按照合伙协议的约定向合伙人以外的人转让其在有限合伙企业中的财产份额，但应提前 30 日通知其他合伙人

续表

比较项	普通合伙企业	有限合伙企业
合伙人债务的清偿	合伙人的自有财产不足清偿其与合伙企业无关的债务的，该合伙人可以以其从合伙企业中分取的收益用于清偿；债权人也可以依法请求人民法院强制执行该合伙人在合伙企业中的财产份额用于清偿。 人民法院强制执行合伙人的财产份额时，应当通知全体合伙人，其他合伙人有优先购买权；其他合伙人未购买，又不同意将该财产份额转让给他人的，依法为该合伙人办理退伙结算，或者办理削减该合伙人相应财产份额的结算	(1)普通合伙人同左。 (2)有限合伙人的自有财产不足清偿其与合伙企业无关的债务的，该合伙人可以以其从有限合伙企业中分取的收益用于清偿；债权人也可以依法请求人民法院强制执行该合伙人在有限合伙企业中的财产份额用于清偿。 人民法院强制执行有限合伙人的财产份额时，应当通知全体合伙人。在同等条件下，其他合伙人有优先购买权
入伙责任	新合伙人对入伙前合伙企业的债务承担无限连带责任	(1)普通合伙人同左。 (2)新入伙的有限合伙人对入伙前有限合伙企业的债务，以其认缴的出资额为限承担责任
退伙	(1)当然退伙的情形：①作为合伙人的自然人死亡或者被依法宣告死亡；②个人丧失偿债能力；③作为合伙人的法人或者其他组织依法被吊销营业执照、责令关闭、撤销，或者被宣告破产；④法律规定或者合伙协议约定合伙人必须具有相关资格而丧失该资格；⑤合伙人在合伙企业中的全部财产份额被人民法院强制执行。 (2)合伙人被依法认定为无民事行为能力人或者限制民事行为能力人的，经其他合伙人一致同意，可以依法转为有限合伙人，普通合伙企业依法转为有限合伙企业。其他合伙人未能一致同意的，该无民事行为能力或者限制民事行为能力的合伙人退伙。 (3)合伙人死亡或者被依法宣告死亡的，对该合伙人在合伙企业中的财产份额享有合法继承权的继承人，按照合伙协议的约定或者经全体合伙人一致同意，从继承开始之日起，取得该合伙企业的合伙人资格。 (4)退伙人对基于其退伙前的原因发生的合伙企业债务，承担无限连带责任	(1)普通合伙人当然退伙的情形同左(1)；有限合伙人当然退伙的情形中无个人丧失偿债能力的情形，其他情形同左(1)。 (2)普通合伙人因行为能力的变故是否退伙的处理，同左(2)；作为有限合伙人的自然人在有限合伙企业存续期间丧失民事行为能力的，其他合伙人不得因此要求其退伙。 (3)普通合伙人死亡或者被依法宣告死亡的，其继承人是否取得合伙人资格的处理规则同左(3)。作为有限合伙人的自然人死亡、被依法宣告死亡或者作为有限合伙人的法人及其他组织终止时，其继承人或者权利承受人可以依法取得该有限合伙人在有限合伙企业中的资格。 (4)普通合伙人退伙后的责任同左(4)。有限合伙人退伙后，对基于其退伙前的原因发生的有限合伙企业债务，以其退伙时从有限合伙企业中取回的财产承担责任

判断一：保证人付强有关不承担保证责任的抗辩理由不能成立。

付强主张，《借款合同》第1.3条借款用途由业务性的资金周转变更为用于支付原有限合伙人黄河公司退伙出资款，该等变更未经其书面同意，并且显著加重了其的保证责任。《民法典》第695条规定，债权人和债务人未经保证人书面同意，协商变更主债权债务合同内容，减轻债务的，保证人仍对变更后的债务承担保证责任；加重债务的，保证人对加重的部分不承担保证责任。债权人和债务人变更主债权债务合同的履行期限,未经保证人书面同意的,保证期间不受影响。本案中,《自然人连带保证合同》的履行情况并不存在前述规定的导致付强的保证责任加重的情形。实践中,防范借款用途的变更导致主债务人违约的风险正是设定保证的重要原因,除非存在相反约定,否则对保证责任的承担不应产生影响,付强的该项抗辩不能成立。

付强主张,文泰公司行使权利时,应首先行使对大元企业持有的日立公司股权的质权。《民法典》第 392 条规定,被担保的债权既有物的担保又有人的担保的,债务人不履行到期债务或者发生当事人约定的实现担保物权的情形,债权人应当按照约定实现债权;没有约定或者约定不明确,债务人自己提供物的担保的,债权人应当先就该物的担保实现债权;第三人提供物的担保的,债权人可以就物的担保实现债权,也可以请求保证人承担保证责任。提供担保的第三人承担担保责任后,有权向债务人追偿。本案中,文泰公司基于《借款合同》所产生的债权,分别设定了主债务人大元企业基于《股份质押合同》提供的物的担保和第三人付强基于《自然人连带保证合同》提供的人的担保,但《自然人连带保证合同》第 6.2 条的约定内容非常明确,不需要借助其他解释方法,相关约定亦符合前述《民法典》第 392 条规定的"按照约定实现债权"的情形,应严格适用《民法典》第 392 条的规定,文泰公司依据《自然人连带保证合同》向付强主张权利,不受文泰公司是否先行向大元企业主张并实现质权的影响。付强承担保证责任后,可以向大元企业追偿。

判断二:黄河公司依法不应当承担退伙获得的财产份额范围的民事责任。

连带责任的承担必须基于法律的规定和当事人的约定,文泰公司主张黄河公司在 6.7 亿元范围内对本案借款本息承担连带责任,没有法律依据和事实依据。

其一,文泰公司的借款合同债务发生于黄河公司退伙之后。《大元企业退伙协议》签订于 2021 年 6 月 19 日,而且文泰公司的该借款正是为了清偿黄河公司退伙产生的 6.7 亿元货币财产。《合伙企业法》第 2 条第 3 款规定:"有限合伙企业由普通合伙人和有限合伙人组成,普通合伙人对合伙企业债务承担无限连带责任,有限合伙人以其认缴的出资额为限对合伙企业债务承担责任。"第 81 条规定:"有限合伙人退伙后,对基于其退伙前的原因发生的有限合伙企业债务,以其退伙时从有限合伙企业中取回的财产承担责任。"《合伙企业法》第 48 条第 3 款规定,"退伙事由实际发生之日为退伙生效日"。本案中,对于文泰公司借款清偿黄河公司退伙份额的事实,大元企业内部以及贷款人文泰公司均明知,故文泰公司不能以目前出资确认书记载的大元企业的有限合伙人仍然是黄河公司为由主张黄河公司的退伙事由没有实际发生。

其二,文泰公司已经自愿放弃了因向大元企业出借款项而对黄河公司的任何民事权利主张。本案中,文泰公司在 2021 年 6 月 21 日履行《借款合同》项下向大元企业的出借义务后,当日文泰公司及大元企业向黄河公司出具了说明函,明确出借款项系用于黄河公司从大元企业的退伙资金,还明确该等款项不是对黄河公司的借款且无须黄河公司偿还,文泰公司诉讼要求黄河公司承担责任违背了说明函中对于其权利的处分。

判断三:有限合伙人完成出资的情况下不应当再对合伙企业债务承担清偿责任。

无论是有限合伙企业的有限合伙人还是有限责任公司的股东,如果已经实际履行出资义务,不存在出资不实的情况,法院判令有限合伙企业或者有限责任公司承担责任,即意味着有限合伙人或者股东在出资范围内对有限合伙企业或者有限责任公司债务承担责任,无须再单独判决有限合伙人或者股东在认缴出资范围内承担责任。

《合伙企业法》第77条规定:"新入伙的有限合伙人对入伙前有限合伙企业的债务,以其认缴的出资额为限承担责任。"正德公司作为大元企业新入伙的有限合伙人,已经完成了向大元企业出资的义务,对于大元企业的对外债务,应该依照《合伙企业法》的相关规定承担民事责任。在正德公司已经完成出资义务的前提下,对于大元企业的对外债务应以出资额为限承担责任。文泰公司主张正德公司对大元企业的付款义务承担连带责任,没有事实和法律依据,其主张不能成立。

判断四:合伙协议约定的出资期限尚未届至,庆林公司是否应当在其出资范围内向债权人文泰公司承担还款责任。

有关有限合伙人在有限合伙企业认缴的出资没有缴纳,债权人能否要求该有限合伙人在出资范围内承担清偿责任的判断,有两种观点。

一种观点为:《公司法》第50条规定,有限责任公司设立时,股东未按照公司章程规定实际缴纳出资,或者实际出资的非货币财产的实际价额显著低于所认缴的出资额的,设立时的其他股东与该股东在出资不足的范围内承担连带责任。第51条规定,有限责任公司成立后,董事会应当对股东的出资情况进行核查,发现股东未按期足额缴纳公司章程规定的出资的,应当由公司向该股东发出书面催缴书,催缴出资。未及时履行前款规定的义务,给公司造成损失的,负有责任的董事应当承担赔偿责任。第54条规定,公司不能清偿到期债务的,公司或者已到期债权的债权人有权要求已认缴出资但未届出资期限的股东提前缴纳出资。《公司法》中明确规定了未缴足出资的股东对于公司债权人承担责任的情形,但《合伙企业法》并无明确规定。

我国《合伙企业法》第2条第3款规定,有限合伙企业由普通合伙人和有限合伙人组成,普通合伙人对合伙企业债务承担无限连带责任,有限合伙人以其认缴的出资额为限对合伙企业债务承担责任。尽管法律并未以有限合伙人认缴出资是否到位作为其承担责任的前提,但是,作为有限合伙人对于其出资的期限利益,并不因为合伙企业对外负债而消灭。现因庆林公司认缴出资时间为2023年且大元企业尚未进行清算程序,因此,文泰公司在现阶段要求庆林公司的出资加速到期,缺乏法律依据。

另一种观点为:我国《合伙企业法》第2条第3款规定,有限合伙企业由普通合伙人和有限合伙人组成,普通合伙人对合伙企业债务承担无限连带责任,有限合伙人以其认缴的出资额为限对合伙企业债务承担责任。依照上述法律规定,普通合伙人应对合伙企业债务承担连带责任,其余有限合伙人应以其各自认缴的出资额为限对合伙企业的债务承担连带责任。故庆林公司依法不能以其认缴出资时间为2023年而向债权人抗辩不承担责任。

判断五:债权人未对普通合伙人主张权利,不影响其对有限合伙人主张权利。

《合伙企业法》第2条第3款规定,有限合伙企业由普通合伙人和有限合伙人组成,普通合伙人对合伙企业债务承担无限连带责任,有限合伙人以其认缴的出资额为限对合伙企业债务承担责任。因此,法律并没有规定普通合伙人与有限合伙人承担责任的次序,即使债权人没有要求普通合伙人承担责任,也有权要求有限合伙人在其出资范围内对其承担责任。

判断六:普通合伙人如果没有履行合伙协议约定的出资义务,在合伙协议并未约定补缴义务的情形下，合伙企业并无法定的补缴义务。

《合伙企业法》第 17 条第 1 款规定："合伙人应当按照合伙协议约定的出资方式、数额和缴付期限，履行出资义务。"该法第 65 条关于有限合伙人出资义务的规定为："有限合伙人应当按照合伙协议的约定按期足额缴纳出资；未按期足额缴纳的，应当承担补缴义务，并对其他合伙人承担违约责任。"因此，在普通合伙人未依约履行出资义务的情况下，其法律责任与法律后果均有别于有限合伙人，即并不负有对合伙企业的法定补缴义务，而仅是根据《合伙企业法》第 103 条第 1 款的规定，合伙人违反合伙协议的，应当依法承担违约责任。此种法律责任的承担方式也是与合伙企业自身不具有独立的法人财产权，以及普通合伙人需就合伙企业债务承担无限连带责任的法律特性相匹配的。

本案例当事人之间的法律关系如图 2 - 2 所示。

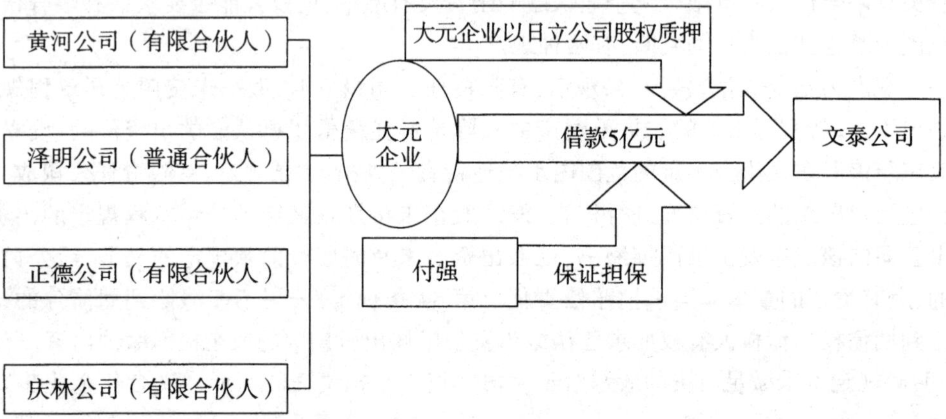

图 2 - 2　当事人之间的法律关系

答题要点

1. 综合案件事实，《借款合同》签订于 2021 年 6 月 20 日，《借款合同》加盖的大元企业印章属实。《借款合同》签订后，文泰公司根据大元企业的指令在 2021 年 6 月 21 日将《借款合同》项下的 5 亿元款项汇至大元企业指定的黄河公司的银行账户，履行了《借款合同》项下的义务，再结合《借款合同》的从合同即大元企业与文泰公司之间的《股份质押合同》签订后，双方已于 2021 年 6 月 27 日办理股份质押登记的事实，应认定签订《借款合同》系大元企业的意思表示，其真实性应予确认；《借款合同》不存在违反法律和行政法规强制性规定而应认定无效的情形，《借款合同》有效。

2. 付强主张《自然人连带保证合同》无效，没有事实和法律依据。《民法典》第 695 条规定，债权人和债务人未经保证人书面同意，协商变更主债权债务合同内容，减轻债务的，保证人仍对变更后的债务承担保证责任；加重债务的，保证人对加重的部分不承担保证责任。债权人和债务人变更主债权债务合同的履行期限，未经保证人书面同意的，保证期间不受影响。《自然人连带保证合同》的履行情况并不存在前述规定的导致付强的保证责任加重的情形，付强的该项抗辩主张不予采纳。

3. 付强关于文泰公司行使权利时应首先行使对大元企业持有的日立公司股权的质权的主张，不符合《自然人连带保证合同》第6.2条的特别约定。《民法典》第392条规定，被担保的债权既有物的担保又有人的担保的，债务人不履行到期债务或者发生当事人约定的实现担保物权的情形，债权人应当按照约定实现债权；没有约定或者约定不明确，债务人自己提供物的担保的，债权人应当先就该物的担保实现债权；第三人提供物的担保的，债权人可以就物的担保实现债权，也可以请求保证人承担保证责任。提供担保的第三人承担担保责任后，有权向债务人追偿。本案中，文泰公司基于《借款合同》所产生的债权，分别设定了主债务人大元企业基于《股份质押合同》提供的物的担保和第三人付强基于《自然人连带保证合同》提供的人的担保，但《自然人连带保证合同》第6.2条的约定完全符合《民法典》第392条规定的"按照约定实现债权"的情形，因此，文泰公司依据《自然人连带保证合同》向付强主张权利，不受文泰公司是否先行向大元企业主张并实现质权的影响。付强承担保证责任后，可以向大元企业追偿。

4. 黄河公司有关其不承担责任的抗辩理由成立。黄河公司依法不应当承担还款的民事责任。

第一，文泰公司的借款合同债务发生于黄河公司退伙之后。《合伙企业法》第81条规定："有限合伙人退伙后，对基于其退伙前的原因发生的有限合伙企业债务，以其退伙时从有限合伙企业中取回的财产承担责任。"《大元企业退伙协议》签订于2021年6月19日，对于文泰公司借款清偿黄河公司退伙份额的事实，大元企业内部以及贷款人文泰公司均明知，又依据《合伙企业法》第48条第3款"退伙事由实际发生之日为退伙生效日"的规定，黄河公司对其退伙后发生的文泰公司的债务不承担清偿责任。

第二，文泰公司在说明函中已经放弃了自己对黄河公司追责的民事权利。说明函明确出借款项系用于黄河公司从大元企业的退伙资金，还明确该等款项不是对黄河公司的借款且无须黄河公司偿还，文泰公司已经自愿放弃了对黄河公司的民事权利主张。

5. 正德公司已经完成出资义务，不应当对债务人承担民事责任。《合伙企业法》第77条规定："新入伙的有限合伙人对入伙前有限合伙企业的债务，以其认缴的出资额为限承担责任。"正德公司作为大元企业新入伙的有限合伙人，已经完成了向大元企业出资的义务，对于大元企业的对外债务，应该依照《合伙企业法》的相关规定承担民事责任。在正德公司已经完成出资的前提下，文泰公司主张正德公司对大元企业的付款义务承担连带责任，没有事实和法律依据。

6. 答案一：庆林公司应当向文泰公司承担还款责任。依据《合伙企业法》第2条第3款的规定，有限合伙企业由普通合伙人和有限合伙人组成，普通合伙人对合伙企业债务承担无限连带责任，有限合伙人以其认缴的出资额为限对合伙企业债务承担责任。因此，有限合伙人应以其各自认缴的出资额为限对合伙企业的债务承担连带责任。认缴出资时间为2023年仅针对签订合伙协议的全体合伙人产生法律效力，不能产生对抗债权人的法律效力。

答案二：庆林公司的出资期限尚未届至，依法不应当向文泰公司承担还款责任。《合伙企业法》第2条第3款规定，有限合伙企业由普通合伙人和有限合伙人组成，普通合伙人对合伙企业债务承担无限连带责任，有限合伙人以其认缴的出资额为限对合伙企业债务承担责任。尽管法律并未将有限合伙人认缴出资是否到位作为其承担责任的前提，但是，作为有限合伙人对其出资的期限利益并不因为合伙企业对外负债而消灭。现庆林公司认缴出资时间为2023年且大元企业尚未进行清算程序,因此,文泰公司在现阶段要求庆林公司的出资加速到期,缺乏法律依据。

7. 文泰公司有权提出本案诉讼请求。《合伙企业法》第2条第3款规定,有限合伙企业由普通合伙人和有限合伙人组成,普通合伙人对合伙企业债务承担无限连带责任,有限合伙人以其认缴的出资额为限对合伙企业债务承担责任。合伙企业的债权人可以依据自己的选择向普通合伙人或者有限合伙人主张权利。

扩展分析 **合伙企业的纠纷处理规则**

《民法典》第102条规定,非法人组织是不具有法人资格,但是能够依法以自己的名义从事民事活动的组织。非法人组织包括个人独资企业、合伙企业、不具有法人资格的专业服务机构等。合伙企业不同于合伙合同的主要特性即在于其商事组织体的属性。

有关普通合伙企业纠纷的处理,要坚持两个原则:一是自始至终贯彻"四共"(共同出资、共同经营、共负盈方、共担风险)原则。无论合伙企业合伙协议如何约定,任何一个合伙人以及依法外聘的管理人员的职务行为后果均归于合伙企业。二是内外责任区分的原则。在合伙企业和各普通合伙人内部完全依据合伙协议的约定来承担义务、享有权利。合伙协议只要不违反公序良俗和法律的强制性规定均为有效,而且普通合伙人内部享有权利和承担责任与份额相关,依次为按照合伙协议的约定→合伙人协商决定→合伙人按照实缴出资比例分配、分担→合伙人平均分配、分担。对于合伙企业的债权人来讲,债权人有权依法要求合伙企业对其承担所有合伙人以合伙企业或者合伙人名义实施的法律行为的责任,当合伙企业无法承担时,有权要求全体普通合伙人对其承担无限连带责任。

有限合伙企业纠纷的处理,主要是对照理解有限合伙人与普通合伙人的权利义务的差异而在具体个案中能够进行有效区分。有限合伙企业不强调有限合伙人特性的事宜均完全适用普通合伙的规范。

特殊的普通合伙企业纠纷的处理,要注意特殊普通合伙企业的特殊性体现在特殊情形下的责任承担,即在出现法定情形的对外责任承担时,一个合伙人或者数个合伙人在执业活动中因故意或者重大过失造成合伙企业债务的,依然先由合伙企业财产对外承担责任。当合伙企业财产无法承担该情形下的对外责任时,该过错合伙人应当承担无限责任或者无限连带责任,其他合伙人以其在合伙企业中的财产份额为限承担责任。除此之外,在其他正常的情形下,合伙人在执业活动中非因故意或者重大过失造成的合伙企业债务以及合伙企业的其他债务,适用普通合伙企业的相关规范。

民事诉讼法与仲裁制度

如何解答本学科案例分析题

民事诉讼案例分析具有较强的综合性，往往是实体与程序相结合，理论与实务相结合，法律问题与事实问题（证据问题）相结合。同时，民事诉讼法本身的知识体系较为庞杂，知识内容较为琐碎，因此给考生复习应试带来了较大困扰。

细分起来，民事诉讼的案例题可以分为以下两种类型。

一、与民事实体法结合的题目

这种题目往往需要结合民事实体法的具体知识和请求权方法，先对案件事实予以分析，然后再正确适用《民事诉讼法》的相关法条。例如，一道询问应当由哪个法院管辖的题目，必须首先分析原告提出的诉讼请求，以判断它属于哪种类型的纠纷。因为完全有可能存在请求权竞合的情形，所以必须明确原告提出的诉讼请求所基于的民法上的请求权基础，从而对案件的案由予以定性。如果是合同纠纷，则应当适用合同案件的管辖规则；如果是侵权纠纷，则应当适用侵权案件的管辖规则。如果仅仅凭借感觉，就很可能犯经验主义的错误，以为案情中存在合同，就将其作为合同纠纷处理。考试还可能增加管辖协议或仲裁协议的案情，考查考生能否通过合同解释的方法，判断管辖协议或仲裁协议的适用范围，从而增加考查难度。这种类型的考查方式还包括所有与起诉要件有关的题目，例如考查谁是本案的适格被告、原告提出的诉讼请求是否明确合法、本案是否存在一事不再理等情形、原告提起的确认之诉是否存在足够的确认利益、原告提出的诉讼请求存在虚假诉讼可能性时法院的处理方式等。在审判对象中也有很多的题目以这种方式进行考查。例如，证据法上经典的证明责任的分配，就必须先对案件的诉讼请求和待证事实进行具体划分，然后再适用法律要件分类说作出准确判断。如果仅仅根据《民诉解释》第 91 条的规定（主张法律关系存在的当事人，应当对产生该法律关系的基本事实承担举证证明责任；主张法律关系变更、消灭或者权利受到妨害的当事人，应当对该法律关系变更、消灭或者权利受到妨害的基本事实承担举证证明责任），其实是很难对案件的证明责任作出正确分配的，因为这一规则极其抽象，不结合具体的案情就无法作出正确判断。类似的情况还包括分析是否存在超裁漏判等违反辩论原则或处分权主义的情形，是否构成反诉等诉的合并的情形，是否符合《民事诉讼法》第153条第1款第5项规定的“本案必须以另一案的审理结果为依据，而另一案尚未审结的”情形等。

这类题目往往是和民法结合考查，所以在答题技巧上应当秉持先实体法、后程序法的原则，即先用民法请求权方法对案件中可能存在的请求权予以准确分析，再结合案情和题设中所涉及的民事诉讼法知识，对案件进行准确的定位后再解答。考生在复习和准备应试的过程中，也应当将诉讼法中相关的知识，例如诉讼要件、诉的合并、诉讼标的、裁判范围、证明责任、既判力等与实体法相关联的问题结合学习，养成良好的实体法与诉讼法相结合的学习习惯和分析案例的习惯。一定要注意，不能人为地割裂实体法和诉讼法的知识，机械地误认为一道题目只能考查实体法，另一道题目只能考查诉讼法。其实无论是实体法还是诉讼法，都是帮助人们解决民事纠纷的工具。例如，在案件事实无法查清时，实体法提供了任意性规范、法律拟制、意思表示解释等法律武器，而诉讼法则提供了调解、事实推定、证明责任分配等法律武器，只有综合运用所有的法律知识才能没有遗漏地将题目中所涉及的问题一一分析清楚。

与民商法的题目相似，这种类型的题目往往具有一定的开放性，无论最终观点如何，只要言之有理，都可以获得一定的分数。因此在答题时，重要的不是观点的选择，而是答题逻辑和推理过程。与其在不同的观点中来回纠结，不如认真地分析一种观点，并按照逻辑体系推导相关的论据。

二、民事诉讼法特有的题目

这种题目往往是在案情中体现民事诉讼法的专门知识。与前述的和民事实体法结合的题目不同，这类题目有以下三个特点。首先，在题目识别上比较明显，往往在案情中会直接体现出民事诉讼中特有的制度，例如保全、送达、上诉、再审等。考生在读题的时候读到相应的情节，就大致能够判断会出现相关的问题。其次，在考查对象上比较明确，往往对应较为直观的法条规范。与民法学科因庞大的体系而需要反转曲折地寻找考点不同，民诉学科的特有知识需要服务于司法实践需求，因而具有较为确定的刚性色彩，相关规范直接确定了构成要件和法律效果，没有太多解释的空间。反映在考试上，民诉学科特有题目的相关考点往往在法律和司法解释的条文中有明确体现。最后，在考点考查上比较实务。与以选择题为主的客观题不同，主观案例分析题是综合性的大题，在案情的陈述上需要符合基本常理，这就决定了题目不大可能考查极为偏僻的知识点，而往往体现为司法实务中通常的做法。

对于这类题目，应当结合上述特点，有的放矢地复习。一方面，对于司法实务中常见的民诉知识要熟悉掌握。这类知识主要包括两种类型：一是各类案件都可能会涉及的诉讼制度，例如送达、保全、调解、延期审理、撤诉、执行等。二是民事诉讼的救济程序，主要体现为第三人撤销之诉、再审程序、检察监督、执行异议之诉与另行起诉之间的关系。另一方面，对于相关法条所在的具体位置要熟悉掌握。因为回答主观案例分析题时是允许查阅法条的，但考试时间非常紧张，如果能够在有限的时间内精准地定位法条，就可以非常准确地找到相关的知识点，确保获得高分。

最后需要强调的是，随着国家法律职业资格考试的不断改革，现在的主观案例分析题越来越接近实务操作。考生一方面对基础的法条知识要熟悉掌握，另一方面也要不断强化自己的法律分析能力。法律适用过程是“逻辑三段论的演绎推理方式”在司法过程中的一种应用，也就是说,法律分析方法是法官在裁判时,将作为小前提的案件事实归入作为大前提的法律规范之下,从而得出判决结果的一种推理方法。在司法三段论中,大前提是具体的法律规范,小前提是案件事实,结论是判决结果。其中小前提需要经过法官对证据的审查和评价予以确定,而大前提的核心在于对于法律规范的阐释需要法官通过法律解释及法律补充的方法对法律规范的内容予以明确。法律具有抽象性,条文本身可能会有大前提语义不明、词汇内涵外延不明等问题,而这往往也是案例分析题的核心考点。这就需要考生平时注意训练自己的法律解释能力,即从案件诉讼请求出发,认真搜寻每一个可能适用的法律规范,结合理论学说和司法判例谨慎地进行法律解释。同时,这种方法可以有效地训练学生检索法律以及法律资料的能力及发现法律解释上的问题并解决的能力,最终实质性地提高法律技能。无论是实体法的题目还是诉讼法的题目,这种思维方法的掌握都将会让我们事半功倍。

答案范例及作答样式

01 CASE 儿童伤害案

案例指引

本案例结合了近年来公共影响性较大的若干案例，并增加了《民法典》和《民事诉讼法》（2023年修改）中重点关注的遗产管理人指定程序。本案尤其关注《民法典》和《民事诉讼法》相关司法解释可能存在的冲突，要求考生分析未成年人侵权这一案型下的适格被告。通过该案例的研讨，考生可以理解法律职业资格考试主观题关注的并不仅仅是一个答案或相关的法律依据，还特别关注考生能否理解案例和法律背后的基本原理，从而能够在法律规范之间可能存在冲突或相似性时，能够准确地辨析，正确地化解纠纷。

案　情

2024年1月5日，甲市A区风云小学二年级学生汤小团（住所地在甲市B区）与同学唐飞飞在课间休息时发生争执，汤小团将唐飞飞从座椅上推倒，唐飞飞无法爬起，班主任王老师发现后即时将唐飞飞送往医院就诊，诊断结果为右侧肱骨骨折，后经鉴定构成十级伤残。

唐飞飞父母向汤小团家长要求赔偿。汤小团的父亲已经去世，其由母亲蔡芳独自抚养。两家因为赔偿费用问题发生争议，最终唐飞飞父母以唐飞飞名义向A区法院提起诉讼，要求被告赔偿唐飞飞的各项损失100万元。蔡芳答辩时主张，伤害事件发生在学校，风云小学应当承担责任，法院应当追加风云小学为本案当事人。但唐飞飞父母考虑到唐飞飞未来的教育，不愿与学校"对簿公堂"，坚决不同意追加风云小学。

在A区法院审理过程中，蔡芳突然遭遇车祸身亡，留下一套房产（位于B区）。汤小团的邻居张爱知一直非常喜欢汤小团，见汤小团成为孤儿，便明确表达愿意作为监护人照顾其生活并将其抚养成人，最终得到了当地民政部门的认可。但位于乙市的蔡芳的远房表弟蔡非得知此事后，认为张爱知是贪图蔡芳遗留的房产，向A区法院提出要求中止诉讼，重新指定遗产管理人。但蔡非以自己不在甲市居住为由，明确表示不愿意承担汤小团的监护职责。

A区法院最终判决被告赔偿唐飞飞各项损失共计60万元。双方均未提起上诉。唐飞飞向A区法院申请执行,法院查明蔡芳去世时除房产外并无其他财产,但张爱知以该套住房为汤小团的唯一住宅为由,坚决不同意拍卖处置,并向A区检察机关申请对该案进行法律监督,发出检察建议。

问　题

1. 法院是否可以追加风云小学为当事人?为什么?

2. 请辨析《民法典》第1188条和《民诉解释》第67条的关系,分析本案的适格被告是否包括汤小团?

3. A区法院应当如何处理蔡非的申请?

4. 法院能否将张爱知和汤小团纳入失信被执行人名单?为什么?

5. A区检察机关应当如何处理张爱知的申请?

参考答案

1. (1)法院不应当追加风云小学为必要共同诉讼被告。根据《民法典》第1201条的规定,儿童在学校受到第三人人身损害的,由第三人承担侵权责任,学校未尽到管理职责的,承担相应的补充责任。因此,在本案中,汤小团是直接加害人,应当承担相应的责任,而风云小学可能承担补充责任。补充责任的性质决定了补充责任人与直接侵权人是基于不同的请求权基础向受害者承担责任,因此二者并非同一诉讼标的,不是必要共同诉讼当事人。

(2)法院不应当追加风云小学为普通共同诉讼被告。在本案原告明确表示不主张风云小学承担责任的情况下,被告提出要求风云小学承担责任的主张,并不构成独立的诉。蔡芳与风云小学之间不存在侵权法律关系,其主张不构成对风云小学的起诉。在此情况下,本案并无原告对风云小学提起了诉讼,因此风云小学不获得被告的诉讼地位,更不可能与本诉发生合并。因此,风云小学不具有普通共同诉讼被告的诉讼地位,不能作为被告被追加进诉讼。

(3)法院可以追加风云小学为无独立请求权第三人。根据《民事诉讼法》第59条第2款的规定,无独立请求权第三人是指案件处理结果与其有法律上的利害关系的第三人。由于风云小学可能承担补充责任,因此其与案件的处理结果有法律上的利害关系,加上风云小学是案件发生地,其作为无独立请求权第三人参加诉讼更有利于查明案情,因此法院可以依法通知其作为无独立请求权第三人参加诉讼。

2.《民法典》第1188条第1款规定,无民事行为能力人、限制民事行为能力人造成他人损害的,由监护人承担侵权责任。而《民诉解释》第67条规定,无民事行为能力人、限制民事行为能力人造成他人损害的,无民事行为能力人、限制民事行为能力人和其监护人为共同被告。二者之间存在差异,依据《民法典》的文义规定,则汤小团不是责任承担者,不能成为适格被告;而根据《民诉解释》,则汤小团需要与其监护人成为共同被告。

汤小团应当是本案的适格被告。首先,被告是民事诉讼法上的制度,在民法规范和民诉规范存在冲突时,应当优先适用诉讼法的规范。其次,未成年人以被告身份参加诉讼,有利于法院查明事实,进行调解。最后,《民法典》第1188条第2款规定了未成年人的财产应当作为优先支付的责任财产，为了确保执行的顺利进行，也应当将未成年人作为被告，确保其具有被执行人的可能。

3. A 区法院应当驳回蔡非的全部申请。（1）根据《民事诉讼法》第 194 条的规定，指定遗产管理人的案件，应当由被继承人死亡时住所地或主要遗产所在地的基层法院管辖。本案这两个连接点都指向 A 区法院，受诉的 B 区法院并无管辖权。因此对于其指定遗产管理人的申请，B 区法院应当驳回。（2）由于蔡非并非案件当事人，也不具备代理人的身份，其无权向法院提出诉讼中止的申请，因此法院应当驳回。

4. 法院不应当将张爱知和汤小团纳入失信被执行人名单。汤小团作为未成年人，其并不具备处分财产的行为能力，因而没有偿还债务并非其恶意逃债，不能因此将其作为失信被执行人。虽然本案张爱知拒绝拍卖该套房产，但其本身并非被执行人，其虽是汤小团的监护人，但在案发时其并不具备监护人地位，因而不能够成为本案的被执行人，也不能成为失信被执行人。

5. 检察机关应当驳回申请。根据《民事诉讼法》第 220 条的规定，当事人申请检察监督的前提是已经穷尽了其他审判监督手段。本案中当事人没有提出上诉，也没有申请再审，并未穷尽监督手段，因而不能直接向检察机关申请启动法律监督。

推导过程

一、针对第 1 问"法院是否可以追加风云小学为当事人？为什么？"

对于法院能否追加当事人的问题，关键在于要明确法院可以追加当事人的类型和条件，全面梳理各种可能性，避免对可能的诉讼主体地位的遗漏。考生应当能注意到，设问和案情中都使用了概括的"当事人"这一称谓，而没有指明追加"被告"或者"第三人"，这其实是提示考生，需要全面综合地分析各种追加的可能性。

我国民事诉讼中可能被法院追加的当事人的类型包括以下几类：（1）必要共同诉讼当事人。根据《民诉解释》第 73 条的规定，必须共同进行诉讼的当事人没有参加诉讼的，人民法院应当依照《民事诉讼法》第 135 条的规定，通知其参加；当事人也可以向人民法院申请追加。对于必要共同诉讼的当事人，如果法院没有通知其参加诉讼，将导致诉的不合法，根据《民诉解释》第 325 条规定，遗漏必须参加诉讼的当事人，构成二审撤销原判发回重审的事由。（2）普通共同诉讼的当事人。由于我国《民事诉讼法》允许当事人在案件受理后开庭审理结束前增加变更诉讼请求，因此本诉原告可能会在诉讼过程中针对其他主体提起新诉，其他案外人也可能在诉讼过程中针对本诉被告提起新诉，在符合诉的合并的条件下，法院可以合并审理，从而构成普通共同诉讼当事人。（3）无独立请求权的第三人。根据《民诉解释》第 81 条，无独立请求权的第三人，可以申请或者由人民法院通知参加诉讼。因此，法院在案件审理过程中对于符合条件的无独立请求权的第三人，可以依职权追加其参加诉讼。

本题需要对这三种情况一一进行分析，并判断是否符合相应的追加条件：

首先，对于必要共同诉讼当事人，其判断的关键在于原告的诉讼请求是否构成同一诉讼标的。由于我国在诉讼标的上采取的通说是实体法说，也即同一诉讼标的一定是同一权利。而是否构成同一权利，可以从请求权基础和原因事实两方面的同一加以判断，二者都同一，则构成同一诉讼标的。本案中的原告向汤小团及其监护人主张的侵权损害赔偿请求权的请求权基础是过错侵权,也即《民法典》第1165条第1款,而如果原告向被告主张承担损害赔偿责任的请求权基础是《民法典》第1201条,在请求权基础不相同的情况下,相应的请求原因事实也完全可以细分,也即过错侵权重在强调被告有不法行为并因此侵害了原告的权益,导致其产生损害;而补充责任则将关注学校是否尽到管理职责。因此,这其实是完全不同的权利主张,可以分拆进行诉讼。综上所述,本案不构成同一诉讼标的,因而法院不能因此直接依职权追加风云小学为必要共同被告。

其次,对于普通共同诉讼当事人,其判断的条件有二:(1)是否存在多个独立的诉;(2)各个诉之间进行合并是否符合合并条件。是否存在多个独立的诉,前提是有原告对被告提起了独立的诉讼请求,且符合《民事诉讼法》相应的起诉条件。在本案中,原告唐飞飞只对汤小团一家提起了诉讼请求,虽然蔡芳在答辩中提出了风云小学也应当承担责任的主张,但蔡芳与风云小学之间并无侵权法律关系,这一主张不构成独立的诉讼请求,故而本案不符合普通共同诉讼的条件。假设题目案情发生了变更,诉讼过程中,唐飞飞向风云小学提出了权利主张,则此时存在两个诉,而由于在事实上存在牵连关系,因而此时可以构成普通共同诉讼。

最后,对于无独立请求权第三人,其判断的标准主要是,是否与本案的处理结果有法律上的利害关系。法律上的利害关系是一个较为模糊的标准,可以理解为本案的判决结果是否可以构成另外案件的要件。在本案中,如果原告胜诉,则说明唐飞飞确实在学校遭到了汤小团的侵害,而如果原告认为风云小学存在管理上的失职,则其可以根据《民法典》第1201条向风云小学再主张赔偿责任。因此本案的处理结果构成了补充责任的前提条件,可以认为风云小学是本案的无独立请求权第三人。

二、针对第2问"请辨析《民法典》第1188条和《民诉解释》第67条的关系,分析本案的适格被告是否包括汤小团?"

本题的要点在于,需要辨析两项法规之间的关系。在主观题允许查阅法条的情况下,本题在题干中明确给出了具体的法条号,考生可以在考试现场查阅法条内容。这说明,本题考查的答案并不直接来源于法条的规定,而是需要辨析两个条文之间的关系,才能正确回答本题。

通过阅读法条可以看到,《民法典》第1181条是关于监护人责任的规定,该条规定认为无民事行为能力人侵权时,应当由监护人承担责任,而无民事行为能力人自然无须承当责任。我国没有侵权责任能力的概念,该条的引入说明,我国民法上认为监护人责任本质上是一种替代责任,由监护人替代无民事行为能力人承当相应的侵权责任。而《民诉解释》第67条则是《民事诉讼法》中关于无民事行为能力人侵权时当事人的规定,并认为监护人与侵权人都需要作为共同被告。根据适格当事人理论,只有争议法律关系的主体才是适格当事人,不承担民事责任的主体不应当是适格被告。如果考生未能识别出两个法条之间的冲突,仅仅援引某一法条作为回答依据,则说明考生的法条分析能力尚存欠缺。

在识别了法条之间的差异后,考生需要作出选择,究竟是适用《民法典》还是适用《民诉解释》。法律职业资格考试现在允许开放性的答案,因此只要言之有理,均有可能得分。但鉴于本题是一道民诉题目,倾向性的答案还是应当考虑适用《民诉解释》。

02 CASE 房屋买卖纠纷案

案例指引

本案例整合了近期指导案例与公报案例较为关注的案外人执行救济问题和现实中并不罕见的房屋买卖纠纷，通过一个案例既综合考查了颇为复杂的执行程序中案外人救济的制度体系，又结合实体法上的情势变更，考查了民事诉讼管辖、反诉、查封与反担保解封等现实诉讼中常见的争议焦点问题。通过对该案例的研讨，考生可以综合理解执行程序中案外人可能的救济途径及其条件，并可以增强考生从生活事实中识别法律要素以及综合运用民商事法律规则处理纠纷的能力。

案　情

2023年10月12日，位于S省A市B区的甲公司因考虑扩张业务，与住所地为A市C区的乙画展公司（以下简称乙公司）商议购买其位于B区Y街的一处闲置画廊作为厂房。经商议，双方就画廊转让达成合意。翌日，甲公司与乙公司签订书面的画廊转让合同，约定转让画廊的价款为100万元，甲公司应于10日内付清全款。合同中约定，画廊交付后，甲公司可以自由处置其中的装修、家具和各种物品。合同还约定，“与该合同有关的一切争议（包括但不限于合同的效力、履行、解除和违约赔偿）均由A市B区人民法院处理”。当天甲公司转账支付60万元，并表示后续款项一定尽快支付。两日后，乙公司向甲公司提出，由于近日乙公司要筹备举办一个大型画展，事务繁忙，分身乏术，希望暂缓办理过户手续。乙公司表示，可以先将画廊大门的钥匙交于甲公司，甲公司可先行搬入并使用该画廊，待乙公司结束画展后再一同办理过户手续。甲公司欣然同意，将设备库存等迁入画廊，将其作为库房使用。

甲公司在搬入设备过程中，发现该画廊内有一幅装裱良好的古画，出于稳妥考虑向乙公司致电询问是否抛弃，乙公司表示非常感谢，并称该幅古画市价5万元，自己需要取回，但由于最近忙于画展，请甲公司暂时妥善保管，待画展结束一并去取。甲公司法定代表人王某对画廊中原存的此幅古画非常喜爱，遂将其带回家中，悬挂于书房墙上，反复欣赏。

一日，王某照例于晚饭后欣赏该画，不慎打翻身旁的大花瓶。花瓶中的水洒至地面，王某滑倒撞到墙上古画，导致古画掉到地上。待王某起身，发现画框玻璃已经破碎并割破古画，且地面水渍造成古画部分洇湿。王某大惊，遂找到修复师李某请其进行修复。李某表示会尽力修复，但修复效果可能有限。经商议，双方约定修复费为1万元。2周后，李某通知王某取货，王某见修复效果不佳，不同意支付修复费用，李某遂扣留该古画，后又向S省A市B区人民法院提起诉讼，要求王某支付修复费并且在其修复费付清前自己可留置该古画。诉讼中，王某并未向法院透露古画与乙公司的关系。后B区人民法院作出判决,判决主文为:王某应在判决生效后3日内向李某支付维修费1万元,在王某履行该义务前,李某得留置古画。双方均未上诉。2024年1月30日,判决生效。由于王某到期未履行判决书的义务,李某向B区人民法院申请强制执行。在B区人民法院依法启动执行后,李某表示可以将该古画拍卖以偿债。法院于2月5日作出扣押裁定,将古画扣押到法院仓库,准备启动拍卖程序。

2024年2月17日,乙公司办画展结束,次日,向甲公司索要古画。甲公司向其出示判决书,表示画在李某手中,若乙公司想要古画,就向李某支付1万元维修费自行取回。乙公司了解事情经过后,非常愤怒,遂以判决书错误地将自己的古画判给李某留置,极大地损害了自己的利益为由,向B区人民法院提出异议,要求解除扣押。B区人民法院裁定驳回该异议。于是乙公司聘请律师,通过法律手段索要古画。

在乙公司筹备画展期间,当地政府发布规划,Y街附近将修建地铁站,导致地价大幅攀升,故乙公司认为以100万元出售画廊价格过低。同时,考虑到甲公司前番对古画的不当做法和不负责任的态度,乙公司更不愿以低于现市价的价格将画廊卖给甲公司。在甲公司催促乙公司办理过户手续时,乙公司表示画廊市价已达150万元,甲公司需交齐150万元,否则拒绝过户。甲公司认为双方之前的书面合同清楚写明转让价款为100万元,且未在合同签订后及时过户并非自己的问题,于是坚决反对乙公司的要求,并再次催促乙公司协助办理过户手续。一番交涉无果,甲公司遂向A市C区人民法院提起诉讼,请求法院判令乙公司履行合同,协助办理过户手续,并在诉讼中向法院申请查封了画廊。乙公司则在诉讼中提出两项主张:第一,由于地价疯涨,该合同因情势变更而解除,乙公司无须向甲公司过户该画廊;第二,原告甲公司一直未支付剩余40万元,甲公司予以否认,表示已经用现金的方式支付了尾款。

问　题

1. 若乙公司向C区人民法院起诉甲公司返还古画,C区人民法院受理后,甲公司提出管辖异议,主张本案标的物是在画廊转让过程中发现的古画,根据画廊转让合同中的管辖协议,所有与该合同有关的案件都应当由B区人民法院管辖。问C区人民法院应当如何处理?为什么?

2. 如果乙公司聘请你为律师,希望避免古画被拍卖并最终取回古画,请全面检索乙公司可能的救济方案,并分析其可行性。

3. 在甲公司诉乙公司履行画廊转让合同的诉讼中,被告乙公司提出原告甲公司未付尾款,而原告甲公司则主张已经用现金支付,应当由何方就付款事实承担证明责任?为什么?

4. 在甲公司诉乙公司履行画廊转让合同的诉讼中,被告乙公司在一审中提出画廊转让合同因情势变更而解除,此主张为抗辩还是反诉,为什么?

5. 在甲公司诉乙公司履行画廊转让合同的诉讼中,被告乙公司要求解除查封并愿意提供价金担保,而原告甲公司坚决反对,认为解封后乙公司可能将画廊高价卖出。法院应如何处理?

参考答案

1. C区人民法院应基于管辖规则将本案移送至B区人民法院。(1)涉案争议不适用画廊转让合同的管辖协议。首先,画廊转让合同属于不动产买卖合同,因不动产的权利确认、分割、相邻关系等引起的物权纠纷应当由不动产所在地B区人民法院专属管辖,但其他争议不适用专属管辖。其次,甲乙公司之间的合同所约定的管辖协议仅适用于因画廊转让合同引起的纠纷,作为本案标的物的古画虽为合同履行过程中发现的物品,但其仅与该转让合同的履行有时间上的关联而无法律上的关联。同时,甲公司致电乙公司后,乙公司明确表示该画不属于合同中约定的甲公司可自由处置的物,故该古画不属于与该合同有关的标的物,涉案争议亦不属于"与该合同有关的争议",故不适用协议管辖。(2)C区人民法院无管辖权。原告乙公司可能基于原物返还请求权或口头保管合同起诉被告甲公司返还古画,前者适用一般地域管辖规则,应由被告住所地B区人民法院管辖;后者适用合同管辖规则,根据《民事诉讼法》第24条的规定,并结合《民诉解释》第18条,应由履行交付义务的被告一方所在地即B区人民法院管辖。综上所述,根据《民事诉讼法》第37条的规定,C区人民法院应将案件移送至有管辖权的B区人民法院。

2. 为避免古画被拍卖,乙公司应首先考虑执行中的救济措施以停止对古画的拍卖程序,其可能的救济措施包括:

(1)依据《民事诉讼法》第236条申请执行复议。

本案中,乙公司虽向B区人民法院提起异议并被驳回,但乙公司主张被留置的古画为其所有,并向B区人民法院提出异议,系基于对执行标的物享有的实体权利提出的异议,而非仅针对法院的执行行为,故非执行行为异议,不能再提起《民事诉讼法》第236条后句的执行复议。

(2)依据《民事诉讼法》第238条提起执行异议之诉。

本案中,作为案外人的乙公司主张自己为古画的所有人,基于对执行标的物享有的实体权利提出的异议。如乙公司主张法院错误判决留置权,则该异议与原裁判有关,不能提起执行异议之诉;如乙公司不反对法院判决中的留置权,则其物权不能对抗留置权,因而不能阻却执行,也不能提起执行异议之诉。

(3)依据《民事诉讼法》第59条提起第三人撤销之诉。

本案中,乙公司对原诉中的标的物主张所有权,相当于是原诉中有独立请求权的第三人。但根据《民诉解释》第301条第2款,案外人在执行过程中提出执行异议被驳回后,若认为原判决、裁定、调解书内容错误损害其合法权益的,只能申请再审,而不可再提起第三人撤销之诉。本案中,乙公司已在执行过程中提出过执行异议,不能再提起第三人撤销之诉。

(4)依据《民事诉讼法》第238条向A市中院申请再审。

本案中,乙公司对执行标的主张实体权利,向执行法院提出执行异议后被驳回,如其认为法院在前诉中错误判决留置权,设定了一个可以对抗所有权的物权,损害自己作为所有权人的利益,则符合《民事诉讼法》第238条的规定,可向A市中院申请再审。但由于法院是根据其所获知的事实进行裁判的,判决内容难谓错误,且李某依合同亦可合法留置,故再审乙公司亦难以胜诉。

(5)向甲公司/李某另行起诉。

另行起诉并不能直接阻止法院对古画的执行程序,不符合当事人的诉求。

综上所述,为避免古画被拍卖,乙公司可能不得不先向李某支付修复费,请其撤回执行申请,再向李某索要古画。

3. 应由原告甲公司承担证明责任。乙公司提出甲公司未支付转让价款实际是主张同时履行抗辩权。尽管同时履行抗辩权是权利妨碍规范,但其仅需被告证明双方之间存在双务合同,且被告拒绝履行的义务与主张原告须同时履行的义务为对待给付即可。本案均满足。此时原告称其已经履行实际是主张同时履行抗辩权的消灭,根据证明责任的分配原理,应由主张权利消灭的甲公司承担证明责任。

4. 乙公司的主张应为反诉。根据《民法典》第 533 条的规定,发生情势变更情形下的合同解除权需通过诉讼或仲裁的形式行使,而非一般法定请求权可通过意思表示直接行使。因此,乙公司必须通过反诉的形式主张情势变更,请求法院解除涉案合同。

5. 法院应驳回乙公司的解除查封申请。根据《民诉解释》第 167 条和最高人民法院《关于人民法院办理财产保全案件若干问题的规定》第 22 条的规定,被申请人请求解除保全需提供充分有效的其他等值担保财产且有利于执行,针对作为争议标的的财产解除保全的,须经申请保全人同意。在本案中,甲公司请求继续履行合同、过户画廊,法院查封的画廊是本案的争议标的,乙公司仅提供价金担保并不能保证将来裁判的执行,法院解除查封也需征得甲公司同意,而甲公司明确表示反对,故法院应驳回乙公司的解除查封申请。

推导过程

一、执行程序中案外人的救济途径

执行程序中的案外人救济途径包括:执行异议、复议;执行异议之诉;第三人撤销之诉;案外人申请再审;另行起诉。其中另行起诉与原执行程序无直接关联,为了及时有效地阻却执行程序,避免争议标的物被设定负担乃至被拍卖,原则上应先排除案外第三人另行起诉,以适用执行程序中的救济措施为先。现有法律规范对前述各救济途径设置了不同对象与条件,正确选择救济途径的关键在于理解各救济途径的作用对象,明确各救济途径的要件以厘清各救济途径的关系。概括而言,《民事诉讼法》第 236 条规定的执行异议与复议针对执行行为,而第 238 条规定的执行异议及异议之诉与再审则针对执行标的。如案外人对执行标的主张排除执行的权利,则应根据《民事诉讼法》第 238 条的规定,判断异议是否与原裁判有关,如无关则应在异议被驳回后提起执行异议之诉,如有关则应针对其认为错误的裁判申请再审。同时,认为错误裁判影响自己权利的案外人,如符合《民事诉讼法》第 59 条的规定,也可提起第三人撤销之诉。《民诉解释》第 301 条第 2 款按照是否提起过执行异议,将案外人申请再审与提起第三人撤销之诉区分开来,如案外人已经提出过执行异议,则应直接按照《民事诉讼法》第 238 条的规定申请再审,不能再提起第三人撤销之诉。对于各救济途径的具体要件拆解及结合本案案情的解析过程如下。

1.《民事诉讼法》第 236 条规定的执行复议是案外人(利害关系人)认为法院执行行为错误而提出异议被驳回后可寻求的救济途径。该执行复议应当符合以下四项要件:(1)申请复议针对的行为已经被提出异议;(2)在法定期间内提出申请;(3)向有管辖权的民事执行机关提出申请;(4)采取书面形式提出申请。本案中,乙公司主张被留置的古画为其所有,并向B区人民法院提出异议,基于对执行标的物享有的实体权利提出的异议,而非仅针对法院的执行行为,故非执行行为异议,不能再提起《民事诉讼法》第236条后句的执行复议。

2.《民事诉讼法》第238条规定的执行异议之诉是在案外人对执行标的物主张可以阻却执行的实体权利而向执行法院提出异议并被驳回后,对裁定不服,且主张执行标的物与原裁判无关时可寻求的救济途径。根据《民事诉讼法》第238条及最高人民法院《关于适用〈中华人民共和国民事诉讼法〉执行程序若干问题的解释》第14条,案外人执行异议之诉的要件可解释为:(1)案外人已就具体的执行裁定提出可以阻却执行的实体权利异议;(2)诉讼应在执行异议裁定送达之日起15日内提出;(3)与原判决、裁定无关,即案外人提出的排除对执行标的执行的诉讼请求,与作为执行名义的生效法律文书没有关系。本案中,如乙公司不反对留置权,则其物权不能对抗留置权,因而不能阻却执行,也不能提起执行异议之诉;如乙公司主张法院错误判决留置权,则该异议与原裁判有关,亦不能提起执行异议之诉。

3.根据《民事诉讼法》第59条第3款的规定,可以将第三人撤销之诉的要件解释为:(1)主体要件。第三人撤销之诉的原告须是相当于诉讼中有独立请求权的第三人和无独立请求权的第三人。(2)程序要件。第三人因不能归责于本人的事由未参加诉讼。(3)实体要件。有证据证明发生法律效力的判决、裁定、调解书部分或全部内容错误。(4)结果要件。生效判决、裁定和调解书的内容损害了第三人的民事权益。(5)时间要件。自知道或者应当知道其民事权益受到损害之日起6个月内。(6)管辖要件。第三人应当向作出生效判决、裁定、调解书的人民法院起诉。同时,根据《民诉解释》第301条第2款的规定,案外人提出执行异议被驳回后,若认为原判决、裁定、调解书内容错误只能申请再审,而不可再提起第三人撤销之诉。本案中,乙公司作为古画所有权人,在实体法上对古画享有独立的实体请求权,相当于前诉中有独立请求权的第三人。但乙公司已经在执行过程中提出过执行异议,故不能再提出第三人撤销之诉。

4.根据《民事诉讼法》第238条的规定,结合《民事诉讼法》第210条和第211条,案外人申请再审的要件可解释为:(1)再审对象适格,即申请再审的对象为生效裁判且具有可执行内容;(2)在法定期限内提出;(3)执行异议前置;(4)认为原生效判决、裁定错误(具有法定再审事由)。本案中,乙公司对执行标的主张实体权利,向执行法院提出执行异议后被驳回,如其认为法院在前诉中错误判决留置权,设定了一个可以对抗所有权的物权,损害自己作为所有权人的利益,则符合《民事诉讼法》第238条的规定,可向A市中院申请再审。但由于法院是根据其所获知的事实进行裁判的,判决内容难谓错误,且李某依合同亦可合法留置,故再审乙公司亦难以胜诉。

二、被申请人提供担保请求解除财产保全措施

《民事诉讼法》第107条规定:“财产纠纷案件,被申请人提供担保的,人民法院应当裁定解除保全。”该条规定是在平衡申请人与被申请人利益的基础上作出的规定,即允许被申请人提供担保以解除保全措施,避免因被保全的财产的处分权受到限制而过度损害被申请人的利益。但是,并非被申请人提供担保后,法院即须解除保全措施。《民诉解释》第167条对“提供担保”作出了进一步限定,需“提供其他等值担保财产且有利于执行”。按照最高人民法院的理解,对保全标的物进行置换需要满足如下条件:第一,将保全标的物置换为被保全人财产应由被保全人书面向法院申请，法院可征求申请人意见；第二，提供的担保标的物应与保全标的物等值，真实可靠且无权利负担，但不能是被保全人的基本生产、生活资料；第三，提供的担保标的物应当容易执行和兑现。更进一步，对于以确保执行为目的的财产保全，如果根据当事人的诉讼请求，法院作出的是特定性财产保全裁定，如对特定物的禁止处分或者对股权的冻结，则不适宜允许被保全人以提供担保的方式解除保全。最高人民法院《关于人民法院办理财产保全案件若干问题的规定》第22条中规定“被保全人请求对作为争议标的的财产解除保全的，须经申请保全人同意”，实际上赋予了申请人在特定性财产保全解除案件中的处分权。

因此，采取保全措施的目的在于保障将来裁判的顺利执行，特别在被采取保全措施的标的为涉案争议标的时，保全措施可避免该争议标的在裁判作出前被不当处分，故被申请人仅提供足额价金担保并不足够，还需征求申请人的意见。在本案中，甲公司请求继续履行合同，过户画廊，法院查封的画廊是本案的争议标的，乙公司仅提供价金担保并不能保证将来裁判的执行，法院解除查封也需征得甲公司同意，而甲公司明确表示反对，故法院应驳回乙的解除查封申请。

03 CASE 委托贷款纠纷案

案例指引

本案例改编自最高人民法院审理的真实案例，涉及多个合同及主体，在较为复杂的实体法律关系中考查考生对当事人适格、管辖等起诉条件的理解。同时，案件也融合了证据及证明方面的免证事实和指导案例涉及的商品房相关执行异议之诉等知识点。此外，本案例以合同文本为基础，训练考生从合同出发提炼信息、剖析法律问题的能力，实现理论与实践、实体法与程序法的融会贯通。案情贯穿民事审判到执行全过程，有利于考生理解复杂民事纠纷在民事诉讼中的解决流程。

案　情

位于乙省B市的易驰房地产开发有限公司（以下简称易驰公司）因项目开发建设和公司经营急需资金。位于甲省A市的浩达投资有限公司（以下简称浩达公司）经过评估，认为易驰公司的融资项目较为优秀，遂与之接洽，表示可以提供贷款。易驰公司考虑到贷款资金数额较大且该笔资金对公司经营发展较为重要，坚持须直接从金融机构贷款以防范风险。后浩达公司了解到易驰公司与兴泰银行股份有限公司丙省C市分行（以下简称兴泰银行C市分行）已经初步达成了合作协议，遂向兴泰银行C市分行表示可以以委托贷款的形式提供低成本的资金。

2021年2月13日，浩达公司与兴泰银行C市分行签订了编号为××××0121001的委托贷款委托合同，约定浩达公司（甲方）委托兴泰银行C市分行（乙方）向易驰公司（借款人）发放委托贷款20亿元用于借款人项目开发建设及公司经营。合同约定，若借款人不能按委托贷款借款合同规定的期限归还借款本息，乙方须在借款本金或利息到期后的2个工作日内通知甲方，并代为负责催收，如需诉讼，由甲方委托乙方进行并以乙方名义提起，相关费用经甲方确认后由甲方承担。此外，合同约定甲乙双方在履行本合同中如发生争议，应向甲方住所地有管辖权的人民法院提起诉讼。浩达公司（甲方）与兴泰银行C市分行（乙方）于当日签字盖章。

2021年2月14日，兴泰银行C市分行（甲方）与易驰公司（乙方）签订编号为××××0221002的委托贷款借款合同，约定兴泰银行C市分行（贷款人）接受浩达公司（委托人）的委托，向易驰公司（借款人）发放委托贷款20亿元，用于借款人项目开发建设及公司经营；年利率10.2%，日利率为年利率/360；还款期限为48个月。如甲方未能按上述约定如期放款，给乙方造成损失，甲方自愿承担赔偿责任。若乙方未按本合同约定的用途使用借款，未按期归还本息贷款，或存在委托人认为可能危及甲方在本合同项下债权安全的其他情形，甲方有权停止发放贷款，提前收回部分或全部已发放的贷款，并对违约部分每日收取0.1%的罚息。此外，合同还约定，甲、乙双方在履行本合同中如发生争议，应向原告住所地有管辖权的人民法院提起诉讼。兴泰银行C市分行（甲方）与易驰公司（乙方）于当日签字盖章。

上述合同签订后，兴泰银行C市分行根据浩达公司向其发出的委托贷款通知书，于2021年2月28日向易驰公司发放贷款20亿元。

2021年6月2日，浩达公司认为易驰公司违反合同约定挪用贷款，要求收回贷款。易驰公司向兴泰银行C市分行提供了易驰公司相应的存款交易明细对账单，并要求继续履行合同。2021年6月8日起，浩达公司督促兴泰银行C市分行书面通知易驰公司将中止发放贷款，并催促易驰公司尽快归还贷款本息。因交涉无果，易驰公司未归还贷款本金亦未支付相应利息。

2022年3月22日，浩达公司以易驰公司为被告向A市中级人民法院提起诉讼，请求法院判令易驰公司依据委托贷款借款合同偿还贷款本息并支付违约挪用贷款的相应罚息。易驰公司提出管辖权异议，并答辩称浩达公司不是合同当事人，易驰公司并未违约挪用贷款，是兴泰银行C市分行违约停止放贷在先。浩达公司则认为易驰公司明知委托贷款的事实，故自己有权行使介入权主张委托贷款借款合同项下权利。A市中级人民法院经过审查，认可浩达公司介入合同作为贷款人，并基于此驳回了易驰公司的管辖权异议。在易驰公司上诉后，甲省高级人民法院亦认可浩达公司的当事人地位，遂裁定维持原裁定。2022年7月25日，A市中级人民法院以甲省高级人民法院在管辖权异议的二审裁定中已经认定了浩达公司是适格当事人，构成已为其他生效裁判认定的事实为由，最终支持了原告的全部诉讼请求。易驰公司不服，于2022年8月2日向甲省高级人民法院提起上诉，甲省高级人民法院维持了一审判决。易驰公司决定申请再审，仍坚持一审答辩状中的主张。

案件进入执行阶段后，执行法院查封了易驰公司名下的部分开发地块及商品房。在执行过程中，金某作为案外人主张涉案×单元×房屋系其购买，以具有合法有效的商品房买卖合同，支付了全部购房款，已合法占有房屋且非因自己原因未办理过户手续等理由向法院提出执行异议，请求依法中止对该房屋的执行。执行法院裁定支持了金某的请求。浩达公司不服该裁定，向执行法院提起申请执行人执行异议之诉，主张金某名下有多套房产，且金某未实际入住占有该房屋。经法院查明，房屋未过户是由于易驰公司拖延协助办理过户登记，金某已领取涉案房屋钥匙并装修房屋，但始终未入住。此外，登记在金某名下的房屋还有2套。

问题

1. 浩达公司是否可以基于《民法典》第925条行使介入权，向易驰公司主张权利？

2. 请结合《民事诉讼法》第122条，分析A市中级人民法院应否受理浩达公司对易驰公司的起诉？为什么？

3. A市中级人民法院在一审判决中，以甲省高级人民法院在管辖权异议裁定中对浩达公司当事人资格的认定作为基础支持了浩达公司的诉讼请求。请根据民事诉讼法学原理和相关法律规范，对此予以评价。

4. 对于浩达公司与金某之间的申请执行人执行异议之诉，执行法院应如何处理？

参考答案

1.《民法典》第925条规定,受托人以自己的名义,在委托人的授权范围内与第三人订立的合同,第三人在订立合同时知道受托人与委托人之间的代理关系的,该合同直接约束委托人和第三人;但是,有确切证据证明该合同只约束受托人和第三人的除外。浩达公司不能基于该条向易驰公司主张权利。

首先,委托贷款借款合同属于涉他合同而非隐名代理。本案中,委托贷款借款合同除了约定贷款人和借款人的权利义务外,还将委托人因素考虑到合同中,并明确限定了委托人的行事方式。尤其在债权归属问题上约定有"委托人认为可能危及甲方在本合同项下债权安全的其他情形",限定了债权只归属于"甲方"而非"委托人"。因此,就合同性质而言,本案受托人兴泰银行C市分行与易驰公司签订的委托贷款借款合同是涉他合同,浩达公司仅是该合同的第三人,不能基于《民法典》第925条介入合同法律关系或者替代合同主体,否则将严重破坏合同的相对性,损害交易安全。

其次,即使本案属于隐名代理,也落入《民法典》第925条但书范围。根据易驰公司与浩达公司签订合同前的交涉,易驰公司明确表示必须从正规金融机构贷款,严格限制了借款合同的相对方。委托贷款借款合同亦明确区分了作为甲方的兴泰银行C市分行和作为委托人的浩达公司,合同约定的关于贷款发放与清偿的主要权利义务局限于作为甲方的兴泰银行C市分行与作为乙方的易驰公司之间。委托贷款借款合同违约责任部分亦明确约定了即使是委托人认为危害债权,也是合同中的甲方,即兴泰银行C市分行有权提前收回贷款本息与收取罚息。因此,即使本案属于隐名代理,也会落入《民法典》第925条但书所规定的"有确切证据证明该合同只约束受托人和第三人的除外"范围。

2. A市中级人民法院不应受理浩达公司对易驰公司的起诉。

根据《民事诉讼法》第122条的规定,起诉必须符合下列条件:(1)原告是与本案有直接利害关系的公民、法人和其他组织;(2)有明确的被告;(3)有具体的诉讼请求和事实、理由;(4)属于人民法院受理民事诉讼的范围和受诉人民法院管辖。在本案中,浩达公司主张基于《民法典》第925条行使介入权,进而主张委托贷款借款合同项下的履行请求权与违约损害赔偿请求权。该起诉有明确被告,并有具体的诉讼请求和事实、理由。结合案情与被告抗辩,争议主要集中在前述第1项与第4项起诉条件上。具体分析如下:

首先,浩达公司不是本案的适格原告。(1)浩达公司不是委托贷款借款合同的缔约当事人,也未在该合同上签字盖章,并非与本案有直接利害关系的主体;(2)基于第二题的论述,本案委托贷款借款合同仅约束兴泰银行C市分行和易驰公司,浩达公司不能基于《民法典》第925条成为合同当事人从而获得适格的原告资格;(3)委托贷款借款合同的争议解决条款限定在合同的甲乙双方之间,明确只有作为甲方的兴泰银行C市分行和作为乙方的易驰公司才能成为借款合同纠纷的诉讼当事人;(4)即使认为浩达公司可以基于《民法典》第925条行使介入权,但基于委托贷款委托合同的约定,"(借款合同履行中)如需诉讼,由甲方(浩达公司)委托乙方(兴泰银行C市分行)进行并以乙方名义提起",故浩达公司的诉讼实施权已转移给兴泰银行C市分行,浩达公司不能作为本案的原告。

其次，A 市中级人民法院不具有本案的管辖权。委托贷款借款合同的争议解决条款约定了由原告住所地有管辖权的人民法院管辖，浩达公司并不能直接介入合同成为贷款人，因此不能直接适用该争议解决条款。更进一步，即使浩达公司可以行使《民法典》第 925 条的介入权，其也只是替代了兴泰银行 C 市分行的合同地位，仍受原合同内容约束。因此仅兴泰银行 C 市分行所在的 C 市中级人民法院才对该合同的履行争议享有管辖权。

3. A 市中级人民法院的做法是错误的。

首先，可予免证以直接认定的是事实问题，而本案争议的诉讼主体资格问题属于应由法院进行认定的法律问题，不适用法律关于免证事实的规定。

其次，管辖权异议程序是关于审理法院是否享有管辖权这一程序问题的制度，而本案争议的诉讼主体资格涉及浩达公司是否享有合同上的权利，能否行使《民法典》第 925 条的介入权等实体问题。管辖权异议的裁判不能直接确定诉讼主体资格。

最后，程序问题与实体问题的审理程序应予区别。管辖权异议等程序问题的审理以书面审查为主，而实体问题的实质审理则必须由双方对席质证和辩论。因此，管辖权异议程序中对实体事项的审查和认定不能直接替代实体审判。

综上所述，A 市中级人民法院直接援引甲省高级人民法院在管辖权异议裁定中的审理结论作为自己的实体裁判理由，不符合民事诉讼法学的基本原理。

4. 执行法院应判决驳回该申请执行人执行异议之诉。

最高人民法院《关于人民法院办理执行异议和复议案件若干问题的规定》第 28 条规定，金钱债权执行中，买受人对登记在被执行人名下的不动产提出异议，符合下列情形且其权利能够排除执行的，人民法院应予支持：(1) 在人民法院查封之前已签订合法有效的书面买卖合同；(2) 在人民法院查封之前已合法占有该不动产；(3) 已支付全部价款，或者已按照合同约定支付部分价款且将剩余价款按照人民法院的要求交付执行；(4) 非因买受人自身原因未办理过户登记。第 29 条规定，金钱债权执行中，买受人对登记在被执行的房地产开发企业名下的商品房提出异议，符合下列情形且其权利能够排除执行的，人民法院应予支持：(1) 在人民法院查封之前已签订合法有效的书面买卖合同；(2) 所购商品房系用于居住且买受人名下无其他用于居住的房屋；(3) 已支付的价款超过合同约定总价款的 50%。本案案外人金某对登记在房地产开发企业易驰公司名下的商品房请求排除执行，虽因其有一套以上的住房而不满足上述规定第 29 条的适用条件，但其可以选择适用第 28 条或者第 29 条规定。本案中，金某选择适用第 28 条的规定，执行法院应依照第 28 条的规定予以审查。金某与易驰公司有合法有效的书面买卖合同并支付了全部价款，其虽然没有实际入住房屋，但已经拿到涉案房屋钥匙并对房屋进行了装修，应认定其已实际控制该不动产，符合对房屋“合法占有”的规定。同时，涉案房屋未过户非金某自身原因。因此，本案符合上述第 28 条的规定，金某对涉案房屋的权利足以排除执行，法院应判决驳回浩达公司的申请执行人执行异议之诉。

推导过程

一、起诉条件的判断与分析

本题要求考生理解本案是否符合起诉条件，法院是否应当受理本案。根据《民事诉讼法》第 122 条的规定，起诉必须符合下列条件：(1) 原告是与本案有直接利害关系的公民、法人和其他组织;(2)有明确的被告;(3)有具体的诉讼请求和事实、理由;(4)属于人民法院受理民事诉讼的范围和受诉人民法院管辖。基于案情和双方争议,本案的核心问题在于浩达公司是否是适格原告以及A市中级人民法院是否对本案享有管辖权。

(一)浩达公司不是本案适格原告

1. 浩达公司不是本案委托贷款借款合同的缔约当事人。

《民事诉讼法》第122条第1项明确规定:"起诉必须符合下列条件:(一)原告是与本案有直接利害关系的公民、法人和其他组织……"据此,提起诉讼的原告必须是与案件有直接利害关系的当事人。当事人适格所强调的是原告应具有作为本案当事人实施诉讼、请求法院作出实体裁判的资格。在合同法律关系中,基于合同的相对性,具有直接利害关系的主体应为合同所直接约束的缔约当事人。

本案诉讼标的是合同上的请求权,所依据的合同为委托贷款借款合同。委托贷款借款合同中明确约定:该合同的甲方,即贷款人为兴泰银行C市分行;乙方,即借款人为易驰公司。合同主要条款均以甲方与乙方的权利义务为内容,而提起本案诉讼的浩达公司则在合同中被明确列为委托人。同时,委托贷款借款合同的落款页也仅有兴泰银行C市分行与易驰公司两方盖章,并无浩达公司的签字盖章。因此,借款合同关系仅成立于兴泰银行C市分行与易驰公司双方之间,浩达公司并不是委托贷款借款合同的缔约当事人。

2. 浩达公司不能基于《民法典》第925条成为合同当事人从而获得适格的原告资格。具体分析见答案部分。

3. 委托贷款借款合同明确了应当由兴泰银行C市分行作为借款合同纠纷的诉讼当事人。

易驰公司与兴泰银行C市分行签订的委托贷款借款合同的争议解决条款明确约定"甲、乙双方在履行本合同中如发生争议……",且本合同已经明确了浩达公司是委托人。基于此,双方实际约定履行合同发生争议的两方只能是甲、乙双方,故委托贷款借款合同实际明确了应当由兴泰银行C市分行作为借款合同纠纷的诉讼当事人。

4. 基于委托贷款委托合同的约定,浩达公司的诉讼实施权已转移给兴泰银行C市分行。

即使认为本案符合《民法典》第925条的规定,浩达公司可以介入借款合同法律关系,但由于浩达公司与兴泰银行C市分行之间存在任意诉讼担当关系,浩达公司对于借款合同项下争议的诉讼实施权也已经转移给兴泰银行C市分行,所以其不能自己提起诉讼。

诉讼实施权是指以自己的名义作为原告或者被告对以诉的形式主张的权利实施诉讼的权利。诉讼实施权作为权利具有处分权能。本案中,浩达公司与兴泰银行C市分行签订的委托贷款委托合同约定:"若借款人不能按委托贷款借款合同规定的期限归还借款本息,乙方须在借款本金或利息到期后的2个工作日内通知甲方,并代为负责催收,如需诉讼,由甲方委托乙方进行并以乙方名义提起……"该约定实际上是浩达公司将诉讼实施权转移给兴泰银行C市分行,该约定是双方真实的意思表示,并不损害国家利益、公共利益以及他人合法权益。同时,如果双方之间就借款合同存在隐名代理关系,第三人与法院对借款合同争议的诉讼实施权转移均有预期,不会对诉讼程序产生不利影响。因此,该任意诉讼担当约定合法有效,双方均应受该约定的约束,法院也应当予以尊重。即使认可浩达公司的借款人身份,浩达公司基于任意诉讼担当也不能就借款合同纠纷提起诉讼,兴泰银行C市分行才是适格原告。

（二）A 市中级人民法院对本案不享有管辖权

1. 浩达公司不是委托贷款借款合同的当事人，不能直接适用该合同纠纷解决条款。

委托贷款借款合同的订立主体是兴泰银行 C 市分行与易驰公司，而浩达公司在该合同中被确定为“委托人”，管辖协议的效力范围仅限于订立合同的当事人。如前所述，我们认为本案并不符合《民法典》第 925 条的适用条件，因而浩达公司也不能径行介入委托贷款借款合同成为贷款人，也不应根据该合同中的管辖协议对易驰公司提起诉讼。

2. 即使认为浩达公司可以行使所谓“介入权”，根据委托贷款借款合同的管辖协议，浩达公司住所地法院也并不具有管辖权。

首先，委托贷款借款合同明确限定了享有管辖权的法院。委托人行使介入权的法律效果是委托人替代了受托人，直接介入与相对人的法律关系之中，其所享有的权利义务范围直接源于受托人在合同中的原权利义务范围。因此，委托人在行使介入权后，应严格依照合同原本的约定确定其权利义务。本案中，兴泰银行 C 市分行的一切行为对浩达公司都具有约束力，例如管辖协议的约定对委托人浩达公司具有约束力。

在本案中，受托人和相对人订立的委托贷款借款合同明确约定“甲、乙双方在履行本合同中如发生争议，应向原告住所地有管辖权的人民法院提起诉讼”，此处的“原告”仅限于合同约定的前述双方，即“甲方”（兴泰银行 C 市分行）或“乙方”（易驰公司）。因此，即使不考虑浩达公司本不应作为原告提起诉讼，依据该管辖协议，具有管辖权的法院也仅限于甲、乙双方住所地法院。因此，A 市中级人民法院对委托贷款借款合同履行所产生的争议并无管辖权，对本案享有管辖权的应为 C 市中级人民法院。

其次，易驰公司已对管辖法院形成基本的预期和正当的管辖利益。结合委托借款委托合同关于由兴泰银行 C 市分行负责催收贷款和诉讼的约定，易驰公司在订立委托贷款借款合同时已经可以相信将来因借款合同履行而引起的涉诉争议将在兴泰银行 C 市分行住所地 C 市或自己住所地 B 市进行诉讼，故易驰公司对管辖法院形成了基本预期和正当的管辖利益，人民法院应当对此予以保护。《民诉解释》第 32 条规定：“管辖协议约定由一方当事人住所地人民法院管辖，协议签订后当事人住所地变更的，由签订管辖协议时的住所地人民法院管辖，但当事人另有约定的除外。”本条即是考虑到当事人订立管辖协议时对管辖法院所形成的预期，保障当事人基本的程序利益。因此，本案在超出管辖协议内容涵摄范围的 A 市中级人民法院诉讼，实际也侵害了易驰公司的正当程序利益。

二、免证事实与程序适配性

A 市中级人民法院将二审管辖权异议裁定对诉讼主体问题的认定作为免证事实并径行予以采信，混淆了事实问题与法律问题，也忽视了程序的适配性。

《证据若干规定》第 10 条是对免证事实的规定，其确实规定已为人民法院发生法律效力的裁判所确认的事实当事人无须举证证明，除非有证据足以推翻。但免证事实所针对的是事实问题，且仅具有免证效力，免除的是当事人的举证证明义务，并不意味着凡生效裁判所述均无可动摇。本案所涉及的当事人在案件中的法律关系地位属于法律问题，法院应依法认定，不受二审管辖权异议裁定的限制。

更进一步，民事诉讼法的原理之一，就是以诉讼程序解决涉及民事实体权利义务的争议，以非诉程序解决非民事实体权利义务的争议。[①] 实体权利义务的争议必须通过诉的方式加以解决，这是由诉权、相应的审判原则和程序所决定的。对于实体争议，为充分保障当事人的实体法权利并彰显程序正义，应通过诉讼途径为当事人提供充分的程序保障，通过当事人举证质证和法庭辩论等环节充分展示当事人双方的争议焦点及相应的证据，帮助法官达成心证。程序性事项由于不直接涉及实体纠纷，可通过非诉程序解决。[②] 管辖权异议审理程序是针对法院是否有管辖权这一程序问题进行的审理程序，一般为书面形式审查，并非诉的形式。本案中，涉案争议的诉讼主体资格问题，实质上是浩达公司与易驰公司的实体法律关系问题，涉及合同关系认定、介入权行使等实体问题，管辖权异议审理程序无法承载实体问题的审理。

---

① 参见[日]竹下守夫：《日本民事执行法理论与实务研究》，刘荣军、张卫平译，重庆大学出版社 1994 年版，第 54 页。

② 关于实体事项与程序事项对应的救济方式不同的详细论述，参见张卫平：《执行救济制度的体系化》，载《中外法学》2019 年第 4 期。

案例指导与方法指引

01 CASE 管辖
——刘某与某宝管辖权异议案

案例指引

本案例以“刘某与某宝的三次管辖权异议案”为蓝本，对诉讼过程中可能出现的管辖权争议、证据的收集与审查、诉的合并等问题展开分析，对网络购物纠纷的类型化处理具有较强的参考意义。

案　情

家住北京市A区的甲（某宝网实名认证注册账号为“某藤”），于2017年10月29日在乙经营的某宝店铺“某鞋业联盟”购买了一双型号为GW1229的阿迪达斯椰子跑步鞋，交易金额合计1894元。乙通过快递的方式将鞋邮寄至甲位于江西省南昌市B区的老家。甲收到货物后经检查发现，鞋垫上印的两个单词“adidas YEEZY”之间缺少阿迪达斯的三叶草图案，且字母的尺寸比正品所占的面积更大。甲多次以假冒商品为由发起退款申请，均遭到乙的拒绝。2018年4月5日，甲向北京市A区人民法院提起诉讼，请求法院判令乙退还购物款1894元，以及按照跑鞋价款的3倍赔偿5682元。与此同时，甲认为，在他发现乙所卖商品与正品不符后立即向某宝投诉，并将乙在某宝店铺首页上公布的商品图片、实物图片以及与乙在旺旺上的交涉截图上传给某宝，但某宝对甲的投诉置之不理。某宝作为大型购物网站，理应对其入驻经营者的经营行为履行监督职责，但某宝却疏于监管，放任乙销售假冒商品，因此甲要求某宝与乙一起承担连带责任。北京市A区人民法院受理本案后向乙和某宝公司送达起诉状副本、应诉通知书等相关诉讼文书。

被告某宝公司于2018年4月20日向法院提出管辖权异议。某宝公司认为，针对涉案争议双方此前已签订《某宝平台服务协议》，该协议约定在双方协商不成时，任何一方均可向被告所在地有管辖权的人民法院提起诉讼。该协议合法有效，对双方均具有约束力，而杭州互联网法院对涉网民事案件实行集中管辖，对本案具有管辖权,故请求法院将本案移送至杭州互联网法院审理。

经法院查明,被告乙的户口一直在老家长沙市C区,2014年乙外出去深圳市D区打工,2016年年初才从深圳搬迁至上海市E区居住。为开设网店,乙于2017年8月5日在工商行政管理部门注册登记为个体工商户,没有字号。被告某宝公司住所地位于浙江省杭州市余杭区。(回答上述题目时,无须考虑法律的时效性,依现行法为依据作答,下同。)

问　题

1. 根据《民事诉讼法》及相关司法解释的规定,哪些法院对本案有管辖权?简要说明理由。

2. 如果北京市A区人民法院对本案并无管辖权,在目前的法律框架下简要分析对此还存在哪些修正的可能性?

3. 针对自己的诉讼请求,甲向法院提交与乙在旺旺上的交涉截图作为证据。请问该证据属于哪种法定证据种类?简要说明理由。

4. 如在诉讼过程中,被告乙主张甲发帖损害其声誉,导致其经营受损,请求法院判令甲删除帖子,在同一论坛上发帖道歉,并赔偿经济损失5000元,法院可否将之作为反诉合并审理?简要说明理由。

解题思路

本题可以先简单梳理案情关系,如图3-1所示。

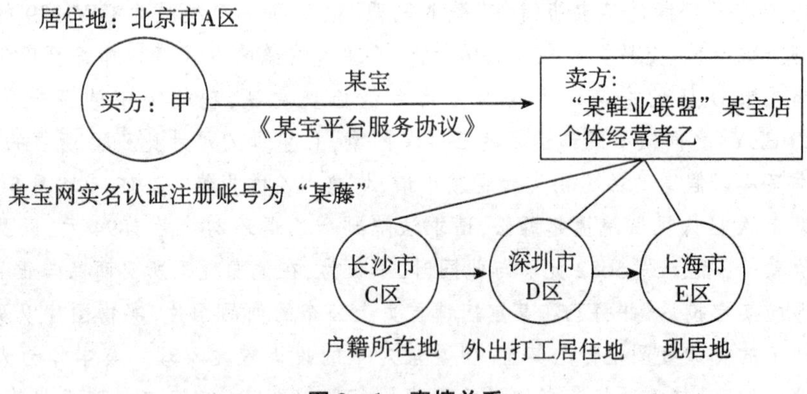

图3-1　案情关系

本案原告为某宝注册用户,被告为某宝注册商家和某宝平台经营者,诉讼请求的内容为返还购物款及3倍惩罚性赔偿金。本案既包含诉的主体合并又包含诉的客体合并。用户与商家因网络购物合同发生争议,但与某宝是因平台服务产生争议,由于某宝不参与交易过程,本身并非交易主体,故不承担商家的违约责任。某宝的作用在于,根据与用户签订的《某宝平台服务协议》,为其提供交易平台、交易设施、审查商家资质、服务协助等服务。两者具有不同的诉讼标的,在主体合并层面构成《民事诉讼法》第55条第1款后半句之普通共同诉讼。本案在客体层面构成普通的诉的合并。通说认为,诉的合并应当具备以下三个条件:若干诉讼请求之间存在一定的联系;受诉法院对其中的一个诉具有管辖权;合并的若干诉须适用同种类的诉讼程序。在本案中,从方便当事人诉讼的角度,法院将上述两个争议合并审理,不违反《民事诉讼法》的规定。

1. 管辖权属于法院依职权调查事项。法院在确定案件的管辖法院时,应遵循专属管辖规则优先于协议管辖规则,特殊地域管辖规则次之,一般地域管辖规则最后适用的审查规则。

(1)专属管辖:专属管辖具有排他性,仅适用于法律规定的某些特殊案件,包括不动产纠纷、港口作业纠纷和继承遗产纠纷(《民事诉讼法》第34条)。需要加以区分的是,专属管辖不是专门法院的管辖,也不是集中管辖。在我国设立的专门法院包括海事法院、知识产权法院、军事法院、铁路运输法院等。专门法院的管辖涉及专门法院审理案件的权限范围,针对专门法院的管辖职能;而专属法院是在不涉及普通法院和专门法院的划分基础上就某些案件专属于某一法院的权限界定。两者隶属两套不同的话语体系。集中管辖主要规定在最高人民法院发布的一系列司法解释中,本质上属于普通法院重新分配内部案件的一种方式,但在新近的司法改革中逐渐演变成为新设立法院的管辖权源。

与本案相关联的是互联网法院对于相应市辖区内特定类型涉网案件的集中管辖。基于网络空间的虚拟性、无边界性等特点,传统地域管辖规则在涉网案件的适用上面临巨大挑战。为应对此类新型纠纷的出现,杭州、北京和广州互联网法院相继成立,2018年9月6日最高人民法院发布《关于互联网法院审理案件若干问题的规定》,明确了互联网法院的管辖范围和程序适用规则。目前主要将网络购物、服务合同纠纷,互联网金融借款、小额借款纠纷,互联网著作权纠纷,互联网侵权纠纷和互联网行政案件等几类纠纷纳入互联网法院的管辖范围。

专门法院的管辖和集中管辖是否和专属管辖一样具有法定优先性和排他性,在学界中仍然存在较大争议。实务中绝大部分法院视专门法院的管辖、集中管辖与专属管辖具有同等程度的法定排他效力,优先于协议管辖适用。由于法考的目的主要是选拔实务人才,因此本书采取实务通说,将专门法院的管辖与集中管辖的性质等同于专属管辖,认可其在管辖确定上的优先效力。

(2)协议管辖:根据《民事诉讼法》第35条的规定,合同纠纷当事人可以通过书面协议的方式约定管辖法院,但不得违反级别管辖和专属管辖的规定。本案所涉及的协议管辖条款规定在《某宝平台服务协议》第10条"法律适用、管辖及其他"项下第2款。该协议管辖条款是否有效,需从以下两个层面考虑。

其一,对合同适用对象的审查:《某宝平台服务协议》中的管辖条款能否适用于商家,在司法实务中仍存在争议。大部分法院认为,该协议系某宝用户在注册某宝账户时与某宝平台签订的,故该管辖条款仅对用户与某宝公司因提供平台服务而产生的纠纷具有约束力,而对用户与商家之间的网络购物合同不具有约束力;也有个别法院认为,该类管辖条款对商家同样具有约束力。

其二,对条款效力的审查:实务中法官主要从形式和内容两方面审查格式管辖条款是否有效。从格式管辖条款的表现形式来看,《民诉解释》第31条规定,经营者使用格式条款与消费者订立管辖协议,未采取合理方式提请消费者注意,消费者主张管辖协议无效的,人民法院应予支持。关于合理方式的认定标准，最高人民法院2023年12月5日施行的《合同编通则解释》第10条第1款规定："提供格式条款的一方在合同订立时采用通常足以引起对方注意的文字、符号、字体等明显标识，提示对方注意免除或者减轻其责任、排除或者限制对方权利等与对方有重大利害关系的异常条款的，人民法院可以认定其已经履行民法典第四百九十六条第二款规定的提示义务。"但实务中法官对这一规定的理解仍存在分歧。多数法院认为采用黑体、加粗、下划线等方式提醒用户注意，可视为履行了提示说明的义务。但也有法院认为协议中黑体字条款内容繁多，无法将管辖条款与其他条款明显区分开，因此无法起到特殊提示以提醒消费者注意的作用。实际生活中，网民或用户对于用户协议大多不会认真阅读，而是直接点击同意，甚至不会注意到协议管辖条款的存在。本案中，当事人提供的《某宝平台服务协议》打印本有19页之多，协议管辖条款夹杂在繁琐的协议条款中，处于末页，虽变为黑体但字体仍较小，且未置于突出位置，易为用户忽略。对此，可认定其不符合采取合理方式予以提示的情形。

从格式管辖条款的实质内容来看，《民法典》第496条第2款中规定，采用格式条款订立合同的，提供格式条款的一方应当遵循公平原则确定当事人之间的权利和义务，并采取合理的方式提示对方注意免除或者减轻其责任等与对方有重大利害关系的条款，按照对方的要求，对该条款予以说明。实务中，法官主要从起诉成本、是否排除法定管辖以及用户的选择自由等角度综合判断格式管辖条款是否公平，但在具体案件的适用中法官仍存在较大的自由裁量权空间。如在起诉成本的理解上，有的法院认为由被告住所地人民法院管辖的条款将可能使消费者负担相对于购物价格而言明显不合理的额外差旅费和时间成本，加重消费者的负担和责任，影响消费者正常诉讼权利的实现。相反，有的法院认为互联网法院可以实现网上立案、网上开庭，彻底消除原告来回庭审现场的在途时间成本，不仅不存在加重原告责任、排除原告权利的情形，反而极大降低了原告的诉讼成本，更加有利于原告维权。

综合来看，协议管辖条款的内容由某宝平台运营方事先拟定，消费者用户无法参与谈判与协商的活动，也没有与平台议价的能力和空间，其能作出的决定仅是点击同意开始购物，或拒绝协议，终止注册。表面上看，双方当事人在缔结合同时都具有自主选择权，但这种自由选择权在"接受或拒绝"的二选一模式下已受到极大限缩。协议管辖条款排除了合同履行地等可供用户自由选择其他法院管辖的权利，在方便某宝商家诉讼的同时大大加重了用户的维权成本，因此应认定其构成《民法典》第497条第2项规定的"提供格式条款一方不合理地免除或者减轻其责任、加重对方责任、限制对方主要权利"的情形，某宝公司与用户之间的协议管辖条款无效。某宝公司提出的管辖权异议理由不成立，法院应当裁定驳回管辖权异议，某宝公司若对该裁定不服，可向上一级人民法院提起上诉。

(3)特殊地域管辖:《民事诉讼法》第24条规定，因合同纠纷提起的诉讼，由被告住所地或者合同履行地人民法院管辖。

首先是被告住所地的确定。第一个被告应是乙所经营的某宝店铺，为个体工商户，没有字号，在诉讼中应以营业执照上登记的经营者乙为当事人。自然人的住所地是指公民的户籍所在地，被告住所地与经常居住地不一致的，由经常居住地人民法院管辖(《民事诉讼法》第22条第1款)。该规定的立法目的在于便于民事诉讼活动的开展，方便案件当事人参加诉讼活动，减少当事人的诉累。正是基于该立法目的，《民诉解释》第4条把经常居住地的界定限定在公民离开住所地至起诉时已连续居住 1 年以上的地方，当然公民住院就医的地方除外。因此，在以经常居住地确定案件管辖时，不仅要符合连续居住 1 年以上的条件，还应满足起诉时被告仍在该地居住的条件。在本案中，乙虽然在深圳连续居住 1 年以上，但起诉之前乙就已经离开了深圳来到上海，且连续居住 1 年以上，故应将上海认定为经常居住地来确定案件的管辖。

如果乙所经营的某宝店铺有字号，则在诉讼中应以营业执照上登记的字号为当事人，但应同时标注该字号经营者的基本信息(《民诉解释》第 59 条)。对于个体工商户的住所地，法律目前尚无明确规定。从民事主体架构的设置来看，《民法典》将个体工商户纳入总则编第二章"自然人"项下第四节"个体工商户和农村承包经营户"第 54 条，因此个体工商户既非法人也非其他组织，应属于自然人序列，主要参考自然人规则中的户籍所在地和经常居住地两个连结点来确定其住所地。同时，基于个体工商户的特殊属性，字号与经营者一体两面，兼具商事属性与自然人特征，个体工商户的经营场所和经营者的住所地皆可视为个体工商户的住所地。

第二个被告为某宝公司，是法人。法人或者其他组织的住所地是指法人或者其他组织的主要办事机构所在地(《民诉解释》第 3 条第 1 款)，即浙江省杭州市余杭区。根据前述所讨论的集中管辖优先规则，应由杭州互联网法院集中管辖杭州市辖区内基层人民法院有管辖权的涉互联网案件。

其次是合同履行地的确定。根据《民诉解释》第 20 条的规定，以信息网络方式订立的买卖合同，通过信息网络交付标的的，以买受人住所地为合同履行地；通过其他方式交付标的的，收货地为合同履行地。合同对履行地有约定的，从其约定。在本案中，买受人甲指定的收货地为江西省南昌市 B 区，故该地点作为收货地可认定为合同履行地。

综观之，本案属于通过电子商务平台签订或者履行网络购物合同而产生的纠纷，因此上海市 E 区人民法院、杭州互联网法院以及江西省南昌市 B 区人民法院均具有管辖权。根据《民事诉讼法》第 36 条的规定，两个以上人民法院都有管辖权的诉讼，原告可以向其中一个人民法院起诉；原告向两个以上有管辖权的人民法院起诉的，由最先立案的人民法院管辖。

2. 管辖权是国家赋予法院审判案件的权力，也是法院对案件进行审理与判决的前提条件之一。虽然管辖权的行使属于法院的职权，但法院在判断是否属于本院管辖时也可能存在错误，因此《民事诉讼法》设置了诸多规则来确保管辖权的正确行使。

被告方：(1)北京市 A 区人民法院受理案件之后，被告可以在提交答辩状期间向法院提出管辖权异议。经审查若异议成立，法院裁定将该案件移送给有管辖权的法院。若异议不成立，则法院裁定驳回(《民事诉讼法》第 130 条第 1 款)。被告对此不服可以向上一级人民法院提起上诉，上诉法院审查后认为理由成立的，裁定撤销一审裁定，将案件移送给有管辖权的法院。

需要明确的是，管辖权异议期和答辩期属于两个独立的期间，只是在时间上重合，皆为起诉状副本送达之日起 15 日内，但两者在制度功能上存在本质差异。答辩期是被告针对原告的"攻击"进行"防御"的期间。在我国，被告在答辩期内提交答辩状仍属于倡导性义务，违反该义务不能导致实体权利丧失的法律后果。管辖权异议期是被告质疑受诉法院管辖权的期间，期满被告将无权再对管辖权提出异议。

(2)北京市 A 区人民法院受理案件之后,如果被告没有提出管辖权异议,且针对案件实体内容进行答辩、陈述或者反诉的话,则视为其同意了受理案件的法院拥有管辖权,只是不得违反有关专属管辖和级别管辖的规定(《民事诉讼法》第 130 条第 2 款、《民诉解释》第 223 条第 2 款)。这里涉及的制度是 2012 年修正《民事诉讼法》时增加的"应诉管辖",背后的原理在于默示协议管辖规则,即本来对特定案件没有管辖权的法院,基于双方当事人"默示的合意"而取得了该案件的管辖权。

目前,学界对应诉答辩的成立时间仍存在争议。部分学者认为,只有"被告未提管辖权异议"及"实体答辩"两个要件发生在管辖权异议期间内,才能成立应诉答辩。部分学者认为,由于《民事诉讼法》第 130 条和《民诉解释》第 223 条均未对被告实体答辩的时间进行限定,只要被告对该法院行使管辖权不提出异议并进行实体答辩,即可构成应诉答辩。

法院方:由于管辖问题本质上属于受诉法院依职权调查事项,所以无论当事人是否对管辖权产生争议,只要发现管辖权有问题,原则上法院都能将案件移送给自己认为有管辖权的法院(《民事诉讼法》第 37 条)。关于移送管辖的期限,法律没有明文规定,学界对此依然存在争议。部分学者认为受诉法院在一审辩论终结前均可以移送;部分学者认为从提高诉讼效率、节约司法资源的角度,移送管辖的截止时间原则上应当限定在一审开庭前。

(1)当事人在答辩期间届满后未应诉答辩,人民法院在一审开庭前,发现案件不属于本院管辖的,应当裁定移送有管辖权的人民法院(《民诉解释》第 35 条)。

(2)法院在开庭审理后一审辩论终结前发现案件不属于本院管辖的,如果被告进行了实体答辩,则受诉法院因当事人的应诉答辩而获得案件管辖权。如果未成立应诉管辖,受诉法院可以裁定将案件移送至其他有管辖权的法院,不属于法院受案范围或者管辖法院不明的,可以裁定驳回起诉。

(3)人民法院依照第二审程序审理案件,认为第一审人民法院受理案件违反专属管辖规定的,应当裁定撤销原裁判并移送有管辖权的人民法院(《民诉解释》第 329 条)。对于违反级别管辖的案件是否需要撤销一审判决,尚存在争议。有学者认为因级别管辖的确定标准仍过于原则、笼统,除非当事人具有故意规避级别管辖的故意,第二审人民法院不宜直接撤销一审判决并移送管辖。

(4)2012 年《民事诉讼法》修正时将管辖错误从再审事由中删除,因此当事人不得再以管辖错误为由申请再审。管辖制度本质上仍然是法院系统内部涉及案件审理的事务性分配规则,在我国现行法律体制下,不同的法院都是代表国家适用统一的程序法和实体法审理案件,就案件审理的结果而言,在理论上不应该有影响案件公正性程度的不同。同时,管辖权异议制度已经为当事人提供了较为充分的救济途径,在再审中再增加同类救济显然不够协调。

3. 电子数据,是指由电子邮件、电子数据交换、网上聊天记录、博客、微博客、手机短信、电子签名、域名等形成或者存储在电子介质中的信息。电子数据与视听资料一样,都是随着科技手段的发展而进入诉讼证据领域的。一方面,电子数据依靠计算机技术存在于一定的设备或介质中,具有能够利用电子技术加以确定、识别或还原的客观性质;另一方面,电子数据所依赖的网络和计算机系统易被攻击和具有不稳定性,而且电子数据本身容易遭受修改且不易留痕,故对这种证据的真实性审查,往往需要借助专业机构的辅助。

电子数据是 2012 年《民事诉讼法》修正时增加的一个证据种类,2015 年《民诉解释》对电子数据的含义作了原则性、概括性规定。为解决审判实践中的操作性问题,2019 年 12 月 25 日,最高人民法院公布修改后的《证据若干规定》,进一步补充、完善对电子数据范围的规定,明确电子数据的审查判断规则。根据该规定第 93 条第 1 款,人民法院对于电子数据的真实性,应当结合电子数据生成、存储、传输所依赖的计算机系统的硬件、软件环境的完整性、可靠性、运行状态以及监测手段等 7 类因素综合判断。同时,该规定第 94 条第 2 款明确规定,电子数据的内容经公证机关公证的,人民法院应当确认其真实性,除非有相反证据足以推翻。

根据《证据若干规定》第 14 条第 2 项的规定,手机短信、电子邮件、即时通信、通讯群组等网络应用服务的通信信息,均属于电子数据的范畴。在本案中,甲向法院提交的与乙在旺旺上的交涉截图,即属于此类电子数据。原告应当提供原件;电子数据的制作者制作的与原件一致的副本,或者直接来源于电子数据的打印件或其他可以显示、识别的输出介质,视为电子数据的原件(《证据若干规定》第 15 条第 2 款)。

4. 反诉,是指在诉讼程序进行中,本诉被告针对本诉原告向法院提出独立的反请求。《民事诉讼法》规定反诉制度的目的:一方面在于通过法院对本诉与反诉的合并审理,利用同一诉讼程序解决相关联的纠纷,提高诉讼效率;另一方面则在于避免因分别审理而造成裁判相抵触。为实现上述目的,反诉的诉讼标的与本诉的诉讼标的须有所牵连。这种牵连关系,既可以是法律上的联系,也可以是事实上的联系。

答题要点

1. 本案属于通过电子商务平台签订或者履行网络购物合同而产生的纠纷,因此上海市 E 区人民法院、杭州互联网法院以及江西省南昌市 B 区人民法院均具有管辖权。

2. 如果北京市 A 区人民法院对本案没有管辖权,错误受理本案,法院可以依职权将案件移送至有管辖权的法院,被告也可以在提交答辩状期间向法院提出管辖权异议。

3. 甲向法院提交的与乙在旺旺上的交涉截图,属于电子数据,应提供原件。

4. 本诉的诉讼标的是甲乙之间因履行网络购物合同而产生的合同纠纷,以及甲与某宝之间因平台服务协议产生的合同纠纷;反诉的诉讼标的是甲乙之间涉及侵犯名誉权的侵权法律关系,而名誉权纠纷起因于两人网络购物合同纠纷。两者具有事实上的牵连关系,法院可以将本诉与反诉合并审理。

扩展分析　电商合同纠纷中诉讼规则的选择和确定

随着电子商务交易的迅猛发展,网购逐渐替代传统的购买方式,为人们生活带来便利的同时也引发了不少纠纷。网购纠纷相对于传统合同纠纷呈现出当事人不确定化、合同条款格式化、证据形式电子化等特点。在此背景下,相关诉讼规则的选择和确定需要注意以下几点:

第一,消费者需要明确自己索赔的对象是谁,是向经营者、网络交易平台提供者还是同时向两者主张权利。电商平台提供者仅为经营者和消费者提供了交易场所,既不是生产者也不是经营者,不应承担生产经营者的责任。但是,消费者索赔时,电商平台提供者不能提供生产者或者经营者的真实名称、地址和有效联系方式的,电商平台提供者也应当承担赔偿责任。

如果电商平台提供者明知在其网络平台上交易的商品为假冒产品而故意销售,明知或者应当知道平台内经营者销售的商品或者提供的服务不符合保障人身、财产安全的要求,那么其行为与生产经营者构成共同侵权,应承担连带赔偿责任(《消费者权益保护法》第44条第2款、《电子商务法》第38条第1款)。

第二,判断哪个法院具有管辖权应遵循的基本原则为有约定从其约定,无约定或约定无效时适用特殊地域管辖的规则。在本案中,对格式合同中协议管辖条款的效力判断是确定管辖的核心所在。除此之外,还需注意的是,协议管辖是当事人合意的结果,赋予合同双方当事人在书面合同中协议选择管辖法院的权利,当事人对管辖法院的约定无须唯一但须确定。司法实务中出现的“发生争议由违约方的对方当事人住所地人民法院管辖”的约定,即为不明确的约定。因为判断哪一方当事人违约,需要经过实体审理方能确定,而在当事人约定管辖及案件确定管辖权阶段,均无法确定守约方,故此约定无效。

第三,证据的收集与采纳。网购纠纷诉讼中用来证明案件事实的证据大多数是电子数据。由于电子数据属于新型证据形式,容易遭受修改且不易留痕,这就需要消费者一定要做好原始载体的固定工作。针对易变的网络信息,可以通过无利害关系的第三人在场证明而进行现场网页信息保存,并及时进行网页证据保全公证。

02 CASE 当事人

——甲交通事故侵权案

案例指引

本案例以2016年国家司法考试试卷四第6题为蓝本，围绕交通事故侵权案件中可能涉及的侵权法律关系、雇佣关系、挂靠关系和保险关系等展开分析，对如何在多重法律关系中确定各利益相关人的诉讼地位问题具有较强的参考意义。

案　情

2017年8月12日，甲驾驶某小型轿车由南向北行至某路段时，因躲避其他车辆使车辆冲过中间隔离带，与由北向南乙驾驶的小型轿车相撞，造成两车受损，路边行人小张受伤的道路交通事故。2017年8月24日，某市公安局交警支队直属大队作出道路交通事故认定书，认定：甲判断失误，冲过中间隔离带，影响对面方向其他车辆正常通行，承担事故主要责任；乙驾车时没有尽到安全驾驶的义务，车速过快，承担事故次要责任。事发后，小张前往医院治疗，其伤情被诊断为右尺神经损伤，住院治疗7日，共花费医疗费5万元。2017年10月13日，小张将甲和乙一起诉至法院，要求被告对5万元医疗费承担连带赔偿责任。乙辩称，对交通事故认定书中确认的事故事实予以认可，但对其责任认定不予认可。乙认为，其仅为稍微超速行驶，如果甲不冲过隔离带，本案的损害后果绝对不可能发生，故应由甲对事故承担全部责任。事发后乙针对交通事故认定书向交警大队提出了数次复核申请，均被无理由退回。庭审过程中，乙向法院提出追加蔡某、星河第三汽车运输公司及承保其车辆机动车交通事故责任强制保险（以下简称交强险）的P保险公司为本案共同被告的申请。

经查，甲系南方公司员工，2017年6月被南方公司派遣至西子公司，担任驾驶员。西子公司就该事故车辆在T保险公司投保了交强险。2017年8月12日发生交通事故时，甲正值运送公司货物至客户仓库的途中。乙驾驶的肇事车辆系其从星河第三汽车运输公司租赁经营的，每月支付3000元租赁费。乙在租赁期间以星河第三汽车运输公司的名义对乘客提供出租车营运服务，并接受该公司的管理。这辆车主为蔡某，该车挂靠在星河第三汽车运输公司从事出租业务。双方于2015年12月22日签订《汽车挂靠出租合同》，合同约定，蔡某将购置的车辆挂靠在星河第三汽车运输公司进行租赁业务。该运输公司按照车辆租出一日为一个计算单位，每天收取50元的车辆管理费用。

问　题

1. 在本案中，原告小张可否将肇事司机甲作为被告诉至法院？简要说明理由。

2. 法院能否根据乙的申请将蔡某、星河第三汽车运输公司及承保其车辆交强险的P保险公司追加为共同被告？简要说明理由。

3. 法院应如何认定道路交通事故认定书的效力？简要说明理由。

解题思路

本案较为复杂，首先应根据案情梳理关系示意图，然后再就各题设问展开分析。本案关系如图3－2所示。

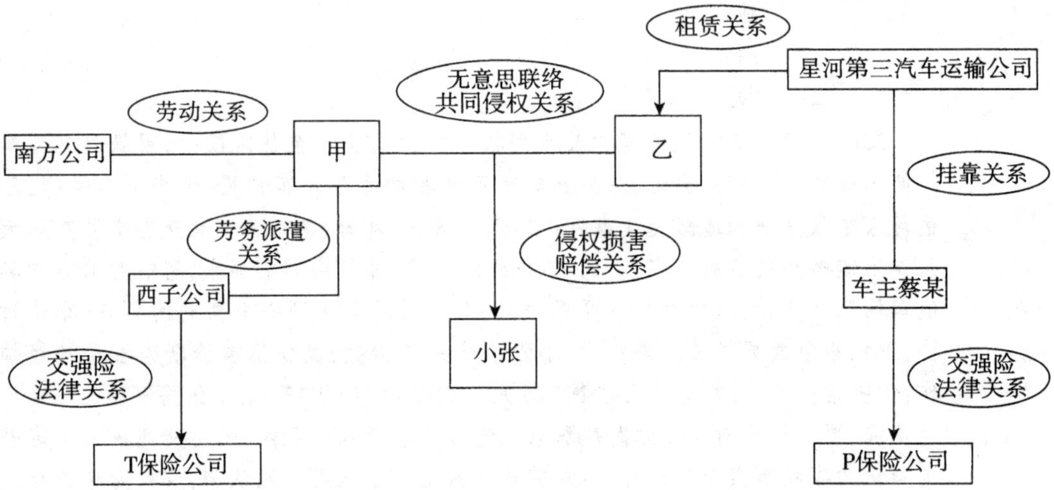

图3－2　本案关系

1. 民事诉讼中的当事人，是以自己的名义参加诉讼，并承受裁判结果的人。狭义上的当事人，仅指原告和被告。广义上的当事人，除原告和被告以外，还包括共同诉讼人、第三人。当事人的确定，可按照如下顺序依次进行：首先，判断是否具有成为当事人的资格，即有无当事人能力。根据《民事诉讼法》第51条第1款的规定，公民、法人和其他组织可以作为民事诉讼的当事人。其次，再看针对具体的诉讼是否具有当事人的资格，即当事人是否适格。当事人适格与诉讼权利能力不同，当事人适格与否，与具体的诉讼直接相连。通常情况下，应当以当事人是否是发生争议的民事法律关系主体作为判断当事人适格与否的标准。也就是说，凡民事权利或民事法律关系的主体，以该权利或法律关系为诉讼标的进行诉讼时，一般都是适格的当事人。在司法实务中，法院主要根据诉状内容及其提交的初步证据来判断当事人是否属于直接利害关系人。至于诉状中所记载的事实理由是否属实、能否足以支持提出的诉讼请求，属于案件实体处理的问题，并不会影响当事人起诉的成立。只有在例外情况下，非民事权利或非民事法律关系主体才可以成为适格的当事人，即诉讼担当。最后，再判断是否可以亲自实施诉讼行为,即有无诉讼行为能力。

在本案中,肇事司机甲是自然人,是当事人,具备诉讼行为能力,有资格成为被告。甲因判断失误冲过中间隔离带,影响对面方向其他车辆正常通行,对事故的发生承担主要责任。但甲是在劳务派遣期间因执行工作任务发生事故,根据《民法典》第1191条第2款的规定,劳务派遣期间,被派遣的工作人员因执行工作任务造成他人损害的,由接受劳务派遣的用工单位承担侵权责任;劳务派遣单位有过错的,承担相应的责任。根据《民诉解释》第58条的规定,这种情况下当事人适格的主体为接受劳务派遣的用工单位,即西子公司。如果当事人同时主张南方公司作为劳务派遣单位应承担责任,南方公司为共同被告。在侵权责任主体是西子公司而不是甲的情况下,小张能否将甲作为被告诉至法院取决于其是否符合起诉条件。根据《民事诉讼法》第122条的规定,起诉只需具备明确的被告,即能够通过身份和空间所处两要素将被告固定即可,至于被告是否适当,并不在其要求范围内。只要原告提出了明确的被告,且符合其他起诉条件,法院就应当受理案件并进入实体审理程序,以判决形式对双方权利义务关系和民事责任作出裁判。如果法院经过依法审理,最终确认被告不应承担民事责任,则以判决驳回原告的诉讼请求。法院不应以被告不是争议的法律关系中的义务主体或责任主体为由,裁定驳回原告对被告的起诉。

2. 数机动车之间发生交通事故致行人遭受人身损害的赔偿案件,所涉主体人数众多,法律关系往往较为复杂。

首先,分析围绕甲所驾驶的肇事车辆产生的法律关系,包括甲与南方公司的劳动关系、甲与西子公司的劳务派遣关系以及西子公司与T保险公司的交强险法律关系。如前所述,劳务派遣期间,被派遣的工作人员因执行工作任务造成他人损害的,由接受劳务派遣的用工单位承担侵权责任;劳务派遣单位有过错的,承担相应的责任。本案不涉及劳务派遣单位的责任问题,因此甲所驾驶肇事车辆所发生的交通事故的赔偿主体应为西子公司。

根据《道路交通安全法》第76条第1款的规定,机动车发生交通事故造成人身伤亡、财产损失的,由保险公司在机动车第三者责任强制保险责任限额范围内予以赔偿,由此确立了保险公司在第三者责任强制保险责任范围内承担无过错责任。《民法典》第1213条承继了上述规则的内容。本案有两辆机动车与行人发生交通事故,因此两家保险公司都应在各自交强险的限额内承担赔偿责任。如果受害者的损失超过多份交强险限额的总和,那么各保险公司均应全部承担交强险限额内的赔偿责任;如果受害者的损失未超过多份交强险限额的总和,各保险公司则应在交强险限额内按肇事车辆所负事故责任比例承担责任。

根据最高人民法院《关于审理道路交通事故损害赔偿案件适用法律若干问题的解释》第22条第1款的规定,人民法院审理道路交通事故损害赔偿案件,应当将承保交强险的保险公司列为共同被告。但该保险公司已经在交强险责任限额范围内予以赔偿且当事人无异议的除外。各地司法实践对保险公司的诉讼地位仍存在较大争议,共同被告、第三人、不参加诉讼等做法均存在,但无论保险公司是否加入诉讼,法院都会先行扣除保险公司在交强险责任限额内应承担的赔偿数额,不足的部分再由机动车方予以赔偿。本案原告小张未将保险公司列为被告,仅要求机动车方承担损害赔偿责任。乙向法院提出追加承保其车辆交强险的P保险公司为本案共同被告的申请,法院应向原告小张释明是否追加P保险公司以及承保甲所驾驶肇事车辆交强险的T保险公司为共同被告,如果原告仍执意不追加,则法院不得强行追加。

原告后续因同一交通事故针对保险公司再次提起诉讼的,不构成重复起诉,人民法院应当受理。

其次,分析围绕乙所驾驶肇事车辆产生的法律关系,包括乙与星河第三汽车运输公司的租赁关系、实际车主蔡某与星河第三汽车运输公司的挂靠关系以及车主与P保险公司的交强险法律关系。根据《民法典》第1209条的规定,因租赁、借用等情形机动车所有人、管理人与使用人不是同一人时,发生交通事故造成损害,属于该机动车一方责任的,由机动车使用人承担赔偿责任;机动车所有人、管理人对损害的发生有过错的,承担相应的赔偿责任。乙与星河第三汽车运输公司签订租赁合同,但这种租赁关系与一般的租赁关系有所不同,乙在租赁期间以星河第三汽车运输公司的名义对乘客提供出租车营运服务,同时接受该公司的管理并定期支付租赁费。星河第三汽车运输公司对肇事车辆仍有控制、管理权,并获取固定收益。因此,星河第三汽车运输公司应根据其过错程度承担一定的赔偿责任。肇事车辆实际车主蔡某与星河第三汽车运输公司签订《汽车挂靠出租合同》,将车挂靠在星河第三汽车运输公司进行租赁业务。星河第三汽车运输公司按照车辆租出一日为一个计算单位,每天收取车辆50元的管理费用。《民法典》第1211条规定,以挂靠形式从事道路运输经营活动的机动车,发生交通事故造成损害,属于该机动车一方责任的,由挂靠人和被挂靠人承担连带责任。由于被挂靠人星河第三汽车运输公司仅在对肇事车辆具有管理过错的范围内承担责任,挂靠人蔡某也应在该责任范围内与星河第三汽车运输公司承担连带责任。

由此可见,围绕乙所驾驶的肇事车辆,小张所诉侵权损害赔偿的责任主体包括肇事车辆直接使用人乙、管理人星河第三汽车运输公司以及车主蔡某。三者根据各自过错程度承担相应的赔偿责任。此外,需要考虑的是,在现代社会车辆的所有权、运行支配权和利益归属权日益复杂的背景下,交通事故的受害方往往无法知悉肇事车辆的挂靠、租赁、使用等情况,再加上强制律师代理制度的缺位导致受害方遗漏赔偿责任主体的情形在司法实践中极为常见。因此,在乙向法院提出追加蔡某和星河第三汽车运输公司的申请时,法院应向原告小张释明是否要将二者追加为共同被告,如果原告执意不追加,则法院不得强行追加。原告后续因同一交通事故针对保险公司再次提起诉讼的,不构成重复起诉,人民法院应当受理。

3. 根据《道路交通安全法》第73条的规定,交通事故认定书是公安机关交通管理部门根据交通事故现场勘验、检查、调查情况和有关检验、鉴定结论制作而成的,是公安机关处理交通事故的证据。由此可见,交通事故认定书具有交通事故事实认定、成因分析及责任划分的作用,是一个专业的技术性的分析结果,当然属于证据的一种形式。从《民事诉讼法》第66条规定的证据类型来看,交通事故认定书既不同于鉴定意见,也不同于证人证言,因由公安机关制作,故应为公文书。根据《民诉解释》第114条的规定,国家机关或者其他依法具有社会管理职能的组织,在其职权范围内制作的文书所记载的事项推定为真实,但有相反证据足以推翻的除外。必要时,人民法院可以要求制作文书的机关或者组织对文书的真实性予以说明。因此,交通事故认定书具有较高的证明效力,但也仅具有证明作用,并不能成为损害赔偿的当然依据,须由法院判断后再确定。当事人可以质疑交通事故认定书作为证据的真实性、可靠性和科学性,如果受害人能够提供机动车致害的证据,证明交通事故认定书存在错误,机动车方就应承担受害人有过错的举证责任。法院应对各类证据进行全面司法审查,从各证据与案件事实的关联程度、各证据之间的联系等方面综合审查判断,然后再确定该证据是否具有证明力。

答题要点

1. 尽管肇事司机甲并不是本案真正的侵权责任主体，但由于我国《民事诉讼法》第122条第2项所规定的起诉条件是“明确的被告”，而不是“适格的被告”，因此，原告小张可以将肇事司机甲作为被告诉至法院。

2. 法院应向原告小张释明是否要将三者追加为共同被告，如果原告执意不追加，则法院不得强行追加。

3. 交警大队出具的交通事故认定书只是书证的一种类型，法院有权根据案件的综合情况对其证明力予以判断。

扩展分析 **复杂纠纷中当事人地位的确定**

在交通事故侵权损害赔偿案件中，车辆所有人、驾驶人和实际支配人可能并非同一人，车辆挂靠、承包、租赁、雇佣等现象普遍存在，以及多次买卖、强制保险、商业保险等问题交织，这些均给厘清法律关系、正确划分责任带来了困难。下面以雇佣关系为例进行分析。

雇员在从事雇佣活动中致人损害的，雇主应当承担赔偿责任；雇员因故意或者重大过失致人损害的，雇主承担赔偿责任之后，可以向雇员追偿。但问题在于，雇员是否在执行职务过程中致人损害，以及雇员是否构成故意或重大过失，均有待法院进一步审查。因此，在道路交通事故赔偿案件中，受害人只起诉肇事驾驶人，而没有起诉驾驶人所在单位，法院应视情况予以处理：如果驾驶人是所在单位的雇员，且在执行职务期间发生事故，则所在单位依法应当向受害人承担替代责任，人民法院在查清相关情况后应当向受害人释明，告知其起诉驾驶人所在单位，如果受害人坚决不变更的，应当判决驳回其诉讼请求。如果不属于上述情形，应当由肇事驾驶人和所在单位承担连带赔偿责任，则人民法院可向原告行使释明权，告知其可追加驾驶人所在单位为共同被告，并记录在案。当事人坚持只起诉肇事驾驶人，不要求追究驾驶人所在单位责任的，人民法院应当予以尊重，不宜主动追加被告。

需要强调的是，无论法律关系多么复杂，最核心的法律关系依然是交通事故责任人和受害人的侵权与被侵权关系。以此关系为原点，逐一排查与之相关联的法律关系主体承担损害赔偿责任的条件与限额，结合原告诉讼请求的具体内容，兼顾当事人自由处分权利的意愿与法院查清案件事实、解决纠纷的实际需求，最终确定各主体在民事程序中的诉讼地位。

03 CASE 证据与证明

——张某机场托运行李遗失损害赔偿案

案例指引

本案例以社会生活中并不罕见的机场托运行李遗失案为蓝本，围绕这类案件的案由设定、管辖法院、适格当事人、证明对象、证明责任和证明方法展开分析。本案例重点考查对民事证据法基本原理的理解，强调民事实体法与民事程序法、民事证据法之间的关联，对考查考生系统性地运用民商事法律规则解决纠纷具有较强的参考意义。

案　情

2022年4月14日，户籍位于丁县的张某乘坐注册地在丙市的西方航空公司航班从甲市前往乙市，在甲市机场托运了一个纸箱，外有国酒茅台的商标，托运重量为7.45千克。托运时，甲市机场值机人员李某询问托运的物品，张某回答是茅台老酒。李某询问张某是否做保价，行李丢失时可以获得更多的赔偿。张某同意进行保价，并表示自己的酒每瓶值10,000元，一箱6瓶，一共是60,000元。李某表示根据西方航空公司规定，最多只能赔偿8000元。张某表示愿意多付费用，但要求进行足额保价。李某表示电脑系统根本无法录入超过8000元的保价。鉴于登机时间已近，张某无奈之下按照李某的要求在8000元的价值声明上签字，并按规定缴纳了保价费。李某打开纸箱看了一眼，在纸箱外侧贴上了"小心轻放"标志，完成了托运手续。以上对话过程有监控录像为证。

航班到达乙市后，张某因有事耽误，在行李转盘已经运行了约10分钟时才前往转盘取行李。此时，张某发现自己的托运行李不见踪迹，遂向机场行李查询处问询。行李查询处通过系统查阅发现，该件行李箱已经随飞机来到乙市机场，估计被他人领取，建议张某报案解决。

张某报警后，机场派出所调取监控录像，发现一名乘客在张某来到行李转盘之前，拿走了张某的纸箱。录像同时显示，转盘和出口处均无工作人员对乘客拿走托运行李进行检查。由于监控录像清晰度不够，已无法确认拿走张某托运行李的乘客身份。

张某认为，自己托运的是在贵州购买的茅台老酒，每瓶市场价格都在10,000元左右，一共6瓶，总价值超过60,000元人民币。西方航空公司表示可以根据保价规定，赔偿张某损失8000元。各方无法达成协议，张某拟向法院起诉，要求西方航空公司和乙市机场赔偿自己损失60,000元。

问　题

1. 哪些法院可能对本案具有管辖权？为什么？

2. 哪些主体可以是本案的适格被告？为什么？

3. 如果被告主张行李丢失的重要原因是张某有事耽误迟延到达转盘，是否应当就此承担证明责任？

4. 关于损害后果的具体数额，原告主张60,000元，被告主张8000元，此时应当由谁承担证明责任？其法律依据是什么？

5. 请结合法律规定和生活常识，分析张某可以使用哪些证据来证明自己的托运行李是6瓶茅台老酒？

解题思路

1. 题目中提到了张某的诉讼请求是要求西方航空公司和乙市机场赔偿损失60,000元，而损害赔偿既可以基于违约责任，也可以基于侵权责任。因此，本案构成了请求权竞合。根据《民法典》第186条的规定，在发生请求权竞合后，原告可以自由地选择其请求权来寻求司法保护。对此，必须根据原告选择的请求权确定案由后明确管辖法院。由于题目没有明确原告的选择，也就无法确定本案的案由究竟是合同纠纷还是侵权纠纷，因此，需要根据两种情况分别假设：(1)如果原告提起的是合同之诉，由于张某与西方航空公司之间成立的是运输合同，在题目中没有明确说明存在管辖协议的情况下，应当适用《民事诉讼法》第28条的规定来确定管辖权；(2)如果原告提起的是侵权之诉，应当适用《民事诉讼法》第29条的规定来确定管辖权。

2. 适格当事人，是指与本案争议的民事法律关系有直接利害关系的民事主体。因此，适格当事人的确定，必须首先明确本案争议的民事法律关系的性质。同前题一样，题目中并没有明确原告在请求权竞合时的选择，因此也需要根据两种情况来分别判断适格被告：

(1)如果原告提起的是合同之诉，张某购买的是西方航空公司的机票，与其自然存在合同关系，但从题目信息和生活常识上可知，旅客与机场之间并不存在直接的合同关系，旅客也并未向机场直接支付任何对价。因此，机场不是本案可能涉及的合同纠纷的主体，不能成为违约责任的适格被告。

(2)如果原告提起的是侵权之诉，直接侵权人是拿走其行李的另一旅客。但由于题目信息显示，在警方介入后，该旅客的身份依然无法确定，根据《民事诉讼法》第122条第2项的规定，民事诉讼的被告必须明确，因此该直接侵权人无法构成有效的被告，自然也就不能成为本案的适格被告。根据《民法典》第1198条的规定，机场等公共场所管理人未尽到安全保障义务导致他人损害的，应当承担侵权责任或补充责任。本案中，乙市机场作为公共场所管理人，可以适用该条规则，因而可能构成侵权责任的民事主体；而西方航空公司在交付托运行李后，成为该行李的占有人，在运输合同履行完毕之前，依据《民法典》的规定，也负有保障该行李安全的义务，而如果因为其过错致使行李遗失，西方航空公司也应承担相应的侵权损害赔偿责任，因此，其也可以构成侵权诉讼的适格被告。

3. 要确定被告是否应当承担证明责任，应当找到证明责任分配的法律依据。《民诉解释》第91条第2项规定，主张法律关系变更、消灭或者权利受到妨害的当事人，应当对该法律关系变更、消灭或者权利受到妨害的基本事实承担举证证明责任。因此，被告是否需要对此承担证明责任，关键要看这一主张是否构成法律关系变更、消灭或权利受到妨害的事实。本案可以从以下两个角度去理解。

角度一：《民法典》第832条规定，承运人对运输过程中货物的毁损、灭失承担赔偿责任。但是，承运人证明货物的毁损、灭失是因不可抗力、货物本身的自然性质或者合理损耗以及托运人、收货人的过错造成的，不承担赔偿责任。其中，“灭失”是指承运人无法将货物交付给收货人，既包括货物物质上的灭失，也包括占有的更新、丧失及法律上不能恢复占有的各种情形。被告西方航空公司可以通过主张作为托运人的张某有过错并导致标的物灭失来免除自己的赔偿责任。这一主张属于权利消灭的抗辩，西方航空公司应对待证事实承担举证责任。

角度二：《民法典》第1173条规定，被侵权人对同一损害的发生或者扩大有过错的，可以减轻侵权人的责任。被告欲主张原告张某迟延到达转盘，构成该条规定的与有过失，从而构成一种权利阻碍抗辩，因此被告需对张某有过失的事实承担证明责任。

4. 由于案情没有明确交代保价过程和国内行政规章对航空运输保价的规则，无法确定西方航空公司的8000元保价上限是否可通过格式合同解释方法或意思表示瑕疵撤销权来限制适用，故存在两种解释方案。

方案一：根据《民法典》第833条的规定，对于货物毁损灭失的赔偿额，当事人有约定的，按照其约定。8000元保价上限已经固定了损害后果，可以理解为当事人对赔偿额的约定，被告对此数额并无异议，因而该事实已经不属于证明对象。张某在托运行李时，已经签字确认了保价金额为8000元人民币。该规则构成货运合同中的责任限额条款，因此，无论张某的损害后果是多少，也无论其是否能够证明自己的损害后果，被告方需要承担的赔偿责任最高只限于8000元。现在被告已经表示愿意赔偿8000元，构成《民诉解释》第92条规定的自认，根据该条第1款的规定，对于自认的事实对方无须举证，因此损害后果的事实不构成证明对象，不存在证明责任的分配。

方案二：若8000元保价上限应被否定，则该损害结果的事实属于证明对象。8000元保价条款属于西方航空公司利用其优势地位制定的格式合同条款，且该条款是张某出于飞机即将起飞且无法左右西方航空公司系统的情况下被迫签订的。以8000元限额保价60,000元的托运货物，属于显失公平的合同，因此，该条款应被确认无效或被撤销。在否定该条款后，主张法律关系存在的当事人，应当对产生该法律关系的基本事实承担举证证明责任。当原告提起侵权之诉时，根据《民法典》第1165条的规定，应当由请求权人承担损害后果的证明责任；当原告提起的是违约之诉时，根据《民法典》第824条第2款和第510条的规定，具体的损害数额也属于请求权发生的要件事实。因此，损害后果应当由请求权人进行主张并予以证明，故而证明责任应当由张某承担。

5. 由于行李已经遗失，故本案中无直接证据证明托运行李的价值，张某只能通过大量的间接证据来予以证明。本题属于开放性试题，考生不应当拘泥于题目中的案情和素材，而应根据生活常识想方设法地提出可能的证据，从而形成证据链，举例如下：

第一，证明近期购买过茅台老酒。

若欲证明原告丢失之托运行李中的物为6瓶茅台老酒，那么必须首先证明原告近期买入并持有该6瓶茅台老酒。因此可以提供：(1)购买6瓶茅台老酒的发票；(2)运输此6瓶茅台老酒的记录，如送货上门的运货单等；(3)购买茅台老酒时的监控录像，因为茅台老酒价值不菲，其购买的商店应为一般公众认为可以买到真货的原厂、专卖店等，而此类地点一般都设有监控录像，通过监控录像可证明原告在这一地点购买了6瓶茅台老酒。

第二，证明运输了此6瓶茅台老酒到机场。

(1)证明向机场出发之时携带了6瓶茅台老酒。

此部分为证明其出发装箱时有6瓶茅台老酒，可提供监控录像、证人证言(目击其装箱者、出租车司机、送机友人等)。

(2)证明其运输意图为交易或赠与6瓶茅台老酒。

若原告来乙市之目的为交易茅台老酒，可提供下家的购货单、下家预付货款的转账记录，以证明原告意图将6瓶茅台老酒携带至乙市进行交易。若非交易，则可提供原告欲馈赠或一起品尝的证人证言及原告的当事人陈述。

第三，证明交付托运时托运物品为6瓶茅台老酒。

此部分是证明丢失行李为6瓶茅台老酒的关键，可以提供6瓶茅台老酒装箱后的重量，用以验证其托运行李重量的一致性；还可提供报案时警察所作笔录，用以证明第一时间即报警求助，警方记录丢失物品与原告一直之主张一致。托运时的监控录像，可以证明承运人认可托运行李为贵重的茅台老酒，并进行了验视。现实案例中还有多人提供行李安检X光照片，证明原告托运之行李为6瓶茅台老酒；结合原告的陈述和其他证据，可以证明系6瓶茅台老酒。

张某和李某在托运时的对话记录也是证明托运内容的重要间接证据，如果能够说服李某出庭作证，证明其与张某的对话过程和自己检查行李时看到的内容，将更有利于张某的事实主张。

通过上述证据，可以看到原告的动机、购买茅台酒之行为、将茅台酒运输至机场之行为、托运之行为是连贯的，可以认为原告"有很大可能"托运的是6瓶茅台老酒。

答题要点

1. 本案存在请求权竞合，如果原告选择提起违约之诉，根据《民事诉讼法》第28条的规定，甲市法院、乙市法院和丙市法院分别作为运输始发地、目的地和被告住所地法院，有权管辖本案。如果原告提起侵权之诉，则根据《民事诉讼法》第29条的规定，乙市法院和丙市法院分别作为侵权行为地和被告住所地法院，有权管辖本案。

2. 本案存在请求权竞合，如果张某提起违约之诉，则只有合同相对方西方航空公司可以作为本案的适格被告。如果张某提起的是侵权之诉，则西方航空公司和乙市机场均可能作为侵权责任的承担者，构成适格被告。

3. 被告应当对此承担证明责任。被告的这一主张在合同法上构成权利消灭事由，属于权利消灭抗辩，在侵权责任法上意味着原告对损失的发生存在过错，构成与有过失，属于减责事由，构成权利妨害抗辩。无论是权利消灭抗辩还是权利妨害抗辩，都应由权利的相对方，即被告方来承担证明责任。

4. 第一种思路：该事实不构成本案有效的证明对象，因此无须任何一方当事人承担证明责任。本案的责任赔偿限额条款决定了本案最高赔偿额就是8000元，被告现已自认构成满额损失，因此法院应认定本案的损害是8000元，原告再行举证构成徒劳，无须承担证明责任。

第二种思路：应当由原告承担证明责任。无论是基于《民法典》第1165条提起侵权之诉，还是基于《民法典》第833条提起违约之诉，损害后果都属于请求权发生的重要的要件事实。根据相应的请求权基础，损害后果的证明责任应当由权利的主张者即本案原告张某就具体的损害金额承担证明责任。

5. 此部分是开放式答案，可参考前述解题思路，从购买环节、行李托运环节、行李丢失后的表现等方面来证明张某有购买和运输茅台老酒的意图与可能。

扩展分析　证明责任

证明责任是民事证据法的脊梁，是贯穿民事证据规则和民事证明理论的重大问题。要理解证明责任的概念和分配，需要注意以下内容：

1. 证明责任的概念。证明责任，是指作为裁判基础的法律要件事实在诉讼中处于真伪不明状态时，由负有证实该法律要件事实责任的一方当事人承受不利裁判后果的风险。证明责任是大陆法系的概念，《民诉解释》采取了"举证证明责任"的说法，但中国理论界更为熟悉的提法依然是证明责任。2019年《证据若干规定》修改时，又在行为意义上使用了"举证责任"的概念，所以可以认为，证明责任和举证责任的二元划分依然是我国的主流理论。在理解证明责任时，要将行为意义上的举证责任与结果意义上的证明责任予以区分。

2. 证明责任与证明对象的关系。只有确定了有效的证明对象，才谈得上证明责任的分配。不能笼统地谈论一个案件的证明责任，必须就个案中具体的争议事实来确定证明责任的分配问题。要确定有效的证明对象，就必须分析原告的诉讼请求所依据的民事实体法基础，从而确定相关的构成要件和待证事实。如果一个事实不属于原告请求权基础的要件事实（如加害人是否有过错就不属于违约之诉的构成要件），那么即使该事实争议再大，也不构成证明对象，因而也不存在证明责任的分配问题。

3. 证明责任的分配，必须依据实体法律规范。《民诉解释》第91条确立了证明责任的基本分配原则：(1)主张法律关系存在的当事人，应当对产生该法律关系的基本事实承担举证证明责任；(2)主张法律关系变更、消灭或者权利受到妨害的当事人，应当对该法律关系变更、消灭或者权利受到妨害的基本事实承担举证证明责任。2019年《证据若干规定》修正时也删掉了2001年该司法解释直接分配合同、侵权、劳动争议等案件证明责任的条文。因此在具体案件中，需要分析相关的待证事实究竟属于权利发生的要件事实，还是属于权利妨碍或权利消灭的要件事实，从而有效地完成证明责任的分配。需要特别强调的是，证明责任的分配规则并不是《民诉解释》第91条，该条仅仅是证明责任分配的一般原理。真正分配证明责任的规则必须是实体法规则。在回答主观题目时，当题目问及证明责任分配规则时，作答不能援引

《民诉解释》第 91 条,而应当准确识别相应的实体法规则,并以其为依据分配证明责任。

4. 证明责任与证明方法的关系。证明责任解决的是最终待证事实真伪不明时不利后果的承担问题。在绝大多数案件中,无论是否承担证明责任,双方当事人及其代理人都应当积极地运用各种证明方法,提供证据去证明自己的事实主张,以便法官形成对己有利的心证。为此,当事人既需要有较高的收集保全证据的意识,也需要在没有办法找到直接证据时开动脑筋,尽量通过各种间接证据来形成证据链,便于法官作出更可靠的事实推定。必须反对那种认为根据法律不承担证明责任者就无须举证的错误认识。

04 CASE 一审程序

——甲公司请求确认乙公司与丙公司买卖合同无效案

案例指引

本案例的来源是最高人民法院指导案例，主要考查对管辖制度、当事人制度以及诉的基础理论的理解。同时，案件涉及撤销权诉讼的特殊性质等问题，对综合理解复杂民事纠纷在民事诉讼中的解决方法具有较强的参考价值。

案　情

住所地位于上海市黄浦区的乙公司曾向位于北京市海淀区的甲公司购买钢材，欠付钢材款1000万元。2022年6月1日，乙公司与位于杭州市余杭区的丙公司达成买卖合同，将乙公司持有的一座位于北京市海淀区的商业用房所有权（市值约1500万元），作价1000万元卖与丙公司，合同中订立有仲裁条款，约定“与该买卖合同有关的一切争议（包括但不限于合同的效力、履行、解除和违约赔偿）均由北京仲裁委员会处理”。6月5日，乙丙二公司完成了房屋所有权的变更登记，6月6日丙公司向乙公司汇款1000万元后，乙公司当天将该笔款项转至丁公司账下，冲抵其欠丁公司的工程款。至此，乙公司名下没有任何有价值的财产。

甲公司知悉该笔交易详情后，很快查明乙公司的法定代表人与丙公司的法定代表人系舅甥关系，遂于8月1日向北京市海淀区人民法院起诉乙公司与丙公司，以乙公司和丙公司恶意串通订立合同，损害自己利益为由，请求确认乙公司与丙公司的买卖合同无效，并要求变更登记，将房屋所有权复归至乙公司名下。

问　题

1. 假如甲公司在起诉前，先向北京仲裁委员会申请仲裁，请求确认乙公司与丙公司的合同无效。北京仲裁委员会是否应当受理该案？

2. 北京市海淀区人民法院对本案是否享有管辖权？

3. 甲公司请求将涉案房屋复归至乙公司名下，是否违反了处分原则？

4. 假如诉讼中三公司私下达成和解协议，约定由丙公司直接向甲公司支付1000万元货款以清偿甲公司对乙公司的债权，三方之间的纠纷就此了结。现三公司申请法院根据和解协议制作调解书，法院应当如何处理，为什么？

5. 假如法院作出生效判决，驳回甲公司的全部诉讼请求，甲公司是否还可以乙公司以明显不合理的低价转让财产，对其造成损害，且丙公司知情为由，请求撤销乙丙公司的购房合同？

解题思路

1. 根据题目，乙公司与丙公司的合同中的确约定了仲裁协议，将与合同有关的一切争议都提交给北京仲裁委员会解决。但是，这一仲裁协议只约束乙公司和丙公司两方当事人。甲公司并非购房合同和仲裁协议的主体，是否也应受仲裁协议的约束呢？一般认为，仲裁协议是启动仲裁的前提条件，甲公司不是仲裁协议主体，仲裁机关不能受理其仲裁申请。从实务案例来看，国内外均无仲裁协议以外的第三人通过仲裁来确认他人之间的合同无效的先例。因而本案应当类推适用《民法典》第539条的规则，允许甲公司作为债权人向人民法院起诉来确认他人的法律行为无效。北京仲裁委员会对该案无主管权限。

2. 欲确定北京市海淀区人民法院是否有管辖权，应当首先确定法院系统对本案是否有主管权。根据前一问的分析，本案的确应当由法院主管。但在确定法院主管之后，还需要判断本案的管辖法院。

本案系确认合同无效并解决无效后的返还问题，合同标的物是涉案房屋，有不动产纠纷的嫌疑。但根据《民诉解释》第28条第1款、《民事诉讼法》第34条第1项的规定，不动产纠纷是指因不动产的权利确认、分割、相邻关系等引起的物权纠纷；因不动产纠纷提起的诉讼，由不动产所在地人民法院管辖。由此可见，商品房买卖合同并不属于不动产纠纷，因而不适用专属管辖，应按照《民事诉讼法》第24条的规定，由被告住所地和合同履行地法院管辖。本案被告乙公司和丙公司的住所地分别是上海市黄浦区和杭州市余杭区，根据《民诉解释》第18条第2款，交付不动产的，不动产所在地为合同履行地，因此本案的房屋所在地北京市海淀区人民法院根据合同履行地这一连结点，可以取得对本案的管辖权。

同时从级别管辖来看，本案的涉案标的物价值1000万元，且双方当事人不在同一省级辖区。根据最高人民法院《关于调整中级人民法院管辖第一审民事案件标准的通知》（法发〔2021〕27号）的规定，对于当事人一方住所地不在受理法院所处省级行政辖区的案件，中级人民法院管辖诉讼标的额1亿元以上的第一审民事案件。因此，北京市海淀区人民法院作为基层法院，对本案有管辖权。

3. 处分原则，是指当事人有权在诉讼中自行行使其诉讼权利和实体权利。本案中即便合同无效或被撤销，房屋产权也应当复归到乙公司名下，因此，只有乙公司才能行使返还原物请求权；甲公司代替乙公司主张复归房屋所有权，需要从民事实体法上找到依据，否则就构成了对处分原则的违反，应当予以禁止。

在本案中，乙丙公司存在低价转卖财产的主观故意，从而导致甲公司的债权无法得到实现，因此即便合同被确认无效，如果不能将乙公司的财产复归至其名下，甲公司的债权也依然无法得到保障。由此可见，本案中原告甲公司利益受损害是因为乙公司低价转让自己的财产，使其财产不足以清偿对甲公司的债务，故而要对甲的债权进行保全，就必须允许甲公司通过诉讼的方式，扩大乙公司责任财产的范围。我国《民法典》在债的保全中的重要措施之一就是《民法典》第535条的债权人代位权。债权人通过行使债权人代位权可以突破合同的相对性,代债务人向次债务人主张债务人的权利。本案在合同被确认无效后,乙公司将对丙公司享有返还请求权,故可以将甲公司请求法院判令将房屋复归到乙公司名下的主张视为其提起了债权人代位权诉讼,甲公司在明知乙公司会怠于行使其权利时,代乙公司要求次债务人丙公司返还原物。过去,最高人民法院《关于适用〈中华人民共和国合同法〉若干问题的解释(一)》(已失效)第13条曾将我国代位权诉讼保全的债权限定为金钱债权,但《民法典》第535条已经修改为债权人可“向人民法院请求以自己的名义代位行使债务人对相对人的权利”。由于前述缺乏法律和法理依据的规则已经被废止,故债权人应可向次债务人主张债务人的物权请求权而提起代位权诉讼。《合同编通则解释》第46条亦肯定了债权人在撤销权诉讼中可以同时请求债务人的相对人向债务人承担返还财产、折价补偿、履行到期债务等法律后果,本案可以类推适用该条。因此,本案中甲公司可以提起相应的代位权诉讼。由于存在实体法和程序法上的依据,所以甲公司的这项诉讼请求并不违反民事诉讼上的处分原则。

4. 本案甲公司的诉讼请求是确认乙、丙公司合同无效,并要求恢复乙公司的房产登记。但三方主体在诉讼中达成的和解协议的内容却是丙公司直接偿付甲公司债权,与诉讼请求并不符合,且该笔债务在审判过程中并未得到实质审理,对此法院是否能够直接出具调解书?

根据最高人民法院《关于人民法院民事调解工作若干问题的规定》第2条第1款的规定,当事人在诉讼过程中自行达成和解协议的,人民法院可以根据当事人的申请依法确认和解协议制作调解书。因此,即便和解协议的达成没有法院的参与,也并不影响法院对此制作调解书。根据该规定第7条,调解协议内容超出诉讼请求的,人民法院可以准许。故对于一般的调解协议,即便其内容与诉讼请求不相符,也不影响法院根据该调解协议制作调解书。

本案的特殊之处在于,和解协议的内容超出了诉讼请求,和解协议的达成又没有法院的参与,此时法院能否对此直接制作调解书予以确认。法律和司法解释对此并没有直接的规定,但从立法体系上看,由于调解是我国民事诉讼的一项基本原则,所以鼓励调解协议的达成是我国《民事诉讼法》的一项立法初衷。只要和解协议的内容不违反自愿合法的原则,人民法院通过调解书对此予以确认,并无障碍,也符合立法精神。因此,本案中法院应当同意当事人的请求,制作调解书。

5. 这一问题涉及确认合同无效之诉与撤销权诉讼是否构成同一诉讼。根据《民诉解释》第247条,判断一事不再理采取的是三同说,即当事人、诉讼标的与诉讼请求相同。本案中前后两诉当事人相同,诉讼请求高度雷同,因而核心在于判断两诉的诉讼标的是否相同。虽然二者援引的是不同的法条,从诉的类型上看,一个属于确认之诉,另一个属于形成之诉;但从构成要件和法律效果上看,二者其实又高度一致。因此,有两种不同的解释方案。

判断一:确认合同无效之诉与撤销权诉讼的诉讼标的完全不同。前者是依据《民法典》第154条提起,后者是依据《民法典》第539条提起,有除斥期间的限制。由于两诉在诉讼标的上的区别,因此后诉构成新的诉讼。

判断二:两个诉的诉讼标的是同一的。虽然两个诉的法律依据存在区别,但是从实质构成要件和法律效果上看,二者具有高度的统一性。虽然撤销权有明确的除斥期间的规定,而确认之诉在证明标准上要达到排除合理怀疑的程度,但从立法目的来看,二者都是为了保证交易秩序的稳定,确认之诉同样需要一定的时间限制,完全应当类推适用撤销权诉讼的除斥期间。虽然证明标准对恶意串通有更高的要求,但从证明方法上看,也只能通过关联交易这种方法来证明当事人之间互相知情,因而确认之诉与撤销权诉讼没有本质的区别。由于诉讼标的也具有同一性,所以前后二诉本质上是同一个诉,法院不能再次受理。

答题要点

1. 北京仲裁委员会不能受理本案。根据《仲裁法》第4条的规定,当事人采用仲裁方式解决纠纷,应当双方自愿,达成仲裁协议。没有仲裁协议,一方申请仲裁的,仲裁委员会不予受理。本案中,甲公司并非仲裁协议的缔约人,因此无权向北京仲裁委员会申请仲裁,即使甲公司申请仲裁,仲裁委员会也应不予受理该案。

2. 北京市海淀区人民法院有管辖权。因为本案应当由法院主管,而本案非不动产物权纠纷,不构成专属管辖,故应当由被告住所地或合同履行地法院管辖。海淀区是合同交付的不动产所在地,海淀区人民法院依法属于合同履行地法院,可以对本案享有管辖权。

3. 没有违反处分原则。甲公司请求将涉案房屋复归到乙公司名下,是为了确保乙公司的责任财产不受侵害,从而确保自己的债权能够实现。这实质上是债的保全的一种方式,符合《民法典》第535条规定的行使代位权的条件。因此,这一请求其实是甲公司针对乙公司怠于保护自己责任财产的一种救济手段,可以视为向法院提起的代位权诉讼。虽然甲公司的请求内容是其代乙公司作出的,但由于存在民事实体法和程序法上的依据,甲公司享有这一权利,故并不违背民事诉讼中的处分原则。

4. 根据相关司法解释的规定,调解协议的内容可以超出诉讼请求的范围。当事人自行达成和解协议的,可以与调解协议产生同样的效果,当事人可以申请法院根据协议内容制作调解书。本案中,三方自愿达成和解协议,内容并不违反法律的强制性规定,因此,法院应当认可该协议,制作调解书,经送达各方当事人后发生终结诉讼的法律效力。

5. 答案一:根据《民诉解释》第247条的规定,前后两诉的诉讼标的不同就构成不同的诉。本案前诉是基于《民法典》第154条提起的确认合同无效之诉,后诉是基于《民法典》第539条提起的撤销权诉讼,二者的法律依据不同,因此诉讼标的也不同,不构成一事不再理,法院应当受理。

答案二:根据《民诉解释》第247条的规定,如果前后诉当事人、诉讼标的和诉讼请求具有实质的同一性,则构成重复起诉。本案前后诉当事人完全相同,诉讼请求本质上都是要否定合同效力,尤其是在前诉判决驳回请求后,后诉以撤销的方式依然要否认前诉判决已经认可的合同效力,而诉讼标的也都指向乙公司和丙公司基于关联关系以明显不合理的低价转让财产的行为,因此在构成要件和法律效果上前后诉完全相同。前后二诉满足《民诉解释》第247条重复起诉的全部条件,法院不应再受理。

扩展分析 **起诉条件的判断**

本题考查确认他人合同无效纠纷案件的受理条件,需要结合《民事诉讼法》第122条、第127条以及《民诉解释》的相关规则予以完整梳理。

1. 在主管和管辖问题上,需要先确定法院对案件是否有主管权限,然后再讨论哪一法院对案件有具体的管辖权。在主管问题方面，较为特殊的是在代位权、撤销权诉讼中，原合同如果存在仲裁协议，代位权诉讼和撤销权诉讼由于是债的保全的特殊渠道，根据《民法典》的规定，此类案件只能向人民法院提出。因此，除非当事人达成专门的仲裁协议，否则该类案件应由人民法院主管，原仲裁协议不能阻碍人民法院的主管权。在管辖问题方面，需要按照相应的顺序，先考虑专属管辖、协议管辖等特殊管辖规则的适用，再考察地域管辖并确定级别管辖，只有这样方能对案件有全面准确的定位。

2. 在当事人适格问题的判断上，原则上应当根据民事法律关系的主体来确定当事人是否适格。此外，当事人适格的判断上还有一些例外情况，某些非民事法律关系或民事权利的主体也可以作为适格的当事人。例如，根据法律规定，依法对他人的民事法律关系或民事权利享有管理权的人，如破产程序中的清算组、遗产管理人、遗嘱执行人，就其管理的财产所发生的民事争议，可以成为适格当事人；再如，在确认之诉中，对诉讼标的有确认利益的人，即便提起的是消极确认之诉，也可以作为适格当事人。

3. 在一事不再理问题上，应当根据《民诉解释》第 247 条规定的内容，做系统全面的检索分析，判断前后诉在实质的当事人、诉讼标的和诉讼请求上是否具有一致性，从而准确判断是否构成重复起诉。后诉与前诉的当事人相同，不仅指当事人完全一致，也可以是后诉的当事人均包含在前诉的当事人之中。与当事人在前后两诉中的地位无关，只要是在上述当事人的范围内，即可认定后诉与前诉的当事人相同。后诉与前诉诉讼标的一致，是指两诉在实体法上争议的权利义务关系完全一致，二者的实体权利义务具有同一性。诉讼请求相同的情形一般是后诉的诉讼请求与前诉的诉讼请求完全一致，或后诉的诉讼请求包含于前诉诉讼请求的诸项之中，后诉的诉讼请求蕴含在前诉的诉讼请求之中，后诉的诉讼请求包含在前诉的先决问题之中。需要注意的是，以上三个条件只有在同时符合时才构成重复诉讼，才适用一事不再理原则，三者缺一不可。

05 CASE 再审程序

——甲诉A公司环境侵权案

案例指引

本案例通过一个简单的环境侵权案件,将再审程序所涉及的再审事由、再审审理范围、检察监督案件的处理以及案外人权利救济等问题串联成一个整体进行分析,目的在于使考生对审判监督程序设置的本质(纠正已经生效的民事裁判文书中的错误,确保裁判的正确性和合法性)有更深的理解。

案　情

甲自2009年9月1日起承包村集体管理的内堤河养鱼。2011年8月23日,甲发现从内堤河自北向南流来的水乌黑发臭,致使甲144亩水域大小鱼类全部死亡。甲声称,A公司在徐杭河设置了三个排污口,从2011年8月开始陆续向河内排污,而徐杭河通过沿河与内堤河相通;正是A公司的排污行为,导致污水通过上述河流流入甲所承包的内堤河养鱼河段,造成鱼虾全部死亡的严重后果。在与A公司协商未果后,甲将A公司诉至某基层法院,要求A公司承担甲因此次水质污染致鱼类死亡所遭受的损失50万元。在案件的审理过程中,为确定甲的损失数额,一审法院根据甲的申请,委托B资产评估公司于2011年10月18日作出001号鉴定报告书,鉴定结论为甲因鱼死亡损失38万元。甲先行垫付鉴定费2万元,并增加诉讼请求要求A公司承担本案鉴定费用。一审法院判定A公司赔偿甲38万元,于判决生效之日起5日内付清。上诉人(原审被告)A公司不服一审法院判决,提起上诉。二审法院判决驳回上诉,维持原判。

二审判决生效后,A公司拒不履行判决,甲向法院申请强制执行。在执行的过程中,法院查封了A公司名下的紫光综合大楼。此时,案外人C建筑公司向法院主张该查封行为侵犯自身合法权益,因为其对该综合大楼享有建设工程优先受偿权。

A公司对二审判决不服,申请再审。A公司申请再审时声称,原一审法院认定甲遭受损失的依据是B资产评估公司作出的001号鉴定报告书,但B资产评估公司并不具备司法鉴定资质,也无从事渔业损失鉴定的相关资质,缺乏鉴定基础。除此之外,该鉴定报告书未经庭审质证即被一审法院作为定案根据,属于程序违法。法院受理了A公司的再审申请并裁定再审。

在案件的审查过程中,再审法院发现,原一审法院对甲"要求A公司承担其预支的2万元鉴定评估费"的诉讼请求并未予以处理。

问　题

1. 事实一，A公司在徐杭河设置排污口向外排放污水；事实二，徐杭河和沿河河中的鱼类一直正常生存，没有发生水质污染导致鱼类死亡事件，并吸引很多垂钓者前来钓鱼；事实三，甲因所饲养鱼虾全部死亡而遭受50万元损失；事实四，甲在发现部分鱼虾出现死亡迹象后未及时采取有效措施隔断内堤河受污染水源。以上事实应该由谁承担证明责任？简要说明理由。

2. A公司向法院申请再审的同时可否向检察院申请抗诉？简要说明理由。

3. A公司对二审判决不服，欲申请再审，应向哪级法院提出？如果该法院审查之后认为，A公司的再审事由成立，此时应当由哪级法院再审本案？简要说明理由。

4. A公司申请再审所依据的理由应当是什么？简要说明理由。

5. 对于原一审法院遗漏的诉讼请求，再审法院应该如何处理？简要说明理由。

6. 案外人C建筑公司可以通过何种救济途径来维护自身合法权益？简要说明理由。

解题思路

1. 本题考查的是证明责任的分配。《民事诉讼法》第67条第1款规定，当事人对自己提出的主张，有责任提供证据。学者将其归纳为“谁主张，谁举证”原则。依此原则，无论是原告、被告，共同诉讼人、诉讼代表人，还是诉讼中的第三人，都有责任对自己的主张提供证据并加以证明。由于法律上关于证明责任的规定过于原则，为了适应司法实践的需要，《民诉解释》对证明责任的分配作了进一步规定。《民诉解释》第91条规定，人民法院应当依照下列原则确定举证证明责任的承担，但法律另有规定的除外：(1)主张法律关系存在的当事人，应当对产生该法律关系的基本事实承担举证证明责任；(2)主张法律关系变更、消灭或者权利受到妨害的当事人，应当对该法律关系变更、消灭或者权利受到妨害的基本事实承担举证证明责任。

但是，随着当代科技的发达，大规模的经济开发和基础设施建设、大量生产大量消费的流通消费体制的形成等急剧的社会发展与变迁情况，在使财富增长和日常生活变得更加便利的同时，也引发了严重的环境污染和对消费者权益的结构性侵害等社会问题。在这类特殊的案件类型中，当事人双方的力量对比不均衡，证据及必要的科技知识往往集中分布在作为加害方的被告手里，作为原告的被害方经常面临举证困难的处境。这种情况下，如果仍然严格地要求在实体法上负有一般举证责任的原告承担举证失败的不利后果，有时显然会带来严重的有悖于实质正义或实质上不公平的问题。此时，法律必须作出调整，免除由原告对主张的事实首先进行证明的责任，而确定由被告承担证明责任。本案所涉及的因环境污染引起的损害赔偿诉讼即是此类特殊情形。根据《民法典》第1230条的规定，因污染环境发生纠纷，污染者应当就法律规定的不承担责任或者减轻责任的情形及其行为与损害之间不存在因果关系承担举证责任。需要注意的是，存在举证责任倒置的案件，绝对不意味着所有的案件事实都“倒置”给对方当事人承担，而仅仅意味着将某类特殊案件中的部分要件事实的举证责任倒置给对方当事人承担。对于法律未作特殊调整的其他构成侵权的要件事实,即加害行为和损害后果的存在,都仍由受害方承担证明责任。结合本案具体情况,事实二属于行为与损害之间不存在因果关系的例证,事实四属于因甲自身存在过错而致A公司责任减轻的具体情形,应由污染者即被告A公司承担证明责任;而事实一属于A公司的加害行为,事实三属于甲所遭受的损害后果的存在,都仍应由受害方即甲承担证明责任。

2. 本题考查的是启动再审的途径。启动再审程序的渠道主要有三个:第一,当事人申请再审;第二,人民法院依职权启动再审;第三,人民检察院抗诉启动再审。在司法实践中,当事人为了确保再审程序的启动,往往是既向人民法院递交再审申请书,同时也向人民检察院递交抗诉申请书。由于法院和检察院在审查方面的时间不一致,常常会出现检察院针对原审生效裁判的抗诉书到达法院的时候,法院早已经过再审审查撤销了原审生效裁判,这极易导致再审程序的混乱以及司法资源的浪费。

为了解决再审启动时当事人多头申请、重复申请导致司法资源浪费的问题,2012年《民事诉讼法》作出调整,规定检察监督要在当事人穷尽法院系统内救济渠道的情况下方能启动,即只有在以下三种情况下,当事人才可以向人民检察院申请检察建议或者抗诉:(1)人民法院驳回再审申请;(2)人民法院逾期未对再审申请作出裁定;(3)再审判决、裁定有明显错误(《民事诉讼法》第220条第1款)。立法者希望通过对当事人向检察机关申请检察监督进行适当规制,形成再审启动机制上"法院纠错先行,检察监督在后"的局面,鼓励当事人在穷尽法院系统内的救济渠道后,再启动检察监督机制,从而适度限制再审的启动,确保司法的终局性。同时,为了确保对再审裁判的监督,检察院有权根据当事人的申请或主动依职权对有明显错误的再审判决、裁定提出抗诉或者再审检察建议,人民法院不得以次数为由不予受理。

3. 本题考查的是再审法院的确定。首先需要明确的是,民事再审审查和再审审理是审判监督程序的不同阶段。民事再审审查的主要任务是依据再审审查程序对再审申请是否符合法定再审事由进行审查,决定是否裁定再审。民事再审审理的主要任务是依据再审审理程序对裁定再审的案件进行审理,确定生效裁判是否确有错误,依法作出再审裁判。两个阶段具有不同的功能和裁判标准(《第一次全国民事再审审查工作会议纪要》第5条)。因此,再审审查的法院与再审审理的法院不一定是同一个。

我国再审程序的启动有三种方式,针对三种因不同主体引起的再审程序,法律亦规定了不同的审理法院。2007年《民事诉讼法》修改之前,当事人对于生效裁判不服的,可以向原审人民法院申请再审,也可以向上一级人民法院申请再审。2007年法律修改作出调整,取消了"原审法院"的再审审查权,将当事人的再审申请完全交由"上一级法院"审查,导致司法实务中大量申请再审的案件涌向最高人民法院和各高级人民法院,案件审查工作量陡增。为此,2012年法律修改再次作出调整,将部分案件的再审审查权重新下放至原审法院。当事人一方人数众多或者当事人双方为公民的案件,也可以向原审人民法院申请再审(《民事诉讼法》第210条)。当然该项选择权仍然由当事人享有。实务中当事人的再审申请"上提一级"受理仍是主流。2021年最高人民法院《关于完善四级法院审级职能定位改革试点的实施办法》(以下简称《试点实施办法》),其中第11条至第16条调整了《民事诉讼法》第210条关于再审申请原则上应"上提一级"的规定,明确了对于高级人民法院作出的生效民事裁判,以向原审高级人民法院申请再审为原则,只有在"认为适用法律有错误"和"高级人民法院审判委员会讨论决定”两种例外情况下，才可以向最高人民法院申请再审，由此进一步限缩了向最高人民法院申请再审的案件范围。需要注意的是，当事人对中级、专门人民法院作出的民事判决、裁定，认为有错误的，仍然可以向高级人民法院申请再审，不得参照适用《试点实施办法》第11条的规定。

2015年出台最高人民法院《关于民事审判监督程序严格依法适用指令再审和发回重审若干问题的规定》（以下简称《指令再审和发回重审规定》），要求作出再审裁定的上级法院应以提审为原则，仅在原审裁判符合“主要证据未经质证”“依申请应调查收集的证据却未调查收集”“剥夺当事人辩论权利”等法定事由，或者生效裁判为第一审法院作出、当事人一方人数众多或双方均为公民等情形下，上级法院才可以指令再审（《指令再审和发回重审规定》第2条、第3条）。《试点实施办法》第13条、第14条进一步明确，最高人民法院裁定再审的案件，对于具有普遍法律适用指导意义且存在“类案不同判”情形的，应当以提审为原则，而对于案件可能存在基本事实不清、诉讼程序违法、遗漏诉讼请求，或虽适用法律可能存在错误，但不具有法律适用指导意义的情形，则可以交由原审高级人民法院审查。

人民检察院提出抗诉的案件，法院应当启动再审。但《民事诉讼法》对检察院应当向哪级法院抗诉，由哪级法院再审案件，都没有作出具体明确的规定。在实践中，通常采用“级别对等”原则，即最高人民检察院只能向最高人民法院提出抗诉，而上级人民检察院只能向其同级人民法院提出抗诉。根据《指令再审和发回重审规定》第2条第2款的规定，因抗诉而启动的再审原则上由接受抗诉的法院进行再审，除非原审法院在事实认定上出现了问题，则可以将案件指令下级法院再审。

对于法院主动启动的再审程序，《民事诉讼法》第209条规定，各级人民法院院长对本院已经生效的裁判，发现确有错误需要再审的，应当提交审判委员会讨论决定是否再审。最高人民法院对地方各级人民法院已经生效的裁判，上级人民法院对下级人民法院已经生效的裁判，发现确有错误需要再审的，有权提审或者指令下级人民法院再审。《指令再审和发回重审规定》第2条第3款对此作出调整，原则上应提审，而不应指令再审。

4. 本题考查的是再审的法定事由。《民事诉讼法》第211条第4项规定，原判决、裁定认定事实的主要证据未经质证的，当事人申请再审的，人民法院应当再审。该条规定了主要证据未经质证事由属于程序性再审事由。未经质证的证据，不能作为认定案件事实的依据。证据只有经过质证，才能查明真伪；与待证事实相关联，来源和形式符合法律规定的证据，才能作为定案的依据。2019年《证据若干规定》第60条在原第47条的基础上增加了质证的场景与形式：除了在法庭出示的质证环节之外，当事人在审理前的准备阶段或者人民法院调查、询问过程中发表过质证意见的证据，视为质证过的证据；除了以言辞形式进行的质证之外，法院在听取对方当事人意见后认为有必要的，可以准许当事人以书面方式发表质证意见。

还需要注意的是，这里未经质证的证据系主要证据，即认定案件基本事实所必不可少的证据。根据《民诉解释》第333条的规定，用以确定当事人主体资格、案件性质、民事权利义务等对原判决、裁定的结果有实质性影响的事实，都属于基本事实的范畴。在本案中，甲起诉要求A公司承担侵权损害赔偿责任的前提之一，是确定其因污染而遭受损失的具体数额，因而这属于案件基本事实。法院认定甲遭受损失的依据是B资产评估公司作出的001号鉴定报告书，属于《民事诉讼法》第211条第4项中所规定的“认定事实的主要证据”。由于该证据未经质证,故A公司可以此为由申请再审,法院应当再审。

5.本题考查的是再审程序的审理范围。再审程序审理范围的确定需要结合以下几个因素综合考量:其一,再审申请人所提出的再审事由的具体内容。在不考虑被申请人及原审其他当事人可能提出再审请求的情况下,人民法院审理再审案件应当围绕再审请求进行。当事人的再审请求超出原审诉讼请求的,不予审理。人民法院经再审,发现已经发生法律效力的判决、裁定损害国家利益、社会公共利益、他人合法权益的,应当一并审理(《民诉解释》第403条第1款和第3款)。由此可以看出,在因当事人申请而启动的再审程序中,再审的审理范围原则上由再审申请人提出的再审事由限定。除了发现原审裁判还存在损害国家利益、社会公共利益或他人合法权益的错误等例外情形,法院都不宜主动把申请人并未主张的再审事由作为审理对象。其二,是否行使过上诉这一常规程序性救济权。当事人对原判决、裁定遗漏或者超出诉讼请求的再审申请,人民法院应当再审(《民事诉讼法》第211条第11项),但当事人未对一审判决、裁定遗漏或者超出诉讼请求提起上诉的除外(《民诉解释》第390条)。这一条款否定了在上诉请求中未坚持一审诉讼请求的原告就漏判申请再审的权利。其三,是否具有另诉可能性。无论当事人是否在上诉中主张被遗漏的诉讼请求,由于法院直至作出生效裁判时都未就此裁判,故当事人均可另行起诉。即使当事人未在上诉中坚持一审中的诉讼请求,也不宜否定其寻求实质救济的权利。在本案中,对于一审所遗漏的"鉴定费分配"的诉讼请求,并不涉及公共利益,属于当事人私权处分的范围,甲既未对此遗漏事项提起上诉,也未申请再审,且《民诉解释》第247条所规定的重复起诉标准并未限制甲就被遗漏的鉴定费用另行起诉的资格。因此,再审法院即便在审理过程中发现一审法院遗漏处理当事人提出的诉讼请求,也不得主动干预。

6.本题考查的是案外人的救济途径。在我国现有的法律框架下,案外人的救济途径因涉案标的是否进入执行程序而有所差异。

(1)涉案标的已经进入执行程序:案外人可以就执行标的向法院提出书面异议,人民法院应当自收到书面异议之日起15日内审查,审查内容包括案外人是否系权利人、该权利的合法性与真实性、该权利能否排除执行。人民法院在审查时应当以形式审查为原则,有登记的,按照登记机构的登记判断;无登记的,按照合同等证明财产权属或者权利人的证据判断。法院认定理由不成立,裁定驳回的,案外人对裁定不服,希望通过诉讼对执行标的的权利重新确认的,应当根据其权利主张与原判决、裁定之间的关系,依法选择通过审判监督程序或者执行异议之诉维护其合法权益。

执行程序启动后,执行异议之诉是为保护案外人权利提供的司法救济途径,执行异议之诉针对的是执行行为本身。其核心在于以案外人是否对执行标的具有足以阻却执行程序的正当权利为前提,就执行程序应当继续还是应该停止作出评价和判断。但如果案外人权利主张所指向的民事权利义务关系或者其诉讼请求所指向的标的物,与原判决、裁定确定的民事权利义务关系或者该权利义务关系的客体具有同一性,执行标的就是作为执行依据的生效裁判确定的权利义务关系的特定客体,则属于"认为原判决、裁定错误"的情形,案外人可以按照审判监督程序,向作出原判决、裁定、调解书的人民法院申请再审(《民事诉讼法》第238条、《民诉解释》第421条)。案外人提起执行异议之诉必须经过执行异议审查的前置程序,即执行法院已经作出执行异议审查的裁定,案外人对裁定不服的,可以提起执行异议之诉。

(2)涉案标的还未进入执行程序:《民诉解释》第421条明确把案外人申请再审的情形限

定于原生效裁判或调解书已经进入执行程序,且案外人依据《民事诉讼法》第 238 条提出执行异议又被驳回,其认为生效且处于执行过程中的法律文书存在侵害其权益的错误的情形。如果涉案标的未进入执行程序或《民事诉讼法》第 238 条规定的执行异议尚未提出,除非案外人属于原生效判决遗漏的必要共同诉讼当事人,否则只能选择第三人撤销之诉来寻求救济。尽管如此,依然不能排除在某些案件中可能同时符合两种救济程序的情形。为了避免程序混乱和冲突,《民诉解释》第 299 条和第 301 条分别从程序合并和程序选择适用角度,力图理顺两者关系,避免"一案双轨"。概言之,一是通常以再审程序吸收撤销之诉。撤销之诉审理期间,原裁判被再审的,撤销之诉并入再审,但有证据证明原审当事人恶意串通的,优先审理第三人撤销之诉,中止再审(《民诉解释》第 299 条)。二是原审案外人只能选定一条救济途径。原审案外人提起撤销之诉后,仍有可能提出执行异议,但无权在其执行异议被驳回后再申请再审;如果案外人尚未提出撤销之诉,其一旦提出执行异议并被驳回,便视为其选择了申请再审,不能再提起撤销之诉(《民诉解释》第 301 条)。

在本案中,判决文书已经进入执行程序,此时案外人 C 建筑公司可以其对执行标的紫光综合大楼所享有的建设工程优先受偿权向法院提出执行异议。如果 C 建筑公司对驳回其执行异议申请的裁定不服,由于紫光综合大楼与作为执行依据的生效裁判无关,C 建筑公司可以向执行法院提起执行异议之诉。至于 C 建筑公司能否在执行异议之诉中获得法院支持,则并非本题所问。

本案法律关系和诉讼程序关系如图 3-3 所示。

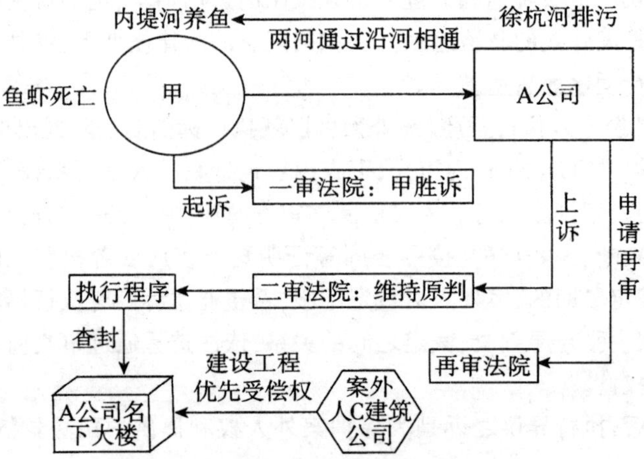

图 3-3 法律关系和诉讼程序关系

答题要点

1. 事实一是 A 公司的加害行为,事实三是甲所遭受的损害后果,皆属于权利发生事实,应由原告(受害人)甲承担证明责任。事实二是行为与损害结果之间不存在因果关系的例证,经举证责任倒置规则转由被告(污染者)承担证明责任。事实四是受害人过错,属于权利阻却事实,也应由被告承担证明责任。

2. B 资产评估公司出具的 001 号鉴定报告书,属于《民事诉讼法》第 211 条第 4 项中所规定的"认定事实的主要证据"。该证据未经质证,A 公司可以此为由申请再审。

3. 一审法院为某基层人民法院,则二审生效判决为某中级人民法院作出。A 公司对该生效判决不服申请再审,应向该中级人民法院的上级人民法院某高级人民法院申请。如果该高级人民法院受理了 A 公司的再审申请并裁定再审,原则上也应由该高级人民法院再审本案。但本案再审事由主要涉及案件基础事实及程序问题时,也可以指令二审人民法院再审。

4. 只有在以下三种情况下,当事人才可以向人民检察院申请检察建议或者抗诉:(1)人民法院驳回再审申请;(2)人民法院逾期未对再审申请作出裁定;(3)再审判决、裁定有明显错误(《民事诉讼法》第 220 条第 1 款)。因此,A 公司向法院申请再审的同时不可以向检察院申请抗诉。

5. 在本案中,对于一审所遗漏的"鉴定费分配"的诉讼请求,由于其并不涉及公共利益,且甲既未对此遗漏事项提起上诉,也未申请再审,故再审法院即便在审理过程中发现一审法院遗漏处理当事人提出的诉讼请求,也不得主动干预。

6. 在本案中,判决文书已经进入执行程序,此时案外人 C 建筑公司可以其对执行标的紫光综合大楼所享有的建设工程优先受偿权向法院提出执行异议。如果 C 建筑公司对执行异议裁定不服,由于紫光综合大楼与作为执行依据的生效裁判无关,故 C 建筑公司可以向执行法院提起执行异议之诉。

扩展分析 | 再审程序

民事再审程序,是一种对法律上本应已经解决的民事纠纷重新加以审判的"非常规"救济程序,根源于"有错必纠"的司法理念。但如果所有已生效判决都有频繁被推倒重来的可能,那么法律的安定性也将不复存在。再审程序的制度构建,尤其是再审申请法定事由的设定、再审审理范围的界定均依赖于"真实与终局"两者之间张力的大小。除此之外,还有以下两个细节设计需要考生注意:

第一,启动再审程序的三个通道(当事人申请再审、人民法院依职权启动再审以及人民检察院抗诉启动再审)彼此之间的关联,尤其应注意 2012 年《民事诉讼法》修改所确立的"法院纠错先行,检察监督在后"的顺位模式进一步厘清了民事审判监督程序中法院、检察院、当事人之间的关系。特别是最高人民法院《关于适用〈中华人民共和国民事诉讼法〉审判监督程序若干问题的解释》在 2020 年年底被大幅修改,考生在复习中需注意原有规则出台的背景和修改的原因,形成清晰的知识脉络与体系。

第二,案外人三种不同救济途径(案外人申请再审、执行异议之诉以及第三人撤销之诉)彼此之间的关联,应当根据涉案标的是否进入执行程序以及案外人的权利主张与原裁判之间的关系来判定究竟应该适用何种途径。从理论上看,第三人撤销之诉与案外人申请再审制度存在较大的功能重合之处,由于其各自要件不同,在实务中的运行也面临不同的现实和理论问题,故考生应当注重对比学习,尤其是思考在我国虚假诉讼屡见不鲜的背景下,如何理顺不同的案外人救济途径。同时,考生也应注意执行异议之诉中能否排除强制执行的判断是实务中的难点问题,需要了解实务中的一般做法。

06 CASE 特别程序
——老王的遗产管理案

案例指引

本案例具体讨论了申请宣告失踪的条件、失踪人财产代管人的更换、申请指定遗产管理人的非讼程序、遗产管理人的撤销条件、遗产分割诉讼的当事人地位、继承人离婚诉讼中的财产处置等问题,考查考生对相关程序设计、制度保障和产生的法律后果以及《民法典》施行和《民事诉讼法》修改后相关实体法与程序法新规则的熟悉程度,对于此类现实问题的解决有较强参考价值。

案　情

老王育有两男两女,家境殷实。因老伴早已去世,自己在打拼事业中对子女照顾不够,老王时常担心自己教育无方,儿女之间日后不和。长子王大未曾婚育,于2015年前往东南亚打工,但除了落地后打过电话报平安之外再无音信。其名下有老王赠与的一套房产,老王长期将不同房间用于长短期出租。2018年10月15日,老王向当地辖区派出所报案,寻找联系不上的王大。镇派出所出具证明,载明:"王大于2015年7月离家外出,后一直未回家,下落不明。2016年9月8日我所将该人立为失踪人员。后一直多方查找,未找到该人。"

老王于2018年10月16日向法院申请宣告王大失踪。法院受理后,在《人民法院报》发出寻找王大的公告,并且按照老王的要求,指定其长女王二为财产管理人。公告期3个月届满,王大仍未出现,法院也未收到其他有关线索。最终法院于2019年3月1日判决宣告王大失踪,指定王二为王大财产的代管人。

2020年7月,王二决定前往美国某知名大学法学院攻读学位。由于学业繁重和身处海外,她认为自己没有精力再继续处理王大名下房产的管理工作,因此向法院申请变更财产代管人。

因思念杳无音信的王大和求学后在美国律所工作、结婚买房的王二,老王生病后不久于2024年1月去世。其间,王三虽然尽到照料义务,但是因工作单位的紧急任务,在老王生病期间曾有一周出差在外地。老王过世后,其生前异性友人李某找到王三,告知老王于生病期间,曾在李某的陪同下到正直公证处订立公证遗嘱,公证过程符合法律和相关规范的要求,该公证遗嘱将李某指定为遗嘱执行人并将老王的主要财产分给王四,并给每位子女各留下一处房产。

此外,遗嘱也要求分给李某一笔费用,用于其未来使用老王的汽车定期送王四去医院复诊。据悉，幼女王四为老王在外地长期办厂期间的非婚生女儿，自幼身患疾病，需要定期前往专科医院复查。2024 年 2 月 6 日早上普降大雪，李某遵遗嘱送王四去医院。因随后要与牌友见面，李某超过限速驾驶车辆，导致车辆冲出路外并撞毁路边设施。

王三认为自己与父亲关系不差，父亲不会隐瞒订立遗嘱一事，因而认为遗嘱必有蹊跷。王三与配偶吴某感情长期不和，近期吴某第二次起诉要求与王三离婚，导致王三心情烦闷。他听闻李某告知的遗嘱事项更是懊恼，认为公证员与李某相互勾结，公证遗嘱有违老王的意愿，应当按照法定继承来分割遗产并提起诉讼。王二得知王三对遗嘱分配方案不满并起诉后，表示父亲已经给自己 200 万元生活费，放弃自己对其余财产的继承权。

问　题

1. 请谈谈老王是否满足申请宣告王大失踪的条件。

2. 法院应当批准王二变更财产代管人的申请吗？请说明理由。

3. 如果王三认为老王在订立遗嘱时不具备完全民事行为能力，不应当按照李某声称的遗嘱确定遗产管理人，应当如何及向哪个法院寻求救济，其可能的结果如何？请说明理由。

4. 李某导致交通事故造成的车辆损害，法院能否根据利害关系人的申请，撤销其遗产管理人资格？请说明理由。

5. 如果王三向法院起诉要求分割遗产，而王二表示放弃继承权，王四主张按遗嘱继承，则王大、王二、王三和王四应当处于什么诉讼地位？请说明理由。

6. 若吴某在离婚诉讼中要求分割王三可能获得的遗产，法院应否支持？试述理由。

解题思路

1. 本问涉及宣告失踪的条件。宣告失踪是根据法定条件作出的一种推定，其目的在于保护失踪人及其利害关系人的权利和利益，是一项民法和民事诉讼法紧密结合的制度。《民法典》第 40 条规定："自然人下落不明满二年的，利害关系人可以向人民法院申请宣告该自然人为失踪人。"《民事诉讼法》第 190 条规定："公民下落不明满二年，利害关系人申请宣告其失踪的，向下落不明人住所地基层人民法院提出。申请书应当写明失踪的事实、时间和请求，并附有公安机关或者其他有关机关关于该公民下落不明的书面证明。"由此可见，申请人应当构成利害关系人，就下落不明满 2 年的情况提供充分证据，并提出书面申请。在本案中，王大前往东南亚打工并音信全无已有 3 年时间，有辖区派出所的证明为证。作为其父亲的老王属于王大的利害关系人，也提出了宣告王大失踪的书面申请，因而符合宣告失踪的条件。

2. 本问涉及失踪人的财产代管人的更换。为了保护被宣告失踪人的权利和利益，我国法律规定了财产代管人制度。《民法典》第 42 条第 1 款规定："失踪人的财产由其配偶、成年子女、父母或者其他愿意担任财产代管人的人代管。"根据《民诉解释》第 341 条的规定，在宣告失踪或者宣告死亡的案件中，人民法院也可以根据申请人的请求，指定非讼案件审理中的财产管理人，以清理下落不明人的财产。人民法院在判决宣告失踪时，应当同时指定失踪人的财产代管人。从积极方面来看，财产代管人应当履行其法定职责。《民法典》第 43 条第 1 款和第 2 款就此规定:“财产代管人应当妥善管理失踪人的财产,维护其财产权益。失踪人所欠税款、债务和应付的其他费用,由财产代管人从失踪人的财产中支付。”从消极方面来看,财产代管人可能怠于维护甚至损害失踪人的利益,也可能由于客观原因不宜继续承担这一任务。《民法典》第 44 条规定:“财产代管人不履行代管职责、侵害失踪人财产权益或者丧失代管能力的,失踪人的利害关系人可以向人民法院申请变更财产代管人。财产代管人有正当理由的,可以向人民法院申请变更财产代管人。人民法院变更财产代管人的,变更后的财产代管人有权请求原财产代管人及时移交有关财产并报告财产代管情况。”

就财产代管人主动要求不再承担该职责的情形,《民诉解释》第 342 条第 1 款规定:“失踪人的财产代管人经人民法院指定后,代管人申请变更代管的,比照民事诉讼法特别程序的有关规定进行审理。申请理由成立的,裁定撤销申请人的代管人身份,同时另行指定财产代管人;申请理由不成立的,裁定驳回申请。”此时,由于不存在民事权益争议,不需要根据《民诉解释》第 342 条第 2 款的规定,按照失踪人的其他利害关系人申请变更代管时应适用的普通程序审理。在本案中,财产代管人王二将前往美国留学,短期内不会回国构成正当理由,法院应当批准其变更申请。该代管人在法院指定新的代管人后,应当积极配合代管财产的移交并报告财产代管情况。

3. 本问涉及申请指定遗产管理人的非讼程序。遗产管理人是《民法典》中的一项创新制度,也在 2023 年进入了《民事诉讼法》的修改范畴,成为其第十五章第四节的内容。《民法典》第 1146 条规定:“对遗产管理人的确定有争议的,利害关系人可以向人民法院申请指定遗产管理人。”《民事诉讼法》第 194 条第 1 款规定:“对遗产管理人的确定有争议,利害关系人申请指定遗产管理人的,向被继承人死亡时住所地或者主要遗产所在地基层人民法院提出。”作为其配套的程序制度,2020 年年底修正的《民事案件案由规定》在第 406 条中规定了申请指定遗产管理人的第三级案由,属于非讼程序案件案由。按照《民法典》第 1145 条规定的一般规则,“继承开始后,遗嘱执行人为遗产管理人;没有遗嘱执行人的,继承人应当及时推选遗产管理人;继承人未推选的,由继承人共同担任遗产管理人;没有继承人或者继承人均放弃继承的,由被继承人生前住所地的民政部门或者村民委员会担任遗产管理人”。《民法典》第 1133 条第 1 款规定:“自然人可以依照本法规定立遗嘱处分个人财产,并可以指定遗嘱执行人。”《民法典》第 1139 条规定:“公证遗嘱由遗嘱人经公证机构办理。”《公证法》第 36 条规定:“经公证的民事法律行为、有法律意义的事实和文书,应当作为认定事实的根据,但有相反证据足以推翻该项公证的除外。”在本案中,老王自愿选择了公证遗嘱并在遗嘱中指定了遗嘱执行人,其遗嘱公证符合相关规定,公证机构应当已经审查并记录了遗嘱人的身体状况和精神状况,并且记录了其对事物的识别、反应能力。此时,其他继承人固然有权向老王死亡时住所地或者主要遗产所在地基层人民法院提出申请指定遗产管理人,但是在没有充分的相反证据的情况下,以老王在订立遗嘱时不具备完全民事行为能力为由主张遗嘱无效,不能得到法院支持。因此,法院应当依照公证遗嘱的内容,指定作为遗嘱执行人的李某为遗产管理人。

4. 本问涉及遗产管理人管理遗产时的赔偿责任及撤销遗产管理人的条件。在管理遗产的过程中,遗产管理人可能由于管理行为中的不当行为,承担赔偿责任。《民法典》并未选择类似委托合同中区分有偿与无偿行为的思路,而是统一将该责任限定在故意或者重大过失的情形。遗产管理人在主观上仅具有一般过失时不承担责任,具体过错程度应由法院根据具体案情判断。就此而言,《民法典》第 1147 条规定:"遗产管理人应当履行下列职责:(一)清理遗产并制作遗产清单;(二)向继承人报告遗产情况;(三)采取必要措施防止遗产毁损、灭失;(四)处理被继承人的债权债务;(五)按照遗嘱或者依照法律规定分割遗产;(六)实施与管理遗产有关的其他必要行为。"《民法典》第 1148 条规定:"遗产管理人应当依法履行职责,因故意或者重大过失造成继承人、受遗赠人、债权人损害的,应当承担民事责任。"与此相似,《民法典》第 43 条第 3 款也规定:"财产代管人因故意或者重大过失造成失踪人财产损失的,应当承担赔偿责任。"进而《民事诉讼法》第 197 条规定:"遗产管理人违反遗产管理职责,严重侵害继承人、受遗赠人或者债权人合法权益的,人民法院可以根据利害关系人的申请,撤销其遗产管理人资格,并依法指定新的遗产管理人。"在本案中,李某按照遗嘱要求送王四定期前往医院复诊,但是在下大雪导致路面湿滑的情况下,未降低行驶速度谨慎安全驾驶,后因操作不当致使其驾驶车辆失控冲出路外并造成车辆损失,构成重大过失,应当承担赔偿责任。但是,虽然利害关系人提出了申请,但是上述遗产管理行为并未达到严重侵害合法权益的情形,因而法院不应撤销并重新指定遗产管理人。

5. 本问涉及继承遗产诉讼中的当事人地位。因为遗产继承之诉不可分性以及通过单一诉讼解决纠纷的必要性,通常认为该诉为必要共同诉讼。《民法典》第 1123 条规定:"继承开始后,按照法定继承办理;有遗嘱的,按照遗嘱继承或者遗赠办理;有遗赠扶养协议的,按照协议办理。"《民法典》第 1127 条第 1 ~ 3 款规定:"遗产按照下列顺序继承:(一)第一顺序:配偶、子女、父母;(二)第二顺序:兄弟姐妹、祖父母、外祖父母。继承开始后,由第一顺序继承人继承,第二顺序继承人不继承;没有第一顺序继承人继承的,由第二顺序继承人继承。本编所称子女,包括婚生子女、非婚生子女、养子女和有扶养关系的继子女。"《民诉解释》第 70 条规定:"在继承遗产的诉讼中,部分继承人起诉的,人民法院应通知其他继承人作为共同原告参加诉讼;被通知的继承人不愿意参加诉讼又未明确表示放弃实体权利的,人民法院仍应将其列为共同原告。"《民诉解释》第 73 条规定:"必须共同进行诉讼的当事人没有参加诉讼的,人民法院应当依照民事诉讼法第一百三十五条的规定,通知其参加;当事人也可以向人民法院申请追加。人民法院对当事人提出的申请,应当进行审查,申请理由不成立的,裁定驳回;申请理由成立的,书面通知被追加的当事人参加诉讼。"由此可见,同一顺序的继承人对于遗产具有相同的权利义务,在继承涉及遗嘱继承时,其也具有相同的利害关系。除了已经明确放弃继承权的继承人外,未起诉的同一顺序的继承人也应当处于原告的主体地位,法院有义务通知其参加。虽然王大已经由新的财产代管人代管财产,但是最高人民法院《关于适用〈中华人民共和国民法典〉总则编若干问题的解释》第 15 条仅规定财产代管人向失踪人的债务人请求偿还债务和失踪人的债权人起诉请求财产代管人支付失踪人所欠的债务和其他费用时由财产代管人担任案件的当事人,不符合本案情形。在本案中,老王的四位子女无论是否为婚生,均具有继承权并处于第一顺序。当王三起诉要求按照法定继承分割遗产时,由于王二表示放弃继承权,王四主张按遗嘱继承,人民法院应将王大列为王三的共同原告,王四列为被告。

6. 本问涉及遗产对遗产继承人离婚诉讼的影响。《民法典》第 1062 条规定:"夫妻在婚姻关系存续期间所得的下列财产,为夫妻的共同财产,归夫妻共同所有……(四)继承或者受赠的财产,但是本法第一千零六十三条第三项规定的除外……"《民法典》第 1063 条规定:"下列财产为夫妻一方的个人财产……(三)遗嘱或者赠与合同中确定只归一方的财产……"《民法典》第1087条第1款规定："离婚时，夫妻的共同财产由双方协议处理；协议不成的，由人民法院根据财产的具体情况，按照照顾子女、女方和无过错方权益的原则判决。"《婚姻家庭编解释(一)》第81条还规定："婚姻关系存续期间，夫妻一方作为继承人依法可以继承的遗产，在继承人之间尚未实际分割，起诉离婚时另一方请求分割的，人民法院应当告知当事人在继承人之间实际分割遗产后另行起诉。"由此可见，在没有特别说明的情况下，夫妻在婚姻关系存续期间所得继承财产属于其共同财产，在离婚时应当予以分割。但是，在离婚诉讼中遗产尚未实际分割的，应当由主张分割的一方等待实际分割遗产后另行起诉，而不在离婚诉讼中预先处理。在本案中，吴某提起离婚诉讼时王三对老王遗产的分割仍然处于诉讼审理阶段，并未实际分割，因此在离婚诉讼中，法院不应支持吴某对于王三继承的老王遗产的分割请求，而是应告知其未来另行起诉。

答题要点

1. 申请宣告失踪的申请人应当构成失踪人的利害关系人，就下落不明满2年的情况提供充分证据，并提出书面申请。在本案中，王大前往东南亚打工并音信全无已有3年时间，父亲老王作为申请人属于利害关系人，也提出了宣告王大失踪的书面申请，因而符合宣告失踪的条件。

2. 被法院指定的财产代管人申请变更代管，应当通过非讼程序向法院申请。法院应当审查其是否具有正当理由，理由成立时应当裁定撤销其代管人身份，同时另行指定财产代管人。在本案中，因为财产代管人王二将前往美国某知名大学法学院攻读学位，短期内不会回国构成正当理由，法院应当批准其变更申请。

3. 当事人有权通过非讼程序向法院申请指定遗产管理人。在有遗嘱执行人时，法院应当将其指定为遗产管理人。公证遗嘱具有较高的证明效力，在没有充分的相反证据的情况下，应认定其内容有效。在本案中，老王通过公证遗嘱指定了李某为遗嘱执行人。在其他继承人不能充分证明老王在订立遗嘱时不具备完全民事行为能力的情况下，法院应当依照公证遗嘱的内容，指定李某为遗产管理人。

4. 遗产管理人因故意或者重大过失造成损害，但并未达到严重侵害合法权益的，法院不应撤销其遗产管理人身份。在本案中，李某在下雪导致路面湿滑的情况下，未降低行驶速度导致车辆失控造成车辆受损，构成重大过失，应当承担赔偿责任。虽然利害关系人提出了申请，但是上述遗产管理行为并未达到严重侵害合法权益的情形，因而法院不应撤销并重新指定遗产管理人。

5. 遗产继承之诉为必要共同诉讼，只要未明确放弃继承权，同一顺序的继承人应列为共同原告。遗嘱继承人与法定继承人对遗产的分配方式持相反立场，故在法定继承人作为原告的情况下，遗嘱继承人应列为被告。在本案中，王三为起诉的原告，王大因失踪未表态应列为共同原告，王二明确表示放弃继承权不必参加诉讼，王四支持遗嘱继承应列为被告。

6. 夫妻在婚姻关系存续期间所得继承财产原则上属于夫妻共同财产，在离婚诉讼中遗产尚未实际分割的，应当由主张分割的一方等待实际分割遗产后另行起诉。在本案中，吴某提起离婚诉讼时老王的遗产并未实际分割，因此在离婚诉讼中，法院不应支持吴某对于王三继承的老王遗产的分割请求。

扩展分析

1. 宣告失踪与宣告死亡的关系。根据《民法典》第 47 条进行推论，宣告失踪不是宣告死亡的必经程序，公民下落不明，符合申请宣告死亡的条件，利害关系人可以不申请宣告失踪而直接申请宣告死亡。宣告失踪和宣告死亡制度涉及两类不同的案件，其在起算点、期间、申请主体和司法程序上有很多可以比较的内容，但是在公民下落不明时间、申请主体的顺序、公告期限和法律后果等方面却显著不同。尤其是两者的制度功能明显不同：前者是对被申请人失踪的事实状态的确认，侧重于保护被申请人的利益；后者是法律上的推定死亡，目的在于维护正常的社会和生活秩序，消除公民长期失踪所造成的法律关系不稳定的状态，保护利害关系人的利益。因此，两者是在某些法律条件成就后，供利害关系人加以选择的程序，而不能将宣告失踪解释为宣告死亡的前置程序。同时，根据《民诉解释》第 343 条规定的例外规则，宣告失踪的判决也可以作为上述公民下落不明的书面证明。人民法院判决宣告公民失踪后，利害关系人向人民法院申请宣告失踪人死亡，自失踪之日起满 4 年的，人民法院应当受理，宣告失踪的判决即是该公民失踪的证明，审理中仍应依照《民事诉讼法》第 192 条规定进行公告。

2. 非讼案件的范围及其特征。非讼案件的范围可能随着时代发展和法治水平深化而变化。根据 2023 年 9 月 1 日第十四届全国人民代表大会常务委员会第五次会议《关于修改〈中华人民共和国民事诉讼法〉的决定》，最新《民事诉讼法》的第五次修正扩大了非讼案件的范围。而且，除《民事诉讼法》确定的选民资格案件、宣告失踪和宣告死亡案件、指定遗产管理人案件、认定公民民事行为能力瑕疵案件、认定财产无主案件、确认调解协议案件和实现担保物权案件外，司法解释和司法实践也承认了宣告婚姻无效案件、被指定的财产代管人申请变更代管案件、被指定的监护人申请变更指定案件、申请撤销/恢复监护人资格案件、典当被视为绝卖后的所有权确认案件、人身安全保护令案件、确认仲裁协议效力案件、撤销仲裁裁决案件、撤销劳动争议仲裁裁决以及商事和海商事案件为非讼程序。此外，目前以《民法典》第 997 条人格权禁令和生态环境侵权案件中的禁止令为代表的禁令型法律规则日渐增多，在司法实务中产生不少新问题与新制度，其独立程序的具体设计在何种意义上与非讼程序相同或相似，值得进一步观察与研究。一方面这要求我们对非讼案件的判断具有更广泛的知识储备，另一方面不同制度可能有自己的特殊性，使我们提炼非讼程序共同特征的任务越发具有挑战性。这里需要关注非讼案件在性质、当事人、审判组织、管辖、审级制度、审限、诉讼费用以及事后救济方式上的特殊性。须知，对于作为实体法与程序法结合后的复合体的司法救济，我们应当考虑其法定要件与裁量要件的证明状态、双方合法利益的对比与衡量以及司法机关对社会公共利益的综合考量。同时，现代民事司法中存在部分诉讼与非讼案件、诉讼与非讼法理相互交织的现象，我们在研习中也要注意从理论上总结归纳。比如，为了综合理解我国的非讼程序，应当考虑职权主义因素的多少，在功能上是预防纠纷还是解决纠纷，是否采取不公开审理和书面审理的形式，是否应更注重效率、程序保障的程度与手段，是否应采取自由证明而非严格证明，司法裁判的具体形式如何，救济程序是否不同于通常的上诉审级制度等。从涉及家事的非讼案件出发，也可以思考家事诉讼案件的审理特点，关注作为实务与理论热点的家事审判的特殊性。

07 CASE 执行程序
——诚信公司违约被黄某申请执行案

案例指引

本案例以实践中法院的真实裁判为蓝本,主要围绕民事判决强制执行的条件与程序展开。本案例主要讨论了执行行为异议、发出执行通知和立即采取执行措施、被执行人的追加、具体执行措施的适用、执行标的的范围以及执行异议的对象等问题,考查考生对相关规则和法律后果的熟悉程度,对理解执行难和解决此类现实问题有较强的参考价值。

案　情

均居住在上海市徐汇区的黄某和诚信公司(一人有限责任公司)的股东赵某于2017年6月1日达成协议,约定诚信公司总计向黄某交付特种砖3000万块,单价每块1元,由诚信公司负责运输。后双方就该买卖合同的履行产生争议,起诉至上海市徐汇区人民法院。2018年10月12日,法院作出一审判决书,要求诚信公司向黄某承担违约责任1000万元。判决书当场送达双方,双方均未上诉。1个月后,赵某与黄某在洽谈其他业务时,赵某为表示修复关系的意愿,主动提出偿还上述债务的一部分,当场向黄某指定的账户汇款400万元,黄某也向其出具了收条。对于余下的600万元,赵某本来答应1个月后偿还,但是随后因其他业务未谈妥,转而对黄某拒而不见。

2019年11月12日,黄某到原审法院就判决确定的1000万元债权提出执行申请。次日,执行法院作出执行决定书,将诚信公司纳入失信被执行人名单,同时给予其2个月的宽限期。2019年11月14日,执行法官及其执行团队来到诚信公司办公场所,向其前台送达了执行通知书和执行决定书。由于诚信公司一直未能履行,执行法院于2020年1月16日将执行决定书的内容录入失信被执行人名单库,通过中国执行信息公开网向社会公布。同日,执行法院向诚信公司送达院长签发的限制消费令,并且采取了其他相应的控制性执行措施。

2020年6月3日,黄某又来到执行法院,以诚信公司现有财产不足100万元且以股东赵某与诚信公司财产混同为由,书面申请将赵某追加为被执行人。2020年7月3日,执行法院组成合议庭审查并公开听证后,认为确实有充分证据证明诚信公司与其股东财产混同,裁定支持了黄某的申请。

2020年7月8日,经过司法网络查控系统查询,执行员查封了登记在赵某名下位于上海市徐家汇的三居室1套，并确定赵某名下再无其他住房，其另行购买的2套二手房登记在其子赵某某名下。执行员认为，应当通过网络拍卖方式将赵某名下的房产变现，随后启动了确定财产处置参考价程序。根据案件的实际情况，执行员选择了委托评估方式，并且最终于2020年8月3日获得了评估机构出具的评估报告，次日向诚信公司和赵某送达了该报告。同时，执行员也发现国家企业信用信息公示系统的公示信息显示，赵某还持有友善公司100万元股权，因此裁定冻结该股权以及赵某基于股权享有的股息和红利。

2020年8月6日，被执行人赵某向执行法院提出书面异议，认为选定的评估机构的评估人员不具备相应评估资质。同时，赵某在异议书中也认为，其十分认可之前负责本案的执行承办法官张某，执行法院不能自行改由李某某法官负责本案。

问　题

1. 赵某认为自己已经向黄某支付了400万元，只需再向其支付600万元，应当怎样向执行法院表达意见？请说明理由。

2. 执行法院在发出执行通知之前就直接将诚信公司纳入失信被执行人名单的做法，是否符合法律规定？请说明理由。

3. 法院将赵某追加为被执行人的做法，是否符合法律规定？请说明理由。

4. 法院执行赵某名下的住房的做法，是否违反执行法规的规定？请说明理由。

5. 法院执行赵某名下友善公司的股权的做法，是否违反执行法规的规定？请说明理由。

6. 考虑本案案情，执行法院是否会支持赵某的两项异议申请？请说明理由。

解题思路

1. 本问涉及执行行为异议的审理问题。《民事诉讼法》第236条规定：当事人、利害关系人认为执行行为违反法律规定的，可以向负责执行的人民法院提出书面异议。当事人、利害关系人提出书面异议的，人民法院应当自收到书面异议之日起15日内审查，理由成立的，裁定撤销或者改正；理由不成立的，裁定驳回。当事人、利害关系人对裁定不服的，可以自裁定送达之日起10日内向上一级人民法院申请复议。2020年修正后的最高人民法院《关于人民法院办理执行异议和复议案件若干问题的规定》第7条第2款规定：被执行人以债权消灭、丧失强制执行效力等执行依据生效之后的实体事由提出排除执行异议的，人民法院应当参照2021年《民事诉讼法》第225条（现行法应为第236条）规定进行审查。债务人在判决生效后向债权人的清偿行为构成债权消灭，清偿行为发生在生效判决的基准时之后，不受原判决既判力的限制。债务人提出的实体异议针对执行债权，虽然不属于典型的执行行为异议，但是依照上述规则，也应当参照该异议程序处理。其原因在于，我国现行法暂未规定所谓债务人异议之诉，只能借助执行行为异议程序提出异议，由法院在执行程序中审查新事实是否存在，其是否具有所主张的实体法律效果。在本案中，赵某向黄某支付了生效判决确定的1000万元债权中的400万元，构成清偿行为并使债权部分消灭。该行为发生于一审判决上诉期届满后，此时作为执行依据的判决已经生效。因此，赵某应当参照《民事诉讼法》第236条规定的执行行为异议制度，向执行法院提出书面异议，主张执行行为违反法律规定。

2. 本问涉及发出执行通知和立即采取执行措施的问题。执行通知是执行机关通常在采取强制性执行措施之前，责令债务人在指定期限内履行义务，并告知其逾期不履行义务的后果，以促使其自觉履行的制度。根据《民事诉讼法》第251条的规定，执行员接到申请执行书或者移交执行书，应当向被执行人发出执行通知，并可以立即采取强制执行措施。本条规定既取消了1991年《民事诉讼法》第220条“执行员接到申请执行书或者移交执行书，应当向被执行人发出执行通知，责令其在指定的期间履行，逾期不履行的，强制执行”的前置性限制规定，又扩大了2007年《民事诉讼法》第216条第2款“被执行人不履行法律文书确定的义务，并有可能隐匿、转移财产的，执行员可以立即采取强制执行措施”的限定条件。就发出执行通知而言，依照2020年最高人民法院《关于适用〈中华人民共和国民事诉讼法〉执行程序若干问题的解释》第22条的规定，执行员立即采取强制执行措施的，可以同时或者自采取强制执行措施之日起3日内发送执行通知书。而且，根据《民诉解释》第480条第1款的规定，人民法院应当在收到申请执行书或者移交执行书后10日内发出执行通知。在本案中，将被执行人列入失信被执行人名单的做法属于采取保障性强制执行措施，并不以发出执行通知并送达被执行人为前提。因此，执行法院的上述行为，符合法律规定。

3. 本问涉及被执行人的追加问题。变更和追加当事人是指在执行程序中，变更或者追加第三人为申请执行人或被执行人的一项制度。2023年《公司法》第23条第3款规定，只有一个股东的公司，股东不能证明公司财产独立于股东自己的财产的，应当对公司债务承担连带责任。2020年最高人民法院《关于民事执行中变更、追加当事人若干问题的规定》第20条规定，作为被执行人的一人有限责任公司，财产不足以清偿生效法律文书确定的债务，股东不能证明公司财产独立于自己的财产，申请执行人申请变更、追加该股东为被执行人，对公司债务承担连带责任的，人民法院应予支持。在本案中，由于诚信公司的财产少于其应支付黄某的金钱数额，且黄某能够证明公司与股东赵某的财产混同，所以法院应当裁定追加赵某为被执行人。

4. 本问涉及对住房采取执行措施的问题。由于住房在执行中具有易查找、不易逃避执行、通常价值较大而有利于申请执行人权利实现等多方面的优点，在实践中常常成为法院采取执行措施的对象。同时，住房又与被执行人及其所扶养家属的基本生存权利密切相关，所以司法机关必须保障其生活所必需的居住房屋。2020年修正后的最高人民法院《关于人民法院民事执行中查封、扣押、冻结财产的规定》第4条规定，对被执行人及其所扶养家属生活所必需的居住房屋，人民法院可以查封，但不得拍卖、变卖或者抵债。在此基础上，2020年修正后的最高人民法院《关于人民法院办理执行异议和复议案件若干问题的规定》第20条第1款第1项进一步规定，金钱债权执行中，符合对被执行人有扶养义务的人名下有其他能够维持生活必需的居住房屋情形的，被执行人以执行标的系本人及所扶养家属维持生活必需的居住房屋为由提出异议的，人民法院不予支持。在本案中，被执行人赵某名下虽然只有一套住房，但是其之前将另行购买的两套二手房登记在其子赵某某名下，使其在本案中被执行的住房并不具有生活所必需的居住房屋的性质。因此，法院执行其位于上海市徐家汇的住房，并不违反执行的规定。

5. 本问涉及对股权采取执行措施的问题。2022年1月1日施行的最高人民法院《关于人民法院强制执行股权若干问题的规定》对此作出了更详细的规定。其中,第 4 条第 1 款规定,人民法院可以冻结下列资料或者信息之一载明的属于被执行人的股权……(3)国家企业信用信息公示系统的公示信息;第 5 条第 1 款前句规定,人民法院冻结被执行人的股权,以其价额足以清偿生效法律文书确定的债权额及执行费用为限,不得明显超标的额冻结;第 6 条第 1 款前句规定,人民法院冻结被执行人的股权,应当向公司登记机关送达裁定书和协助执行通知书,要求其在国家企业信用信息公示系统进行公示;第 9 条第 1 款前句规定,人民法院冻结被执行人基于股权享有的股息、红利等收益,应当向股权所在公司送达裁定书,并要求其在该收益到期时通知人民法院。在本案中,被执行人赵某对友善公司享有的 100 万元股权被国家企业信用信息公示系统公示,其数额未超标的额。在满足相应程序条件的前提下,人民法院有权对该股权及股息、红利采取冻结的强制措施。

6. 本问涉及执行异议的对象。根据《民事诉讼法》第 236 条的规定,当事人、利害关系人认为执行行为违反法律规定的,可以向负责执行的人民法院提出书面异议。2020 年修正后的最高人民法院《关于人民法院办理执行异议和复议案件若干问题的规定》第 7 条第 1 款进一步规定,当事人、利害关系人认为执行过程中或者执行保全、先予执行裁定过程中的下列行为违法提出异议的,人民法院应当依照《民事诉讼法》第 225 条(现行法应为第 236 条)规定进行审查:(1)查封、扣押、冻结、拍卖、变卖、以物抵债、暂缓执行、中止执行、终结执行等执行措施;(2)执行的期间、顺序等应当遵守的法定程序;(3)人民法院作出的侵害当事人、利害关系人合法权益的其他行为。2018 年最高人民法院《关于人民法院确定财产处置参考价若干问题的规定》第 22 条也规定,当事人、利害关系人认为评估报告具有评估机构或者评估人员不具备相应评估资质的情形时,可以在收到报告后 5 日内提出书面异议。对当事人、利害关系人依据前款规定提出的书面异议,人民法院应当参照《民事诉讼法》第 225 条(现行法应为第 236 条)的规定处理。因此,在本案中,赵某作为被执行人,在相关期限内提出书面异议,主张委托的评估机构评估人员不具备相应评估资质,满足执行行为异议的要求。与此不同,人民法院作出的更换承办人员等内部管理行为,不是执行法院在执行过程中作出的具体执行行为,不属于法律规定的执行异议案件的受理范围。因此,对于执行法院将执行承办法官由张某变更为李某某的决定,被执行人无权申请执行异议。

答题要点

1. 债务人在判决生效后向债权人的清偿行为构成债权消灭。债务人提出的实体异议针对执行债权,虽然不属于典型的执行行为异议,但也应当参照该异议程序处理,在执行程序中审查新事实是否存在,其是否具有所主张的实体法律效果。在本案中,赵某向黄某支付了生效判决确定的 1000 万元债权中的 400 万元,构成清偿行为并使债权部分消灭。该行为发生于一审判决上诉期届满后,此时作为执行依据的判决已经生效。因此,赵某应当参照《民事诉讼法》第 236 条规定的执行行为异议制度,向执行法院提出书面异议,主张执行行为违反法律规定。

2. 执行员接到申请执行书或者移交执行书,应当向被执行人发出执行通知,并可以立即采取强制执行措施。执行员立即采取强制执行措施的,可以同时或者自采取强制执行措施之日起3日内发送执行通知书。在本案中,将被执行人列入失信被执行人名单的做法属于采取保障性强制执行措施,并不以发出执行通知并送达被执行人为前提。因此,执行法院的上述行为,符合法律规定。

3. 作为被执行人的一人有限责任公司,财产不足以清偿生效法律文书确定的债务,股东不能证明公司财产独立于自己的财产,申请执行人申请变更、追加该股东为被执行人,对公司债务承担连带责任的,人民法院应予支持。在本案中,由于诚信公司的财产少于其应支付黄某的金钱数额,且黄某能够证明公司与股东赵某财产混同,因而法院应当裁定追加赵某为被执行人。

4. 在金钱债权执行中,如果对被执行人有扶养义务的人名下有其他能够维持生活必需的居住房屋,被执行人以执行标的系本人及所扶养家属维持生活必需的居住房屋为由提出异议的,人民法院不予支持。在本案中,被执行人赵某名下虽然只有1套住房,但是其之前将另行购买的2套二手房登记在其子赵某某名下,使其在本案中被执行的住房并不具有生活所必需的居住房屋的性质。因此,法院执行其位于上海市徐家汇的住房,并不违反执行法规的规定。

5. 在金钱债权执行中,股权属于被执行人的执行财产和法院强制执行的合法对象,人民法院有权冻结被执行人享有的股权。在本案中,赵某对友善公司享有的100万元股权被国家企业信用信息公示系统公示,其数额未超标的额。在满足相应程序条件的前提下,人民法院有权对该股权及股息、红利采取冻结的强制措施。

6. 当事人、利害关系人认为执行行为违反法律规定的,可以向负责执行的人民法院提出书面异议。在本案中,赵某作为被执行人,在相关期限内提出书面异议,主张在确定财产处置参考价程序中法院委托的评估机构评估人员不具备相应评估资质,满足执行行为异议的要求。与此不同,人民法院作出的更换承办人员等内部管理行为,不是执行法院在执行过程中作出的具体执行行为,不属于法律规定的执行异议案件的受理范围。因此,对于执行法院将执行承办法官由张某变更为李某某的决定,被执行人无权申请执行异议。

扩展分析

1. 执行难及其解决措施。执行难问题曾是我国司法改革的重点难点问题,自2016年3月开始,人民法院拉开了“基本解决执行难”工作序幕,处理被执行财产难找、被执行人难寻、协助执行人难求、应执行财产难动、特殊主体难办等不同层面的难题。在基本解决执行难工作取得阶段性胜利之后,工作的重点进一步向制度化、常态化的方向深入并且强调对执行难的源头治理。此时仍应加强对于强制执行规范化的重视,特别是充分理解善意文明执行理念在法院执行工作开展中的重要意义。近年来,国家和社会对于法院执行工作的要求更加多元化,执行法院也应当更全面地理解对申请执行人权利的保护与对被执行人合法权益的适当保护之间的关系。随着社会的发展与社会经济活动变得越发复杂,在考虑可以采取的执行措施(如新技术下的财产调查手段)、可供执行的财产(如碳排放配额等)等执行法中的重要内容时,强制执行法也需要与时俱进,同时考虑与诉源治理对应的执源治理问题。在改革过程中,我们应当注意到实践中各地涌现的各种创新举措,从预设功能、实际效果和合法性审查角度综合分析,及时了解最高人民法院及各地人民法院出台的司法解释和具体的规范性文件,熟悉相关司法文件和司法裁判中体现出的个案规则、说理依据以及执行政策等信息。

2. 强制执行法的近期发展。目前，强制执行法领域的规范相对复杂，《民事强制执行法（草案）》已经在理论界和实务界得到广泛关注和热烈讨论，其具体规则在全面继承现行司法解释的同时也作出了十分明显的改动、补充与创新。同时，单行司法解释与汇总式司法解释中的具体规定之间的关系存在一定的讨论空间，对其全面学习的难度和工作量较大。从现行法来看，较为重要的如最高人民法院《关于人民法院强制执行股权若干问题的规定》、最高人民法院《关于人民法院民事执行中查封、扣押、冻结财产的规定》、最高人民法院《关于人民法院民事执行中拍卖、变卖财产的规定》、最高人民法院《关于人民法院执行工作若干问题的规定（试行）》、最高人民法院《关于执行和解若干问题的规定》、最高人民法院《关于民事执行中变更、追加当事人若干问题的规定》、最高人民法院《关于人民法院办理执行异议和复议案件若干问题的规定》、最高人民法院《关于人民法院办理仲裁裁决执行案件若干问题的规定》、最高人民法院《关于公布失信被执行人名单信息的若干规定》和最高人民法院《关于人民法院网络司法拍卖若干问题的规定》等，这些规定在 2021 年年初施行大幅修改之后，尤其值得深入学习、比较和归纳总结。2021 年和 2023 年《民事诉讼法》的修改对强制执行法的影响仅在于条文序号的调整，也进一步从侧面提示了民事强制执行法单独立法的现实性，并遗留了强制执行法出台后既有《民事诉讼法》中的执行规范如何去留的问题。由于民事执行程序与民事实体法之间互动频繁，在《民法典》出台之后，考生在理解相关民事执行领域规则时也需要紧扣《民法典》中的最新规定。甚至，强制执行法上的争议并不仅仅限于私法及其程序法领域，究竟由哪个国家机关承担甚至能否部分由私主体分担强制执行权能，在执行机关多元的情况下如何确保不同机关之间的协作与衔接，都可能成为中国特色民事司法制度的重大理论和实践创新之处。

08 CASE 仲裁

——大力公司与陈某仲裁纠纷案

案例指引

本案例以实践中法院的真实裁判为蓝本,主要围绕商事仲裁裁决的撤销和执行制度展开。本案例主要讨论了仲裁机构的确定、仲裁协议效力认定的程序条件、仲裁程序所适用的规则、构成撤销仲裁裁决理由的"枉法裁决"的认定以及撤销仲裁裁决与不予执行的关系等问题,考查考生对相关规则和法律后果的熟悉程度,对于此类现实问题的解决有较强的参考价值。

案　情

2018年2月13日,在北京市东城区经营的大力养生会所(大力公司的分公司)与陈某某签订《大力养生会所股份制合作协议书》。该协议书中约定,"因本合同引起的或与本合同有关的任何争议,均提请北京市仲裁委员会按照其仲裁规则进行仲裁。仲裁裁决是终局的,对双方均有约束力"。后陈某某与大力公司在会所的经营战略上产生分歧,遂依照仲裁协议交由北京仲裁委员会进行仲裁。在陈某某预交了仲裁费用之后,北京仲裁委员会于2020年3月23日通过邮寄立案方式受理此争议,并依照仲裁规则确定了3名仲裁员组成仲裁庭。在庭审过程中,大力公司并未对北京仲裁委员会对该案具有管辖权提出异议,且参加了仲裁庭审理的全部过程。

2020年6月29日,仲裁庭就仲裁费以外的事项作出如下裁决:(1)解除陈某某与大力公司于2018年2月13日签订的《大力养生会所股份制合作协议书》;(2)大力公司向陈某某返还投资款20万元。

大力公司对仲裁结果表示不满,于2020年7月2日向北京市第四中级人民法院申请撤销仲裁裁决,并提出下列主要事实和理由。首先,大力公司与陈某某之间不存在仲裁协议。其分公司同陈某某签订的仲裁协议不能约束大力公司,同时协议书中约定的"北京市仲裁委员会"指向不明,不能指向确定的仲裁机构。其次,仲裁程序违法。仲裁庭不允许其复印开庭笔录,不允许其调取庭审录像,违反了《民事诉讼法》的相关规定,属于程序违法。最后,仲裁员有枉法裁决的行为。仲裁员故意错误地认定本案法律关系的性质,在法律适用上存在错误。

北京市第四中级人民法院于2020年8月14日作出裁定,驳回大力公司提出的撤销仲裁裁决的申请。

问　题

1. 本案双方当事人约定的仲裁机构为“北京市仲裁委员会”，而不是“北京仲裁委员会”，法院在认定仲裁机构时应当如何理解？请说明理由。

2. 大力公司在申请撤销仲裁裁决时认为，其与陈某某之间不存在仲裁协议。从本案程序经过的角度考虑，法院是否会支持他的主张？请说明理由。

3. 大力公司在申请撤销仲裁裁决时认为，仲裁庭的行为违反了《民事诉讼法》的相关规定，构成程序违法。法院会如何理解程序违法？请说明理由。

4. 大力公司在申请撤销仲裁裁决时认为，仲裁员在案件的法律适用上有枉法裁决的行为。法院应如何认定枉法裁决？请说明理由。

5. 在仲裁裁决的执行过程中，大力公司能否申请不予执行仲裁裁决？请说明理由。

解题思路

1. 本问涉及仲裁机构的确定。根据《仲裁法解释》第 3 条的规定，仲裁协议约定的仲裁机构名称不准确，但能够确定具体的仲裁机构的，应当认定选定了仲裁机构。本案中，仲裁条款中约定的仲裁机构名称为“北京市仲裁委员会”，能够确认为是对北京仲裁委员会的误写，即选定的实际是北京仲裁委员会。上述约定显然也与同处北京的中国国际经济贸易仲裁委员会无关。不过，实践中也存在另一种思路，如在江西省高级人民法院民事裁定书（2015）赣立终字第 52 号中，法院认为：“关于‘向上海市仲裁委员会提请仲裁’的约定，因上海市辖区内并无上海市仲裁委员会这一机构，故在本案管辖权异议上诉审查阶段无法确定该仲裁协议中约定的仲裁机构明确。”对于上述问题，理论界可能存在争议，主要源于对支持仲裁原则的不同理解。一般而言，对仲裁权的司法审查，应在肯定仲裁庭独立行使裁判权的基础上，尽可能加强司法对仲裁纠纷解决机制的支持。因此，应当认为可以在此类案件中推定出当事人约定的仲裁机构就是“北京仲裁委员会”。

2. 本问涉及挑战仲裁协议效力的程序条件。《仲裁法》第 58 条第 1 款第 1 项规定，当事人提出证据证明没有仲裁协议的，可以向仲裁委员会所在地的中级人民法院申请撤销裁决。不过，《仲裁法》第 20 条第 2 款规定，当事人对仲裁协议的效力有异议，应当在仲裁庭首次开庭前提出。与此相对应，《仲裁法解释》第 27 条第 1 款规定，当事人在仲裁程序中未对仲裁协议的效力提出异议，在仲裁裁决作出后以仲裁协议无效为由主张撤销仲裁裁决或者提出不予执行抗辩的，人民法院不予支持。在本案中，申请人虽然在撤销程序中主张双方没有仲裁协议，但在仲裁案件庭审审理过程中，申请人并未对北京仲裁委员会对该案的管辖权提出异议，且参加了仲裁庭审理的全部过程。由此表明，申请人就该纠纷自愿接受北京仲裁委员会管辖，北京仲裁委员会有权审理该案。在仲裁裁决作出后，申请人不能又以双方之间不存在仲裁协议为由，向法院申请撤销仲裁裁决。

3. 本问涉及仲裁程序所适用的规则问题。《仲裁法》第 58 条第 1 款第 3 项规定，当事人提出证据证明仲裁庭的组成或者仲裁的程序违反法定程序的，可以向仲裁委员会所在地的中级人民法院申请撤销裁决。在本案中，申请人提出仲裁庭不允许其复印开庭笔录、调取庭审录像，违反了《民事诉讼法》的相关规定，属于程序违法。不过，仲裁庭系依据《仲裁法》及仲裁规则的规定决定是否准许当事人复制庭审笔录和调取庭审录像的，而不是依据《民事诉讼法》的规定。因此，仲裁庭未准许申请人复印庭审笔录及调取庭审录像，不违反《仲裁法》及仲裁规则的规定，不构成程序违法。

4. 本问涉及枉法裁决的认定标准。《仲裁法》第 58 条第 1 款第 6 项规定，当事人提出证据证明仲裁员在仲裁该案时有索贿受贿，徇私舞弊，枉法裁决行为的，可以向仲裁委员会所在地的中级人民法院申请撤销裁决。根据 2017 年最高人民法院《关于审理仲裁司法审查案件若干问题的规定》第 18 条的规定，仲裁员在仲裁该案时有索贿受贿，徇私舞弊，枉法裁决行为，是指已经由生效刑事法律文书或者纪律处分决定所确认的行为。针对《民事诉讼法》第 211 条第 13 项的相似规则，《民诉解释》第 392 条也作了相同解释。与此相对，如何在具体仲裁案件中认定事实和适用法律，属于仲裁庭对案件进行实体处理的裁量权。无论仲裁裁决对案件事实的认定及法律的适用正确与否，均不属于《仲裁法》第 58 条规定的司法审查范围。因此本案中，如果申请人不能提供相应证据，其主张的理由不会得到法院的支持。

5. 本问涉及撤销仲裁裁决与不予执行的关系。《仲裁法解释》第 26 条规定，当事人向人民法院申请撤销仲裁裁决被驳回后，又在执行程序中以相同理由提出不予执行抗辩的，人民法院不予支持。不过，这也意味着被执行人可以更换新的理由申请不予执行。因此，当事人在仲裁程序中败诉后，在事实上可以先申请撤销仲裁裁决，在进入执行程序后，还可以不同理由，再次申请不予执行仲裁裁决。

答题要点

1. 仲裁协议约定的仲裁机构名称不准确，但能够确定具体的仲裁机构的，应当认定当事人选定了仲裁机构。本案中，仲裁条款中约定的仲裁机构名称为“北京市仲裁委员会”，能够确认为是对北京仲裁委员会的误写，即当事人选定的实际上是后者。因此，应当认为此类案件中可以直接推定出当事人约定的仲裁机构就是“北京仲裁委员会”。

2. 当事人对仲裁协议的效力有异议，应当在仲裁庭首次开庭前提出。在本案中，申请人虽然在撤销程序中主张双方没有仲裁协议，但在仲裁案件庭审审理过程中，申请人并未对北京仲裁委员会对该案具有管辖权提出异议，且参加了仲裁庭审理的全部过程。由此表明，申请人就该纠纷自愿接受北京仲裁委员会管辖，北京仲裁委员会有权审理本案。

3. 仲裁庭系依据《仲裁法》及仲裁规则的规定决定是否准许当事人复制庭审笔录和调取庭审录像的，而不是依据《民事诉讼法》的规定。仲裁庭未准许申请人复印庭审笔录及调取庭审录像，不违反《仲裁法》及仲裁规则的规定，不构成程序违法。

4. 仲裁员在仲裁该案时有索贿受贿，徇私舞弊，枉法裁决行为，是指已经由生效刑事法律文书或者纪律处分决定所确认的行为。无论仲裁裁决对案件事实的认定及法律的适用正确与否，均不属于撤销仲裁裁决程序的司法审查范围。因此本案中，如果申请人不能提供相应证据，其主张的理由不会得到法院的支持。

5. 当事人向人民法院申请撤销仲裁裁决被驳回后，又在执行程序中以相同理由提出不予执行抗辩的，人民法院不予支持。因此，本案当事人在仲裁程序中败诉后，可以先申请撤销仲裁裁决，在进入执行程序后以不同理由再次申请不予执行仲裁裁决。

扩展分析

1. 仲裁法领域的发展。近年来，除了《仲裁法》的修改引起了广泛关注和热烈讨论之外，仲裁法领域出台或修正了多部司法解释。最高人民法院《关于仲裁司法审查案件报核问题的有关规定》、最高人民法院《关于审理仲裁司法审查案件若干问题的规定》、最高人民法院《关于人民法院办理仲裁裁决执行案件若干问题的规定》和最高人民法院《关于仲裁机构“先予仲裁”裁决或者调解书立案、执行等法律适用问题的批复》，分别对上级法院的报核制度（特别是其修正后的制度安排）、仲裁司法审查的特别程序、执行的特别规定和实践中以“先予仲裁”为代表的热点问题作出了制度性回应。比如，对《民事诉讼法》第 248 条第 2 款规定的不予执行仲裁裁决的事由的具体内容，案外人向人民法院申请不予执行仲裁裁决或者仲裁调解书的程序和条件，涉外涉港澳台仲裁司法审查案件和非涉外涉港澳台仲裁司法审查案件（但注意仲裁司法审查案件当事人住所地跨省级行政区域时适用规则的变化）不同的报核程序，当事人没有选择确定确认涉外仲裁协议效力适用的法律时的法律选择问题，上述司法解释都作了明确回应。就此而言，关注立法修改的动向和核心问题，结合实践中层出不穷的仲裁司法审查的案例来理解上述较新规则，尤其是关注仲裁法与其他相关实体法和程序法之间的关联与互动，成为学习的重点和难点。

2. 对虚假仲裁与虚假诉讼问题应予重视。不同于已经得到较多关注的虚假诉讼问题，由于仲裁程序本身的特殊性和程序上的局限性，虚假仲裁导致的问题更为隐蔽，对其的规制也更为困难。2021 年 11 月 10 日起施行的最高人民法院《关于深入开展虚假诉讼整治工作的意见》第 10 条指出：“加强执行审查，严查虚假非诉法律文书。重点防范依据虚假仲裁裁决、仲裁调解书、公证债权文书等非诉法律文书申请执行行为。在非诉法律文书执行中，当事人存在通过恶意串通、捏造事实等方式取得生效法律文书申请执行嫌疑的，应当依法进行严格实质审查。加大依职权调取证据力度……应当依法裁定不予执行，必要时可以向仲裁机构或者公证机关发出司法建议。”从理论上看，需要考虑仲裁的自治性与司法审查之间的关系。对于虚假诉讼的问题，除了在立案和通常诉讼中直接处理虚假诉讼之外，也可以思考进一步强化当事人就事实陈述的真实与完整性义务，增设类似比较法上诈害防止参加之诉的救济通道，在实体法上明确规定虚假诉讼侵权行为，甚至设置甄别虚假诉讼的专门程序以及专门法官。尤其是考虑到我国国内仲裁机构林立的现状，如何进一步规范或者说在一定程度上加强对仲裁机构的管理与监督，也成为解决虚假仲裁问题的一个可能的方向。就此而言，《仲裁法》修改过程中体现的不同修改方向，是考生关注与思考本领域实践问题的一个重要参考。

09 CASE 涉外民事诉讼程序

——涉外管辖协议纠纷案

案例指引

2023年9月1日,第十四届全国人民代表大会常务委员会第五次会议通过《民事诉讼法》第五次修改决定。本次修改重点在本法第四编"涉外民事诉讼程序的特别规定",其中涉外民事诉讼程序管辖规则的修订是其亮点之一。本案例以涉外管辖协议的效力审查为核心,将可能涉及的专属管辖规则、平行诉讼、排他性管辖协议的推定、不方便法院原则的适用等问题展开分析,对在涉外民商事案件中管辖法院的确定具有较强的参考意义。

案　情

缅甸金色环境有限公司(发包方,甲方,住所地:缅甸仰光)和长青建设集团有限公司(承包方,乙方,住所地:中国西双版纳)签订《建设工程施工合同》,由乙方承建缅甸仰光财富广场一期工程。该合同第5条约定,因本案协议发生纠纷,可以由中国法院管辖,适用缅甸法律。因甲方不支付工程款,乙方向云南西双版纳州中级人民法院提起诉讼,要求缅甸金色环境有限公司支付工程款2072万元及其利息损失。

法院受理案件后,缅甸金色环境有限公司在提交答辩状期间对管辖权提出异议,理由有三:其一,本案系建设工程施工合同纠纷,应由不动产所在地的法院专属管辖,合同约定的管辖条款无效。其二,管辖协议中约定的是"可以"由中国法院管辖,而非应当由中国法院管辖,我方此前已经向缅甸法院提起诉讼。其三,本案合同标的物所在地位于缅甸,所有涉案证据均在缅甸,由缅甸法院审理案件更加方便,也更有利于查清案件事实,请求法院驳回起诉。

问　题

1. 本案当事人双方签订的《建设工程施工合同》中关于约定管辖的条款是否有效?是适用中国还是缅甸的法律来判断管辖约定条款的效力?请简要说明理由。

2. 本案所涉及的管辖协议条款是否具有排他效力?当事人向外国法院提起诉讼的行为能否排除我国法院管辖权的行使?请简要说明理由。

3. 本案能否以"不方便法院审理"的理由驳回起诉?请简要说明理由。

解题思路

1. 我国《民事诉讼法》第四编及《民诉解释》对涉外民事诉讼程序作出了特别规定。这些特别规定,仅是法院审理具有涉外因素的民事案件的某些程序所作的规定。没有规定的,依然适用《民事诉讼法》其他有关规定。因此,在讨论适用何种法律规范之前,应先判断案件是否具有涉外因素。根据《民诉解释》第520条的规定,可以从以下三个要素判断案件是否为涉外民事案件:一是案件所涉民事法律关系的主体;二是案件所涉民事法律关系的客体即案件系争的标的物;三是案件所涉民事法律关系的内容即产生、变更或消灭民事法律关系的法律事实。上述任一要素满足,即为涉外案件。本案中,被告为缅甸公司,《建筑工程施工合同》的工程项目位于缅甸,在中华人民共和国领域外,因此,本案纠纷具有涉外因素,为涉外民商事案件。

协议管辖是契约自由和意思自治原则在国际民商事领域的延伸,指当事人双方在不违背内国专属管辖的情形下,以协商一致的方式来选择管辖法院的制度。《民事诉讼法》没有对涉外管辖协议的准据法问题作出明确规定。《第二次全国涉外商事海事审判工作会议纪要》(法发〔2005〕26号)第48条规定,当事人协议选择的法律,是指有关国家及地区的实体法规范,不包括冲突规范和程序性规范。涉外管辖权纠纷,属于程序问题,应适用法院地法进行审查。最高人民法院在山东聚丰案中认为,涉外合同的当事人协议选择适用法律与协议选择管辖法院是两个截然不同的法律行为,应当根据相关法律规定分别判断其效力。对于协议选择管辖法院条款的效力,应当依据法院地法进行判断,与准据法所属国的法律规定无关[(2009)民三终字第4号]。

协议管辖条款的效力判断,需考虑以下几个方面的内容:其一,不得违背中国专属管辖的规定。专属管辖是指对某些具有特别性质的涉外民商事案件由内国法院行使独占排他的管辖权的制度。专属管辖具有排除其他国家法院管辖权的效果。对于专属管辖的案件,当事人不得协议选择外国法院管辖,但协议选择仲裁的除外(《民诉解释》第529条第2款)。专属管辖的案件范围,目前学界仍存有争议。绝大部分学者认为,专属管辖的案件不仅包括涉外民事诉讼程序中规定的由中华人民共和国法院专属管辖的案件(《民事诉讼法》第279条),而且包括一般案件中应该由专属法院管辖的三类特殊情形(《民事诉讼法》第34条),即不动产纠纷、港口作业纠纷以及继承遗产纠纷。因为涉外民事诉讼管辖首先适用涉外民事诉讼程序的特别规定,没有特别规定的,适用民事诉讼法的一般规定(《民事诉讼法》第270条)。2023年《民事诉讼法》修改,新增两类由我国法院专属管辖的情形,包括下面三种情形:(1)因在中华人民共和国履行中外合资经营企业合同、中外合作经营企业合同、中外合作勘探开发自然资源合同发生纠纷提起的诉讼;(2)因在中华人民共和国领域内设立的法人或者其他组织的设立、解散、清算,以及该法人或者其他组织作出的决议的效力等纠纷提起的诉讼;(3)因与在中华人民共和国领域内审查授予的知识产权的有效性有关的纠纷提起的诉讼。应由中国法院专属管辖的案件,对于涉外民事诉讼特别程序的规定中没有规定的,应按照《民事诉讼法》及其司法解释确定的管辖权规则确定行使管辖权的具体法院。在本案中,《民事诉讼法》第34条所称的不动产专属管辖,是以不动产位于境内、民事案件由中国法院管辖为前提,而本案建设工程位于缅甸，不适用专属管辖的规定。综上，本案协议管辖条款不违反专属管辖的规定。需要注意的一点是，涉外管辖协议关注的是国际民事管辖权的归属，而不是某个具体管辖法院的确定，选择中国法院的管辖协议只是代表着确定了中国法院对案件的国际民事管辖权，如果该协议确定的特定法院实施管辖将违反民事诉讼法级别管辖、专属管辖、专门管辖、集中管辖等规定的，并不会导致选择法院管辖协议整体无效，此时应根据《民事诉讼法》及其他司法解释关于级别管辖、专门管辖的规定确定具体的管辖法院。

其二，管辖协议条款所约定的法院无需符合“实际联系”要求。我国1991年和2007年《民事诉讼法》分别对涉外协议管辖进行了专门规定，但2012年《民事诉讼法》修改，将原《民事诉讼法》中专门规定涉外协议管辖的条文删除，仅采用一个条文即第35条规定协议管辖，由此协议管辖不分涉外与非涉外，一体适用第35条的规定，强调纠纷与协议选择的法院应存在实际联系。2023年《民事诉讼法》修改，新增第276条协议管辖的规定，即涉外民事纠纷的当事人书面协议选择人民法院管辖，可以由人民法院管辖。对于该条文的解读，目前学界仍存在争议。有观点认为，第276条并未明文规定管辖地必须与案件争议具备“实际联系”。有观点则认为，新《民事诉讼法》对比之前的《民事诉讼法（修正草案）》，删除了允许“与争议有实际联系的地点不在中华人民共和国领域内”时当事人选择中国法院的语句，由此可见《民事诉讼法》第35条中的“实际联系”要件仍约束涉外纠纷管辖约定。目前学界主流观点认为2023年《民事诉讼法》已取消“实际联系”要求，这也与我国签署但未履行完国内审批程序的2005年《海牙协议选择法院公约》所秉持的不要求协议选择法院条款必须满足法院与争议具有实际联系的观点是一致的。

2. 对于涉外协议管辖的性质，《民事诉讼法》并未予以明确。2005年最高人民法院发布的《第二次全国涉外商事海事审判工作会议纪要》第12条规定，涉外商事纠纷案件的当事人协议约定外国法院对其争议享有非排他性管辖权时，可以认定该协议并没有排除其他国家有管辖权法院的管辖权。如果一方当事人向我国法院提起诉讼，我国法院依照《民事诉讼法》的有关规定对案件享有管辖权的，可以受理。但对于管辖协议仅约定争议由某国管辖，而没有明确是否为排他性管辖协议时应如何处理，在司法实务中仍存有较大争议。2021年最高人民法院发布的《全国法院涉外商事海事审判工作座谈会会议纪要》，虽然并非司法解释，不能直接作为裁判依据援引，但表明了最高人民法院在裁判类似问题上的一贯尺度和标准，在实务中具有重要的指导作用。该纪要第1条明确规定，涉外合同或者其他财产权益纠纷的当事人签订的管辖协议明确约定由一国法院管辖，但未约定该管辖协议为非排他性管辖协议的，应推定该管辖协议为排他性管辖协议。因此在本案中，缅甸金色环境有限公司若要主张管辖条款为非排他性条款，需要提出相应的证据证明在约定协议管辖条款时双方具有非排他性的明确意思表示，否则法院会推定该等条款为排他性条款。

由于涉外民商事纠纷管辖连结点众多，就同一案件数个国家的法院竞相行使管辖权的现象并不少见。对于当事人之间的同一纠纷，如果当事人签订排他性管辖协议选择中国法院，或者签订的是非排他性管辖协议，只要我国法院根据相关管辖规则享有管辖权的，则无论当事人此前是否已向外国法院提起诉讼，我国法院均有权受理。如果当事人订立排他性管辖协议选择外国法院管辖且不违反我国对专属管辖的规定，不涉及中华人民共和国主权、安全或者社会公共利益的，人民法院可以裁定不予受理；已经受理的，裁定驳回起诉（《民事诉讼法》

新增第280条)。在我国法院行使管辖权受理案件后,当事人以外国法院已经先于人民法院受理为由,书面申请人民法院中止诉讼的,人民法院可以裁定中止诉讼,但是存在下列情形之一的除外:(1)当事人协议选择人民法院管辖,或者纠纷属于人民法院专属管辖。(2)由人民法院审理明显更为方便。外国法院未采取必要措施审理案件,或者未在合理期限内审结的,依当事人的书面申请,人民法院应当恢复诉讼。外国法院作出的发生法律效力的判决、裁定,已经被人民法院全部或者部分承认,当事人对已经获得承认的部分又向人民法院起诉的,裁定不予受理;已经受理的,裁定驳回起诉(《民事诉讼法》新增第280条)。

3.为解决国家间在管辖权行使上的冲突,各国通常都采取不同的方式对诉讼竞合加以限制,"不方便法院原则"即是手段之一。我国《民诉解释》第530条引入该原则,2023年《民事诉讼法》修改,将该原则上升为法律,并对其内容作进一步优化。"不方便法院原则"的适用前提有:(1)不存在选择中国法院的管辖协议;(2)不得违反我国专属管辖的规定;(3)案件不涉及中华人民共和国主权、安全或者社会公共利益;(4)中国法院审理不方便,即案件争议的基本事实不是发生在中华人民共和国领域内,人民法院审理案件和当事人参加诉讼均明显不方便;(5)外国法院审理案件更为方便(《民事诉讼法》新增第282条)。不方便法院原则的适用必须以"提出管辖权异议"的方式进行,应在答辩期届满前提出。裁定驳回起诉后,外国法院对纠纷拒绝行使管辖权,或者未采取必要措施审理案件,或者未在合理期限内审结,当事人又向人民法院起诉的,人民法院应当受理。实务难点在于要件四"人民法院审理案件和当事人参加诉讼均明显不方便"的评判标准问题,可以结合准据法的查明、诉讼参加人参与诉讼的便利程度、送达程序的繁琐程度、审理中使用的语言文字、案件证据的取得、保全和执行程序等因素综合评价。

答题要点

1.当事人协议选择的法律,是指有关国家及地区的实体法规范,不包括冲突规范和程序性规范。涉外管辖权纠纷,属于程序问题,应适用法院地法进行审查。本案建设工程位于缅甸,不适用我国不动产专属管辖的规定,当事人双方签订的协议管辖条款不违反专属管辖的规定,有效。

2.本案所涉及的管辖协议条款应推定为具有排他效力条款,除非缅甸金色环境有限公司需要提出相应的证据证明在约定协议管辖条款时双方具有非排他性的明确意思表示。本案双方当事人在管辖协议条款中选择中国法院为管辖法院,因此无论当事人此前是否已向外国法院提起诉讼,我国法院均有权受理。

3.不存在选择中国法院的管辖协议,是"不方便法院原则"适用的前提条件之一。本案我国法院经双方约定已享有管辖权的,被告不得以其他外国法院审理案件更为方便为由排除我国法院的管辖权。

扩展分析 涉外民商事纠纷管辖法院的确定

涉外民商事案件管辖法院的确定,应遵循以下步骤:(1)首先判断案件是否存在中国法院专属管辖的情形。对于专属管辖案件,法院享有绝对的管辖权,不允许任何其他国家管辖此类案件,也不允许当事人通过协议改变管辖法院。(2)不存在专属管辖情形时,则进一步审查,当事人之间是否存在有效的管辖协议。当事人书面协议选择中国法院管辖的,可以由中国法院管辖。当事人约定选择外国法院管辖时,则应该进一步审查当事人是否存在排他性管辖约定,如果未明确约定该管辖协议为非排他性管辖协议,则应推定为该管辖协议为排他性管辖协议,由约定的外国法院享有管辖权,中国法院无管辖权。当事人明确约定该管辖协议为非排他性管辖协议,如果案件被告在中国境内有住所地,则中国法院享有管辖权,应按照我国《民事诉讼法》的管辖规则确定具体的管辖法院。如果被告虽然在中国境内没有住所,但案件性质不属于身份关系纠纷,且合同签订地、合同履行地、诉讼标的物所在地、可供扣押财产所在地、侵权行为地、代表机构住所地位于中国境内,或者上述机构虽然不在中国境内,但法院结合个案的具体情况,足以认定涉外纠纷案件在六种连结点以外与我国存在其他适当联系的,中国法院依然享有管辖权(《民事诉讼法》第 276 条)。(3)如果当事人之间不存在明确的管辖协议,则应进一步审查当事人之间是否存在应诉管辖的情形。当事人未提出管辖异议,并应诉答辩或者提出反诉的,视为中国法院享有管辖权(《民事诉讼法》第 278 条)。

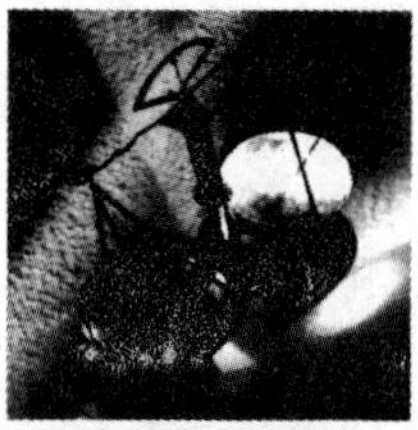

01 CASE 赵某乘网约车坠江侵权诉讼案

案例指引

本案例以中国裁判文书网公布的案例为蓝本，围绕侵权责任与违约责任的竞合、网约车平台的侵权责任、过失相抵规则、雇主责任、侵权法上的因果关系等展开，同时结合了民事诉讼法中关于举证责任、回避、先予执行、送达等制度的规定，试图通过综合案例从多种角度对民事实体法和程序法的相关知识进行考查，对解决侵权责任法适用中的相关疑难问题具有参考意义。

案　情

2017年2月14日"情人节"晚，赵某因与男友不和，独自一人前往汉西区某酒吧饮酒消愁。晚上12点后，赵某通过手机网络平台App派单，约乘一辆由吴某驾驶的出租车，欲返回位于汉东区的家中。上车后，赵某坐于出租车的后排座位。途中，赵某不停地向吴某哭诉自己受了委屈，情绪颇为激动。当车行至长水大桥汉东桥头上桥路段时，赵某向吴某声称自己要呕吐，并拉开车门想要下车。虽然该桥路段为禁停路段，但赵某已拉开车门，吴某便立即将车停在路边。赵某独自下车呕吐，吴某则在车上等待。数分钟后，吴某未见赵某上车，遂下车寻找，结果发现赵某已从10多米高的桥面坠落死亡。

现查明，案发时吴某是在长水大桥的人行道边停车，该人行道距离大桥栏杆还有3米左右的距离。同时，出租车车主钱某与出租车公司之间为劳动关系。吴某当晚仅为出租车车主钱某的代班人，其并非出租车公司雇员。

赵某近亲属在悲伤之余，认为吴某明知赵某醉酒意识不清醒，却任由她下车，对乘客的安危疏于防范，还认为司机吴某在严禁停车路段停车，是导致赵某坠桥死亡的主要原因，如果吴某不停车，那么赵某就不会出事。赵某近亲属遂向法院提起诉讼请求损害赔偿，并申请了先予执行。诉讼过程中，赵某近亲属发现被告、合议庭3位审判员、法官助理、书记员均毕业于汉中大学，考虑到上述人员均为校友，私下可能相互熟悉且已对案件进行交流，故申请选派其他高校毕业的审判人员参加审判活动。

一审法院认为，吴某停车的地点是在长水大桥桥头上桥处，为车辆禁停路段，且吴某明知赵某情绪不稳定却任由其独自下车到桥边呕吐，对赵某所处的危险未予以适当注意，故吴某对赵某的坠桥身亡存在过错，应当承担部分责任。

后吴某对一审判决不服，提起上诉。二审法院经审理认为，虽然司机吴某在禁止停车的地点停车并允许赵某下车违反了法律规定，但事发地点禁止停车的规定主要是基于维护道路交通安全的需要，而非防止行人从桥上坠落。同时，吴某停车地点距赵某坠桥处的桥栏杆之间还有一定宽度的人行道供行人通行，桥栏杆本身也有一定的高度和宽度，即使赵某当时存在酒后情绪不稳定的情况，以事发时的一般社会经验和智识水平作为判断标准，也不能认为吴某的违法停车行为存在导致赵某坠桥身亡的可能性。二审法院判决完毕后，经双方当事人同意，向双方当事人通过微信电子送达了判决书。

赵某死亡后，因赵某近亲属要求吴某承担侵权损害赔偿责任，吴某将赵某的姓名、肖像散布至网上，并编造谣言，称赵某因介入第三人婚姻关系而懊悔，因而最终选择自杀而亡。

问　题

1. 赵某近亲属可以向法院提起何种损害赔偿之诉？为什么？

2. 网络平台 App 是否应当对赵某的死亡承担损害赔偿责任？为什么？

3. 赵某近亲属申请审判人员等回避的请求能否成立？为什么？

4. 如本案中吴某的侵权责任成立，吴某能否主张赵某醉酒对损害后果亦有影响来减轻自己的责任？

5. 如本案中吴某的侵权责任成立，钱某和出租车公司应当如何承担法律责任？

6. 如根据二审法院的裁判思路，本案中的侵权责任应当由谁承担？为什么？

7. 如经二审法院审理，法院判决本案侵权责任不成立，就赵某近亲属在一审中因申请先予执行所取得的利益，法院应当如何处理？为什么？

8. 法院通过微信向本案当事人送达判决书的方式是否妥当？为什么？

9. 赵某近亲属在得知吴某散播赵某谣言后，将吴某诉至法院，请求其承担精神损害赔偿责任，主张是否成立？

解题思路

1. 损害赔偿诉讼，是指因违约行为或者侵权行为而引发的民事诉讼。判断赔偿权利人可以提起何种损害赔偿之诉，首先要明确双方当事人之间的法律关系。材料中，饮酒后的赵某通过手机网络平台 App 派单，约乘一辆由司机吴某驾驶的出租车，据此可知，司机吴某接单后，乘客赵某与出租车公司之间成立运输合同法律关系。本案中，出租车行至中途，司机吴某在严禁停车路段停车，赵某独自下车呕吐，后从10多米高的桥面坠下死亡。《民法典》第811条规定："承运人应当在约定期限或者合理期限内将旅客、货物安全运输到约定地点。"承运人负有将旅客安全运输到目的地的义务，应保证旅客的人身、财产安全。司机吴某违规停车，明知赵某醉酒却任由其独自下车到桥边呕吐，对其所处的危险未予以适当注意，其行为违反合同义务。与此同时，因司机吴某的违约行为，赵某的人身权益遭受侵害，依据《民法典》第186条，"因当事人一方的违约行为，损害对方人身权益、财产权益的，受损害方有权选择请求其承担违约责任或者侵权责任"，故受损害方有权选择提起侵权之诉或违约之诉。

此外，根据《人身损害赔偿司法解释》第1条的规定，死亡受害人的近亲属是赔偿权利人，有权起诉请求损害赔偿。本案中，受害人赵某因死亡而丧失了诉讼主体资格，因此赵某近亲属拥有诉讼主体资格，有权提起侵权之诉或违约之诉。

2. 要判断网约车平台是否需要承担法律责任，首先要确定网约车平台中各个主体（平台自身、出租车公司、乘客）之间的法律关系以及网约车平台的法律地位。然而在现实中，各网约车平台运营模式不同，具体情况较为复杂，对于应如何界定平台的法律地位，理论上尚未形成定论。因此，对于网约车平台是否应承担法律责任有不同的观点。

本问题为开放式问题，对于手机网络平台App是否应当对赵某的死亡承担损害赔偿责任，可以有不同的观点：

观点一：网约车平台与出租车公司之间为居间合同法律关系，出租车公司支付一定的服务费用，平台对司机及乘客的信息进行匹配以促成两者之间的客运合同。材料中，手机网络平台App属于交易中介人，仅提供信息中介服务。因此，当乘客遭受损害时，网约车平台不承担法律责任。

观点二：网约车平台与传统网络交易平台不同，网约车平台是分配出租车出行任务的主导者与组织者，乘客与网约车平台之间达成客运合同关系，网约车平台属于这一客运合同中的承运方。根据《民法典》第823条第1款之规定，"承运人应当对运输过程中旅客的伤亡承担赔偿责任；但是，伤亡是旅客自身健康原因造成的或者承运人证明伤亡是旅客故意、重大过失造成的除外"。同时，为更好地维护乘客权益，《网络预约出租汽车经营服务管理暂行办法》第16条也规定："网约车平台公司承担承运人责任，应当保证运营安全，保障乘客合法权益。"因此，当乘客遭受损害时平台应承担赔偿责任。

3. 本题目考查民事诉讼中的回避制度。《民事诉讼法》第47条规定："审判人员有下列情形之一的，应当自行回避，当事人有权用口头或者书面方式申请他们回避：（一）是本案当事人或者当事人、诉讼代理人近亲属的；（二）与本案有利害关系的；（三）与本案当事人、诉讼代理人有其他关系，可能影响对案件公正审理的。审判人员接受当事人、诉讼代理人请客送礼，或者违反规定会见当事人、诉讼代理人的，当事人有权要求他们回避。审判人员有前款规定的行为的，应当依法追究法律责任。前三款规定，适用于法官助理、书记员、司法技术人员、翻译人员、鉴定人、勘验人。"《民诉解释》又进一步对回避的法定情形作了更加详细与扩充的规定，第43条及第44条规定了审判人员应当自行回避及当事人有权申请回避的情形。判断审判人员是否需要回避，应依据相关法律规定对具体情形进行分析。材料中，审判员、书记员等与被告仅为大学校友关系，不属于"是本案当事人或者当事人、诉讼代理人近亲属的"或"与本案有利害关系的”情形,同时按照一般社会大众之观念判断,亦不属于可能影响对案件公正审理的其他关系。而且,原告仅是猜测审判人员与被告私下可能相互熟悉且已对案件进行交流,而没有证据证明存在需要适用回避制度的其他情形,因此原告申请审判人员回避的要求是不成立的。

4. 本题目考查过失相抵规则的适用。在加害人依法应承担损害赔偿责任的前提下,如果受害人对于损害事实的发生或扩大也有过错,则可以减轻加害人的赔偿责任。题干设定本案中加害人吴某的侵权责任成立,同时从材料中可知,受害人赵某作为完全民事行为能力人,应当预见饮酒可能产生的风险而仍为之,对损害事实的发生存在过错。因此,可以依据《民法典》第 1173 条“被侵权人对同一损害的发生或者扩大有过错的,可以减轻侵权人的责任”之规定,适用过失相抵规则,减轻吴某的赔偿责任。

5. 要厘清钱某和出租车公司的法律责任,首先应明确吴某、钱某和出租车公司之间的关系。材料中,司机吴某为出租车车主钱某的代班人,即吴某为提供劳务的一方,钱某为接受劳务的一方,双方形成劳务关系;钱某为出租车公司雇员,出租车公司为用人单位,二者存在劳动关系。依据《民法典》第 1192 条第 1 款第 1 句“个人之间形成劳务关系,提供劳务一方因劳务造成他人损害的,由接受劳务一方承担侵权责任”之规定,吴某在为钱某代班开车的过程中造成赵某坠桥身亡的损害后果,属于因劳务造成他人损害,因此应由接受劳务一方钱某承担替代责任。同时,依据《民法典》第 1191 条第 1 款第 1 句“用人单位的工作人员因执行工作任务造成他人损害的,由用人单位承担侵权责任”之规定,出租车公司作为用人单位,应承担最终的侵权责任。

6. 材料中,二审法院经审理认为,即使赵某当时存在酒后情绪不稳定的情况,以事发时的一般社会经验和智识水平作为判断标准,也不能认为吴某的违法停车行为具有导致赵某坠桥身亡的可能性。这表明,二审法院认为吴某的违法停车行为与赵某坠亡之间并不存在侵权法律意义上的因果关系。《民法典》第 1165 条第 1 款规定:“行为人因过错侵害他人民事权益造成损害的,应当承担侵权责任。”一般侵权责任包括加害行为、过错、损害事实和因果关系四个构成要件,欠缺任何一个构成要件,都无法构成一般侵权责任。因此,根据二审法院的裁判思路,因为欠缺因果关系这一要件,吴某的侵权责任并不成立。故吴某不应承担侵权责任,而应当由赵某对因其饮酒行为而发生的后果自行承担民事责任。

7. 材料中,赵某近亲属向法院提起诉讼,并申请了先予执行,一审法院判令吴某承担部分赔偿责任。若经二审法院审理,法院判决本案侵权责任不成立,等于认定了一审法院判决错误,应先判决撤销一审判决。一审判决被撤销后,对于赵某近亲属在一审中因申请先予执行所取得的利益如何处理的问题,依据《民诉解释》第 173 条的规定,人民法院先予执行后,根据发生法律效力的判决,申请人应当返还因先予执行所取得的利益的,适用民事诉讼法第 244 条的规定,《民事诉讼法》第 244 条规定,“执行完毕后,据以执行的判决、裁定和其他法律文书确有错误,被人民法院撤销的,对已被执行的财产,人民法院应当作出裁定,责令取得财产的人返还;拒不返还的,强制执行”。因此,法院应作出裁定,责令赵某近亲属返还在一审中因申请先予执行所取得的利益,若赵某近亲属拒不返还,还可以强制执行。

8. 本题目考查诉讼文书的有效送达方式。《民事诉讼法》第 88 条至第 95 条规定了诉讼文书直接送达、留置送达、电子送达、委托送达、邮寄送达、公告送达等送达方式及其适用情形。

《民事诉讼法》第90条第1款规定:"经受送达人同意,人民法院可以采用能够确认其收悉的电子方式送达诉讼文书。通过电子方式送达的判决书、裁定书、调解书,受送达人提出需要纸质文书的,人民法院应当提供。"故只要受送达人同意,判决书、裁定书、调解书可采用电子送达的方式。题干中提及的微信送达是电子送达方式的一种,而从材料中可知,二审法院判决完毕后,经双方当事人同意,向双方当事人通过微信电子送达了判决文书。因此,法院通过微信向本案当事人送达判决书的方式妥当。

9.《精神损害赔偿解释》第3条规定:"死者的姓名、肖像、名誉、荣誉、隐私、遗体、遗骨等受到侵害,其近亲属向人民法院提起诉讼请求精神损害赔偿的,人民法院应当依法予以支持。"吴某将死者赵某的姓名、肖像等散播至网上,并编造死者吴某生前介入他人婚姻关系的事实,使得死者吴某的姓名、肖像、名誉遭受侵害,赵某近亲属可请求侵权人吴某承担精神损害赔偿责任。

当事人之间的法律关系如图4-1所示。

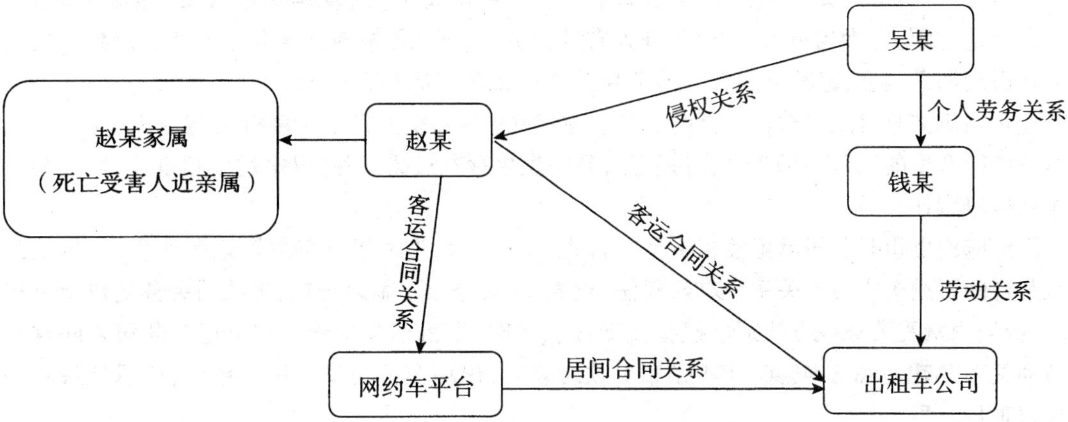

图4-1　当事人之间的法律关系

答题要点

1.赵某近亲属可向法院提起侵权损害赔偿之诉或者违约损害赔偿之诉。根据《民法典》第186条的规定,在合同当事人之间,可能发生侵权责任与违约责任的竞合。本案中,司机吴某接单后,乘客赵某与出租车公司之间成立运输合同法律关系。因司机吴某的违约行为,乘客赵某生命权遭受损害,从而构成侵权责任与违约责任的竞合,受损害方有权选择提起侵权之诉或违约之诉。同时,本案中的受损害方赵某已死亡,依据《人身损害赔偿司法解释》第1条第1款"因生命、身体、健康遭受侵害,赔偿权利人起诉请求赔偿义务人赔偿物质损害和精神损害的,人民法院应予受理"以及第2款"本条所称'赔偿权利人',是指因侵权行为或者其他致害原因直接遭受人身损害的受害人以及死亡受害人的近亲属"之规定,其近亲属作为死亡受害人的近亲属,有权向法院提起侵权损害赔偿之诉或者违约损害赔偿之诉。

2.观点一:不应当。在通过网约车平台约乘出租车的情形下,网约车平台与出租车公司之间仅为居间合同法律关系，平台对司机及客户的信息进行匹配以促成两者之间的客运合同，同时平台收取一定的居间服务费用，网约车平台并不构成承运人的角色。因此，若此时发生侵权事件，网约车平台不应承担法律责任。本案中，手机网络平台 App 属于交易中介人，不承担承运人责任，不应当对赵某的死亡承担损害赔偿责任。

观点二：应当。网约车平台与传统网络交易平台在经营模式上存在明显差异，在责任分担机制方面，前者不得照搬后者，以仅提供信息中介服务为由，拒绝对受害人承担赔偿责任。网约车平台在形式上是信息提供者，但网约车平台是安排车辆出行的组织者，实质上是客运合同中的承运方。根据《民法典》第 823 条第 1 款之规定，除伤亡是旅客自身健康原因或旅客故意、重大过失造成的以外，承运人应当对运输过程中旅客的伤亡承担赔偿责任。而且，《网络预约出租汽车经营服务管理暂行办法》第 16 条也规定："网约车平台公司承担承运人责任，应当保证运营安全，保障乘客合法权益。"因此，在本案中，手机网络平台 App 应当对赵某的死亡承担损害赔偿责任。

3. 不成立。根据《民事诉讼法》第 47 条的规定，同时结合《民诉解释》第 43 条、第 44 条进行判断，本案中审判员、书记员等与被告的校友关系不属于《民事诉讼法》第 47 条第 1 款第 3 项所规定的"与本案当事人、诉讼代理人有其他关系，可能影响对案件公正审理的"情形，因此无须适用回避制度，赵某近亲属申请审判人员等回避的要求不成立。

4. 司机吴某可主张减轻自己的责任。本案中，赵某作为完全民事行为能力人，应当预见醉酒可能产生的风险而仍为之，对损害后果的发生存在过错，因此根据过失相抵规则，吴某可主张减轻责任。

5. 应由出租车公司承担侵权责任。首先，司机吴某为出租车车主钱某的代班人，吴某与钱某之间形成个人劳务关系，依据《民法典》第 1192 条第 1 款之规定，吴某因劳务造成他人损害，应当由接受劳务一方钱某承担替代责任。其次，出租车车主钱某与出租车公司之间存在劳动关系，依据《民法典》第 1191 条第 1 款之规定，出租车公司作为用人单位，应承担最终的侵权责任。

6. 根据二审法院的裁判思路，吴某不应承担侵权责任，而应当由赵某对因其饮酒行为造成的后果自行承担民事责任。一般侵权责任以加害行为与损害后果间存在因果关系为其构成要件之一。本案中，从社会一般人的认知水平来看，吴某的违法停车行为通常并不会导致乘客坠桥的后果。所以，吴某的违法行为与赵某坠桥身亡的损害结果之间并不存在侵权法律意义上的因果关系，吴某不应当承担侵权责任。同时，赵某作为完全民事行为能力人，应该对其饮酒行为承担法律责任。

7. 依据《民诉解释》第 173 条及《民事诉讼法》第 244 条的相关规定，本案中，如二审法院判决本案侵权责任不成立，等于认定了一审法院判决错误，应当先判决撤销一审判决，然后对于在一审中赵某近亲属申请先予执行所取得的利益作出裁定，责令赵某近亲属返还，拒不返还的还可强制执行。

8. 妥当。依据《民事诉讼法》第 90 条第 1 款"经受送达人同意，人民法院可以采用能够确认其收悉的电子方式送达诉讼文书。通过电子方式送达的判决书、裁定书、调解书，受送达人提出需要纸质文书的，人民法院应当提供"之规定，只要受送达人同意，判决书可采用电子送达的方式。因此，法院经双方当事人同意，通过微信向当事人送达判决文书的方式妥当。

9. 成立。按照《精神损害赔偿解释》第 3 条的规定，死者的姓名、肖像、名誉遭受侵害的，死者近亲属可要求侵权人承担精神损害赔偿责任，本案中，侵权人吴某故意侵害死者赵某的姓名、肖像、名誉，使赵某近亲属遭受精神损害，赵某近亲属可请求吴某承担精神损害赔偿责任。

扩展分析　侵权法上的因果关系

侵权法中的因果关系是侵权责任的构成要件之一，指的是加害行为与损害事实之间存在的前者引起后者、后者被前者引起的客观联系。若加害行为与损害事实间无因果关系，则侵权责任不成立。侵权法上的因果关系具有过滤无关原因、贯彻自己责任原则，以及合理截取因果关系链条、控制责任范围的重要意义。

对于侵权法上因果关系的判断理论，我国原则上采取“相当因果关系说”。相当因果关系说诞生于 19 世纪 80 年代，由德国弗莱堡大学生理学家冯·克里斯首创。冯·克里斯认为，只有满足以下两个条件时，原因和结果之间才有因果关系：(1) 它必须是损害的必要条件；(2) 它必须在相当量方面增加损害的客观可能性。由此可见，相当因果关系的构造可分为“条件关系”和“相当性”两个组成部分。

依据相当因果关系理论，要判断是否具有侵权法上的因果关系，首先应判断加害行为是否为损害事实的条件。可采用“剔除法”或“替代法”检验是否存在条件关系，即假设若无加害行为，损害是否会发生。若无加害行为损害就不会发生，则行为与损害存在条件关系。在判断存在条件关系的基础上，还需进一步认定加害行为具有引起损害的相当性，才能确定具有因果关系。对于相当性的认定需要依照一般社会观念，按照当时社会所达到的知识和经验进行价值判断。若一般人认为这样的行为通常会导致这样的损害，则具有相当性。

02 CASE 杨某诉A汽车(中国)销售有限公司、B汽车销售服务有限责任公司买卖合同纠纷案

案例指引

本案例以最高人民法院2019年发布的"百篇优秀裁判文书"为蓝本,围绕消费者资格认定、欺诈的认定、惩罚性赔偿的适用条件、人脸识别等问题展开,对解决此类问题具有参考意义。

案　　情

一审法院查明:2014年3月20日,A汽车(中国)销售有限公司(以下简称A公司)从英国进口一辆宾利慕尚汽车,中华人民共和国外高桥出入境检验检疫局出具了中华人民共和国出入境检验检疫进口机动车辆随车检验单,中华人民共和国上海海关出具了货物进口证明书。

2014年6月24日,杨某与B汽车销售服务有限责任公司(以下简称B公司)签订《销售合同》,约定:(1)B公司向杨某销售尊贵版宾利慕尚汽车1台,单价为550万元;(2)B公司保证所售车辆具有合法手续,符合国家商检部门检验标准,车辆的质量标准和保修期限按厂家规定,如发生质量问题,B公司协助解决;(3)预计交车日期为2014年7月30日,以杨某全部车款到达B公司账户为前提,最终交车日期以B公司的通知为准;(4)杨某在交车地点现场验收车辆,B公司将车辆交由杨某实际支配并向杨某交付车辆的海关及商检单证、维修保养手册、交车清单等文件。车辆交接书的签订视为车辆的正式交付,其后一切风险责任由杨某承担。《销售合同》对所售车辆的发动机号、车架号等未作约定。

B公司随后从A公司购入前述进口宾利慕尚汽车。2014年7月30日,该车辆运抵B公司,B公司拟将该车辆交付杨某。同日,B公司进行车辆移交检查时发现车辆左前门下有漆面损伤,通过抛光打蜡清除了漆面损伤,这一处理操作记载于该车辆的维修记录中。2014年10月8日,因汽车右后窗帘存在异响,B公司更换了窗帘总成,该维修操作亦记载于车辆的维修记录中。

2014年9月26日,B公司向杨某开具机动车销售统一发票。2014年10月14日,杨某取得出入境检验检疫局出具的中华人民共和国进口机动车辆检验检疫证明。2014年10月30日,杨某为所购车辆办理了机动车登记手续。

2016年5月31日,杨某通过www.chejianding.com即车鉴定网查询所购车辆的维修保养记录时,查询到案涉车辆的前述处理、维修记录,遂以B公司和A公司

在车辆交付之时未向其告知前述情形构成欺诈、给其造成巨大损失为由提起本案诉讼。

另查明:杨某与B公司签订《销售合同》时,工作人员要求杨某必须先下载一个B公司的App才能进入订约流程,该App仅提供人脸识别的注册方式。杨某按照要求下载App,并通过人脸识别进行了注册。

杨某一审诉讼请求:(1)撤销B公司与杨某签订的《销售合同》;(2)B公司退还杨某购车款550万元、车辆购置税47万元,共计597万元;(3)B公司向杨某支付车辆价款3倍的惩罚性赔偿金1650万元;(4)A公司对第2项和第3项诉请承担连带责任;(5)本案涉诉费用由B公司和A公司承担。

审理过程中,一审法院要求B公司提供车辆交接书,或者能证明车辆交付时间的其他证据,B公司均无法提供。经一审法院释明,杨某不同意对案涉车辆现有价值进行估价。

一审法院认为:(1)B公司不能证明其已告知过杨某相关情况,可认定B公司在车辆交付前故意隐瞒了车辆的前述问题,剥夺了杨某的知情权和选择权,B公司的行为构成欺诈,《销售合同》应予撤销;(2)依据《消费者权益保护法》第55条第1款的规定,B公司应承担购车款3倍的惩罚性赔偿责任;(3)因A公司并非《销售合同》的销售方,未直接对杨某进行销售及服务,对杨某要求A公司承担连带责任的诉讼请求,不予支持。

综上所述,一审法院判决:(1)撤销杨某与B公司2014年6月24日签订的《销售合同》;(2)杨某于判决生效之日起10日内将案涉汽车退还给B公司;(3)B公司在判决生效之日起10日内,返还杨某购车款550万元,车辆购置税47万元;(4)B公司在判决生效之日起10日内,支付杨某车辆赔偿金1650万元;(5)驳回杨某的其他诉讼请求,案件受理费154,150.40元,诉讼保全费5000元,由B公司负担。

B公司不服一审判决,上诉于二审法院。审理过程中,二审法院要求杨某提供案涉车辆的机动车行驶证,根据机动车行驶证的记载,案涉车辆使用性质为"非营运"。杨某当庭承认其以经商为业,案涉车辆主要用于商务接待等活动。二审法院经审理,对一审法院查明的事实予以确认。

二审法院另查明:(1)案涉窗帘配件市场价为38,341.80元,工时耗时为0.6小时,工时费为561.60元。(2)截至2018年1月23日,案涉车辆使用已超过3年,行驶里程超过29,000公里。(3)杨某庭审中称其以经商为业,B公司和A公司对此未予以反驳。

问　题

1.在一审中,杨某以B公司和A公司作为共同被告诉至法院,这两个公司作为诉讼主体是否适格?为什么?

2.本案应否适用《消费者权益保护法》?杨某将案涉车辆主要用于商务接待,是否影响其消费者资格的认定?为什么?

3.在庭审中,杨某称其以经商为业,案涉车辆主要用于商务接待等活动,但并未举证证明该事实,B公司和A公司对此也未予以反驳。法院能否认定该事实?为什么?

4.一审法院就案涉车辆估价的证据意义向杨某作出释明,是否符合民事诉讼法的规定?为什么?

5. 一审法院判决 A 公司不承担连带责任，是否正确？为什么？

6. 依据一审法院和二审法院认定的事实，能否认定 B 公司对杨某违反了告知义务？为什么？

7. 依据一审法院和二审法院认定的事实，能否认定 B 公司对杨某实施了欺诈行为？为什么？

8. 一审法院判决 B 公司对杨某予以 3 倍赔偿，是否正确？为什么？

9. 二审法院认为一审法院认定事实清楚但适用法律错误，能否发回重审？为什么？

10. 如果杨某主张 B 公司 App 仅提供人脸识别注册方式侵害其人格权，B 公司以 App 注册流程均已设置“同意”和“不同意”选项为由抗辩，该抗辩是否成立？为什么？

解题思路

1. 关于 B 公司与 A 公司作为本案的诉讼主体是否适格，应当适用《民事诉讼法》第 51 条的规定：“公民、法人和其他组织可以作为民事诉讼的当事人。法人由其法定代表人进行诉讼。其他组织由其主要负责人进行诉讼。”通常情况下，对于民事诉讼的原告一方或者被告一方存在两人以上的诉讼称为共同诉讼。根据诉讼标的的不同可以将共同诉讼分为必要的共同诉讼与普通的共同诉讼。诉讼标的是同一的为必要共同诉讼，而诉讼标的是同一种类的则为普通共同诉讼。

2. 关于本案应否适用《消费者权益保护法》，应当依据《消费者权益保护法》第 2 条的前半句规定，“消费者为生活消费需要购买、使用商品或者接受服务，其权益受本法保护”。对于杨某购买车辆是否属于为了生活消费需要，应从以下方面判定。首先，不同消费者在收入、消费习惯、消费偏好上存在一定差异，“生活消费需要”之标准亦存在不同。随着经济社会的不断发展，“生活消费需要”的范围相应亦呈扩展和变化之势。在本案中，如果仅以车辆售价的高低作为“生活消费需要”的判断标准，在现实中具有不确定性。其次，杨某将案涉车辆主要用于商务接待并不影响“生活消费需要”的认定。消费者将个人所购车辆用于生活所需且不排除用于与工作有关的用途，乃个人消费者日常用车的常见情形，将为“生活消费需要”而购车解释为所购车辆不能同时用于与工作有关的用途，与社会大众使用车辆的现实不符，且必然导致大量购买车辆的消费者被排除在《消费者权益保护法》的保障范围之外，不利于消费者权益的保护。

关于将案涉车辆主要用于商务接待是否影响消费者资格的认定，应当适用《消费者权益保护法》第 2 条的规定。消费者的认定应当具备两个条件：一是出于为生活消费需要的动机或目的；二是购买、使用商品或者接受服务的行为。从此前分析可知，案涉车辆主要用于商务接待并不会影响对“生活消费需要”的认定，同时其亦未影响购买行为的认定。由于对消费者资格认定的两个要件均无影响，因此案涉车辆主要用于商务接待并不会影响消费者资格的认定。

3. 关于庭审中杨某未举证证明其所述事实，且 B 公司和 A 公司也未予反驳的情形下，法院能否认定该事实，应当适用《民诉解释》第 92 条第 1 款的规定，“一方当事人在法庭审理中，或者在起诉状、答辩状、代理词等书面材料中，对于己不利的事实明确表示承认的，另一方当事人无需举证证明”，还应当适用《证据若干规定》第3条第1款的规定，“在诉讼过程中，一方当事人陈述的于己不利的事实，或者对于己不利的事实明确表示承认的，另一方当事人无需举证证明”，以及第4条的规定，“一方当事人对于另一方当事人主张的于己不利的事实既不承认也不否认，经审判人员说明并询问后，其仍然不明确表示肯定或者否定的，视为对该事实的承认”。一方当事人对对方当事人主张的事实予以承认后，将免去主张该事实的当事人对此的证明，亦免除了法院对该事实的调查、审核，法院可以将该事实作为裁判依据。

4. 释明权，是指法院有权就案件法律上和事实上的问题发问，让当事人作出适当、明确的陈述，促使当事人提出证据。法院的释明内容具体包括：(1)使不明确的事项加以明确；(2)当事人的声明和陈述不充分时，使当事人的声明和陈述变得充分；(3)当事人的声明和陈述不适当时，法院促使当事人作适当的声明和陈述；(4)促使当事人提出证据。释明权系大陆法系中当事人主义诉讼模式下法官职权不断扩张的结果，属于在当事人主义诉讼模式下对辩论主义原则的“补正”。释明权制度的存在有利于促进诉讼效率的提高，维护当事人的合法权益，以及实现程序公正与实体公正的双重目标。我国在《证据若干规定》中对释明权的内容作出了较为明确的规范，具体包括关于当事人举证的释明以及关于诉讼请求变更的释明。本案中一审法院就案涉车辆估价的证据意义向杨某作出释明的行为属于关于当事人举证的释明，应适用《证据若干规定》第2条第1款的规定，“人民法院应当向当事人说明举证的要求及法律后果，促使当事人在合理期限内积极、全面、正确、诚实地完成举证”。

5. A公司与B公司应否承担连带责任，涉及合同相对性与连带责任的法定性。《民法典》第465条第2款规定：“依法成立的合同，仅对当事人具有法律约束力，但是法律另有规定的除外。”《民法典》第178条第3款规定：“连带责任，由法律规定或者当事人约定。”除法律另有规定的情形外，合同只对合同当事人产生法律上的拘束，而不能约束合同外的第三人。合同的相对性包含合同责任的相对性，非合同当事人的第三人不承担合同的责任，而连带责任更具有法定性，只在当事人约定或法律规定的情况下才能成立。本案中，《销售合同》的双方当事人为杨某与B公司，A公司并非合同当事人，更不存在当事人之间约定或法律规定的由A公司承担连带责任的情形，因此不能要求A公司承担连带责任。

6. 对于B公司对杨某是否违反告知义务的认定，应适用《消费者权益保护法》第8条的规定：“消费者享有知悉其购买、使用的商品或者接受的服务的真实情况的权利。消费者有权根据商品或者服务的不同情况，要求经营者提供商品的价格、产地、生产者、用途、性能、规格、等级、主要成份、生产日期、有效期限、检验合格证明、使用方法说明书、售后服务，或者服务的内容、规格、费用等有关情况。”还应适用第20条第1款的规定：“经营者向消费者提供有关商品或者服务的质量、性能、用途、有效期限等信息，应当真实、全面，不得作虚假或者引人误解的宣传。”

本案中，B公司作为经营者负有主动向消费者提供商品真实、全面信息的义务，杨某作为消费者享有知悉商品相关信息的权利。对于本案中案涉车辆的漆面瑕疵和窗帘总成问题及相应处理措施，应作如下分析：首先，关于车辆漆面瑕疵及其处理，案涉车辆仅左前门下有一处漆面损伤，通过抛光打蜡即可清除漆面损伤。该类问题及相应的整理行为显著轻微，不涉及消费者人身健康和安全，几乎不涉及其实质性财产利益。经营者如未将这类信息告知消费者，不应当构成对法定告知义务的违反，亦不构成对消费者知情权的侵犯。其次，关于窗帘总成问题及其处理,对于新车到店后经营者经检查发现的此类轻微问题,如果一律退货运回生产厂家处理,或者由生产厂家、经营者投入更多成本以进一步降低轻微问题出现的概率,必将导致经营成本的增加,进而导致消费者交易成本的增加。对消费者而言,以合理价格购买到从出厂、运输、存放直至交付所有环节均完美无缺的车辆,固然可以最大限度地满足其消费体验,但权衡行业现实、相关操作的经济合理性,对新车的此类轻微问题,由获授权的经营者以符合行业操作规范标准的措施进行修复,在轻微问题可以得到消除的前提下,一名理性的消费者应将经营者对新车的修复行为视为生产厂家的修复行为。B公司对窗帘总成所采取的行为并非对新车瑕疵的整理措施,而是对新车局部轻微问题的修复措施。该类信息对消费者的消费心理和财产利益具有一定的影响,经营者应向消费者如实告知,B公司未予告知的行为违反了《消费者权益保护法》第8条第1款和第20条第1款的规定,侵犯了消费者的知情权,违反了告知义务。

7. 关于B公司对杨某是否实施了欺诈行为的认定应适用《消费者权益保护法》第55条的规定:"经营者提供商品或者服务有欺诈行为的,应当按照消费者的要求增加赔偿其受到的损失,增加赔偿的金额为消费者购买商品的价款或者接受服务的费用的三倍;增加赔偿的金额不足五百元的,为五百元。法律另有规定的,依照其规定。经营者明知商品或者服务存在缺陷,仍然向消费者提供,造成消费者或者其他受害人死亡或者健康严重损害的,受害人有权要求经营者依照本法第四十九条、第五十一条等法律规定赔偿损失,并有权要求所受损失二倍以下的惩罚性赔偿。"

本案中,关于B公司对案涉车辆的漆面瑕疵和窗帘总成问题及相应处理措施未告知杨某的行为是否构成上述法律规定的欺诈行为,从第6问分析可知,B公司漆面瑕疵的问题及处理未告知杨某,并未违反法定告知义务,因此也就不能认定为欺诈。而对于窗帘总成问题及处理未告知的行为,B公司违反了法定告知义务,但对该行为是否构成欺诈行为应当主要从两个方面加以考虑。一方面是该行为是否影响消费者缔约的根本目的。首先,从B公司与杨某签订的《销售合同》来看,合同并未对与窗帘相关的问题或者类似的问题进行约定。因此,与窗帘相关的问题或类似的问题并不构成杨某缔约的根本目的。其次,有关窗帘问题并不危及案涉车辆的安全性能、主要功能和基本用途。相应修复措施轻微,花费时间较短,与此相关的信息并不属于影响杨某缔约根本目的的重要信息。最后,该行为未涉及杨某的人身健康和安全,亦未给其造成较大的不利影响。另一方面是该行为是否存在隐瞒相关信息的主观故意。首先,在案涉车辆交付杨某之前,B公司将问题及处理措施均如实进行了记录,并即时上传至消费者可通过一定途径公开查询的网络。信息的录入和上传系经营者自行主动完成,相关信息已在一定程度上进行了披露,因而可认定经营者并无刻意隐瞒相关信息的意图。其次,B公司与杨某缔约时并不知悉前述问题的存在,因此,在本次销售过程中B公司并无隐瞒相关问题及处理记录的主观故意。

8. 案涉车辆存在的问题及维修记录,不属于影响杨某缔约根本目的的重要信息,B公司亦不存在隐瞒相关信息的主观故意;并且上述行为不属于明显超出一般消费者心理所能承受范围之特殊事件,案涉纠纷的标的物亦不涉及食品和药品。因此,B公司未告知的行为不构成《消费者权益保护法》第55条的欺诈行为,亦不得适用第55条的惩罚性赔偿规定。

9. 对于一审法院认定事实清楚但适用法律错误的情形能否发回重审,应适用《民事诉讼法》第 177 条的规定:“第二审人民法院对上诉案件,经过审理,按照下列情形,分别处理:(一)原判决、裁定认定事实清楚,适用法律正确的,以判决、裁定方式驳回上诉,维持原判决、裁定;(二)原判决、裁定认定事实错误或者适用法律错误的,以判决、裁定方式依法改判、撤销或者变更;(三)原判决认定基本事实不清的,裁定撤销原判决,发回原审人民法院重审,或者查清事实后改判;(四)原判决遗漏当事人或者违法缺席判决等严重违反法定程序的,裁定撤销原判决,发回原审人民法院重审。原审人民法院对发回重审的案件作出判决后,当事人提起上诉的,第二审人民法院不得再次发回重审。”

依据《民事诉讼法》及《民诉解释》的规定,发回重审的情形有以下五类:(1)原判决认定基本事实不清的(《民事诉讼法》第 177 条)。(2)原判决遗漏当事人或者违法缺席判决等严重违反法定程序的(《民事诉讼法》第 177 条)。(3)对当事人在第一审程序中已经提出的诉讼请求,原审人民法院未作审理、判决的,第二审人民法院可以根据当事人自愿的原则进行调解;调解不成的,发回重审(《民诉解释》第 324 条)。(4)必须参加诉讼的当事人或者有独立请求权的第三人,在第一审程序中未参加诉讼,第二审人民法院可以根据当事人自愿的原则予以调解;调解不成的,发回重审(《民诉解释》第 325 条)。(5)一审判决不准离婚的案件,上诉后,第二审人民法院认为应当判决离婚的,可以根据当事人自愿的原则,与子女抚养、财产问题一并调解;调解不成的,发回重审(《民诉解释》第 327 条第 1 款)。发回重审制度的设立在于给在一审程序中权益受损的当事人提供上诉审程序所不能提供或者不宜提供的救济,有利于保护当事人的审级利益及辩论权目的的实现。

10. 人脸识别,指通过对人脸信息的自动化处理,实现验证个人身份、辨识特定自然人或者预测分析个人特征等目的的一项生物识别技术。而人脸信息即属于受法律保护的个人信息的一种,根据相关司法解释的规定,信息处理者处理人脸信息有下列情形之一的,人民法院应当认定属于侵害自然人人格权益的行为。第一,在宾馆、商场、银行、车站、机场、体育场馆、娱乐场所等经营场所、公共场所违反法律、行政法规的规定使用人脸识别技术进行人脸验证、辨识或者分析。例如,某房地产销售中心私自安装“远距离、无感式”人脸识别设备,未经同意擅自采集消费者人脸信息,分析消费者的性别、年龄、心情等,进而采取不同的营销策略。第二,未公开处理人脸信息的规则或者未明示处理的目的、方式、范围。例如,商家在收集人脸信息时拒绝公开其处理人脸信息的相关规则。第三,基于个人同意处理人脸信息的,未征得自然人或者其监护人的单独同意,或者未按照法律、行政法规的规定征得自然人或者其监护人的书面同意。例如,某 App 将人脸识别与读取照片权限进行捆绑,要求用户统一同意。第四,违反信息处理者明示或者双方约定的处理人脸信息的目的、方式、范围等。例如,某商场将擅自收集到的消费者的人脸信息进行分析,通过其到店次数将消费者标注为熟客、会员等,以采取不同的经营策略。第五,未采取应有的技术措施或者其他必要措施确保其收集、存储的人脸信息安全,致使人脸信息泄露、篡改、丢失。例如,某酒店因采取的技术措施存在安全漏洞导致 2000 万条消费者的入住信息泄露。第六,违反法律、行政法规的规定或者双方的约定,向他人提供人脸信息。例如,某商家在社交平台和网站上公开兜售人脸信息。第七,违背公序良俗处理人脸信息。例如,某不法分子利用 AI 换脸技术制作明星的不雅视频恶意损毁他人名誉。第八,违反合法、正当、必要原则处理人脸信息的其他情形。

当事人之间的法律关系如图 4－2 所示。

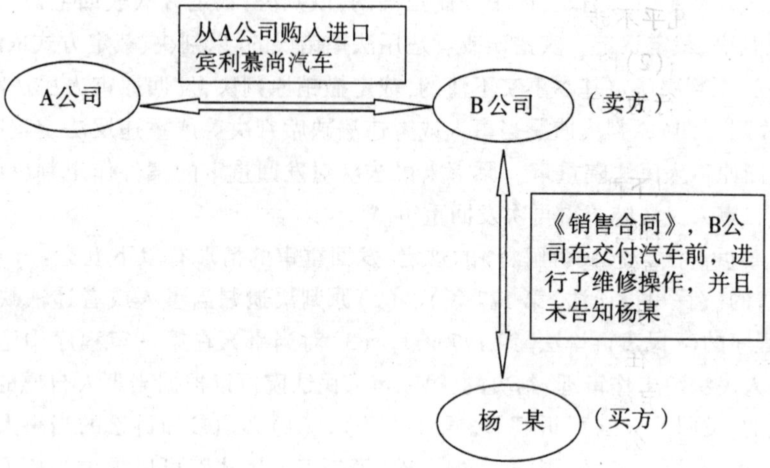

图 4－2　当事人之间的法律关系

答题要点

1. 适格。依据《民事诉讼法》第 51 条的规定，法人可以作为民事诉讼当事人。B 公司与 A 公司属于法人，能够作为诉讼主体。

2. 本案应当适用《消费者权益保护法》。主要有以下原因：(1)《消费者权益保护法》适用于消费者为生活消费需要购买、使用商品或者接受服务的情形；(2) 杨某在购买案涉车辆后尽管将其主要用于商务接待，但用于与工作有关的用途乃个人消费者日常用车的常见情形，因而仍然属于“为生活消费需要购买”，属于《消费者权益保护法》的适用范围。

不影响消费者资格的认定。原因为以下两点：(1) 消费者的认定应当具备两个要件。一是为了生活消费需要的目的，二是有购买、使用商品或者接受服务的行为。(2) 本案中杨某将案涉车辆主要用于商务接待不影响其“生活消费需要”目的的认定，同时其亦存在购买行为，因此不影响其消费者资格的认定。

3. 能认定该事实。因为对于一方当事人主张的于己不利的事实，另一方当事人既未表示承认也未否认的，经审判人员充分说明并询问后，仍不明确表示肯定或否定的，视为对该项事实的承认。一方当事人在法庭审理中对于己不利的事实表示承认的，另一方当事人无须举证证明，法院可以直接认定。

4. 符合。因为法院有权在当事人举证的事项上进行释明，使不明确的事项加以明确，促使当事人提出证据。

5. 正确。因为合同关系具有相对性，A 公司并非合同的当事人，不受 B 公司与杨某之间签订的《销售合同》约束，杨某无权要求 A 公司承担责任。而连带责任更具有法定性，A 公司向 B 公司销售案涉车辆后，B 公司与杨某签订销售合同既未约定 A 公司承担连带责任，也不存在 A 公司承担连带责任的法律规定，故一审法院判决 A 公司不承担连带责任是正确的。

6. B 公司对案涉车辆的漆面瑕疵问题及处理未违反告知义务，但对窗帘总成问题及处理违反了告知义务。原因为以下两点:(1)漆面瑕疵问题及其处理行为显著轻微,不涉及消费者人身健康及安全,亦几乎不涉及消费者实质性财产利益,经营者未告知的行为不应当构成对法定告知义务的违反;(2)窗帘总成问题处理行为属于对新车局部轻微问题的修复措施而非简单的新车瑕疵整理行为,对消费者的消费心理及财产利益会产生一定的影响,经营者有如实告知消费者的义务。

7. 不能。原因为以下两点:(1)B公司的行为尽管违反了一定的告知义务,但该行为并未影响杨某缔约的根本目的,双方签订的《销售合同》中对类似问题未进行约定,存在的问题亦未影响案涉车辆的主要性能及基本用途,更未对杨某的人身及财产安全造成不利影响。(2)B公司未告知的行为不存在隐瞒相关信息的主观故意。一是B公司在与杨某签订销售合同时并不知晓问题已存在;二是在案涉车辆交付杨某之前,B公司已经将相关记录上传至网络,消费者可以通过一定途径查询,经营者并无隐瞒的意图。

8. 不正确。因为B公司的行为不构成《消费者权益保护法》第55条规定的欺诈行为,不得适用其3倍惩罚性赔偿规定。

9. 不能。因为依据《民事诉讼法》第177条的规定,一审判决认定事实清楚但适用法律错误的,不属于法定的发回重审的情形,而应当依法改判、撤销或者变更。

10. 不成立。最高人民法院《关于审理使用人脸识别技术处理个人信息相关民事案件适用法律若干问题的规定》第4条规定,"有下列情形之一,信息处理者以已征得自然人或者其监护人同意为由抗辩的,人民法院不予支持:(一)信息处理者要求自然人同意处理其人脸信息才提供产品或者服务的,但是处理人脸信息属于提供产品或者服务所必需的除外;(二)信息处理者以与其他授权捆绑等方式要求自然人同意处理其人脸信息的;(三)强迫或者变相强迫自然人同意处理其人脸信息的其他情形"。材料中,App注册流程虽设置了"同意"和"不同意"选项,但该App仅提供人脸识别的注册方式,且工作人员要求杨某必须先下载该App才能进入订约流程,属于"信息处理者要求自然人同意处理其人脸信息才提供产品或者服务的"情形,故B公司的抗辩不成立。

扩展分析

1. 消费者的认定

《消费者权益保护法》第2条规定:"消费者为生活消费需要购买、使用商品或者接受服务,其权益受本法保护;本法未作规定的,受其他有关法律、法规保护。"对于消费者,法律并未明确定义,但从我国《消费者权益保护法》第2条规定的表述来看,可以看出"消费者"应具备两个要件:一是主观要件,必须是出于为生活消费需要的动机或目的;二是客观要件,必须有购买、使用商品或者接受服务的行为。但对上述要件中"生活消费需要"的界定仍存在一定的争议,消费者概念并不明晰。

我国学界对"生活消费需要"的界定存在主观理论与客观理论两种观点。主观理论认为,只要行为人主观上的购买目的是将商品用于非经营性的目的,那么其就应当是《消费者权益保护法》所保护的消费者,至于最后是否用于生活所需不是法律所关心的。客观理论则认为,行为人是否具有生活消费的主观目的是通过"购买、使用商品或者接受服务"的客观行为表现出来的，只要行为人购买、使用商品或接受服务在实际上没有用作生活所需，那么无论其在购买时主观上有何种购买目的与意思，行为人就不是消费者。上述两种理论相较而言，客观理论更符合《消费者权益保护法》的立法政策及目的，应当作为一般情形下“生活消费需要”的认定标准。

2. 惩罚性赔偿的意义及适用范围

(1)惩罚性赔偿的意义。惩罚性赔偿，是指由法院判决作出的赔偿数额超过实际的损害数额的赔偿。惩罚性赔偿制度的主要目的在于惩罚恶意的行为人，补偿受害人。它具有补偿受害人遭受的损失、惩罚和遏制不法行为的多重效果。具体体现在以下两个方面：

一是补偿受害人遭受的损失。赔偿制度的本质就在于填补损害，无损害即无赔偿。传统的民法理论认为，一个人不能从损害赔偿中获得利益。对受害人的赔偿金额一方面不能低于其受到的损失使其救济权得不到行使，另一方面不能多于其所受到的损失，受害人不能从中获利。惩罚性赔偿制度也具有补偿功能，但这里的补偿性与补偿性原则的补偿有所不同，传统的补偿性原则赔偿额往往低于实际损失，相较补偿性原则，惩罚性赔偿则能更为充分地补偿受害人的损失。惩罚性赔偿请求权的行使必须以补偿性原则为前提，在此基础上，惩罚性赔偿原则的范围可以不以实际损失为限。惩罚性赔偿是对传统民事损害补偿的修补。

二是惩罚、遏制不法行为。惩罚性赔偿与传统的补偿性赔偿相比较，惩罚性赔偿数额高于补偿性赔偿，其除了补偿受害人已受到的损害外，还强调惩罚恶劣的违法行为人，威慑社会潜在的不法行为人，以防止类似行为的再发生。惩罚与遏制不法行为是惩罚性赔偿的主要目的。

(2)惩罚性赔偿的适用范围。我国现行立法中对惩罚性赔偿作出规定的具体为《民法典》第 1207 条、《消费者权益保护法》第 55 条、《食品安全法》第 148 条第 2 款、《商标法》第 63 条第 1 款，这些规定的适用对象既有一般消费领域的，也有特殊商业领域的。此外，最高人民法院《关于审理旅游纠纷案件适用法律若干问题的规定》第 15 条规定旅游经营者提供服务时有欺诈行为的，可适用惩罚性赔偿。惩罚性赔偿的具体适用范围有以下几点。第一，依据《民法典》第 1207 条，明知产品存在缺陷，仍然生产、销售，或者没有依据第 1206 条规定采取有效补救措施，造成他人死亡或者健康严重损害的，被侵权人可以主张相应数额的惩罚性赔偿。第二，依据《消费者权益保护法》第 55 条，第一种情形为经营者提供商品或服务存在欺诈行为的惩罚性赔偿；第二种情形为经营者明知商品或服务存在缺陷，仍向消费者提供，造成消费者或者其他受害人死亡或者健康严重损害的惩罚性赔偿。第三，依据《食品安全法》第 148 条第 2 款的规定，生产不符合食品安全标准的食品或者经营明知是不符合食品安全标准的食品，消费者除要求赔偿损失外，还可以向生产者或者经营者要求支付价款 10 倍或者损失 3 倍的赔偿金；增加赔偿的金额不足 1000 元的，为 1000 元。但是，食品的标签、说明书存在不影响食品安全且不会对消费者造成误导的瑕疵的除外。第四，依据《商标法》第 63 条第 1 款的规定，恶意侵犯商标专用权，情节严重的，权利人可以主张一定数额的 1 倍以上 5 倍以下的赔偿数额。第五，依据最高人民法院《关于审理旅游纠纷案件适用法律若干问题的规定》第 15 条第 2 款，旅游经营者提供服务时有欺诈行为，旅游者依据《消费者权益保护法》第 55 条第 1 款规定请求旅游经营者承担惩罚性赔偿责任的，人民法院应予支持。第六，依据最高人民法院《关于审理网络消费纠纷案件适用法律若干问题的规定(一)》第 10 条的规定，电子商务平台内的经营者销售商品或者提供服务损害消费者合法权益时，若其向消费者承诺的赔偿标准高于相关法定赔偿标准,则消费者可以主张经营者按照承诺进行惩罚性赔偿。从上述具体适用范围可以看出,我国惩罚性赔偿规定主要适用于消费者权益保护、产品责任、食品安全、商标保护及旅游纠纷等领域。在这些领域中,如果行为人主观上存在恶意,并实施了一定的不法行为,且在达到了法定条件的情形下,受害人可以主张一定数额的惩罚性赔偿维护自己合法权益。

3. 人脸信息的性质和处理原则

人脸信息,是指使用人脸识别技术所采集的人脸原始图像以及通过算法生成的人脸数字特征信息。关于人脸信息的性质,可以从以下三方面进行界定。第一,人脸信息属于个人信息。《民法典》第1034条第2款规定:"个人信息是以电子或者其他方式记录的能够单独或者与其他信息结合识别特定自然人的各种信息,包括自然人的姓名、出生日期、身份证件号码、生物识别信息、住址、电话号码、电子邮箱、健康信息、行踪信息等。"人脸信息符合个人信息的三个要件:具有可识别性、有一定载体、主体是自然人。因此,人脸信息是个人信息,且属于识别性最强、具有唯一性和不可更改性的个人信息。第二,人脸信息属于生物识别信息。2020年国家标准《信息安全技术　个人信息安全规范》(GB/T 35273—2020)对个人生物识别信息进行了列举,主要包括个人基因、指纹、声纹、掌纹、耳廓、虹膜、面部识别特征等信息。其中,"面部识别特征"即为"人脸信息"。第三,人脸信息属于敏感个人信息。《民法典》将个人信息划分为私密信息与非私密信息,《个人信息保护法》进一步将个人信息划分为一般个人信息与敏感个人信息。根据《个人信息保护法》第28条第1款的规定,敏感个人信息是一旦泄露或者非法使用,容易导致自然人的人格尊严受到侵害或者人身、财产安全受到危害的个人信息,包括生物识别、宗教信仰、特定身份、医疗健康、金融账户、行踪轨迹等信息,以及不满14周岁未成年人的个人信息。该条明确将《民法典》第1034条中的"生物识别信息"纳入"敏感个人信息"的范畴。

随着信息技术的发展,人脸识别技术逐渐扩展至人们生活的方方面面。人脸信息作为敏感个人信息中的生物识别信息,一旦泄露将对个人的人身财产安全产生巨大危害。因此,人脸识别信息的处理要严格遵守《民法典》关于个人信息处理的一般规则,同时还应当符合《个人信息保护法》的相关规定,特别是关于敏感个人信息的专门规定。《民法典》第1035条第1款规定:"处理个人信息的,应当遵循合法、正当、必要原则,不得过度处理,并符合下列条件:(一)征得该自然人或者其监护人同意,但是法律、行政法规另有规定的除外;(二)公开处理信息的规则;(三)明示处理信息的目的、方式和范围;(四)不违反法律、行政法规的规定和双方的约定。"综合而言,个人信息的处理应当遵循以下原则。第一,个人信息的处理应当遵循告知同意原则。告知同意原则指任何组织或者个人在处理个人信息时,应当对信息主体即其个人信息被处理的自然人进行告知,在取得其同意后方可从事相应的个人信息处理活动。告知同意原则包含了告知原则和同意原则,二者联系紧密,不可分割。第二,个人信息的处理应当遵循公开透明原则。公开透明原则指信息处理者在处理个人信息时应当公开处理信息,并且明确处理信息的目的、方式和范围,确保信息主体享有知情权。个人信息处理者如果不以公开、透明的方式处理个人信息,则侵害了自然人对其信息享有的知情权和决定权。第三,个人信息的处理应当遵循合法合约原则。信息处理者在征得个人同意后,并不意味着其可以对个人信息进行任意处理。个人信息的处理活动必须严格遵守法律规定及约定的处理目的、方式和范围等。

03
CASE

星星公司诉月亮公司侵权案

案例指引

本案例以实践中法院的真实裁判为蓝本，主要围绕知识产权侵权及其规制展开，试图展现衔接实体权利—审判程序—执行程序的逻辑思路。本案例主要讨论了诉讼请求的法定要求、法院调取证据的条件、公证文书的证明力、诉讼标的的识别、既判力范围的判断、执行完毕后对重复侵权的处理等问题，考查考生对相关规则和法律后果的熟悉程度，对于此类现实问题的解决有较强参考价值。

案　情

星星公司于2015年4月8日向国家知识产权局申请了名称为"笔(d)"的外观设计专利，2015年10月27日获授权，专利号为zl 2014××××××××.4，至今有效。专利的各视图显示：本专利的外观设计为一种笔，整体为圆柱形，笔身两头略粗，腰部略细；分为上杆、下杆；上杆较长，顶部有笔帽，靠近笔帽处配以略弧形笔夹；下杆较短，笔尖呈圆锥形。

此后，星星公司发现月亮公司未经其同意，生产、销售与其专利外观相同的X型笔，于2018年4月20日向A省B市中级人民法院提起诉讼。该院经审理，于同年7月10日作出1号民事判决，认定月亮公司构成侵权，判决其应停止生产、销售落入zl 2014××××××××.4外观设计专利保护范围产品的行为。双方均未上诉，判决随后生效。因月亮公司仍然继续生产和销售X型笔，星星公司于2018年8月1日向A省B市中级人民法院申请强制执行。法院当日就受理了执行申请，并且立即采取了执行措施。8月10日，迫于法院的压力，月亮公司自行关闭了生产设备，并销毁了其生产模具。执行法院于8月15日以执行完毕方式结案。在法院的组织下，星星公司与月亮公司还签订了书面协议，约定月亮公司如未来希望生产星星公司享有外观设计专利的产品，应当提前与星星公司签订书面授权协议，否则应当支付违约金50万元。

自2020年8月20日起，星星公司在市场走访中陆续获知月亮公司又在生产X型笔，遂向A省C县公证处申请证据保全公证。A省C县公证处出具了(2020)AC证民字第100号公证书并证明，2020年11月20日，A省C县公证处的公证人员某甲与B市制笔协会的工作人员某乙来到月亮公司，发现装配车间的工人正在装配被控侵权的圆珠笔，并有装配好的圆珠笔成品堆放在内。某乙从现场取得成品圆珠笔两支,后与某甲一同带回A省C县公证处予以封存。此外,星星公司收到小道消息,月亮公司2018年仅销毁了一套生产模具,在某病毒疫情后因经济状况紧张,于1个月前拿出了备用模具,恢复了对X型笔的生产,并且随后投放市场销售。

星星公司遂于2020年11月20日再次诉至A省B市中级人民法院,要求判令月亮公司停止侵权X型笔的生产和销售,并赔偿损失30万元(2号案件),并且提交A省C县公证处封存的成品笔两支。法院立案庭当日受理案件,案号为(2020)A01知民初第1000号。法院依法交由3名法官组成合议庭,随后指定2020年12月21日为举证期限。经法官比对,原告提交的侵权笔的外观与涉案zl2014××××××××.4专利相同。在审理过程中,星星公司向法院提交了(2020)AC证民字第100号公证书,月亮公司对此提出异议,主张涉案公证人员某甲与其存有积怨,在没有从其厂取得侵权笔产品的情况下作出明显虚假的(2020)AC证民字第100号公证书。

同时,月亮公司还主张原告提交的侵权笔的外观与涉案专利并不相同,并且于2020年12月15日向法院提交申请书,以自己在百度搜索上检索不到外观设计专利的内容为由,申请法院代为向有权机关调取该证据。

问　题

1. 如果星星公司能够同时提起2号案件中的两类请求,本案中请求的内容是否符合法律的规定?请说明理由。

2. 就原告提交的侵权笔是否与涉案专利相同的问题,法院应当调取证据吗?请说明理由。

3. 在2号案件中,法院应否采信(2020)AC证民字第100号公证书?请说明理由。

4. 在2号案件的审理过程中,星星公司咨询其代理律师,如果2号案件的诉讼请求最终被法院驳回,能否以违约为由向月亮公司另行索赔50万元(3号案件)?请说明理由。

5. 1号案件中法院已经判令月亮公司停止生产和销售X型笔,2号案件中星星公司再次提出相同的诉讼请求,这种做法是否符合法律规定?请说明理由。

6. 假设你是本案法官,于2021年5月4日开庭公开审理本案并且当庭宣判,请拟定一份一审判决书。

解题思路

1. 本问考查现行法上对于相应请求内容的限制。在2号案件中,星星公司提出了停止侵权和赔偿损失两项诉讼请求。《民事诉讼法》第122条规定,起诉必须符合下列条件:……(3)有具体的诉讼请求和事实、理由……《民诉解释》第461条第1款规定,当事人申请人民法院执行的生效法律文书应当具备下列条件:(1)权利义务主体明确;(2)给付内容明确。2018年最高人民法院《关于人民法院立案、审判与执行工作协调运行的意见》第11条第1款第7项规定,停止侵害的,应当明确停止侵害行为的具体方式,以及被侵害权利的具体内容或者范围等。在本案中,星星公司的请求能够满足具体的要求,履行义务的主体是月亮公司,具体针对的客体是X型笔的生产和销售,给付内容也足够明确。就赔偿损失的请求而言,《专利法》

第71条第1、2款规定："侵犯专利权的赔偿数额按照权利人因被侵权所受到的实际损失或者侵权人因侵权所获得的利益确定；权利人的损失或者侵权人获得的利益难以确定的，参照该专利许可使用费的倍数合理确定。对故意侵犯专利权，情节严重的，可以在按照上述方法确定数额的一倍以上五倍以下确定赔偿数额。权利人的损失、侵权人获得的利益和专利许可使用费均难以确定的，人民法院可以根据专利权的类型、侵权行为的性质和情节等因素，确定给予三万元以上五百万元以下的赔偿。"在本案中，星星公司请求月亮公司赔偿损失30万元，除了其给付数额满足前述诉讼请求具体的要求之外，也在法律规定的酌定赔偿数额的范围之内。综合考虑本案中涉案的外观设计专利的性质以及月亮公司属于法院强制执行后的重复侵权的情节，可以认可其请求数额不违反法律规定。

2. 本问考查法院调取证据的条件。在民事诉讼中，调查收集证据分为当事人自行收集、当事人申请法院代为收集和法院依职权调查收集三种情形。《民事诉讼法》第67条第2款规定："当事人及其诉讼代理人因客观原因不能自行收集的证据，或者人民法院认为审理案件需要的证据，人民法院应当调查收集。"《民诉解释》第94条规定："民事诉讼法第六十七条第二款规定的当事人及其诉讼代理人因客观原因不能自行收集的证据包括：(一)证据由国家有关部门保存，当事人及其诉讼代理人无权查阅调取的；(二)涉及国家秘密、商业秘密或者个人隐私的；(三)当事人及其诉讼代理人因客观原因不能自行收集的其他证据。当事人及其诉讼代理人因客观原因不能自行收集的证据，可以在举证期限届满前书面申请人民法院调查收集。"《民诉解释》第96条规定："民事诉讼法第六十七条第二款规定的人民法院认为审理案件需要的证据包括：(一)涉及可能损害国家利益、社会公共利益的；(二)涉及身份关系的；(三)涉及民事诉讼法第五十八条规定诉讼的；(四)当事人有恶意串通损害他人合法权益可能的；(五)涉及依职权追加当事人、中止诉讼、终结诉讼、回避等程序性事项的。除前款规定外，人民法院调查收集证据，应当依照当事人的申请进行。"由此可见，法院依申请调取证据需要满足《民诉解释》第94条第1款的规定，依职权收集证据应当满足《民诉解释》第96条第1款所列举的5种情况。本案中，在举证期限届满前，当事人提交了申请法院代为收集证据的申请书。涉争侵权笔是否落入外观设计专利保护范围的问题与该外观设计专利的内容有关，但是该证据可以在国家知识产权局的数据库中公开查询，当事人自述的在百度搜索上检索不到外观设计专利的内容的情况不是申请法院代为收集证据的正当事由。该证据不属于秘密或者隐私事项，也不是当事人因客观原因不能自行收集的证据，法院不应代为收集。同时，该证据不涉及国家利益和社会公共利益与身份关系，本案并非公益诉讼，也与案件中的程序性事项无关，同时也没有任何案情表明可能涉及第三人的利益，因此不符合依职权收集证据的条件。

3. 本问考查公证书在民事诉讼中的证明力。《民事诉讼法》第72条规定："经过法定程序公证证明的法律事实和文书，人民法院应当作为认定事实的根据，但有相反证据足以推翻公证证明的除外。"《公证法》第36条规定，"经公证的民事法律行为、有法律意义的事实和文书，应当作为认定事实的根据，但有相反证据足以推翻该项公证的除外"。《民诉解释》第93条第1款规定："下列事实，当事人无须举证证明：……(七)已为有效公证文书所证明的事实。"该条第2款规定："……第五项至第七项规定的事实，当事人有相反证据足以推翻的除外。"2020年5月1日起施行的《证据若干规定》第10条第1款第7项、第2款和2020年施行的最高人民法院《关于知识产权民事诉讼证据的若干规定》第30条也重申了这一规则。星星公司提交的(2020)AC证民字第100号公证书,完整记载了公证人员某甲在月亮公司的生产场所取得的被控侵权产品及产品的状况,在性质上属于报道性书证。此时,月亮公司应当提供足以推翻该公证的相反证据,即对公证证明的事实不存在承担本证的证明责任。月亮公司未能充分举证,仅仅主张涉案公证人员某甲与其存有积怨,无法挑战公证书的证明力。因此,法院应当采信公证书记载的事实。

4. 本问考查诉讼标的的客观范围的识别和诉讼系属问题。《民事诉讼法》第127条规定:"人民法院对下列起诉,分别情形,予以处理:……(五)对判决、裁定、调解书已经发生法律效力的案件,当事人又起诉的,告知原告申请再审,但人民法院准许撤诉的裁定除外……"《民诉解释》第247条第1款规定:"当事人就已经提起诉讼的事项在诉讼过程中或者裁判生效后再次起诉,同时符合下列条件的,构成重复起诉:(一)后诉与前诉的当事人相同;(二)后诉与前诉的诉讼标的相同;(三)后诉与前诉的诉讼请求相同,或者后诉的诉讼请求实质上否定前诉裁判结果。"依照我国最高人民法院的通说,诉讼标的的识别问题原则上以旧实体法说为标准,侵权法律关系与违约法律关系构成不同的诉讼标的,该标准同时适用于诉讼过程中的诉讼系属范围的判断和裁判生效后的既判力范围的判断。在本案中,3号案件与2号案件的当事人相同,但是涉及的实体法律关系分别为侵权和违约法律关系因而并不相同,应当认为诉讼标的不同,不构成重复起诉。星星公司有权在2号案件法院驳回其诉讼请求之后,另行提起3号案件请求月亮公司赔偿合同约定的违约金。

5. 本问考查既判力时间范围的判断与对应强制执行程序的问题。《民诉解释》第248条规定:"裁判发生法律效力后,发生新的事实,当事人再次提起诉讼的,人民法院应当依法受理。"在本案中,前后两诉的当事人相同,涉及的诉讼标的都是基于星星公司专利号为zl2014××××××××.4的外观设计专利产生的侵权法律关系,具体的停止侵权的诉讼请求的内容也相同。但是,星星公司在市场走访中获知月亮公司于2020年继续生产X型笔,与原判决所针对的2018年的侵权行为相比属于新的侵权行为,不应当受到1号判决既判力的约束。同时,《民诉解释》第519条规定:"在执行终结六个月内,被执行人或者其他人对已执行的标的有妨害行为的,人民法院可以依申请排除妨害,并可以依照民事诉讼法第一百一十四条规定进行处罚。因妨害行为给执行债权人或者其他人造成损失的,受害人可以另行起诉。"由于1号判决的执行程序已经于2018年8月15日结束,星星公司再次在市场上发现侵权产品是在2020年8月,听闻月亮公司重新开始生产是在7月,已经超过了执行终结6个月的时限,无法再通过1号判决的执行程序排除妨害。在无法通过原案执行遏制重复侵权的情况下,应当允许其就原诉讼请求另行起诉,才能实现对权利人知识产权的充分保护。因此,2号案件中星星公司再次提出相同的诉讼请求符合法律规定。

答题要点

1. 本案中,星星公司两项请求的内容符合法律的规定。停止侵权的请求内容具体明确,能够确定履行义务的主体是月亮公司,具体针对的客体是X型笔的生产和销售。请求赔偿的损失表现为一定金钱给付数额,也符合法律规定的酌定赔偿数额的范围。综合考虑本案中涉案的外观设计专利的性质以及月亮公司属于法院强制执行后的重复侵权的情节,可以认可其请求数额不违反法律规定。

2. 法院不应当代为收集证据。法院依申请调取证据和法院依职权收集证据应当满足《民诉解释》中列举的规则要件。在本案中,涉争侵权笔是否落入外观设计专利保护范围的问题与该外观设计专利的内容有关,该证据可以在国家知识产权局的数据库中公开查询。该证据也不属于秘密或者隐私事项,不是当事人因客观原因不能自行收集的证据,法院不应代为收集。同时,该证据不涉及国家利益和社会公共利益与身份关系,本案并非公益诉讼,也与案件中的程序性事项无关,同时没有任何案情表明可能涉及第三人的利益,因此不符合依职权收集证据的条件。

3. 法院应当采信(2020)AC证民字第100号公证书记载的事实。对于已为有效公证文书所证明的事实,月亮公司作为反证方,应当提供足以推翻该公证的相反证据。月亮公司未能充分举证,仅仅主张涉案公证人员某甲与其存有积怨,无法挑战公证书的证明力。

4. 星星公司可以就与月亮公司约定的违约金提起3号案件的诉讼。判断能否另行起诉的问题,需要考虑《民事诉讼法》第127条第5项和《民诉解释》第247条第1款的明确规定。依照我国最高人民法院的通说,诉讼标的的识别问题原则上以旧实体法说为标准,侵权法律关系与违约法律关系构成不同的诉讼标的。在本案中,3号案件与2号案件的当事人相同,但是涉及的实体法律关系分别为侵权和违约法律关系,应当认为诉讼标的不同,不构成重复起诉。

5. 星星公司可以再次提起停止侵权的诉讼请求。星星公司在市场走访中获知月亮公司于2020年继续生产X型笔,与原判决所针对的2018年的侵权行为相比属于新的侵权行为,不应当受到1号判决既判力的约束。

6. 判决书示例如下:

A省B市中级人民法院
民事判决书

(2020)A01知民初第1000号

原告:星星公司,住所地某省某市某区某路某号。

法定代表人:某丙,职务。

被告:月亮公司,住所地某省某市某区某路某号。

法定代表人:某丁,职务。

原告星星公司与被告月亮公司侵犯外观设计专利权纠纷一案,本院于2020年11月20日受理原告的起诉后,依法适用普通程序组成合议庭,于2020年5月4日公开开庭审理,原告星星公司法定代表人某丙、被告月亮公司法定代表人某丁到庭参加诉讼。本案现已审理终结。

原告向本院提出诉讼请求:(1)判令月亮公司停止侵犯专利号为zl2014××××××××.4的外观设计专利的X型笔的制造和销售;(2)赔偿经济损失30万元。事实和理由略(见案情)。

被告辩称:不同意原告的诉讼请求。被告遵纪守法,并未侵犯原告的外观设计专利权。原告提交的公证书是虚假的,两支成品笔其实是我司2018年生产的。

当事人围绕诉讼请求依法提交了证据,本院组织当事人进行了证据交换和质证。

本院认定略(见案情)。

本院认为,《中华人民共和国民事诉讼法》第七十二条规定:"经过法定程序公证证明的法律事实和文书，人民法院应当作为认定事实的根据，但有相反证据足以推翻公证证明的除外。”《中华人民共和国公证法》第三十六条规定：“经公证的民事法律行为、有法律意义的事实和文书，应当作为认定事实的根据，但有相反证据足以推翻该项公证的除外。”最高人民法院《关于适用〈中华人民共和国民事诉讼法〉的解释》第九十三条第一款规定：“下列事实，当事人无须举证证明：……（七）已为有效公证文书所证明的事实。”该条第二款规定：“……第五项至第七项规定的事实，当事人有相反证据足以推翻的除外。”最高人民法院《关于民事诉讼证据的若干规定》第十条和最高人民法院《关于知识产权民事诉讼证据的若干规定》第三十条也作了相同规定。星星公司提交的（2020）AC证民字第100号公证书，完整记载了公证人员某甲在月亮公司的生产场所取得的被控侵权产品及产品的状况。鉴于月亮公司没有相反证据足以推翻该公证，也不能提供证据证明月亮公司与公证人员某甲结怨，其就此提出的异议不能成立，本院不予采信。就涉争侵权笔是否落入外观设计专利保护范围的问题，月亮公司要求本院主动收集其能够自行查询的外观设计专利的内容，不符合最高人民法院《关于适用〈中华人民共和国民事诉讼法〉的解释》第九十四条第一款和第九十六条第一款的规定，本院不予支持。

《中华人民共和国专利法》第十一条规定：“……外观设计专利权被授予后，任何单位或者个人未经专利权人许可，都不得实施其专利，即不得为生产经营目的制造、许诺销售、销售、进口其外观设计专利产品。”本案中，月亮公司未经权利人许可，为生产经营目的，制造销售与涉案专利相同的被控侵权产品，其行为侵犯了星星公司的涉案专利权，应当承担停止侵害、赔偿损失的民事侵权责任。鉴于星星公司既没有提供证据证明其在被侵权期间因侵权所受到的具体损失或侵权人在侵权期间因侵权所获得的具体利益，也未提供有效证据证明其许可他人实施涉案专利实际收取的许可使用费情况，在综合考虑各种因素，尤其是月亮公司涉案侵权行为系重复侵权，主观故意和过错明显，客观上给专利权人造成较大经济损失等情形后，确定赔偿数额为30万元。

综上所述，依据《中华人民共和国专利法》第十一条、第七十一条，《中华人民共和国民法典》第一百七十九条第一款第一项和第八项，《中华人民共和国民事诉讼法》第一百五十五条的规定，判决如下：

1.月亮公司停止侵犯专利号为zl2014××××××××.4的外观设计专利的X型笔的制造和销售；

2.月亮公司向星星公司赔偿经济损失30万元。

本案案件受理费××元（已由原告预交），由被告月亮公司承担。

如不服本判决，可在判决书送达之日起十五日内向本院递交上诉状，并按对方当事人人数提出副本，上诉于A省高级人民法院，并应在收到预交上诉费通知次日起七日内预交上诉费。逾期不预交的，按自动撤回上诉处理。

审判长：×××

审判员：×××

审判员：×××

二〇二一年五月十一日

书记员：×××

扩展分析

1. 重复侵权的规制问题。长期以来，我国主要通过调整损害赔偿制度来推动对重复侵权的规制。除了根据《商标法》第63条第1款对恶意侵犯商标权施加惩罚性赔偿之外，最高人民法院在2012年和2017年《关于知识产权法院工作情况的报告》中都要求加重对重复侵权行为人的赔偿责任，根据市场价值酌情确定损害赔偿数额，提高其侵权代价。上述思路同样也体现在国务院《"十三五"国家知识产权保护和运用规划》中。这就意味着，权利人能够经由损害赔偿之诉，尽可能弥补其因重复侵权所遭受的损失。不过，由于实体法权利的特殊性，此类案件也涉及本案侵权行为与未来可能发生的侵害行为的关系，在制度上必须思考如何处理作出停止侵害判决时已经预料到的、债务人在判决生效后继续重复侵权的问题。特别是在物权法律关系、知识产权和反不正当竞争领域，民事实体法和程序法在理论上必须回应停止侵害判决涉及的裁判技术问题以及在执行程序中的实现方式。此外，知识产权案件实务中权利人通常也会请求侵权人支付其维权产生的合理支出，如公证费、律师费等，但本案中权利人并未提出此项请求，因而不必处理。

2. 停止侵害判决与行为保全之间的关系。最高人民法院于2018年年底发布了《关于审查知识产权纠纷行为保全案件适用法律若干问题的规定》，适用于知识产权与竞争纠纷中的行为保全案件。《民事诉讼法》第104条第1款规定："利害关系人因情况紧急，不立即申请保全将会使其合法权益受到难以弥补的损害的，可以在提起诉讼或者申请仲裁前向被保全财产所在地、被申请人住所地或者对案件有管辖权的人民法院申请采取保全措施。申请人应当提供担保，不提供担保的，裁定驳回申请。"最高人民法院《关于审查知识产权纠纷行为保全案件适用法律若干问题的规定》第6条规定，有下列情况之一，不立即采取行为保全措施即足以损害申请人利益的，应当认定属于《民事诉讼法》第103条、第104条规定的"情况紧急"：(1)申请人的商业秘密即将被非法披露；(2)申请人的发表权、隐私权等人身权利即将受到侵害；(3)诉争的知识产权即将被非法处分；(4)申请人的知识产权在展销会等时效性较强的场合正在或者即将受到侵害；(5)时效性较强的热播节目正在或者即将受到侵害；(6)其他需要立即采取行为保全措施的情况。第7条规定，人民法院审查行为保全申请，应当综合考量下列因素：(1)申请人的请求是否具有事实基础和法律依据，包括请求保护的知识产权效力是否稳定；(2)不采取行为保全措施是否会使申请人的合法权益受到难以弥补的损害或者造成案件裁决难以执行等损害；(3)不采取行为保全措施对申请人造成的损害是否超过采取行为保全措施对被申请人造成的损害；(4)采取行为保全措施是否损害社会公共利益；(5)其他应当考量的因素。应当注意到，停止侵害判决实际上是终局性禁令，而行为保全则对应中间禁令，因而需要判断案情是否情况紧急，并且在综合考量多重因素之后作出衡平认定。两者具有禁令这一共同属性，同时又由于所处纠纷解决阶段不同，各具特点，值得深入研究。特别是《民法典》第997条新增人格权禁令，规定民事主体有证据证明行为人正在实施或者即将实施侵害其人格权的违法行为，不及时制止将使其合法权益受到难以弥补的损害的，有权依法向人民法院申请采取责令行为人停止有关行为的措施。该条作为我国《民法典》的一项创新制度，其与停止侵害判决、行为保全以及外国法上各具特色的临时性措施之间的关系，在程序安排上有何特殊之处，值得法律人在学习中重点关注。

3. 诉讼标的的认定问题。诉讼标的问题向来是民事诉讼法学的基础理论问题，也是民事诉讼法学学习中的难点问题。关于诉讼标的问题的思考主要聚焦于诉讼标的的定义、诉讼标的的识别标准及其是否统一、诉讼标的在不同诉讼的问题（诉的客观合并、诉的变更、诉讼系属和既判力的客观范围）和不同诉的类型（确认、给付、形成之诉）中的具体解释、在裁判理由中出现并且作为判决主文的先决法律关系的认定能否产生既判力效果，以及作为程序法上请求权的诉讼标的与实体请求权的关系。在《民诉解释》第 247 条和第 248 条出台的背景下，无论是实务界还是学术界都掀起了深入研究乃至类型化探讨的热潮，其中讨论的重点落在作为识别标准的当事人、诉讼标的和诉讼请求。本案例相关问题的启发除了涉及实体法律关系与诉讼标的识别的联系外，还在于不能遗忘《民诉解释》同时规定的新的事实规则，从限定既判力的时间范围的角度来看，第 248 条同样能够发挥区别此诉与彼诉的功能，尤其是当诉请内容是停止侵权时，本条能够发挥更大的作用。

4. 诉讼请求的明确性要求。在针对作为行为的诉讼请求中，原告需要描述涉案行为的具体内容，在涉及不作为请求权和停止侵害请求和判决时也如是。不过，此时立案请求与判决主文的明确性要求也有所不同。比如，在不作为请求权是否存在的审理过程中，当事人在起诉时可能并未想清楚或者客观上也想不清楚，因而无法提出行为特征十分具体的禁令，而是需要通过案件审理进一步厘清与取舍。而且，停止侵害请求指向对不确定的未来行为的规制，这种案件性质决定了实现判决目的需要当事人、审判法官和执行法官的协作。在原告攻击的被告行为的笼统范围中，审判法官应当根据个案案情确定禁令的核心要素与特征，执行法官则需要根据日后双方关系或者对抗的进一步发展，确定究竟何种具体行为落入生效判决的禁止范围。对比而言，经过了充分的庭审与辩论后，法官在作出判决主文时应当已经明确了双方之间的争点和诉讼请求的具体内容。那么，对于其明确性的要求应该更高。就此而言，无论是审判法官在主文中只写上“停止涉案的侵权行为”还是对具体行为的描述过于抽象（“停止 × × 侵权行为”），实际上都是将认定禁令内容的责任完全推给执行法官。固然执行法官可以参考生效判决认定的事实、裁判理由或者当事人的陈述来自行明确判决主文的内容，但是如果审判法官能够事先作出准确说明，显然执行效果会更好。对于针对作为行为的诉讼请求而言，上述区分立案请求与判决主文的思路可能同样适用，有必要承认在动态的民事诉讼中，不同诉讼阶段天然存在差异，不宜等量齐观。进而，在判断请求与主文明确性时，在指向作为行为的诉讼中满足客观唯一性标准即满足明确性要求，但是双方无争议的主观标准也可以被接受。

5. 书证的证明力认定。从整体上看，书证（亦称文书）在我国民事司法实务中居核心地位，书证的真实性及其待证事实的真实性成为各类民事案件审理中的重心和焦点。在《民诉解释》第 93 条第 1 款第 5 ~ 7 项规定的三类书证中，由于存在被当事人滥用、侵害第三人合法权益的可能性，公证文书以外的法院裁判与仲裁文书的证明力引发理论和实务界的诸多讨论。应当注意到《证据若干规定》第 10 条已经降低了已为仲裁机构的生效裁决所确认的事实的证明力，并且将已为人民法院发生法律效力的裁判所确认的事实限定在“基本事实”。此外，《民诉解释》第 114 条规定：“国家机关或者其他依法具有社会管理职能的组织，在其职权范围内制作的文书所记载的事项推定为真实，但有相反证据足以推翻的除外。必要时，人民法院可以要求制作文书的机关或者组织对文书的真实性予以说明。”《证据若干规定》第92条规定：“私文书证的真实性，由主张以私文书证证明案件事实的当事人承担举证责任。私文书证由制作者或者其代理人签名、盖章或捺印的，推定为真实。私文书证上有删除、涂改、增添或者其他形式瑕疵的，人民法院应当综合案件的具体情况判断其证明力。”总之，如何在案件分析中准确理解书证的真实性（包括公文书证本身为真的推定与私文书证为真的证明责任分配）、书证的形式证明力和书证的实质证明力，如何在实务操作中妥善选择公文书证为真的核实方式与私文书证为真的证明手段，值得认真思考。

04
CASE

李某诉蔡某股票冻结损害赔偿案

案例指引

本案例以《最高人民法院公报》若干个案例为蓝本，以财产保全错误引发的损害赔偿展开，综合考查《民法典》《公司法》《民事诉讼法》等相关法律规则在司法实务中的运用。本案例以概括设问的形式，要求考生对本案例可能涉及的法律问题点作出综合的判断和考虑，因此既需要考生对各学科的重要法律规则十分熟悉，也需要其能够综合运用法律知识全面分析一个案例中的各个部门法律知识点，对知识体系的塑造和实务操作能力的培养都有较大的意义。

案　情

蔡某(住所地S省B市)是甲公司(登记地和主要营业地均在S省B市)的发起人和控股股东。2012年10月31日，为延揽人才，蔡某代表甲公司聘请李某(住所地S省B市)担任甲公司总经理，双方签订赠与协议，约定蔡某将自己持有的1%甲公司的股权赠与李某，李某承诺会在甲公司至少工作5年，若中途退出，应赔偿蔡某损失[具体金额为受赠股份数×离职之日甲公司股票交易收盘价(如果公司上市)或公司最近一期经审计的每股净资产(如果公司未上市)]，因该赠与协议所发生的纠纷都由位于S省A市的A仲裁委员会解决。

2017年3月31日，甲公司经过改制成功在深圳证券交易所上市，开盘价为每股35元。在之前的招股说明书和发行公告中均载明，李某系该公司总经理。后因理念不合，2017年8月31日，李某从甲公司正式离职，并结清工资。根据甲公司当日的股东名册，李某持有甲公司股票200万股(均系蔡某赠与其的1%股权)，该股当日收盘价为每股30元。后蔡某向A仲裁委员会提起仲裁，请求判令李某赔偿自己损失6000万元，同时，依法通过A仲裁委员会向法院提交了冻结李某持有的所有甲公司股份的申请。法院于2017年9月30日依法采取了保全措施，通过中国证券登记结算有限责任公司深圳分公司冻结了李某的200万股甲公司股票，当日该股收盘价为每股25元。后仲裁庭认定李某提前离职构成违约，应予赔偿，但在解释双方的赠与协议时认为，鉴于李某已经在甲公司工作58个月，如果完全按照协议的文义，“一刀切”地要求李某赔偿全部股票价格，既有失公允，也不符合当事人之间订立该协议的初衷，因此裁决其应当赔偿的范围仅限于未履约的最后2个月，李某应向蔡某赔偿120万元。2018年7月31日，裁决送达当日李某履行了裁决，法院解冻了股票。在冻结期内，甲公司股票在2018年2月1日停牌，全部冻结期间日均收盘价为每股25元。2018年9月1日，甲公司股票复牌后大跌，开盘价仅为每股15元。

李某认为，蔡某错误冻结了自己价值6000万元的股票，导致自己不能及时变现，给自己造成了巨额损失，向A市中级人民法院诉请赔偿损失3000万元（根据相关规则，S省标的金额2000万元以上的民商事案件均由中级人民法院管辖）。

问　题

请从民事诉讼法和民事实体法角度，分析法院对本案应当如何处理。

解题思路

本题系概括式提问，要求从程序法和实体法两个维度，全面分析法院应当如何处理。

1. 民事诉讼法部分的分析。就民事诉讼法部分的处理，考生需要理解本案是否符合起诉条件，法院是否应当受理本案。根据《民事诉讼法》第122条的规定，起诉必须符合下列条件：(1)原告是与本案有直接利害关系的公民、法人和其他组织；(2)有明确的被告；(3)有具体的诉讼请求和事实、理由；(4)属于人民法院受理民事诉讼的范围和受诉人民法院管辖。本案的原被告系发生民事争议的自然人，案件的请求、事实和理由也十分具体，因此前3项条件显然满足，焦点在于A市中级人民法院对本案是否有权审理，即第4项条件是否能够得到满足。

要解决这一问题，第一步需要分析主管权限，即法院和其他纠纷解决机构在本案审理上的权限分工。此处的焦点问题是，双方当事人关于股权的赠与合同存在仲裁协议，且前案的确在A仲裁委员会审理，因此本案是否应当依然由A仲裁委员会解决。对此需要分析考察仲裁协议的覆盖范围。双方约定的是因该赠与协议所发生的纠纷都提交A仲裁委员会。对此约定应当解释为，与该赠与协议有牵连关系的纠纷应当由A仲裁委员会解决，而牵连关系包括法律牵连和事实牵连。法律牵连即指以因赠与协议而发生的合同原生请求权（履行请求权）和次生请求权（缔约过失和违约的损害赔偿请求权）为请求权基础的纠纷，而事实牵连则指以赠与协议的签订、履行、解除等行为作为要件事实的其他纠纷。本案是李某认为蔡某错误地申请保全给自己造成损害，虽然保全与赠与协议有关，但该纠纷并非以因赠与协议发生的合同原生或次生请求权为请求权基础的纠纷，赠与协议本身也并不作为本案诉讼标的的要件事实，因此本案其实与赠与协议不构成法律上或事实上的牵连。故本案并不落入仲裁协议的覆盖范围，应当由人民法院来主管。

第二步需要分析管辖问题。本案显然不构成专属管辖和协议管辖，因而应当适用法定管辖。虽然本案从纠纷性质来看，属于保全错误给他人造成损害的赔偿纠纷，构成典型的侵权纠纷（最高人民法院《民事案件案由规定》第392条，因申请财产保全损害责任纠纷属于一级案由“侵权责任纠纷”，也可以构成佐证）。但实际上，此类案件的管辖有特别的规则，即《民诉解释》第27条第2款的规定，当事人申请诉前保全后在法定期间内起诉或者申请仲裁，被申请人、利害关系人因保全受到损失提起的诉讼，由受理起诉的人民法院或者采取保全措施的人民法院管辖。故本案应当适用特别法优于一般法的原理，关键要确定采取保全措施的是哪个法院。

本案的赠与协议纠纷由A仲裁委员会的仲裁庭审理，考生很可能将仲裁中保全措施的管辖法院与仲裁协议的确认、仲裁裁决的撤销和不予执行的管辖法院混同，误认为A市中级人民法院有管辖权。但是，根据最高人民法院《关于人民法院执行工作若干问题的规定（试行）》第9条的规定，在国内仲裁过程中，当事人申请财产保全，经仲裁机构提交人民法院的，由被申请人住所地或被申请保全的财产所在地的基层人民法院裁定并执行。本案中，被申请人住所地在B市，而上市公司的股权，作为财产其体现的是公司的价值，故而也应当认为财产所在地是在甲公司所在地B市。最高人民法院执行局《关于法院能否以公司证券登记结算地为财产所在地获得管辖权问题的复函》（〔2010〕执监字第16号）也明确肯定了这一点，认为上市公司的股权查封应当由股权的发行公司住所地作为财产所在地。故如题所述，该案件应由B市某基层人民法院管辖，根据S省的级别管辖规则，本案最终的管辖法院只能是B市中级人民法院。因此，从诉讼法上看，A市中级人民法院无权审理本案，应当裁定不予受理，如在受理后始发现无管辖权，则应当移送B市中级人民法院审理。

2. 民商法部分的分析。就民商事实体法部分，考生需要理解本题的诉讼标的系财产保全错误的赔偿请求权。《民事诉讼法》第108条规定，申请有错误的，申请人应当赔偿被申请人因保全所遭受的损失。《仲裁法》第28条第3款规定，申请有错误的，申请人应当赔偿被申请人因财产保全所遭受的损失。

本案首先要解决，上述条款究竟是一个独立的请求权基础，还是《民法典》第1165条第1款的注意规定。中国的司法实践和民法理论普遍认为，上述程序法规定并不构成一个独立的请求权基础。因为财产保全原本就是民事诉讼原告和仲裁申请人的一项法定权利，如果不考虑主观要件，只要存在“错误”就要求其承担赔偿责任，必然会大大加重申请人的负担，导致其不敢申请保全。因此，在面临此类案件时，依然应当按照《民法典》第1165条第1款规定的相关要件去判断其请求权是否发生。

一般认为，《民法典》第1165条第1款规定的过错侵权损害赔偿请求权，其发生要件包括存在侵权行为、侵害他人权益、给他人造成损害、损害与行为之间存在因果关系以及该行为具有违法性、行为人存在主观过错。本案中加害行为（蔡某申请保全）、他人权益受到侵害（李某出让自己股权的自由）、损害（李某股权未在高点变现）和过错（蔡某明知财产保全会造成李某财产处分受限而有意申请财产保全）都明显成立，关键在于该行为是否与权益受损之间存在因果关系，以及是否具有阻却违法性的事由。

第一，李某的损失与蔡某的保全是否有因果关系。因果关系包括责任成立因果关系和责任范围因果关系。二者存在先后顺序，因此应当首先考查责任成立因果关系。责任成立因果关系是指侵权行为与被侵害的权益之间是否存在因果关系。本案中，李某未能自由交易其股票，而股票的价格是波动的，从甲公司股票的价格变动情况来看，虽然在股票上市之日和冻结之日的价格分别是每股30元和每股25元，冻结期内的日均收盘价为每股25元，而解冻后首个交易日股票的开盘价为每股15元，李某的确未能在高点套现，进而发生了损害，但是根据2023年《公司法》第160条第2款的规定，公司董事、监事、高级管理人员所持本公司股份自公司股票上市交易之日起1年内不得转让，离职半年内，不得转让其所持有的本公司股份。因此，2017年8月31日从甲公司正式离职的李某作为该公司前高级管理人员，不能在2018年2

月28日前转让其所持有的甲公司股份。而甲公司股票在2018年2月1日停牌,2018年9月1日复牌,此时李某持有的股票已经解冻。可以看出,即便法院不采取保全措施冻结股票,李某也不可能在高点套现,其未能自由交易与蔡某的保全行为之间不满足责任成立因果关系,而系《公司法》的强制性规范和股票市场波动正常的商业风险导致。

第二,蔡某申请保全的行为是否存在违法阻却事由。根据《仲裁法》第28条第3款的规定,只有申请有错误的保全,才需要赔偿措施。换言之,没有错误的保全申请即便最后的确给被申请人带来了财产贬值的损失,也无须承担任何赔偿责任。由此,该条实际是为申请人之“没有错误”的保全申请提供了特殊的违法阻却事由。因此,此处蔡某申请保全的行为是否具有违法性,关键在于解释该规则中的“申请有错误”。在本案中,蔡某提起仲裁的原因是其认为讼争股票依据双方签订的协议,在李某为甲公司服务不满5年的情况下应全额赔偿,为保证将来裁决得以执行,对所涉股票申请了全额保全,虽然生效的仲裁裁决未支持蔡某的全部诉讼请求,但由于双方当事人最初的赠与协议约定“若中途退出,应赔偿蔡某损失[具体金额为受赠股份数×离职之日甲公司股票交易收盘价(如果公司上市)或公司最近一期经审计的每股净资产(如果公司未上市)]”,因此就案件的证据而言,蔡某在提起仲裁和申请保全时是依据赠与协议的字面含义。我国司法实务界和理论界通说都认为,并不能够以判决内容和诉讼请求不一致作为认定是否存在保全错误的标准,而是应当考察申请人是否有通过保全达到其他目的的企图。因为财产保全制度的设立目的是保护当事人的合法权益和保证将来相关的法律文书得以执行,只要申请人申请保全的目的是保证将来可能的法律文书获得执行,就不能认定其存在错误。人民法院采取保全措施,必然会使被保全的当事人不能自由地对被保全的财产进行事实上或法律上的处分,如果仅以生效仲裁裁决支持的请求额少于保全财产数额来判断蔡某保全错误,与《仲裁法》和《民事诉讼法》设立保全制度的目的不符。因此,蔡某的保全申请并无错误,其行为不具违法性。

由于因果关系和违法性两个要件均不能满足,李某的诉讼请求不可能得到法院的支持。

答题要点

本案需要从民事诉讼法和民事实体法两方面对案件能否得到受理以及最终的裁判结果进行分析。

1. 民事诉讼法部分。李某的起诉须符合《民事诉讼法》规定的起诉条件。本案原告和被告均是适格的、明确的当事人,原告针对被告的错误保全提出了具体的诉讼请求、事实和理由,且本案系蔡某错误申请保全引发的侵权案件,虽然与股权赠与协议有一定的关联,但申请保全本身与股权赠与协议无关,并不构成在法律上或事实上与该协议有关的纠纷,因此不属于仲裁协议的效力覆盖范围,应当由人民法院主管。

在具体的管辖法院上,根据《民诉解释》第27条第2款的规定,当事人申请诉前保全后在法定期间内起诉或者申请仲裁,被申请人、利害关系人因保全受到损失提起的诉讼,由受理起诉的人民法院或者采取保全措施的人民法院管辖。因此,本案的管辖法院应当是当初蔡某通过A仲裁委员会申请采取保全措施的法院。根据最高人民法院《关于人民法院执行工作若干问题的规定(试行)》第9条的规定,在国内仲裁过程中,当事人申请财产保全,经仲裁机构提交人民法院的，由被申请人住所地或被申请保全的财产所在地的基层人民法院裁定并执行。因此，有权采取保全措施的法院只能是李某住所地法院或者股权所属的公司的住所地基层人民法院，这两个连结点都指向S省B市的法院。根据题目，该省2000万元以上标的金额的案件应当由中级人民法院管辖，故本案的管辖法院应当为S省B市中级人民法院。

李某向A市中级人民法院起诉，不符合《民事诉讼法》第122条第4项的规定，法院应当裁定不予受理，如果A市中级人民法院受理后方才发现，则应当裁定移送至B市中级人民法院。

2. 民商法部分。本案系侵权纠纷，且虽然《仲裁法》有关于保全错误应当由申请人赔偿损失的规定，但从立法目的看，该条规定并不是将过错要件去除的特别侵权规则的规定，因此仍然应当适用《民法典》第1165条第1款的过错侵权规则。

李某未能在高点及时将甲公司股票套现，的确存在损失，而蔡某申请保全导致李某的股票冻结，且最终其诉讼请求并未全部得到仲裁庭的支持，故可认为存在行为。但根据《公司法》的规定，李某作为公司高级管理人员，在离职后半年内不能出售甲公司的股票，也就是在2018年2月28日前不能转出股票。甲公司股票在2018年2月1日停牌，2018年9月1日复牌，而李某的股票已经于2018年7月31日解冻。因此，从因果关系上看，李某未能及时交易的原因并非蔡某申请保全，而是《公司法》的相关规则。

此外，在违法性要件上，蔡某申请保全是行使自己的法定权利，且目的是实现合同文义上约定的损害赔偿请求权，因此虽然其主张最后未全部得到仲裁庭的支持，但不能以此认定存在错误的保全申请，故其申请保全的行为不具有违法性。

综上所述，李某的诉讼请求不满足过错侵权的相关构成要件，蔡某的申请保全行为与李某的损失并不存在因果关系，且不构成错误申请保全，相关有管辖权的法院应当判决驳回李某的诉讼请求。

扩展分析

1. 仲裁协议的效力范围。当事人在合同中约定"与合同有关的一切纠纷应当提交×仲裁委员会"时，此一仲裁协议具体能够涵摄的纠纷的范围为何需予澄清。《仲裁法解释》第2条规定："当事人概括约定仲裁事项为合同争议的，基于合同成立、效力、变更、转让、履行、违约责任、解释、解除等产生的纠纷都可以认定为仲裁事项。"此外，还需要注意在责任竞合情况下仲裁事项的范围问题。我国《民法典》第186条规定，因当事人一方的违约行为，损害对方人身权益、财产权益的，受损害方有权选择请求其承担违约责任或者侵权责任。如果当事人在合同中约定了仲裁条款，在主张侵权责任的情况下，能否根据仲裁条款申请仲裁或对法院的诉讼管辖提出异议呢？

在一方当事人的违约行为侵害对方当事人人身权益的情况下，依据仲裁协议以侵权为由申请仲裁存在困难。因为我国《仲裁法》第2条规定的可仲裁事项限于财产权益纠纷，而不包括人身权益纠纷，在此情况下，当事人应当通过诉讼解决纠纷。在一方当事人的违约行为侵害对方财产权益的情况下，则不存在这样的困难。例如，在江苏省物资集团轻工纺织总公司诉(香港)裕亿集团有限公司、(加拿大)太子发展有限公司侵权损害赔偿纠纷案中，最高人民法院认为，卖方的侵权行为发生在合同的订立和履行过程中，依然受仲裁协议的约束，法院无管辖权。因此，如果当事人在仲裁协议中约定了与本合同有关的一切争议遵守合同仲裁条款约束的话，因履行合同而产生的侵权纠纷属于仲裁协议约定仲裁事项范围，应当由仲裁机构管辖。最高人民法院在《第二次全国涉外商事海事审判工作会议纪要》第 7 条也明确述及："涉外商事合同的当事人之间签订的有效仲裁协议约定了因合同发生的或与合同有关的一切争议均应通过仲裁方式解决，原告就当事人在签订和履行合同过程中发生的纠纷以侵权为由向人民法院提起诉讼的，人民法院不享有管辖权。"

综上所述，当事人在约定将与合同有关的纠纷提交仲裁时，其目的仅在于仲裁解决双方交易过程中可能产生的纠纷，因此"与合同有关的一切纠纷"应当解释为与该合同有牵连关系的纠纷，而牵连关系包括法律牵连和事实牵连。法律牵连即指以因合同而发生的原生请求权（合同履行请求权）和次生请求权（缔约过失和违约的损害赔偿请求权）为请求权基础的纠纷，而事实牵连则指以合同的签订、履行、解除等行为作为要件事实的其他纠纷。

2. 财产所在地的判断。就有体物而言，财产所在地相对容易判断；但对于无体物而言，财产所在地如何确定则易引发困惑。

就股权的所在地，在最高人民法院执行局《关于法院能否以公司证券登记结算地为财产所在地获得管辖权问题的复函》中，最高人民法院明确表示，"证券登记结算机构是为证券交易提供集中登记、存管与结算服务的机构，但证券登记结算机构存管的仅是股权凭证，不能将股权凭证所在地视为股权所在地。由于股权与其发行公司具有密切的联系，因此，应当将股权的发行公司住所地认定为该类财产所在地"。对于其他无体物，也应根据司法解释的具体规则或《民事诉讼法》《民法典》的一般原理，对财产所在地作出更为准确的分析判断。

3. 注意规定与过错侵权一般条款。侵权法以填补损害为基本功能，因而不可能如刑法那样，确立所谓的"侵权行为法定原则"。但是，侵权法又不可能通过列举来穷尽社会生活中的各类侵权行为，因此侵权法上特别需要通过一般条款来应对各种侵权行为，尤其是解决新型人身权益和财产权益的保护问题，从而有效地实现自由与安全的协调。一般条款是基于侵权责任之原理，贯彻侵权责任法立法目的的条款。由于过错原则是侵权责任的基本归责原则，无过错责任与过错推定责任需要法律明文规定，故严格来说，一般条款实际是指侵权责任法中用来规定过错责任原则的法律条款。

一般认为，过错侵权的一般条款是《民法典》第 1165 条第 1 款。该条款规定了发生被侵权人的请求权（行为人承担侵权责任）这一法律后果的完整的构成要件，凡满足全部构成要件即构成侵权。一般条款统领一般侵权责任，作为一般侵权责任的请求权基础规范，起着调整一般侵权责任的作用。

"注意规定"的概念（包括其与法律拟制的比较）在我国刑法学界使用较多，指"在法律已作基本规定的前提下，提示司法工作人员注意，以免司法工作人员忽略的规定"，因其不会增添任何新的构成要件或法律效果，所以只具有提示性，删除亦无实质影响。其常常具备完全规范的表象，但实际上并未规定特殊的构成要件或法律效果，甚至可能遗漏构成要件，造成法条理解和适用上的困惑。例如，《民法典》第 238 条规定，侵害物权，造成权利人损害的，权利人可以依法请求损害赔偿，也可以依法请求承担其他民事责任。相对于侵权的一般条款，其遗漏了过错要件。因为在解释上若不承认过错要件，一则将抹杀过错侵权和无过错侵权的区分，但凡侵害物权，竟一律为无过错责任；二则将导致物权保护和人身权保护的价值失衡，物权侵权一律为无过错责任，人身权侵权却在原则上为过错责任，人身权的保障力度反倒弱于物权。因此，侵权问题仍应回到侵权的一般条款处理，方能够妥善平衡自由与安全的价值。

4. 过错侵权的构成要件体系。《民法典》第1165条第1款规定："行为人因过错侵害他人民事权益造成损害的，应当承担侵权责任。"这是关于一般侵权行为（过错责任）的基本规定。一般认为，该款规定的过错侵权损害赔偿请求权的发生要件包括：

（1）存在加害行为。作为侵权责任构成要件的加害行为是指侵害他人民事权益的、受意志支配的人之行为。依其表现形态不同，行为分为作为与不作为，不作为若构成加害行为则被请求人须有作为的义务。

（2）侵害他人权益，实质是民事权益遭受侵害的客观事实。本款中的"民事权益"，在《侵权责任法》（已失效）第2条第2款中已经给出定义，包括各种"人身、财产权益"，通说认为不仅包括绝对权，而且包括其他权益（债权和其他利益）。但有学者认为由于债权和其他纯粹经济利益不具有公开性，第三人难以了解其存在，因此应当仅在故意违反善良风俗而损害他人的该利益时，才应当承担赔偿责任。

（3）给他人造成损害，包括财产性损害和非财产性损害（精神损害）。

（4）损害与行为之间存在因果关系。因果关系的判断标准，主流观点采相当因果关系说，即包括条件关系（事实上的因果关系）与相当性（法律上的因果关系）。

（5）该行为具有违法性，即不存在违法阻却事由。违法阻却事由一般包括：①权利的行使；②行使职务；③正当防卫；④紧急避险；⑤受害人的允诺；⑥自助行为；⑦无因管理。但是无因管理作为违法阻却事由仅仅指其"管理行为承担"不具有违法性。

（6）主观过错，即行为人具有故意或过失。

05 CASE 龙华公司系列纠纷案

案例指引

本案例综合股东派生诉讼和股东会决议无效诉讼实践中的相关争议点，从实体法和程序法的双重视角考查考生对股东派生诉讼中的原告资格、诉的合并、股东除名决议的效力以及判决的执行等知识点的理解与运用。对以上问题的探讨，有助于厘清学理上的争议，展现实体法与程序法的交叉与互动，并为股东派生诉讼的司法适用提供指引和参考。

案　　情

龙华电子技术有限责任公司（以下简称龙华公司）于2010年10月成立，主要从事手机小游戏和各种手机App的研发，注册资本100万元，张某是龙华公司的唯一股东，同时担任执行董事和法定代表人。龙华公司自成立后蓬勃发展，2012年5月，龙华公司为了扩大经营规模，决定进行外部融资900万元，其中，未来天使投资（有限合伙）认缴600万元，迷之科技有限责任公司认缴200万元，李某认缴100万元，公司注册资本变更为1000万元，并相应地修改了公司章程。根据新的公司章程，张某依然是龙华公司的法定代表人，公司监事由未来天使投资（有限合伙）派遣到公司的孙某担任。

2019年8月20日，李某发现张某在2016年5月10日另外设立了一家从事同样业务的华研科技有限责任公司，张某担任该公司的法定代表人。自华研科技有限责任公司成立后，龙华公司业绩连年下滑，有证据显示张某将大量属于龙华公司的商业机会让渡给了华研科技有限责任公司。

2019年9月10日，李某要求孙某代表龙华公司起诉张某，孙某对此明确拒绝。2019年9月20日，李某以自己的名义提起诉讼，起诉张某违反董事义务，要求张某向龙华公司承担侵权责任。法院受理后，龙华公司在2019年10月15日召开股东会议，会议决定，鉴于李某超认缴期1年至今完全未缴纳其认缴的股款，将李某从龙华公司中除名。对此除名决定，除李某反对外，其他股东均投赞成票。在该除名决议通过后，龙华公司向法院主张李某已被龙华公司除名，其不再是龙华公司的股东，已无权提起派生诉讼。

2019年10月25日，李某提起诉讼，请求法院确认该除名决议无效并恢复其股东资格。与此同时，李某要求法院将派生诉讼和股东除名决议无效之诉合并审理。

问　题

1. 龙华公司主张，李某因股东资格被剥夺不能继续进行派生诉讼，该主张能否得到法院的支持？

2. 法院应否将股东派生诉讼与李某股东除名决议无效之诉合并审理？

3. 龙华公司作出的股东除名决议的效力是否有效？

4. 若法院支持了李某对张某的派生诉讼请求，在张某未履行判决时，谁可以申请该判决的强制执行？请代为拟定一份强制执行申请书。

解题思路

1. 股东派生诉讼的原告资格问题。股东派生诉讼制度，是指当公司的合法权益遭受侵害，而公司怠于诉讼时，符合法定要件的股东为公司的利益以自己的名义对侵害人提起诉讼，追究其法律责任的诉讼制度。一方面，起诉股东本质上是代位公司行使诉权，公司享有实际的诉权，诉讼后果由公司负担。因此，提起损害公司利益责任纠纷案件的原告必须具备公司的股东身份，以证明其与本案具有直接的利害关系。另一方面，股东提起派生诉讼的动机，可能基于公司利益，也可能基于个人私益。为防止"购买诉讼"的发生，各国立法例均对能够提起派生诉讼的股东设定必要的门槛。根据《公司法》第 189 条的规定，我国股东派生诉讼的提起人可以为有限责任公司的股东、股份有限公司连续 180 日以上单独或合计持有公司 1% 以上股份的股东，但该条对 180 日连续持股期间的界定标准并未作进一步的阐释，《公司法规定（一）》第 4 条对此作了进一步说明。

虽然《公司法》第 189 条对于有限责任公司的股东的持股时间未作明确限制，但是在现行法上可能产生争议的是，股东在起诉前和诉讼中是否受到其他起诉资格上的限制。

相当多的学者主张起诉股东必须满足"同时持股原则"（当时股份持有原则），即从侵权行为发生时起到派生诉讼结束时止股东必须持有公司股份。股份的转让将导致原告资格的丧失、诉讼程序的终结。但也有学者主张在某些特殊的情况下应放宽对该原则的适用。如果股东是因为股份转移或股份交换等非自愿的方式丧失股东资格，通常不认为其已丧失原告资格，其可以继续参与诉讼活动直至诉讼结束。如果股东因为死亡、丧失行为能力等情形而无法继续诉讼，也不会导致原告资格的丧失，此时应按照诉讼中止的相关程序确定诉讼继受人。就此而言，《九民纪要》第 24 条规定，股东提起股东代表诉讼，被告以行为发生时原告尚未成为公司股东为由抗辩该股东不是适格原告的，人民法院不予支持。这表明，我国司法实务不采纳当时股份持有原则。有限责任公司的股东，无论取得股权在所诉不法行为之前还是之后，均具有提起股东代表诉讼的资格。

在本案中，李某 2019 年 9 月 20 日向法院起诉时具有龙华公司的股东资格，与本案有直接利害关系，因此原告适格，法院受理本案并无不妥。在案件审理过程中，龙华公司股东会基于"李某超认缴期 1 年至今完全未缴纳其认缴的股款"的事实，解除李某在龙华公司的股东资格。根据《公司法规定（三）》第 17 条第 1 款的规定，有限责任公司的股东会有权以股东会决议形式解除股东资格。龙华公司股东会关于解除李某股东资格的决议已经生效。如果李某对此决议不服,可以根据《公司法》第25条和第26条的规定提起股东会决议无效或撤销之诉。由此可见,李某是否具有原告资格取决于股东除名决议的效力。如果李某并未对除名决议表示不服,决议生效,李某在无股东资格的情形下无权提起派生诉讼,龙华公司的主张能够得到法院的支持。但若李某提起确认除名决议无效或撤销之诉,则决议处于效力待定状态,李某能否继续为公司利益提出诉讼请求,取决于决议无效或撤销之诉的诉讼结果。根据《民事诉讼法》第153条第1款第5项的规定,法院此时应裁定诉讼中止。

2. 股东派生诉讼与李某股东除名决议无效之诉的合并审理问题。诉的合并,是指法院将两个或两个以上彼此有牵连的诉合并到同一法院管辖,并适用同一诉讼程序审判。诉的合并的意义在于提高诉讼的效率,防止在相互关联的问题上作出相互矛盾的裁判。根据《民诉解释》第221条的规定,基于同一事实发生的纠纷,当事人分别向同一人民法院起诉的,人民法院可以合并审理。由此可见,可以合并审理的诉讼应当基于"同一事实"发生,即各个单独诉讼所依据的事实关系或法律关系应有牵连,具有一致性或重叠性。从司法实践来看,这种牵连关系通常表现为:各个诉的当事人诉求指向同一法律关系、基于同一事实产生的多个法律关系、各个诉之间的法律关系存在主从关系、各个诉的当事人之间存在不真正连带债务。

在本案中,李某股东资格的确认,不仅是本诉股东派生诉讼中所面临的一个前置性事实审查问题,同时可构成另一个单独的诉讼,因此涉及诉的合并问题。股东资格诉讼与股东派生诉讼虽然都是与龙华公司有关的诉讼,但两类诉讼在诉讼请求、法律关系以及诉讼中当事人的诉讼地位上皆有所不同。在申请撤销股东会议决议诉讼或确认股东会决议无效之诉中,股东为原告,公司为被告;而在损害公司利益责任纠纷的股东派生诉讼中,虽然股东也是原告,但本质是代表公司进行诉讼,诉讼利益完全归于公司,在该诉讼中,损害公司利益的法人或者个人为被告,公司只能以第三人的身份出现。因此,确认股东资格诉讼和损害公司利益责任诉讼是两个完全独立的诉讼,前一诉讼是前提,是基础,两者重叠性较小以致不足以节约诉讼资源、提高诉讼效率,因此两个诉讼不符合诉的合并的条件。如果在股东派生诉讼中当事人对于股东资格发生争议,人民法院应当向当事人释明,告知当事人可以另行向有管辖权的人民法院提起撤销股东会决议诉讼或者确认股东会决议无效诉讼来解决;同时裁定股东派生诉讼的诉讼程序中止,等待股东资格诉讼结果作出之后再行审理和裁判。

3. 股东除名决议的效力问题。本案中,龙华公司股东会决议将李某从公司中除名,这一决议的效力如何,取决于该决议是否构成我国《公司法》第25条、第26条和第27条规定的公司股东会决议无效、可撤销或不成立的情形。若不构成上述情形,则该股东会决议成立且有效。总括而言,股东会决议内容违反法律和行政法规无效,这里的法律和行政法规指的是效力性强制性规定;股东会决议内容违反章程,或者程序违反法律、行政法规或公司章程,股东会决议可撤销。2023年《公司法》修改,吸收了《公司法规定(四)》对股东会决议不成立的相关规定,明确了在以下四种情形下决议不成立:(1)未召开股东会、董事会会议作出决议;(2)股东会、董事会会议未对决议事项进行表决;(3)出席会议的人数或者所持表决权数未达到本法或者公司章程规定的人数或者所持表决权数;(4)同意决议事项的人数或者所持表决权数未达到本法或者公司章程规定的人数或者所持表决权数。

在本案中,龙华公司股东会因李某超过认缴期1年,仍未实际缴纳任何股款,而决议将其除名。从本案的案情来看,不存在股东会决议程序违法的情形,也不构成股东会决议的不成立。股东会决议是否有效,关键在于除名内容本身是否违法。有限责任公司股东除名制度最早规定在我国《公司法规定(三)》第17条第1款:"有限责任公司的股东未履行出资义务或者抽逃全部出资,经公司催告缴纳或者返还,其在合理期间内仍未缴纳或者返还出资,公司以股东会决议解除该股东的股东资格,该股东请求确认该解除行为无效的,人民法院不予支持。"本次《公司法》修订新增催缴失权制度,拓宽了原有股东除名制度的适用场景和范围,并简化了股东除名制度所需股东会决议的繁琐程序。如果股东未按期足额缴纳出资,公司应向该股东发出书面催缴书,缴纳出资的宽限期届满股东仍未履行出资义务,公司可以向该股东发出失权通知。股东对失权有异议的,应当自接到失权通知之日起30日内向法院提起诉讼(《公司法》第52条)。本案中,李某未履行出资义务,但是公司未经催告即以股东会决议的方式解除其资格,显然违背《公司法规定(三)》第17条第1款的股东除名规则,除非催告没有必要。从本案案情无法得出催告无必要的结论,故该股东会解除李某股东资格的决议违反了《公司法规定(三)》第17条第1款的规定。需要注意的是,此处构成内容违法,而非程序违法。换言之,未经催告,股东会不得决议除名股东,除非催告无必要。综上所述,该股东会决议无效。

4. 根据2020年最高人民法院《关于人民法院执行工作若干问题的规定(试行)》第16条第1款第2项的规定,申请执行人是生效法律文书确定的权利人或其继承人、权利承受人。《公司法规定(四)》第25条规定,股东提起派生诉讼的案件,胜诉利益归属于公司。股东请求被告直接向其承担民事责任的,人民法院不予支持。《公司法规定(四)》第26条规定,股东派生诉讼的诉讼请求部分或者全部得到人民法院支持的,公司应当承担股东因参加诉讼支付的合理费用。由此可见,股东派生诉讼是一种特殊的诉讼结构安排,当公司怠于行使诉权维护自身合法权益时,由股东代替公司行使诉权,而利益归属于公司。在本案中,如果法院支持了李某对张某的派生诉讼请求,胜诉的利益归属于龙华公司。在张某未履行判决时,龙华公司理应具备合法的申请执行主体资格。

如前所述,股东派生诉讼中股东的诉权源于公司的诉权。股东提起诉讼的目的是维护公司的合法权益,因此只要公司享有诉权而怠于起诉的情形出现,均可以提起股东派生诉讼,而且不仅可以在一审、二审程序中提起,也可以在再审、执行程序中提起。在本案中,执行依据认定李某具备提起诉讼的主体资格,从而依其主张判令张某对龙华公司承担侵权损害赔偿责任。同样,当股东派生诉讼进入执行程序后,股东代表出于继续维护公司利益的目的,向人民法院申请执行生效法律文书,符合股东派生诉讼这一制度设计的内在逻辑。因此,李某在龙华公司怠于主张自身权利时,有权向法院申请执行。

答题要点

1. 由于《公司法》第189条对于有限责任公司的股东的持股时间未作规定,同时《九民纪要》第24条规定何时成为股东不影响起诉,因此,我国的股东派生诉讼对起诉股东不要求满足"同时持股原则"(当时股份持有原则),即不要求从侵权行为发生时起到派生诉讼结束时止股东必须持有公司股份。如果李某并未对除名决议表示不服,股东除名决议生效,原告资格因股东资格的丧失而丧失，龙华公司的主张应得到法院的支持。但若李某提起确认除名决议无效或撤销之诉，则决议处于效力待定状态，李某能否继续为公司利益提出诉讼请求，取决于决议无效或撤销之诉的诉讼结果。

2. 根据《民诉解释》第 221 条对合并审理的规定，李某股东除名决议无效之诉与股东派生诉讼是两个完全独立的诉讼，前一诉讼是前提，是基础，两者重叠性较小以致不足以节约诉讼资源、提高诉讼效率，不符合诉的合并审理的条件。

3. 股东会作出的股东除名决议是否有效，取决于除名内容本身是否违法。李某未履行出资义务，但是公司未经催告即以股东会决议的方式解除其资格，违背《公司法规定(三)》第 17 条第 1 款的股东除名规则，除非催告没有必要。从本案中的案情无法得出催告无必要的结论，因此决议无效。

4. 股东派生诉讼中股东的诉权源于公司的诉权。股东提起派生诉讼的案件，胜诉利益归属于公司。因此在本案中，如果法院支持了李某对张某的派生诉讼请求，胜诉的利益归属于龙华公司。在张某未履行判决时，龙华公司作为胜诉判决确定的权利人，具备合法的申请执行主体资格。股东派生诉讼不仅适用于普通程序，也应适用于执行程序。李某在龙华公司怠于主张自身权利时，有权向法院申请执行。

强制执行申请书

申请人：龙华公司或李某。

被申请人：张某。

申请事项：

1. 被执行人张某向申请执行人龙华公司支付案款×××元，利息×××元，诉讼费用×××元，并支付迟延履行期间的利息。

2. 申请执行费由被执行人承担。

申请理由：

申请人李某与被执行人张某侵权损害赔偿纠纷一案，×××人民法院于××××年××月××日作出×××号民事判决书，已发生法律效力，但被执行人拒不履行生效法律文书确定的义务。为维护申请人的合法权益，特依照《中华人民共和国民事诉讼法》之规定，申请强制执行。

此致

×××人民法院

申请人：李某或龙华公司

××××年××月××日

扩展分析 股东派生诉讼制度

股东派生诉讼制度的设立旨在为股东特别是中小股东提供维护公司和自身合法权益的手段，因此为寻求保障公司股东权利和尊重公司人格之间的平衡，需在实体和程序上设置不同的具体操作规则，如案例所展现的原告股东资格的限制、强制执行申请主体的范围等。除此之外，对于实务中出现的其他问题仍需要考生重视，如股东派生诉讼的前置程序以及诉讼过程中和解协议的效力。2023年《公司法》修改，构建了双重股东代表诉讼制度的基本框架，在母公司股东有权代表母公司起诉董监高的基础之上，增设了母公司股东可代表全资子公司起诉全资子公司董监高的权利(《公司法》第189条第4款)。

《公司法》第189条在赋予股东为了公司的利益以自己的名义直接向人民法院提起诉讼即股东代表诉讼的权利的同时，规定提起股东代表诉讼须以股东经书面请求监事会、董事会提起诉讼，而监事会或董事会在收到股东书面请求后拒绝或者怠于提起诉讼为条件，即“竭尽公司内部救济”的前置程序。设定该前置程序的主要目的和意义在于促使公司内部治理结构充分发挥作用，以维护公司的独立人格，尊重公司的自主意志，以及防止股东滥用诉权，节约诉讼成本。但在理解这条规则时需注意，《公司法》所规定的该项“前置程序”，针对的是公司治理形态的一般情况，即在股东向公司的有关机构或人员提出书面申请之时，后者是否会依股东的请求而提起诉讼尚处于不定状态，抑或存在监事会或者董事会依股东申请而提起诉讼的可能性。换言之，法律不应要求当事人为毫无意义的行为，对于股东申请无益即客观事实足以表明不存在前述可能性的情况，不应理解为《公司法》第189条所规制的情况。就此而言，应当注意到《九民纪要》第25条所代表的、司法实务界对正确适用前置程序的主流观点。

有限责任公司的股东依照《公司法》第190条的规定，向公司的董事、监事、高级管理人员或者他人提起股东代表诉讼后，经人民法院主持，诉讼各方达成调解协议的，该调解协议不仅要经过诉讼各方一致同意，还必须经过提起股东代表诉讼的股东所在的公司和该公司未参与诉讼的其他股东同意，人民法院才能最终确认该调解协议的法律效力。

06 CASE 西山公司诉新华公司合同纠纷案

案例指引

本案例以现实中真实发生的公司作为当事人参加诉讼时面临的法定代表人争议和作为当事人的公司在诉讼中被股东恶意注销为争议点，梳理民事诉讼实践面对此类问题时的应对策略，将《公司法》和《民事诉讼法》在一个案例中结合，综合考查当事人适格、诉讼权利能力、法定代表人、股东会决议、公司注销清算、诉讼中止、诉讼终结、上诉要件等实体法与程序法的争议焦点。由于传统的民事诉讼教学案例中往往以民法为基础，而近年来国家统一法律职业资格考试明显加大了商法、经济法与民事诉讼法的融合，因此通过对本案例的探讨，有助于更为深入地理解实体法与诉讼法结合、理论与实践结合的具体方式和重要意义。

案　情

新华公司与西山公司均为有限责任公司。新华公司股东为甲、乙二人，甲持股20%，乙持股80%，甲为法定代表人。西山公司股东为甲、丙、丁，甲持股20%，丙、丁各持股40%，甲为法定代表人。二公司订立承揽合同，西山公司为新华公司加工产品零件，后因为零件质量与货款支付双方发生纠纷，西山公司要求新华公司支付合同尾款，新华公司主张零件存在质量问题，西山公司应当支付违约金，并表示用违约金抵销剩余合同尾款后，双方已经货款两清。丙、丁二人不同意新华公司的说法，遂要求甲以西山公司名义起诉新华公司，甲由于与新华公司关联甚多，拒绝起诉。

2015年12月12日，丙、丁二人召开股东会，商讨变更法定代表人，甲拒绝出席，丙和丁通过股东会决议，变更丙为法定代表人。甲拒绝配合变更登记，并拒绝交出公章、营业执照等公司材料。

2016年1月26日，丙、丁二人手持股东会决议和出资证明，起诉新华公司，要求支付合同尾款50万元和迟延履行金（按每天2‰计息，从2015年3月1日计算至付款之日）。

新华公司委托天海律师事务所王律师作为诉讼代理人，委托权限为特别授权，授权权限具体载明了所有当事人的诉讼权利。甲、乙二人也表示对王律师完全信任，该案完全由其主导即可。

2016年3月3日法院开庭审理，3月10日法院作出判决，最终判决为：新华公司在判决生效后7日内支付合同款50万元，驳回西山公司的其他诉讼请求。

2016年3月12日，西山公司的律师和王律师根据法官的通知，均到法院领取了判决书，并在送达回证上签字。3月15日，西山公司就迟延履行金部分向该市中级人民法院提起上诉，市中级人民法院同日受理后告知王律师准备二审，王律师称自己和新华公司的委托只限于一审诉讼；市中级人民法院遂又联系甲，甲称新华公司已经于3月4日注销。

经查，新华公司两名股东于2016年1月4日形成决议，一致决定解散公司。同日开始清算，乙为清算组组长。1月6日清算组在《中国工商报》上刊登了注销公告，要求债权债务人在45日内申报债权，但未向西山公司送达通知。3月1日清算组向当地工商登记机关提交清算报告，认定新华公司无任何债权债务，公司剩余资产50万元已按股权比例分配给两位股东，并申请办理注销登记，在提交给登记机关的文件中注明：如果新华公司还有其他债权债务，由乙负责处理。3月4日，工商登记机关正式办理了注销登记。

又查，乙作为清算组组长，之所以未向西山公司送达通知，是因为其认定双方之间的尾款与损害赔偿金已经相互抵销。而甲、乙注销公司一事从未告知王律师，王律师也是在收到一审判决后方才知悉新华公司已经注销。

问　题

1. 请从当事人适格的角度，分析丙、丁手持股东会决议和出资证明，以西山公司的名义起诉新华公司时，法院是否应当受理这一诉讼？

2. 假设一审庭审中王律师再次提出应当以违约金抵销合同尾款，西山公司认为新华公司已经受领并使用该批零件且此前从未提出异议，否认零件存在质量问题。法院应当如何处理新华公司的抵销主张？假设该主张在二审中才提出，二审法院又应如何处理？

3. 市中级人民法院应当如何处理上诉人的上诉？

4. 一审法院和市中级人民法院应当如何处理本案？

解题思路

1. 参诉法定代表人确定问题。当事人适格是《民事诉讼法》第122条规定的起诉的实质条件之一，当事人需为争议法律关系的主体，因此需结合诉讼标的来判断当事人是否适格。本案诉讼请求是支付承揽合同货款50万元及迟延履行金，因而诉讼标的为西山公司对承揽合同行使的履行请求权，西山公司与新华公司为承揽合同相对方，则西山公司与新华公司符合当事人适格的要求。但是，根据《民事诉讼法》第51条第2款的规定，法人由其法定代表人进行诉讼。本案中，新华公司的法定代表人为甲，原告西山公司召开股东会决议将法定代表人由甲变更为丙，所以应判断变更后的法定代表人丙是否可以代表公司意志参加诉讼。

根据《民诉解释》第50条的规定，法定代表人的确定以依法登记的为准，在法定代表人已经变更但未完成登记的情况下，法院可以准许变更后的法定代表人代表法人参加诉讼。而对于法院是否准许的标准，按照《民诉解释》第50条的理解与适用，人民法院需要依职权审查法定代表人的变更程序是否合法，在合法的情况下，就有可能准许变更后的法定代表人参加诉讼。本案中，西山公司为有限责任公司，丙、丁共持股80%作出决议，根据《公司法》第46条和第66条的规定,公司法定代表人属于公司章程应当写明的事项,而变更公司章程,需要经代表2/3以上表决权的股东通过,所以本案中变更法定代表人的决议是合法的。综上所述,法院可以准许丙作为法定代表人以西山公司名义提起诉讼,这也符合公司的真实意思,防止原法定代表人不作为,损害公司合法权益。

实践中也形成了关于法定代表人确定规则的普遍做法,即以最高人民法院(2014)民四终字第20号为代表的"内外有别规则"。按照该案的裁判要旨,"内"即对于公司与股东之间因法定代表人任免产生的内部争议,应以有效的股东会任免决议为准,并在公司内部产生法定代表人变更的法律效果。"外"指如果涉及公司以外的第三人因公司代表权而产生的外部争议,应以工商登记为准。本案虽属于西山公司与新华公司之间的外部争议,但新华公司的法定代表人为甲,甲已知西山公司法定代表人的变更情况,变更法定代表人对本案承揽合同间的债权债务关系没有影响,对第三人的实体利益不会造成损害,则应以有效股东会任免决议为准,法院仍应受理诉讼。

2. 诉讼抵销如何处理问题。首先需判断新华公司在诉讼中提出的抵销主张是否合法。抵销作为权利消灭抗辩属于合法的辩论范围,根据《九民纪要》,抵销权既可以通知的方式行使,也可以提出抗辩或者提起反诉的方式行使,故新华公司在诉讼中提出以违约金抵销的主张合法。

进而需进一步考虑抵销主张能否在一审诉讼程序中进行审理。抵销主张实际将独立于案件诉讼标的的债权债务关系(可构成独立诉讼标的)纳入了诉讼程序,如当事人对主动债权存在争议,则无法在被动债权的诉讼程序中直接予以嵌套审理。但对于其他事实性抵销条件(是否种类相同、是否属于可抵销的债权)的争议,可以直接以认定事实的方式予以认定。在本案中,原告否认零件存在质量问题,对被告主张抵销所援引的主动债权,即违约金债权持异议,此一债权是否成立及其具体金额都需要通过实质审理方可确定。因此,需要以诉的方式进行实质审理,而不能在一审诉讼程序中直接处理。在一审中,被告可以反诉的形式将主动债权拉入已经开始的被动债权的诉讼程序,故法院可释明被告提起违约金债权的反诉。

如被告在二审中提出抵销抗辩,则根据《民诉解释》第326条的规定,上诉人提起反诉时,法院可以调解,调解不成的告知另行起诉。因此,本案二审法院可以就抵销主张予以调解,但调解不成时,不能直接受理反诉,只能告知其另行起诉解决违约金问题,而不能在案件中直接抵销。

3. 作为一方当事人的法人终止时的上诉受理问题。根据《民事诉讼法》第171条、第172条、第173条的规定,上诉条件为:适格的上诉人和被上诉人;存在依法允许上诉的裁判,被声明不服;向原审法院的上一级法院提出上诉;递交上诉状,缴纳上诉费;法定的上诉期限。在这些条件中,本案主要涉及的问题是:是否存在依法允许上诉而被声明不服的裁判;西山公司的上诉是否存在合格的被上诉人。

(1)不存在有效的一审裁判。本案在一审过程中,被告新华公司已经办理了注销登记,此时需要分析作为企业的当事人注销后的诉讼后果。根据《民事诉讼法》第153条和第154条的规定,企业注销后丧失主体资格,在诉讼中可能引发诉讼中止,也可能引发诉讼终结。本案中,新华公司注销后,如果有权利义务的承受主体,则应当裁定诉讼中止,等待变更新华公司的权利义务承受人作为适格被告参加诉讼;否则,应当裁定诉讼终结。

因此,无论本案在实体上是否存在新华公司的权利义务承受人,一审判决都是不合法的,并不存在依法允许上诉而被声明不服的裁判。一审判决送达给王律师时,由于王律师和新华公司之间的委托合同关系因为新华公司注销自动终止，因此，送达行为也并不发生效力。不合法的判决加上不合法的送达，都导致该一审判决不能够对法院和当事人产生形式或实质上的约束力。因此，本案中并不存在可以依法提起上诉的一审裁判。

(2)没有合格的被上诉人。本案上诉人为西山公司，是适格的上诉人，但新华公司已经被注销，公司在履行了清算程序、办理了注销登记后，公司法人资格终止，不再享有相应的权利，也不再承担任何义务和责任，新华公司已无法成为适格的被上诉人。根据《民诉解释》第320条的规定，上诉案件的当事人死亡或者终止的，人民法院依法通知其权利义务承继者参加诉讼。本案中，新华公司在办理注销登记时，公司剩余资产50万元已按股权比例分配给两位股东，在提交给登记机关的文件中写明：如果新华公司还有其他债权债务，由乙负责处理。那么，乙是否可以作为权利义务承继者参加诉讼呢？根据《公司法规定(二)》第20条第2款："公司未经依法清算即办理注销登记，股东或者第三人在公司登记机关办理注销登记时承诺对公司债务承担责任，债权人主张其对公司债务承担相应民事责任的，人民法院应依法予以支持。"新华公司在诉讼过程中注销，其清算组组长乙在明知西山公司已经向法院提起诉讼的情况下，依然未向法院报告有关事项，亦未通知西山公司申报债权，在注销后援引抵销抗辩存在较为明显的恶意，根据《公司法》第235条第1款和《公司法规定(二)》第11条的规定，公司注销时应当同时履行公告和通知程序，因此新华公司属于未依法清算即办理注销登记的情形。但是，本案中乙虽然承诺对债权债务进行处理，根据《公司法规定(二)》第20条的规定，这种对公承诺应当注意承诺责任的性质和范围。如果承诺内容是对公司债务承担偿还、保证责任等，承诺人应当对公司债务承担偿还或保证责任；如果承诺内容是负责处理公司债权债务，则承诺人承担对公司财产进行清算的义务。如果公司财产流失而无法清算，承诺人在造成公司财产损失范围内承担赔偿责任。本案中，乙承诺的是对债权债务进行处理，并非承诺对债务承担责任，这种处理应当解释为对公司债务进行清算的责任，而且由于公司债务的复杂性，要求承诺人因此承担清偿义务，过度增加了承诺人的义务，可能违反承诺人的真实意思表示。可以发现，本案中对公承诺并未使乙成为新华公司债权债务的承继人，因此，本案中并不存在适格的被上诉人。西山公司如果想保护自己的权益，可以根据《公司法规定(二)》第11条要求新华公司的清算组成员对其损失承担赔偿责任，此时的被告即为甲与乙，也可以根据《公司法规定(二)》第20条要求对公承诺人承担清算责任，此时的被告为乙。但与本案的上诉诉讼标的不同，甲、乙均不是本案新华公司债务的权利义务承受人，因此，本案中不存在适格的被上诉人。换言之，如果本案一审法院在诉讼中发现新华公司注销事项，应当向西山公司释明变更诉讼请求，否则只能根据《民事诉讼法》第154条规定裁定终结诉讼。

综上所述，西山公司对新华公司的上诉不符合上诉条件，根据《民事诉讼法》第181条和第126条的规定，第二审人民法院审理上诉案件，除依照《民事诉讼法》第十四章规定外，适用第一审普通程序，而在一审程序中，对不符合起诉条件的起诉，法院不予受理，因此，市中级人民法院不应受理上诉人的上诉。

4. 市中级人民法院在"受理"后发现不符合上诉条件的处理。本案中，二审法院虽然已经受理了该上诉，但由于一审判决不存在，且没有适格的被上诉人，因此二审法院的"受理"并不能发生法律效力。根据《民事诉讼法》第181条和《民诉解释》第208条的规定，在一审程序中，已经受理当事人的起诉，后发现不符合起诉条件或不宜由人民法院作出裁决的，人民法院应当裁定驳回起诉,二审程序参照一审程序的相关规定,类推适用,应当也允许人民法院直接裁定驳回当事人的上诉。但是,因为本案一审判决并未真正发生效力,直接驳回上诉会导致一审判决的效力存在争议,并不能有效解决本案受理错误问题。另外,若二审法院直接裁定终结诉讼,同样不能纠正案件受理错误问题。根据《民诉解释》第 333 条的规定,本案属于原审对用以确定当事人主体资格有实质影响的事实认定不清的情况,那么可以按照《民事诉讼法》第 177 条的规定裁定撤销原判、发回重审。但因为一审判决既不具备合法性,也未送达,故而此时也不宜由二审法院撤销原判,而应由一审法院裁定撤销该不合法的判决。

综上所述,本案应当由二审法院函告一审法院相关事实,再由一审法院根据《民事诉讼法》第 154 条的规定作出诉讼终结的裁定;同时,原一审判决因本身的合法性存在问题,也应由一审法院根据《民事诉讼法》第 157 条第 1 款第 11 项的规定作出裁定,撤销 2016 年 3 月 10 日作出的判决。西山公司在本案中的利益,只能通过其他方式另行主张。

答题要点

1. 法院是否受理诉讼需要判断丙是否可以作为西山公司的法定代表人提起诉讼。根据《民诉解释》第 50 条的规定,在法定代表人变更程序合法的情况下,法院可以准许已经变更但未完成登记的法定代表人代表法人参加诉讼,而根据《公司法》第 46 条和第 66 条的规定,可以判断出丙、丁变更法定代表人程序合法,因此丙可以作为法定代表人以西山公司名义提起诉讼,法院应当受理诉讼。

2. 抵销主张在诉讼中以抗辩的形式行使本身合法,但本案中原告西山公司对被告新华公司主张的违约金债权存在异议,该债权是否成立及其具体金额的确定需通过诉讼的实质审理解决。故法院应释明新华公司提起违约金债权的反诉。如该抵销主张在二审中提出,则根据《民诉解释》第 326 条的规定,二审法院可以就新华公司的抵销主张予以调解,但调解不成时,不能直接受理反诉,只能告知其另行起诉解决。

3. 市中级人民法院是否受理上诉,需要根据该案是否符合上诉条件判断。新华公司由于办理了注销登记,导致一审判决的主体已经不存在,且无法送达被告,因此,一审判决对法院和当事人都不能产生形式或实质上的约束力,也不存在可以依法提起上诉的一审判决,而且新华公司也无法成为适格的被上诉人。虽约定新华公司还存在的其他债权债务由乙负责处理,但此种承诺应解释为乙承担对公司债务进行清算的责任,不属于《公司法规定(二)》第 20 条第 2 款所规定的股东或第三人对公承诺承担债务的情形,因此,乙不是新华公司债权债务的承继人,本案不存在适格的被上诉人。因此,本案上诉不符合上诉的条件,市中级人民法院不应受理上诉。

4. 由于一审判决不存在且没有适格的被上诉人,二审法院不能继续审理,应当函告一审法院相关事实,明确一审法院的判决并不具备合法性,一审程序也应当终结。一审法院核实后,应当根据《民事诉讼法》第 154 条的规定作出诉讼终结的裁定;同时,原一审判决因本身的合法性存在问题,也应由一审法院根据《民事诉讼法》第 157 条第 1 款第 11 项的规定作出裁定,撤销 2016 年 3 月 10 日作出的判决。西山公司在本案中的利益,只能通过其他方式另行主张。

扩展分析 **当事人适格**

当事人适格是民事诉讼中当事人理论的重要组成部分之一，又称为“正当的当事人”，指的是自然人、法人或其他组织对于特定诉讼案件在实体上存在直接的利害关系，一般表现为在该特定诉讼案件中作为基础的法律关系的相对方，并由此而具有作为该案件确定的权利义务的承受者的资格。当事人适格与法院受理范围和诉的利益并列，从诉讼主体角度构成了起诉的条件之一。另外，考生还应特别注意将当事人适格与当事人的诉讼权利能力加以区分。

当事人诉讼权利能力是指成为民事诉讼当事人所应具备的法律上的资格，即公民、法人或其他组织能够在抽象意义上享有民事诉讼权利、承担民事诉讼义务的资格。当事人诉讼权利能力是当事人适格的前提，不具有当事人权利能力的主体也不可能是适格的当事人。两者的区别主要体现在：第一，当事人适格以特定诉讼的存在为前提，而当事人诉讼权利能力是从抽象的一般意义上对某人能否成为诉讼当事人加以考察和确认。第二，两者的判断标准不同。当事人诉讼权利能力与民事权利能力密切相关，一般而言，两者的主体范围基本一致，但在特殊情况下，立法亦认可某些非民事权利主体具有当事人诉讼权利能力。当事人诉讼权利能力的判断与特定诉讼所欲审理的诉讼标的并无直接关联，而当事人适格的判断与当事人的主张及诉讼标的密切相关。第三，当事人不适格与当事人缺乏诉讼权利能力对诉讼的影响不同。当事人不适格可以分为自始不适格以及后续不适格两种情况。自始不适格，是指起诉时的当事人即为非正当当事人，此时对于原告不适格，根据《民事诉讼法》第 122 条和《民诉解释》第 208 条的规定，法院应裁定不予受理或者驳回起诉。对于被告不适格，按照《民事诉讼法》第 122 条将被告明确作为起诉要件与诉讼要件来看，被告是否适格的判断需要与原告所提出的诉讼请求是否成立一起作为实体审理和实体判决所要解决的问题，若被告不是实体法律关系中义务的承担者，则应判决驳回诉讼请求。但也有学者主张被告适格与否属于法院应当依职权审查的内容，对于起诉时可以明显判断被告不适格的情况，法院应当不予受理或驳回起诉。后续不适格是指在法院受理诉讼后因法律事实而引起的当事人不适格。当事人在诉讼中失去诉讼权利能力也可以纳入广义的后续不适格范围，而狭义的后续不适格是指诉讼过程中当事人转移系争物或者转移涉诉标的之权利义务所引起的当事人不适格。对于狭义的后续不适格，《民诉解释》第 249 条、第 250 条通过当事人恒定或诉讼承担的规定承认了拟制适格地位与变更当事人两种方式。运用诉讼担当可以补充非正当当事人的适格基础，程序仍然在当事人之间进行，既判力约束被担当人，并且法院也可裁定变更当事人，诉讼程序由变更后的当事人继续进行。另外，对于当事人缺乏诉讼权利能力的情况，在起诉时法院应驳回起诉，而若在诉讼过程中，当事人失去诉讼权利能力，如出现自然人死亡，以及法人或其他组织合并、分立的情况，根据《民事诉讼法》第 153 条、第 154 条的规定，法院应裁定中止诉讼或终结诉讼。

总之，当事人适格需要解决的不是主体是否一般地具有“能够作为诉讼当事人”的资格的问题，而是要解决“某个具体的主体是否真的就是特定案件的当事人”这一问题。当事人适格还可进一步分成“原告适格”与“被告适格”两种情形，前者的内容为“原告自身是否为其据以起诉的法律关系的相对方”，后者则是指“原告是否告错（不是该法律关系另一相对方的）人”。

07
CASE

电梯吸烟劝阻案

案例指引

本案以“电梯吸烟劝阻案”为蓝本,2018年该案二审判决作出后在社会和法律界产生了广泛、重大的影响,更吸引了各界专家和社会大众在法理、道德、公共秩序等多层面的持续关注。本案例主要围绕其中所涉及的实体争议、程序规则和证据制度展开分析和讨论,具体包括起诉条件中原告资格的确定、公平责任的适用范围、证据收集与运用以及二审程序审理范围等问题。本案例不仅对正确理解法律因果关系的判断、公平责任的适用以及社会公共利益的考量具有参考意义,更引发人们对司法判决正当性、个案裁判与公众行为模式之间互动模式等问题的深入思考。

案　情

2017年5月2日9时24分许,段某与杨某先后进入某小区5号楼电梯内,因段某在电梯内吸烟,两人发生言语争执。在两人走出电梯后,争执仍未停止,被小区物业工作人员劝阻后,段某同物业工作人员一同进入物业办公室休息。段某进入物业办公室不久突然倒地,9时37分段某经“120”急救医生抢救无效后死亡。

原告田某(段某配偶)认为,杨某无故与段某发生争执,对其大声呵斥,导致段某心脏病发作死亡,故向法院起诉,请求判令杨某赔偿医疗费、死亡赔偿金、丧葬费、精神抚慰金等共计40万元。杨某辩称,段某是在双方分开后,在物业工作人员劝说下到物业办公室冷静情绪期间因心脏病突发而死亡,其死亡的直接原因是自身的心脏病发作,该死亡结果与杨某不存在任何因果关系。杨某在电梯间内劝阻段某吸烟的行为符合社会道德规范,也是维护自己和他人健康权的表现,未侵害段某的任何权利,该行为本身并不会引起段某的死亡,故请求法院驳回原告田某的诉讼请求。经田某自认,段某有心脏病史,于2007年做过心脏搭桥手术。段某父母均已过世,田某系段某配偶,二人共育有三个子女,三子女均声明放弃本案参加诉讼的权利。

田某向法院提交的证据包括:(1)医院诊断证明书一份,载明家属于2017年5月2日9时31分呼叫“120”,急救人员于2017年5月2日9时37分到达患者身边,经积极抢救,病情无变化,心电图示全心停搏,宣布临床死亡;(2)电梯间内、单元门口、物业办公室门口共三段监控视频,杨某与段某接触时长不足5分钟。视频均只有影像，没有声音。二人只有语言交流，无拉扯行为，无肢体冲突。田某向法院申请调取文化路派出所出警制作的6份询问笔录（分别针对物业工作人员，社区客服主管，段某长女、次女、次女婿以及杨某），未获法院准许。

一审法院认为，段某在电梯内吸烟导致其与杨某发生言语争执，在双方的争执被小区物业公司工作人员劝阻且杨某离开后，段某猝死，该结果是杨某未能预料到的，杨某的行为与段某的死亡之间并无必然的因果关系，但段某确实在与杨某发生言语争执后猝死，依照《侵权责任法》（已失效）第24条的规定，受害人和行为人对损害的发生都没有过错的，可以根据实际情况，由双方分担损失。遂判定杨某于判决生效后10日内补偿田某15,000元，驳回田某的其他诉讼请求。田某不服判决，向郑州市中级人民法院提起上诉，请求撤销原判，支持田某的全部诉讼请求。

二审期间，田某再次向法庭递交调取证据申请书。二审法院依法向郑州市公安局文化路派出所调取了询问笔录6份，并组织双方当事人进行了质证。二审法院认为，杨某对段某在电梯间吸烟予以劝阻的行为与段某死亡结果之间不存在法律上的因果关系，杨某不存在过错，不应承担侵权责任。适用《侵权责任法》第24条（已失效）的前提是行为与损害结果之间有法律上的因果关系，且受害人和行为人对损害的发生都没有过错。本案中，杨某劝阻吸烟行为与段某死亡结果之间并无法律上的因果关系，因此，一审适用公平原则判决杨某补偿田某15,000元，属于适用法律错误。保护生态环境、维护社会公共利益及公序良俗是民法的基本原则，弘扬社会主义核心价值观是民法的立法宗旨，司法裁判对保护生态环境、维护社会公共利益的行为应当依法予以支持和鼓励，以弘扬社会主义核心价值观。本案中，杨某对段某在电梯内吸烟予以劝阻合法正当，是自觉维护社会公共秩序和公共利益的行为，一审判决杨某分担损失，让正当行使劝阻吸烟权利的公民承担补偿责任，将会挫伤公民依法维护社会公共利益的积极性，既是对社会公共利益的损害，也与民法的立法宗旨相悖，不利于促进社会文明，不利于引导公众共同创造良好的公共环境。虽然本案一审判决作出后，杨某未上诉，但一审判决适用法律错误，损害社会公共利益，根据《民诉解释》第321条规定依法应予改判，遂判决撤销原判，驳回田某的诉讼请求。

问　题

1. 本案中的田某是否具有提起诉讼的原告资格？

2. 你认为在本案中被告杨某的劝阻行为与段某的死亡之间是否存在法律上的因果关系？理由是什么？

3. 如果你是原告的代理律师，你认为可以支持本方诉讼请求的案件事实有哪些？这些案件事实可以通过哪些证据来加以证明？应该通过何种方式来获取这些证据？

4. 你觉得二审法院的审理是否超出上诉人上诉请求的范围？理由是什么？

解题思路

1. 具备民事诉讼原告资格需满足以下两个条件：具有当事人能力以及当事人适格（《民事

诉讼法》第 122 条)。

就当事人能力而言,公民、法人和其他组织可以作为民事诉讼的当事人。本案田某是自然人,具备当事人能力。就当事人适格而言,通常情况下,应当以当事人是否是发生争议的民事法律关系主体作为判断当事人适格与否的标准。也就是说,凡民事权利或民事法律关系的主体,以该权利或法律关系为诉讼标的进行诉讼时,一般都是适格的当事人。只有在例外情况下,非民事权利或非民事法律关系主体才可以成为适格的当事人,即诉讼担当的情形。

本案所争议的法律关系是人身损害赔偿法律关系,诉讼请求是要求被告支付侵权死亡赔偿金。原告是否适格,取决于其是否是侵权死亡赔偿金给付请求权的权利主体。目前,民法学界关于侵权死亡赔偿金的性质认定,仍存在"死者生命价值赔偿说"与"近亲属逸失利益赔偿说"的理论争议。近年来越来越多的学者赞同,死亡赔偿金并非对死者生命价值的丧失进行填补,而是对受害者家属实际支付的医药费、丧葬费等费用,因亲人离世所带来的精神损害以及未来扶养费的丧失或物质生活水平降低等诸多损害(逸失利益)的赔偿。

基于此认识,在请求侵权死亡赔偿的案件中,受害人死亡构成引起其家属损害赔偿请求权产生的一个法律事实,请求权的主体为受其死亡影响的与死者有特别密切关系的人。现代法治国家多将这一社会关系的范围限定为近亲属。《民法典》第 1181 条第 1 款前段也将死亡受害人的近亲属列为侵权损害赔偿请求的权利人。根据我国相关法律和司法解释的规定,近亲属的范围在不同的法律部门存在一定差异。根据《民法典》第 1045 条第 2 款规定,近亲属包括配偶、父母、子女、兄弟姐妹、祖父母、外祖父母、孙子女、外孙子女。由于近亲属的外延甚为宽泛,近亲属行使请求权的顺序,可参照《民法典》第 1127 条法定继承的顺序,死者的配偶、父母和子女向人民法院起诉请求赔偿精神损害的,列其配偶、父母和子女为原告;没有配偶、父母和子女的,可以由其他近亲属提起诉讼,列其他近亲属为原告。

如前所述,死亡赔偿金是对死者近亲属的赔付,由所有近亲属共同共有,构成必要共同诉讼类型,应共同向法院起诉要求侵权人承担损害赔偿责任,除非其中一个或部分请求权人明确表示放弃实体权利时,可不加入诉讼(《民诉解释》第 74 条)。在本案中,死者段某父母均已过世,田某系段某配偶,二人共育有三个子女,但该三子女均声明放弃参加本案诉讼的权利。因此,在本案中田某具有原告资格。

2. 关于因果关系的含义与判断标准,理论界存在多种学说。我国多数学者认为,应当主要借鉴德国法上的相当因果关系理论。该理论认为,应当分两个阶段考察因果关系:事实上的因果关系和法律上的因果关系。

事实上的因果关系主要考查行为人的行为在事实上是否对损害的发生具有原因力,采用条件说的判断标准,无此行为,必不生此种损害,即被告的行为是损害发生的不可或缺的条件。条件说只是对因果关系进行一种自然科学意义上的检测,无法解决可归责性的问题。若只要行为人的行为是损害发生的必要条件之一就要承担侵权责任,势必使那些完全不真实的因果关系以及过于遥远的原因都被涵盖进来,因果关系链条被无限制地加以延伸,而责任范围也由此变得漫无边际,由此产生第二阶段的规制必要。法律上的因果关系,采用相当性的判断标准,即被告的行为实质上增加了损害发生的客观可能性。这里的相当因果关系不仅是一种技术性因果关系,更是一种法律政策工具,是通过法的价值判断来获知事件结果上能够公平地被归责于行为的界限。

在本案中，从事实原因力角度看，没有杨某的劝阻行为，段某不会与其发生争执，情绪不会因此产生波动，也就不会产生后续心脏病猝死的后果，因此从这个角度看，杨某的行为是段某死亡结果产生的必要条件。但杨某劝阻段某吸烟行为未超出必要限度，属于正当劝阻行为。在杨某与段某接触时长不足5分钟的劝阻过程中，杨某一直保持理性，平和劝阻，双方之间也没有发生肢体冲突和拉扯行为，本案中也没有证据证明杨某对段某进行过呵斥或有其他不当行为，因果关系不满足相当性要求。段某患有心脏疾病，且小区监控视频显示，段某争执过程中情绪较为激动，并随着时间的推移情绪激动程度不断升级，这是损害后果发生的直接原因。而且从时间上看，杨某的劝阻行为与段某的死亡结果之间有一定的时间间隔，段某是在杨某离开后进入物业办公室休息期间突然倒地。综合上述分析，杨某的劝阻行为并未实质增加损害发生的客观可能性，不满足相当因果关系的要求，即不存在法律上的因果关系。

3. 在本案中，原告田某主张，杨某与段某发生争执，导致段某心脏病发作死亡，因此杨某应向其赔付各项损失共计40万元。本案案由为生命权纠纷，原告该项诉讼请求背后蕴含的权利主张为侵权损害赔偿请求权。作为原告律师，应将请求权基础规范锁定在《民法典》第1165条第1款过错责任条款上。

《民法典》第1165条第1款能否适用，关键在于分析杨某对段某死亡后果的发生是否存在过错以及杨某在电梯间的劝阻行为与段某死亡之间是否存在因果关系。与此相关，在本案中或许可以切入的点有：居住在同一小区，杨某以前是否认识段某，或者是否有通过第三人知道段某心脏病史并做过心脏搭桥手术的可能？在电梯间发生争吵的过程中杨某是否注意到段某情绪的变化和身体的连锁反应？杨某的劝阻行为是否超过必要限度等。

一审过程中，原告提交的证据有：(1)三段电梯和小区监控视频，但只有图像没有声音；(2)医院出具的死亡证明。除此之外，原告自认段某有心脏病史，2007年曾做过心脏搭桥手术。原告田某向法院申请调取文化路派出所在事发后出警时制作的6份询问笔录，但法院并未批准。在二审过程中，原告田某再度向法院申请调取证据。法院批准该证据申请，向郑州市公安局文化路派出所调取了询问笔录6份，分别为对段某和杨某争执进行劝解调停的物业工作人员闫某和张某，段某晕倒后赶到现场的杨某，段某的大女儿、二女儿和二女婿。

基于民事诉讼处分原则和辩论原则，作为裁判依据的证据应当由当事人提出。但当事人举证责任的落实，须以其具有相应的调查取证权和取证手段为前提。如果当事人知道存在某个或某些对于案件解决具有重要价值的证据，却因客观原因无法自行收集的，可以申请法院调查收集。《民诉解释》第95条规定，当事人申请调查收集的证据，与待证事实无关联、对证明待证事实无意义或者其他无调查收集必要的，人民法院不予准许。由此可见，当事人欲通过法院调取的证据必须具备“与待证事实有关联”、“对证明待证事实有意义”以及“有法院调查收集的必要”三个条件。本案中，原告田某申请法院调查收集的证据是郑州市公安局文化路派出所出警时制作的6份询问笔录。根据《民诉解释》第94条第1款第1项的规定，证据由国家有关部门保存，当事人及其诉讼代理人无权查阅调取的，可以在举证期限届满前书面申请人民法院调查收集。公安机关制作的询问笔录无疑符合该项要求。询问笔录包含5份证人证言和1份当事人陈述，如实反映了所有参与者对于事件发生过程的详细描述，此前田某与杨某对于段某的死亡原因产生严重分歧，田某欲提交该份证据证明杨某的劝阻行为超过必要限度构成侵权，与待证事实直接相关。在田某申请法院调取询问笔录时，法院手中涉及劝阻过程最为核心的证据是3份电梯和小区门口的监控视频，但由于监控视频只有画面没有声音，尽管图像显示没有肢体冲突，但无法确认言语争执的具体内容。物业管理人员在小区门口对两人进行劝解调解的过程，是电梯争执的自然延伸，物业工作人员的证言一定程度上可以反映电梯争执的过程，因此询问笔录对于证明待证事实具有重要意义。综上可知，田某申请法院调取询问笔录符合法律规定，也正基于此，二审法院改变了一审法院做法，依法向郑州市公安局文化路派出所调取了笔录，并组织双方当事人进行了质证。

4. 在本案中，原告田某诉请一审法院，要求被告杨某赔偿死亡赔偿金、丧葬费等共计40万元。一审法院经过审理后认为，由于段某确实是在与杨某发生言语争执后猝死，根据公平原则结合本案案情，判决被告杨某向原告田某补偿15,000元。田某不服，向二审法院提起上诉，要求"撤销原判，支持原告的全部诉讼请求"，而被告杨某放弃上诉。二审法院经过审理后认为，一审法院运用公平原则判决被告赔偿原告15,000元适用法律错误，尽管双方当事人对此没有提出上诉请求，但由于损害社会公共利益，应依法予以改判，判决驳回原告的全部诉讼请求。这里需要重点讨论的是以下两个问题：其一，我国《刑事诉讼法》第237条明确规定了上诉不加刑原则，我国民事诉讼中是否也存在"禁止上诉不利变更"原则；其二，如何解释《民诉解释》第321条第2款上诉请求拘束原则的例外情形。上述问题在本案二审判决作出之后引发民诉法学界的广泛讨论，并未形成统一观点。

第一种可能的思维路径是：原告的上诉请求实质包含两项，即撤销以《民法典》第1186条损失分担请求权作为请求权基础的一审判决，同时依据《民法典》第1165条第1款过错损害赔偿请求权判决对方承担赔偿责任，两者构成预备诉的合并。二审法院的裁判并没有超出当事人上诉请求的范围，而是完整回应其主张，即支持第一项上诉请求，驳回第二项上诉请求。我国民事诉讼立法并未明确确立"禁止上诉不利变更"原则，本案既无适用空间也无适用必要。在不考虑综合配套措施的前提下，用一个在我国并不存在的域外法原则来直接否定个案裁判的合法性并不可取。

第二种可能的思维路径是：上诉请求是原审当事人不服一审裁判、合法地向二审法院提出的诉讼请求，当事人已在一审判决中取得部分利益，不因上诉请求为撤销原判而视为放弃。因此，原告上诉请求中撤销原判应理解为撤销原判决中不利于当事人的部分，至于赔偿请求依据是《民法典》第1165条还是第1184条，只是裁判的理由，并不是上诉请求所指向的审判标的。由此可以看出，二审驳回上诉人诉讼请求的做法超出了上诉请求的范围。考虑到本案在二审期间已在网络上形成一定舆论，成为公共议题，为防止引发法院系统的信任危机，可纳入上诉请求拘束原则的例外情形——"损害社会公共利益"中。

答题要点

1. 具备民事诉讼原告资格需满足以下两个条件：具有当事人能力以及当事人适格（《民事诉讼法》第122条第1款）。本案田某是自然人，具备当事人能力。就当事人适格而言，应当以当事人是否是发生争议的民事法律关系主体作为判断当事人适格与否的标准。在请求侵权死亡赔偿的案件中，受害人死亡构成引起其家属损害赔偿请求权产生的一个法律事实，请求权的主体为受其死亡影响的与死者有特别密切关系的人，即近亲属。参照《民法典》第

1127 条法定继承的顺序，死者的配偶、父母和子女向人民法院起诉请求赔偿精神损害的，列其配偶、父母和子女为原告；没有配偶、父母和子女的，可以由其他近亲属提起诉讼，列其他近亲属为原告。在本案中，死者段某父母均已过世，田某系段某配偶，二人共育有三个子女，但该三子女均声明放弃参加本案诉讼的权利。因此，在本案中田某具有原告资格。

2. 关于因果关系的含义与判断标准，理论界存在多种学说。我国多数学者认为，应当主要借鉴德国法上的相当因果关系理论。在本案中，从事实原因力角度看，没有杨某的劝阻行为，段某不会与其发生争执，情绪不会因此产生波动，也就不会产生后续心脏病猝死的后果，因此从这个角度看，杨某的行为是段某死亡结果产生的必要条件。但杨某劝阻段某吸烟行为未超出必要限度，属于正当劝阻行为。在杨某与段某接触时长不足 5 分钟的劝阻过程中，杨某一直保持理性，平和劝阻，双方之间也没有发生肢体冲突和拉扯行为，本案中也没有证据证明杨某对段某进行过呵斥或有其他不当行为，因果关系不满足相当性要求，即不存在法律上的因果关系。

3. 在本案中，原告田某主张，杨某与段某发生争执，导致段某心脏病发作死亡，因此杨某应向其赔付各项损失共计 40 万元。本案案由为生命权纠纷，原告该项诉讼请求背后蕴含的权利主张为侵权损害赔偿请求权。作为原告律师，应将请求权基础规范锁定在《民法典》第 1165 条第 1 款过错责任条款上。《民法典》第 1165 条第 1 款能否适用，关键在于分析杨某对段某死亡后果的发生是否存在过错以及杨某在电梯间的劝阻行为与段某死亡之间是否存在因果关系。一审过程中，原告提交的证据有：(1) 三段电梯和小区监控视频，但只有图像没有声音；(2) 医院出具的死亡证明。除此之外，原告自认段某有心脏病史，2007 年曾做过心脏搭桥手术。一般来说，证据应当由当事人自己收集。但如果因客观原因无法自行收集的，可以申请法院调查收集，但需符合一定的条件（《民诉解释》第 94 条、第 95 条）。因此，原告田某向法院申请调取文化路派出所在事发后出警时制作的 6 份询问笔录作为裁判依据。

4. 思路一：原告的上诉请求实质包含两项，即撤销以《民法典》第 1186 条损失分担请求权作为请求权基础的一审判决，同时依据《民法典》第 1165 条第 1 款过错损害赔偿请求权判决对方承担赔偿责任，两者构成预备诉的合并。二审法院的裁判并没有超出当事人上诉请求的范围，而是完整回应其主张，即支持第一项上诉请求，驳回第二项上诉请求。

思路二：原告上诉请求中撤销原判应理解为撤销原判决中不利于当事人的部分，二审驳回上诉人诉讼请求的做法，超出了上诉请求的范围。考虑到本案在二审期间已在网络上形成一定舆论，成为公共议题，为防止引发法院系统的信任危机，可纳入上诉请求拘束原则的例外情形——“损害社会公共利益”中。

扩展分析　民事诉讼中的事实认定

一般而言，事实认定主要遵循以下流程：第一，确定证明对象，即需要证明主体运用证据加以证明的对审理案件有法律意义的事实，包括权利产生事实、权利阻却事实、权利妨碍事实和权利消灭事实。成为证明对象应符合该事实对正确处理案件有法律意义、双方当事人对该事实存在争议以及该事实不属于诉讼上免予证明的事实三个前提条件。第二，分配证明责任，即就前一步确定的每一项待证事实，确定各由当事人中的哪一方负责证明。根据《民诉解释》第 91 条的规定，主张法律关系存在的当事人，应当对产生该法律关系的基本事实承担举证证明责任。主张法律关系变更、消灭或者权利受到妨害的当事人，应当对该法律关系变更、消灭或者权利受到妨害的基本事实承担举证证明责任。第三，提供证据，即根据分配明确的证明责任，各方当事人就自己负有证明责任的待证事实积极收集证据，或者申请人民法院调查取证，并在举证时限内将证据提交人民法院或者在人民法院的主持下与对方当事人进行证据交换。第四，质证和认证，即各方当事人在法官的主持下，通过质证的方式对证据就其客观性、关联性、合法性问题提出不同意见，并针对证据有无证明力和证明力大小进行说明和辩论。第五，确认事实，即法院按照法定程序，全面、客观地审核证据，依照法律规定，运用逻辑推理和日常生活经验法则，对证据有无证明力和证明力大小进行判断，并公开判断的理由和结果。

在本案中，由于争议焦点相对集中，且原告对“段某有心脏病史”这一关键事实已先行自认，因此待证事实主要是两项：杨某是否对段某实施言语辱骂、肢体暴力行为以及段某死亡的真正原因。根据《民诉解释》第 91 条第 1 项的规定，主张法律关系存在的当事人，应当对产生该法律关系的基本事实承担举证证明责任。本案中，原告田某主张对杨某享有侵权损害赔偿请求权，也应由其对侵权法律关系产生的基本事实承担证明责任，故应由田某向法院提出相应的证据证明待证事实，如果因客观原因不能自行收集证据，可以在举证期限届满前书面申请人民法院调查收集。尽管二审法院结合 6 份询问笔录作出了比一审法院更为详尽的事实认定，但依然不能完全还原杨某和段某电梯间争吵实况，杨某的劝阻是否真的在完全理性平和的情绪下进行不无疑问。但诉讼证明的活动本来就只能无限接近而不可能完全达到客观真实，因此法院对事实的认定只需达到《民诉解释》第 108 条所要求的高度可能性即可形成内心确信，并以之作为法律适用的事实前提。本案中，法院结合无肢体接触的监控录像、无情绪失控的物业管理人员证词，形成“杨某乃实施正常劝阻行为”的内心确信。

08
CASE

股东代持收益分配案

案例指引

本案例主要以一系列真实案例为蓝本，围绕诉的类型、法院变更案由、法院追加第三人、免证事实的效力、诉讼标的的识别标准、二审裁判方式等展开，对考查诉的基础理论和实体法与程序法的关系具有较大参考价值。

案　情

甲公司为规避相关国家机关针对具有某类身份的股东投资A公司设置的投资比例限制，与乙公司签订《委托投资及托管协议》，由其代为受让他人转让的A公司的股权并代甲公司持有。随后，甲乙公司对代持股关系是否存在产生争议，最终于A公司上市前共同与丙公司签订《股份及权益转让协议》，同时甲公司与丙公司签订《权益转让协议》收入21.6亿元，乙公司与丙公司签订《交易价款支付协议》收入7.02亿元。

委托方和受托方对7个亿的争议先后进行了5次诉讼。第一次诉讼中甲公司请求变更《股份及权益转让协议》条款，撤销《交易价款支付协议》和乙公司返还7.02亿元。甲公司认为，乙公司滥用优势地位迫使其在意思表示不真实的情形下签订《股份及权益转让协议》，从而使乙公司从依据该协议订立的《交易价款支付协议》中获得了本应属于甲公司的股权权益，应认定乙公司的行为有悖诚信、公平原则，构成胁迫。S人民法院认为甲公司在商业决策上面临的被动局面不构成被胁迫，当事人之间不是股权代持关系而是委托理财关系，因此甲公司需要支付委托费用，遂驳回了甲公司的诉讼请求。

第二次诉讼中甲公司以乙公司违反委托合同为由，要求乙公司赔偿损失7.02亿元。S人民法院认为该案和前案“除案由不同，诉讼当事人相同，诉讼标的相同，诉求请求均是要求……返还7.02亿元”，因此构成重复起诉而裁定驳回起诉。第三次诉讼中甲公司以乙公司不当得利为由要求乙公司及他人返还其股权转让款7.02亿元。H人民法院对该案作出了实体判决，并未认定为重复起诉。该院认为最初的案件“已对双方之间的委托投资合同纠纷作出处理”，因而判决驳回诉讼请求。第四次诉讼中甲公司起诉乙公司、丙公司和他人，要求法院确认《交易价款支付协议》无效并请求侵权损害赔偿7.3亿元。S人民法院认为“本案与第一次诉讼基于相同的事实，均针对《交易价款支付协议》，目的就是取得……7.02亿元股权转让款。因此,可以认定两案诉讼标的相同”,“要求确认……《交易价款支付协议》无效,将7.02亿元表述为损失赔偿额等,只是取得7.02亿元的理由”,裁定驳回起诉。

在第五次诉讼中,甲公司以委托合同项下的财产损害赔偿纠纷为由,主张乙公司代收后拒绝返还侵犯其财产权。在诉讼中,甲公司提出,一审法院合议庭成员应当回避而未回避,而且一审法院没有在法律规定时间内向其送达开庭传票。S人民法院作为二审法院认为,案由变化不影响诉讼标的同一性的认定,甲公司历次诉讼的诉讼请求内容和当事人都实质相同,裁定驳回起诉。

问　题

1. 在第一次诉讼中,甲公司请求撤销《交易价款支付协议》和乙公司返还7.02亿元,分别属于什么诉的类型?请给出理由。

2. 在第一次诉讼中,法院变更案由的做法是否合法,案由与法官对重复起诉的判断有关系么?请给出理由。

3. 在第一次诉讼中,A公司能否被依职权追加为无独立请求权第三人?请给出理由。

4. 在第二次诉讼中,原告拿出第一个诉讼的生效判决书作为证据,证明甲公司与乙公司之间的合同约定与履行的过程。如果不认可判决书认定的事实,被告提出的证据应当达到什么程度?请给出理由。

5. 相比于认为诉讼标的的识别标准是“当事人在实体法上的权利义务或者法律关系”的流行观点,人民法院在第四次诉讼中识别诉讼标的的裁判理由与此是否相同?请给出理由。

6. 在第五次诉讼中,当事人对一审审理程序提出异议时,二审法院以裁定驳回起诉的方式结案是否合适?请给出理由。

解题思路

1. 本问涉及诉的类型的确定问题。一般认为,民事之诉分为给付之诉、确认之诉和形成之诉,其分类依据是当事人向法院提出了什么请求,而法院作出相应类型的裁判也具有不同的效力。当一个诉讼中有多个诉时,每个诉的类型需要独立判断。诉的类型与实体判决的类型并不一一对应,审判之后作出的判决也可能分别是确认判决、给付判决和形成判决,所有原告实体败诉的判决都是确认判决,其效果是确认作为诉讼标的的涉争法律关系不存在。因而,给付之诉、形成之诉如不被支持,也会生成确认判决。其中,确认之诉的请求是确认某种民事法律关系(民事权利)的(不)存在;给付之诉在确认之诉的基础上还要求被告为一定的给付,也即请求法院确认原告享有某种权利的同时也要求被告作出某种行为;形成之诉则是在确认某种实体权利存在的基础上,法院附加了一个司法形成行为,即直接通过法院的判决使法律关系发生变动。民法上的形成权通过权利人行使形成权的意思表示使法律关系发生变动,其以解除权的行使为代表。不过,虽然解除权本身是一种形成权,但是其并不必须通过诉讼的方式实现。在诉讼法上,只能通过形成之诉的方式来行使的权利被称为形成诉权,对存在意思表示瑕疵的民事法律行为行使的撤销权是典型的形成诉权。《民法典》第150条规定，一方或者第三人以胁迫手段，使对方在违背真实意思的情况下实施的民事法律行为，受胁迫方有权请求人民法院或者仲裁机构予以撤销。在本案中，撤销《交易价款支付协议》的诉讼请求针对的是法律关系的直接变动，其撤销权由法律直接规定，而乙公司向甲公司返还7.02亿元的诉讼请求针对的是特定数额的金钱给付，因此二者分别属于形成之诉和给付之诉。

2. 本问涉及案由的认定与重复起诉的判断问题。在我国司法实务中，法院关注当事人之间是股权代持关系还是委托理财关系，现实生活中与之类似的还有借名买房、买卖性借贷、买卖性担保的合同定性问题。根据2020年最高人民法院《关于印发修改后的〈民事案件案由规定〉的通知》，民事案件案由应当依据当事人诉争的民事法律关系的性质来确定。但是考虑到当事人诉争的民事法律关系的性质具有复杂性，为了更准确地体现诉争的民事法律关系和便于司法统计，《民事案件案由规定》在坚持以法律关系性质作为案由的确定标准的同时，对少部分案由依据请求权、形成权或者确认之诉、形成之诉的标准进行确定，另一些案由也包含争议焦点、标的物、侵权方式等要素。人民法院在民事立案审查阶段，可以根据原告诉讼请求涉及的法律关系性质确定相应的个案案由；人民法院受理民事案件后，经审理发现当事人起诉的法律关系与实际诉争的法律关系不一致的，人民法院结案时应当根据法庭查明的当事人之间实际存在的法律关系的性质，相应地变更个案案由。实践中，最高人民法院在面对一审裁判定性错误时，就采取了直接在案由和裁判理由中纠正的做法。因此，虽然在司法实务中应当提倡准确确定立案案由以及立案和结案案由的一致性，但是即使需要变更案由，在判决书事实部分也只需如实记明即可。因而，同一合同法律关系的不同定性也不被认为足以影响重复诉讼的判断。无论合同的性质如何（甚至我们可能认为直接追问特定法律关系下的具体合同义务的内容即可），违约损害赔偿的请求权基础均保持不变，法官对此也不必释明或者等待当事人变更其合同定性。在本案中，法院可以将合同的性质从股权代持关系改为委托理财关系，也可以相应地修改案件的案由，但这不影响本案构成相同的诉讼标的和重复起诉的判断。

3. 本问涉及法院追加第三人问题。法院依职权追加第三人参加诉讼的做法，依据的是《民事诉讼法》第59条第2款的规定：对当事人双方的诉讼标的，第三人虽然没有独立请求权，但案件处理结果同他有法律上的利害关系的，可以申请参加诉讼，或者由人民法院通知他参加诉讼。人民法院判决承担民事责任的第三人，有当事人的诉讼权利义务。A公司在本案中能否作为无独立请求权第三人，应当结合案件中涉及的实体法律争议来判断。在本案中，A公司的股权及相关财产权益虽然是一系列案件背后的争议所在，但是其本身与案件并无法律上的利害关系。无论甲、乙公司之间的争议如何处理，都不影响A公司在实体法和程序法上的利益。因此，A公司不能被法院追加为无独立请求权的第三人。

4. 本问涉及免证事实的效力问题。哪些事实能够成为免证事实，也就是待证事实或者证明对象的确定。在现行法上，免证事实主要分为以下五类，即司法认知（含自然规律）、法律上的事实推定、事实上的推定、生效法院裁判和生效仲裁裁决的事实预决效力以及公证文书的证明力。其中，生效裁判的事实预决效力指人民法院发生效力的裁判确认的基本事实被推定为真的效果，在我国司法实务中具有重大影响。《证据若干规定》第10条规定："下列事实，当事人无须举证证明……（六）已为人民法院发生法律效力的裁判所确认的基本事实……前款第二项至第五项事实，当事人有相反证据足以反驳的除外；第六项、第七项事实，当事人有相反证据足以推翻的除外。"第2款中规定的当事人有相反证据足以反驳或者足以推翻的除外条款，实际上描述的是被认定为免证事实之后的法律后果：本来根据证明责任规则有必要证明某事实主张的当事人，现在被免予提出证据加以证明；而对本来不需要提供证据的相对方来说，现在则需要就该事实从事证明活动。于是，按照一般规则不承担证明责任的相对方，需要去反驳或者推翻法院就该事实主张的预先判断，而把这个事实主张重新变为证明对象。足以反驳和足以推翻这两种情况存在区别，前者不改变证明责任的分配，后者则改变了证明责任的分配。在本案中，生效判决书中记载的合同约定与履行的过程的事实被推定为真，被告方应当达到足以推翻该认定的程度，即应当证明相反事实的存在，才能在第二次诉讼中动摇法官就合同约定与履行的过程的事实形成的临时心证。

5. 本问涉及诉讼标的的识别标准问题。诉讼标的问题在我国司法实务中具有重要的现实意义。诉讼标的的识别标准，被用于明确诉的范围和区分此诉与彼诉。关于诉讼标的识别标准的学说众多，考虑的因素包括实体法律关系、实体请求权、诉讼请求、原因事实等。一般认为，针对所有相关问题领域都应适用同一标准，具体可以分为旧实体法说、诉讼法说和新实体法说；也有观点认为，应当在具体地处理不同诉讼法问题时，分别适用某种识别标准，而不必统一使用相同的识别标准。不同标准的差别，主要在于是以实体法还是诉讼法因素作为连结点。实体法因素主要围绕实体法的体系，而诉讼法因素独立于实体法规范的内容，其中以诉的声明（狭义的诉讼请求）和原因事实（生活事实）为主要代表。通行的观点认为，我国法以诉讼标的的旧实体法说为基础，其典型例证体现在最高人民法院在司法解释的理解与适用的观点中，将《民诉解释》第 247 条中的诉讼标的要件解释为"当事人在实体法上的权利义务或者法律关系"。在本案中，第四次诉讼的法院认为，与第一次诉讼相比，两次诉讼基于相同的事实，针对的是相同的金钱给付内容，因此诉讼标的相同。这意味着，该法院适用诉讼请求和案件事实确定案件诉讼标的的方法，即采取了诉讼标的诉讼法说（二分支说）的观点。与此相对，在作为识别标准的"当事人在实体法上的权利义务或者法律关系"所代表的旧实体法说中，第四次诉讼与第一次诉讼分别针对不同的实体法上的法律关系和请求权基础（返还请求权与侵权损害赔偿请求权），构成不同的诉讼标的。因此，两种观点分别代表了不同的诉讼标的识别标准，并不相同。

6. 本问涉及二审程序中法院作出裁判的方式。《民事诉讼法》第 177 条第 1 款规定，第二审人民法院对上诉案件，经过审理，应当按照不同的案件情形，分别选择以下裁判方式：以判决、裁定方式驳回上诉，维持原判决、裁定；以判决、裁定方式依法改判、撤销或者变更；裁定撤销原判决，发回原审人民法院重审，或者查清事实后改判；裁定撤销原判决，发回原审人民法院重审。但是，除此之外也会存在案件本来不满足法定的受理条件，本不应当完成第一审程序的情形。于是，《民诉解释》第 328 条进而规定，人民法院依照第二审程序审理案件，认为依法不应由人民法院受理的，可以由第二审人民法院直接裁定撤销原裁判，驳回起诉。此时，无论二审法官如何评价原一审程序的合法性，由于案件本就不应存在，从个案救济的角度看均没有必要额外发表观点。在本案中，当法院裁定驳回一审原告甲公司的起诉时，法院可以对甲公司提出的一审存在程序错误的上诉理由不予审理，二审法院的裁定并无不当。

答题要点

1. 在给付之诉中，原告要求被告作出某种行为，其中包括为一定数额的金钱给付。在本案中，乙公司向甲公司返还 7.02 亿元的诉讼请求针对的是特定数额的金钱给付，属于给付之诉。在形成之诉中，法院直接通过判决对法律关系加以变动。只能通过形成之诉的方式来行使的权利被称为形成诉权，对存在意思表示瑕疵的民事法律行为行使的撤销权是典型的形成诉权。在本案中，撤销《交易价款支付协议》的诉讼请求针对的是法律关系的直接变动，其撤销权由《民法典》第 150 条直接规定，属于形成之诉。

2. 民事案件案由应当依据当事人主张的民事法律关系的性质来确定。当事人起诉的法律关系与实际诉争的法律关系不一致的，人民法院结案时应当根据法庭查明的当事人之间实际存在的法律关系的性质，相应地变更案件的案由。无论合同的性质如何，违约损害赔偿的请求权基础均保持不变，法官对此也不必释明或者等待当事人变更其合同定性。在本案中，法院可以将合同的性质从股权代持关系改为委托理财关系，也可以相应地修改案件的案由，但这不影响本案构成相同的诉讼标的和重复起诉的判断。

3. 对当事人双方的诉讼标的，第三人虽然没有独立请求权，但案件处理结果同他有法律上的利害关系的，可以申请参加诉讼，或者由人民法院通知他参加诉讼。在本案中，A 公司的股权及相关财产权益虽然是一系列案件背后的争议所在，但是其本身与案件并无法律上的利害关系。无论甲、乙公司之间的争议如何处理，也都不影响 A 公司在实体法和程序法上的利益，不存在“法律上的利害关系”。因此，A 公司不能被法院追加为无独立请求权第三人。

4. 人民法院发生效力的裁判确认的基本事实被推定为真，当事人无须举证证明，但当事人有相反证据足以推翻的除外。在本案中，生效判决书中记载的合同约定与履行的过程的事实被推定为真，被告方应当达到足以推翻该认定的程度，即证明相反事实的存在，才能在第二次诉讼中动摇法官就合同约定与履行的过程的事实形成的临时心证。

5. 诉讼标的问题的一个核心议题是其数量与识别标准问题。本案中，第四次诉讼中法院认为，与第一次诉讼相比，两次诉讼基于相同的事实，针对的是相同的金钱给付内容，因此诉讼标的相同。这意味着，该法院适用诉讼请求和案件事实确定案件诉讼标的的方法，即采取了诉讼标的诉讼法说的观点。与此相对，如果以“当事人在实体法上的权利义务或者法律关系”为识别标准，则第四次诉讼与第一次诉讼分别针对不同的实体法上的法律关系和请求权基础。因此，两种观点分别代表了不同的诉讼标的识别标准，并不相同。

6. 人民法院依照第二审程序审理案件，认为依法不应由人民法院受理的，可以由第二审人民法院直接裁定撤销原裁判，驳回起诉。在本案中，当法院裁定驳回一审原告甲公司的起诉时，法院可以对甲公司提出的一审存在程序错误的上诉理由不予审理，二审法院的裁定并无不当。

扩展分析

1. 思考诉讼法上的理论问题需要重视民事实体法与程序法之间的交叉与互动。在目前通行的旧实体法说的框架下,诉讼标的的识别标准需要考虑实体法上的请求权基础,民法上的不同理解影响诉讼标的的识别。但是我们要注意到,单纯依赖实体法也可以解决请求权竞合之下双重给付的问题。通过不当得利制度的应用,当事人在已经通过合同法上的请求权基础获得赔偿时,不能再通过侵权法上的请求权基础索要赔偿获得双重给付。具体来说,如果当事人在前诉中已经获得胜诉判决并且得到执行,那么就已经获得了完全给付。如果前诉原告又在后诉中变更请求权基础追求同样的请求目标,那么此时其已没有获得第二份给付的实体法上的理由(法院如果判决支持其诉讼请求将使其构成不当得利,被告可以提起第三个诉讼要求返还),则后诉应当被驳回诉讼请求,此时法院作出的是实体上的败诉判决。与此相对,诉讼法要处理的问题并不是避免实体结果的双重给付,而是关心如何在程序上看待这样的两个起诉,看其是否构成重复起诉并且影响诉讼效益。尽管实体法能够在案件最终结果上解决多重给付的问题,但出于对节约诉讼成本、提高诉讼效率乃至程序本身的正当/合理性等的考量,诉讼法仍需解决如何处理请求权竞合下的起诉问题。不能被接受的是前诉缺乏程序保障而后诉又不提供救济途径的窘境。这意味着在同一请求内容之下,总会有某个实体法基础得不到法院的处理。对应的实体利益无法实现,纠纷解决的程序功能也得不到发挥,这将表现为司法失灵,是我国司法机关应当尽力避免的现象。

2. 本案例也与司法实务中争议较大的给付之诉中争点判断的约束力有关。一般的民事诉讼理论认为,作为先决条件的法律关系本身不是被判决效力覆盖的内容,而仅仅是请求权发生的先决条件。于是,如果当事人就某一事项没有争议,法官也不需要进行实质审理。一般认为,既判力的认定不考虑当事人是否在诉讼中提出某个事项,只考虑哪些内容被必然包含在本案的诉讼标的之中。由于法律关系本身的效力在给付之诉中处于可有可无的状态(其与实体请求权在实体法层面上当然密切联系,但是在诉讼标的层面上,效力认定只是实体请求权成立的先决条件,而不是其本身),所以理论上认为,给付判决的既判力不及于判决理由中的认定。尤其在合同案件中,应当区分依据合同的给付之诉与合同是否有效的确认之诉。给付之诉的对象是以支付金钱为典型代表的给付义务,确认之诉的对象则是合同的有效性或无效性。从实体法来看,固然可以说合同有效是给付义务存在的必要前提,但是在程序法上,合同有效只是给付义务的先决问题。因而比如德国法强调,若要使给付之诉的既判力覆盖合同有效性,应当由原告同时提出合同有效的确认之诉,否则,给付判决的既判力不及于判决理由中认定的合同有效这一事项。在我国法的实务操作中,法院也需要依职权审查合同效力;即便当事人没有提出相关的主张,法院也可以主动审理。不过,此时的裁判理由并不一定对合同效力作出了穷尽的处理,法官可能只要找到一个不能支持请求权的理由即作出了驳回诉讼请求的判决。在这个意义上,即便法院有审查合同效力的职权,但未必真的进行了实质审查,争点未必得到了终局解决,故仍然有必要通过下一个诉讼处理纠纷。总之,如果争点没有得到充分处理,则不宜纳入既判力的范围;反之,如果争点得到了充分实质处理,则可能将依职权审查合同效力的规则改造为可以将争点纳入既判力范围的中国法实践。

01 CASE

金贝公司盈余分配纠纷案

案例指引

本案从公司的资本制度、股东出资责任、有限责任公司内部治理、股东利润分配请求权的行使、有限责任公司股权转让和有限合伙人的知情权等法律问题入手，融入相关最高人民法院公报案例的核心案件事实。案件事实设计以民法、公司法和合伙企业法等学科知识的交叉为特色，以商法部门法学科知识和民商法理论的融会贯通为特征，综合考查学生对民法、公司法和合伙企业法重点知识的掌握，以及熟练运用基础理论和相关规范分析解答实务问题的能力。

案　情

金贝公司是于2020年成立的有限责任公司，注册资本3600万元，现有股东为赵某、刘某、王某和昆植东方公司。金贝公司的章程规定：(1)本公司注册资本3600万元，赵某、刘某和王某各认缴出资800万元，昆植东方公司认缴出资1200万元；(2)公司成立时，赵某、刘某和王某已分别实缴出资，昆植东方公司以其对东南昆植投资公司的55%股权作价1200万元实缴出资；(3)赵某、刘某、王某和昆植东方公司委派的杨某、罗某组成董事会，杨某经董事会选举任公司董事长。

2022年6月，东南昆植投资公司与辉鹏公司签订《鲲鹏投资基金合同》，并约定东南昆植投资公司出资1200万元担任有限合伙人，辉鹏公司出资300万元担任普通合伙人，设立鲲鹏创业投资中心（有限合伙）。2023年5月，鲲鹏创业投资中心投资华联公司亏损1000万元。

2024年3月，华彰会计师事务所出具的金贝公司2023年度审计报告显示：

(1)因鲲鹏创业投资中心亏损,昆植东方公司缴付的东南昆植投资公司55%股权已严重贬值;(2)2023年度金贝公司净利润890万元,可供股东分配的利润630万元,已分配利润420万元,未分配利润210万元。

2024年7月10日,金贝公司就昆植东方公司的出资问题召开董事会,会上刘某和王某提出,杨某和罗某应催促昆植东方公司向公司补足股权贬值部分的出资。但杨某和罗某认为:(1)东南昆植投资公司的亏损系正常市场波动,昆植东方公司无须补缴出资;(2)昆植东方公司正准备查阅鲲鹏创业投资中心的投资材料,并采取司法手段维护公司利益。当日,金贝公司董事会形成决议:(1)暂停杨某的董事长职务,报股东会解除其董事长身份;(2)暂停杨某和罗某的董事职责,报股东会解除其董事身份。董事会决议由全体董事签字,但杨某和罗某注明:"董事会决议违法无效。"

2024年8月12日,金贝公司召开股东会并形成决议:(1)同意解除杨某和罗某的董事职务,同意解除杨某的董事长身份;(2)本公司2023年度的部分利润暂未支付,于2024年12月按原方案分配。

2024年10月8日,赵某与钱某订立股权转让协议,并约定:(1)赵某拟将其持有的金贝公司股权作价450万元转让给钱某;(2)本协议订立当日钱某支付150万元;(3)金贝公司其他股东在11月15日前放弃优先购买权的,钱某于11月15日支付200万元;(4)赵某应在钱某支付200万元转让款后30日内,通知金贝公司办理公司登记和股东名册等信息的变更;(5)金贝公司股东信息变更登记当日,钱某应支付剩余转让款。同日,钱某向赵某支付了150万元。10月10日,赵某向金贝公司其他股东发出行使优先购买权的书面通知。11月15日,赵某告知钱某未收到其他股东行使优先购买权的答复,钱某遂支付转让款200万元。但此后,金贝公司一直没有变更公司登记、股东名册和章程中的股东信息。

2024年12月20日,钱某向律师咨询其可否提起诉讼取得股东身份,以及是否有权收取金贝公司2023年度未分配利润。

问　题

1. 金贝公司能否就东南昆植投资公司55%股权的贬值,要求昆植东方公司补足出资? 为什么?

2. 你如何看待金贝公司2024年7月10日董事会暂停杨某和罗某董事职务、暂停杨某董事长身份的决议?

3. 昆植东方公司是否有权请求查阅鲲鹏创业投资中心与华联公司的投资资料? 为什么?

4. 昆植东方公司能否以东南昆植投资公司的名义通知辉鹏公司,查阅鲲鹏创业投资中心与华联公司的投资资料? 为什么?

5. 钱某是否有权收取金贝公司2023年度未分配利润? 为什么?

6. 若钱某决定通过诉讼途径取得股东身份,应当以谁为被告?

7. 钱某能否以未获得金贝公司股东资格为由,请求人民法院解除其与赵某的股权转让协议? 为什么?

解题思路

判断一：在公司资本制度体系中，股东违反出资义务的责任首先是补足出资。在补足出资的责任下，股东的具体责任构造应当根据股东的出资形式作具体分析。其中，较复杂的是股东以非货币形式出资时，如何认定其补足出资的责任。对此，考生首先应当从案件事实中准确找出题干所涉主体的出资形式，再根据《公司法》和《公司法规定(三)》有关非货币出资的补足责任进行分析。

非货币财产与货币财产的不同点是，非货币财产在出资时需经估值完成货币化后方可被计入公司财务报表。就此而言，非货币财产在出资过程中会比货币财产多出估值或者说货币化的过程。实务中的常见现象是，股东以非货币财产完成出资后，该非货币财产的价值发生波动。考生在回答此类问题时需要特别注意，非货币财产的价值波动是否源于出资者的主观人为因素？如果非货币财产的价值在不同时间节点上，因为客观原因使其在货币化估值后发生波动，其价值贬损不应当归责于出资股东。因此，《公司法规定(三)》第15条将此种情形明确排除在股东补足出资的责任范围外。

判断二：公司作为享有独立法律人格的主体，其主体特性的彰显在公司法上表现为公司股东会和董事会各司其职，形成独立运作的公司意志机关。因此，对公司治理机制的掌握，需要准确理解《公司法》中有关股东、股东会、董事和董事会的权利义务和职权配置。但实践中，不少公司内部机关的运作过程会偏离《公司法》设定的制度框架。例如，董事会以"暂停职务"的方式剥夺董事职权，虽看似没有僭越董事由股东会选任的制度安排，但"暂停"二字如何与《公司法》规范衔接，就成为考生要应对的实务问题。对此，考生应在熟悉《公司法》规范的基础上，准确理解"暂停职务"的现实效果，并以此反观题设中董事会的治理实践是否实际超越了《公司法》规定的制度框架。

判断三：合伙企业在我国《民法典》中被创造性地确定为一类非法人组织。尽管合伙企业不享有法人人格，但其非法人组织的身份效果使得合伙企业在某种程度上实现了组织化。据此，合伙企业的内部治理结构虽然不如具有法人人格的公司严格，但其仍需遵循独立运作不受外部主体随意干预的基本商事组织规则。据此，有权查阅了解合伙企业管理和财务资料的，只能是与其有直接利害关系的合伙人。但实务中，也存在多层控股关系的投资者希望直接穿透主体隔离而获得私募基金的运作情况。但这种实践诉求，并不符合商事组织法的制度逻辑。

判断四：在私募基金的管理实践和司法实务中，有许多案例涉及投资者在基金亏损后希望通过查阅基金管理运作文件获取信息，以追究基金管理人的责任。此种实务操作策略能否成功，很大程度上与私募基金投资者想要获取的文件类型密切相关。事实上，私募基金的投资是以管理人运作投资者交付财产的形式进行的。在采用公司和合伙企业形式的私募基金中，投资者的知情权范围主要是基金的财务会计资料。司法实践中通常认为私募基金的投资材料不在财务会计资料之列。

判断五：要收取公司利润，首要的条件是公司应当有利润可以分配。在判断公司是否有利润时，需要从事实和法律两个维度加以考虑。所谓事实维度，即公司确实盈利并且在完成弥补亏损和提取公积金后,仍有可供分配的剩余部分;所谓法律维度,即公司分配利润需满足公司的股东会已经作出的利润分配决议,使股东依据其股权而享有的利润分配请求权,由股权中的成员权独立为一项具体的以公司为债务人的请求权。换言之,股东利润分配请求权的行使,需完成从抽象的利润分配请求权向具体的利润分配请求权的转化。因此,本题在回答时,需先行确定上述基本条件是否满足,方能展开后续的解答工作。

当公司方面已经满足股利分配的条件,对于取得股利的主体是否也有条件限制?就此,通常认为收取股利的人应当是享有股权且具有股东资格的股东。因为,股东资格与股权通常是不可分离的。换言之,只有享有股东资格作为公司成员的主体,才能凭借股权向公司主张基于出资而获得的权利。若仅有股权却在公司法上不具备形式性的股东资格,一方面会违背“禁止权利与身份分离”的商事组织法基本原则,另一方面也会突破商事组织运作的程式化原则。因此,股权转让协议签订后已丧失股权的原股东,本应丧失请求公司分配利润的权利。但若取得股权的受让人未经公司登记取得股东资格,则其只能享有作为财产的股权,而不得向公司行使请求分配利润的权利。

另一种思路是,当股权中的利润分配请求权经公司股东会决议形成利润分配方案而具体化后,其即成为一项针对公司的独立权利。该项独立权利实质上是在股权之外形成的一项请求公司为给付利润的独立权利。最高人民法院在公报案例“甘肃乾金达矿业开发集团有限公司与万城商务东升庙有限责任公司盈余分配纠纷案”中指出,公司股东会已形成利润分配决议,并且此后股权转让协议中未对利润分配请求权的归属作出明确约定的,应认为出让股东仍基于利润分配决议对公司享有给付的利润债权。

判断六:根据《公司法》第 86 条的规定,有限责任公司的股权对外转让时应当通知公司配合办理股东名册和登记信息的变更登记,公司拒绝或不予配合的,当事人有权向人民法院提起诉讼。值得注意的是,《公司法》第 86 条第 1 款中明确规定,转让人、受让人可以依法向人民法院提起诉讼。据此可知,有限责任公司的股权转让交易中,股权的转让人或受让人均可以向公司通知请求配合办理变更登记。具体由何人通知,则留待双方在股权转让协议中自行约定。

因此,公司一直没有为股权受让人办理股东名册和登记信息变更登记的,股权受让人只能以公司作为被告起诉要求其配合办理。股权转让协议中明确约定由转让人通知公司办理但转让人怠于履行通知义务的,受让人可以对转让人另行提起诉讼。

判断七:股权转让的实质就是以股权为标的进行的买卖,因而股权转让协议本身就是股权买卖合同。基于此,股权转让协议应当具备买卖合同的双务特性。在股权转让协议中,转让人和受让人互负的主要债务(主给付义务)是:交付股权和支付股权转让价款。但股权是抽象性的权利,不可能发生现实的交付行为,因而股权的转让通常在是订立股权转让协议时即如同债权转让那样完成观念让与。这一逻辑得到了《公司法》的间接承认,该法第 86 条第 2 款规定:“股权转让的,受让人自记载于股东名册时起可以向公司主张行使股东权利。”据此,股权受让人在股权转让协议生效后即可持有股权,并可将之作为财产予以处分,但不得在登记于股东名册之前向公司主张权利。

需要回答的问题是,股权转让协议中转让人负担的配合办理股东名册和登记信息变更登记的义务,是何种性质的给付义务?根据《民法典》第 563 条第 1 款的规定,当事人对合同行使法定解除权的情形包括:(1)因不可抗力致使不能实现合同目的;(2)在合同履行期限届满前,当事人一方明确表示或者以自己的行为表明不履行合同主要债务;(3)当事人一方迟延履行主要债务,经催告后在合理期限内仍未履行;(4)当事人一方迟延履行债务或者有其他违约行为致使不能实现合同目的;(5)法律规定的其他情形。对于股权转让协议而言,由于股权在转让协议签订时已经在观念上转移至受让人名下,故应当认为转让人配合公司办理变更登记的义务,不属于股权转让协议中的主给付义务。根据《公司法》第86条第1款的规定,若公司拒绝或不配合为受让股东办理变更登记事宜,转让人和受让人均有权向人民法院诉请公司办理。因此,转让人不履行通知公司办理变更登记的义务时,受让人可通过司法途径解决,但这并不会使股权转让协议的合同目的落空。

答题要点

1. 无权。金贝公司成立时,昆植东方公司以其持有的东南昆植投资公司的55%股权作价1200万元实缴出资。对此,根据《公司法》第48条的规定,股东可以用知识产权、股权、债权等非货币财产出资,但应当对非货币财产作价评估。因此,非货币财产在出资过程中应当完成货币化的过程。非货币财产货币化的作价在评估程序中可能因出资股东的主观因素(如蓄意操纵评估结果等)被高估或低估,但也可能因事后市场原因等客观因素贬值。对于因主观因素发生的贬值,出资股东应当继续承担补足出资的责任;而对于因客观因素发生的贬值,《公司法规定(三)》第15条规定:"出资人以符合法定条件的非货币财产出资后,因市场变化或者其他客观因素导致出资财产贬值,公司、其他股东或者公司债权人请求该出资人承担补足出资责任的,人民法院不予支持。但是,当事人另有约定的除外。"本题中,在东南昆植投资公司的投资亏损中,昆植东方公司并无操作东南昆植投资公司股权贬值的恶意。因而,应认为昆植东方公司的出资财产贬值系正常的市场波动所导致的,金贝公司无权请求昆植东方公司承担补足出资的责任。

2. 金贝公司2024年7月10日的董事会决议内容,关涉公司治理结构中董事选任以及董事会与股东会的职权划分等事项。根据《公司法》第59条第1款第1项的规定,董事的选举和更换属于股东会的职权。因此,董事的履职来源就是股东会的决议授权。《公司法》第71条第1款明确规定:"股东会可以决议解任董事,决议作出之日解任生效。"因此,金贝公司董事会决议暂停杨某和罗某的董事身份、并报股东会解除的内容,事实上是以董事会决议解任两人的董事身份。在公司章程无特别规定的情形下,该内容与《公司法》中的董事选任和解任规则抵触,应属于《公司法》第25条规定的违反法律的无效董事会决议。

就杨某的董事长身份而言,根据《公司法》第68条第2款的规定,董事长、副董事长的产生办法由公司章程规定。这就意味着,有限责任公司的章程中可以将董事长产生的权限赋予股东会。但本案中,金贝公司的章程并未明确规定董事长的产生办法。对此,可参照《公司法》第122条第1款的规定,董事长由全体董事的过半数选举产生。因为,董事长职位实质上是董事会机关中的协调召集者,所以由全体董事从其中选举产生担任董事长之人,系当然之理。若有限责任公司章程中未专门赋权股东会选举董事长,则杨某董事长身份的免除仅需董事会决议即可,无须报金贝公司股东会批准。

3. 无权。昆植东方公司系东南昆植投资公司的股东，而东南昆植投资公司才是鲲鹏创业投资中心的有限合伙人。根据《合伙企业法》第 68 条第 2 款第 5 项的规定，对涉及自身利益的情况，有限合伙人有权查阅有限合伙企业的财务会计账簿等会计资料。昆植东方公司不是鲲鹏创业投资中心的有限合伙人，故其无权查阅鲲鹏创业投资中心与华联公司的投资资料。

4. 不可以。东南昆植投资公司虽然是鲲鹏创业投资中心的有限合伙人，且根据《合伙企业法》第 68 条第 2 款的规定，有限合伙人行使查阅权获取有限合伙企业的财务信息不属于执行合伙事务。但是，鲲鹏创业投资中心与华联公司之间的投资资料是私募基金的基金运作资料，不属于鲲鹏创业投资中心的财务资料。因此，昆植东方公司不得以东南昆植投资公司的名义，间接向鲲鹏创业投资中心行使查阅权，查阅东南昆植投资公司与华联公司的投资资料。

5. 钱某无权收取金贝公司 2023 年度未分配的利润。

思路一：首先，股东可依据股权享有对公司的利润分配请求权。但《公司法规定（四）》第 15 条规定："股东未提交载明具体分配方案的股东会或者股东大会决议，请求公司分配利润的，人民法院应当驳回其诉讼请求，但违反法律规定滥用股东权利导致公司不分配利润，给其他股东造成损失的除外。"可见，要行使利润分配请求权，需以公司实际存有利润并经股东会决议形成利润分配方案，使股权中的利润分配请求权具体化为前提。金贝公司 2023 年度的部分利润在 2024 年 3 月财务审计前已经被分配，2024 年 8 月 12 股东会决议在 2024 年 12 月分配剩余利润表明，该部分利润的分配方案和此前已分配部分的方案相同。因此，金贝公司的股东对 2023 年度的剩余利润享有分配请求权。

其次，在股权转让交易中，股权实质上系一项虚拟的财产性权利，故股权的转让方式应当参照债权转让的形式，出让人与受让人达成有效的股权转让协议后，即观念上完成权属转移。本题中，赵某和钱某在 2024 年 10 月 8 日签订了有效的股权转让协议，钱某向赵某支付了大部分股权转让款。目前，钱某尚未由金贝公司办理股东身份信息的变更登记。《公司法》第 86 条第 2 款规定："股权转让的，受让人自记载于股东名册时起可以向公司主张行使股东权利。"因此，钱某虽然获得了股权，但因未登记显名为金贝公司的股东，故其在金贝公司配合完成变更登记之前，无权向金贝公司主张取得 2023 年度的剩余利润。

思路二：金贝公司 2024 年 8 月 12 日的股东会决议表明，该公司对 2023 年度公司剩余利润将按照此前已完成的利润分配方案进行，故应当认为金贝公司股东已取得具体的利润分配请求权。但是，赵某向钱某转让股权的时间发生在 2024 年 10 月 8 日。因此，应当认为金贝公司在 2024 年 8 月 12 日以股东会决议创设的向各股东支付 2023 年度剩余利润的债务，已成为一项独立于股东股权的债务。在赵某和钱某的股权转让协议对独立的利润分配请求权未作特别约定时，应认为赵某仅向钱某转让所持有的金贝公司股权，而金贝公司的利润分配请求权应当属于赵某。

6. 应当以金贝公司为被告。赵某在同钱某签订股权转让协议时，虽股权已在观念上转移至钱某名下，但股权中包含的针对公司行使的成员权，却需要经公司知悉并以形式化方式彰显为条件。根据《公司法》第 86 条第 2 款的规定，受让股权的股东经登记入股东名册时起，才可向公司主张行使股东权利。在此之前，根据《公司法》第 86 条第 1 款的规定，股权受让人钱某可以直接向人民法院提起诉讼，请求公司配合其办理股东名册和登记信息等股东信息变更登记。

7. 不能得到支持。股权转让实质上系一类买卖合同,其以股权为合同标的。因此,股权出让人的主给付义务已基本履行完毕,并且不履行负担的其他义务不影响受让人合同目的实现的,股权受让人无权根据《民法典》第 563 条第 1 款的规定,诉讼请求人民法院解除股权转让合同。本题中,赵某与钱某之间的股权转让交易,仅剩金贝公司尚未为其办理股东名册和登记信息等股东身份信息的变更登记。钱某可依据《公司法》第 86 条第 1 款的规定向人民法院提起诉讼,请求公司配合办理。因此,双方的股权转让协议合同义务已基本履行且合同目的可以实现,人民法院不应支持钱某解除股权转让协议的请求。

扩展分析

在公司法理论上,股东缴纳出资是公司成立运作的基础,也是股东与公司的法律关系中股东应当负担的主要给付义务。股东通过出资形成公司资本,并取得公司股权的对价。股东向公司负担的出资义务,一方面属于公司各股东成立公司时的约定义务,另一方面也属于按公司法规定而记入公司章程的法定义务。因此,股东违反出资义务的,应当同时向其他股东承担违约责任,并向公司承担补缴出资的责任。《公司法》第 49 条第 3 款规定:"股东未按期足额缴纳出资的,除应当向公司足额缴纳外,还应当对给公司造成的损失承担赔偿责任。"同时,对未按期认缴出资的股东,《公司法》第 51、52 条增设了催缴失权制度,即要求公司董事会在核查股东出资情况时,若发现股东未按章程中规定的时间缴纳出资,应以公司名义书面向未出资股东发出催缴通知;催缴通知赋予未出资股东至少 60 日的宽限期,宽限期满后仍未履行出资义务的,由公司向其发出书面失权通知,剥夺股东未出资部分的股权。

此外,公司作为商事组织,在对外经营活动中也会产生债务。债权人对公司财产的求偿与股东对公司利润及剩余财产的取得,极易发生冲突。并且,股东作为公司的内部人士,更有机会侵蚀公司资产而损害债权人的利益。因此,公司法中的资本制度对股东出资设计了更为严格的责任。《公司法》第 50 条规定:"有限责任公司设立时,股东未按照公司章程规定实际缴纳出资,或者实际出资的非货币财产的实际价额显著低于所认缴的出资额的,设立时的其他股东与该股东在出资不足的范围内承担连带责任。"并且,《公司法》还强化了公司董事的催缴义务,以进一步强化股东出资义务的履行。《公司法》第 51 条规定:"有限责任公司成立后,董事会应当对股东的出资情况进行核查,发现股东未按期足额缴纳公司章程规定的出资的,应当由公司向该股东发出书面催缴书,催缴出资。未及时履行前款规定的义务,给公司造成损失的,负有责任的董事应当承担赔偿责任。"

应当注意的是,股东出资义务的履行与出资责任的承担,也需要关注股东的出资形式。2023 年《公司法》在继承 2018 年《公司法》规定的基础上,进一步将股权和债权明确规定为可用于出资的非货币财产。对于非货币财产,《公司法》要求其在出资时经作价评估程序实现货币化以便被记入公司财务报表。但非货币财产在评估过程中可能因出资股东的主观原因,或在评估后因市场因素等客观原因,发生价值波动。对此,根据《公司法规定(三)》第 15 条的规定,非货币财产的价值因市场因素等客观原因贬值的,股东无须对此履行补缴出资的责任。这一点是股东出资义务履行和出资责任承担中较为特殊的规则。

02 CASE 东建有限责任公司分公司民事责任案

案例指引

本案例以司法实践中真实案例为基础改编而来，围绕债的担保、公司经营行为、分公司责任承担、环境保护公益诉讼等问题展开，综合了民法、商法及民事诉讼法的多个考点，属于跨学科综合性案例。

案　情

东建有限责任公司（以下简称东建公司）成立于1993年7月9日，经营范围为承揽国内外建筑工程，王五为董事兼总经理，担任法定代表人。2006年3月17日，东建公司申请设立两家分公司——建达分公司以及建和分公司并获得营业执照，二分公司经营范围为在所隶属的公司经营范围内，从事工程承包经营。

2020年6月，赵大向甘雨借款800万元，建达分公司负责人赵四（兼任公司副经理）以建达分公司名义为甘雨出具承诺函，称“建达分公司对于该借款事宜完全知晓并认可该合同的全部条款，如出现逾期偿还或者拖欠贷款本息的情况，建达分公司对借款人承担的还款义务承担差额补足责任，建达分公司作出该意思表示已获得总公司东建公司的许可”。

2020年7月，建和分公司在负责人李建的组织下与大地公司签订合同，承建蓝天小区工程，合同价款为3000万元。

因赵大无法还款，甘雨诉至法院，法院判决东建公司与赵大承担该借款合同债权本息820万元的责任。因赵大无力支付款项，2021年7月，甘雨向法院申请强制执行。恰逢大地公司将蓝天小区剩余工程款500万元支付至建和分公司账户。但当建和分公司使用该款项时，其发现该笔款项已被甘雨申请法院执行冻结。李建以被冻结的500万元款项是其承建蓝天小区工程所得收益为由向执行法院提出异议，请求法院解除对该款项的冻结。法院裁定驳回李建的异议。李建不服提起诉讼，要求法院解除对该500万元的查封。

经审理查明，建和分公司成立后，与东建公司签订内部承包合同，约定承包范围为资质证书中规定的工业与民用建筑承包范围；建和分公司每年向东建公司缴纳10万元业务费用，并自行承担建和分公司的责任。蓝天小区工程项目的全部施工费用均由李建筹集支付。

经甘雨的律师孙仲申请法院调查令进行调查，东建公司为东达公司的全资子公司，东达公司有两位股东，赵三持股68%，钱二持股32%，建达分公司负责人赵四为赵大借款出具承诺文件，系赵三授意。

在此期间，中华环保联合会作为原告，以建达分公司和东建公司为被告向法院起诉，主张因建达分公司在旧房改造拆迁过程中向小黑河河道挖坑倾倒建筑垃圾污染了土壤和地下水，要求建达分公司和东建公司消除污染生态环境的危险、恢复原状，并赔偿小黑河村遭到的损失。经查，建达分公司在该拆迁项目中违法倾倒建筑垃圾的行为系王五经赵三的授意而安排。

钱二眼看东建公司无端承担多项违法行为的民事责任，公司已经陷入困境，便询问自己的法律顾问欲起诉赵四、王五，以维护东建公司的合法权益。

问　题

1. 在法院已经判决东建公司承担责任的情况下，你认为建达分公司负责人赵四以建达分公司的名义为向甘雨出具承诺函为何种性质的法律行为？

2. 请分析法院判决东建公司对建达分公司承诺函承担责任的法律依据是什么？

3. 李建在执行异议被驳回后，又提起的是何种诉讼？

4. 李建主张其为借用东建公司资质的实际施工人，依法对大地公司支付至建和分公司账户的500万元工程款享有所有权，要求法院解除冻结的请求能否获得法院支持？为什么？

5. 中华环保联合会同时以东建公司和建达分公司为被告提起诉讼，是否符合法律规定？

6. 若法院判决支持中华环保联合会的诉讼请求，你认为法院应依据《公司法》的何种规定作出判决？法院会支持原告哪些范围内的赔偿请求？

7. 钱二认为赵四、王五应当对东建公司的损失承担责任，是否有理？

8. 若你是钱二的法律顾问，你认为钱二应如何维护东建公司的合法权益？

解题思路

判断一：建达分公司承诺函导致东建公司承担法律责任的分析。

在法院已经判决东建公司承担责任的情况下，建达分公司向甘雨出具的承诺函的性质以及法律责任的判断：该承诺函具有建达分公司作为第三人向赵大的债权人甘雨单方承诺为债务人赵大不能清偿的部分提供差额补足的意思表示，该承诺作为增信措施，属于第三人向债权人提供差额补足的承诺文件。

《担保制度解释》第36条对此作出明确规定："第三人向债权人提供差额补足、流动性支持等类似承诺文件作为增信措施，具有提供担保的意思表示，债权人请求第三人承担保证责任的，人民法院应当依照保证的有关规定处理。第三人向债权人提供的承诺文件，具有加入债务或者与债务人共同承担债务等意思表示的，人民法院应当认定为民法典第五百五十二条规定的债务加入。前两款中第三人提供的承诺文件难以确定是保证还是债务加入的，人民法院应当将其认定为保证。第三人向债权人提供的承诺文件不符合前三款规定的情形，债权人请求第三人承担保证责任或者连带责任的，人民法院不予支持，但是不影响其依据承诺文件请求第三人履行约定的义务或者承担相应的民事责任。"

其一,该承诺函包含了若赵大不能清偿债务则建达分公司承担责任的担保意思,可以被认定为具有保证担保的意思。《担保制度解释》第 11 条第 1 款规定:“公司的分支机构未经公司股东(大)会或者董事会决议以自己的名义对外提供担保,相对人请求公司或者其分支机构承担担保责任的,人民法院不予支持,但是相对人不知道且不应当知道分支机构对外提供担保未经公司决议程序的除外。”法院判定东建公司承担担保责任,即依据上述法律规定认定甘雨构成善意。

其二,该承诺函亦可以被认定为具有债务加入的意思,因为其内容显示建达分公司具有主动加入债务的意思表示。《民法典》第 552 条规定,第三人与债务人约定加入债务并通知债权人,或者第三人向债权人表示愿意加入债务,债权人未在合理期限内明确拒绝的,债权人可以请求第三人在其愿意承担的债务范围内和债务人承担连带债务。甘雨接收该承诺函即具有同意建达分公司债务加入的意思。

判断二:对于建达分公司以及建和分公司超越内部授权或者未经总公司授权对外从事的经营行为,总公司东建公司是否承担责任?如何承担责任?

本案中,建达分公司未经总公司书面授权,为赵大向甘雨借款出具承担赵大未清偿债务差额补足责任的承诺函。建达分公司受东达公司股东赵三的指示而违规倾倒垃圾,导致建达分公司和东建公司承担巨额赔偿责任。建和分公司以分公司名义与大地公司签订建设工程施工合同,并且以内部承包方式约定该分公司独立承担责任。

分公司从事对外行为可以大致分为两类:

第一类是分公司对外提供担保。《担保制度解释》第 11 条第 1 款规定:“公司的分支机构未经公司股东(大)会或者董事会决议以自己的名义对外提供担保,相对人请求公司或者其分支机构承担担保责任的,人民法院不予支持,但是相对人不知道且不应当知道分支机构对外提供担保未经公司决议程序的除外。”此处对于善意的审查,应当依据《担保制度解释》第 7 条第 3 款的规定判断,即相对人有证据证明已对公司决议进行了合理审查,人民法院才认定其构成善意。因此,案件中出现了公司负责人出具增信内容的承诺绕开对股东会决议审查的情形。

第二类是其他民事行为。《公司法》第 13 条第 2 款规定:“公司可以设立分公司。分公司不具有法人资格,其民事责任由公司承担。”《民法典》第 74 条第 2 款规定:“分支机构以自己的名义从事民事活动,产生的民事责任由法人承担;也可以先以该分支机构管理的财产承担,不足以承担的,由法人承担。”

因此,对于分公司的一般民事责任,在相对人善意的情形下,均由总公司承担责任。

判断三:分公司从事民事行为产生民事责任,相对人如何通过诉讼向其主张权利?

相对人可以选择自行起诉分公司,亦可以选择将总公司和分公司作为共同被告一并起诉。《民事诉讼法》第 51 条第 1 款规定,公民、法人和其他组织可以作为民事诉讼的当事人。《民诉解释》第 52 条规定:“民事诉讼法第五十一条规定的其他组织是指合法成立、有一定的组织机构和财产,但又不具备法人资格的组织,包括:……(五)依法设立并领取营业执照的法人的分支机构……”因此,分公司作为法人分支机构依法具有诉讼主体资格。对于原告起诉时是否可以一并起诉设立分支机构的法人的问题,相关法律和司法解释并未予以明确。结合民事诉讼法赋予其他组织当事人资格的目的在于保护其他组织和相对方的民事权利、及时解决纠纷,并无限制当事人一并起诉设立分支机构的法人的意思,故该事项属于原告起诉时可以选择的程序事项,不违反法律规定。

分公司与总公司之间的内部协议不影响法律规定的总公司承担分公司民事责任的规定,因为分公司为总公司的组成部分,总公司承担民事责任时法院有权强制执行总公司名下其他分公司的财产。《公司法》第13条第2款规定:“公司可以设立分公司。分公司不具有法人资格,其民事责任由公司承担。”根据以上规定,分公司的财产属于公司所有,分公司对外进行民事活动所产生的民事责任由公司承担。最高人民法院《关于民事执行中变更、追加当事人若干问题的规定》第15条规定:“作为被执行人的法人分支机构,不能清偿生效法律文书确定的债务,申请执行人申请变更、追加该法人为被执行人的,人民法院应予支持。法人直接管理的责任财产仍不能清偿债务的,人民法院可以直接执行该法人其他分支机构的财产。作为被执行人的法人,直接管理的责任财产不能清偿生效法律文书确定债务的,人民法院可以直接执行该法人分支机构的财产。”

判断四:公司的社会责任和责任承担。

其一,公司负有社会责任。《公司法》第20条第1款规定,公司从事经营活动,应当充分考虑公司职工、消费者等利益相关者的利益以及生态环境保护等社会公共利益,承担社会责任。《环境保护法》第6条第3款规定,企业事业单位和其他生产经营者应当防止、减少环境污染和生态破坏,对所造成的损害依法承担责任。

公司违反社会责任给公共利益造成损害的,法律规定的机关和有关组织可以向人民法院提起公益诉讼。《民事诉讼法》第58条规定:“对污染环境、侵害众多消费者合法权益等损害社会公共利益的行为,法律规定的机关和有关组织可以向人民法院提起诉讼。人民检察院在履行职责中发现破坏生态环境和资源保护、食品药品安全领域侵害众多消费者合法权益等损害社会公共利益的行为,在没有前款规定的机关和组织或者前款规定的机关和组织不提起诉讼的情况下,可以向人民法院提起诉讼。前款规定的机关或者组织提起诉讼的,人民检察院可以支持起诉。”

总公司负有维护环境公共利益的社会责任,应当自觉承担生态环境保护的责任并监督其分支机构承担相关责任,故公益诉讼中,针对分公司的违法行为可以一并起诉总公司。

其二,对于环境公益诉讼的赔偿范围,《民法典》第1235条规定,违反国家规定造成生态环境损害的,国家规定的机关或者法律规定的组织有权请求侵权人赔偿下列损失和费用:(1)生态环境受到损害至修复完成期间服务功能丧失导致的损失;(2)生态环境功能永久性损害造成的损失;(3)生态环境损害调查、鉴定评估等费用;(4)清除污染、修复生态环境费用;(5)防止损害的发生和扩大所支出的合理费用。

答题要点

1. 答案一:在法院已经判决东建公司承担责任的情况下,该承诺函具有建达分公司作为第三人向赵大的债权人甘雨单方承诺为债务人赵大不能清偿的部分提供差额补足的意思表示,具有保证担保偿还债务的意思,依法应当认定为担保。《担保制度解释》第36条第1款规定,第三人向债权人提供差额补足、流动性支持等类似承诺文件作为增信措施,具有提供担保的意思表示,债权人请求第三人承担保证责任的,人民法院应当依照保证的有关规定处理。

答案二:该承诺函具有建达分公司向债权人甘雨承诺为债务人赵大不能清偿的部分提供差额补足的意思表示,建达分公司具有主动加入债务的意思表示,应当认定为债务加入。依据为《担保制度解释》第36条第2款以及《民法典》第552条。

2. 答案一:建达分公司为债务人赵大向债权人甘雨出具提供差额补足的承诺函为保证担保,因为法院认定债权人甘雨不知道或者不应当知道建达分公司对外提供担保未经公司决议程序。法院判决东建公司承担责任的法律依据为《担保制度解释》第11条第1款的规定:公司的分支机构未经公司股东(大)会或者董事会决议以自己的名义对外提供担保,相对人请求公司或者其分支机构承担担保责任的,人民法院不予支持,但是相对人不知道且不应当知道分支机构对外提供担保未经公司决议程序的除外。

答案二:建达分公司为债务人赵大向债权人甘雨出具提供差额补足的承诺函为主动的债务加入,因为分公司超越经营范围以自己的名义对债权人作出承诺,债权人甘雨不知道其未经总公司授权。法院判决东建公司承担责任的依据是《民法典》第74条第2款的规定,该款规定:分支机构以自己的名义从事民事活动,产生的民事责任由法人承担;也可以先以该分支机构管理的财产承担,不足以承担的,由法人承担。

3. 李建提起的是执行异议之诉。《民诉解释》第302条规定,根据《民事诉讼法》的规定,案外人、当事人对执行异议裁定不服,自裁定送达之日起15日内向人民法院提起执行异议之诉的,由执行法院管辖。

4. 李建的请求不能获得法院支持。根据《公司法》第13条第2款的规定,分公司不具有法人资格,其民事责任由公司承担。据此,分公司的财产属于公司所有,分公司对外进行民事活动所产生的民事责任由公司承担。李建作为建和分公司实际控制人,其与建和分公司以及东建公司之间的内部关系不能对抗法院的强制执行。

5. 符合法律规定。分公司作为法人分支机构依法具有诉讼主体资格。对于原告在起诉时,是否可以一并起诉设立分支机构的法人的问题,相关法律和司法解释并未予以明确。当事人一并起诉设立分支机构的法人还是仅起诉分支机构,属于原告起诉时可以选择的程序事项,不违反法律规定。

6. 中华环保联合会的起诉属于就建达分公司的环境污染行为提起的环境民事公益诉讼。法院判决东建公司承担责任的依据为《环境保护法》第6条第3款。该款规定,企业事业单位和其他生产经营者应当防止、减少环境污染和生态破坏,对所造成的损害依法承担责任。《公司法》第20条第1款规定,公司从事经营活动,应当充分考虑公司职工、消费者等利益相关者的利益以及生态环境保护等社会公共利益,承担社会责任。

法院依法会支持原告的有证据支持的下列法定范围内的诉讼请求。依据《民法典》第1235条的规定,违反国家规定造成生态环境损害的,国家规定的机关或者法律规定的组织有权请求侵权人赔偿下列损失和费用:(1)生态环境受到损害至修复完成期间服务功能丧失导致的损失;(2)生态环境功能永久性损害造成的损失;(3)生态环境损害调查、鉴定评估等费用;(4)清除污染、修复生态环境费用;(5)防止损害的发生和扩大所支出的合理费用。

7. 赵四、王五作为公司高级管理人员和公司法定代表人,在执行职务过程中从事违法行为,导致公司对他人承担赔偿责任,给公司造成损失,依法应当对东建公司的损失承担责任。

《公司法》第188条规定,董事、监事、高级管理人员执行职务违反法律、行政法规或者公司章程的规定,给公司造成损失的,应当承担赔偿责任。

赵三通过东达公司控制东建公司和建达分公司,其对赵四、王五的违规行为存在指示和干预,依法应当与赵四、王五一起对公司的损失承担连带责任。《公司法》第192条规定,公司的控股股东、实际控制人指示董事、高级管理人员从事损害公司或者股东利益的行为的,与该董事、高级管理人员承担连带责任。

8. 针对公司法定代表人王五、高级管理人员赵四以及实际控制人赵三给公司造成损失的行为,钱四有权依法书面请求东建公司的监事会以公司名义对三人提起诉讼;若监事会拒绝提起诉讼或者自收到请求之日起30日内未提起诉讼,或者情况紧急,钱四有权为公司利益以自己的名义直接向人民法院提起诉讼。依据为《公司法》第188、189条的规定。

扩展分析 分公司的能力和责任承担

公司依据内部管辖关系进行分类,可以将公司分为总公司和分公司。分公司是总公司的组成部分,分公司是总公司为营业方便设立的分支机构,许多大型公司的业务分布各个地方甚至不同国家,直接从事这些业务的是公司的分支机构,即分公司。分公司可以有自己的名称,但须反映其与总公司的隶属关系;分公司的财产是作为总公司的财产而记入总公司的资产负债表中的。可以说,分公司的业务、资金、人事均受总公司的统一管辖与安排,因此分公司没有独立的法人地位,也不能独立承担民事责任。

分公司可以自己的名义从事民事活动,责任由总公司承担。分公司从事民事行为产生民事责任,由总公司承担。分公司是总公司的组成部分,总公司对外承担责任时,所有分公司的财产均为责任财产。分公司为他人提供担保时须由总公司董事会或者股东会依据章程形成同意担保的决议,否则无效,但善意相对人除外。因此,分公司实际上并不是法律意义上的公司,而只是总公司的组成部分或者业务活动机构。

03
CASE

恩福公司与汉强公司、融通公司、卓雅公司股权回购纠纷案

案例指引

本案例以真实案例为蓝本,并结合其他案例案情,围绕股东抽逃出资的性质、公司为股东提供担保、公司破产中的股东劣后债权的清偿等问题展开,属于跨学科综合性案例。

案　　情

2010年1月5日,汉强公司和卓雅公司共同设立恩福公司,注册资本18亿元,恩福公司负责开发某市文化产业园建设项目,奈莉担任公司的法定代表人。

2012年2月,恩福公司决定采取增资扩股方式融资,引进融通公司为恩福公司股东,由融通公司认缴新增资本金6亿元。增资后,汉强公司持股55%,融通公司持股25%,卓雅公司持股20%。恩福公司、汉强公司、融通公司签订《增资与股权回购协议》约定:融通公司股权投资满3年,或目标公司恩福公司文化产业园建设项目出现重大不利事件,或融通公司认为出现影响其投资目的的实现的情形时,融通公司有权请求汉强公司回购其股权;股权回购价格以恩福公司净资产评估确定,或者以融通公司实际缴纳出资本金加利息计算(利率为每年12%)。恩福公司对股权回购款的支付承担连带担保责任。同日,恩福公司二位原股东出具书面意见,同意恩福公司为融通公司提供该股权回购款支付的担保。

2012年3月,恩福公司与某建工集团签订建设施工合同,约定由某建工集团负责文化产业园的施工建设,竣工验收合格后,恩福公司向某建工集团支付施工款12亿元。

2012年4月,恩福公司与某银行签订贷款协议,约定某银行提供贷款8亿元,贷款期限1年,在恩福公司出现经营风险时,某银行有权宣布贷款提前到期。汉强公司与某银行签订贷款担保合同,约定汉强公司为该笔贷款的返还提供连带担保责任。

2013年1月,恩福公司开发的文化产业园建设项目因涉及占用林地事件被查,所有在建项目包括在建的酒店被迫停工。

同月,某银行向某市人民法院起诉恩福公司,根据贷款协议的约定,宣布向恩福公司提供的贷款立即到期,请求恩福公司立即返还贷款本金和利息,逾期应按日4‰支付罚息。

2013年2月，融通公司向某市人民法院起诉。融通公司请求汉强公司回购其股权，融通公司认为，某银行提前收贷及文化产业园建设项目已被迫停建，出现了《增资与股权回购协议》约定的影响其投资目的实现的情形，依据《增资与股权回购协议》的约定，其有权请求汉强公司立即回购其股权，以其向恩福公司实缴的出资本金6亿元及利息（利率为每年12%）为股权收购价款。融通公司请求恩福公司对支付股权回购款承担连带担保责任。因卓雅公司未向恩福公司实缴出资，故融通公司同时请求其对恩福公司应承担的本案担保债务在其出资范围内承担连带责任。在案件审理中，人民法院根据融通公司的保全申请，查封了恩福公司的文化产业园建设项目中的在建酒店工程。

对融通公司的起诉，恩福公司提出以下抗辩理由：第一，恩福公司向融通公司提供担保不符合《公司法》第15条、《民法典》第61条和第504条、《担保制度解释》第7条的规定。恩福公司法定代表人无权签订担保合同，融通公司对恩福公司未召开股东会知情，其为非善意相对人。《增资与股权回购协议》中关于恩福公司对股权回购担保的约定对恩福公司不应发生效力，恩福公司不应承担担保责任。第二，融通公司已经变更登记为股东，如果恩福公司承担了回购股权的连带责任，向融通公司支付了股权转让款，则属于协助融通公司抽逃出资。《增资与股权回购协议》中关于恩福公司承担连带责任的约定，违反《公司法》第53条关于股东不得抽逃出资的规定，应无效。

2013年5月，恩福公司面临多起债务到期不能清偿并被卷入诉讼程序的局面，企业经营管理处于瘫痪状态。文化产业园项目建设单位某建工集团以恩福公司欠付的工程款债务不能清偿为由，申请恩福公司破产。某市人民法院受理后裁定宣告恩福公司破产，并指定勤效律师事务所为破产管理人。某市人民法院发布公告，要求恩福公司债权人申报债权。破产管理人勤效律师事务所向已知的恩福公司债权人发出申报债权通知，要求债权人登记债权等；向卓雅公司发出催缴出资款通知，要求卓雅公司立即向破产管理人设立的临时账户缴纳出资。

某市人民法院受理恩福公司破产案件时，融通公司股权回购案件尚未审结，还在一审程序中。

问　题

如果你是参与处理融通公司股权回购案件的法官，对本案程序问题和实体问题应如何安排处理？

解题思路

一、程序问题

1. 解除保全措施

由于破产程序属于概括执行程序，统一处理和执行债务人的财产，并按《企业破产法》规定的顺位向各种债权人进行分配，故应终止有关破产债务人案件的执行，解除执行程序中或审判程序中的财产保全措施，将有关债务人的财产处置问题全部归到受理破产案件的法院统一处理。本案中,根据融通公司的申请,某市人民法院对恩福公司文化产业园建设项目中的在建酒店工程采取了保全措施。在恩福公司进人破产程序后,依据《企业破产法》第19条关于"人民法院受理破产申请后,有关债务人财产的保全措施应当解除"的规定,合议庭应配合处理破产案件合议庭的要求,依法作出解除保全措施的裁定。

2. 中止诉讼,等待破产管理人接管债务人财产后恢复审理

因破产企业财产关系复杂,破产程序开始后,人民法院需要选定管理人接管破产企业。选定管理人后,其需要一定的时间去了解破产财产状况并根据债务人破产的情形对正在发生的诉讼采取新的诉讼策略等,故需等待选任管理人并给管理人一定的时间进行准备。《企业破产法》第20条规定,人民法院受理破产申请后,已经开始而尚未终结的有关债务人的民事诉讼或者仲裁应当中止;在管理人接管债务人的财产后,该诉讼或仲裁继续进行。某市人民法院受理破产案件后虽然指定了管理人即勤效律师事务所,但勤效律师事务所刚刚接管恩福公司的财产,仍需要一定的准备时间。由于本案处于一审审理程序中,为保障各方当事人对本案诉讼进程有合理预期,应根据《企业破产法》的上述规定,裁定中止本案的审理,在勤效律师事务所确定能够继续参加诉讼活动时,再恢复案件的审理。

3. 中止融通公司对卓雅公司诉讼案件的审理

融通公司起诉卓雅公司,系因卓雅公司拖欠恩福公司债务,而恩福公司拖欠融通公司债务。在融通公司诉卓雅公司的逻辑关系中,卓雅公司是融通公司债务人的债务人,融通公司与卓雅公司之间没有直接的法律关系,其向卓雅公司行使的权利具有债权代位权性质。

《企业破产法》第17条第1款规定,人民法院受理破产申请后,债务人的债务人或者财产持有人应当向管理人清偿债务或者交付财产。根据《企业破产法》的上述规定,在恩福公司进入破产程序后,有关追缴卓雅公司出资的权利由管理人勤效律师事务所代表恩福公司行使。追缴的财产统一归入恩福公司破产财产,以此保障恩福公司所有债权人公平受偿的利益,故融通公司作为个别债权人不能再行使代位权。

根据《民法典》第537条的规定,债务人破产的,债权人对代位权的行使,依据相关规定处理。基于《民法典》《企业破产法》的规定,在债务人破产的情况下,关于债权人行使代位权的问题,适用《企业破产法》的特殊规定。《破产法解释(二)》第21条规定,破产申请受理前,债权人就债务人财产提起下列诉讼,破产申请受理时案件尚未审结的,人民法院应当中止审理:……(2)主张债务人的出资人、发起人和负有监督股东履行出资义务的董事、高级管理人员,或者协助抽逃出资的其他股东、董事、高级管理人员、实际控制人等直接向其承担出资不实或者抽逃出资责任的……本案融通公司对卓雅公司的起诉,属于主张债务人的出资人直接向其承担出资不实责任的情形。该案在恩福公司破产申请受理前即已经立案审理,目前正处于一审审理程序中,属于在破产受理后尚未审结的案件。故根据上述规定,法院应中止融通公司对卓雅公司诉讼案件的审理。

二、实体问题

《增资与股权回购协议》涉及主合同债务关系与从合同债务关系。主合同约定的股权回购关系约定的是股东之间的股权回购,实质为股东之间的股权转让。依据《公司法》第84条第1款关于"有限责任公司的股东之间可以相互转让其全部或者部分股权"的规定,融通公司和汉强公司之间合同约定的内容符合法律规定,应属有效。

从合同约定的担保关系发生在公司内部，涉及公司为股东股权回购提供担保。该事件可能触及两个法律规定，从而影响合同效力：一个是法定代表人是否有权代表恩福公司签订担保协议；另一个是恩福公司是否可以为融通公司的股权回购款债权提供担保。

1. 关于法定代表人是否有权代表恩福公司签订担保协议的问题

《增资与股权回购协议》约定，融通公司向恩福公司缴纳出资后成为恩福公司股东，该协议同时约定了恩福公司为融通公司回购股权款债权提供担保，该约定内容属于公司为股东提供担保。《公司法》第 15 条第 2 款规定，公司为公司股东或者实际控制人提供担保的，应当经股东会决议。根据本案案情，恩福公司未召开股东会会议，但是恩福公司股东汉强公司和卓雅公司出具了书面意见，同意恩福公司为融通公司提供担保。恩福公司仅有三位股东，即汉强公司、融通公司、卓雅公司，汉强公司为债务人，融通公司为债权人，该担保债权债务关系发生在公司内部，公司所有股东均书面同意该担保，达到了股东会决议的效果。签订该协议时虽未召开股东会并形成决议，但法定代表人的签约行为得到了全体股东的授权，故该《增资与股权回购协议》约定的担保内容对恩福公司发生法律效力。

《民法典》第 61 条和第 504 条、《担保制度解释》第 7 条均规定了善意与非善意相对人的认定标准。因本案担保关系发生在公司内部，全体股东均同意对融通公司的担保权益，融通公司符合善意的标准，应享有善意相对人的利益。因此，恩福公司关于股权回购担保的约定对其不发生效力的抗辩理由不成立。

2. 关于恩福公司为融通公司股权回购款提供担保的问题

《增资与股权回购协议》约定的增资内容，是恩福公司增资时，融通公司向恩福公司缴纳出资，该问题涉及股东向公司履行出资义务范畴的法律规制。

融通公司作为投资股东是以增资认购新股的方式进入公司的，其投资款项进入公司后成为注册资本金，在恩福公司增资时融通公司被登记为公司股东。此时，无论融通公司自己有怎样的投资获利计划，因其利用了公司制度，利用了股东身份投资，应接受《公司法》的规制，承担股东责任。《公司法》第 53 条第 1 款规定：公司成立后，股东不得抽逃出资；第 228 条第 1 款规定，有限责任公司增加注册资本时，股东认缴新增资本的出资，依照本法设立有限责任公司缴纳出资的有关规定执行。融通公司是在恩福公司增资环节加入公司的股东，其成为恩福公司股东后，与其他股东一样，应执行《公司法》第 53 条的规定，缴纳出资后，不得抽逃出资。

融通公司作为投资股东，在其向公司缴纳出资成为股东后，再约定由目标公司为其收回股权投资款的债权提供担保，最终可以由其投资的目标公司退回其出资。如果该约定内容得到履行，融通公司投入恩福公司的出资实际撤回，则构成抽逃出资，违反《公司法》第 53 条关于股东不得抽逃出资的规定。

《公司法》第 3 条中规定，公司以其全部财产对公司的债务承担责任；第 4 条中规定，有限责任公司的股东以其认缴的出资额为限对公司承担责任。从上述规定可以看出，公司的责任和股东的责任都是有限的，公司的有限责任局限于其全部财产，股东的有限责任局限于其全部出资。公司的全部财产包括股东的全部出资和公司经营中获得的财产，也就是说股东的全部出资是公司有限责任财产的一部分。股东向公司出资后，在其出资的范围内对公司承担责任，也就是对公司的债务承担有限责任。股东抽逃出资触及的是公司的有限责任，直接动摇了公司有限责任制度的根本。可见，股东享有在出资范围内承担有限责任的权利，同时应承担实际缴纳出资的义务,承担维护公司资本充实的责任。《公司法》第53条关于股东不得抽逃出资的规定,是对股东投资享有有限责任权利、同时承担保障公司资本充实责任、保障公司责任财产的具体规定。融通公司在向恩福公司缴纳出资成为公司股东时即约定了恩福公司为其收回全部出资提供担保,在其决定放弃股东资格时,由恩福公司向其返还出资,以公司的财产实现其收回全部出资的目的。该约定针对的是其缴纳出资的回购,与其出资缴纳的资金完全对应,属于一种变相抽逃出资的安排。

然而,抽逃出资属于实践性法律行为,仅有合同约定但没有付诸实际行动时,没有动用公司财产,不侵害他人民事权益,不具有违法性。只有该约定得到实际履行时才产生违反《公司法》第53条规定的效果。

担保关系债务属于或然债务,当主债务人不能履行义务、安排由担保人实际履行时,担保人才以其财产实际承担债务。虽然担保人承担责任后还可以向主债务人追偿,但担保人承担责任时主债务人的履行能力一般情况下是欠缺的,没有方便可供执行的财产是常态。担保人虽然享有对主债务人的追偿权,但其财产的实际减损是现实的,对主债务人的追偿是否能够实现是未知的。如果担保人的财产不当减少,影响其偿债能力,其后果是影响担保人的其他债权人的利益。

具体到本案,恩福公司在建设文化产业园项目时存在多个对外债权人,即某银行、某建工集团等。本案审理过程中,恩福公司进入破产程序,陷入以其全部财产不能清偿对外到期债务的状况。在此情况下,应当执行《公司法》第3条的规定,首先以公司的全部财产清偿公司的对外债务,优先保障公司债权人的利益。融通公司作为恩福公司的股东,应履行《公司法》第3条、第4条关于公司有限责任的规定,优先以其缴纳的出资财产保障公司的责任财产清偿对外债务,在恩福公司清偿全部债务有剩余财产时,再履行融通公司与恩福公司之间的合同债务。与恩福公司其他债权相比,融通公司的担保债权属于劣后债权。关于融通公司请求恩福公司履行《增资与股权回购协议》约定的担保责任的主张,在本案中应不予支持。融通公司可以向破产法院申报债权,依照《企业破产法》第44条关于"人民法院受理破产申请时对债务人享有债权的债权人,依照本法规定的程序行使权利"的规定,参与破产程序的分配。

04 CASE 阳光公司与踪影、飓风、春雷债权人代位追缴股东出资纠纷案

案例指引

本案例以真实案例为蓝本,并结合其他案例案情,围绕管辖权、公司及股东承担清偿债务责任等问题展开,属于跨学科综合性案例。

案　情

原告:阳光公司

被告:踪影、飓风、春雷

案由:债权人代位追缴股东出资纠纷

2021年12月,阳光公司向无语公司提供2800万元借款,借款期限1年。借款到期后,无语公司没有偿还。为索要欠款,阳光公司以无语公司及无语公司的原始股东踪影、飓风和受让股权的股东春雷为被告,向无语公司所在地的人民法院提起诉讼,请求无语公司承担返还借款本息的责任,无语公司股东踪影在其出资800万元范围内、飓风在其认缴出资的600万元范围内、春雷在其受让股权的600万元范围内,分别对无语公司不能偿还的借款本息承担补充赔偿责任。

公司登记资料显示:无语公司为2021年6月1日成立的有限责任公司。公司章程规定:注册资本金为4200万元,其中实缴出资1200万元,认缴出资3000万元,认缴出资应在公司设立之日起5年内缴足。公司成立时的股东及出资为:踪影以微信账号等财产使用权出资,折合人民币800万元,已经实缴;飓风以货币方式认缴出资600万元,约定的实缴期限为2026年6月;其他由案外人晚霞等出资。2022年6月1日,飓风与春雷签订股权转让协议,飓风将全部股权以零元价格转让给春雷。同月,无语公司修改公司章程,飓风的股东身份及出资额变更到春雷名下,春雷以货币方式认缴出资600万元。当事人之间的法律关系如图5-1所示。

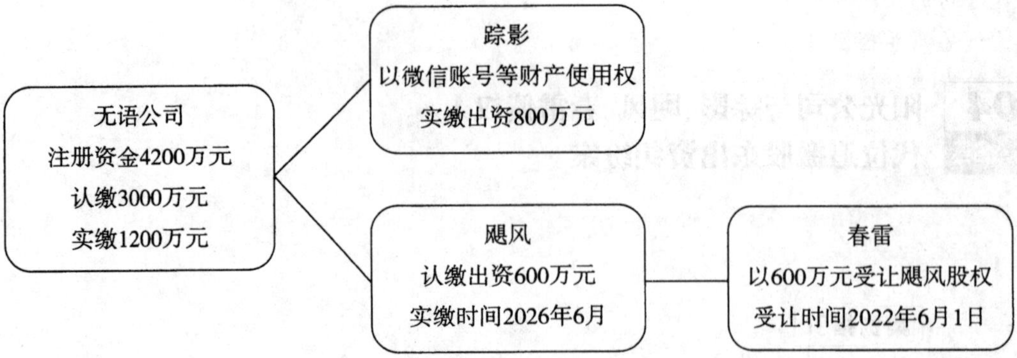

图5-1 当事人之间的法律关系

阳光公司主张踪影承担责任的理由是:踪影以微信账号等财产使用权出资,其出资财产是虚拟的,不符合《公司法》关于实物出资财产形式的规定,属于出资不实,踪影应在800万元范围内对无语公司拖欠阳光公司的债务承担补充责任。

踪影在答辩期间对案件提出管辖权异议,主张受理案件的法院对其没有管辖权,主要理由为:踪影的住所地在另外一个城市,如果阳光公司要起诉踪影,应当到其居住地法院起诉,或者将本案移送到其居住地法院。

对阳光公司主张其承担的出资责任,踪影答辩认为,无语公司为大型文化艺术娱乐公司,其经营范围包括户外运动策划、大型文艺活动的组织策划等,其微信账号绑定使用的手机账号、银行卡、密码及实名认证的手续资料等全部交给公司,其出资财产属于无形资产。无语公司将其微信账号用于客服人员与客户沟通交流、业务拓展及财务支付结算等。踪影以微信账号和手机号等出资及对其资产的估价是与公司其他股东协商确定的,公司其他股东对此没有异议。公司主要依赖其客户群组织大型活动,无语公司客服人员已经使用了其微信账号、手机号等多次成功举办活动,并用该微信账号为公司办理结算业务等,为公司带来盈利。无论公司外的其他人是否承认这种出资方式,事实上,其微信账号等已经是无语公司实际使用的财产。

对于踪影提出的管辖权异议,阳光公司认为,与公司有关的纠纷依法应由公司住所地法院管辖,踪影虽提出管辖权异议,但其已经进行了答辩,应视为其接受了该法院的管辖,故请求法院驳回踪影的管辖权异议。

阳光公司主张飓风承担责任的理由是:飓风实缴出资的时间是2026年6月1日,其在明知无语公司拖欠阳光公司巨额债务未还,并且在其实缴期限到来时无语公司也没有能力归还债务的情况下,为逃避债务责任,将股权转让给没有经济实力的春雷,其转让股权时也未向无语公司实际缴纳出资。飓风为逃避债务责任转让股权,其行为是恶意的,股权转让应无效,飓风应承担偿还阳光公司债务的责任。

飓风的抗辩理由为:无语公司于2021年6月成立,飓风向无语公司认缴出资600万元,实际缴纳出资的时间是2026年6月。该内容在公司章程中记载并已经向社会公开公示,阳光公司对此应知情。阳光公司于2021年12月向无语公司提供借款,借款期限1年,即无语公司向阳光公司返还借款的时间是2022年12月。飓风于2022年6月1日向春雷转让股权,此时阳光公司的债权并没有到期，飓风转让股权后已经不是无语公司的股东，其离开后对无语公司的债务不承担责任。此外，飓风原约定的实缴出资期限也没有到期，飓风以零对价将股权转让给春雷公司，飓风没有从春雷处获得股权转让款，也没有从无语公司获得分红，没有得到任何经济利益，故不应承担无语公司对阳光公司的债务责任。

阳光公司主张春雷承担责任的理由是：春雷受让股权时对该股权份额下的出资未实际缴纳应知情，其对目标公司无语公司的资产情况也应知情，即对阳光公司负有借款债务未予清偿应是明确知道的。故对该股权份额下的出资，春雷应与飓风共同承担责任，补缴出资用于清偿无语公司拖欠的债务。

春雷的抗辩理由为：春雷主张其受让股权时，对无语公司对外借款情况并不知情，其进入公司后经查阅公司账簿和原始凭证，才发现公司内部存在股东出资不实，以及无语公司对阳光公司借款等情况。无语公司主张自己也是受害人，正准备以欺诈为由起诉飓风，请求法院认定其间的股权转让合同无效。故春雷不应承担无语公司的债务责任，即使其承继股东身份应承担责任，截至本案诉讼时，该股权的实缴期限也未到来，其享有期限利益，在2026年6月之前，有权不缴纳出资。

问　题

假设你是法官，请分析该案中涉及的程序问题和实体问题。

解题思路及参考答案

本案的处理既有程序问题又有实体问题，程序问题是受理案件的法院是否有管辖权，实体问题是踪影、飓风、春雷是否应向阳光公司承担清偿债务责任。

一、程序问题

受理案件的法院对阳光公司与踪影的纠纷是否有管辖权？踪影已经答辩，是否视其接受了管辖？

对于阳光公司提出的，踪影在提出管辖权异议的同时也对阳光公司的起诉内容进行了实质答辩，因而应驳回其管辖权异议的主张，法院应不予采纳。根据《民诉解释》第223条的规定，当事人在提交答辩状期间提出管辖异议，又针对起诉状的内容进行答辩的，人民法院应当对管辖权异议进行审查。据此应认为，在答辩期间当事人提出管辖权异议，无论当事人是否进行答辩，法院都应对管辖权异议的请求进行审查并作出裁定。对于阳光公司关于踪影已经进行了答辩，应视为接受受理法院管辖的主张，法院应不予采纳。

阳光公司起诉，主张的是请求股东缴纳出资。一般认为，在这类诉讼中，债权人行使的是代位权，即公司应向股东催收欠缴出资，公司不行使该权利，公司债权人可代位行使该权利，该类诉讼本源上属于催缴出资纠纷。对于有关公司的诉讼，《民事诉讼法》第27条、《民诉解释》第22条列举了一些诉讼类型，例如，因公司设立、确认股东资格、变更公司登记、公司减资、公司增资等纠纷提起的诉讼，由公司住所地人民法院管辖。《民事诉讼法》及其司法解释采取的是列举加开放的立法方式，用“等”字结束列举，立法意图是不排除其他同类纠纷由公司住所地法院管辖。股东缴纳出资是股东向公司履行交付义务的行为,从合同关系及履行行为看,履行地应是公司所在地,与《民事诉讼法》及其司法解释列举的几类案件情况基本相同,履行行为均是围绕公司发生的,故应确定由公司住所地法院管辖。结合本案的情况,踪影提出受理案件的法院没有管辖权的观点,不符合《民事诉讼法》及其司法解释的规定,对以无语公司为被告的债务纠纷及一并起诉无语公司股东出资责任的案件,无语公司所在地人民法院对案件有管辖权。

二、实体问题

第一,踪影以微信账号等财产使用权出资是否符合公司法的规定,其是否承担本案债务责任。

《公司法》第48条第1款规定:股东可以用货币出资,也可以用实物、知识产权、土地使用权、股权、债权等可以用货币估价并可以依法转让的非货币财产作价出资;但是,法律、行政法规规定不得作为出资的财产除外。上述规定表明,除法律规定禁止用于出资的财产外,股东可以非货币财产出资。非货币财产可以是有形的实物,也可以是无形资产,无论是哪种形式,须具备可以用货币估价并转让的特点。根据目前的经济发展状况,企业生产资料比较多元,信息化促进社会经济的发展,网络平台、信息、大数据、流量等在现实社会中具备商业价值,可以确定为可供出资的无形资产。根据《公司法》的规定,对非货币财产应评估作价确认价值。目前,有些资产具备评估的条件,有些新类型的资产还不具备大家普遍认知的评估方法,对此,股东之间可以根据出资财产对公司经营的重要意义协商定价。微信账号等属于社交工具与平台,附有流量额、大量客户和信息,还具有添加广告、产品发布和推广等其他功能。本案无语公司是文化艺术类公司,经常举办大型活动。踪影提供的微信账号等已经实际交付公司且被公司使用,说明其微信账号具有经济价值,已经成为公司可用的生产资料,并非虚拟财产。微信账号等虽属于个人实名认证办理的账户,捆绑个人信息,但仍然可以办理过户手续,或依法可以转让他人使用。同时微信账号非法律禁止流通或禁止出资财产,故应认定踪影出资财产的合法性。阳光公司未提交微信账号等没有商业价值、或者估价不实等其他证据,其关于踪影未出资及应补足出资的主张不成立。故踪影不应承担本案的债务责任。

第二,至本案纠纷发生时,飓风转让给春雷名下股权的认缴期限尚未届满,阳光公司对实缴期限尚未到来的股东是否可以追缴出资责任。

《公司法》第54条规定:公司不能清偿到期债务的,公司或者已到期债权的债权人有权要求已认缴出资但未届出资期限的股东提前缴纳出资。根据该条的规定,公司债权人向未届实缴期限的股东行使提前缴纳出资请求权的条件有两个:一个是债权到期,另一个是债务人目标公司不能清偿到期债务。本案阳光公司的借款债权已于2022年12月到期,其是在向无语公司索要无果的情况下向股东提起的本案诉讼,无语公司不清偿到期债务的情形已经出现,其不能清偿到期债务属实。阳光公司的起诉符合《公司法》第54条规定的上述两个条件,其可以主张无语公司股东的认缴出资期限提前到期,即对无语公司不能清偿的部分,其股东在未实际缴纳出资的范围内承担补充责任。

第三,在无语公司债务履行期限届满前,飓风已将股权转让给春雷。本案发生的认缴出资提前到期的后果,应由谁承担?

《公司法》第88条第1款规定:股东转让已认缴出资但未届出资期限的股权的,由受让人承担缴纳该出资的义务;受让人未按期足额缴纳出资的,转让人对受让人未按期缴纳的出资承担补充责任。该条款是对转让股东和受让股东在出资期限未届满时承担责任的具体规定。根据上述第二个问题的论证,因本案发生了目标公司不能清偿到期债务的情形,股东未届实缴出资的期限依法应提前到期,原约定的涉案股权对应的实缴出资期限应视为已经届满,相应的股东不再享有期限利益。根据《公司法》第88条第1款的规定,阳光公司主张无语公司股东对该股权份额下600万元的出资责任,首先应当由受让股东春雷承担,对春雷不能承担的部分,飓风应承担补充责任。